Guttentagsche Sammlung
Nr. 7. Deutscher Reichsgesetze. Nr. 7.
Textausgaben mit Anmerkungen und Sachregister.

Die deutsche Post- und Telegraphengesetzgebung

Von
Dr. P. D. Fischer
Wirklicher Geheimer Rat

Siebente Auflage, neu bearbeitet von
Dr. jur. Erich Staedler
Postrat.

Teil I: Postrecht
(mit Ausschluß des internationalen Rechts)

Berlin und Leipzig 1929.
Walter de Gruyter & Co.
vormals G. J. Göschen'sche Verlagshandlung — J. Guttentag, Verlagsbuchhandlung — Georg Reimer — Karl J. Trübner — Veit & Comp.

Vorwort zur 7. Auflage.

Die „Post- und Telegraphengesetzgebung" von Dr. P. D. Fischer (zuletzt Unterstaatssekretär im Reichspostamt, † 1920), erscheint hiermit, seit ihrer Begründung im Jahre 1872, in 7. Auflage. Die neue Bearbeitung folgt der früheren Anlage des Werkes. Indessen ist mehr als bisher auf Vollständigkeit der Quellentexte gesehen worden, was dem Bedarf des Benutzers, vor allem dem des juristischen Praktikers, entsprechen wird. Der vorliegende Teil I enthält zunächst nur die Quellen des Postrechts im engeren Sinne, wobei die Postordnung in ihrer letzten Fassung (Januar 1929) mitgeteilt ist. Der Weltpostvertrag ist, mit Rücksicht auf seine binnen kurzem bevorstehende Erneuerung, vorerst fortgelassen worden; eine besondere Textausgabe bleibt vorbehalten. Die Telegraphen- und Fernsprechgesetzgebung wird den II. Teil des Buches bilden (in Vorbereitung).

Eine Erweiterung gegenüber den früheren Auflagen bedeutet die den Quellentexten vorangestellte kurze Systematik des geltenden Postrechts. Auf die Zugabe war nicht zu verzichten. Gefordert wird sie durch die zwiefache Tatsache, daß das Reichspostrecht der Gegenwart in seinem ganzen Umfange einer inneren Erneuerung und einer wissenschaftlichen Umbewertung im Sinne öffentlich-rechtlicher Anschauungsweise unterliegt, daß es indessen an einer systematischen Bearbeitung dieses Umstellungsvorgangs und seiner Ergebnisse bisher gefehlt hat.

Berlin, den 13. März 1929.

E. Staedler.

Inhalt.

Die Gesetz- und Verordnungsblätter sind bis 26. März 1929 benutzt.

Verzeichnis der Abkürzungen.

Nur soweit abweichend von Maas-Magnus, Abkürzungsverzeichnis der Rechtsprechung, Berlin und Leipzig 1929.

Abs	= Absender.
ADA	= Allgemeine Dienstanweisung für Post und Telegraphie.
AGO	= Preußische Allgemeine Gerichtsordnung 1793.
AnstO	= Anstaltsordnung.
Ber	= Berichtigung.
BV, BVf, BVerf	= Verfassung des Norddeutschen Bundes 1867.
BW	= Bayern und Württemberg.
Bz	= Bezirk.
CCM	= Corpus Constitutionum Marchicarum.
D	= Deutschland.
DA	= Dienstanweisung.
dekl	= deklaratorisch.
DR	= Deutsches Reich.
DRB	= Deutsche Reichsbahngesellschaft.
DRP	= Deutsche Reichspost.
E	= Eisenbahn.
e. F.	= eintretenden Falls.
Empf	= Empfänger.
EPG	= Eisenbahn-Postgesetz 1875.
Erl	= Erlaß.
FernMAnlG	= Gesetz über Fernmeldeanlagen 1928.
g. F.	= gegebenen Falls.
Ggebung	= Gesetzgebung.
GPA	= Generalpostamt.
GÜSt	= Gebührenüberwachungsstelle.
k. H.	= kurzer Hand
NCC	= Novum Corpus Constitutionum.
O	= Ordnung, auch in nicht-gesetzgebungstechnischem Sinne.

OPDir	=	Oberpostdirektor (nicht in der heutigen Wortbedeutung)
P	=	Post.
PA	=	Postämter.
PAg	=	Postagentur, -en.
PAnstO	=	Postanstaltsordnung.
PAnw	=	Postanweisung, -en.
PG	=	mit Jahreszahl: Postgesetz, ohne Zahl: RPostG. 1871.
PktAbk	=	Paketabkommen zum Weltpostvertrag.
PNBl	=	Postnachrichtenblatt.
PSchA	=	Postscheckamt.
PT	=	Post und Telegraphie.
PTFsp	=	in Zusammensetzungen: Post-, Telegraphen- und Fernsprech- usw.
PTV	=	Post- und Telegraphenverwaltung.
PVerw	=	Postverwaltung.
PVerwR	=	Verwaltungsrat der DRP.
PVerwR'VO	=	vom RPMin unter Beteiligung des PVerwR erlassene VO.
PZ	=	förmliche Zustellung durch die Post (§§ 27, 42 PO).
RBz	=	Regierungsbezirk.
RKzl	=	Reichskanzler.
RPA	=	Reichspostamt.
RPM	=	Reichspostministerium.
RPMin	=	Reichspostminister.
RPMinVO	=	vom RPMin ohne Beteiligung des PVerwR erlassene VO.
RV, RVf, RVerf	=	Reichsverfassung.
RPZ	=	Reichspostzentralamt.
RVO	=	Reichsversicherungsordnung.
RWB	=	Reichswirtschaftsbestimmungen 1929.
S	=	steht bisweilen statt s = siehe.
T	=	Telegraphie, in Zusammensetzungen: Telegraphen- usw.
TBA (Ä)	=	Telegraphenbauamt (-ämter)
TelO	=	Telegraphenordnung.
TRA	=	Telegraphentechnisches Reichsamt.
VA	=	Verkehrsämter.
VAnst	=	Verkehrsanstalt, -en.
VB	=	Vollzugsbestimmungen.

Verk	= Verkehr (-rs- usw).
VerkNachr	= Verkehrsnachrichten.
VersFr	= Versailler Friede 1919.
Vf	= Verfügung.
Vorg	= entsprechende Rechtsquelle vorgängigen Datums.
WPH	= Weltposthandbuch.
WPV	= Weltpostvertrag.
WSt	= Warenverkehrsstatistik.
WTV	= Welttelegraphenvertrag 1926.
Z	= Zustellung.
ZO, ZustO	= Zuständigkeitsordnung.
ZP	= Zivilprozeß.
ZustAnw	= Anweisung über das Verfahren, betr. die postamtliche Bestellung von Briefen mit Zustellungsurkunde 1914.

Systematik des geltenden Postrechts (Abriß).

I. Postverwaltungsrecht.

Die staats- und verwaltungsrechtliche Stellung der Reichspost[1]).

§ 1. Staatsverkehrsanstalt.

Nach geltendem Reichsstaatsrecht ist die DRP eine Staatsverkehrsanstalt. — „Das Postwesen und das Telegraphenwesen werden als einheitliche Staatsverkehrsanstalten eingerichtet und verwaltet": diesen schon von der Reichsverfassung 1849 geforderten Grundsatz haben die Norddeutsche Bundes- und die Reichsverfassung 1867/71 (Art. 48) zum positiven Staatsgrundgesetz erhoben. Die Reichsverfassung 1919, auch ohne sich zur Sache unmittelbar zu äußern, setzt die gleiche Idee stillschweigend fort. So gehen die Post-Staatsver-

[1]) S. hierzu folgende Einzelveröffentlichungen des Bearbeiters: Die Reichspost als Betriebsverwaltung öffentlichen Rechts, Arch ÖffR 1922 S. 193; Reste preußischer Justizhoheit im geltenden Reichspostrecht, ArchPostTel 1923 S. 33; Urkunden und Aktenstücke zur Verfassungsgeschichte des Reichspost- und Telegraphenwesens, DVerkZ 1925 S. 282, 289; Urkunden über die preußische Lehnspost 1700—1711, ArchPostTel 1920 S. 66; Unificazione del servizio postale in Germania (Rivista delle Comunicazioni, Rom 1922 S. 150); Artikel „Postrecht", „Telegraphenrecht" und „Telephonrecht" im Handwörterbuch der Rechtswissenschaft, hrsg. von F. Stier-Somlo und Alexander Elster, Berlin 1926; Der Rechtsweg im Postverkehrsrecht, EgersEntsch 1927 S. 17, 39, 46.

träge mit Bayern und Württemberg (S. 15, 40) von einer Fortentwicklung des Art. 52 RVerf 1871 aus, worin zugleich eine solche der Art. 48—51 miteingeschlossen ist[2]). Durch das Reichspostfinanzgesetz 1924 (S. 71) ist die Post nicht in ein Privatunternehmen mit bloßer Staatsaufsicht umgewandelt worden; vielmehr ist die PVerw nach wie vor im Verbande der allgemeinen ReichsVerw verblieben. Nur aus dem Reichshaushalt ist sie — und auch dies nur teilweise — ausgeschieden, und nur haushaltstechnisch wird bei ihr z. T. nach privatwirtschaftlichen Grundsätzen verfahren. Daher ist die Post u. a., wie bisher, im Besitz aller Vorrechte des sog. Reichsfiskus verblieben (PrOVG 80, 140). Auch wird im § 14 RPFinanzG das Enteignungsrecht der PVerw eingeführt, ohne daß es dabei erst ad hoc einer Anerkennung der Tatsache bedürfte, daß das öffentliche Wohl in den Zwecken der Posteinrichtungen liegt.

In Preußen hat schon die Rechtsordnung des alten Staats das Postwesen als öffentlich-rechtliche Staatsanstalt betrachtet. Eine vorübergehende lehnsrechtliche Einrichtung der Staatspost (1700—1771) bestätigt nur ihre Eigenschaft als Gegenstand des öffentlichen Rechts; vgl. PO 10. 8. 1712 (CCM IV Abt. 1 S. 963), PO 26. 11. 1782 (NCC VII S. 1725), ALR II 15, 4 nebst VO 12. 6. 1804 (NCC XI S. 2105). Die von der deutschen „Rechtsstaats"-Lehre um 1848 geförderten Bestrebungen auf Umwandlung der StaatsP in eine Privatanstalt lehnten die RVerf 1849 (§ 43; RGBl. S. 101) und, für Preußen, das PostG 1852 (GS. S. 345) ab. Ausdrücklich erklärten das gleiche für den NorddBund und das Reich von 1871 die BundesVerf 1867 und die RVerf 1871 (Art. 48, s. o.). Die Angelegenheiten des preußisch-

---

[2]) Vgl. schon vorher § 6 VO 24. 1. 1919 (RGBl. S. 97): „Die Rechte der Postverwaltungen des Reichs und der Bundesstaaten aus den Art. 48 bis 50 der Reichsverfassung werden . . . . nicht berührt" (s. S. 540).

deutschen Postrechts können daher auch nicht einmal analogieweise nach den privatrechtlichen Verhältnissen der ältesten Thurn- und Taxis'schen Post — vor ihrer lehnsrechtlichen Ordnung 1615 — beurteilt werden. In Brandenburg-Preußen haben Taxisposten weder vor noch nach 1615 bestanden.

Verfassungsrechtlich ist die Reichspost seit 1867/71 die Fortsetzung („Verlängerung") der preußischen Staatspost. Rechtsquellen hierzu: die sog. „Februarbedingungen" von 1865 (StaatsArch Bd. 8 S. 384), Art. 6 der VerfGrundzüge vom 10. 6. 1866 (ebd. Bd. 11 S. 87, 104), Art. 2 des Bündnisvertrags vom 18. 8. 1866 (GS. S. 626, 631), Friedensverträge 1866: Bayern 22. 8. Art. XI, Hessen 26. 9. Art. 10 und 11, S. Meiningen 8. 10. Art. III und IV, Sachsen 21. 10. Art. 16 und 17 (Anl. z. d. Sten. Ber. des Hauses d. Abg. 1 Sess. 9. Leg.Per. Berlin 1866, Bd. 1 S. 223; Anl. c, e und f zum SchlußProt. vom 7. 2. 1867, Sten. Ber. des Reichstags d. NorddB., Bd. 2, Berlin 1867), Begründung des Preuß. Entwurfs einer BundesVerf vom 15. 12. 1866 (ReichstDruckf. 1867, Bd. 2 der Anlagen; Anl. zum Ersten Protokoll, S. 18), Schlußprotokoll vom 7. 2. 1867 (S. 23 w. v.), Art. 48—52 NorddBVerf (Publikandum vom 24. 6. 1867, GS. S 817 und vom 26. 7. 1867, BGBl. S. 1), AllerhErl vom 28. 9. 1867 (GS. S. 1780), PräsidialErl vom 18. 12. 1867 (BGBl. S. 328): Inkraftsetzung der Art. 48—52 BVerf zum 1. 1. 1868 (nicht: 1. 7. 1867).

Wegen des Übergangs des Restes der Taxisposten in Deutschland (vgl. Art. XVII der Bundesakte vom 8. 6. 1815) auf Preußen s. StaatshaushaltsG vom 22. 12. 1866 (GS. S. 812), Staatsvertrag vom 28. 1. 1867 (GS. S. 354), ÜbernahmeG vom 16. 2. 1867 (GS. S. 353), AllerhErl vom 25. 3. 1867 (GS. S. 399) und vom 25. 5. 1867 (GS. S. 848), Überlassungsverträge mit Hessen, Weimar, Meiningen, Koburg, beiden Schwarzburg, beiden Reuß, Schaumburg, Lippe und Hohenzollern (nicht verk).

Ausdehnung der NorddBundesP auf Hessen und Baden: Art. 80 der Verf des Deutschen Bundes und Protokoll vom 15. 11. 1871; desgl. auf Bayern und Württemberg: Verträge vom 25. und vom 23. 11. 1871, mit den im Art. 52 RVerf 1871 vereinbarten

Reservaten. Letztere wesentlich eingeschränkt durch die Staatsverträge vom März 1920 (vgl. Art. 170 RVerf 1919; S. 13, 15, 40).

Über die Eingliederung der Reichspostbehörden in die allgemeine Reichsverwaltung und ihre verwaltungstechnische Organisation vgl. S. 1, über die Zuständigkeitsordnung vgl. S. 94 und 131.

Zur PVerwGeschichte: Brdb. StaatsPVerw als Abt. 14 des Geheimen Rats (GehRatsO 4. 12. 1651), seit 1652 unter persönl. Oberleitung des Direktors des GehR, als „Oberpostdirektor" (später „GeneralPMeister"); PAnst in den „Ländern" (später: Provinzen) außerhalb der Zuständigkeit der Landes- (Prov-) Regierungen (Erl 9. 3. 1655, 22. 8. 1670). An die Stelle des OPDir tritt später der Erste Minister (ein OPDir als sein Vertreter). Lehnspost 1700—1711. Eingliederung ins GenFinanzdirektorium (Erl 27. 3. 1713); zur 4. Abt. des GenOberFinanz- usw. Direkt (Erl 24. 1. 1723); wiederausgeschieden (Erl 15. 2. 1723) und unter persönl. Leitung des Königs gestellt, vertreten durch den FinanzMin als „GenPMeister". Das GPA 1745 zur 6. (Handels-) Abt. des GenODirektoriums unter Oberleitung des HandelsMin als GenPMeister, mit Immediatbericht an den König. Durch KabO 9. 4. 1766 zusammen mit d. SteuerVerw, jedoch regelwidrig (da als Regal unverpachtbar), der französischen Regie unterstellt u. zusammengelegt mit d. preuß. P in Schlesien. Nach Aufhebung der Regie (1769) blieb die Zusammenlegung d. preuß.-schlesischen P bestehen; seit 1782 ein Direktor des GPA als ständiger Vertreter des HandelsMin (s. 1745). Das GPA zur 1. Abt. (Allg. Polizei) des Min d. Inn (Publik 16. 12. 1808, GS. 1806/10 S. 527, und VO 26. 12. 1808, nicht verk.), seit 1810 selbständig als 4. Abt. des Min d. Inn (VO 27. 10. 1810, GS. S. 3) mit mitwirkender Paßpolizeifunktion (§§ 17, 24 Edikt 22. 6. 1817, GS. S. 152). Aus dem Min d. Inn 1814 ausgeschieden als „PDepartement" außerhalb der Ministerien (AllerhKabO 3. 6. 1814, GS. S. 40) unter Leitung des Ersten Min (StaatsKzl), seit 1822 der des Königs (KabO 4. 4. 1823, nicht verk., und 31. 12. 1825, GS. S. 1826 S. 1). Seit 1848 tritt das PDept als 1. Abt. zum Handelsministerium (Erl 17. 4. 1848, GS. S. 109) mit dem Handels-Min als GenPMeister. Selbständige PProvinzialbehörden („OPD") errichtet ab 1. 1. 1850 (Erl 19. 9. 1849, GS. 1850 S. 299) und mit erweiterten Zuständigkeiten im PStrafverfahren ausgestattet (Erl 25. 3. 1850, GS. S. 300). Am 15. 10. 1867 Ausscheiden aus d. Handelsministerium, unmittelbare Leitung durch den MinPräs (Erl 28. 9. 1867, GS. S. 1780), dieser ersetzt durch den BundesKzl ab 1. 1. 1868 (Erl 18. 12. 1867, BGBl. S. 328, in Änderung des Art. 50 BVerf 1867); das preuß. GPA wird gleichzeitig zum GPA des NorddB als 1. Abt. des BundesKzlA (seit 1. 1. 1871 Übergang auf d. DBund bzw. DReich). Ausscheiden des GPA aus dem RKzlA ab 1. 1. 1876 (VO 22. 12. 1875, RGBl. S. 379), jedoch unter Beibehaltung der Oberleitung des RKzl. Umbenennung „ReichsPostA" durch Erl 23. 2. 1880 (RGBl. S. 25). Umformung als RPostministerium: Erl 21. 3. 1919 (RGBl. S. 327).

Räumlicher Zuständigkeitsbereich der deutschen Post ist das Reichsgebiet (Art. 2 RVerf 1919), jedoch in Bayern und Württemberg nur nach Maßgabe der Postübergangsverträge vom März 1920. Die bayerischen Postwertzeichen sind durch Art. 88 Abs. 2 RVerf abgeschafft; Württemberg hat auf die seinigen bereits 1902 verzichtet (PABl. S. 55). Wegen der Beschränkungen in den besetzten Gebieten s. Art. 49 des Versailler Friedens (Saargebiet) sowie Art. 11 und 12 des Rheinlandabkommens (RGBl. 1919 S. 1337); in dem an Polen gefallenen Teile Oberschlesiens galt für den Postscheckverkehr mit Deutschland die deutsche Postscheckgesetzgebung (§ 1 Abk vom 11. 6. 1922, RGBl. II S. 541). Wegen der Verpflichtung Deutschlands zur Gewährung freien Durchgangs für die internationale Post seiner Nachbarländer vgl. Art. 321 des Versailler Friedens; der Weltpostvertrag von Stockholm vom 28. 8. 1924 (RGBl. 1925 II S. 517) schreibt freien Postendurchgang für alle Vereinsländer vor

(Art. 25); Verweigerung berechtigt die übrigen Vereinsländer zum Abbruch des Postverkehrs mit dem zuwiderhandelnden Lande (Art. 78).

§ 2. Rechtspersönlichkeit.

Als Staatsanstalt besitzt die Reichspost eine Rechtspersönlichkeit öffentlichen Rechts. — Bei Ausübung ihrer verfassungsrechtlichen Aufgabe der Verkehrsbesorgung ist die P kein Träger bürgerlicher Rechte. Schon die „Fiskus"-Eigenschaft nach altem Recht fingierte lediglich die Zivilrechtseigenschaft der Staatsverwaltung (ALR II 14) für den Prozeßfall in Ermangelung von VerwGerichten („tamquam pars"-Idee: Reichsabschied 1594 § 94; Kurmainzer Samml. 1660 S. 905). Irrtümlich, und im Gegensatz zur entsprechenden Rechtsordnung des gesamten Auslands, lehrte die deutsche „Rechtsstaats"-Theorie um 1848 eine Zivilnatur der Post, in fehlerhafter Deutung zweier gesetzgeberischer Vorgänge des älteren preuß. Staatsrechts; diese waren: a) die Aufhebung der aus dem 18. Jh. herrührenden VerwAttributivjustiz bei der P (u. anderwärts) und die Zuweisung des bürgerlichen Gerichtsstandes an die P vor den ordentl. Gerichten (passiv: KammerGer, VO 26. 12. 1808, GS. 1806/10 S. 679); man übersah, daß dabei das ordentl. Ger. nur in Vertretung der noch nicht vorhandenen VerwGerichte wirksam wurde; — b) die Einführung der Gewerbefreiheit (Allg.GewerbeO 17. 1. 1845, GS. S. 41) und Löschung des Staatsgewerbebegriffs durch Ausscheidung aller bisherigen öffentlich-rechtlichen Bestandteile aus dem fortan rein privatrechtlich geordneten Gewerberecht. In der Post hatte der Staat nach der alten Rechtsauffassung ein Gewerbe (Fuhrunternehmen als Nutzung des Straßenregals, ALR II 15, 1) ausgeübt. Gab es seit 1845 kein Staatsgewerbe mehr, so lag es nahe, die StaatsPAnstalt hinfort überhaupt nicht mehr gewerberechtlich zu beurteilen. Der „Rechtsstaats“-Idee damaliger Einstellung lag es indessen näher, am Transportgewerbe der P theoretisch festzuhalten und dementsprechend die StaatsP in das Privatgewerberecht einzuordnen. Auswirkungen dieser verfehlten Auffassung waren u. a. die Einbeziehung der PVerkGeschäfte in das ältere Handelsrecht (Art. 421, 449 ADHGB, PreußEinfGes 24. 6. 1861, GS. S. 449) und der anschließende Meinungsstreit über die Kaufmannseigenschaft der P (abgeschnitten durch §§ 452, 663 HGB 10. 5. 1897, RGBl. S. 437).

Als Rechtspersönlichkeit unmittelbar öffentlichen Rechts bedarf die Reichspost keines „Betriebsrechts“ im Sinne des § 5 RBahnG 30. 8. 1924 (RGBl. II S. 272). Auch das Postregal des alten Rechts (ALR II 15, 4) vertrat kein Betriebsrecht heutiger Gestalt, war vielmehr, wie alle sog. Regalien, wesentlich zu werten als bloßer Begriff einer aus der Souveränität des Vorverfassungsstaats fließenden Befugnis des Landesherrn gegenüber ständischen Rechten. Im modernen Verfassungsstaat ist das Regal rechtsbegrifflich wurzellos. Es ist ersetzt durch unmittelbare Verfassungsanordnung (Art. 48—52 BVerf 1867 und RVerf 1871, Art. 88 RVerf 1919).

Die PGesetzgebung in Preußen und Deutschland vermeidet seit 1852 folgerichtig den Ausdruck „PRegal“, zumal da auch das Straßenregal, dessen Zubehör es darstellte, verschwunden ist (ALR II 15, 1). Zutreffend wurde ein Antrag auf Ergänzung des Art. 48 BVerf 1867 (= Art. 45 des VerfEntw) im Sinne einer positiven Aufhebung des PRegals (irrtümlich als „PMonopol“ bezeichnet) im Reichstag des NorddB gestellt, jedoch der Annahme für nicht bedürftig erachtet (StenBer 1867, Bd. 2 der

Anlagen, S. 63, Drucks. Nr. 67, Ziff. 110, und Bd. 1 der Verhandlungen, S. 518).

Innerhalb der heutigen allgemeinen Reichsverwaltung kommt der Reichspost eine ungeminderte Rechtspersönlichkeit zu. — Die seit 1919 angewandte Unterscheidung zwischen „Hoheitsverwaltungen" und „Reichsbetrieben" — wobei die P zu den letzteren gehöre — ist allein wirtschafts-, nicht verwaltungsrechtlich begründet und deckt sich im allgemeinen mit der Scheidung nach mittelverbrauchenden und mittelbeschaffenden Verwaltungen, stellt mithin einen Rückfall in die Unterscheidung von „höheren" und „niederen" Regalien des 18. Jh. (und früher) dar. Vgl. die Ausdrucksweise „sich selbst erhaltende Ämter" (Amtsbl. d. RSchatzVerw 1921 Nr. 1), „Verwaltungen, die auf eigene Rechnung wirtschaften" (ebd. S. 77, Ziff. 209), „Betriebsverwaltungen mit eigenen Einnahmen" (ebd. häufig). Das jüngste Reichssteuerrecht rechnet die DRP mehrfach zu den sog. Hoheitsverwaltungen (S. 75).

In Preußen zählte das alte Recht (ALR II 15, 4) das PRegal, weil „nutzbar" im Sinne der Mittelbeschaffung, zu den sog. „niederen" Regalien, jedoch nicht, um einen Gegensatz zwischen „herrschenden" und „dienenden" Verwaltungen einzuführen, sondern um das anderweit bestehende Verkehrs- und Vermögensrecht der Staatsdomänen (Kammergüter) materiell auf den Gegenstand des Regals anwenden zu können. Vor der Neuordnung des Staats (nach 1806) war die preuß. PVerw mit allen Zuständigkeiten der heute sog. „Hoheitsverwaltungen" ausgestattet: unbeschränkte Polizeibefugnis im eigenen sachlichen VerwBereich und umfassende Attributivjustiz in Zivil- und Strafsachen (Kap. III § 4 PO 1712; Abschn. 15 § 2 PO 1782, AGO 1793 Tit. 24, 35 f., 40; §§ 34—48 VO 26. 12. 1808, GS. S. 679; § 243 des Anhangs zur AGO 4. 2. 1815, GS. S. 29).

§ 3. Anstalt des öffentlichen Rechts.

Verwaltungsrechtlich ist daher (s. §§ 1 und 2) die DRP eine Anstalt des öffentlichen Rechts, und auch ihre Nutzung — scil. im Rahmen ihrer verfassungsmäßigen Aufgabe, d. i. der Verkehrsbesorgung[3]) — ist ein Vorgang des öffentlichen Rechts. So zutreffend: SächsOVG 16. 5. 1907 (Ziff. 9 der Anlage 3 des KommissionsBer 11. 1. 1911 zum Entw eines RBesteuerungsG, Nr. 591 der ReichstDrucks. S. 108). Das Reichsgericht ist noch schwankend: s. Entsch 28. 10. 24 (EgersEntsch 1925 S. 169), daher auch vorerst nur von Fall zu Fall bejahende Erkenntnisse, betr. die Amtshaftung der PBeamten nach § 839 BGB (Zusammenstellung bei: Reimer, Amtshaftung aus öffentlicher Gewalt, Berlin 1919, Heft 1, S. 60 und 66).

Der „Gewalt"-Begriff (vgl. Anm. 14) als Merkmal des öffentlichen Rechts ist im modernen Verfassungsstaat nicht mehr aufrechtzuerhalten. Entscheiden muß vielmehr die Tatsache, ob der heutige Staat bei Ausübung seiner Funktionen jeweils auftritt in unmittelbarer Wahrnehmung der durch Verfassungsrecht ihm übertragenen öffentlichen Aufgaben. Bei der Postverkehrsbesorgung ist dies der Fall.

Daher ist kein Raum für zivilrechtliche „Beförderungs- usw. Verträge" zwischen Post und Postbenutzer. Was zwischen den Parteien vorliegt, ist vielmehr ein öffentlich-rechtliches Anstaltsnutzungsverhältnis.

---

[3]) Daher nicht: halbamtliche Angelegenheiten, wie die Postreklame. Öffentlichen Rechts, nicht kraft allg. Geschäftsauftrags (Art. 88 RVerf), sondern aus öffentlich-rechtlicher Gesetzgebung, sind postfremde Funktionen für andere Reichsverwaltungen, vgl. S. 9.

Dem widerspricht es nicht, wenn — heute ebenso wie früher[4]) — die PAnstaltsordnung bei der Regelung des Haftungsrechts gelegentlich auf bürgerliches Recht behelfsweise zurückgreift, wie (NB: nicht ohne wesentliche Ausschlüsse!) § 9 PScheckG 1921 und § 4 WechselNov 1908 (S. 370 und 400). Solcher materiell-rechtlichen Aushilfsordnung entspricht formal-rechtlich die bekanntere Vertretung von Verwaltungsgerichten durch Zivilgerichte (GVG § 13, EG § 4). Auch findet sich materielles Recht einschlägiger Art nicht selten in der neueren Gesetzgebung öffentlich-rechtlichen Inhalts (vgl. u. a. §§ 20, 24, 25 LuftVerkG 1. 8. 1922, RGBl. I S. 681).

Entbehrlich ist deshalb die Beibehaltung des Theoriebegriffs vom „Postsonderrecht" in Angelegenheiten der Verkehrsbesorgung. Die frühere pandektistisch gerichtete Ansicht gelangte zu diesem Hilfsbegriff, weil man den immanent öffentlich-rechtlichen Tatsachenbestand mit dem Maßstab des bürgerlichen Rechts zu messen versuchte, was notwendigerweise zu einer Fülle von unauflöslichen Widersprüchen führte (s. II § 4).

§ 4. Anstaltsmittel.

Den Bestand an Anstaltsmitteln im öffentlich-rechtlichen Sinne bilden: a) die Postverkehrsanlagen („Postanstalten" des Verwaltungssprachgebrauchs, umfassend Postämter — unterschieden nach den Besoldungsgruppen des RBesoldungsG 16. 12. 1927 (RGBl. I S. 349 —, Post-

[4]) Die völlig öffentlich-rechtlich eingestellte PAnstO nach ALR II 15, 4 verzichtet bereits auf eine selbständige Regelung des Posthaftungsrechts, zieht vielmehr behelfsweise das bürgerliche Haftungsrecht der Schiffer (nautae) heran (s. § 185 ALR II 15 und § 1734 ebd. II 8). Zugleich wird die persönliche Haftung der PBeamten primär auf den Staat übertragen (vgl. den gleichartigen Vorgang zwischen § 839 BGB und Ges 22. 5. 1910, RGBl. S. 798).

agenturen und Posthilfsstellen); b) die Postverkehrslinien, davon in ausschließlich posteigenem Betriebe die Posten auf Landstraßen, zur Zeit in fortschreitendem Maße als Kraftfahrlinien betrieben (wegen Wettbewerbs der Reichsverkehrsverwaltung s. § 6 VO 24. 1. 1919, RGBl. S. 97, und § 6 ReichsG 26. 8. 1925, RGBl. I S. 319, wegen Ausnahmen von der allgemeinen Regelung des Kraftfahrzeugverkehrs s. § 36 VO. 5. 12. 1925, RGBl.I S. 435); in gemischt post- und eisenbahneigenem Betriebe: die Bahnposten auf Haupteisenbahnen (Ges 20. 5. 1875, RGBl. S. 318; an Stelle des aufgehobenen Art. 10 — vgl. § 15 RPFinanzG — gelten jetzt verwaltungsrechtliche Vereinbarungen in Kostensachen, s. § 13 RBahnG 30. 8. 1924, RGBl. II S. 272) und auf Kleinbahnen (Ges 28. 7. 1892, GS. S. 225); in nicht posteigenem Betriebe: die Luftverkehrslinien (s. § 11 Ges 1. 8. 1922, RGBl. I S. 681) und die Seepostlinien (vgl. Ziff. III der VO 11. 4. 1921, RGBl. S. 483).

§ 5. Ausschluß des Privatgewerbes.

Die Staatsverkehrsanstalt schließt kraft öffentlichen Rechts das private, gewerblich bezweckte Verkehrsunternehmen aus (vgl. § 5 GewO 1900, RGBl. S. 871). Die Grenzen der Ausschlußgebiete sind vom Gesetz bestimmt, das auch die bezüglichen Strafvorschriften[5]) (die Straftaten sind Übertretungen, StGB, § 1 Abs. 3), einschließlich des Verwaltungsstrafverfahrens, erteilt (§§ 1, 2, 27 bis 46 PG 1871, RGBl. S. 347, Art. 2 und 3 Ges 20. 12. 1899, RGBl S. 715); Ausschlußgebiet ist die Beförderung verschlossener Briefe (PO § 6; nicht §§ 9 und 27) und

[5]) Ein öffentliches Interesse an der Herbeiführung einer gerichtlichen Entscheidung (StPO 1924 § 153 Abs. 1) wird grundsätzlich angenommen (Vf des RPMin 24. 4. 1924 I/VIa A 822).

politischer Zeitungen, mit mehrfachen Einschränkungen, namentlich in örtlicher Hinsicht (früher sog. „Postzwang"); vgl. III § 6 zu B.

§ 6. Umkreis der Anstaltsgeschäfte.

Der Umkreis der Anstaltsgeschäfte ist durch die Anstaltsordnung (s. zu II § 5) bestimmt und nach gleichen Regeln wie diese selbst materiell und formell änderungsfähig. Eine vorübergehende Einstellung der Verkehrsgeschäfte sehen bedingungsweise vor: a) im Inlande: § 15 PG (Kriegsfall und öffentliche Unruhen; selten angewendet: vgl. PABl. 1923, S. 294, 392); b) im Auslandsverkehr: Art. 28 WPV. — Soweit einzelne Postgeschäftszweige, wie Einschreibung von Briefen, Zustellung, Geldvermittlung, durch die allgemeine öffentliche Rechtsordnung für besondere Zwecke durch gesetzliche Vorschrift nutzbar gemacht sind (Zustellung nach der ZPO), ist dennoch aus der bezüglichen Gesetzgebung die Post zur Beibehaltung jener Geschäftszweige nicht rechtlich verpflichtet.

1. Versendungsverkehr. Zur Begründung des Nutzungsverhältnisses genügt für Absender und Empfänger die Erfüllung der Bedingungen der Anstaltsordnung, d. h. a) ausreichende Erkennbarmachung des Empfängers (Vertretung und Vollmacht sind wesentlich abweichend vom bürgerlichen Recht geordnet, PO §§ 40—42, 44, 45); — b) Beförderungsfähigkeit des Versendungsgegenstandes nach äußeren Merkmalen; der Inhalt interessiert im allgemeinen erst nachträglich; Verbotwidrigkeit führt zum Verlust des Ersatzanspruchs, und zwar bedingt im Inlands-, unbedingt im Auslandsverkehr; Verzicht auf Schadensersatz bei vorhergewußter Nichtbeförderungsfähigkeit ist zulässig (§ 29 PO). — c) Gebührenzahlung, z. T. mit notwendiger Vorherleistung. — Geschäftsfähigkeit ist zur Begründung des Nutzungsverhältnisses nicht erforderlich. Das Postgeheimnis (Art. 117 RVerf; § 7 PScheckG) schützt gegen das Eindringen Dritter; die Post selbst ist nicht Dritter in diesem Sinne, doch ist auch ihr die Einsicht-

nahme des Sendungsinhalts nur in besonderen Fällen durch die Anstaltsordnung (PO) vorbehalten: Feststellung von Sachschaden, Ermittlung unbekannter Absender, Prüfung des Inhalts bei Inanspruchnahme ermäßigter Beförderungsgebühr. — An Versendungsgegenständen werden unterschieden: a) Verschlossene: Briefe (Inland bis 0,5 kg, Ausland bis 2 kg), Päckchen (nur Inland, bis 1 oder 2 kg), Pakete (Inland bis 20 kg, Ausland bis 5 oder 10 kg; schwerere Pakete nach dem Ausland unterliegen nicht mehr dem WPV, sondern den besonderen Einzelverträgen); — b) Unverschlossene: Drucksachen, PWurfsendungen, Zeitungen, Postkarten, Geschäftspapiere, Warenproben, Blindenschriftsendungen; im Inland auch Mischsendungen u. Päckchen.

2. Geldvermittlungsverkehr. a) Postanweisungen, im Inland seit 1848, im Auslandsverkehr seit 1878 bestehend; bei Zahlung aus einem Postscheckkonto (s. zu e) wird von „Zahlungsanweisungen", umgekehrt von „Zahlkarten" gesprochen. Kein Zusammenhang mit der Anweisung des bürgerlichen Rechts; — b) Postnachnahmen, im Inland seit 1878, im Auslandsverkehr seit 1885 bei Paketen, seit 1891 bei Briefen bestehend. Frühere Bezeichnung „Postvorschüsse"; nur im Inland, seit 1730 und früher. Kein Zusammenhang mit Vorschuß oder Nachnahme des Handelsrechts; — c) Postaufträge zur Geldeinziehung, im Inland seit 1871, im Auslandsverkehr seit 1885 bestehend; desgleichen zur Einholung des Wechselakzepts (nur Inland, seit 1876); desgleichen zum Protest mangels Zahlung (nur Inland, seit 1908); — d) Postkreditbriefe (Inland, seit 1914). Kein Zusammenhang mit der Anweisung auf Schuld nach § 787 BGB., sondern wesentlich Postanweisungen (s. zu a) mit Teilauszahlung; — e) Postschecks, rote und weiße; Inland seit 1908, im Auslandsverkehr nur rote, seit 1920; die roten heißen posttechnisch „Postüberweisungen". Kein Zusammenhang mit dem handelsrechtlichen Scheck.

3. Zeitungsbesorgung. Politische Zeitungen dürfen außerhalb des zweimeiligen (15 km) Umkreises ihres Erscheinungsortes gewerbemäßig nicht von Privatunternehmern befördert werden. Die Post besitzt aus der Anstaltsordnung (PG § 3) kein selbständiges Recht zur Ablehnung ihres staatlichen Zeitungsvertriebs (Ziff. 5 der VO 9. 5. 1924, PABl. S. 287,

betr. Änderung des § 28 PO 1921, enthält keine Ablehnung des Zeitungsvertriebs, sondern eine Ordnungsvorschrift zur Begriffsbestimmung der Zeitung im verkehrsüblichen Sinne). Anstaltsordnung ist hier nur zum kleinen Teil die PO, überwiegend die Instruktion (ADA V 3). Die Tarifordnung wird durch die PO erteilt.

4. Vorprüfung und Berichtigung von Postadressen, gegen Gebühr, zur Minderung des Vorkommens unbestellbarer Sendungen (PABl. 1926 S. 357); Hauslistenverteilung usw. s. S. 339 ff.

5. Reiseverkehr. Anstaltsordnung wegen der allgemeinen Reisebedingungen ist die PO §§ 51—59, wegen der Haftung das PG § 11, wegen der Fahrpreise und sonstiger durch PG und PO nicht geordneter Angelegenheiten die Verwaltungs-VO (vgl. PO §§ 55 und 60). Eine Einschränkung des freien Gewerbebetriebs zugunsten der Post besteht nicht. Zur Bezeichnungsweise: „Kraftposten" sind mit Automobilen betriebene Personenposten im Gegensatz zu solchen mit Pferdebespannung; „Kraftfahrlinien der Post" sind dieselben im Gegensatz zu den Autolinien privater Verkehrsunternehmungen.

II. Postverkehrsrecht[6]).

§ 1. Öffentlich-rechtliche Anstaltsnutzung.

Zusammenfassend nach I ist zu sagen: 1. Die DRP als Staatsverkehrsanstalt ist ein Träger öffentlicher Rechte, nicht zufolge eines „Gewalt"-Zustandes, sondern aus neuzeitlichem Verfassungsrecht (vgl. Anm. 14). — 2. Ihre Wirksamkeit ist öffentlichen Rechts, soweit sie aus-

[6]) Siehe hierzu folgende Einzelveröffentlichungen des Bearbeiters: Die Grundlagen der Reichspostordnung nach altem und nach neuem Recht, AnnDR 1921 S. 529; Quellenkritische Beiträge zur Lehre vom sog. Postbeförderungsvertrag, GruchBeitr 1921 S. 523; Undurchsichtigkeiten im geltenden Posthaftrecht, BayRpflZ 1922 S. 85; Aufwertung im Postversendungsverkehr, EgersEntsch 1924 S. 311; Der Rechtsweg im Postverkehrsrecht,

geübt wird in unmittelbarer Wahrnehmung der verfassungsmäßigen Aufgaben der DRP; diese umfassen die Besorgung des Staats-Post- und Telegraphenverkehrs. — 3. Das Postverkehrsrecht bedarf, so wenig wie irgendein anderer Zweig des öffentlichen Rechts, zur Erklärung seiner Abweichungen gegen das bürgerliche Recht der Hilfskonstruktion eines sog. Sonderrechts („Postsonderrecht").

§ 2. Anstaltsnutzer.

Anstaltsnutzer aus eigenem Recht ist jeder, dem die Anstaltsordnung einen unmittelbaren Einfluß auf den Ablauf des jeweiligen Anstaltsnutzungsverhältnisses einräumt, insbesondere also auch — beim Versendungsverkehr — der Empfänger[7]) (vgl. PO. §§ 20 XI, PAufträge; 21 VII, Nachnahmen; 23 III, PKreditbriefe; 24 IX, Eilzustellung; 25, Bahnhofsbriefe; 30 XVIII, Zeitungsbezug; 36, Unterwegsabforderung; 37 IV, Beweissicherung im Schadensfall; 38 V, verschlossene Zustelltaschen; 40 III, PVollmacht; 40 XIV, Verzollung; 42 V, PAusweiskarten; 42 VI, PLagerkarten; 44, 45, Abholen; 46 I, VI, Nachsendung, Zeitungsüberweisung; 49, Nachfrage; 52 V, Abwälzung von Nachgebühren auf den Absender; 52 VI, GebStundung).

Klagbar sind die Ansprüche des Anstaltsnutzers in

---

ebd. 1927 S. 139; Reichsscheckrecht und Postscheckverkehr, ebd. 1927 S. 333, 1928 S. 146; Zur Praxis des geltenden Posthaftrechts, LeipzZfDR 1928 S. 1425; Der Rechtsinhalt der Postordnung, GruchBeitr 1928 S. 193; außerdem: Dr Bernh. Staedler, Die Versuche zur Vereinfachung der Reichsgesetzgebung, Breslau 1928, Kap. V: die Verwaltungsverordnungen auf Grund der Reichsverfassung, § 21: Artikel 88 (S. 75).

[7]) Gleichbedeutend: Bezogener, PO § 20; Bezieher, ebd. § 30; Abholer, ebd. § 40.

Haftungs- und Gebührenstreitsachen. Der Empfänger kann aus eigenem Rechte nur klagen, soweit Ansprüche in GebSachen streitig sind.

Die Schadensersatzpflicht der PVerw im Versendungsverkehr (§§ 6 ff. PG. 1871) haftet nach positiver Rechtsordnung (seit 1852) an der Sache. Es ist i. S. des PG ohne Belang, ob der Sachschaden durch postseitige Nichtausführung von Absender- oder von Empfängeranordnungen eingetreten ist. Ebenfalls belanglos ist, ob der Schaden der Sache einen persönlichen Nachteil des Abs oder des Empf bewirkt. (Anders: HGB-Frachtführer- und -Schifferhaftung.) Im Haftungsstreit ist der Absender Vertreter der verletzten Sache, mit seinem Einverständnis[8]) jedoch auch der Empfänger[9]).

Eine Aufwertung der Haftsumme kommt nicht in Frage, da das Anstaltsnutzungsverhältnis öffentlichen Rechts ist. Die AnstO schreibt durchgehends Reichswährung vor.

§ 3. Rechtsweg.

Als Bereichsteil des öffentlichen Rechts ist das PVerk-Recht dem Zivilprozeß grundsätzlich verschlossen. Der sog.

---

[8]) Die h. M. spricht hier gewohnheitsmäßig von „Abtretung des materiellen Ersatzanspruchs des Abs an den Empf". Indessen irrtümlich, da das Gesetz eine materielle Schädigung des Abs überhaupt nicht voraussetzt. Dies übersah bereits die Rechtsstaatslehre um 1848, wenn sie von einem Beförderungsvertrage sprach, den der Abs mit der P abschließe und aus dem vermeintlicherweise seine Ersatzansprüche hervorgingen; bloße Vertragsform ohne materiellen Schaden begründet keinen Ersatzanspruch.

[9]) Der WPVertrag kennt u. U. eine Aktivlegitimation des Empf aus eigenem Recht.

ordentliche Rechtsweg besteht daher nur insoweit, als ihn die gesetzte PRechtsO von Fall zu Fall vorsieht. Dies ist geschehen ausschließlich für die Fälle des Haftungs- und des Gebührenstreites. Wegen des Haftungsstreits s. § 14 PG 1871, der zugleich maßgebend ist für die Haftrechtsbereiche der PO, des PScheckVerk (§ 9 PScheckG behandelt nur materielles Haftungsrecht!) und des Auslandsverkehrs. Wegen des PostGebStreits gilt in Preußen § 85 ALR II 14 (außerpreußisch: Gewohnheit), wegen des TelGebStreits (einschl. Fernsprech- u. RundfunkVerk) ebenso § 9 FernMAnlG 1928 (RGBl. I S. 8). — Demnach keine bürgerlich-rechtliche Leistungsklage gegen die DRP[10]).

§ 4. Der sog. Postbeförderungsvertrag.

Die pandektistisch eingestellte Rechtsstaatslehre um 1848 konstruierte das Rechtsverhältnis bei Benutzung der PAnst zivilrechtlich bald als Innominatrealkontrakt des Usus modernus, bald als locatio conductio operis (auch operarum), d. i. als „Posttransportvertrag". Seit 1896/1900 wird entsprechend das BGB herangezogen, und es werden neben dem Postbeförderungsvertrag im engeren Sinne (als BGB-Werkvertrag aufgefaßt) zahlreiche „Typen"-Verträge zwischen P und PBenutzer konstruiert, ungeachtet einer Fülle von Widersprüchen[11]).

---

[10]) Das gegenteilige RGerErk 28. 10. 1924 (EgersEntsch 25, 169) ist zufolge § 9 FernMAnlG 1928 (RGBl. I S. 8) ohne fernere Präjudizwirkung.

[11]) Teilweise wird vermittelnd ein „Postbeförderungsvertrag öffentlichen Rechts" angenommen. Einen praktischen Nutzen hat jedoch auch dieses Kompromiß nicht, da die Verwirklichung der Ansprüche der PBenutzer nicht aus der vermeintlichen „Vertrags"-Natur des Anstaltsnutzungsverhältnisses abzuleiten sind, sondern

Vgl. BGB §§ 104—115 Geschäftsfähigkeit: bei der PBenutzung nicht erfordert[12]); — §§ 145—157 Vertragsfreiheit: fehlt; — §§ 158—163 Bedingung: nur zufolge AnstO statthaft; — §§ 164 bis 181 Vertretung, Vollmacht: nicht BGB, sondern eigenes Recht der AnstO ausschließend anzuwenden; — §§ 241—292 Verpflichtung zur Leistung: eigenes Recht nach PO, PScheckO usw.; kein Rechtsweg für den Leistungsanspruch; — §§ 249, 276—283 Schadenhaftung: erheblich abweichende PRechtsO; selbst § 9 PScheckG, der BGB-Recht behelfsweise übernimmt, schließt wesentliche Teile der BGB-Haftung aus; — §§ 271—284, 288 Zeit der Leistung: kein BGB-Verzugsanspruch im PVerk, vielmehr eigene, stark einschränkende Ordnung; — § 273 Zurückbehaltung: eigenes Recht aus § 25 PG; — § 275 Unmöglichkeit der Leistung: w. v. aus § 15 PG, vgl. PO § 6 IV; — §§ 293—304 Verzug des Gläubigers (= Absenders): anders PO §§ 44, 46; — §§ 328—335 Versprechen der Leistung an einen Dritten: nicht anzuwenden im gesamten Versendungs- u. GeldVerk; — §§ 346—361 Rücktritt: anders § 35 PO; — §§ 362—371 Erfüllung (durch die P): kein klagbarer Leistungsanspruch; — §§ 398—413 Übertragung der Forderung, §§ 414—419 Schuldübernahme: die PAnstO kennt keine BGB-Formen; — §§ 433 ff. Kauf: nicht anzuwenden bei PWertzeichenabgabe, Überlassung von FspApparatteilen; — §§ 535 ff. Miete: nicht anzuwenden bei PSchließfächern, FspAnschlüssen u. dgl.; — §§ 607 ff. Darlehn: nicht anzuwenden im gesamten PGeldVerk; — § 677 Geschäftsbesorgung: nicht anzuwenden beim PScheck; — §§ 688 ff. Verwahrung: nicht anzu-

---

sich — bei grundsätzlicher Nichtzulassung des Rechtswegs — allein nach der positiven AnstO bestimmen.

[12]) A. M. Aschenborn-Schneider, Das Ges über d. PWesen des DR, 2. Aufl., Berlin 1928, S. 150: „W a r u m sollen n i c h t die von einem Geschäftsunfähigen geschlossenen Rechtsgeschäfte mit der P dasselbe rechtliche Schicksal teilen, das a l l e anderen, von ihm getätigten Rechtsgeschäfte nun einmal nach der RechtsO haben?" Interrogari potest. Der ö f f e n t l i c h e n RechtsO genügt oft genug bereits der Erwachsene, so selbst § 40 PO u. anderwärts.

wenden im gesamten Versendungs- und GeldVerk; — §§ 662 ff. Auftrag: nicht anzuwenden auf den PAuftrag (§ 20 PO); — §§ 783 ff. Anweisung: nicht anzuwenden auf die PAnweisung oder den PKreditbrief (§§ 22, 23 PO); — Besonderes zum Werkvertrag: § 632 Vergütung: anders PGebO; — §§ 633 ff. Mängelhaftung: anders §§ 6 ff. PG u. anderwärts; — § 636 verspätete Herstellung: kein Verzugsanspruch gegen die P; — § 638 Verjährung: anders § 14 PG usw.; — § 640 Abnahmepflicht des Bestellers, § 641 Zahlungszeitpunkt, § 642 Verzug: anders PG § 25, PO § 50; — § 644 Gefahrtragung: z. T. anders PO § 40 XV; — § 647 Pfandrecht des Unternehmers: eigene PRechtsO (§ 25 PG); — § 649 Kündigung: anders PO § 35.

Ungeachtet dieser zahlreichen Widersprüche[13]) hält die Lehre vom zivilrechtlichen Postbeförderungsvertrag an folgenden Erwägungen fest:

1. Die PVerkBesorgung sei keine Ausübung öffentlicher Gewalt. — Indessen hat selbst das RGer in gewissen Fällen die Anwendbarkeit des § 839 BGB auf den Beamten anerkannt. Übrigens ist mit dem Gewaltbegriff[14]) nicht auszukommen, wo es sich um Recht handelt (vgl. I § 3).

2. Der PVerk sei die Besorgung eines privatrechtlichen Gewerbes[15]) (Transport-

---

[13]) Durch sie wird die Zivilrechtstheorie gezwungen, ein „PSonderrecht" anzunehmen.

[14]) Auch die abschwächende Auslegung des RGer (RGZ. 84, 29): „Ausübung von Gewalt ist jede auf öffentlich-rechtlichem Gebiet liegende Amtstätigkeit" bleibt bei der Ablehnung des Gewaltbegriffs auf halbem Wege stehen.

[15]) Vollends fehlgehend: die deutsche P sei früher ein Privatunternehmen gewesen, daher — namentlich im Interesse des Wirtschaftsschutzes (Ablehnung der sog. „öffentlichen Hand") — auch heute zweckmäßig wieder als solches zu betreiben. Die TaxisP war, mindestens seit 1615, öffentlich-rechtliche StaatsP.

gewerbe) und verliere diese Eigenschaft nicht durch das teilweise bestehende Alleinrecht des Staates. — Indessen untersteht nach positiver RechtsO die P weder der GewO noch dem HGB (vgl. III § 2).

3. Die HaftrechtsO des § 6 PG 1871 sehe einen materiellen Ersatzanspruch des Abs vor, weil dieser zur P in einem Zivilvertragsverhältnis stehe. — S. indessen hierzu das oben zu § 2 Gesagte.

4. Durch § 50 Abs. 2 PG 1871 (s. S. 171) sei das PBenutzungsverhältnis als Zivilrechtsvertrag konstituiert. — Indessen fußt jene Vorschrift auf § 50 prPG 1852 und dessen, bis auf 1818 zurückgehenden Entwürfen. Sie beruht auf der veralteten Vorstellung, daß das Alleinrecht der P auf Beförderung gewisser Sachen (der früher sog. „PZwang") eine Derogation bürgerlicher Grundrechte in sich schließe. Weiter folgerte man: die Gesetze i. f. S., welche die bürgerlichen Grundrechte einführten, würden zwar durch das PG selbst, weil ebenfalls Ges i. f. S., geändert werden können, nicht aber durch eine VO (das 1852 erstmals geplante PRegl). Daher würden nicht nur die konstitutive PZwangsvorschrift selbst (§ 1 PG 1852 ff.), sondern auch alle diejenigen Vorschriften der PAnstO, die sich auf den PVerk mit postzwangpflichtigen Gegenständen bezögen, im PG selbst untergebracht werden müssen, es sei denn, daß sie — bei ihrer Unterbringung im PRegl — zu Vertragsabreden (lex privata) erklärt würden. Man besorgte, daß die Gerichte „auf Grund bloß reglementarischer Vorschriften nicht zugunsten der P erkennen würden". — Der Überlegung liegt eine Verkennung des Verhältnisses von öffentlichem zu bürgerlichem Recht zugrunde und eine, für damals allerdings erklärliche, Nichtvertrautheit mit dem Wesen der delegierten VO. Ungeprüft bleibt zudem, ob

die bürgerlichen Grundrechte zufolge Privatvertrags überhaupt verzichtbar seien. Daß die schon in ihren Anfängen verfehlte Gesetzesvorschrift sich bis jetzt hat erhalten können, hängt damit zusammen, daß man sich weder 1867 noch 1871 zu einer Umarbeitung des PG entschloß, sondern, entsprechend dem Fortsetzungsprinzip des Art. 48 BVerf 1867/RVerf 1871, das preußische PGesetz nahezu wörtlich übernahm. Es besteht indessen für die Gegenwart kein Anlaß, die Verfehltheiten der veralteten Theorie sich zu eigen zu machen.

5. § 3 PG 1871 begründe einen „Kontrahierungs“zwang für die P. — Die Vorschrift (Text s. S. 145) führt zurück auf § 5 prPG 1852. Im PGEntwurf fehlend, wurde sie von der II. Kammer eingeschaltet in mißverstandener Analogie des § 32 Ges 3. 11. 1838 (GS. S. 505), betr. die Verhältnisse der Privateisenbahnen. Der gesetzgeberischen Unklarheit entspricht das Fehlen der positiven Rechtswegklausel im § 5 (1852 = § 3 1871), obwohl der PGEntwurf 1852 einen klagbaren Leistungsanspruch gegen die P allgemein nicht vorsah.

6. Zwanglos erkläre sich für die bürgerlich-rechtliche Auffassung der im § 14 PG zugelassene Rechtsweg (Aschenborn-Schneider S. 150). — Indessen würde es einer besonderen Zulassung des Rechtswegs im § 14 im Gegenteil nicht erst bedürfen, wenn das Gesetz von einer zivilrechtlichen Natur des PBenutzungsverhältnisses grundsätzlich ausginge.

7. „Dem Richter würde auch jede Grundlage fehlen, wenn er die Entscheidung aus den Gesichtspunkten des öffentlichen Rechts fällen sollte“ (Dambach-v. Grimm, PostG, 6. Aufl. Berlin 1901 S. 7) und: „Immer wird das bürgerliche Recht die willkommene und unter Auswahl zu benutzende Fund-

grube bleiben (usw.)" (RGer im „Recht" 17, 95 bei Aschenborn-Schneider S. 149). — Quod de iure non sortitur effectum!

8. „Wozu wolle man ohne Not die von der P geschlossenen Rechtsgeschäfte in zwei Teile zerreißen, in die gewöhnlichen, die sich nach öffentlichem Recht richten sollen, und in die anderen, wie den PProtest und den PScheckVerk, bei denen — mit Rücksicht auf ihre HaftungsO (§ 4 Ges 1908 s. S. 400 und § 9 PScheckG s. S. 370) — die Unterstellung unter zivilrechtliche Normen auch von den Anhängern[16]) der öffentlich-rechtlichen Auffassung nicht bezweifelt werden könne?" (Aschenborn-Schneider S. 150). — Gelegentliche aushelfende Hinübernahme zivilrechtlicher Einzelnormen in öffentlich-rechtliche Rechtsquellen bewirkt niemals die Umwandlung von öffentlichem in bürgerliches Recht. Die PAnstO bleibt daher, trotz PProtest- und PScheckHaftung, einheitlich öffentlich-rechtlicher Natur. Rechtsgeschäfte werden nirgends zerrissen, schon weil die Heranziehung der BGB-Haftungsgrundsätze zur PProtest- und PScheckhaftung nur mit sehr erheblichen Ausschlüssen stattfindet. Parallele Vorgänge sind auch sonst häufig; vgl. §§ 20, 24, 25 Ges 1. 8. 1922, RGBl. I S. 681; §§ 9, 13, 14 Ges 3. 5. 1909, RGBl. S. 437.

Die Motive zu § 4 Ges 1908 berufen sich lediglich auf „praktische Bedürfnisse" und auf die gleiche Ordnung des belgischen PProtestrechts (Vhdlgn d. Reichstags, XII. LegPer, I. Sess, Bd. 243 der Anlagen, Stück Nr. 471 S. 2535). Namentlich Belgien folgt aber der gesamt-westeuropäischen, öffentlich-rechtlich eingestellten Auffassung vom PVerkRecht. — Die Motive zu § 9 PScheckG bezwecken mit dessen Fassung lediglich „die Übereinstimmung mit § 4 des Ges 1908" (Vhdlgn d. Reichs-

[16]) Mangels näherer Benennung der Schriftsteller a. a. O. ist eine Nachprüfung unmöglich.

tags, XIII. LegPer, I. Sess, Bd. 300 der Anlagen, Stück Nr. 539 S. 4). In keinem von beiden Fällen ist demnach der Gesetzgeber von einer immanent-zivilrechtlichen Natur der PVerk-Geschäfte ausgegangen.

§ 5. Anstaltsordnung.

1. **Die PAnstO ist die primäre Rechtsquelle zur Beurteilung von Tatsachen des PVerkRechts. Daneben ist aushilfsweise auf allgemeine Rechtsgrundsätze zurückzugehen, nicht auf die gesetzte Zivilrechtsordnung.**

2. **Die geltende PAnstO unterliegt der Dreiteilung nach Gesetz i. f. S., gesetzvertretender VO und AusführungsVO (so seit dem Vorgange Preußens 1852).**

Maßgebend für den Gang der Rechtsstoffscheidung zwischen Gesetz und Verordnung wurde die Rechtsentwicklung, die in Preußen zur Aufteilung des ALR II 15, 4 in das prPG 1852 (GS. S. 345) und in das prPRegl 31. 7. 1852 (PABl. S. 477) führte. Zur Aufnahme des AusfVO-Stoffes dient seit 1854 die Allg. PDienstinstruktion. Das Positive dieser Rechtsstoffscheidung bestimmte § 50 prPG 1852 (jetzt § 50 PG 1871). Wegen der Motive zu § 50 prPG s. Landtagsdrucks 1852, III. Sess, Zweite Kammer, Nr. 125, S. 56 f.

Ausgangspunkt der Aufteilung des ALR II 15, 4 wurde die Notwendigkeit einer Neuordnung des Rechts in der Rheinprovinz nach d. Wiener Kongreß 1815, und zwar durch: A. Wiedereinführung des ALR in den früheren rheinischen Landesteilen Preußens, die 1807 französisch geworden waren (Art. VII des Tilsiter Friedens), vgl. Patent 8. 9. 1814 (GS. S. 253), KabO 3. 11. 1817 (GS. S. 289), dgl. 24. 7. 1826 (bei Kamptz, Aktenmäßige Darstellung der Preuß. GesRevision, Berlin 1842 S. 295; vgl. Pensum XII der GesRevision, Berlin 1830: MscrDruck der Motive z. Entw. der Tit. II 10—19 ALR); — B. erste Einführung preuß. Rechts in den 1815 neu an Preußen gefallenen rheinischen Landesteilen (Patent 5. 4. 1815, GS. S. 21, 23, 25), nach Ablösung des vor 1803 dort vorhanden gewesenen Thurn- u. Taxisschen PWesens (Art. XVII der Bundesakte 8. Juni 1815 und Entschädigungsverträge 4. 6. 1816, 6. 11. 1816, 16. 12. 1817). — Zu A. und B. Preuß. PGesEntwürfe entstanden: 1818, 1828/29, 1844, 1846, 1851. Zum erstenmal wird der Plan einer Rechtsstoffverteilung auf Gesetz i. f. S. und AusfVO im Entwurf 1828 ausgesprochen. Erst 1851 kommt der Gedanke einer Scheidung in Gesetz i. f. S. und delegierte, gesetzvertretende VO auf. Fördernde Parallelvorgänge waren: a) der Erlaß des 2. preuß. TelRegulativs 26. 9. 1850 (MinBl. S. 291), b) der Abschluß des deutsch-österr. TelVereinsvertrags 14. 10. 1851 (Ztschr. des deutsch-österr. TelVereins, Berlin 1854 S. 13, c) Erneuerung des deutsch-österr. PostVereinsvertrags 5. 12. 1851 (GS. 1852 S. 401, 424).

3. PAnstO zufolge Gesetzes i. f. S. siehe Inhaltsverzeichnis Ziffer 8, 9, 17—19, 28, 30.

4. PAnstO zufolge gesetzvertretender VO f. InhVz Ziffer 12, 14, 20—25, 27, 28. Da der Rechtsweg beschränkt ist (s. oben § 3), so besteht kein Interesse an der zivilrechtlichen Klagbarkeit dieser PAnstO-Gruppe. Der frühere Streit um ihre RechtsVOEigenschaft ist unter dem Gesichtspunkt der öffentlich-rechtlichen Auffassung gegenstandslos geworden.

Grundform der hierher gehörenden VO ist die PostO, ursprünglich als prPRegl delegiert aus § 50 PG 1852, übernommen auf den NordbBund 1867, jedoch jetzt nicht mehr als delegierte VO, sondern mit eigenem Rechtsbestand aus Art. 48 BVerf (Ermächtigungsprinzip) und in dieser Eigenschaft weiter übernommen auf die ReichsPTVerw 1871 (Art. 48 RVerf). Keine materielle Änderung dieser Rechtslage durch Art. 88 RVerf 1919 und RPFinanzG 1924. — Wegen der periodischen Erneuerungen der PO s. S. 178.

Seit 1924 (RPFinanzG, RGBl. I S. 287) sind zu unterscheiden:

I: VO'n unter Beteiligung des PVerwRats (PVerwR'VO)
II: VO'n ohne Beteiligung des PVerwRats (RPMinVO).

Zu I: Die sachlichen Zuständigkeiten des PVerwR sind limitativ aufgezählt im § 6 RPFinanzG. Die PVerwR'VO hat dementsprechend an sich gezogen, und zwar:

A) den Bereich des bisherigen GebührenGes i. f. S. in vollem Umfang,

B) vom Bereiche der bisherigen gesetzvertretenden VO:
 1. die „reglementarischen Festsetzungen" nach Art. 48 RVerf 1871 in vollem Umfange (ausgenommen VersuchsVO),
 2. nicht: die „allgemeinen administrativen Anordnungen" ebd.

Zu II: Der RPMinVO sind verblieben: die VersuchsVO'n reglementarischen Inhalts (s. vorstehend zu I B 1; vgl. Seiten 339 und 342 und die allg adm. Anordnungen s. I B 2; u. a. die Bestimmung über die Ausgabe von PWertzeichen, s. Art. 88 Abs. 2 RVerf 1919; Vorg.: § 3 prPGes 21. 12. 1849, GS. S. 439).

5. PAnstO zufolge AusfVO s. S. 339, 342; ferner: AusfBest zu PG, PO, PScheckG, PScheckO in ADA Abschn. II 1, V 1 und 4; Vorschriften über den PZeitungsVerk im ADA V 3, als Ergänzung zu § 3 PG und §§ 8, 25, 30, 35, 46 PO (d. s. die „allgemeinen administrativen Anordnungen" mit gesetzvertretender Kraft nach Art. 48 RVerf 1871).

§ 6. Übersicht der Entwicklung der Postanstaltsordnung seit 1919.

I. Bis zum RPFinanzG 1924 (RGBl. I S. 287).

Verfassungsmäßige Aufgaben der PostGesgebung im neugeordneten Reich waren:

A) die Erneuerung der überkommenen PAnstO (Art. 178 RVerf) und ihre Verschmelzung mit den entsprechenden bayrischen und württembergischen PAnstO'n (Art. 52 RVerf 1871 und Art. 170 RVerf 1919),

B) Wahrung staatswirtschaftlicher Interessen in Zusammenhang mit den Währungsstörungen und den Versailler Reparationsnotwendigkeiten.

Zu A.

Die hier zu berücksichtigenden Rechtsquellen, wie sie bis zum 13. 8. 1919 in Kraft gestanden haben, waren:

1. das PostG 28. 10. 1871 (RGBl. S. 347), mit Änderungs-G'n (s. S. 142),
2. die PostO 28. 7. 1917 (RGBl. S. 763),
3. die RohrpostO 30. 1. 1909 (Zentralbl. S. 22),
4. die PostzollO 28. 1. 1909 (Zentralbl. S. 39),
5. die Post-Zustellungs-Anweisung 6. 3. 1914 (Zentralbl. S. 208),
6. das PostscheckG 26. 4. 1914 (RGBl. S. 85), mit Änderungs-G'n s. S. 364),
7. die PostscheckO 22. 5. 1914 (RGBl. S. 131),
8. das PortofreiheitsG 5. 6. 1869 (BGBl. S. 141), mit zugehörenden VO'n,
9. das PosttaxG 28. 10. 1871 (RGBl. S. 358), mit Änderungs-G'n[17]).

Hiervon sind seit 1924 erneuert: das Ges zu Ziff. 6 und die VO'n zu Ziff. 2, 3, 7 (auch auf BW ausgedehnt). Das Ges zu Ziff. 8 ist ohne Ersatz aufgehoben worden (s. InhVz. Ziff. 30). Das gleichfalls aufgehobene Ges Ziff. 9 erhielt anfangs einen Ersatz im PGebG 8. 9. 1919 (RGBl. S. 1519), dessen Inhalt, nach zahlreichen Umwandlungen (s. nachstehend zu B), in die PO übergegangen ist (VO 25. 7. 1927, PABl. S. 275).

Zu B.

Die Angriffe der Markentwertung richteten sich, im Bereiche des PVerkRechts, gegen den Bestand der Gebührenordnung (Ges 8. 9. 1919, RGBl. S. 1519, 1522) und der HaftpflichtsummenO (§§ 9 und 10 PG). Die anfänglichen Versuche, ihnen in den Formen der verfassungsmäßigen Gesetzgebung (Art. 10 RVerf)

---

[17]) Ges 17. 5. 1873 (RGBl. S. 107), Ges 3. 11. 1874 (ebd. S. 127), Ges 20. 12. 1899 (Art. I, RGBl. S. 715), Ges 11. 3. 1901 (RGBl. S. 15), Ges 22. 5. 1910 (ebd. S. 837), Ges 21. 6. 1916 (ebd. S. 577), Ges 18. 6. 1917 (ebd. S. 551).

zu begegnen, hielten nicht stand und mußten dem Verfahren der ermächtigten VO-Gebung weichen. Im Einzelnen war der Entwicklungsgang folgender:

1. Zur Gebührenordnung: a) Postgebühren.

PGebGesetze ergingen am 29. 4. 1920 (RGBl. S. 683), 22. 3. 1921 (ebd. S. 237), 19. 12. 1921 (ebd. S. 1593); aus letzterem 10 ermächtigte PGebVO'n, und zwar: im Jahre 1922 am 1. 6., 13. 9., 3. 11., 5. 12. (RGBl. I S. 489, 727, 835, 898), im Jahre 1923 am 5. 1., 13. 2.[18]), 21. 3., 18. 6., 12. 7., 14. 8. (RGBl. I S. 45, 121, 210, 392, 619, 785). Ferner: PGebG vom 17. 8. 1923 (RGBl. I S. 797), daraus 9 ermächtigte PGebVO'n vom 24. 8., 7. und 19. 9. (PABl. S. 351, 371, 397), 27. 9. (RGBl. I S. 919), 10., 20. und 27. 10., 6. 11. (PABl. S. 435, 453, 465, 477), 22. 11. (RGBl. I S. 1104).

b) Postscheckgebühren.

PScheckGebGesetze: vom 22. 3. 1921 (RGBl. S. 242), 19. 12. 1921 (ebd. S. 1597); aus letzterem 9 ermächtigte PScheckGebVO'n, u. zwar: unter den gleichen Tagen, wie die PGebVO'n (s. oben, außer derjenigen vom 21. 3. 1923; RGBl. 1922 I S. 491, 730, 838, 899; 1923 I S. 46, 122, 394, 619, 785). Die fernere PScheckGebgesetzgebung wird von der gleichzeitigen PGebGgebung (s. vorstehend zu a) mitbehandelt. An selbständigen VO'n zum PScheckVerk ergingen: die VO über Vereinfachungen im PScheckVerk (auch den PVerk mitbehandelnd) vom 23. 10. 1923 (RGBl. I S. 988, auf Grund des 1. ErmächtGes 13. 10. 1923, RGBl. I S. 943) und die VO zur Umstellung des PScheckVerk auf RentenM vom 23. 11. 1923 (PABl. S. 535, auf Grund RVerf Art. 48).

2. Zur Haftsummenordnung.

Ges z. Änderung des § 9 PG, vom 6. 5. 1920 (RGBl. S. 893) und Ges z. Änd. der §§ 9 u. 10 PG, vom 13. 12. 1922[19]) (RGBl. I

[18]) Diese VO führte die sog. ZeitungsGebO ein, so benannt erstmals im PNBl. 1923 S. 157. Sie hat durch Übergang in die Anlage zur PO (s. VO 25. 7. 1927, PABl. S. 275) ihren eigenen Bestand wieder verloren.

[19]) Wegen Änderung der Geldstrafenordnung (§ 27 PG) durch das gleiche Ges s. S. 163.

S. 913). Aus dem letzteren 15 ermächtigte VO'n vom 10. 1., 5. 2., 3. 7., 24. 8., 1., 15. u. 28. 9., 10., 15. u. 31. 10., 6., 12., 20. u. 26. 11., 20. 12. (PABl. S. 27, 102, 217, 363, 367, 392, 415, 431, 443, 471, 479, 482, 501, 524, 575).

II. Seit dem RPFinanzG 1924 (RGBl. I S. 287).

1. Zur Gebührenordnung: a) Postgebühren.

Indem das RPFinanzG „die Gebührenbemessung im Post-, Telegraphen- und Fernsprechverkehr" an die PVerwR'VO überweist (§ 6), wird der Abbau der auf Ges i. f. S. beruhenden PTGebührenO eingeleitet. Diesem Zwecke dienen die VO'n: vom 9. 5. 1924 (PABl. S. 285), vom 7. 8. 1924 (ebd. S. 502, nur ZeitungsGeb betreffend), vom 1. 10. und 18. 12. 1924 (ebd. S. 572, 693), vom 25. 3. und 22. 6. 1925 (ebd. S. 181, 327). Was hiernach von den PGebGesetzen 1921/23 noch übrig geblieben war, ist durch die VO 25. 7. 1927 (PABl. S. 275) in die PO von 1921 hinübergeleitet worden (PABl. 1927 S. 283, Abs. 2 der „Bemerkungen" zur PO). Das PGebG formellen Sinnes hat seitdem aufgehört, zu bestehen. Zugleich sind die Ziffern 6 und 7 des § 50 PG 1871 wieder in Kraft getreten, nachdem sie durch §§ 8 der PGebGesetze 29. 4. 1920 (RGBl. S. 683) und 22. 3. 1921 (RGBl. S. 237) bezw. § 9 PGebG 19. 12. 1921 (RGBl. S. 1593) aufgehoben worden waren. Seit 1927 ist § 1 PO sedes materiae der gesamten Postgebührenordnung (Zusammenstellung in der Anlage zu § 1).

b) Postscheckgebühren.

Quelle der gesetzlichen GebOrdnung war hier seit 1921 der § 5 PScheckG 22. 3. 1921 (RGBl. S. 242, 247). Zur Änderung dieses Ges ergingen auf Grund des RPFinanzG die VO'n vom 1. 10. und 18. 12. 1924 (PABl. S. 572, 693) sowie vom 25. 7. 1927 (ebd. S. 285). Erst am 16. 12. 1927 folgte diejenige VO[20]) (PABl. S. 519), die auch im Bereiche des PScheck-

[20]) Die VO führt sich ein als „Bek des neuen Wortlauts der PScheckO", entbehrt indessen der sonst üblichen Ermächtigung zur Veröffentlichung des neuen Wortlauts. Dasselbe Verfahren ist demnächst bei Herausgabe der PO 30. 1. 1929 (PABl. S. 49) angewendet worden.

wesens die gesetzliche GebOrdnung (§ 5 PScheckG) in die VO übertrug (§ 1 V PScheckO nebst Anlage, PABl. S. 525).

2. Zur Haftsummenordnung.

Im Bereich der Haftrechtsordnung sieht sich die PVerwR'VO nicht für zuständig an, soweit es sich um formgesetzliche Normen handelt. Daher erging die VO 15. 5. 1924 (PABl. S. 293) zur Änderung der Haftpflichtsumme bei Einschreibbriefverlusten (§ 10 PG; zuletzt 20 RM zufolge VO 20. 12. 1923, PABl. S. 575) — fortan 30 RM — nicht aus § 6 RPFinanzG, sondern noch auf Grund des Ges 13. 12. 1922 (RGBl. I S. 913). Auch die Aufhebung des Ges 13. 12. 1922 (RGBl. I S. 913) wurde dem Ges i. f. S. überlassen (Ges 5. 2. 1925[21]), RGBl. I S. 10).

III. Postwirtschaftsrecht.[22])

§ 1. Selbständiges Postwirtschaftsrecht.

Ein selbständiges PWirtschaftsrecht modernen Inhalts ist entstanden, seitdem es eine selbständige, aus dem allgemeinen RHaushaltsrecht kameralistisch abgestellter Handhabung ausgesonderte PWirtschaft gibt, d. h. seit 1924. Verfassungsvertretende Rechtsgrundlage dieser selbständigen PWirtschaft ist das RPFinanzG 18. 3. 1924 (RGBl. I S. 287). Sein wirtschaftsrechtlicher Zweck ist die Herauslösung der DRP aus dem allgemeinen Reichshaushalt —

---

[21]) Das gleiche Ges hat auch den Geldstrafensatz von 500 M — Ges 13. 12. 1922 (RGBl. S. 913) — auf seinen ursprünglichen Betrag von 3 RM (§ 27 PG 1871) zurückgeführt.

[22]) S. hierzu folgende Einzelveröffentlichungen des Bearbeiters: Chronik der PVerkPolitik, 14 Aufsätze Okt. 1919 bis April 1924, WeltwirtschaftlArchiv Kiel; Eine PValuta-Novelle, ebd. 1923 S. 266; Züge privatwirtschaftlicher Versicherungspraxis im heutigen PVerkehr, LeipzZ 1926 S. 1052; Artikel „Wirtschaftspolitik der DRP" im Handwörterbuch d. PWesens, Berlin 1927 (J. Springer).

nicht: aus der allgemeinen Reichsverwaltung. Dadurch tritt die DRP in ihrer heutigen Gestalt als Mitteltyp zwischen die DRB-Gesellschaft einerseits, die sowohl aus RHaushalt wie aus RVerw ausgeschieden ist, und die RMonopol-Verw andererseits, die, obwohl ein wirtschaftliches Unternehmen des DR, dennoch weder aus RHaushalt noch aus RVerw ausgeschieden ist.

Das RPFinanzG führt positiv-wirtschaftliche Gesichtspunkte in die DRP-Verfassung ein, und zwar hinsichtlich:

der Verwaltung: durch § 2 Abs. 1, Satz 2 (Text s. S. 75),

der VO-Gesetzgebung: durch § 3 Abs. 1 Satz 2 u. 3 (Text s. S. 76).

Für die VerwRechtsprechung (in Haftungssachen: s. § 14 PG, in PStrafsachen: s. §§ 34 ff. ebd.) fehlt eine Vorschrift, entsprechend dem § 4 RAbgabenO 1919 (RGBl. S. 1993), wonach bei Auslegung der Gesetze (auch im Strafverfahren, vgl. § 355 RAbgabenO) ihr Zweck, ihre wirtschaftliche Bedeutung und die Entwicklung der Verhältnisse zu berücksichtigen sind (vgl. RFinH 30. 5. 1923, III A 123/22, RSteuerBl. S. 227). Dennoch zeigen sich einschlägige Ansätze u. a. bei der Handhabung des Ersatzverfahrens (s. PG 1871 § 10 Anm. 5, S. 152).

§ 2. Gelockerte Staatswirtschaft.

Alle Privatwirtschaft rechnet grundsätzlich überwiegend mit zukünftigen Erfolgen und wagt um deren willen den Einsatz gegenwärtiger Werte (vgl. RPFinanzG § 15 Abs. 2 Satz 2). Das Wesen der Privatwirtschaft ist daher das gewagte (aleatorische) Geschäft, schon im Römischen Recht mit minderem Rechtsschutz ausgestattet und demgemäß seitens der Staatswirtschaft von jeher abgelehnt. Die

Haftungsordnung des privaten Handelsrechts neuerer Zeit setzt dem kaufmännischen Wagnis die Grenzen der „Sorgfalt eines ordentlichen Kaufmanns" (ADHGB Art. 282, HGB § 347). Der Staat, als Träger öffentlicher Rechte, setzt sich entsprechende Schranken selbst, sobald er in der Verwaltung privatwirtschaftliche Grundsätze annimmt. Daher die Vorsicht, mit der das RPFinanzG den Boden privatwirtschaftlicher PBetriebsführung betritt: Bindung der Zentralbehörde an den Verwaltungsrat und an die Finanzverwaltung, Bindung der Mitglieder des PVerwRats an die „Sorgfalt eines ordentlichen Geschäftsmanns" (§ 4 a. a. O.). Im Endergebnis verleiht das RPFinanzG der DRP keineswegs die Rechtsnatur eines privatrechtlichen Wirtschafts- und Erwerbsunternehmens. Vielmehr ist die DRP auch seit 1924 nach wie vor ein Zweig der öffentlich-rechtlichen Staatswirtschaft geblieben, wobei nur die Bindung an das positive RHaushaltsrecht (RHaushO 31. 12. 1922, RGBl. 1923 II S. 17, u. RWirtschBest 11. 2. 1929, RMinBl. S. 49) in einigen Beziehungen gelockert worden ist.

§ 3. Eigenwirtschaft der DRP.

Die reichsrechtliche Staatswirtschaftsordnung ist für die Zwecke der DRP-Wirtschaft in folgenden Richtungen ausgeschaltet:

1. Reichsverfassung. Das jährliche RHaushaltsG i. f. S. (Art. 85) ist durch den Beschluß des PVerwRats ersetzt (§ 6 RPFinanzG); die Beschränkung der Reichstags- und der Reichsratsbefugnisse (Art. 85) fallen bezüglich des PHaushalts aus. Rechnungslegung und Rechnungsprüfung bei der DRP sind durch § 11 RPFinanzG abweichend von Art. 86 RVerf geordnet. Das

öffentliche Kreditrecht aus Art. 87 RVerf bezw. VO 13. 2. 1924 (RGBl. I S. 70) ist für die DRP ausgeschlossen zufolge §§ 6, 9, 15 Abs. 2 RPFinanzG und das aus diesen fließende VORecht (vgl. Bestimmungen des PVerwR über die Anlegung der PScheckgelder 6. 2. 1925, S. 93; auch: §§ 7 der Staatsverträge mit BW von 1920, S. 17 und 43). Enger gebunden ist das Enteignungsrecht der DRP (§ 14 RPFinanzG): statt angemessener Entschädigung (Art. 153 RVerf) ist volle Entschädigung vorgesehen.

2. Reichsgesetze. Die unmittelbare Anwendbarkeit der RHaushaltsO 1922 (RGBl. 1923 II S. 17) ist durch §§ 7 und 11 RPFinanzG für die DRP ausgeschaltet. Bei der Bemessung der Personalausgaben (nur Beamte), soweit sie nicht auf Reichsgesetz i. f. S. beruhen — z. B. RBesoldungsO 12. 3. 1928 (RBesoldBl. S. 33) — hat die DRP bedingungsweise freie Hand zu Abweichungen (§ 12 RPFinanzG). Die Bewirtschaftung des PGebührenwesens (auch: PScheckGeb) ist durch § 6 RPFinanzG dem Reichsgesetz i. f. S. gänzlich entzogen und der DRP (PVerwR bezw. RPMin) überlassen, ebenso wie die Neuaufnahme und die Aufgabe von Verkehrszweigen. Zu letzteren gehört indessen begrifflich nicht der Postkraftfahrbetrieb (s. vielmehr § 6 KraftfahrlinienG 1925, S. 539).

Richtlinien bezüglich Unterbringung der Lieferungsaufträge der DRP sind — abgesehen von BW (s. §§ 3 der Schlußprotokolle der Staatsverträge von 1920, S. 24 und 49) — durch das RPFinanzG nicht erteilt. Der allgemeine Grundsatz des § 2 a. a. O., betreffend Berücksichtigung der deutschen Wirtschaft bei der Verwaltung der DRP, ist anders bezweckt. Indessen sind einschlägige Vorkehrungen mit der Einrichtung der Geschäftsführenden Oberpostdirektionen getroffen (S. 113).

§ 4. Die DRP im Rahmen der heutigen Behördenwirtschaft.

Die Behördenwirtschaft im gegenwärtigen DR behandelt alle selbständigen Reichsverwaltungen als isolierte Wirtschaftskörper mit der Pflicht gegenseitiger Abgeltung der einander geschuldeten und gewährten Leistungen[23]). Diesem Grundsatz entspricht postwirtschaftlich der Wegfall der Gebührenfreiheit für den dienstlichen Verkehr der Reichsbehörden untereinander (Ges 29. 4. 1920, s. S. 396), wie ebenso umgekehrt der Wegfall der unentgeltlichen Postbeförderung auf den Eisenbahnen (s. S. 418) und die Steuerpflicht der DRP (s. S. 74). Der ursprünglich vorgesehene Anspruch der PTVerw auf unentgeltliche PSachenbeförderung durch die vom DR unterstützten PrivatluftverkUnternehmungen (RHaushaltsG 8. 5. 1920, RGBl. S. 917, 928; Subventionsbedingungen) ist beseitigt worden (§ 11 RLuftVerkG 1. 8. 1922, s. S. 463).

Von der Heranziehung zu den Reparationslasten (Pakt von London, Dawesabkommen) sind die Reichseinkünfte aus dem PWerk freigelassen worden, weil die DRP, obschon sie zu den „werbenden Reichsbetrieben" zähle, dennoch vorwiegend gemeinnützigen Zwecken diene (AufbringungsG 30. 8. 1924, RGBl. II S. 269).

§ 5. Die DRP und die Wirtschaft der „öffentlichen Hand".

A.

Die moderne PWirtschaft wird nicht mehr allein von dem ungeschriebenen Grundsatz der Nichtfiskalität geleitet, wenn unter Fiskalität die Einnahmesteigerung ohne materiell-gesetzlichen Zwang verstanden wird. Die heutige

---

[23]) Wegen Nichtabgeltung einzelner Beträge von nicht mehr als 10 RM. s. § 68 RWB 11. 2. 1929 (RMinBl. S. 49).

Einnahmenwirtschaft der DRP ist vielmehr durch die positive Rechtsordnung (RPFinanzG) an feste Richtlinien gebunden, die sich nach folgenden Wirtschaftszwecken bestimmen:

Deckung der eigenen Ausgaben (§ 7),
Verzinsung und Tilgung der eigenen Schulden (§ 7),
Ansammlung einer Rücklage (§ 8).

Der Betrag der Ablieferungen an die Reichskasse (nicht: Reichsbank) aus den Überschüssen bestimmt sich nach dem tatsächlichen Ergebnis der Jahreswirtschaft.

B.

Ein Ausschluß des freien Verkehrsgewerbes[24]) (vgl. § 5 RGewerbeO 1900, RGBl. S. 871; Art. 3 Ges 20. 12. 1899, RGBl. S. 715) zugunsten der PWirtschaft besteht z. Z. in folgendem Umfange:

1. Beförderung verschlossener Briefe, ohne Rücksicht auf ihren Inhalt, ausgenommen jedoch Briefe mit Zustellungsurkunde (§§ 27, 42 PO). Auch unverschlossene Briefsendungen mit Anschrift bestimmter Empfänger (daher nicht: PWurfsendungen, § 8 PO) werden im vorliegenden Sinne zu verschlossenen Briefen bei Versendung in verschlossenen Paketen (§ 14 PO);
2. Beförderung politischer Zeitungen außerhalb des 15 km-Umkreises ihres Ursprungsortes.

Zu 1 und 2. Die P hat Anspruch auf die Gebühren für die einzelnen Briefsendungen oder Zeitungen (Anlage zu § 1 PO), nicht etwa allein auf die Beförderungsgebühr für Sammelpakete. Der Ausschluß wird durchbrochen durch § 2 PG 1871 („expresser

[24]) Nach h. M. ist auch der nichtgewerbliche Wettbewerb mit der P ausgeschlossen; die Rechtsprechung, auch die des RGer, ist indessen wenig einheitlich.

Bote"; zahlreiche RGerEntscheidungen zur Bestimmung dieses Begriffs);

3. gesamter Fernmeldeverkehr (Telegraphie, Fernsprecher, Rundfunk), mit Durchbrechungen gemäß positiver Rechtsordnung (§§ 2—4 FernMAnlG 1928, RGBl. I S. 8).

Kein Ausschluß des freien Verkehrsgewerbes besteht bei:

Geldbesorgung (§§ 20—23 PO, PScheckVerk), soweit sie sich nicht etwa verschlossener Briefe bedient (s. Ziffer 1),
Paketbeförderung (vgl. Ges 21. 5. 1860, GS. S. 209),
Personenbeförderung (aufgehoben zusammen mit dem PG 1867 durch PG 1871, RGBl. S. 347),
Hauslistenverteilung, Adressenprüfung (s. S. 339 und 342).

Verfassung des Deutschen Reichs.

Vom 11. 8. 1919 (RGBl. S. 1383).

Auszug.

Art. 5.

Die Staatsgewalt[1] wird in Reichsangelegenheiten[2] durch die Organe des Reichs[3] auf Grund der Reichsverfassung[4] . . . . ausgeübt.

1 Vgl. die „Reichsgewalt" nach § 6 RVerf 28. 3. 1849 (RGBl. S. 101). Der Ausdruck umfaßt Hoheitsverwaltungen und „Reichsbetriebe" (unter diesen die DRP). Wegen des Ausdrucks „Reichsbetriebe" vgl. § 1 VO 9. 1. 1919 (RGBl. S. 28: öffentliche B.), VerfFr Art. 45 ff. u. Anl. § 19 Abs. 2 (Ges 16. 7. 1919, RGBl. S. 687: öffentliche B., services publics), § 1 VO 21. 7. 1919 (RGBl. S. 660: ReichsB.), Art. 1 VO 24. 9. 1919 (RGBl. S. 1720: dgl. Art. 1 VO 14. 4. 1920 (RGBl. S. 522: dgl.), Abs. 2 Erl. 15. 5. 1920 (RGBl. S. 981).

2 PTV (DRP) als Reichsangelegenheit: Vorg. Art. VIII RVerf 1849, Art. 48 BundesVerf 17. 4. 1867 (BGBl. S. 1), Art. 48 RVerf 16. 4. 1871 (RGBl. S. 63).

3 Die Organisation der deutschen Postbehörden folgt der Dreiteilung nach obersten, höheren und örtlichen Verwaltungsbehörden: a) Reichspostministerium (Erl 21. 3. 1919, RGBl. S. 327; vgl. Art. 52 RVerf 1919), hervorgegangen aus dem Reichspostamt (Erl 23. 2. 1880, RGBl. S. 25), wie dieses aus dem Deutschen bzw. Norddeutschen General-Postamt (Abtlg. I b Reichs- bzw. Bundeskanzleramts; Erl 18. 12. 1867, BGBl. S. 328), letzteres wiederum aus dem preuß. Postdepartement (zuletzt dem preußischen Handelsministerium nachgeordnet, bis zum Übergange auf das preußische Staatsministerium: Erl 17. 4. 1848 und 28 9. 1867, GS. S. 109 bzw. 1780). — Eine bayerische

Abteilung des RPM mit besonderer örtlicher Zuständigkeit für den Freistaat Bayern hat ihren Sitz in München (§ 4 des Staatsvertrags vom 29./31. 3. 1920, RGBl. S. 644 und 649); — b) Oberpostdirektionen (zurzeit 36) mit örtlicher Zuständigkeit innerhalb administrativ abgegrenzter Bezirke, im allgemeinen zusammenfallend mit den Regierungsbezirken; sie sind hervorgegangen aus den preußischen OPD (Erl 19. 9. 1849, GS. 1850, S. 299), nachdem bis 1850 in Preußen die Regierungen die einschlägigen Postverwaltungsgeschäfte mitbesorgt hatten (VO 26. 12. 1808, GS. S. 679); — c) Postämter, als Ortsbehörden; die BahnPA, die den Eisenbahnpostbetrieb ohne Bindung an die Grenzen der OPDBezirke wahrnehmen, sind derjenigen OPD unterstellt, in deren Bezirk sich ihr dienstlicher Sitz befindet. — Die Zuständigkeit der Postbehörden untereinander wird nach innen abgegrenzt durch die Vorläufige ZuständigkeitsO 20. 3. 1923 (PABl. S. 114), ergänzt durch die endgültige ZuständigkeitsO 13. 3. 1928 (PABl. S. 115) und durch die VO, betr. Geschäftsführende OPD, 30. 3. 1928 (PABl. S. 165).

4 S. Art. 88.

Art. 6.

Das Reich hat die ausschließliche Gesetzgebung über:

1. die Beziehungen zum Ausland[1];

. . . .

7. das Post- und Telegraphenwesen[2] einschließlich des Fernsprechwesens.

1 S. Ges 22. 6. 1925 (RGBl. II S. 517), betr. den WPV 28. 8. 1924; EinzelPVerträge des DR sind, zufolge Reichspraxis seit 1875 (bis dahin: Behandlung nach Art. 11 BV 1867/RV 1871) der Gesetzgebung i. form. Sinne entzogen. Im Besetzten Gebiet gilt die PTGesetzgebung, soweit sie nicht durch Anordnung der Rheinlandkommission und des Regierungsausschusses (Saargebiet) außer Kraft gesetzt ist.

2 Vgl. Art. 88; die technische Bezeichnung ist übernommen aus Art. 48 BV 1867/RV 1871 (vgl. schon §§ 41, 43 RVerf 1849). Telegraphen-, Fernsprech- und Rundfunkwesen werden

neuerdings zusammenfassend als „Fernmeldewesen" bezeichnet (Ges 3. 12. 1927, RGBl. 1928 I S. 8).

Art. 12.

Solange und soweit das Reich von seinem Gesetzgebungsrechte keinen Gebrauch macht, behalten die Länder das Recht der Gesetzgebung. Dies gilt nicht für die ausschließliche Gesetzgebung des Reichs[1].

1 Wegen der bayerischen und württembergischen Gesetzgebungsreservate aus Art. 52 RVerf 1871 s. die Schlußprotokolle (Eingang unter „Allgemeines") zu den Staatsverträgen vom März 1920 (S. 15). — Vgl. auch Art. 48, Abs. 4.

Art. 15.

Die Reichsregierung übt die Aufsicht[1] in den Angelegenheiten aus, in denen dem Reiche das Recht der Gesetzgebung zusteht. Soweit die Reichsgesetze von den Landesbehörden auszuführen sind, kann die Reichsregierung allgemeine Anweisungen erlassen. (usw.)

1 Seit Aufhebung des Art. 88 Abs. 3 nur noch im Rahmen der §§ 5—7, 11, 13 RPFinanzG (S. 71).

Art. 34.

Der Reichstag hat das Recht und auf Antrag von einem Fünftel seiner Mitglieder die Pflicht, Untersuchungsausschüsse einzusetzen. Diese Ausschüsse erheben in öffentlicher Verhandlung die Beweise, die sie oder die Antragsteller für erforderlich erachten.

(usw.)

Auf die Erhebungen der Ausschüsse und der von ihnen ersuchten Behörden finden die Vorschriften der Strafprozeßordnung sinngemäße Anwendung, doch bleibt das

Brief-, Post-, Telegraphen- und Fernsprechgeheimnis[1] unberührt.

1 S. Art. 117.

Art. 45.

Der Reichspräsident vertritt das Reich völkerrechtlich. Er schließt im Namen des Reichs Bündnisse und andere Verträge mit auswärtigen Mächten.

(usw.)

Bündnisse und Verträge mit fremden Staaten, die sich auf Gegenstände der Reichsgesetzgebung[1] beziehen, bedürfen der Zustimmung des Reichstags.

1 Mit Rücksicht auf Art. 6 ist der Abschluß von Auslands-P-Verträgen ausschließliche Reichsangelegenheit; vgl. Art. 88 Abs. 5.

Art. 48.

(Abs. 2) Der Reichspräsident kann, wenn im Deutschen Reiche die öffentliche Sicherheit und Ordnung erheblich gestört oder gefährdet wird, die zur Wiederherstellung der öffentlichen Sicherheit und Ordnung nötigen Maßnahmen treffen[1], erforderlichenfalls mit Hilfe der bewaffneten Macht einschreiten. Zu diesem Zwecke darf er vorübergehend die in den Artikeln 114, 115, 117, 118, 123, 124 und 153 festgesetzten Grundrechte ganz oder zum Teil außer Kraft setzen[2].

(Abs. 4) Bei Gefahr im Verzuge kann die Landesregierung für ihr Gebiet einstweilige Maßnahmen der in Abs. 2 bezeichneten Art treffen. Die Maßnahmen sind auf Verlangen des Reichspräsidenten oder des Reichstags außer Kraft zu setzen.

1 S. hierzu VO 8. 3. und 24. 7. 1924 (RGBl. I S. 273, 670; Schutz des Funkverkehrs), aufgehoben: VO 28. 12. 1927 (ebd. I S. 513); VO 23. 11. 1923 (ebd. I S. 1132, Rentenmark im PScheckverkehr), aufgehoben: VO 8. 1. 1927 (ebd. I S. 40).

2 Außerkraftsetzungen des Art. 117 (Brief- usw. Geheimnis) geschahen durch folgende VOn, betr. Verhängung des Ausnahmezustandes: Erste Aktion für Norddeutschland, außer Freistaat Sachsen, VO 13. 1. 1920 (RGBl. S. 207) und 2. 3. 1920 (ebd. S. 357) mit Ergänzungen, und zwar: für Gr.Berlin und Brandenburg VO 19. 3. 1920 (ebd. S. 467), AufhebungsVO 27. 3. 1920 (ebd. S. 473); für Thüringen (einschl. S.-Gotha) VO 22. 3. 1920 (ebd. S. 343), AufhVO 10. 4. 1920 (ebd. S. 476); für S.-Gotha VO 10. 4. 1920 (ebd. S. 477) und 11. 4. 1920 (ebd. S. 479), AufhVO 6. 7. 1920 (ebd. S. 1453); für die Reg.-Bezirke Düsseldorf, Arnsberg und Münster VO 10. 4. 1920 (ebd. S. 558), 11. 4. 1920 (ebd. S. 479), 5. 5. 1920 (ebd. S. 887) und 19. 5. 1920 (ebd. S. 985); AufhVO für RBz. Arnsberg und Münster 28. 5. 1920 (ebd. S. 1094) und 10. 10. 1921 (ebd. S. 1287), für RBz. Düsseldorf 12. 6. 1920 (ebd. S. 1198); Aufh.-VO, außer für die Provinzen Westfalen, Schlesien und Sachsen 28. 5. 1920 (ebd. S. 1094), für Westfalen 12. 6. 1920 (ebd. S. 1198), Schlesien 14. 6. 1920 (ebd. S. 1199), Prov. Sachsen 31. 8. 1920 (ebd. S. 1643); Aktion für Freistaat Sachsen VO 29. 1. 1920 (ebd. S. 195) und 11. 4. 1920 (ebd. S. 479); Aufh.VO 13. 4. 1920 (ebd. S. 1384); Zweite Aktion für Groß-Hamburg VO 27. 6. 1920 (ebd. S. 1333), AufhVO 5. 8. 1920 (ebd. S. 1567); Zweite Aktion für Gr.-Berlin und Brandenburg VO 23. 7. 1920 (ebd. S. 1477), AufhVO 30. 8. 1921 (ebd. S. 1256); Zweite Aktion für Breslau VO 6. 9. 1920 (ebd. S. 1659), Aufh.-VO 20. 9. 1920 (§ 6); Zweite Aktion für Prov. Sachsen VO 24. 3. 1921 (ebd. S. 253), AufhVO 21. 6. 1921 (ebd. S. 769) und 30. 8. 1921 (ebd. S. 1250); Dritte Aktion für Gr.-Hamburg VO 24. 3. 1921 (ebd. S. 254) und 26. 3. 1921 (ebd. S. 343), AufhVO 3. 6. 1921 (ebd. S. 734); Zweite Aktion für RBz. Düsseldorf, Arnsberg und Münster VO 29. 3. 1921 (ebd. S. 456), AufhVO 3. 5. 1921 (ebd. S. 502).

Art. 52.

Die Reichsregierung besteht aus dem Reichskanzler und den Reichsministern[1].

1 Wegen Einsetzung des RPMin s. Erl 21. 3. 1919 (RGBl. S. 327).

Art. 56.

Der Reichskanzler bestimmt die Richtlinien der Politik und trägt dafür gegenüber dem Reichstag die Verantwortung. Innerhalb dieser Richtlinien leitet jeder Reichsminister den ihm anvertrauten Geschäftszweig selbständig[1] und unter eigener Verantwortung gegenüber dem Reichstag[2].

1 Die Selbständigkeit des RPMin ist durch die Mitwirkungsbefugnis des Verwaltungsrats, soweit dessen Zuständigkeit reicht, beschränkt (RPFinanzG §§ 1 und 6).

2 Vgl. RPFinanzG § 2.

Art. 70.

Der Reichspräsident hat die verfassungsmäßig zustande gekommenen Gesetze[1] auszufertigen und binnen Monatsfrist im Reichs-Gesetzblatt zu verkünden.

1 S. Ges 13. 10. 1923 (RGBl. I S. 959) und Mitteilg. 1. 12. 1923 (ebd. S. 1236); S. 68 und 69.

Art. 71.

Reichsgesetze[1] treten, soweit sie nichts anderes bestimmen, mit dem vierzehnten Tage nach Ablauf des Tages in Kraft, an dem das Reichs-Gesetzblatt in der Reichshauptstadt ausgegeben worden ist.

1 S. Anm. 1 zu Art. 70.

Art. 77.

Die zur Ausführung der Reichsgesetze erforderlichen allgemeinen Verwaltungsvorschriften erläßt, soweit die Gesetze nichts anderes bestimmen, die Reichsregierung[1]. Sie bedarf dazu der Zustimmung des Reichsrats, wenn die Ausführung der Reichsgesetze den Landesbehörden[2] zusteht.

1 Wegen Bestimmung der „Grundsätze für die Rechnungsführung der DRP" durch die Reichsregierung s. § 7 RPFinanzG.

2 Vertreter der Landesregierungen, ohne Stimmrecht, im PVerwaltungsrat s. § 5 Abs. 2 RPFinanzG.

Art. 85.

Alle Einnahmen und Ausgaben des Reichs müssen für jedes Rechnungsjahr veranschlagt und in den Haushaltsplan[1] eingestellt werden.

Der Haushaltsplan wird vor Beginn des Rechnungsjahrs durch ein Gesetz festgestellt.

Die Ausgaben werden in der Regel für ein Jahr bewilligt; sie können in besonderen Fällen auch für eine längere Dauer bewilligt werden. Im übrigen sind Vorschriften im Reichshaushaltsgesetz unzulässig, die über das Rechnungsjahr hinausreichen oder sich nicht auf die Einnahmen und Ausgaben des Reichs oder ihre Verwaltung beziehen.

Der Reichstag kann im Entwurfe des Haushaltsplans ohne Zustimmung des Reichsrats Ausgaben nicht erhöhen oder neu einsetzen.

Die Zustimmung des Reichsrats kann gemäß den Vorschriften des Artikel 74 ersetzt werden.

1 Der PHaushalt steht außerhalb des Reichshaushalts; Vorg.: Verzicht der PTV, im November 1923, auf Zuschüsse aus der allgemeinen Reichskasse (S. 8 des Geschäftsberichts des RPM für das Wirtschaftsjahr 1924, Berlin 1925), in Zusammenhang mit der PGebührenVO 22. 11. 1923 (RGBl. I S. 1104); der rechtlichen Ordnung dieses Zustandes dient das RPFinanzG 18. 3. 1924 (RGBl. I S. 287), s. d. § 15 Abs. 2 (S. 84).

Art. 86[1].

Über die Verwendung aller Reichseinnahmen legt der Reichsfinanzminister in dem folgenden Rechnungsjahre zur Entlastung der Reichsregierung dem Reichsrat und dem

Reichstag Rechnung. Die Rechnungsprüfung wird durch Reichsgesetz geregelt.

1 Abweichende Rechtsordnung bei der DRP gemäß §§ 7 (Abs. 2), 11 und 15 (Abs. 2) RPFinanzG.

Art. 87.

Im Wege des Kredits[1] dürfen Geldmittel nur bei außerordentlichem Bedarf und in der Regel nur für Ausgaben zu werbenden Zwecken beschafft werden. Eine solche Beschaffung sowie die Übernahme einer Sicherheitsleistung zu Lasten des Reichs dürfen nur auf Grund eines Reichsgesetzes erfolgen.

1 Abweichende Rechtsordnung bei der DRP gemäß §§ 7 (Abs. 1), 9 und 15 (Abs. 2) RPFinanzG.

Art. 88.

Das Post- und Telegraphenwesen[1] samt dem Fernsprechwesen ist ausschließlich Sache des Reichs[2].

Die Postwertzeichen[3] sind für das ganze[4] Reich einheitlich[5].

[6]Die Reichsregierung erläßt mit Zustimmung des Reichsrats die Verordnungen, welche Grundsätze[7] und Gebühren[8] für die Benutzung[9] der Verkehrseinrichtungen festsetzen. Sie kann diese Befugnis mit Zustimmung des Reichsrats auf den Reichspostminister übertragen[10].

[11]Zur beratenden Mitwirkung in Angelegenheiten des Post-, Telegraphen- und Fernsprechverkehrs und der Tarife errichtet die Reichsregierung mit Zustimmung des Reichsrats einen Beirat[12].

Verträge über den Verkehr mit dem Ausland[13] schließt allein[14] das Reich[15].

1 Vgl. Art. 48 BVerf 1867/RVerf 1871 und § 13 Abs. 2 RPFinanzG. Als Reichsorgan zur Wahrnehmung des PT-

Wesens ist die PTV (RPM; Erl 21. 3. 1919, RGBl. S. 327) eine Anstalt d. öff. Rechts (nur wirtschaftsrechtlich „Reichsbetrieb", vgl. Anm. 1 zu § 1 RPFinanzG), zugleich sog. statio fisci i. S. des § 89 BGB und daher ohne eigene Rechtspersönlichkeit, jedoch kein Kaufmann i. S. des HGB (s. d. §§ 452, 663). Vermögensrechtlich bildet die PTV das „Unternehmen DRP" gemäß § 1 RPFinanzG. — Nicht zum PTWesen i. S. des Art. 88 RVerf gehören die Leistungen der P für andere Behörden: Vertrieb von postfremden Wertzeichen (s. PO § 51), Auszahlung von Unfallentschädigungen und Bezügen aus der InvalVersicherung (§§ 726, 728, 1383, 1385 RVO, Bek 15. 12. 1924, RGBl. I S. 779; dazu AusfBest, vereinbart zwischen RVersicherungsA und RPM, gültig ab 1. 1. 1929), Auszahlung von Heeresversorgungsgebührnissen (seit 1. 4. 1918; frühere Zahlungen der Regierungshauptkassen, Vf d. RPA 7. 2. 1918 III/I R 123), Arbeiten an Kraftfahrzeugen anderer Behörden, Abgabe von Betriebs- und Werkstattstoffen sowie von Baustoffen an andere Behörden (S. 45 d. Geschäftsberichts der DRP über d. Rechnungsjahr 1927, Berlin o. J.).

2 Vgl. Art. 5 Anm. 2; identisch mit dem „Postregal" des 18. Jh., vgl. § 141 ALR II, 15 („ausschließende Befugnis" des Staates, Posten anzulegen usw.).

3 Wegen der bayerischen und württembergischen PDienstwertzeichen s. Schlußprotokolle der PÜbergangsverträge 1920, zu § 3 (Abs. 3) S. 24.

4 Wirksam nur noch bezüglich der bayerischen PWertzeichen (Reservat aus Art. 52 RVerf 1871); wegen Abschaffung der württembergischen PWertzeichen s. Abkommen vom Jahre 1902 (PABl. S. 55).

5 Unbeschränkte Ausgabezuständigkeit des RPMin; vgl. Art. 56 Anm. 1.

6 Aufgehoben ab 1. 4. 1924 (RPFinanzG § 15 Abs. 3).

7 Ebenso § 6 RPFinanzG; gleichbedeutend mit den „reglementarischen Festsetzungen und allgemeinen administrativen Anordnungen" in Art. 50 BVerf 1867 und RVerf 1871.

8 Ähnlich § 6 RPFinanzG; die Überleitung der älteren PGe-

bührenGgebung formellen Sinnes in die PO ist mit dem 25. 7. 1927 beendet worden (PABl. S. 275).

9 Vgl. PG 1871 § 50 Abs. 1: „Benutzung der PAnstalt."

10 Derartige Übertragungen sind niemals erkennbar geworden.

11 Aufgehoben ab 1. 4. 1924 (RPFinanzG § 15 Abs. 2).

12 Erste Errichtung im Juli 1920 (PABl. S. 258).

13 Keine Zuständigkeit des PVerwRats (vgl. § 6 RPFinanzG); s. Art. 56 Anm. 1; gleichbedeutend mit der „Wahrnehmung der Beziehungen zu anderen PTVerwn" in Art. 50 BVerf 1867 und RVerf 1871.

14 S. Art. 6 Ziff. 1.

15 Vertreter des DR beim Abschluß von AuslandsPVerträgen sind bald Beauftragte der RRegierung, bald solche der PTV. Durch Beauftragte der PTV abgeschlossene Verträge werden seit 1875 nicht mehr formgesetzlich behandelt (vgl. Art. 6 Anm. 1), selbst wenn sie Gegenstände ordnen, die das InlandsPRecht formgesetzlich behandelt (z. B. die Haftordnung; vgl. PG 1871 §§ 6 ff.).

Art. 107.

Im Reiche und in den Ländern müssen nach Maßgabe der Gesetze Verwaltungsgerichte[1] zum Schutze der Einzelnen gegen Anordnungen und Verfügungen der Verwaltungsbehörden bestehen.

1 Für die PTV bestehen noch keine VerwGerichte, doch wird im Bereiche des PVerkRechts der entsprechende Rechtsschutz gewährt durch die Zulassung des Rechtswegs im Haftungsstreit (§ 14 PG 1871); ebenso im Gebührenstreit zufolge § 82 ALR II, 14, von wo den gleichen Grundsatz das preuß. PG 1852 (GS. S. 345), das Nordd. PG 1867 (BGBl. S. 61) und das PG 1871 (RGBl. S. 347) übernahmen.

Art. 117[1].

Das Briefgeheimnis sowie das Post[2]-, Telegraphen- und Fernsprechgeheimnis sind unverletzlich[3]. Ausnahmen können nur durch Reichsgesetz[4] zugelassen werden.

1 Vgl. Art. 34 u. 48. Gleichartige Vorschriften in § 5 PG 1871 (RGBl. S. 347), § 7 PScheckG, Bek 22. 3. 1921 (ebd. S. 247), §§ 10—14 FernMAnlG 3. 12. 1927 (ebd. 1928 I S. 8); anders h. M.: Art. 117 RVerf schütze nur die Ansprüche der Deutschen, § 5 PG usw. auch die der Nichtdeutschen; indessen schafft Rechtsschutz, ohne Unterschied, nur das Strafrecht (s. Anm. 3).

2 PGeheimnis i. S. der RVerf besteht nur nach außen, nicht im Innenverhältnis zwischen P und Anstaltsnutzer. Daher keine Ausnahmen im Rechtssinne: § 32 PG 1871 und §§ 7—12, 16a, 37, 48 PO; anders h. M. (§ 16a PO — RGBl. 1921 S. 244 — ist aufgehoben: VO 25. 7. 1927, PABl. S. 275). Das früher den Zeitungsverlegern gegenüber gewahrte PGeheimnis, betr. Namen und Adressen der PZeitungsbezieher, ist im VerwWege beseitigt worden: Abs. 3 der Vf Nr. 846 o. T. PNBl. 1922 S. 514, zuletzt Vf Nr. 79 PABl 1928 S. 56.

Vorg.: § 142 RVerf 28. 3. 1849 (RGBl. S. 101), Art. 31 Preuß. VerfUrk 5. 12. 1848 (GS. S. 375, Art. 33), desgl. 31. 1. 1850 (ebd. S. 17). Die beabsichtigte Aufnahme in BVerf 1867 (BGBl. S. 1) wurde vom NorddRTag abgelehnt (Stenogr. Ber. I. LegPer, Sess. 1867, Bd. II S. 174 f., 518 ff.), deshalb Unterbringung im § 58 NorddPG 1867 (BGBl. S. 61), von wo in § 5 PG 1871 übergegangen. Erst seit 1919 (Art. 117 RVerf) wieder an richtiger Stelle. Wegen der Widerstände in der Weimarer NatVers. s. deren Drucks. i. d. Handausgabe von Heilfron (Berlin o. J.) Bd. 2 S. 677, 697, 706, 719; Bd. 5 S. 3243, 3336, 3342; Bd. 6 S. 3651, 3656, 3660, 3664, 3667, 3670; Bd. 7 S. 388.

3 Rechtsschutz besteht nur gegen natürliche Personen: PBeamte § 354 StGB (nicht: §§ 348, 349; a. M. RGericht) und §§ 10, 11 RBeamtenG 18. 5. 1907 (RGBl. S. 245), im übrigen § 299 StGB. Kein Rechtsschutz gegen Behörden.

4 Ausnahmegesetze: § 91 VerZollG 1. 7. 1869 (BGBl. S. 317), dazu PZollO 28. 1. 1909 (Zentralbl. S. 39); § 23 RPreßG 7. 5. 1874 (RGBl. S. 65), dazu § 20 Ges 21. 7. 1922 (RGBl. I S. 585); § 121 KonkursO, Bek 20. 5. 1898 (RGBl. S. 369, 612); §§ 3 (4) und 9 RSchuldbG, Bek 31. 5. 1910 (RGBl. S. 840); Bek 4. 2. 1919 (RGBl. S. 198; vgl. ebd. 1920 S. 981), dazu:

Bek 12. 7. 1917 (RGBl. S. 604), Art. 12 RheinldAbk 28. 6. 1919 (RGBl. S. 1336), § 19 BranntweinmonopolG, Anl. 14 zum Ges 8. 4. 1922 (RGBl. I S. 335, 405), § 7 VO 20. 12. 1919 (RGBl. S. 2128) in Verbindg. mit Vf 706 o. T. in PNBl. 1921 S. 381; § 5 Abs. 1 Ges 21. 7. 1922 (RGBl. I S. 585), dazu Vf des RPM Nr. 644 o. T. (PNBl. 1922 S. 405); §§ 94, 99—101 StPO, Bek 22. 3. 1924 (RGBl. I S. 299, 322), dazu Allg. Vf des RJustizMin 17. 7. 1923 (MinBl. d. Inn. S. 538); § 840 ZPO, Bek 13. 5. 1924 (RGBl. I S. 135).

Wegen Beschlagnahme und Auskunft im Steuerrecht s. §§ 181, 191, 395, 396 RAbgabenO 13. 12. 1919 (RGBl. S. 1993), vgl. § 7 PScheckG Anm. 2 (S. 368) und § 99 StPO (S. 414).

Die VO 15. 11. 1918 (RGBl. S. 1324), betr. PTÜberwachung im Auslandsverkehr, ist aufgehoben (Art. VI Ziff. 2 Ges 10. 8. 1925, RGBl. I S. 241); das Ges 12. 7. 1921 (RGBl. S. 939), betr. Überwachung des PPaketverkehrs, ist am 31. 3. 1922 außer Kraft getreten (§ 3). Wegen der zulässigen Beschlagnahme von PPaketen vom Ausland s. die Einfuhrregelung gemäß § 4 Bek 16. 1. 1917 (RGBl. S. 41), § 3 VO 22. 3. 1920 (RGBl. S. 334) mit ÄnderungsG 3. 5. 1922 (RGBl. I S. 479), enthaltend Ausnahmevorschriften f. PPakete in: § 2 Ziff. 9 Bek 16. 1. 1917 (RGBl. S. 42), § 3 Ziff. 6 Bek 22 3. 1920 (RGBl. S. 337), § 3 Ziff. 7 Bek 5. 4. 1921 (RGBl. I S. 456) mit ÄnderungsVO 13. 2. 1924 (RGBl. I S. 72).

Art. 153.

(Abs. 2) Eine Enteignung[1] kann nur zum Wohle der Allgemeinheit und auf gesetzlicher Grundlage vorgenommen werden. Sie erfolgt gegen angemessene Entschädigung, soweit nicht ein Reichsgesetz[2] etwas anderes bestimmt. Wegen der Höhe der Entschädigung ist im Streitfall der Rechtsweg bei den ordentlichen Gerichten offenzuhalten, soweit Reichsgesetze nichts anderes bestimmen. Enteignung durch das Reich gegenüber Ländern, Gemeinden und gemeinnützigen Verbänden kann nur gegen Entschädigung erfolgen. (usw.).

1 Wegen des Enteignungsrechts der PTV s. § 14 RPFinanzG.

2 Im PTV-Falle wird volle Entschädigung gewährt (§ 14 RPFinanzG).

Art. 170.

Die Post- und Telegraphenverwaltungen Bayerns und Württembergs gehen spätestens am 1. April 1921 auf das Reich über[1].

1 Geschehen ab 1. 4. 1920: PÜbergangsverträge März 1920, Ges 27. 4. 1920 (RGBl. S. 673); daher Abs. 2 u. 3 Art. 170 überholt.

Art. 178.

Die Verfassung des Deutschen Reichs vom 16. April 1871[1] und das Gesetz über die vorläufige Reichsgewalt vom 10. Februar 1919[2] sind aufgehoben.

Die übrigen Gesetze und Verordnungen[3] des Reichs bleiben in Kraft, soweit ihnen diese Verfassung nicht entgegensteht. Die Bestimmungen des am 28. Juni 1919 in Versailles unterzeichneten Friedensvertrags[4] werden durch die Verfassung nicht berührt.

Anordnungen der Behörden, die auf Grund bisheriger Gesetze in rechtsgültiger Weise getroffen waren, behalten ihre Gültigkeit bis zur Aufhebung im Wege anderweiter Anordnung oder Gesetzgebung.

1 PTWesen: Art. 48 bis 52.

2 RGBl. S. 169; § 6 Abs. 3: Auslandsverträge.

3 Z. Zt. noch folgende: PG 1871 (RGBl. S. 347) mit Novelle 20. 12. 1899 (ebd. S. 715); § 4 WechselNov 30. 5. 1908 (ebd. S. 321), PZollO 28. 1. 1909 (ZBl. S. 39), Anweisung f. d. FunkenTDienst 13. 6. 1913 (ZBl. S. 619), PZustellDA 6. 3. 1914 (ZBl. S. 208).

4 Ges 16. 7. 1919 (RGBl. S. 687); Art. 197 FunkT, 244 Unterseekabel, 283 WPV, 284 WTV, WFunkV; Art. 11 u. 12 RheinldAbk über Leistungen der T u. P für die Besatzung; ferner Art. 170 f., 192, 201, 248, 264 bis 268 über ZollVerk

mit PSendungen; Art. 232 über Haftung für Kriegsschäden an PSendungen; Art. 243, 248, 261 (439) über Einbringung der Gesellschaftsansprüche Ds aus AuslandsPVerträgen in die WiedergutmSchuld; Art. 296 Anl. § 5 über Einschränkung des internat. PrivatbriefVerk. in vermögensrechtl. Angelegenheiten; Art. 313 bis 320 über AuslandsluftPFahrt; Art. 321, 370, 378 f. (Anl. zu Teil X Abschn. 3, § 6) über Durchgangs- und Vorzugs-PVerk. mit D.

Art. 179.

(Abs. 2) Die nach den bisherigen Vorschriften dem Staatenausschusse zustehende Befugnis zum Erlasse von Verordnungen geht auf die Reichsregierung über; sie bedarf zum Erlaß der Verordnungen der Zustimmung des Reichsrats nach Maßgabe dieser Verfassung[1].

1 S. Art. 88 Abs. 3.

Gesetz zur Ausführung des Art. 170 der Reichsverfassung.

Vom 27. April 1920 (RGBl. S. 643).

Die verfassunggebende Deutsche Nationalversammlung hat das folgende Gesetz beschlossen, das mit Zustimmung des Reichsrats hiermit verkündet wird:

§ 1.

Dem Übergange der Post- und Telegraphenverwaltungen Bayerns und Württembergs an das Reich am 1. April 1920 unter den Bedingungen, die in den anliegenden Staatsverträgen und den zugehörigen Schlußprotokollen vorgesehen sind, wird zugestimmt.

§ 2.

Zur Übertragung des Eigentums an den Grundstücken, die auf Grund der im § 1 bezeichneten Verträge dem

Reiche zu überlassen sind, bedarf es einer Auflassung nicht. Die Eintragung des Eigentumswechsels im Grundbuch erfolgt auf Grund der in den Schlußprotokollen (zu § 1) bezeichneten Urkunden.

Der Eigentumswechsel ist frei von Steuern und Gebühren.

§ 3.

Dieses Gesetz tritt mit dem Tage der Verkündung in Kraft.

Berlin, den 27. April 1920.

RPräs: Ebert.
RPMin: Giesberts.

Staatsvertrag zwischen dem Deutschen Reiche und dem Freistaat Bayern über den Übergang der Post- und Telegraphenverwaltung Bayerns an das Reich.

Vom 29./31. März 1920 (RGBl. S. 644).

Zwischen der Regierung des Deutschen Reichs und der Regierung des Freistaats Bayern besteht Einverständnis darüber, daß das Post- und Telegraphenwesen Bayerns samt dem Fernsprechwesen am 1. April 1920 gemäß Artikel 170 der Verfassung des Deutschen Reichs auf das Reich übergehen soll. Von diesem Zeitpunkt an wird das Post- und Telegraphenwesen Bayerns samt dem Fernsprechwesen mit demjenigen des übrigen Reichsgebiets nach dem Grundsatz der Einheitlichkeit und Gleichmäßigkeit verwaltet werden.

Aus diesem Anlaß haben die beiden Regierungen unter Vorbehalt der Zustimmung der gesetzgebenden Versammlungen den nachstehenden Staatsvertrag vereinbart.

§ 1.

Die Verwaltung und das gesamte Eigentum der bayerischen Posten und Telegraphen werden dem Reiche vom 1. April 1920 an als Ganzes mit allen Rechten und Pflichten öffentlich-rechtlicher und privatrechtlicher Art übertragen. Das Reich tritt zu diesem Zeitpunkt in die laufenden Verträge, Rechte und Pflichten öffentlich-rechtlicher und privatrechtlicher Art ein, die für die bayerische Post- und Telegraphenverwaltung bestehen und durch deren Übergang auf das Reich nicht kraft Gesetzes wegfallen. Der Eintritt des Reichs in die laufenden Verträge hat Rechtswirkung auch gegenüber den bisherigen Vertragsgegnern der bayerischen Post- und Telegraphenverwaltung.

§ 2.

Für die Übertragung der Verwaltung und des Eigentums der bayerischen Posten und Telegraphen vergütet das Reich an den Freistaat Bayern den Betrag von 620 000 000 (sechshundertzwanzig Millionen) Mark, der auch die Vergütung für die dem Personal der bayerischen Post- und Telegraphenverwaltung zu Zwecken der Wohnungsfürsorge in Pacht, Miete oder im Erbbaurecht überlassenen Grundstücke und Gebäude umfaßt.

Der Betrag ist am 1. April 1920 fällig und von diesem Tage an mit 4½ (viereinhalb) vom Hundert zu verzinsen. Die Zinsen sind bis auf anderweite Vereinbarung am Schlusse jedes Kalendervierteljahrs zu zahlen. Über die Tilgung bleibt nähere Vereinbarung vorbehalten.

§ 3.

Das Reich wird nach Übernahme der Verwaltung des Post- und Telegraphenwesens samt dem Fernsprechwesen in Bayern den durch die bisherige Entwicklung und die wirtschaftsgeographische Lage Bayerns bedingten Verkehrs-, Betriebs- und Personalverhältnissen sowie den Bedürfnissen der Volkswirtschaft und des Verkehrslebens Bayerns seine Fürsorge zuwenden.

§ 4.

In München soll eine Abteilung des Reichspostministeriums errichtet werden, die vom Reichspostminister mit besonderen Befugnissen für den inneren bayerischen Verkehr ausgestattet wird. Die Aufhebung der Abteilung unterliegt der vorherigen Verständigung zwischen den vertragschließenden Regierungen.

§ 5.

Das Reich wird beim Ausbau der Einrichtungen des Post-, Telegraphen- und Fernsprechverkehrs in Bayern die Aufgaben vollziehen, für die der Bayerischen Regierung in Haushaltsplänen oder Baugesetzen Mittel bewilligt worden sind.

§ 6.

Dem Reiche steht das Recht zu, in Bayern Kraftwagen- und Fluglinien für den Post- und Personenverkehr zu betreiben.

Zur wirtschaftlichen Erschließung der abseits der Eisenbahnen gelegenen Teile Bayerns wird das Reich in die von der Bayerischen Regierung durch Genehmigung von Kraftwagenlinien eingegangenen Verpflichtungen eintreten.

§ 7.

Das Reich wird den Geldverkehr der in Bayern gelegenen Post- und Telegraphendienststellen mit der Bayerischen Staatsbank in der bisherigen Weise aufrechterhalten.

Die in Bayern anfallenden Scheckgelder wird das Reich so anlegen[1], daß sie der bayerischen Wirtschaft zugute kommen.

1 S. Vorschriften (usw.) S. 93.

§ 8.

Das Reich genießt, unbeschadet späterer anderweitiger reichsgesetzlicher Regelung, für den Post-, Telegraphen- und Fernsprechbetrieb Befreiung von den Steuern[1] des bayerischen Staates. Der Besteuerung durch die Gemeinden unterliegt das Reich nach Maßgabe der Reichsgesetzgebung.

1 S. § 1 (Anm. 6) RPFinanzG. (S. 71).

§ 9.

Die im Dienste der bayerischen Post- und Telegraphenverwaltung stehenden Beamten, Angestellten und Arbeiter werden zum 1. April 1920 in den Dienst des Reichs übernommen, die Beamten als Reichsbeamte im Sinne des Artikel 129 der Reichsverfassung und im Sinne des Reichsbeamtengesetzes.

§ 10.

Auf das Dienstverhältnis der am 1. April 1920 in den Dienst des Reichs übertretenden bayerischen Beamten dem Reiche gegenüber finden bis zur Neuregelung des Reichsbeamtenrechts die bisherigen landesgesetzlichen Bestimmungen[1] und, soweit es für die Beamten günstiger ist, die für die Reichsbeamten geltenden Bestimmungen dergestalt Anwendung, daß an die Stelle der bayerischen in allen Fällen die vom Reiche bestimmten Behörden treten. An Stelle der bisherigen bayerischen werden in Bayern Reichs-Disziplinargerichte nach dem Reichsbeamtengesetze gebildet werden. Ein in Bayern am 31. März 1920 anhängiges förmliches Disziplinarverfahren ist nach den bayerischen Landesgesetzen zu erledigen.

Den übertretenden Beamten bleiben mit dieser Maßgabe, und sofern nicht in diesem Vertrag und dem zugehörigen Schlußprotokoll etwas anderes vorgesehen ist, alle durch das bisherige Dienstverhältnis erworbenen Rechte, Anwartschaften und Vorteile insoweit gewahrt, als ihnen durch den Übertritt in den Reichsdienst und die Einreihung in die Reichsbesoldungsordnung nicht gleiche oder weitergehende Rechte erwachsen.

1 S. VO 29. 4. 1920 (RGBl. S. 673).

§ 11.

Die Verhältnisse der Beamten bayerischer Landesangehörigkeit regeln sich nach Artikel 16 der Reichsverfassung. Die am 1. April 1920 in den Dienst des Reichs übernommenen Beamten sollen nach Orten außerhalb Bayerns nur mit ihrem Einverständnisse versetzt werden.

§ 12.

Das Reich übernimmt die Wohlfahrtseinrichtungen der bayerischen Post- und Telegraphenverwaltung und führt sie auf Grund der Gesetze, Satzungen und Bestimmungen unter Wahrung der Rechte der Beamten, Angestellten und Arbeiter weiter.

§ 13.

Meinungsverschiedenheiten zwischen den vertragschließenden Regierungen in bezug auf die Auslegung dieses

Vertrags sollen durch den Staatsgerichtshof entschieden werden.

Berlin, den 29. März 1920.

Die Reichsregierung
RKzl: Müller.
RPMin: Giesberts.
RFinanzMin: Wirth.

München, den 31. März 1920.

Die Bayerische Regierung
MinPräs: v. Kahr.
StVerkMin: Frauendorfer.
StFinanzMin: i. V. Kraußneck.

Schlußprotokoll zum Staatsvertrage zwischen dem Deutschen Reiche und dem Freistaat Bayern vom 29./31. März 1920.

Bei der Vereinbarung über den am heutigen Tage vollzogenen Staatsvertrag zwischen dem Deutschen Reiche und dem Freistaat Bayern sind von den unterzeichneten Bevollmächtigten noch folgende Verabredungen getroffen worden, die mit dem Vertrage selbst gleiche Kraft und Gültigkeit haben sollen.

Allgemeines.

Die besonderen Rechte, die Bayern in Ansehung des Post-, Telegraphen- und Fernsprechwesens nach Artikel 52 der früheren Reichsverfassung und anderen Reichsgesetzen bisher zugestanden haben, treten mit dem 1. April 1920 außer Kraft. Soweit nicht im Staatsvertrag oder in diesem Schlußprotokoll etwas anderes bestimmt ist, bleiben die von Bayern auf dem Gebiete des Post-, Telegraphen- und Fernsprechwesens erlassenen Gesetze, Verordnungen und sonstigen Vorschriften vom gleichen Zeitpunkt an bis auf weiteres als Vorschriften des Reichs mit der Maßgabe in Geltung, daß an die Stelle der bayerischen in allen Fällen die vom Reiche bestimmten Behörden treten[1].

1 Wegen Aufhebung der bayr. PSchecKO s. Art. I Ziff. 5 Ges 22. 3. 1921 (RGBl. S. 242) und § 14 PSchecKO 7. 4. 1921 (RGBl. S. 459). Wegen Aufhebung der bayr. RohrPO (VO über den RohrPVerk in München) s. § 14 RohrPO 30. 5. 1923 (RGBl. I S. 303). Wegen Einführung des EisenbahnPG 1875 in Bayern s. Ges 19. 5. 1921 (Seite 426).

Zu § 1.

In das Eigentum des Reichs gehen über alle im Eigentume der bayerischen Post- und Telegraphenverwaltung stehenden Grundstücke, Gebäude, Anlagen und beweglichen Sachen; alle aus Mitteln der bayerischen Post- und Telegraphenverwaltung beschafften Einrichtungs- und Ausstattungsgegenstände, Betriebsmittel, Baustoffe, Vorrats- und Ersatzstücke, Dienstpapiere; die gültigen Postwertzeichen; endlich alle sonstigen beweglichen Sachen. Dagegen bleiben das von der bayerischen Post- und Telegraphenverwaltung angelegte Postmuseum und die vorhandenen Postwertzeichensammlungen Eigentum des bayerischen Staates.

Alle Grundstücke des bayerischen Landesfiskus, die Post- und Telegraphenzwecken gewidmet oder für solche bestimmt sind, gehen in das Eigentum des Reichs über, gleichviel, ob und unter welcher Bezeichnung der bayerische Landesfiskus als Eigentümer im Grundbuch eingetragen ist. Das gleiche gilt von Grundstücken, die Post- und Telegraphenzwecken gewidmet waren und von Post- und Telegraphenbehörden verwaltet werden. Ferner gehen alle der bayerischen Post- und Telegraphenverwaltung zustehenden Rechte an Grundstücken auf das Reich über, auch solche, die durch Rechtsgeschäfte nicht übertragbar sind. Von der Post- und Telegraphenverwaltung angemietete Grundstücke gelten nicht als solche, die Post- und Telegraphenzwecken gewidmet oder dafür bestimmt sind.

Das Reich kann die Übertragung des Eigentums an Grundstücken, die von der bayerischen Post- und Telegraphenverwaltung und anderen Staatsverwaltungen gemeinschaftlich benutzt werden und nicht schon nach dem vorhergehenden Absatz auf das Reich übergehen, gegen Entschädigung beanspruchen, wenn sie vorwiegend Post- und Telegraphenzwecken gewidmet sind. Überwiegt die Benutzung durch die bayerische Post- und Telegraphenverwaltung nicht, so kann das Reich die Weiterbenutzung gegen eine angemessene jährliche Vergütung, im übrigen unter den bisherigen Bedingungen beanspruchen. Das seitherige Verkehrsministerialgebäude steht zu gleichen Teilen im Miteigentume der Post und Eisenbahn.

Das Eigentum und die Rechte an Grundstücken gehen auf das Reich über, ohne daß es dabei der Beobachtung der für die Übertragung des Eigentums oder des Rechtes vorgeschriebenen Form bedarf. Die in Bayern gelegenen Ober-Postdirektionen und das Bayerische Finanzministerium werden in gemeinsam ausgestellten öffentlichen Urkunden den Grundbuchämtern die Grundstücke und die Rechte an Grundstücken bezeichnen. Auf Grund dieser Urkunden ist das Grundbuch zu berichtigen. Steuern, Gebühren, Kosten und Auslagen werden aus Anlaß des Eigentumswechsels nicht erhoben.

Für sämtliche in das Eigentum des Reichs übergehenden Grundstücke der bayerischen Post- und Telegraphenverwaltung räumt das Reich dem Freistaat Bayern ein Vorkaufsrecht nach §§ 1094 ff. des Bürgerlichen Gesetzbuchs ein. Die Frist zur Erklärung über die Ausübung des Vorkaufsrechts beträgt drei Monate nach dem Empfang der im § 510 a. a. O. vorgesehenen Mitteilung. Werden Grundstücke gegen andere, für Zwecke des Post- und Telegraphendienstes erforderliche Grundstücke ausgetauscht oder Teile von Grundstücken zu öffentlichen Zwecken, Grenzregelungen oder aus ähnlichem Anlaß abgetreten, so greift das Vorkaufsrecht nicht Platz.

Das Reich verzichtet auf die Geltendmachung von Ansprüchen auf Gewährleistung wegen etwaiger Mängel des übergehenden Unternehmens und der dazugehörigen Grundstücke, Sachen und Rechte.

Vom 1. April 1920 ab fließen alle Einnahmen aus dem Betriebe der Posten und Telegraphen in Bayern dem Reiche zu, wie es auch alle Ausgaben hierfür von diesem Tage an zu tragen hat.

Einnahmen und Ausgaben, deren Entstehungsgrund vor dem 1. April 1920 liegt, fallen dem Freistaat Bayern zu. Über die nach dem 1. April 1920 auf Bayern fallenden Einnahmen und Ausgaben wird das Reich eine besondere Abrechnung führen lassen. Das Bayerische Finanzministerium ist zur Mitwirkung an diesen Abrechnungsarbeiten befugt.

Die bei den bayerischen Post- und Telegraphenanstalten am 31. März 1920 bei Dienstschluß vorhandenen Kassenbestände werden dem Reiche vorbehaltlich der Abrechnung übergeben. Nach Prüfung der Monatsrechnungen für März 1920 wird das Reich dem Freistaat Bayern eine angemessene Abschlagszahlung leisten. Die Abwicklung im Postanweisungs- und Postscheckverkehr erfolgt in der bisherigen Weise.

Die oberste Rechnungsbehörde Bayerns behält ihre Befugnisse gegenüber den Stellen und dem Personal der

Reichs-Post- und Telegraphenverwaltung hinsichtlich der für die Zeit bis zum 31. März 1920 aufgestellten Rechnungen.

Zu § 2.

Die an Bayern zu zahlenden Zinsen und Tilgungsbeträge sind frei von Steuern und Abgaben des Reichs.

Zu § 3.

Es besteht Einverständnis darüber, daß die Betriebsformen und Vorschriften bei den Post- und Telegraphendienststellen in Bayern und im übrigen Reichsgebiete nach und nach und unter möglichster Rücksichtnahme auf die bisherige Entwicklung vereinheitlicht werden sollen.

Bei Vergebung von Lieferungen und Arbeiten für das ganze Reichsgebiet wird das Reich die Unternehmer in Bayern in gleicher Weise wie andere Unternehmer berücksichtigen. Handelt es sich um Lieferungen und Arbeiten für die in Bayern gelegenen Post- und Telegraphendienststellen, so sollen bei gleichwertigen Angeboten Unternehmer in Bayern mit Vorzug berücksichtigt werden.

Die bisher in Bayern eingeführten Dienstwertzeichen werden für Rechnung des Reichs bis auf weiteres beibehalten.

Die Einrichtungen des Freistaats Bayern für die Herstellung von Wertzeichen und Drucksachen sollen auch weiterhin vom Reiche für diesen oder einen ähnlichen Zweck mindestens im bisherigen Umfang so lange herangezogen werden, bis das Reich eine Druckerei innerhalb Bayerns für den gleichen Zweck einrichten wird. Wegen der Übernahme der Beamten, Arbeiter und Einrichtungen wird sich das Reich vor der Errichtung der Druckerei mit der Bayerischen Regierung ins Benehmen setzen.

Zu § 4.

Die Zuständigkeit der Abteilung des Reichspostministeriums in München soll sich auf alle inneren Angelegenheiten des ihr zugewiesenen Verkehrsgebiets, soweit sie nicht allgemein dem Minister vorbehalten sind, erstrecken, insbesondere auf die Verfügung über die zur Verwendung in diesem Gebiete bestimmten Haushaltsmittel, auf den Ausbau und die Unterhaltung des Post-, Telegraphen- und Fernsprechnetzes und der Verkehrsverbindungen sowie auf die Behandlung der Gegenstände der allgemeinen Verwaltung und der Angelegenheiten des in Bayern diensttätigen Personals, ferner auf die Mitwirkung bei allgemeinen Angelegenheiten von grundsätzlicher Bedeutung.

Ohne Zustimmung der Bayerischen Regierung soll kein Teil des bayerischen Gebiets einer außerhalb Bayerns liegenden Ober-Postdirektion zugewiesen werden. Der Reichs-Post- und Telegraphenverwaltung bleibt es überlassen, nichtbayerisches Gebiet Ober-Postdirektionen in Bayern zu unterstellen.

Einrichtungen oder Dienststellen der Reichs-Post- und Telegraphenverwaltung, die nicht an bestimmte Orte gebunden sind, ferner Bauten für Wohlfahrtszwecke, Genesungs- und Erholungsstätten sollen, soweit angängig, auch in Bayern untergebracht werden. Die zentralen Ämter der bayerischen Post- und Telegraphenverwaltung bleiben übergangsweise bestehen.

Der Vorstand und wenigstens drei Viertel der Mitglieder und Beamten der Abteilung des Reichspostministeriums in München sollen die bayerische Staatsangehörigkeit durch Abstammung besitzen oder durch langjährigen Aufenthalt in Bayern mit den bayerischen Verhältnissen genau vertraut sein. Werden dieser Abteilung

Mitglieder und Beamte nichtbayerischer Staatsangehörigkeit zugeteilt, so soll eine entsprechende Zahl von Mitgliedern und Beamten bayerischer Staatsangehörigkeit gleichen Ranges in den übrigen Abteilungen des Reichspostministeriums verwendet werden. Im umgekehrten Falle soll ebenso verfahren werden.

Die Vorstände der in Bayern gelegenen Ober-Postdirektionen sollen die bayerische Staatsangehörigkeit durch Abstammung besitzen oder durch langjährigen Aufenthalt in Bayern mit den bayerischen Verhältnissen genau vertraut sein. Die Mitglieder dieser Ober-Postdirektionen sollen in ihrer Mehrheit bayerische Staatsangehörige sein. Werden den in Bayern gelegenen Ober-Postdirektionen Mitglieder von nichtbayerischer Staatsangehörigkeit zugeteilt, so soll eine entsprechende Anzahl von Beamten bayerischer Staatsangehörigkeit des gleichen Ranges bei Ober-Postdirektionen außerhalb Bayerns verwendet werden. Im umgekehrten Falle soll ebenso verfahren werden.

Zu § 5.

Das Reich wird den vom bayerischen Landtag bisher erhobenen Verkehrswünschen nachkommen, soweit deren Erfüllung durch die Bayerische Regierung bindend zugesagt worden ist.

Das Reich verpflichtet sich, alle Bauten, Anlagen, Einrichtungen und Neubeschaffungen, die von der bayerischen Post- und Telegraphenverwaltung bereits in Angriff genommen sind oder nach den vom bayerischen Landtag genehmigten Mitteln in Angriff genommen werden sollen, zu übernehmen und auf Reichskosten fertigzustellen. Die für solche Bauten usw. bis Ende März 1920 entstandenen Kosten fallen Bayern zur Last. Ein Verzeichnis der in Betracht kommenden Bauten usw. ist dem Schlußprotokoll beigefügt. Abrechnung über die für solche Bauten usw. bis Ende März 1920 entstandenen Kosten wird die Bayerische Regierung dem Reiche bis 1. August 1920 übergeben.

Zu § 6.

Bayern überträgt dem Reiche seine Rechte aus den bestehenden Garantieverträgen.

Wenn das Reich die Errichtung oder den Betrieb einer neuen Kraftwagenlinie ablehnt, die Bayerische Regierung aber sich zur Tragung der Hälfte des jährlichen Einnahmeausfalls bereiterklärt, so wird das Reich nach Maßgabe der vorhandenen Mittel den bayerischen Wünschen Rechnung tragen.

Zu § 7.

Das Reich wird sich zur Besorgung des Geldverkehrs der in Bayern gelegenen Postkassen auch weiter der Bayerischen Staatsbank bedienen, insbesondere zur Abführung der Bargelder, zur Vermittlung des bargeldlosen Verkehrs, zur Anlage entbehrlicher Gelder und, solange Ober-Postkassen nicht bestehen, zur Besorgung des Hinterlegungswesens. Ausnahmen zugunsten der Reichsbank werden weiterer Verständigung vorbehalten.

Das Reich übernimmt die Gelder, die von der bayerischen Post- und Telegraphenverwaltung bei der Bayerischen Staatsbank aus den Guthaben der Postscheckkunden angelegt sind, wobei die aus diesen Geldern erworbenen Wertpapiere und Schuldbuchforderungen nach dem Anschaffungspreise berechnet werden.

Hinsichtlich der Anlage und Verwaltung der Scheckgelder verbleibt es bei der bisherigen Regelung. Demgemäß sind die Bargelder der Bayerischen Staatsbank auf Scheckgeldkonto zu überlassen, soweit sie nicht gemäß den für die Reichspost geltenden allgemeinen Grundsätzen durch die Vermittlung der Staatsbank in Wertpapieren oder Wechseln anzulegen sind.

Voraussetzung für die in Abs. 1 und 3 vorgesehene Inanspruchnahme der Bayerischen Staatsbank ist, daß sie die Geschäfte zu nicht ungünstigeren Bedingungen als die Reichsbank wahrnimmt.

Zu § 9.

Als Beamte im Sinne der §§ 9 ff. gelten, soweit nicht besondere Bestimmungen getroffen sind, sämtliche Beamte im Sinne der Artikel 1, 2 und 5 sowie die Staatsdienstaspiranten nach Artikel 25 des bayerischen Beamtengesetzes.

Die in den Dienst des Reichs übernommenen Beamten sind berechtigt, binnen drei Monaten nach der Übernahme der Post- und Telegraphenverwaltung durch das Reich schriftlich oder zu Protokoll gegenüber der vorgesetzten Dienststelle ihren Rücktritt in den Landesdienst zu erklären. Der Rücktritt wird mit dem Tage der Erklärung wirksam.

Die Bayerische Regierung verpflichtet sich, auch diese Beamten gegen Erstattung ihres Diensteinkommens durch das Reich so lange auf ihren Dienstposten zu belassen, bis sie nach der Entscheidung der zuständigen Post- und Telegraphendienststellen abkömmlich sind. Länger als sechs Monate soll kein Beamter ohne seine Zustimmung auf seinem Dienstposten zurückbehalten werden.

Sollte die neue Reichsbesoldungsordnung nach dem 1. April 1920 verkündet werden, so beginnt die Rücktrittsfrist mit dem Tage der Verkündung.

Die Bayerische Regierung verpflichtet sich, Post- und Telegraphenbeamte, die nicht in den Reichsdienst übertreten wollen, tunlichst in ein anderes Amt des bayerischen Landesdienstes zu versetzen. Soweit dies nicht möglich ist oder von Beamten, die das 60. Lebensjahr vollendet haben, nicht gewünscht wird, sind sie baldigst in den einstweiligen, zeitlichen oder dauernden Ruhestand zu versetzen. Bis zum Zeitpunkt des Eintritts in ein anderes Amt des bayerischen Landesdienstes oder in den Ruhestand trägt das Reich das Diensteinkommen. Wegen der Tragung der Bezüge nach Versetzung in den Ruhestand gelten die Bestimmungen zu § 10 dieses Schlußprotokolls.

Machen auf Kündigung angestellte Beamte, die nicht in den Reichsdienst übertreten wollen, von ihrem Kündigungsrechte Gebrauch, so trägt das Reich ihr Diensteinkommen bis zum Ablauf der Kündigungsfrist.

Zu § 10.

Das Reich gewährleistet den in seinen Dienst übertretenden bayerischen Beamtenanwärtern und Beamten die in Bayern erworbenen Anstellungs- und Beförderungsaussichten soweit, als es sich um die bei regelmäßiger Gestaltung der bisherigen Laufbahn nach dem bisherigen organisatorischen Aufbau des Beamtenkörpers erreichbaren Eingangs- und Beförderungsstellen handelt. Als regelmäßig erreichbare Beförderungsstellen sind nur solche anzusehen, die mindestens die Hälfte der Beamten der Vorstelle erreicht hat. Der Nachweis der Befähigung für die Beförderungsstellen ist bis auf weiteres nach den bisher in Bayern geltenden Grundsätzen zu führen.

Damit die Wartezeiten bis zur Anstellung und Beförderung gegenüber dem Zustand in Bayern zur Zeit des Überganges auf das Reich keine Verschlechterung erfahren, sollen durch den jeweils nächsten Reichshaushalt genügend planmäßige Stellen zur Verfügung gestellt werden, um die bis zu Beginn des Haushaltsjahrs nach den Anstellungs- und Beförderungsverhältnissen, wie sie in Bayern nach Ausführung des Haushalts am 1. April 1920 liegen, zur Anstellung oder Beförderung herangerückten Anwärter anstellen oder befördern zu können. Soweit sich dies nicht ermöglichen lassen sollte, erhält der Bedienstete vom Beginne des bezeichneten Haushaltsjahrs an zur Erreichung des Gesamteinkommens im Falle seiner Anstellung oder Beförderung eine persönliche Zulage. Die Zulage ist bei Beamten soweit für ruhegehaltsfähig zu erklären, als zur Erreichung des bei ihrer Beförderung ruhegehaltsfähigen Einkommensbetrags erforderlich ist. Der Beginn des Besoldungsdienstalters wird bei der späteren Stellenverleihung so festgesetzt, wie wenn der Beamte zum bezeichneten Zeitpunkt angestellt oder befördert worden wäre.

An regelmäßigem Diensteinkommen gewährleistet das Reich jedem Beamten den Betrag, den er bezogen haben würde, wenn er in seiner Stelle im bayerischen Landesdienste verblieben und in diesem nach Maßgabe der am 31. März 1920 geltenden Besoldungsgrundsätze in seinem Diensteinkommen aufgerückt wäre. Hierbei werden jedoch nach dem 31. Dezember 1919 erlassene allgemeine Besoldungsgesetze nicht berücksichtigt. Was als regelmäßiges Diensteinkommen anzusehen ist, richtet sich nach den in Bayern am 31. März 1920 geltenden Grundsätzen. Erreicht das Diensteinkommen im Reichsdienst die bayerischen Landessätze nicht, so ist der Unterschied als persönliche Zulage zu gewähren. Diese Zulage ist insoweit für ruhegehaltsfähig zu erklären, als zur Erreichung des nach bayerischen Landesgrundsätzen ruhegehaltsfähigen Betrags erforderlich ist.

Die Voraussetzungen für die Versagung von Dienstalterszulagen richten sich nach Reichsrecht. Insoweit und solange das Reich von diesem Rechte Gebrauch macht, werden weitere nach bayerischen Landesgrundsätzen erreichbar gewesene Bezüge nicht berücksichtigt.

Über die Einreihung der übertretenden bayerischen Beamten in die Reichsbesoldungsordnung sowie über die Übergangsbestimmungen zur neuen Personalordnung der Reichs-Post- und Telegraphenverwaltung werden die vertragschließenden Regierungen besondere Vereinbarungen treffen.

Die übernommenen bayerischen Beamten sind befugt, ihre bisherigen Titel so lange beizubehalten, als sie nicht den Titel einer höheren Klasse erhalten.

Die Vergünstigungen auf freie Eisenbahnfahrt, die von der bayerischen Staatseisenbahnverwaltung dem übertretenden Post- und Telegraphenpersonal eingeräumt waren, werden im Umfang der seitherigen Übung vom Reiche mit der Maßgabe aufrechterhalten, daß ihre Änderung oder Beseitigung durch das Reichsverkehrsministerium nur im Benehmen mit dem Reichspostministerium erfolgen darf.

Das Reich übernimmt vom 1. April 1920 an alle auf gesetzlicher Vorschrift oder Verwaltungsanordnung beruhenden Bezüge (einschließlich Sachleistungen) der in den einstweiligen, zeitlichen oder dauernden Ruhestand versetzten Beamten sowie der Hinterbliebenen von Beamten und wird nach den in Bayern bisher üblichen Grundsätzen Unterstützungen gewähren.

Sollte das Reich die Bezüge seiner vor dem 1. April 1920 in den Ruhestand getretenen Beamten oder der Hinterbliebenen der vor diesem Zeitpunkt verstorbenen Beamten aufbessern, so wird es die Mittel bereitstellen, die erforderlich sind, damit den in Bayern am 31. März 1920 vorhanden gewesenen Berechtigten bei gleichen Voraussetzungen in demselben Ausmaß persönliche Zulagen gewährt werden können.

Das Reich gewährleistet den Empfängern von Wartegeld, Ruhegehalt sowie Witwen- und Waisengeld mindestens das Gesamteinkommen, das nach den am 31. März 1920 geltenden Bestimmungen und Besoldungssätzen Bayerns zu gewähren wäre, wenn der Beamte am Tage der Versetzung in den Ruhestand oder des Todes noch im bayerischen Landesdienste gestanden hätte. Hierbei werden jedoch nach dem 31. Dezember 1919 in Bayern erlassene allgemeine Besoldungsgesetze oder Änderungen der Bestimmungen über die Ruhegehalts- und Hinterbliebenenbezüge nicht berücksichtigt.

Soweit Beamte im Ruhestande nach Gesetz oder Verwaltungsordnung einen Anspruch oder eine Anwartschaft auf Wiederanstellung haben, tritt das Reich in die der Bayerischen Regierung obliegenden Verpflichtungen ein.

Für das Dienstverhältnis der in den Dienst des Reichs übertretenden Postagenten und Postvertrauensärzte bleiben bis auf weiteres die bisherigen Bestimmungen maßgebend.

Die in den Dienst des Reichs übertretenden Arbeiter und sonstigen außerhalb des Beamtenverhältnisses stehenden Personen, soweit sie nicht schon im vorhergehenden Absatz genannt sind, sollen hinsichtlich der Arbeits- und Lohnbedingungen, und zwar tunlichst zum 1. April 1920, dem gleichartigen Personal der Reichs-Post- und Telegraphenverwaltung gleichgestellt werden. Vor Durchführung dieser Maßnahme wird das Reich den berufenen Vertretern des beteiligten übertretenden Personals Gelegenheit zur Stellungnahme geben.

Angestellte und Arbeiter, die durch Erklärung vor dem

1. April 1920 ihre Übernahme in den Reichsdienst ablehnen, bleiben im Dienste Bayerns. Soweit die Bayerische Regierung diesen Angestellten und Arbeitern keine angemessene Beschäftigung übertragen kann, verpflichtet sie sich, den Dienstvertrag zum ersten zulässigen Zeitpunkt zu kündigen. In diesem Falle übernimmt das Reich bis zum Ausscheiden des Angestellten oder Arbeiters die der bayerischen Regierung ihm gegenüber obliegenden Verbindlichkeiten für die Zeit, in der von dem Angestellten oder Arbeiter der Bayerischen Regierung keine Dienste geleistet werden.

Das Reich übernimmt die Verpflichtungen Bayerns aus der Bewilligung von Teuerungsbezügen an invalide Arbeiter, die aus dem Post- und Telegraphendienst ausgeschieden sind und an Hinterbliebene von Arbeitern. Sollte das Reich die Bezüge seiner vor dem 1. April 1920 ausgeschiedenen invaliden Arbeiter oder der Hinterbliebenen von Arbeitern, die vor diesem Zeitpunkt verstorben sind, aufbessern, so wird es die Mittel bereitstellen, die erforderlich sind, damit den in Bayern am 31. März 1920 vorhanden gewesenen Berechtigten bei gleichen Voraussetzungen in demselben Ausmaß Zulagen gewährt werden können.

Das Reich wird an invalide Angestellte und Arbeiter sowie an Hinterbliebene von Angestellten und Arbeitern nach den in Bayern bisher üblichen Grundsätzen Unterstützungen gewähren.

Zu § 11.

Bei der Versetzung von Beamten, die am 1. April 1920 in den Dienst des Reichs übergetreten sind, aus Bayern in das übrige Reichsgebiet und umgekehrt soll nach dem Grundsatz der Gegenseitigkeit und Gleichmäßigkeit verfahren werden. Dies gilt auch für Versetzungen, die aus Anlaß von Beförderungen erfolgen.

Bis zur Regelung auf Grund Reichsgesetzes sollen bei den Ober-Postdirektionen und den sonstigen Post- und Telegraphendienststellen in Bayern die gleichen Beamtenvertretungen geschaffen werden, wie sie im Reichs-Postgebiete bestehen. Bei der Abteilung des Reichspostministeriums in München soll bis dahin der Ausschuß „Post" des bayerischen Verkehrsrats die gleichen Obliegenheiten wahrnehmen, wie sie dem Beamtenbeirate beim Reichspostministerium zustehen. Bis zu dem gleichen Zeitpunkt wird das Reichspostministerium zu Verhandlungen mit dem Beamtenbeirat in Berlin über allgemeine Angelegenheiten von grundsätzlicher Bedeutung Vertreter des genannten Ausschusses zuziehen. Dies wird auch geschehen, wenn das Reichspostministerium vor Erlaß eines Reichsgesetzes eine Neuregelung der Beamtenvertretungen vornehmen sollte.

Zu den Verhandlungen wegen Durchführung des Reichsgesetzes über Betriebsräte werden Vertreter der bayerischen Arbeiter und Angestellten zugezogen werden.

Zu § 12.

Die für das Personal in Bayern bestehenden Wohlfahrtseinrichtungen sollen bis auf weiteres in der bisherigen Weise als einheitliche Einrichtungen weiferverwaltet werden.

Die dem Wohlfahrtsamte der bayerischen Verkehrsanstalten zukommenden Zuständigkeiten als Aufsichts- und Ausführungsbehörde im Bereiche der bisherigen bayerischen Post- und Telegraphenverwaltung gehen auf die Ober-Postdirektion München über, soweit hierfür nicht die allgemeinen Oberversicherungsämter zuständig werden.

Die Zuständigkeit des Oberversicherungsamts der bayerischen Verkehrsanstalten ist vom 1. April 1920 ab für das Post- und Telegraphenpersonal in Bayern nicht mehr gegeben.

Die Wohlfahrtseinrichtungen der bisherigen bayerischen Post- und Telegraphenverwaltung und ihres Personals erhalten nach dem 1. April 1920 unter den gleichen Bedingungen Zuschüsse und sonstige Zuwendungen, unter denen dies bei gleichartigen Wohlfahrtseinrichtungen der Reichs-Post- und Telegraphenverwaltung und ihres Personals der Fall ist. Wohlfahrtseinrichtungen, die zwar im Reichspostgebiete, nicht aber in Bayern bestehen, werden, soweit nicht stiftungsgemäße Hindernisse entgegenstehen, auf das bisherige bayerische Postgebiet ausgedehnt. Umgekehrt bleibt unter der gleichen Voraussetzung die Ausdehnung bisher bayerischer Stiftungen auf das ganze Reichsgebiet vorbehalten.

An den für die Wohnungsfürsorge der Reichs-Post- und Telegraphenverwaltung vom 1. April 1920 ab auszuwerfenden Mitteln soll das bayerische Post- und Telegraphenpersonal angemessen beteiligt werden.

Die für das bayerische Post- und Telegraphenpersonal vorhandenen Stiftungen gehen, soweit nicht besondere Bestimmungen getroffen sind, mit ihrem Vermögen in die Verwaltung des Reichs über. Die Reichs-Post- und Telegraphenverwaltung wird sie auch fernerhin nach den bisherigen Satzungen verwalten.

Soweit die Wohlfahrtseinrichtungen für das bayerische Post- und Eisenbahnpersonal gemeinsam sind, wird das Reich die Auseinandersetzung zwischen den beiden Verwaltungen durchführen.

Das Reich ersetzt die Zuschüsse, die von Bayern für bis-

(Fortsetzung siehe S. 40)

Verzeichnis der Bauten usw., die von der bayerischen Post- und nach den vom bayerischen Landtag genehmigten Mitteln in An-

Nr.	Ort	Art des Baues usw.
1	2	3
		I. Hoch-
1	Bad Kissingen . . .	Telegraphenwärtermagazin . . . .
2	Tutzing	Erweiterung des Posthauses . . .
3	Weilheim	Posthausneubau . . . .
4	Ludwigshafen a. Rh.	Unterstandsgebäude . . . .
5	Amberg . . . . . . Ansbach . . . . . Holzkirchen. . . . . Neustadt a. Aisch . . Schwandorf	Telegraphenwärtermagazine . . .
6	Bad Kissingen . . .	Neubau eines Posthauses und einer Motorwagenhalle
7	Oberkotzau	Posthausneubau . . . .
8	Rothenburg o. T.. .	" . . . .
9	Donauwörth . . .	" . . . .
10	Grünstadt	" . . . .
11	München-Sendling .	Erbauung einer Umschaltestelle . .
12		Beschaffung von Wohnungen für Beamte und Arbeiter . . . . .
13		Für Reserve und innere Einrichtung
		Summe I

Telegraphenverwaltung bereits in Angriff genommen sind oder griff genommen werden sollen. Zu § 5 des Schlußprotokolls.

Ursprünglicher Kostenanschlag M	Ursprünglich vom Landtag bewilligt durch	Ursprünglich vom Landtag bewilligt Betrag M	Bis Ende März 1920 voraussichtlich verausgabt M	Voraussichtl. noch erforderl. Betrag M	Bemerkungen
4	5a	5b	6	7	8
bauten					
12 000	Ordentl. Haushalt 1912/13	12 000	—	80 000	
18 000	1914/15	18 000	—	125 000	
80 000	1914/15	80 000	—	560 000	
12 000	1914/15	12 000	—	85 000	
50 000	1914/15	50 000	—	350 000	
290 000	Außerord. Haushalt 1912/13	290 000	—	2 030 000	
135 000	1912/13	135 000	30 200	730 000	
150 000	1912/13	150 000	25 000	1 150 000	
135 000	1914/15	135 000	136	950 000	
195 000	1914/15	195 000	—	1 400 000	
230 000	1914/15	230 000	300 000	1 120 000	
800 000	1914/15	800 000	147 000	653 000	
54 800	1914/15	54 800	10 400	557 000	
		2 161 800	512 736	9 790 000	

Nr.	Ort	Art des Baues usw.
1	2	3
		II. Fernsprech-
14		Fernsprech-Verbindungsleitungen
	a) München—Köln	
	b) München—Frankfurt (Main)	
	c) München—Karlsruhe	
	d) München—Straßburg	
	e) Nürnberg—Dresden	
	f) Nürnberg—Hannover	
	g) Nürnberg—Mannheim	
	h) Bamberg—Erfurt	
	i) Würzburg—Erfurt	
	k) innerbayerische Verbindungsleitungen	
15		Fernsprech-Kabelanlagen
		Summe II

Ursprünglicher Kostenanschlag ℳ	Ursprünglich vom Landtag bewilligt durch	Betrag ℳ	Bis Ende März 1920 voraussichtlich verausgabt ℳ	Voraussichtl. noch erforderl. Betrag ℳ	Bemerkungen
4	5a	5b	6	7	8

anlagen

	Außerord. Haushalt 1914/15				
129 500		129 500	—		
177 000		177 000	—		
78 300		78 300	—		
73 300		73 300	—		
127 300		127 300	—	9 780 000	
47 900		47 900	—		
70 400		70 400	—		
12 000		12 000	—		
32 000		32 000	—		
785 300		785 300	300 000		
	desgl.				
389 600	1914/15	389 600	106 600	3 720 000	
210 000	1918/19	210 000	—		
		2 132 600	406 600	13 500 000	

Zusammenstellung

I. Hochbauten . . .	2 161 300	512 736	9 790 000
II. Fernsprechanlagen	2 132 600	406 600	13 500 000
Gesamtsumme	4 294 400	919 336	23 290 000

her bayerische Postbeamte und deren Hinterbliebene an den Allgemeinen Unterstützungsverein für die Hinterlassenen der bayerischen Staatsdiener und an die damit verbundene Töchterkasse geleistet werden.

Die Auseinandersetzung über das Vermögen der Arbeiter-Pensionskasse, an der in Bayern Post und Eisenbahn beteiligt sind, zwischen den genannten Verwaltungen wird vom Reiche durchgeführt werden. Zur Überführung der bayerischen Arbeiter-Pensionskasse in eine allgemeine Arbeiter-Pensionskasse für das ganze Reichspostgebiet ist die Zustimmung des Ausschusses der bayerischen Arbeiter-Pensionskasse erforderlich.

Falls die Reichs-Post- und Telegraphenverwaltung eine Sonderanstalt für die Alters- und Invalidenversicherung ihrer versicherungspflichtigen Arbeiter einrichtet, werden die in Bayern beschäftigten und versicherten Arbeiter in die Sonderanstalt des Reichs überführt, unbeschadet der Rechte, die sie als Mitglieder einer gleichartigen bayerischen Sonderanstalt bereits erworben haben.

Berlin, den 29. März 1920.

München, den 31. März 1920.

(Unterschriften wie vor.)

Staatsvertrag zwischen dem Deutschen Reiche und dem Freien Volksstaat Württemberg über den Übergang der Post- und Telegraphenverwaltung Württembergs an das Reich.

Vom 29./31. März 1920 (RGBl. S. 659).

Zwischen der Regierung des Deutschen Reichs und der Regierung des Freien Volksstaats Württemberg besteht

Einverständnis darüber, daß das Post- und Telegraphenwesen Württembergs samt dem Fernsprechwesen am 1. April 1920 gemäß Artikel 170 der Verfassung des Deutschen Reichs auf das Reich übergehen soll. Von diesem Zeitpunkt an wird das Post- und Telegraphenwesen Württembergs samt dem Fernsprechwesen mit demjenigen des übrigen Reichsgebiets nach dem Grundsatz der Einheitlichkeit und Gleichmäßigkeit verwaltet werden.

Aus diesem Anlaß haben die beiden Regierungen unter Vorbehalt der Zustimmung der gesetzgebenden Versammlungen den nachstehenden Staatsvertrag vereinbart.

§ 1.

Die Verwaltung und das gesamte Eigentum der württembergischen Posten und Telegraphen werden dem Reiche vom 1. April 1920 an als Ganzes mit allen Rechten und Pflichten öffentlich-rechtlicher und privatrechtlicher Art übertragen. Das Reich tritt zu diesem Zeitpunkt in die laufenden Verträge, Rechte und Pflichten öffentlich-rechtlicher und privatrechtlicher Art ein, die für die württembergische Post- und Telegraphenverwaltung bestehen und durch deren Übergang auf das Reich nicht kraft Gesetzes wegfallen. Der Eintritt des Reichs in die laufenden Verträge hat Rechtswirkung auch gegenüber den bisherigen Vertragsgegnern der württembergischen Post- und Telegraphenverwaltung.

§ 2.

Für die Übertragung der Verwaltung und des Eigentums der württembergischen Posten und Telegraphen vergütet das Reich an den Volksstaat Württemberg den Betrag von 250 000 000 (zweihundertfünfzig Millionen) Mark, der auch die Vergütung für die dem Personal der württembergischen Post- und Telegraphenverwaltung zu

Zwecken der Wohnungsfürsorge in Pacht, Miete oder im Erbbaurecht überlassenen Grundstücke und Gebäude umfaßt.

Der Betrag ist am 1. April 1920 fällig und von diesem Tage an mit 4½ (viereinhalb) vom Hundert zu verzinsen. Die Zinsen sind bis auf anderweite Vereinbarung am Schlusse jedes Kalendervierteljahrs zu zahlen. Über die Tilgung bleibt nähere Vereinbarung vorbehalten.

§ 3.

Das Reich wird nach Übernahme der Verwaltung des Post- und Telegraphenwesens samt dem Fernsprechwesen in Württemberg den durch die bisherige Entwicklung und die wirtschaftsgeographische Lage Württembergs bedingten Verkehrs-, Betriebs- und Personalverhältnissen sowie den Bedürfnissen der Volkswirtschaft und des Verkehrslebens Württembergs seine Fürsorge zuwenden.

§ 4.

Die Ober-Postdirektion in Stuttgart wird vom Reichspostminister mit besonderen Befugnissen für den inneren württembergischen Verkehr ausgestattet.

§ 5.

Das Reich wird beim Ausbau der Einrichtungen des Post-, Telegraphen- und Fernsprechverkehrs in Württemberg die Aufgaben vollziehen, für die der Württembergischen Regierung in Haushaltsplänen oder Baugesetzen Mittel bewilligt worden sind.

§ 6.

Dem Reiche steht das Recht zu, in Württemberg Kraftwagen- und Fluglinien für den Post- und Personenverkehr zu betreiben.

Zur wirtschaftlichen Erschließung der abseits der Eisenbahnen gelegenen Teile Württembergs wird das Reich in die von der Württembergischen Regierung durch Genehmigung von Kraftwagenlinien eingegangenen Verpflichtungen eintreten.

§ 7.

Die in Württemberg anfallenden Scheckgelder wird das Reich so anlegen[1], daß sie der württembergischen Wirtschaft zugute kommen.

1 S. Vorschriften (usw.) S. 93.

§ 8.

Das Reich genießt, unbeschadet späterer anderweitiger reichsgesetzlicher Regelung, für den Post-, Telegraphen- und Fernsprechbetrieb Befreiung von den Steuern[1] des württembergischen Staates. Der Besteuerung durch die Gemeinden unterliegt das Reich nach Maßgabe der Reichsgesetzgebung.

1 S. § 1 (Anm. 6) RPFinanzG. (S. 71).

§ 9.

Die im Dienste der württembergischen Post- und Telegraphenverwaltung stehenden Beamten, Angestellten und Arbeiter werden zum 1. April 1920 in den Dienst des Reichs übernommen, die Beamten als Reichsbeamte im Sinne des Artikel 129 der Reichsverfassung und im Sinne des Reichsbeamtengesetzes.

§ 10.

Auf das Dienstverhältnis der am 1. April 1920 in den Dienst des Reichs übertretenden württembergischen Beamten dem Reiche gegenüber finden bis zur Neuregelung des Reichsbeamtenrechts die bisherigen landesgesetzlichen

Bestimmungen[1] und, soweit es für die Beamten günstiger ist, die für die Reichsbeamten geltenden Bestimmungen dergestalt Anwendung, daß an die Stelle der württembergischen in allen Fällen die vom Reiche bestimmten Behörden treten. An Stelle des bisherigen württembergischen Disziplinarhofs wird in Württemberg eine Reichs-Disziplinarkammer nach dem Reichsbeamtengesetze gebildet werden. Ein in Württemberg am 31. März 1920 anhängiges förmliches Disziplinarverfahren ist nach den württembergischen Landesgesetzen zu erledigen.

Den übertretenden Beamten bleiben mit dieser Maßgabe, und sofern nicht in diesem Vertrag und dem zugehörigen Schlußprotokoll etwas anderes vorgesehen ist, alle durch das bisherige Dienstverhältnis erworbenen Rechte, Anwartschaften und Vorteile insoweit gewahrt, als ihnen durch den Übertritt in den Reichsdienst und die Einreihung in die Reichsbesoldungsordnung nicht gleiche oder weitergehende Rechte erwachsen.

1 S. VO 29. 4. 1920 (RGBl. S. 673).

§ 11.

Die Verhältnisse der Beamten württembergischer Landesangehörigkeit regeln sich nach Artikel 16 der Reichsverfassung. Die am 1. April 1920 in den Dienst des Reichs übernommenen Beamten sollen nach Orten außerhalb Württembergs nur mit ihrem Einverständnisse versetzt werden.

§ 12.

Das Reich übernimmt die Wohlfahrtseinrichtungen der württembergischen Post- und Telegraphenverwaltung und führt sie auf Grund der Gesetze, Satzungen und Bestimmungen unter Wahrung der Rechte der Beamten, Angestellten und Arbeiter weiter.

§ 13.

Meinungsverschiedenheiten zwischen den vertragschließenden Regierungen in bezug auf die Auslegung dieses Vertrages sollen durch den Staatsgerichtshof entschieden werden.

Berlin, den 29. März 1920.

Die Reichsregierung.

RKzl: Müller.

RPMin: Giesberts.

RFinanzMin: Wirth.

Stuttgart, den 31. März 1920.

Die Württembergische Regierung.

StPräs: Blos.

FinanzMin: Liesching.

AuswAStS, VerkAbt: Hitzler.

Schlußprotokoll zum Staatsvertrage zwischen dem Deutschen Reiche und dem Freien Volksstaat Württemberg vom 29./31. März 1920.

Bei der Vereinbarung über den am heutigen Tage vollzogenen Staatsvertrag zwischen dem Deutschen Reiche und dem Freien Volksstaat Württemberg sind von den unterzeichneten Bevollmächtigten noch folgende Verabredungen getroffen worden, die mit dem Vertrage selbst gleiche Kraft und Gültigkeit haben sollen.

Allgemeines.

Die besonderen Rechte, die Württemberg in Ansehung des Post-, Telegraphen- und Fernsprechwesens nach Artikel 52 der früheren Reichsverfassung und anderen Reichsgesetzen bisher zugestanden haben, treten mit dem 1. April 1920 außer Kraft. Soweit nicht im Staatsvertrag oder in diesem Schlußprotokoll etwas anderes bestimmt ist, bleiben die von Württemberg auf dem Gebiete des Post-, Telegraphen- und Fernsprechwesens erlassenen Gesetze, Verordnungen und sonstigen Vorschriften vom gleichen Zeitpunkt an bis auf weiteres als Vorschriften des Reichs mit der Maßgabe in Geltung, daß an die Stelle der württembergischen in allen Fällen die vom Reiche bestimmten Behörden treten[1].

1 Wegen Aufhebung der württ. PScheckO s. Art. I Ziff. 5 Ges 22. 3. 1921 (RGBl. S. 242) und § 14 PScheckO 7. 4. 1921 (RGBl. S. 459). Vgl. auch Anm. 1 zu § 10 des Vertrags. Wegen Einführung des EisenbahnPG 1875 in Württemberg s. Ges 19. 5. 1921 (S. 426).

Zu § 1.

In das Eigentum des Reichs gehen über alle im Eigentume der württembergischen Post- und Telegraphenverwaltung stehenden Grundstücke, Gebäude, Anlagen und beweglichen Sachen; alle aus Mitteln der württembergischen Post- und Telegraphenverwaltung beschafften Einrichtungs- und Ausstattungsgegenstände, Betriebsmittel, Baustoffe, Vorrats- und Ersatzstücke, Dienstpapiere; die gültigen Postwertzeichen; endlich alle sonstigen beweglichen Sachen. Dagegen bleiben die bei der württembergischen Post- und Telegraphenverwaltung bestehende Sammlung historischer Gegenstände und die vorhandene Postwertzeichensammlung Eigentum des württembergischen Staates.

Alle Grundstücke des württembergischen Landesfiskus, die Post- und Telegraphenzwecken gewidmet oder für solche bestimmt sind, gehen in das Eigentum des Reichs über, gleichviel, ob und unter welcher Bezeichnung der württembergische Landesfiskus als Eigentümer im Grundbuch eingetragen ist. Das gleiche gilt von Grundstücken, die Post- und Telegraphenzwecken gewidmet waren und von Post-

und Telegraphenbehörden verwaltet werden. Ferner gehen alle der württembergischen Post- und Telegraphenverwaltung zustehenden Rechte an Grundstücken auf das Reich über, auch solche, die durch Rechtsgeschäfte nicht übertragbar sind. Von der Post- und Telegraphenverwaltung angemietete Grundstücke gelten nicht als solche, die Post- und Telegraphenzwecken gewidmet oder dafür bestimmt sind.

Das Reich kann die Übertragung des Eigentums an Grundstücken, die von der württembergischen Post- und Telegraphenverwaltung und anderen Staatsverwaltungen gemeinschaftlich benutzt werden und nicht schon nach dem vorhergehenden Absatz auf das Reich übergehen, gegen Entschädigung beanspruchen, wenn sie vorwiegend Post- und Telegraphenzwecken gewidmet sind. Überwiegt die Benutzung durch die württembergische Post- und Telegraphenverwaltung nicht, so kann das Reich die Weiterbenutzung gegen eine angemessene jährliche Vergütung, im übrigen unter den bisherigen Bedingungen, beanspruchen.

Das Eigentum und die Rechte an Grundstücken gehen auf das Reich über, ohne daß es dabei der Beobachtung der für die Übertragung des Eigentums oder des Rechtes vorgeschriebenen Form bedarf. Die Ober-Postdirektion in Stuttgart und das Württembergische Finanzministerium werden in gemeinsam ausgestellten öffentlichen Urkunden den Grundbuchämtern die Grundstücke und die Rechte an Grundstücken bezeichnen. Auf Grund dieser Urkunden ist das Grundbuch zu berichtigen. Steuern, Gebühren, Kosten und Auslagen werden aus Anlaß des Eigentumswechsels nicht erhoben.

Für sämtliche in das Eigentum des Reichs übergehenden Grundstücke der württembergischen Post- und Telegraphenverwaltung räumt das Reich dem Volksstaat

Württemberg ein Vorkaufsrecht nach §§ 1094 ff. des Bürgerlichen Gesetzbuchs ein. Die Frist zur Erklärung über die Ausübung des Vorkaufsrechts beträgt drei Monate nach dem Empfange der im § 510 a. a. O. vorgesehenen Mitteilung. Werden Grundstücke gegen andere, für Zwecke des Post- und Telegraphendienstes erforderliche Grundstücke ausgetauscht oder Teile von Grundstücken zu öffentlichen Zwecken, Grenzregelungen oder aus ähnlichem Anlaß abgetreten, so greift das Vorkaufsrecht nicht Platz.

Das Reich verzichtet auf die Geltendmachung von Ansprüchen auf Gewährleistung wegen etwaiger Mängel des übergehenden Unternehmens und der dazu gehörigen Grundstücke, Sachen und Rechte.

Vom 1. April 1920 an fließen alle Einnahmen aus dem Betriebe der Posten und Telegraphen in Württemberg dem Reiche zu, wie es auch alle Ausgaben hierfür von diesem Tage an zu tragen hat.

Einnahmen und Ausgaben, deren Entstehungsgrund vor dem 1. April 1920 liegt, fallen dem Volksstaat Württemberg zu. Über die nach dem 1. April 1920 auf Württemberg fallenden Einnahmen und Ausgaben wird das Reich eine besondere Abrechnung führen lassen. Das Württembergische Finanzministerium ist zur Mitwirkung an diesen Abrechnungsarbeiten befugt.

Die bei den württembergischen Post- und Telegraphenanstalten am 31. März 1920 bei Dienstschluß vorhandenen Kassenbestände werden dem Reiche vorbehaltlich der Abrechnung übergeben. Nach Prüfung der Monatsrechnungen für März 1920 wird das Reich dem Volksstaat Württemberg eine angemessene Abschlagszahlung leisten. Die Abwicklung im Postanweisungs- und Postscheckverkehr erfolgt in der bisherigen Weise.

Die oberste Rechnungsbehörde Württembergs behält

ihre Befugnisse gegenüber den Stellen und dem Personal der Reichs-Post- und Telegraphenverwaltung hinsichtlich der für die Zeit bis zum 31. März 1920 aufgestellten Rechnungen.

Zu § 2.

Die an Württemberg zu zahlenden Zinsen und Tilgungsbeträge sind frei von Steuern und Abgaben des Reichs.

Zu § 3.

Es besteht Einverständnis darüber, daß die Betriebsformen und Vorschriften bei den Post- und Telegraphendienststellen in Württemberg und im übrigen Reichsgebiete nach und nach und unter möglichster Rücksichtnahme auf die bisherige Entwicklung vereinheitlicht werden sollen.

Bei Vergebung von Lieferungen und Arbeiten für das ganze Reichsgebiet wird das Reich die Unternehmer in Württemberg in gleicher Weise wie andere Unternehmer berücksichtigen. Handelt es sich um Lieferungen und Arbeiten für die in Württemberg gelegenen Post- und Telegraphendienststellen, so sollen bei gleichwertigen Angeboten Unternehmer in Württemberg mit Vorzug berücksichtigt werden.

Die bisher in Württemberg eingeführten besonderen Postwertzeichen für den amtlichen Verkehr der Staatsbehörden und für den amtlichen Bezirksverkehr werden für Rechnung des Reichs bis auf weiteres beibehalten.

Zu § 4.

Die Zuständigkeit der Ober-Postdirektion in Stuttgart soll sich auf alle inneren Angelegenheiten des ihr zugewiesenen Verkehrsgebiets, soweit sie nicht allgemein dem Reichspostminister vorbehalten sind, erstrecken, insbesondere auf die Verfügung über die zur Verwendung in diesem Gebiete bestimmten Haushaltsmittel, auf den Ausbau und die Unterhaltung des Post-, Telegraphen- und Fernsprechnetzes und der Verkehrsverbindungen sowie auf die Behandlung der Gegenstände der allgemeinen Verwaltung und der Angelegenheiten des in Württemberg diensttätigen Personals, ferner auf die Mitwirkung bei allgemeinen Angelegenheiten von grundsätzlicher Bedeutung.

Ohne Zustimmung der Württembergischen Regierung soll kein Teil des württembergischen Gebiets einer außerhalb Württembergs liegenden Ober-Postdirektion zugewiesen werden. Der Reichs-Post- und Telegraphenverwaltung bleibt es überlassen, nichtwürttembergisches Gebiet der Ober-Postdirektion in Stuttgart zu unterstellen.

Einrichtungen oder Dienststellen der Reichs-Post- und Telegraphenverwaltung, die nicht an bestimmte Orte gebunden sind, ferner Bauten für Wohlfahrtszwecke, Genesungs- und Erholungsstätten sollen, soweit angängig, auch in Württemberg untergebracht werden.

Der Vorstand und wenigstens drei Viertel der Mitglieder der Ober-Postdirektion in Stuttgart sollen die württembergische Staatsangehörigkeit durch Abstammung besitzen oder durch langjährigen Aufenthalt in Württemberg mit den württembergischen Verhältnissen genau vertraut sein. Werden der Ober-Postdirektion in Stuttgart Mitglieder von nichtwürttembergischer Staatsangehörigkeit zugeteilt, so soll eine entsprechende Anzahl von Beamten württembergischer Staatsangehörigkeit des gleichen Ranges bei Ober-Postdirektionen außerhalb Württembergs verwendet werden. Im umgekehrten Falle soll ebenso verfahren werden. Es soll darauf Bedacht genommen werden, bei der Besetzung von Stellen im Reichspostministerium geeignete Beamte württembergischer Staatsangehörigkeit zu berücksichtigen.

Zu § 5.

Das Reich wird den vom württembergischen Landtag bisher erhobenen Verkehrswünschen nachkommen, soweit deren Erfüllung durch die Württembergische Regierung bindend zugesagt worden ist.

Das Reich verpflichtet sich, alle Bauten, Anlagen, Einrichtungen und Neubeschaffungen, die von der württembergischen Post- und Telegraphenverwaltung bereits in Angriff genommen sind, oder nach den vom württembergischen Landtag genehmigten Mitteln in Angriff genommen werden sollen, zu übernehmen und auf Reichskosten fertigzustellen. Die für solche Bauten usw. bis Ende März 1920 entstandenen Kosten fallen Württemberg zur Last. Ein Verzeichnis der in Betracht kommenden Bauten usw. ist dem Schlußprotokoll beigefügt. Abrechnung über die für solche Bauten usw. bis Ende März 1920 entstandenen Kosten wird die Württembergische Regierung dem Reiche bis 1. August 1920 übergeben.

Zu § 6.

Württemberg überträgt dem Reiche seine Rechte aus den bestehenden Garantieverträgen.

Wenn das Reich die Errichtung oder den Betrieb einer neuen Kraftwagenlinie ablehnt, die Württembergische Regierung aber sich zur Tragung der Hälfte des jährlichen Einnahmeausfalls bereit erklärt, so wird das Reich nach Maßgabe der vorhandenen Mittel den württembergischen Wünschen Rechnung tragen.

Zu § 7.

Das Reich übernimmt die Gelder, die von der württembergischen Post- und Telegraphenverwaltung aus den Guthaben der Postscheckkunden angelegt sind, wobei die aus diesen Geldern erworbenen Wertpapiere und Schuldbuchforderungen nach dem Anschaffungspreise berechnet werden.

Hinsichtlich der Anlage und Verwaltung der Scheckgelder verbleibt es bei der bisherigen Regelung.

Zu § 9.

Als Beamte im Sinne der §§ 9 ff. gelten, soweit nicht besondere Bestimmungen getroffen sind, sämtliche planmäßigen Beamten im Sinne des Artikel 1 und die nichtplanmäßigen Beamten im Sinne des Artikel 118 des württembergischen Beamtengesetzes.

Die in den Dienst des Reichs übernommenen Beamten sind berechtigt, binnen drei Monaten nach der Übernahme der Post- und Telegraphenverwaltung durch das Reich schriftlich oder zu Protokoll gegenüber der vorgesetzten Dienststelle ihren Rücktritt in den Landesdienst zu erklären. Der Rücktritt wird mit dem Tage der Erklärung wirksam.

Die Württembergische Regierung verpflichtet sich, auch diese Beamten gegen Erstattung ihres Diensteinkommens durch das Reich so lange auf ihren Dienstposten zu belassen, bis sie nach der Entscheidung der zuständigen Post- und Telegraphendienststellen abkömmlich sind. Länger als sechs Monate soll kein Beamter ohne seine Zustimmung auf seinem Dienstposten zurückbehalten werden.

Sollte die neue Reichsbesoldungsordnung nach dem 1. April 1920 verkündet werden, so beginnt die Rücktrittsfrist mit dem Tage der Verkündung.

Die Württembergische Regierung verpflichtet sich, Post- und Telegraphenbeamte, die nicht in den Reichsdienst übertreten wollen, tunlichst in ein anderes Amt des württembergischen Landesdienstes zu versetzen. Soweit dies nicht möglich ist oder von Beamten, die das 60. Lebensjahr vollendet haben, nicht gewünscht wird, sind sie baldigst in den zeitlichen oder bleibenden Ruhestand zu versetzen. Bis zum Zeitpunkt des Eintritts in ein anderes Amt des württembergischen Landesdienstes oder in den Ruhestand trägt das Reich das Diensteinkommen. Wegen der Tragung der Bezüge nach Versetzung in den Ruhestand gelten die Bestimmungen zu § 10 dieses Schlußprotokolls.

Machen auf Kündigung angestellte Beamte, die nicht in den Reichsdienst übertreten wollen, von ihrem Kündigungsrechte Gebrauch, so trägt das Reich ihr Diensteinkommen bis zum Ablauf der Kündigungsfrist.

Zu § 10.

Das Reich gewährleistet den in seinen Dienst übertretenden württembergischen Beamtenanwärtern und Beamten die in Württemberg erworbenen Anstellungs- und Beförderungsaussichten soweit, als es sich um die bei regelmäßiger Gestaltung der bisherigen Laufbahn nach dem bisherigen organisatorischen Aufbau des Beamtenkörpers erreichbaren Eingangs- und Beförderungsstellen handelt. Als regelmäßig erreichbare Beförderungsstellen sind nur solche anzusehen, die mindestens die Hälfte der Beamten der Vorstelle erreicht hat. Der Nachweis der Befähigung für die Beförderungsstellen ist bis auf weiteres nach den bisher in Württemberg geltenden Grundsätzen zu führen.

Damit die Wartezeiten bis zur Anstellung und Beförderung gegenüber dem Zustand in Württemberg zur Zeit des Überganges auf das Reich keine Verschlechterung erfahren, sollen durch den jeweils nächsten Reichshaushalt genügend planmäßige Stellen zur Verfügung gestellt werden, um die bis zu Beginn des Haushaltsjahrs nach den Anstellungs- und Beförderungsverhältnissen, wie sie in Württemberg nach Ausführung des Haushalts am 1. April 1920 liegen, zur Anstellung oder Beförderung herangerückten Anwärter anstellen oder befördern zu können. Soweit sich dies nicht ermöglichen lassen sollte, erhält der Bedienstete vom Beginn des bezeichneten Haushaltsjahrs an zur Erreichung des Gesamteinkommens im Falle seiner Anstellung oder Beförderung eine persönliche Zulage. Die Zulage ist bei Beamten soweit für ruhegehaltsfähig zu erklären, als zur Erreichung des bei ihrer Beförderung ruhegehaltsfähigen Einkommensbetrags erforderlich ist. Der Beginn des Besoldungsdienstalters wird bei der späteren Stellenverleihung so festgesetzt, wie wenn der Beamte zum bezeichneten Zeitpunkt angestellt oder befördert worden wäre.

An regelmäßigem Diensteinkommen gewährleistet das Reich jedem Beamten den Betrag, den er bezogen haben würde, wenn er in seiner Stelle im württembergischen Landesdienste verblieben und in diesem nach Maßgabe der am 31. März 1920 geltenden Besoldungsgrundsätze in seinem Diensteinkommen aufgerückt wäre. Hierbei werden jedoch nach dem 31. Dezember 1919 erlassene allgemeine Besoldungsgesetze nicht berücksichtigt. Was als regelmäßiges Diensteinkommen anzusehen ist, richtet sich nach den in Württemberg am 31. März 1920 geltenden Grundsätzen. Erreicht das Diensteinkommen im Reichsdienst die württembergischen Landessätze nicht, so ist der Unterschied als persönliche Zulage zu gewähren. Diese Zulage ist insoweit für ruhegehaltsfähig zu erklären, als zur Erreichung des nach württembergischen Landesgrundsätzen ruhegehaltsfähigen Betrags erforderlich ist.

Die Voraussetzungen für die Versagung von Dienstalterszulagen richten sich nach Reichsrecht. Insoweit und solange das Reich von diesem Rechte Gebrauch macht, werden weitere nach württembergischen Landesgrundsätzen erreichbar gewesene Bezüge nicht berücksichtigt.

Über die Einreihung der übertretenden württembergischen Beamten in die Reichsbesoldungsordnung sowie über die Übergangsbestimmungen zur neuen Personalordnung der Reichs-Post- und Telegraphenverwaltung werden die vertragschließenden Regierungen besondere Vereinbarungen treffen.

Die übernommenen württembergischen Beamten sind befugt, ihre bisherigen Titel so lange beizubehalten, als sie nicht den Titel einer höheren Klasse erhalten.

Die Vergünstigungen auf freie Eisenbahnfahrt, die von der württembergischen Staatseisenbahnverwaltung dem übertretenden Post- und Telegraphenpersonal eingeräumt waren, werden im Umfang der seitherigen Übung vom Reiche mit der Maßgabe aufrechterhalten, daß ihre Änderung oder Beseitigung durch das Reichsverkehrsministerium nur im Benehmen mit dem Reichspostministerium erfolgen darf.

Das Reich übernimmt vom 1. April 1920 an alle auf gesetzlicher Vorschrift oder Verwaltungsanordnung beruhenden Bezüge (einschließlich Sachleistungen) der in den zeitlichen oder bleibenden Ruhestand versetzten Beamten sowie der Hinterbliebenen von Beamten und wird nach den in Württemberg bisher üblichen Grundsätzen Unterstützungen gewähren.

Sollte das Reich die Bezüge seiner vor dem 1. April 1920 in den Ruhestand getretenen Beamten oder Hinterbliebenen der vor diesem Zeitpunkt verstorbenen Beamten aufbessern, so wird es die Mittel bereitstellen, die erforderlich sind, damit den in Württemberg am 31. März 1920 vorhanden gewesenen Berechtigten bei gleichen Voraussetzungen in demselben Ausmaß persönliche Zulagen gewährt werden können.

Das Reich gewährleistet den Empfängern von Wartegeld, Ruhegehalt sowie Witwen- und Waisengeld mindestens das Gesamteinkommen, das nach den am 31. März 1920 geltenden Bestimmungen und Besoldungssätzen Württembergs zu gewähren wäre, wenn der Beamte am Tage der Versetzung in den Ruhestand oder des Todes noch im württembergischen Landesdienste gestanden hätte. Hierbei werden jedoch nach dem 31. Dezember 1919 in Württemberg erlassene allgemeine Besoldungsgesetze oder Änderungen der Bestimmungen über die Ruhegehalts- und Hinterbliebenenbezüge nicht berücksichtigt.

Soweit Beamte im Ruhestande nach Gesetz oder Verwaltungsordnung einen Anspruch oder eine Anwartschaft auf Wiederanstellung haben, tritt das Reich in die der Württembergischen Regierung obliegenden Verpflichtungen ein.

Für das Dienstverhältnis der in den Dienst des Reichs übertretenden Postagenten und sonstigen im Vertragsweg angestellten Personen bleiben bis auf weiteres die bisherigen Bestimmungen maßgebend.

Die in den Dienst des Reichs übertretenden Arbeiter und sonstigen außerhalb des Beamtenverhältnisses stehenden Personen sollen hinsichtlich der Arbeits- und Lohnbedingungen, und zwar tunlichst zum 1. April 1920, dem gleichartigen Personal der Reichs-Post- und Telegraphenverwaltung gleichgestellt werden. Vor Durchführung dieser Maßnahme wird das Reich den berufenen Vertretern des beteiligten übertretenden Personals Gelegenheit zur Stellungnahme geben.

Angestellte und Arbeiter, die durch Erklärung vor dem 1. April 1920 ihre Übernahme in den Reichsdienst ablehnen, bleiben im Dienste Württembergs. Soweit die Württembergische Regierung diesen Angestellten und Arbeitern keine angemessene Beschäftigung übertragen kann, verpflichtet sie sich, den Dienstvertrag zum ersten zulässigen Zeitpunkt zu kündigen. In diesem Falle übernimmt das Reich bis zum Ausscheiden des Angestellten oder Arbeiters die der Württembergischen Regierung ihm gegenüber obliegenden Verbindlichkeiten für die Zeit, in der von dem Angestellten oder Arbeiter der Württembergischen Regierung keine Dienste geleistet werden.

Das Reich übernimmt die Verpflichtungen Württembergs aus der Bewilligung von Teuerungsbezügen an invalide Arbeiter, die aus dem Post- und Telegraphendienst ausgeschieden sind, und an Hinterbliebene von Arbeitern. Sollte das Reich die Bezüge seiner vor dem 1. April 1920 ausgeschiedenen invaliden Arbeiter oder der Hinterbliebenen von Arbeitern, die vor diesem Zeitpunkt verstorben sind, aufbessern, so wird es die Mittel bereitstellen, die erforderlich sind, damit den in Württemberg am 31. März 1920 vorhanden gewesenen Berechtigten bei gleichen Voraussetzungen in demselben Ausmaß Zulagen gewährt werden können.

Das Reich wird an invalide Angestellte und Arbeiter sowie an Hinterbliebene von Angestellten und Arbeitern nach den in Württemberg bisher üblichen Grundsätzen Unterstützungen gewähren.

Zu § 11.

Bei der Versetzung von Beamten, die am 1. April 1920 in den Dienst des Reichs übergetreten sind, aus Württemberg in das übrige Reichsgebiet und umgekehrt soll nach dem Grundsatz der Gegenseitigkeit und Gleichmäßigkeit verfahren werden. Dies gilt auch für Versetzungen, die aus Anlaß von Beförderungen erfolgen.

Bis zur Regelung auf Grund Reichsgesetzes bleibt der Beirat der württembergischen Verkehrsbeamten mit den bisherigen Befugnissen dergestalt bestehen, daß die Eisenbahnbeamten aus ihm ausscheiden. Bis zu dem gleichen Zeitpunkt wird das Reichspostministerium zu Verhandlungen mit dem Beamtenbeirat in Berlin über allgemeine Angelegenheiten von grundsätzlicher Bedeutung Vertreter des Beirats der württembergischen Verkehrsbeamten zuziehen. Dies wird auch geschehen, wenn das Reichspostministerium vor Erlaß eines Reichsgesetzes eine Neuregelung der Beamtenvertretungen vornehmen sollte.

Zu den Verhandlungen wegen Durchführung des Reichsgesetzes über Betriebsräte werden Vertreter der württembergischen Arbeiter und Angestellten zugezogen werden.

Zu § 12.

Die für das Personal in Württemberg bestehenden Wohlfahrtseinrichtungen sollen bis auf weiteres in bisheriger Weise verwaltet werden.

Die Wohlfahrtseinrichtungen der bisherigen württembergischen Post- und Telegraphenverwaltung und ihres Personals erhalten nach dem 1. April 1920 unter den gleichen Bedingungen Zuschüsse und sonstige Zuwendungen, unter denen dies bei gleichartigen Wohlfahrtseinrichtungen der Reichs-Post- und Telegraphenverwaltung und ihres Personals der Fall ist. Wohlfahrtseinrichtungen, die zwar im Reichspostgebiete, nicht aber in Württemberg bestehen, werden, soweit nicht stiftungsgemäße Hindernisse entgegenstehen, auf das bisherige württembergische Postgebiet ausgedehnt. Umgekehrt bleibt unter der gleichen Voraussetzung die Ausdehnung bisher württembergischer Stiftungen auf das ganze Reichsgebiet vorbehalten.

An den für die Wohnungsfürsorge der Reichs-Post- und Telegraphenverwaltung vom 1. April 1920 ab auszuwerfenden Mitteln soll das württembergische Post- und Telegraphenpersonal angemessen beteiligt werden.

Die für das württembergische Post- und Telegraphenpersonal vorhandenen Stiftungen gehen, soweit nicht besondere Bestimmungen getroffen sind, mit ihrem Vermögen in die Verwaltung des Reichs über. Die Reichs-Post- und Telegraphenverwaltung wird sie auch fernerhin nach den bisherigen Satzungen verwalten.

Soweit die Wohlfahrtseinrichtungen für das württembergische Post- und Eisenbahnpersonal gemeinsam sind, wird das Reich die Auseinandersetzung zwischen den beiden Verwaltungen durchführen.

Die von der württembergischen Post- und Telegraphenverwaltung an Wohlfahrtseinrichtungen bewilligten Zuschüsse werden vom Reiche in bisheriger Weise weitergewährt werden.

Die Auseinandersetzung über das Vermögen der Arbeiter-Pensionskasse, an der in Württemberg Post und Eisenbahn beteiligt sind, zwischen den genannten Verwaltungen wird vom Reiche durchgeführt werden. Zur Überführung der württembergischen Arbeiter-Pensionskasse in eine allgemeine Arbeiter-Pensionskasse für das ganze Reichspostgebiet ist die Zustimmung des Ausschusses der württembergischen Arbeiter-Pensionskasse erforderlich.

Falls die Reichs-Post- und Telegraphenverwaltung eine Sonderanstalt für die Alters- und Invalidenversicherung ihrer versicherungspflichtigen Arbeiter einrichtet, werden die in Württemberg beschäftigten und versicherten Arbeiter in die Sonderanstalt des Reichs überführt, unbeschadet der Rechte, die sie als Mitglieder einer gleichartigen württembergischen Sonderanstalt bereits erworben haben.

Berlin, den 29. März 1920.

Stuttgart, den 31. März 1920.

(Unterschriften wie vor.)

Ver-
der Bauten usw., die von der württembergischen Post- und Tele-
den vom württembergischen Landtag genehmigten Mitteln in An-

Nr.	Ort	Art des Baues usw.	Ursprünglicher Kostenanschlag Jahr	Ursprünglicher Kostenanschlag M
1	2	3	4a	4b
				I. Hoch-
1	Stuttgart	a) Postscheckamt Neubau . . . . b) Dienstgebäude für Kanzlei- u. Betriebszwecke und für die Druckerei der Ver- Verkehrsanstalten	1912/1913	2 200 000
		Poststall	1912/13	70 000
		Telegraphenwerkstätte und Diensträume für das Bekleidungsamt	1912/13 – 1915	659 000
		c) Hauptpostgebäude Umbau	1919	400 000
2	Tübingen	Posthausneubau mit Kraftwagenhalle	1912/13	200 000
3	Heilbronn	Familienwohngebäude für Beamte des unteren Dienstes (60 Wohnungen)	1912/13	472 000
		Summe I . . .	—	—

zeichnis

graphenverwaltung bereits in Angriff genommen sind oder nach griff genommen werden sollen. (Zu § 5 des Schlußprotokolls.)

Ursprünglich vom Landtag bewilligt: lt. Art. 9 des Eisenbahnbaugesetzes vom 17. Juli 1913 M	Ursprünglich vom Landtag bewilligt: lt. 1. Nachtrag zum Finanzges. für das R. J. 1918 M	Ursprünglich vom Landtag bewilligt: durch Posthaushaltplan M	Bis Ende März 1920 voraussichtlich verausgabt M	Voraussichtlich noch erforderlicher Betrag M	Bemerkungen
5a	5b	5c	6	7	8
bauten					
} 800 000	—		10 000	990 000 (für den westlichen Flügel)	Mit Bauausführung wird demnächst begonnen.
	} 1 300 000		} 1 120 000	10 000 000	Bauausführung teilweise im Gange.
—	—		100 000	300 000	} Ausführung im Gange.
200 000	150 000		180 000	570 000	
160 000	100 000		150 000	790 000 (für 20 weitere Wohnungen)	12 Wohnung. sind erstellt, 20 weitere Wohnungen im Bau begriffen.
1 160 000	1 550 000		1 560 000	12 650 000	

Nr.	Ort	Art des Baues usw.	Ursprünglicher Kostenanschlag	
			Jahr	M
1	2	3	4a	4b
		Übertrag . . .	—	—
4	Backnang	Posthausneubau . . .	1914	136 000
5	Obertürkheim	Posthausneubau . . .	1912/13	100 000
6	Göppingen	12 Wohnungen für Beamte des unteren Dienstes	1919	418 000
7	Kißlegg	Posthausneubau . . .	1915	35 000
8	Mainhardt	Posthausneubau . . .	1915	27 000
9	Öhringen	Posthausanbau . . .	1919	100 000
10	Besigheim	Posthausanbau u. Umbau	1918	60 000
11	Rot am See	Posthausneubau mit Kraftwagenhalle	1918	90 000
12	Winnenden	Posthausneubau . . .	1914	72 000
13	Onstmettingen	Posthausneubau . . .	1919	80 000
14	Ochsenhausen	Posthausneubau . . .	1914	68 000
15	Gerabronn	Posthausneubau . . .	1920	300 000
		Summe I . . .	—	—

Ursprünglich vom Landtag bewilligt			Bis Ende März 1920 voraussichtlich verausgabt	Voraussichtlich noch erforderlicher Betrag	Bemerkungen
lt. Art. 9 des Eisenbahnbaugesetzes vom 17. Juli 1913 ℳ	lt. 1. Nachtrag zum Finanzges. für das R. J. 1918 ℳ	durch Posthaushaltplan ℳ	ℳ	ℳ	
5a	5b	5c	6	7	8
1 160 000	1 550 000		1 560 000	12 650 000	
—	250 000		200 000	400 000	Ausführung im Gange.
—	200 000	100 000	180 000	320 000	
—	300 000	(Haushaltsplan 1913/14)	240 000	180 000	
—	90 000		—	150 000	
—	90 000		140 000	—	Bis auf einige kleinere Arbeiten fertiggestellt.
—	75 000		—	100 000	
—	30 000		—	90 000	
—	40 000		—	240 000	
—	80 000		70 000	230 000	Ausführung im Gange.
—	45 000		—	100 000	
—	50 000		—	300 000	Ausführung im Gange.
—	—	40 000	10 000	290 000	
1 160 000	2 800 000	140 000	2 400 000	15 050 000	
4 100 000					

Nr.	Ort	Art des Baues usw.	Ursprünglicher Kostenanschlag ℳ
1	2	3	4

II. Telegraphen-

a)

1	Stuttgart	Kabelkanalbau im Ortsnetz . .	275 000
2	Cannstatt	„ „ „ . .	120 000
3	Feuerbach	„ „ „ . .	160 000
4	Eßlingen	„ „ „ . .	150 000
5	Feuerbach	Erweiterung der Umschaltstelle	250 000
6	Zuffenhausen	„ „ „	180 000
7	Heidenheim	Erweiterung des Ortsnetzes . .	104 000
8	Ulm (Donau)	„ „ „ . .	105 500
9		Fernsprechleitung Stuttgart—Berlin	775 000
10		Für sonstige Erweiterungen, neue Leitungen, Umbauten usw.	2 526 000

b) Neu-

11	Stuttgart	Materialien und Vorratsstücke für die Telegraphen-Werkstätte	4 100 000
	Vaihingen a. d. Fildern	Materialien und Vorratsstücke für die Telegraphen-Materialverwaltung	
12		Stahldraht	221 000
13		Trockenelemente	360 000
14		Schachtdeckel	188 000
15		Fernsprechkabel	632 000
16		„	6 312 000
17		Sonstige Materialien und Vorratsstücke	797 800
		Summe II . .	

Ursprünglich vom Landtag bewilligt ℳ	Bis Ende März 1920 voraussichtlich verausgabt ℳ	Voraussichtlich noch erforderlicher Betrag ℳ	Bemerkungen
5	6	7	8
und Fernsprechanlagen			
Bauten			
Für diese Bauten sind erste Teilbeträge im Gesamtbetrage von 8 500 000 ℳ (einschl. der Beträge für Neubeschaffungen) im Posthaushaltplane für 1919 vorgesehen.	—	960 000	Der Bau dieser Anlagen ist schon seit längerer Zeit angeordnet; wegen nicht rechtzeitiger Lieferung der Baustoffe usw. (Zement, Leitungsdraht, Schränke usw.) hat sich die Inangriffnahme der Arbeiten verzögert.
	—	420 000	
	—	560 000	
	—	525 000	
	—	875 000	
	—	630 000	
	—	365 000	
	—	370 000	
	575 000	2 140 000	
	400 000	8 440 000	
beschaffungen			
Erste Teilbeträge im Posthaushaltplane von 1919 (siehe oben).	—	14 350 000	Die Fabriken sind mit den Lieferungen im Verzuge.
	41 000	730 000	
	—	1 260 000	*) Der Betrag von 2 104 000 ℳ stellt einen auf die Bestellung geleisteten Vorschuß dar, der der Reichspostverwaltg. in Rechnung gestellt werden wird, falls die Kabel erst nach dem 31. März d. J. geliefert werden.
	38 000	620 000	
	—	2 210 000	
	2 104 000*)	19 990 000	
	313 200	2 480 000	
8 500 000	3 471 200	56 925 000	

Nr.	Ort	Art des Baues usw.	Ursprünglicher Kostenanschlag ℳ
1	2	3	4
			III. Kraft-
18	Stuttgart	Kraftfahrzeuge	2 500 000
		Summe III . . .	
			IV. Hauptausstattungs-
19	Stuttgart	Bespannbare Fahrzeuge . . .	39 360
20		Papiergarn-Geldbeutel	48 000
21		Einführung der elektrischen Beleuchtung beim Postamt Nr. 1 in Stuttgart.	97 000
		Summe IV . . .	

Zusammen-

I. Hochbauten	
II. Telegraphen- und Fernsprechanlagen	
III. Kraftfahrwesen	
IV. Hauptausstattungsgegenstände . . .	
Gesamtsumme . .	

Ursprünglich vom Landtag bewilligt ℳ	Bis Ende März 1920 voraussichtlich verausgabt ℳ	Voraussichtlich noch erforderlicher Betrag ℳ	Bemerkungen
5	6	7	8
fahrwesen			
1 900 000 einschl. den Restvorbehalten aus früheren Jahren; dazu aus Anlehensmitteln laut Nachtrag zum Finanzgesetz für das R. J. 1918 700 000			
2 600 000	1 372 000	2 215 000	
gegenstände			
39 360*)	20 030	70 000	*) Posthaushaltplan 1919.
48 000*)	—	50 000	Verzögerte Lieferung.
97 000*)	52 000	60 000	Überteuerung und rückständige Arbeiten.
184 360	72 030	180 000	
stellung			
4 100 000	2 400 000	15 050 000	
8 500 000	3 471 200	56 925 000	
2 600 000	1 372 000	2 215 000	
184 360	72 030	180 000	

Gesetz über die Verkündung von Rechtsverordnungen.

Vom 13. Oktober 1923 (RGBl. I S. 959).

Der Reichstag hat das folgende Gesetz beschlossen, das mit Zustimmung des Reichsrats hiermit verkündet wird:

§ 1. Rechtsverordnungen des Reichs werden im Reichsgesetzblatt oder im Reichsministerialblatte (Zentralblatt für das Deutsche Reich) oder im Deutschen Reichsanzeiger verkündet[1]. Die Verkündung an einer dieser Stellen genügt auch dann, wenn durch frühere Gesetze und Verordnungen eine bestimmte Art der Verkündung vorgeschrieben ist.

Für Rechtsverordnungen in Besoldungsangelegenheiten ist die Verkündung im Reichsbesoldungsblatte, für Rechtsverordnungen der Post- und Telegraphenverwaltung die Verkündung in einem Amtsblatt des Reichspostministeriums ausreichend[2]. Abs. 1 Satz 2 gilt entsprechend.

Verordnungen auf Grund des Artikel 48 der Reichsverfassung können auch in anderer als der im Abs. 1 Satz 1 vorgesehenen Weise verkündet werden.

1 Vgl. Mitteilung S. 69.

2 Neben dem PABl.: von 1920 bis 1924 das PNBl. (PABl. 1919 S. 527, 1923 S. 27, PNBl. 1924 S. 67).

§ 2. Rechtsverordnungen des Reichs treten, soweit sie nichts anderes bestimmen, mit dem auf die Verkündung folgenden Tage in Kraft.

§ 3. Dieses Gesetz tritt am 1. November 1923 in Kraft. Von diesem Zeitpunkt an kann für die Zukunft die Rechtswirksamkeit der Verkündung von Rechtsverordnungen, die früher in einer dem § 1 Abs. 1 und 2 entsprechenden Weise erfolgt ist, nicht in Frage gestellt werden.

Berlin, den 13. Oktober 1923.

RPräs: Ebert.
RInnenMin: Sollmann.

Mitteilung über die Veröffentlichung von Rechtsverordnungen.

Vom 1. Dezember 1923 (RGBl. I S. 1236).

Durch das Gesetz über die Verkündung von Rechtsverordnungen vom 13. Oktober 1923 (Reichsgesetzbl. I S. 959) ist festgelegt, daß Rechtsverordnungen außer im Reichsgesetzblatt auch im Reichsministerialblatt oder im Reichsanzeiger gültig verkündet werden können. Es wird aber auch weiterhin darauf Bedacht genommen werden, daß alles materielle Reichsrecht möglichst im Reichsgesetzblatt vereinigt wird, d. h. daß außer den Gesetzen auch Rechtsverordnungen (d. h. Verordnungen, die Rechtsnormen enthalten) grundsätzlich im Reichsgesetzblatt abgedruckt werden. Ausgenommen sind die Rechtsverordnungen in Besoldungsangelegenheiten, die im Reichsbesoldungsblatt, und die Verordnungen der Post- und Telegraphenverwaltung, die in der Regel in einem der Amtsblätter des Reichspostministeriums bekanntgegeben werden[1].

Das Reichsministerialblatt dient weiterhin in der Hauptsache der Bekanntgabe von Ausführungsbestimmungen und Verwaltungsanordnungen.

Berlin, den 1. Dezember 1923.

RInnenMin: i. V. Zweigert.

1 S. Ges 13. 10. 1923 (S. 68) Anm. 2.

Verordnung über die deutschen Flaggen.

Vom 11. April 1921 (RGBl. S. 483) — Auszug.

I.

Auf Vorschlag der Reichsregierung bestimme ich, daß folgende Flaggen nach den Mustern der vorgelegten Flaggentafel zu führen sind:

1. Die Nationalflagge besteht aus drei gleich breiten Querstreifen, oben schwarz, in der Mitte rot, unten goldgelb[1].

8. Die Reichspostflagge hat die Querstreifen wie die Nationalflagge, in der Mitte des um ein Fünftel der Randstreifen breiteren roten Querstreifens ein goldgelbes Posthorn mit goldgelber Schnur und zwei goldgelben Quasten, das Mundstück nach der Stange gewendet. Verhältnis der Höhe zur Länge des Flaggentuchs wie 2 zu 3.

1 RVerf 1919 Art. 3: Die Reichsfarben sind schwarz-rot-gold. Die Handelsflagge ist schwarz-weiß-rot mit den Reichsfarben in der oberen inneren Ecke.

III.

Deutsche Schiffe, die im Auftrag der Reichspostverwaltung die Post befördern, ohne im Eigentume des Reichs zu stehen, führen, solange sie die Post an Bord haben, neben der Handelsflagge die Reichspostflagge im Großtop. Für die gleiche Zeit sind die Schiffe berechtigt, die Reichspostflagge als Gösch auf dem Bugspriet zu führen.

IV.

Alle Stellen, Behörden und Beamten des Reichs, ausgenommen der Reichspräsident, der Reichswehrminister und die zur Führung der Reichskriegsflagge oder Reichspostflagge Berechtigten führen die Reichsdienstflaggen zu Lande und zur See.

Reichsdienstgebäude können mit der Nationalflagge oder mit der Reichsdienstflagge beflaggt werden[1].

1 Zusatz: VO 5. 5. 1926 (RGBl. I S. 217).

VI.

Diese Verordnung tritt am 1. Juli 1921 in Kraft. Gleichzeitig treten außer Kraft:

1. die Verordnung, betreffend die Bundesflagge für Kauffahrteischiffe, vom 25. Oktober 1867 (Bundes-Gesetzbl. S. 39),
2. die Verordnung über die Führung der Reichsflagge vom 8. November 1892 (Reichs-Gesetzbl. S. 1050) in der Fassung der Verordnung vom 9. Oktober 1907 (Reichs-Gesetzbl. S. 753),

(usw.).

Berlin, den 11. April 1921.

RPräs: Ebert.

RRegierung: Fehrenbach.

Reichspostfinanzgesetz[1]).

Vom 18. März 1924 (RGBl. I S. 287).

Der Reichstag hat das folgende Gesetz beschlossen, das mit Zustimmung des Reichsrats hiermit verkündet wird:

1 Ermächtigungsakt für die PTV zum Ausscheiden aus dem RHaushalt zwecks wirtschaftlicher Umstellung. Ohne Vorgang im ReichsPRecht; ähnlicher Versuch in Preußen: AKO 27. 12. 1824 (nicht verkündet) zur Einrichtung des PFinanzwesens abweichend gegen die übrige Ordnung des Staatshaushalts. Vorgang in Frankreich: HaushaltsG 30. 6. 1923 Art. 69 ff. (Bull.

des Lois S. 1886; erster Entwurf 31. 3. 1922). — Die RHaushaltsO 31. 12. 1922 (RGBl. 1923 II S. 17) bleibt für die PTV nur als Richtschnur bestehen (§ 7 Abs. 2 RPFinanzG); keine Anwendung der RKassenO 6. 8. 1927 (RMinBl. S. 357; vgl. PABl 1927 S. 440). — Der vollständige Umstellungsvorgang umfaßt noch die GebührenVO 22. 11. 1923 (PABl. S. 511 — vgl. auch Vf 12. 11. 1923, PABl. S. 481 — beruhend auf PGebührenG 17. 8. 1923, RGBl. I S. 797, aufgeh.: § 15 RPFinanzG, s. d. Anm. 3), ferner den WirtschaftsErl des RPMin 25. 7. 1925 (PABl. S. 385), S. 87.

Änderungen: Ges 15. 7. 1926 (RGBl. I S. 410), s. §§ 3 und 8.

§ 1.

Der Reichs-Post- und Telegraphenbetrieb[1] ist als ein selbständiges Unternehmen[2] unter der Bezeichnung: „Deutsche Reichspost[3]" vom Reichspostminister unter Mitwirkung eines Verwaltungsrats[4] nach Maßgabe dieses Gesetzes zu verwalten.

Das Vermögen des Reichs, das dem Reichs-Post- und Telegraphenbetriebe gewidmet und in ihm erworben ist, und alle öffentlichen wie privaten Rechte und Verbindlichkeiten der Reichs-Post- und Telegraphenverwaltung sind als Sondervermögen der Deutschen Reichspost von dem übrigen Vermögen des Reichs, seinen Rechten und Verbindlichkeiten getrennt zu halten[5].

Für die Verpflichtungen[6] der Deutschen Reichspost haftet nur das Sondervermögen; es haftet nicht für die sonstigen Verbindlichkeiten des Reichs. Die Bestimmungen internationaler Verträge bleiben unberührt.

1 Kein Betriebsrecht i. S. des RBahnG 30. 8. 1924 (RGBl. II S. 272). „Reichsbetrieb", als wirtschaftsrechtlicher Begriff, schließt die sog. Verwaltungshoheit nicht aus, z. T. anders h. M., vgl. FinanzMinBl. 1920 S. 101 und häufig anderwärts. Zum Ausdruck „RBetrieb" s. auch VO 14. 4. 1920 (Betriebs-

räteG, RGBl. S. 522), Erl 15. 5. 1920 (Sozialisierungskommission, RGBl. S. 981), § 1 VO 21. 7. 1919 (Kündigungen, RGBl. S. 660); „öffentliche Betriebe" s. § 1 VO 9. 1. 1919 (SchwerbeschädigtenG, RGBl. S. 28) mit Novelle 24. 9. 1919 (RGBl. S. 1720, Art. 1), § 70 Anstellungsgrundsätze, Bek. 31. 7. 1926 (RGBl. S. 435); die P als Reichsbetrieb (auch: „öffentlicher B.") zur Ausübung öffentl. Gewalt i. S. des Steuerrechts s. §§ 2 und 9 Ges 10. 8. 1925 (RGBl. I S. 208) und §§ 2, 6, 8 Ges v. gl. Tage (ebd. S. 252); die P als eine „im öffentl. Interesse unterhaltene Veranstaltung" i. S. des Steuerrechts, s. § 1 Abs. 1 Ges 10. 8. 1925 (RGBl. I S. 252). Nicht identisch die Ausdrucksweise des RVersicherungsrechts: „Betriebe des Reichs", §§ 169, 255, 1234, RVersichO 19. 7. 1911 (RGBl. S. 509), „Dienstbetriebe des Reichs" (ebd. § 246), „Reichsbetriebe" (ebd. § 317), „Betrieb für Rechnung des Reichs" (ebd. §§ 624, 957, 1119), desgl. § 9 AngestVersichG 20. 12. 1911 (RGBl. S. 989): „Betriebe des R", ferner § 155 RGewerbeO 1. 6. 1891 (RGBl. S. 261), desgl. 30. 6. 1900 (RGBl. S. 321, § 155). — Die P kein „werbender Betrieb" i. S. des AufbringungsG 30. 8. 1924 (RGBl. II S. 269), s. hierzu § 2 Ziff. 3 Erste DurchfVO 16. 11. 1925 (RGBl. II S. 971); ebensowenig „B. mit wirtschaftlichen Zwecken" i. S. der §§ 66 und 71 BetriebsräteG 4. 2. 1920 (RGBl. S. 147, s. Vf des RPMin 18. 1. 1921, VI U 92).

2 Der wirtschaftsrechtliche Ausdruck „Unternehmen" ist im Reichsrecht ausländischen Ursprungs: s. Bek. 23. 8. 1916 (Retorsion, RGBl. S. 952) und VO 12. 2. 1924 (Unternehmen DRB, RGBl. I S. 57), die zur DawesGebung zählt (Ges 30. 8. 1924, RGBl. II S. 289). Die P steuerrechtlich als „Unternehmung, deren Erträge ausschließlich dem R zufließen" s. § 4 Abs. 1 Ziff. 3 Ges 10. 8. 1925 (RGBl. I S. 233).

3 Vgl. Anm. 1 zu Art. 88 RVerf. Verwaltungstechnisch wird nur noch die Bezeichnung „DRP" angewendet (PABl 1924 S. 705).

4 Berufung und Zusammensetzung s. § 3; Vorsitz und GeschäftsO s. § 5; Zuständigkeitsgrenzen s. §§ 6, 7 (Abs. 2), 11 (Abs. 1); erste Errichtung § 15 Abs. 1.

5 Das PSondervermögen bildet dennoch einen Teil des RVermögens.

6 Steuerpflicht der PTV:

1. Beförderungssteuer (nur für Personenbef.): §§ 1 (Abs. 2) u. 14 Ges 29. 6. 1926 (RGBl. I S. 357);
2. Kraftfahrzeugsteuer: Ges 21. 12. 1927 (RGBl. I S. 509): wegen des Zahlungsverfahrens besteht Vereinbarung zwischen RFinanzM und RPM (§ 37 der AusfBest 13. 7. 1928, RMinBl. S. 397);
3. Zuschlag zur Kraftfahrzeugsteuer: Art. II § 1 Ges 15. 5. 1926 (RGBl. I S. 223), soweit die Fahrten der entgeltlichen Personenbeförderung dienen (§ 2 Ges 10. 8. 1925, RGBl. I S. 252);
4. Beiträge an Länder und Gemeinden zur Deckung der Kosten für Herstellung und Unterhaltung der durch das öffentliche Interesse erforderten Veranstaltungen, z. B. Straßenbau, wenn dadurch Grundeigentümern und Gewerbetreibenden besondere wirtschaftliche Vorteile erwachsen; die P kann als Gewerbetreibender nicht herangezogen werden (§ 2 Ges 10. 8. 1925, RGBl. I S. 252);
5. Chaussee- und ähnliche Wegegelder:
   A) für die gewöhnliche Benutzung:
      a) öffentlicher Wege (nicht: Kraftposten),
      b) selbständiger Verkehrsanlagen, wie Brücken, Fähren usw. (keine Ausnahme für Kraftposten):
         § 13 Ges, Bek 27. 4. 1926 (RGBl. I S. 203) i. d. Fass. des Ges 9. 4. 1927 (RGBl. I S. 91) § 2 zu 2a;
   B) für die außergewöhnliche Abnutzung der Wege (nicht Kraftposten, wegen Nr. 3 oben): wie zu A.
6. Grunderwerbssteuer: Ges 12. 9. 1919 (RGBl. S. 1617); keine Steuerfreiheit gegenüber Ländern u. Gemeinden aus § 6 Ges 10. 8. 1925 (RGBl. I S. 252), obschon die Grunderwerbssteuer steuertechnisch zu den Verkehrssteuern gehört (s. unten); indessen meint § 6 a. a. O. nur denjenigen Verkehr der PTV, der als öffentlich-rechtlicher aufzufassen ist, d. h. den Beförderungsverkehr (Art. 88 RVerf).
7. Zuschüsse zum Verwaltungsaufwand an Wohngemeinden

der PTB-Arbeitnehmer, auf Anforderung: § 8 Ges 10. 8. 1925 (RGBl. I S. 252).

Steuerfreiheit der PTB:

1. Verkehrssteuern der Länder und Gemeinden, jedoch unbeschadet Heranziehung der P zu den Abgaben für Unterhaltung der öffentlichen Wege (nicht: für Fahrten zur bloßen PSachenbeförderung; auch nicht für Kraftposten, wegen Nr. 3 oben) § 6 Ges 10. 8. 1925 (RGBl. I 252);
2. Vergnügungssteuer der Gemeinden bei Ausflugsfahrten (OVG 26. 1. 1926);
3. Umsatzsteuer: keine Steuerpflicht wegen des öffentlich-rechtlichen PTFspVerk: § 3 Ges 24. 12 1919 (RGBl. S. 2157) und § 25 DurchfBest; desgl. nicht wegen des PScheckVerk und des Wertzeichenvertriebs: § 2 Ziff. 2 a. a. O. — Keine Steuerfreiheit wegen des Rundfunks (RFinanzH 17, 73);
4. Körperschaftssteuer: § 9 Ges 10. 8. 1925 (RGBl. I S. 208);
5. Vermögenssteuer: § 4 Abs. 1 Ziff. 3 Ges 10. 8. 1925 (RGBl. I S. 233);
6. keine Gebührenpflicht gegenüber Ländern und Gemeinden, soweit die Handlungen der P in Ausübung einer öffentlichen Gewalt veranlaßt und vorgenommen werden: § 1 Abs. 1 Ges 10. 8. 1925 (RGBl. I S. 252); der PVerk ist i. S. des Ges Ausübung öff. Gewalt (§ 6 Abs. 1 a. a. O.);
7. keine Gerichtsgebührenpflicht: § 1 Abs. 2 Ges wie vor.;
8. keine Aufbringungspflicht zu den Dawesiasten: § 2 Ziff. 2 Ges 30. 8. 1924 (RGBl. II S. 269).

Wegen Steuerbefreiungen in BW s. Staatsverträge (S. 15) § 8.

§ 2.

Der Reichspostminister erläßt nach Maßgabe der nach § 6 dieses Gesetzes getroffenen Entscheidungen des Verwaltungsrats die Verordnungen über die Bedingungen[1] und Gebühren für die Benutzung der Verkehrseinrichtungen. Er bleibt dem Reichstag dafür verantwortlich, daß die Deutsche Reichspost den Gesetzen gemäß und entsprechend den Anforderungen des Verkehrs und der deut-

schen Wirtschaft[2] verwaltet wird. Das Gehalt des Reichspostministers wird im Reichshaushaltsplane veranschlagt[3] und unterliegt der verfassungsmäßigen Beschlußfassung durch Reichsrat und Reichstag[4].

Dem Reichstag und Reichsrat ist ein Geschäftsbericht über das abgelaufene Rechnungsjahr mit einer Gewinn- und Verlustrechnung und einer Bilanz vorzulegen, aus denen sich die Finanzlage der Deutschen Reichspost ergibt.

1 Identisch mit den „Grundsätzen" nach Art. 88 Abs. 3 RVerf; vgl. § 6 Anm. 3.

2 Wirtschaftsanforderungen als leitender Gesichtspunkt für die PGgebung treten im positiven RPRecht hier zum erstenmal auf. Wesentlich abweichend § 2 RBahnG 30. 8. 1924 (RGBl. II S. 272).

3 Wegen der sonstigen Einnahmen und Ausgaben s. § 7.

4 HaushaltsG.

§ 3.

Der Verwaltungsrat[1] besteht aus höchstens 31 Mitgliedern[2], die vom Reichspräsidenten[3] ernannt werden. Je 7 Mitglieder werden vom Reichstag und Reichsrat, 1 Mitglied vom Reichsminister der Finanzen vorgeschlagen. Weitere 7 Mitglieder werden im Benehmen mit dem Reichsminister der Finanzen und dem Reichsrat aus dem Personal der Deutschen Reichspost vom Reichspostminister vorgeschlagen. Bis zu 9 Mitglieder sollen aus Kreisen entnommen werden, denen auf dem Gebiete der Wirtschaft und des Verkehrs besondere Kenntnisse und Erfahrungen zur Seite stehen; sie werden vom Reichspostminister im Einvernehmen mit dem Reichsminister der Finanzen nach Zustimmung des Reichsrats vorgeschlagen. Bei der Auswahl der Vertreter der Wirtschaft ist die Größe und wirtschaftliche Bedeutung der einzelnen Länder zu berücksichtigen. In derselben Weise wird für jedes Mitglied ein

Stellvertreter vorgeschlagen und ernannt. Der Verwaltungsrat bestellt nach Maßgabe der Geschäftsordnung (§ 5) einen Arbeitsausschuß.

Zum Mitglied des Verwaltungsrats kann ernannt werden, wer zum Reichstag wählbar ist. Die Mitgliedschaft erlischt, wenn das Mitglied die Fähigkeit zur Bekleidung öffentlicher Ämter verliert oder wenn über sein Vermögen das Konkursverfahren eröffnet wird.

Die vom Reichstag vorgeschlagenen Mitglieder scheiden nach Ablauf der Wahlperiode oder bei Auflösung des Reichstags aus. Alle übrigen Mitglieder scheiden nach drei Jahren aus. Wiederernennung ist zulässig.

Verliert ein vom Reichstag oder Reichsrat benanntes Mitglied die Mitgliedschaft in seiner Körperschaft und damit seine Zugehörigkeit zum Verwaltungsrate, so ist von der Körperschaft unverzüglich ein neues Mitglied zu benennen. Bei Ablauf der Wahlperiode oder Auflösung des Reichstags bleiben die aus ihm ernannten Mitglieder im Verwaltungsrate, bis die von dem neuen Reichstag vorzuschlagenden Mitglieder ernannt sind. Das gleiche gilt sinngemäß bei den vom Reichspostminister und vom Reichsminister der Finanzen vorgeschlagenen Beamten beim Ausscheiden aus ihrer Dienststellung.

Die Mitglieder des Verwaltungsrats können jederzeit auf die Mitgliedschaft verzichten.

1 Nicht identisch mit dem Verkehrsbeirat nach Art. 88 Abs. 4 RVerf, der ohne beschließende Funktion war, auch weder RRats- noch RTagsmitglieder enthielt; erste Errichtung s. Vf 7. 7. 1920 (PABl S. 258).

2 Mitgliederzahl geändert: Ges 15. 7. 1926 (RGBl. I S. 410), S. 86, erste Erweiterung s. PABl. 1926 S. 353.

3 Daher nicht gleichwertig mit den RTagsausschüssen der ErmächtigungsGgebung, erstmals VereinfachungsG 17. 4. 1919 (RGBl. S. 394).

§ 4.

Die Mitglieder des Verwaltungsrats haben ihre Obliegenheiten mit der Sorgfalt eines ordentlichen Geschäftsmanns zu erfüllen.

§ 5.

Den Vorsitz im Verwaltungsrate führt der Reichspostminister, im Falle seiner Behinderung sein Vertreter[1].

Die Regierungen der Länder haben das Recht, zu den Sitzungen des Verwaltungsrats Vertreter zu entsenden. Stimmrecht steht diesen Vertretern nicht zu. Sie haben jedoch das Recht, zu den einzelnen Punkten der Tagesordnung Stellung zu nehmen, dazu Anträge und Anfragen zu stellen und eine Beschlußfassung hierüber herbeizuführen.

Der Vorsitzende des Verwaltungsrats hat die Regierungen der Länder rechtzeitig unter Übersendung der Tagesordnung von jeder Sitzung zu verständigen.

Die Geschäftsordnung[2] für den Verwaltungsrat und die Entschädigung für die Geschäftsführung[3] seiner Mitglieder werden durch die Reichsregierung nach Anhörung des Verwaltungsrats festgestellt.

1 Beide ohne Mitgliedschaft.
2 VO 12. 6. 1924 (PABl. S. 347), S. 132.
3 VO 19. 6. 1924 (PABl. S. 425), S. 140.

§ 6.

Der Verwaltungsrat beschließt über

die Feststellung des Voranschlags[1] und die Entlastung der Verwaltung,

die Aufnahme von Krediten[2], die Übernahme von Bürgschaften und ihre Bedingungen,

die Höhe der Schuldentilgung,

die Grundsätze[3] für die Benutzung der Verkehrseinrichtungen, die Gebührenbemessung[4] im Post-, Telegraphen- und Fernsprechverkehre,

die Grundsätze für die Gestaltung der Lohntarife der Arbeiter und Angestellten,

die allgemeinen Grundsätze für Anlage und Verwendung des Postscheckguthabens[5] sowie für die Anlage der Rücklage (§ 8),

die Übernahme neuer und die Aufgabe bestehender Geschäftszweige[6].

Der Verwaltungsrat ist nicht befugt, eine Erhöhung der Ausgaben über den Vorschlag des Reichspostministers hinaus gegen dessen Widerspruch vorzunehmen.

Die Reichsregierung entscheidet auf Antrag des Reichspostministers, wenn die Ausführung eines Beschlusses des Verwaltungsrats im Interesse des Reichs nicht verantwortet werden kann. Die Entscheidung der Reichsregierung ist dem Verwaltungsrate mitzuteilen. Sie ist aufzuheben, wenn Reichsrat und Reichstag dies binnen drei Monaten durch übereinstimmende Beschlüsse fordern. Diese Frist läuft nicht während der Zeit, in der der Reichstag nicht versammelt ist, und beginnt, wenn sie noch nicht abgelaufen ist, bei einem neu einberufenen Reichstag von neuem.

Der Verwaltungsrat hat den Reichspostminister in der Führung der Geschäfte zu unterstützen und die Beachtung der durch Gesetz[7] und Ausführungsbestimmung aufgestellten Grundsätze zu überwachen. Zu diesem Zwecke ist er in allen wichtigen Fragen der Verwaltung gutachtlich zu hören. Ihm ist auf Verlangen jederzeit über die finanzielle Lage Auskunft zu geben und monatlich eine Nachweisung über Einnahmen und Ausgaben vorzulegen.

1 Nicht für das RHaushaltsG.

2 Im Sinne der RSchuldenO 13. 2. 1924 (RGBl. I S. 95); vgl. § 9.

3 Vgl. § 2 Anm. 1.

4 Unter Ausschaltung des Ges i. form. S.

5 s. PScheckG § 2 Anm.

6 Seit 1924 neu aufgenommen: PWurfsdgn, PO § 9; Anschriftenprüfung, PO § 47 Anm. 1; Hauslistenverteilung und -einsammlung S. 342.

7 Einschl. der gesetzesgleichen und gesetzvertretenden VOn.

§ 7.

Die Ausgaben der Deutschen Reichspost sowie die Verzinsung und Tilgung der Schulden sind durch die Einnahmen zu decken[1]. Zuschüsse aus der allgemeinen Reichskasse werden nicht geleistet. Kredite sollen nur aufgenommen werden zur Verstärkung der Betriebsanlagen; auch muß ihre Verzinsung und Tilgung aus Mitteln der Betriebseinnahmen dauernd gewährleistet erscheinen[2].

Die Grundsätze für die Rechnungsführung der Deutschen Reichspost werden durch die Reichsregierung nach Anhörung des Verwaltungsrats bestimmt[3]. Bei ihrer Aufstellung sind die Vorschriften dieses Gesetzes und der Reichshaushaltsordnung zur Richtschnur zu nehmen; die Rechnungsführung ist so einzurichten, daß eine ordnungsmäßige Gewinn- und Verlustrechnung jährlich aufgestellt werden kann[4].

1 Das Gehalt des RPMin wird aus der allg. RKasse gezahlt.

2 Vorg. VO 13. 2. 1924 (RGBl. I S. 70); vgl. Art. 87 RVerf; § 4 RHaushaltsO 31. 12. 1922 (RGBl. 1923 II S. 17).

3 S. Eing. Anm. 1, betr. RHaushaltsO und RKassenO.

4 Dennoch keine „Betriebsführung nach kaufmännischen Grundsätzen", wie § 2 RBahnG 30. 8. 1924 (RGBl. II S. 272).

§ 8.

Es ist eine Rücklage bis zur Höhe von 20 vom Hundert der jährlichen Betriebsausgaben[1] aus einer jährlichen

Rücklage von 0,8 vom Hundert der jährlichen Betriebseinnahmen, den Reinüberschüssen und eigenen Zinsen zu bilden. Nach Erreichung von 10 vom Hundert der Betriebsausgaben sind die Reinüberschüsse zur Hälfte und nach Erreichung von 20 vom Hundert zum vollen Betrag an die Reichskasse[1] abzuführen. Die Rücklage dient zur Deckung von Fehlbeträgen und ist bar oder in Werten gesichert anzulegen.

1 Text geändert: Ges 15. 7. 1926 (RGBl. I S. 410), S. 86.

§ 9.

Die Aufnahme von Krediten[1], die Bestellung von Sicherheiten und die Übernahme von Bürgschaften und Gewährleistungen bedürfen der vorherigen Verständigung des Reichspostministers und des Reichsministers der Finanzen. Die Schulden[2] der Deutschen Reichspost werden, soweit nicht eine andere gesetzliche Regelung erfolgt ist, nach den für die Verwaltung der allgemeinen Reichsschuld jeweils geltenden Grundsätzen durch die Reichsschuldenverwaltung[3] verwaltet. Befugnisse, die danach dem Reichsminister der Finanzen zustehen, werden von dem Reichsminister der Finanzen und dem Reichspostminister gemeinsam ausgeübt. Die Ausstellung der Schuldurkunden erfolgt durch den Reichspostminister und die Reichsschuldenverwaltung gemeinschaftlich.

1 S. §§ 6 und 7.

2 Vgl. §§ 10 und 13; auf Grund VO 13. 2. 1924 (RGBl. I S. 70) hat die DRP für 29 Millionen RM. Hypothekenpfandbriefe ausgegeben (nicht veröffentlicht).

3 S. RSchuldenO 13. 2. 1924 (RGBl. I S. 95).

§ 10.

Die von der Deutschen Reichspost zu übernehmende Schuld wird für den 1. April 1924 vom Reichspostminister und dem Reichsminister der Finanzen gemeinsam festgesetzt[1]. Sie vermehrt sich um alle nach diesem Zeitpunkt für Zwecke des Reichs-Post- und Telegraphenbetriebs aufgenommenen Schulden.

1 Rund 60 Millionen RM.; die Schuld ist getilgt.

§ 11.

Der Reichspostminister legt dem Rechnungshofe[1] des Deutschen Reichs die Jahresrechnung nebst Gewinn- und Verlustrechnung zur Prüfung nach Maßgabe der im § 15 aufrechterhaltenen gesetzlichen Bestimmungen vor. Der Rechnungshof übermittelt die geprüfte Rechnung dem Verwaltungsrate, der über die Entlastung Entscheidung trifft.

Über die Rechnungsprüfung hat die Deutsche Reichspost mit dem Rechnungshof eine besondere Vereinbarung zu treffen, die dem Bedürfnis einer sachgemäßen Prüfung entsprechen muß[2].

Bei Meinungsverschiedenheiten entscheidet die Reichsregierung.

1 Art. 86 RVerf; RHaushaltO 31. 12. 1922 (RGBl. 1923 II S. 17).

2 Nicht veröffentlicht.

§ 12.

Die Beamten der Deutschen Reichspost sind Reichsbeamte[1] mit ihren Rechten und Pflichten im Sinne des Artikel 129 der Reichsverfassung.

Soweit die Dienstbezüge der Beamten der Deutschen Reichspost nicht durch Reichsgesetze geregelt sind[2], dürfen sie im Vergleiche zu den Dienstbezügen gleichzubewertender Reichsbeamten nur dann günstiger geregelt werden, wenn diese günstigere Regelung zur Aufrechterhaltung eines geordneten und leistungsfähigen Betriebs oder Verkehrs notwendig ist. Das gleiche gilt, wenn die günstigere Regelung eine gedeihliche Fortentwicklung des Post- und Telegraphenwesens[3] zu fördern geeignet ist und der sich aus der günstigeren Regelung ergebende Vorteil die in anderer Hinsicht entstehenden oder zu erwartenden Nachteile überwiegt.

Neue Vorschriften über Dienstbezüge der Beamten der Deutschen Reichspost sind, soweit sie nicht Reichsgesetze sind oder eine reichsgesetzliche Regelung wiedergeben, dem Reichsminister der Finanzen mitzuteilen. Der Reichsminister der Finanzen kann, soweit die Vorschriften nach seiner Auffassung eine günstigere Regelung vorsehen, als nach Abs. 2 zulässig ist, spätestens binnen zwei Wochen nach der Mitteilung beim Reichspostminister Einspruch erheben.

Im übrigen gelten die Vorschriften der §§ 2 Abs. 1, 6 bis 8, 10 Abs. 1, 11 Abs. 1 und 2, 12 und 13 des Gesetzes zur Sicherung einer einheitlichen Regelung der Beamtenbesoldung (Besoldungssperrgesetz vom 21. Dezember 1920, Reichsgesetzbl. S. 2117) sinngemäß.

1 Nicht mehr z. T. Landesbeamte; vgl. Art. 50 RVerf 1871.
2 RBesoldungsG 16. 12. 1927 (RGBl. I S. 349).
3 Vgl. § 1 Anm. 3.

§ 13.

Die Staatsverträge[1] mit Bayern und Württemberg nach Maßgabe des Gesetzes vom 27. April 1920 (Reichsgesetzbl. S. 643) bleiben unberührt. Die Reichsregierung wird jedoch ermächtigt, die in dem § 2 dieser Staatsverträge vorbehaltene nähere Vereinbarung[2] über die Tilgung der Vergütungen von 620 und 250 Millionen Mark zu treffen. Die Vereinbarung bedarf der Zustimmung des Reichsrats und Reichstags.

Maßnahmen auf dem Gebiete des Reichs-Post- und Telegraphenwesens zugunsten einzelner Länder über die in jetzt geltenden Verträgen gewährten Rechte hinaus, die von dem Grundsatz gleichmäßiger Behandlung aller Länder des Reichs abweichen, bedürfen der Zustimmung des Reichsrats und des Reichstags in der im Artikel 76 Abs. 1 Satz 2 und 3 der Reichsverfassung vorgeschriebenen Form.

1 S. Art. 170 RVerf.

2 Nicht veröffentlicht.

§ 14.

Die Enteignung[1] von Grundeigentum, das zu Bauten der Reichspost oder zur Beibehaltung bereits für Zwecke der Reichspost verwendeter Räume erforderlich ist, ist gegen volle Entschädigung zulässig. Sie erfolgt nach Maßgabe der Landesgesetze[2].

1 S. Art. 153 RVerf.

2 Das vorhandene Grundeigentum der DRP unterliegt nicht dem Landesrecht; wegen der vor 1871 erworbenen Grundstücke s. Ges 25. 5. 1873 (RGBl. S. 113); wegen Heranziehung der PTV als Grundeigentümerin zu Beiträgen an Länder und Gemeinden s. Anm. 6 zu § 1.

§ 15.

Der Verwaltungsrat ist unverzüglich zu bilden[1] und nimmt seine beratende Tätigkeit sogleich auf. Er hat den Haushalt für das Rechnungsjahr 1924 festzustellen. Im übrigen tritt das Gesetz, unbeschadet der im § 13 erteilten, mit der Verkündung des Gesetzes in Kraft tretenden Ermächtigung, am 1. April 1924 in Kraft.

Gleichzeitig treten Abs. 3 und 4 des Artikel 88 der Reichsverfassung außer Kraft. Die Bestimmungen der Artikel 85 bis 87 der Reichsverfassung gelten von dem gleichen Zeitpunkt ab mit der Maßgabe, daß an die Stelle des Reichsrats und Reichstags der Verwaltungsrat tritt, und daß es zur Aufnahme von Krediten und zur Übernahme von Sicherheitsleistungen eines Reichsgesetzes nicht bedarf. Außerdem treten die Bestimmungen der Reichshaushaltsordnung[2] außer Kraft, soweit sie eine weitere Beteiligung des Reichsfinanzministers, als in diesem Gesetze vorgesehen ist, enthalten.

Mit dem gleichen Zeitpunkt entfällt die in den nachfolgenden Gesetzen vorgesehene Beteiligung des Reichstags, Reichsrats oder ihrer Ausschüsse, nämlich in

§ 50 Abs. 1 und 4 des Postgesetzes vom 28. Oktober 1871 (Reichsgesetzbl. S. 347),

§ 3 Abs. 1 des Gesetzes über Post-, Postscheck- und Telegraphengebühren vom 17. August 1923 (Reichsgesetzbl. I S. 797)[3],

§ 10 Abs. 1 des Postscheckgesetzes in der Fassung der Bekanntmachung vom 22. März 1921 (Reichsgesetzbl. S. 247),

Artikel 10 des Eisenbahnpostgesetzes vom 20. Dezember 1875 (Reichsgesetzbl. S. 318),

§§ 4, 13 Abs. 1 des Fernsprech-Gebührengesetzes vom 17. August 1923 (Reichsgesetzbl. I S. 802)[4],

§ 2 des Gesetzes, betreffend Telegraphen- und Fernsprechgebühren, vom 6. Mai 1920 (Reichsgesetzbl. S. 894)[4].

Berlin, den 18. März 1924.

RPräs: Ebert.
RPMin: Höfle.
RFinanzMin: Luther.

1 Erste Errichtung: Vf 16. 4. 1924 (PABl. S. 209).
2 Ges 31. 12. 1922 (RGBl. 1923 II S 17).
3 Das ganze Ges aufgehoben: VO 25. 7. 1927 (PABl. S. 275).
4 Wie zu Anm. 3; Art. II Ges 3. 12. 1927 (RGBl. I S. 331).

Gesetz zur Änderung des Reichspostfinanzgesetzes.

Vom 15. Juli 1926 (RGBl. I S. 410).

Der Reichstag hat das folgende Gesetz beschlossen, das mit Zustimmung des Reichsrats hiermit verkündet wird:

Art. I.

Das Reichspostfinanzgesetz vom 18. März 1924 (Reichsgesetzbl. I S. 287) wird wie folgt geändert:

1. Im § 3 wird die Gesamtzahl der Mitglieder des Verwaltungsrats von 31 auf 40, die Zahl der vom Reichstag, Reichsrat und der aus den Kreisen der Wirtschaft und des Verkehrs vorzuschlagenden Mitglieder um je 3 Mitglieder erhöht;

2. § 8 wird durch folgende Fassung ersetzt:

§ 8.

Es ist eine Rücklage bis zur Höhe von 100 000 000 Reichsmark aus einer jährlichen Rücklage von 0,8 vom Hundert der jährlichen Betriebseinnahmen, den Reinüberschüssen und eigenen Zinsen zu bilden. Nach Erreichung der 100 000 000 Reichsmark fließen die Überschüsse und die Zinsen der Rücklage unverkürzt in die Reichskasse. Die Rücklage dient zur Deckung von Fehlbeträgen und ist bar oder in Werten gesichert anzulegen.

Art. II.

Bis zur Ernennung der nach Artikel I Ziffer 1 neu vorzuschlagenden Mitglieder durch den Reichspräsidenten übt der Verwaltungsrat seine Befugnisse in der bisherigen Zusammensetzung aus.

Artikel I Ziffer 2 erhält rückwirkende Kraft vom 1. April 1925 ab.

Berlin, den 15. Juli 1926.

RPräs: von Hindenburg.
RPMin: Stingl
RFinanzMin: Reinhold.

Erlaß des RPMin, betr. Wirtschaftspolitik der Deutschen Reichspost.

Vom 25. Juli 1925 (PABl. S. 385).

1. Gemäß den Bestimmungen des Reichspostfinanzgesetzes vom 18. März 1924 (RGBl. I S. 287) ist die Deutsche Reichspost vom 1. April 1924 an ein selbständiges Reichsunternehmen, das nach kaufmännisch-wirtschaftlichen Grundsätzen zu verwalten ist. Während des Wirtschaftsjahrs 1924 war das Bestreben der Verwaltung vorwiegend darauf gerichtet, den Voranschlag und die Rechnungsführung auf kaufmännisch-wirtschaftliche Formen umzustellen, soweit dies überhaupt angängig und zulässig ist. Diese Arbeit ist unter der verständnisvollen und weitgehenden Mitwirkung des Verwaltungsrats der Deutschen Reichspost zu einem gewissen Abschluß gelangt. Nunmehr ist es ein unabweisbares Gebot gesunder organischer Fortentwicklung, weitere Folgerungen aus dem Reichspostfinanzgesetz in dem Sinne zu ziehen, daß die Deutsche Reichspost als selbständiger und als vollwertig anerkannter Wirtschaftskörper immer mehr der allgemeinen Wirtschaft eingegliedert wird. Um diesem bei der jetzigen Lage der Deutschen Reichspost und der allgemeinen Wirtschaft sich zwangsläufig aufdrängenden Ziele näherzukommen, ist es geboten, daß sich die Deutsche Reichspost über die Verhältnisse der allgemeinen Wirtschaft dauernd auf dem laufen-

den hält und sie nach Möglichkeit bei ihren Entschließungen auszuwerten sucht. Ich habe daher durch Verfügung vom 26. Juni N Nr. 1139 folgende Maßnahmen getroffen:

a) Im Reichspostministerium und bei den Oberpostdirektionen bestehen neben den eigentlichen, für die innere Bewirtschaftung der Haushaltsmittel verantwortlichen Haushaltsstellen im Rahmen der „Finanz- und Wirtschaftsabteilung" besondere Wirtschaftsreferate, die mit geeigneten, der vorhandenen Zahl entnommenen Referenten besetzt sind. Die wesentlichsten Aufgaben dieser Referate bestehen u. a. darin, Sammel- und Auskunftsstellen über allgemeine Wirtschaftsfragen zu bilden, besonders aber mit der lebendigen Praxis des allgemeinen Wirtschaftslebens im weitesten Sinne des Wortes in Verbindung zu treten. Hierbei werden unter tunlichster Ausschaltung des schriftlichen Verkehrs persönliche Fühlungnahme und Aussprachen, Austausch von Erfahrungen und Veröffentlichungen, gegenseitige Besichtigungen von Betrieben usw. zweckmäßige Dienste leisten. Die gegenseitigen Wirtschaftsbelange und -bedürfnisse sollen erkundet und nach Möglichkeit ausgeglichen werden. Besonderen Wert lege ich auch darauf, daß meine Verwaltung mit den amtlichen Stellen des Reichs und der Länder, soweit Wirtschaftsfragen in Betracht kommen, in ein enges, über den jetzigen Zustand hinausgehendes Verhältnis tritt.

Die Wirtschaftsreferate sollen — das ist ihre schließliche Hauptaufgabe — aus den gewonnenen Unterlagen die Folgerungen für die innere Wirtschaftsführung der Deutschen Reichspost ziehen. Sie müssen zu diesem Zwecke mit den anderen Sachreferaten des

Ministeriums und der Oberpostdirektionen sowie mit den Leitern der Verkehrsämter aufs engste zusammenarbeiten. Die Wirtschaftsreferate haben bei Fragen, die die allgemeine Wirtschaft berühren — diese Fälle sind bei dem umfangreichen Einnahme-, Ausgabe- und Anlage-Etat der Deutschen Reichspost sehr häufig (z. B. Vergebung von Lieferungen und Leistungen, Vertragsabschlüsse, Tariffragen usw.) — mitzuwirken.

b) Um die ganze Verwaltung und ihr Personal nach und nach immer mehr mit zeitentsprechendem Wirtschaftsgeist zu durchsetzen, finden in kurzen Fristen im Reichspostministerium — wenn möglich, unter meinem Vorsitz — und bei den Oberpostdirektionen (unter dem Vorsitz der Präsidenten) Besprechungen statt, in denen die Erörterung der allgemeinen Wirtschaftsverhältnisse im Vordergrunde zu stehen hat. Das Wirtschaftsreferat des Reichspostministeriums bringt hierbei einen von ihm verfaßten Bericht über die allgemeine Wirtschaftslage zur vertraulichen Kenntnis, der auch den Präsidenten übersandt wird. Diese haben ihrerseits das Personal des Bezirks dauernd zu unterrichten, was zweckmäßig gelegentlich der Dienstreisen der Präsidenten, Referenten und der Beamten des Bezirksdienstes geschehen kann. Die Leiter der Verkehrsämter haben sich angelegen sein zu lassen, das Personal einschließlich der Postagenten in geeigneter Weise zu verständigen. Die Oberpostdirektionen haben künftig nach besonderer Weisung in angemessenen Fristen dem Reichspostministerium kurze Berichte über die Lage der allgemeinen Wirtschaft ihres Bezirks vorzulegen.

Der Postfachpresse sollen amtlicherseits Wirtschaftsartikel allgemeiner Art zur Verfügung gestellt werden.

c) Davon ausgehend, daß sich nach allen bisherigen Erfahrungen ein Wirtschaftsunternehmen vom Ausmaß der Deutschen Reichspost auf die Dauer mit Aussicht auf eine angemessene Rentabiliät nur fortentwickeln kann, wenn alle Beamten in leitender Stellung sich gleichmäßig und in einheitlicher Auffassung für die Finanz- und Wirtschaftspolitik des Unternehmens mitverantwortlich fühlen und wenn diese Beamten im Geiste einer verständnisvollen und schicksalsverbundenen Gemeinschaftsarbeit die vom Ministerium ausgegebenen Richtlinien in die Praxis umsetzen und für ihre Durchführung bis in die letzten Kanäle der Verwaltung Sorge tragen, werden die leitenden Beamten des Ministeriums und die Präsidenten der Oberpostdirektionen über die gesamte Finanz- und Wirtschaftslage der Deutschen Reichspost vom Reichspostministerium fortlaufend unterrichtet. Sie haben das zugeteilte Personal ins Bild zu setzen (s. unter b).

2. Ich bin mir bewußt, daß die Neuerung in Aufbau und Form einen von einer Reichsanstalt bisher noch nicht beschrittenen Weg darstellt und sich daher erst nach und nach wird voll auswirken können. Ich bin aber auch der Überzeugung, daß sie bei richtigem Ausbau sehr wertvolle Ergebnisse zeitigen kann. Es wird u. a. auf dem bezeichneten Wege möglich sein, in vertrauensvoller, enger Zusammenarbeit mit dem Verwaltungsrat noch mehr als bisher sichere Unterlagen für die eigene Wirtschaftsführung der Deutschen Reichspost und somit für ihre im Interesse des Reichs anzustrebende Erfolgswirtschaft zu gewinnen. Die Verantwortungs- und Dienstfreudigkeit des Personals wird erhöht werden, wenn es von einem erweiterten Gesichtskreis aus nach allen Richtungen hin

den Sinn, den Zweck und die Bedeutung seiner Arbeit voll erkennt. So wird es, worauf ich den größten Wert lege, auch zu erreichen sein, daß von den Organen der Deutschen Reichspost bei jeder Gelegenheit ein mit den Absichten des Ministeriums sich deckender Standpunkt in Wirtschafts- und Verkehrsfragen eingenommen wird. Nicht zu unterschätzende Vorteile werden m. E., wie bereits angedeutet, für die allgemeine Wirtschaft sowie schließlich für die gesamte Reichs- und Staatsverwaltung entstehen. Denn die Deutsche Reichspost wird künftig ihren Sonderaufgaben als selbständige, mit besonderen Pflichten und Rechten ausgestattete Reichsverkehrsanstalt und als Helferin von Wirtschaft und Verkehr in steigendem Maße gerecht werden können. Die Deutsche Reichspost muß die Erfüllung dieser Aufgaben um so mehr zu ihren vornehmsten Pflichten rechnen, als sie wie keine andere Reichsanstalt ihrem Wesen und ihrer Bestimmung nach mit der Volks- und Weltwirtschaft innig verflochten ist, und ein engmaschiges, über das ganze Reichsgebiet bis in die kleinsten Orte ausgedehntes Verkehrsnetz unterhält und so in der Lage ist, die Wirtschaftsverhältnisse in ihrer Vielgestaltigkeit sowie in ihren besonderen Formen und Auswirkungen aus der unmittelbaren Praxis heraus und nach dem neuesten Stande kennenzulernen. Die Deutsche Reichspost ist auch im Interesse des Aufbaues des Auslandsverkehrs fortgesetzt eifrig bemüht, die internationalen Beziehungen der deutschen Volkswirtschaft durch Vervollkommnung der Post-, Telegraphen- und Fernsprecheinrichtungen zu fördern, um so auch u. a. zu der gerade jetzt so lebensnotwendigen Vermehrung und Stärkung der Exportmöglichkeiten Deutschlands beizutragen.

3. Ich vertraue auf die oft bewährte Pflichttreue, auf den gesunden und praktischen Sinn des Reichspostperso-

nals, daß es meinen Anordnungen Verständnis und Förderung entgegenbringen wird. Wie ich bei anderer Gelegenheit bereits wiederholt betont habe, lege ich auf engste Zusammenarbeit zwischen den leitenden Beamten und dem nachgeordneten Personal den größten Wert; denn ich bin der Überzeugung, daß nur auf diesem Wege die Deutsche Reichspost und ihr Personal richtig vorwärts gebracht werden können. Wahre, auf Gegenseitigkeit beruhende Kameradschaftlichkeit zwischen Vorgesetzten und Untergebenen sowie lebendige Zusammenarbeit mit der allgemeinen Wirtschaft sind notwendig. Es ist an der Zeit, das oft schlagwortartig gebrauchte Wort „Primat des Betriebs" auch wirklich mit aller Kraft in die Praxis umzusetzen. Denn ein tadellos wirkender Betrieb, der die technischen Fortschritte berücksichtigt, bildet eine der Hauptgrundlagen für die Wirtschaftlichkeit und das Ansehen der Deutschen Reichspost. Betriebsarten, Betriebsformen und Betriebseinrichtungen sind, soweit es die eigenen Belange der Verwaltung nur irgend ermöglichen, den berechtigten Bedürfnissen der allgemeinen Wirtschaft anzupassen; genaue Kenntnis der einzelnen Wirtschaftszweige und ihrer Lebensbedingungen ist dazu unerläßlich. So wichtig die Dienstvorschriften an sich sind, so ist doch ein Beamter, der lediglich die Allgemeine Dienstanweisung beherrscht und sich mit seiner Verantwortung allein hinter ihren Buchstaben stellt, für eine leitende oder aufsichtsführende Stellung in einer Wirtschaftsverwaltung ungeeignet. Besonders hebe ich hervor, daß die Reisereferenten und die Beamten des Bezirksdienstes dazu berufen sind, für die Durchführung der Anordnungen des Ministeriums und der Oberpostdirektionen mit Sachkunde und sorgsamer Einfühlung in die Bedürfnisse der Personen und Verhältnisse des Ortes bis zur kleinsten Verkehrsanstalt den Boden zu bereiten. Was ich erstrebe, ist letzten Endes **eine stärkere und großzügige Anpassung des Geistes und der Einrichtungen der Deutschen Reichspost an die Forderungen der Neuzeit**, wie es mit Recht verlangt wird von Wirtschaft und Verkehr, von Volk und Reich! Es ist Ehrenpflicht aller Angehörigen der Deutschen Reichspost, zur Erreichung dieses Zieles mitzuhelfen und mitzuarbeiten.

Berlin, den 25. Juli 1925.

RPMin: Stingl.

Vorschriften für die Anlage und Verwendung des Postscheckguthabens usw.

(PABl. 1925, S. 243.)

Der Verwaltungsrat der DRP hat am 6. Februar 1925 nachstehende Vorschriften für die Anlage und Verwendung des Postscheckguthabens sowie für die Anlage der Rücklage (§ 6 des Reichspostfinanzgesetzes vom 18. März 1924) beschlossen[1]:

1. Auf dem Reichsbankgirokonto der Generalpostkasse ist ein Bestand von durchschnittlich 30 Millionen Reichsmark des Postscheckguthabens zu halten.
2. Von den übrigen verfügbaren Geldern ist mindestens ein Drittel zum Ankauf von reichsbankfähigen Wechseln durch Vermittlung der Reichsbank zu verwenden.
3. Der Rest ist in festverzinslichen, reichsbanklombardfähigen Wertpapieren oder in öffentlichen Anleihen oder in Reichsschatzwechseln oder in Darlehen an Staatsbanken, an das Reich oder auch an Länder anzulegen. Die Höchstgrenze der Ausleihungen an die einzelnen Staatsbanken und Länder ist mit dem Reichsminister der Finanzen zu vereinbaren, der sich

seinerseits mit der Reichsbank und der Regierung des beteiligten Landes ins Benehmen setzt.

Solange in Baden eine Staatsbank nicht besteht, können dort im Falle der Haftung des Landes Baden unter den gleichen Voraussetzungen Darlehen an die Badische Bank gegeben werden.

4. Die bisher gegebenen Kredite sind, soweit sie den obigen Vorschriften nicht entsprechen, im Benehmen mit der Reichsbank in angemessener Frist abzuwickeln.

5. Die Staatsverträge, die zwischen dem Deutschen Reich einerseits und Bayern und Württemberg anderseits über den Übergang der Post- und Telegraphenverwaltung von Bayern und Württemberg an das Reich abgeschlossen worden sind[2], werden durch die obigen Vorschriften nicht berührt.

Die OPD und VA, insbesondere die PSchA, wollen hiernach Darlehnsuchende, die nach den vorstehenden Bestimmungen keinen Kredit aus Postmitteln erhalten können, unmittelbar ablehnend bescheiden und nicht erst an das RPM verweisen[3].

1 Nach Beratung mit dem Reichsbankdirektorium und „im Einvernehmen mit den obersten Wirtschaftsinstanzen des Reichs" S. 54 des Geschäftsberichts des DRP für 1927, Berlin, o. J.). Wegen BW s. Staatsverträge (S. 15) § 7.

2 S. S. 15.

3 Vgl. § 1 zu E ZustO (S. 102).

Zuständigkeitsordnung.

Vom 13. März 1928 (PABl. S. 115)[1] (Auszug).

1 Vorg.: Vorläufige ZuständigkeitsO 20. 3. 1923 (PABl. S. 113).

Zur Vereinfachung und Beschleunigung des Geschäftsverkehrs im Bereich der Deutschen Reichspost werden die

Zuständigkeiten des RPM und der unterstellten Behörden nach den jetzigen Erfordernissen durch die nachstehende, am 1. April in Kraft tretende Zuständigkeitsordnung (ZO) neu geregelt. Maßgebend für die Neuordnung war das Bestreben, die Hauptverwaltung in weitestem Maße von allen Angelegenheiten, die von nachgeordneten Stellen erledigt werden können, zu entlasten, den Mittelbehörden größere Selbständigkeit und Bewegungsfreiheit innerhalb ihres Aufgabenbereichs einzuräumen und den äußeren Dienststellen die endgültige Erledigung der örtlichen Betriebs- und Verwaltungsgeschäfte in möglichst weitem Umfang zu übertragen. Unter diesem Gesichtspunkt ist eine Reihe von Zuständigkeiten des RPM an die OPD und von solchen der OPD an die VA abgegeben worden.

Gleichzeitig wird der Geschäftskreis des bisherigen TRA dadurch erweitert, daß ihm fortan auch auf dem Gebiete der allgemeinen Verwaltung, des Postbetriebs, des Kassen- und Rechnungsdienstes, des Beschaffungswesens alle Aufgaben übertragen werden, die zwar einer einheitlichen Reglung für das ganze Reichspostgebiet bedürfen, aber nicht unbedingt ministeriell behandelt zu werden brauchen. Dementsprechend werden diesem Amte Dienststellen des RPM und der OPD Berlin und Hamburg (Postrechnungsamt, Postversuchsabteilungen) angegliedert. Wegen der Bezeichnung des TRA als Reichspostzentralamt (RPZ) wird auf den Amtsblatterlaß Nr. 94/1928, S. 73, verwiesen.

Alle Einzelheiten der Geschäftsverteilung ergeben sich aus der nachstehend abgedruckten ZO; über die Erweiterung der Befugnisse der VA gibt die in diesem Amtsblatt enthaltene besondere Verfügung Aufschluß.

Die nachstehende ZO unterscheidet sich von ihrer Vorgängerin hauptsächlich dadurch, daß sie die Zuständigkeiten des RPM und des RPZ im einzelnen aufführt, die der OPD aber summarisch in der Weise zusammenfaßt, daß die OPD in allen Angelegenheiten für zuständig erklärt werden, die sich nicht das RPM vorbehalten hat oder für die nicht ausdrücklich eine andere Stelle (z. B. RPZ oder VA) als zuständig bestimmt ist. Damit rückt der Schwerpunkt der Verwaltung in die Geschäftstätigkeit der OPD. Dabei ist zu beachten, daß in einer Reihe von Fällen das RPZ. bei der Entscheidung der OPD mitzuwirken hat.

Die Präsidenten der OPD erhalten außerdem für ihre Person auf dem Gebiete des Beschwerdewesens eine erweiterte Zuständigkeit (ZO, § 3, Abs. 3); Näheres wird durch besondere Verfügung geregelt.

Soweit es der Vereinfachung und Vereinheitlichung des Verwaltungsdienstes, der Verkehrsbedienung, der Betriebsreglung und der Personalwirtschaft dienlich ist, sollen mehrere OPD für bestimmte Angelegenheiten zu Gruppen zusammengefaßt und eine von ihnen als geschäftsführend für die Gruppe bestimmt werden. Nähere Reglung bleibt besonderer Verfügung vorbehalten.

Leitgedanke der ZO ist, die Entscheidung an die Stelle zu legen, die zuerst und unmittelbar mit der Sache befaßt ist. Jeder Beamte hat daher bei Behandlung einer Angelegenheit zu prüfen, ob diese zur Zuständigkeit einer nachgeordneten Stelle gehört, und sich zutreffendenfalls der Einmischung in den Gegenstand zu enthalten, sofern nicht ausnahmsweise besondere Gründe Anlaß zum Eingreifen geben. Eine vorgesetzte Dienststelle soll im allgemeinen nur dann mitwirken, wenn sie nach der ZO dazu verpflichtet ist. Um diesem Grundsatz noch mehr als bisher Geltung zu verschaffen, haben die Dienststellen bei jeder geeigneten Gelegenheit darauf hinzuwirken, daß die durch die ZO festgesetzten Zuständigkeiten beachtet werden. Wenn trotzdem an vorgesetzte Dienststellen Eingaben usw. gelangen, für die sie nicht zuständig sind, so ist die Angelegenheit an die für ihre Behandlung zuständige Dienststelle k. H. abzugeben und dem Einsender erforderlichenfalls ein Abgabebescheid zu erteilen.

Angesichts der gespannten Finanzlage der DRP ist es Pflicht einer jeden Dienststelle, in allen Fällen ihre Entscheidung unter dem Gesichtspunkt äußerster Sparsamkeit und Wirtschaftlichkeit zu treffen. Die Befolgung dieses Gebots ist um so unerläßlicher, als den Dienststellen mit der Erweiterung ihrer Zuständigkeit auch ein größeres Maß von Verantwortung auferlegt wird.

Wegen der Wirkung der Neureglung auf die Personalbemessung haben alle Dienststellen rechtzeitig das Erforderliche zu veranlassen.

Die Bestimmungen über die Aufgaben und Befugnisse der Personalvertretungen werden durch die ZO nicht berührt.

Die Berichtigung der Dienstwerke wird besonders verfügt.

Zuständigkeitsordnung der DRP (ZO).

§ 1.

Reichspostministerium (RPM).

A. Allgemeine Angelegenheiten.

1. Oberste Leitung der DRP und Beaufsichtigung der gesamten Geschäftsführung.
2. Ausführung des Reichspostfinanzgesetzes.
3. Angelegenheiten des Verwaltungsrats der DRP.
4. Behandlung aller Angelegenheiten, die nach Gesetz oder Verordnung der obersten Reichsbehörde zugewiesen sind.

5. Ausführung der Poststaatsverträge mit Bayern und Württemberg.
6. Vertretung der DRP gegenüber Reichstag und Reichsrat, den obersten Reichsbehörden und den Spitzenvertretungen der Wirtschaft, der Technik und des Personals; Verkehr mit den Regierungen der Länder, soweit nicht einzelne Dienststellen hierzu besonders ermächtigt sind.
7. Reglung der allgemeinen Finanz-, Wirtschafts-, Verkehrs und Personalpolitik.
8. Festsetzung der Tarife; Reglung der Gebührenfreiheiten, der Gebührenermäßigungen und der Vergütungen für Leistungen zugunsten Dritter.
9. Aufstellung einheitlicher Richtlinien für die einzelnen Zweige des Verkehrs, des Betriebs, des Baues und der Technik sowie für das Personal-, Kassen- und Rechnungswesen.
10. Organisationsangelegenheiten grundsätzlicher Art.
11. Festsetzung allgemeiner Verwaltungsgrundsätze und Dienstanweisungen.
12. Genehmigung zur Einführung von neuen oder zur Abweichung von bestehenden Regelformen und allgemeinen Vorschriften.
13. Genehmigung von Betriebseinschränkungen allgemein oder an einzelnen Tagen, soweit nicht die nachgeordneten Dienststellen hierzu befugt sind.
14. Grundsätzliche Reglung des Verhältnisses zur Deutschen Reichsbahn-Gesellschaft und zu den Privat- und Kleinbahnen.
15. Reglung des Verkehrs mit dem Ausland, soweit nicht nachgeordnete Dienststellen dazu befugt sind.
16. Genehmigung zur Änderung von Verträgen zum Nachteil der DRP, zum Abschließen von Vergleichen sowie

Ermäßigung und Niederschlagung von Vertragsstrafen, soweit die für die Zuständigkeit der OPD usw. bestimmten Grenzen überschritten werden.

17. Genehmigung zur Besichtigung von Einrichtungen der DRP durch Ausländer, soweit nicht für einzelne örtliche Besichtigungen Ausnahmen zugelassen sind.

18. Grundsätzliche und allgemeine Fragen
   a) bei Ausführung und Auslegung von Gesetzen, Verordnungen und Verträgen,
   b) der Verfolgung der Rechtsprechung und Fortbildung der Gesetzgebung,
   c) des Patentwesens, der Patentstreitigkeiten und der Belohnung nützlicher Erfindungen und Anregungen,
   d) der Hoheitszeichen (Dienstsiegel usw.) und des Beflaggungswesens,
   e) der Haftpflicht,
   f) des Verkehrs mit der Presse,
   g) der Beteiligung an Ausstellungen,
   h) der Verkehrswerbung,
   i) der Statistik der DRP, der Geschäftsberichte,
   k) der Selbstkostenberechnungen,
   l) der wirtschaftlichen Betriebsführung,
   m) der Auskunftserteilung an ausländische Verwaltungen und an Ausländer über Angelegenheiten und Einrichtungen der DRP,
   n) der gewerblichen Nebenbetriebe der DRP und des Reklamewesens.

B. Postangelegenheiten.

1. Grundsätzliche und allgemeine Fragen
   a) des Postbetriebsdienstes,
   b) des Postscheckbetriebs.

2. Grundsätzliche Reglung des Verhältnisses zu den Kraftfahrunternehmungen, den Überseeschiffahrts- und Luftverkehrsunternehmungen.
3. Genehmigung im einzelnen
   a) der Einrichtung und Aufhebung örtlicher Kraftfahrbetriebe,
   b) der Einrichtung und Aufhebung von Überland-Kraftpostlinien zur Personen-, Postsachen- und Güterbeförderung,
   c) der Einrichtung und Aufhebung von Luftpostlinien,
   d) der Einrichtung von Bahnposten, wenn die den OPD bewilligte Achskilometerzahl und die bewilligten Haushaltsmittel überschritten werden,
   e) der Herstellung und Neuausgabe von Wertzeichen aller Art sowie der verkäuflichen Formblätter.

C. Telegraphen-, Fernsprech- und Funkangelegenheiten.

(usw.)

D. Grundstücks-, Bau-, Beschaffungs- und Ausstattungsangelegenheiten.

1. Allgemeine Vorschriften und Grundsätze
   a) für die Übernahme von Grundeigentum des Reichs und der Länder für Zwecke der DRP,
   b) für den An- und Verkauf, den Tausch und die Abtretung von Grundstücken,
   c) für die Verpachtung, Pachtung, An- und Vermietung von Grundstücken und Gebäuden.
2. Grundsätzliche und allgemeine bauverwaltungs- und bautechnische Fragen.
3. Festsetzung und Fortbildung der Normalentwürfe und Normalanordnungen (Normalisierung, Typisierung) für Hochbauten (Hochbaurichtlinien).

4. Grundsätzliche und allgemeine Fragen
   a) des Dienst- und Mietwohnungswesens,
   b) der Konstruktion, der Baustoffe, der Baupolizei und des Normenwesens im Hochbau- und Maschinenbauwesen.
5. Genehmigung im einzelnen
   a) von Grundstückserwerbungen und Grundstücksveräußerungen (Verkauf oder Tausch usw.),
   b) von Neubauten, von Um- und Erweiterungsbauten,
   c) von mechanischen Anlagen,
   d) der Anmietung von Gebäuden usw.,

      zu a bis d: soweit die den OPD usw. vom RPM allgemein bestimmten Grenzen (Flächengröße, Wert, Kosten) überschritten werden,
   e) der dinglichen Belastung posteigener Grundstücke.
6. Festsetzung der Dienstwohnungsvergütung für die Dienstwohnung der Präsidenten.
7. Allgemeine Vorschriften
   a) für das Verdingungswesen (allgemeine Lieferungsbedingungen),
   b) für das Abnahmewesen,
   c) für den Verkauf entbehrlicher Gegenstände (Altstoffe usw.),
   d) für die Herstellung und Lieferung aller allgemein erforderlichen Formblätter,
   e) für allgemeine Beschaffungsangelegenheiten, besonders im Zusammenhang mit der Konjunkturgestaltung.
8. Grundsätze der Beschaffung und Bewirtschaftung
   a) des wichtigeren Dienstgeräts, der Fahrzeuge (Neubau, Umbau, Ausmusterung) und Betriebsstoffe,

b) der Telegraphen- und Fernsprechapparate,
c) der Baustoffe, Werkzeuge und Geräte für den Telegraphenbau,
d) der Land- und Seekabel.

9. Festsetzung und Fortbildung der Normalentwürfe und Normalanordnungen
a) für mechanische Anlagen aller Art,
b) für Fahrzeuge aller Art.

10. Grundsätzliche und allgemeine Fragen
a) des Überwachens der Lagerung, des Bestandes und des Verbrauchs der Werkstoffe, Geräte und Ersatzteile,
b) der Brennstoff-, Wärme- und Energiewirtschaft.

11. Allgemeine Richtlinien
a) für die Durchbildung und Vereinheitlichung (Normalisierung, Typisierung) der Dienstmöbel, Apparate, Geräte, Werkzeuge usw.,
b) für die Verwaltung des Fahrzeugbestandes, die Bezeichnung und Benummerung der Fahrzeuge,
c) für den Bau, die Ergänzung, Ausrüstung und Unterhaltung von Werkstätten,
d) für die Anlage und den Betrieb von maschinen-, wärme- und elektrotechnischen Anlagen.

E. Finanz-, Kassen- und Rechnungswesen.

1. Allgemeine Angelegenheiten des Finanzwesens.
2. Aufstellung des Voranschlags der Monats- und Jahresabschlüsse, der Gesamtrechnung (Jahresnachweisung), der Bilanz sowie der Gewinn- und Verlustrechnung der DRP; Vermögensbestandsaufnahmen; Titelverzeichnis.
3. Verwaltung der Haushaltsmittel, Aufstellung der Kassenanschläge für die OPD usw. und die Hauptverwaltung der Versorgungsanstalt der DRP.

4. Allgemeine Wirtschafts- und Betriebsmittelkontrolle; Wirtschaftsstatistik.
5. Bestimmung über die Verwendung der als erspart nachzuweisenden Mittel, soweit darüber verfügt werden darf.
6. Genehmigung von Mittelüberschreitungen.
7. Aufnahme von Anleihen; Annahme oder Gewährung von Darlehen oder Krediten; Übernahme von Bürgschaften.
8. Verwaltung und Anlegung der Postscheckgelder, der Rücklage usw.; Effektenverwaltung.
9. Erwerb von Unternehmungen und Beteiligung an solchen.
10. Grundsätzliche und allgemeine Fragen
   a) des Kassen- und Rechnungswesens einschl. der Rechnungslegung, Rechnungsprüfung und Rechnungsabnahme,
   b) der Abrechnung mit fremden Verwaltungen,
   c) des Rentenrechnungs- und Rentenzahlungswesens,
   d) des Postscheckwesens und Reichsbankgiroverkehrs,
   e) des bargeldlosen Zahlungsverkehrs (einschl. Beamtenschecke, Postkreditbriefe),
   f) der Entschädigung auf Kassenausfälle,
   g) des Postsparkassenwesens,
   h) der Besteuerung der DRP.

F. Personalangelegenheiten.

1. Grundsätzliche und allgemeine Fragen
   a) der Personalwirtschaft,
   b) des Beamtenrechts,
   c) der Postagenten, der Poststelleninhaber und der Hilfstelleninhaber,
   d) der Angestellten und Angestellten als Posthelfer und Posthelferinnen,

e) des Arbeiterrechts (Betriebsrätegesetz, Schlichtungswesen), der sonstigen Arbeiterangelegenheiten und des Sozialversicherungsrechts,
f) der Beamtenausschüsse,
g) der Fürsorge für das Personal im allgemeinen,
h) der Gewährung von Unterstützungen und Notstandsbeihilfen,
i) der Wohnungsfürsorge,
k) der freiwilligen Wohlfahrtspflege,
l) der Kriegsbeschädigtenfürsorge,
m) der Arbeitszeit und des Urlaubs der Beamten, Angestellten und Arbeiter,
n) Versorgung von Angehörigen der Reichswehr und der Schutzpolizei im Bereich der DRP,
o) der Beamten der abgetrennten und besetzten Gebiete.

2. Allgemeine Vorschriften und Richtlinien
a) über Besoldungs-, Wartegeld-, Ruhegehalts- und Hinterbliebenenbezüge,
b) für die Gewährung von Reisekosten bei Dienstreisen der Beamten, von Umzugskosten und Trennungsentschädigungen an versetzte Beamte, von Umzugskostenbeihilfen an Wartegeld- und Ruhegehaltsempfänger und deren Hinterbliebene,
c) für die Gewährung von Vergütungen für Mehr- und Sonderleistungen,
d) für Abwesenheitsgelder des Bahnpost- und Kraftpostpersonals,
e) für Nachtdienstzulagen und Aufwandsentschädigungen,
f) über Unfallfürsorge für Beamte und deren Hinterbliebene,
g) für Belohnungen bei Verhütung oder Aufdeckung

von Schäden an Telegraphen- und Fernsprechanlagen, von Postfreveln oder Diebstählen,

h) über die Annahme, Ausbildung und Prüfung für den Beamtendienst, über die Anstellung und Beförderung von Beamten sowie über die Amtsbezeichnungen,

i) über das Unterrichts- und Bildungswesen, das Lehrlingswesen, die Psychotechnik, die Anerkennung von Lehranstalten,

k) über die Beschäftigungsbedingungen und Lohnverhältnisse der Arbeiter, soweit sie nicht durch Tarifvertrag geregelt sind,

l) über Abwicklung der Ordensangelegenheiten,

m) über Glückwunsch- und Anerkennungsschreiben,

n) für das Dienst- und Schutzkleidungswesen,

o) für das Unfallverhütungs- und Rettungswesen.

3. Allgemeine Überwachung

a) der Wohlfahrtseinrichtungen,

b) der gesetzlichen Versicherungseinrichtungen des Personals,

c) der Krankenversorgung des Personals,

d) der Versorgungsanstalt der DRP.

4. Personalangelegenheiten

a) des Personals des RPM,

b) der Beamten des höheren Dienstes,

c) der planmäßigen Beamten des gehobenen mittleren Dienstes in den Gruppen 3 und 2d der Besoldungsordnung A — Aufsteigende Gehälter des Besoldungsgesetzes vom 16. 12. 1927 —,

zu b und c: soweit nicht den OPD oder BA besondere Befugnisse übertragen sind.

5. Verwaltung

a) der Kaiser-Wilhelm-Stiftung,

b) der Fischerstiftung.

§ 2.

Reichspostzentralamt (RPZ).

Das RPZ[1] besitzt die Eigenschaft einer höheren Reichsbehörde und ist den OPD gleichgeordnet. Es hat im allgemeinen innerhalb der vom RPM erlassenen Vorschriften alle außerhalb des eigentlichen Geschäftskreises des RPM liegenden Aufgaben der allgemeinen Verwaltung, des Betriebs, des Baues und der Technik, die einheitlich für das ganze Reichspostgebiet geregelt werden müssen, zu behandeln und durch eigene Forschung und praktische Tätigkeit zu fördern, das Beschaffungswesen zusammenzufassen und die OPD zu beraten.

In den eigenen Verwaltungs- und Personalangelegenheiten sowie in Beschwerdesachen haben das RPZ und sein Präsident dieselbe Zuständigkeit wie die OPD und deren Präsidenten (§ 3).

1 Für das Verkehrsgebiet der Abt. VI (München) des RPM und der OPD Stuttgart werden die Aufgaben des RPZ bis auf weiteres vom RPZ Abt. München oder von den besonderen Dienststellen der OPD Stuttgart wahrgenommen.

Im übrigen ist es für folgende Angelegenheiten zuständig:

A. Allgemeine Angelegenheiten.

1. Betriebs- und arbeitswissenschaftliche Untersuchungen aller wichtigen Betriebsvorgänge im Post-, Telegraphen-, Fernsprech- und Funkdienst; Mitwirkung bei der Aufstellung von Richtlinien für eine wirtschaftliche Betriebsführung in allen Dienstzweigen; Ermittlung von Einheitssätzen oder Durchschnittsleistungen für die Bemessung des Personalbedarfs.
2. Prüfung, Begutachtung und Verwertung von Vorschlägen und Erfindungen zur Verbesserung und Ver-

einfachung des Verwaltungs- und Betriebsdienstes aller Dienstzweige; Patentkontrolle; Ausprobung technischer Neuerungen; Feststellung des wirtschaftlichen Wirkungsgrads.

3. Fortlaufende vergleichende Untersuchungen über die industriellen Marktverhältnisse und die Preisbildung.
4. Mitarbeit in den Ausschüssen für Normung, Büromaschinen, Beleuchtung usw.
5. Durchbildung und Vereinheitlichung (Normalisierung und Typisierung) der Haupt- und Nebenausstattungsgegenstände, der Werkzeuge und der Fahrzeuge, ausschl. aller Fahrzeuge des Kraftfahrbetriebs.
6. Technische Prüfung und Prüfung auf Wirtschaftlichkeit von Geschäftsbedürfnissen, Büromaschinen, Vervielfältigern, Neigungswaagen und Kleinmaschinen für den Dienstbetrieb (Briefstempel, Staubsauger, Motore, Uhren, Feuerlöscher usw.), von Luftverbesserungsanlagen, von Beleuchtungskörpern und -anlagen, auch der Bahnpostbeleuchtung, von Schließfach- und sonstigen Verschlußmitteln, von Raumschutz-, Polizei- und Notrufanlagen, von Kraftwagenbetriebsstoffen (gemeinsam mit dem Hauptwerkstättenamt für Postkraftwagen in Berlin-Borsigwalde), von Bleiplomben, Geweben, Bindfaden, Dienstsiegeln, Stempeln usw.
7. Herausgabe von Preisverzeichnissen für Geschäftsbedürfnisse, Nebenausstattungsgegenstände usw.; Beratung der OPD bei derartigen Beschaffungen.
8. Prüfung und Normung der Dienstfahrräder, der Bereifung und Zubehörteile.
9. Aufstellung von Lieferungsbedingungen für Geldschränke, Schlösser usw.; Abschluß von Lieferungsverträgen für Glühlampen, Dienstfahrräder usw.
10. Zusammenfassende Beschaffung

a) der Bahnpostwagen und Bahnpostsammler,
b) der Barfreimachungsmaschinen, Stempelmaschinen, Freistempler, Wertzeichengeber, Zählkassen, Adressiermaschinen, Neigungswaagen und ähnlicher Betriebsgeräte,
c) der Schreibmaschinen, Rechen- und Addiermaschinen, Schreibmaschinentische[1], Vervielfältigungsapparate,
d) der Dienstsiegel, Dienststempel, Aufgabestempel,
e) der Meßstäbe, Packkammerwaagen, Verbandkasten,
f) der Briefbeutel für den Inlandsverkehr, der Schließfächer, Briefkasten,
g) der eisernen Paketlagergestelle[1], Kleiderschränke[1], Stühle[1], Schemel[1], elektrischen Tischlampen, Schnürösen,
h) des Hauptbauzeugs, der Apparate, Motorwinden, Druckluftanlagen für Kabel, Staubsaugervorrichtungen, Feuerlöscher sowie der Geräte und des besonderen Bauzeugs für Funkanlagen.

1 Soweit nicht bestimmte OPD mit der Beschaffung beauftragt sind.

11. Regeln und Überwachen der Beschaffung
a) der Ersatzteile usw. für die Unterhaltung der Bahnpostsammler (z. B. Plattensätze, Sammlergefäße, Schwefelsäure, Schalttafeln), soweit sie nicht durch Privatunternehmer unterhalten werden,
b) der Ersatzteile für die Unterhaltung der Ladestellen für Bahnpostsammler.

12. Verwertung alter Maschinen aus Anlagen der DRP.
13. Ausführung der allgemeinen Statistik der DRP (ausgenommen Wirtschaftsstatistik).
14. Vorbereitung und Durchbildung der Unfallverhütung in Wort und Bild im Bereiche der DRP.

15. Verwaltung des Drucksachenlagers des RPM.
16. Ersatz- und Laufzettelangelegenheiten im Verkehr mit dem Ausland, soweit nicht andere Dienststellen zuständig sind.
17. Verwaltung des Postmuseums.
18. Führung der Zentralkartei für vorgemerkte Versorgungsanwärter.

B. Postangelegenheiten.

1. Beratung und Mitwirkung bei der Einrichtung von mechanischen Anlagen für den Postbetrieb.
2. Schutzwagenstellung der Bahnpostwagen.
3. Reglung des Vertriebs der Postwertzeichen, Luftpostwertzeichen, Dienstwertzeichen, der Wechselsteuermarken, der statistischen Stempelmarken, der Einkommensteuermarken, der Beitragsmarken zur Angestelltenversicherung und zur Invalidenversicherung sowie der Sammlermarken.
4. Mitwirkung bei den Ermittlungen über Portoablösung.
5. Herstellung, Verlag und Vertrieb des Reichskursbuchs, der Leithefte, Postleitkarten und des Verzeichnisses der Postanstalten und Eisenbahnstationen, der Verzeichnisse der Auslandskartenschlüsse und der Postsackwagen.

C. Telegraphen-, Fernsprech- und Funkangelegenheiten.

(usw.)

D. Kassen- und Rechnungswesen.

1. Angelegenheiten der Generalpostkasse.
2. Devisenbeschaffung.

3. Abrechnung mit der Reichsdruckerei über Wertzeichen und Formblätter.
4. Mitwirkung bei der Abrechnung mit der Reichsbahn über geleistete Achskilometer und Briefbeutelbeförderungen.
5. Abrechnung mit den Gesellschaften und fremden Postverwaltungen über Luftpostbeförderungen.
6. Abrechnung über den Postverkehr mit dem Ausland, soweit nicht andere Dienststellen zuständig sind.
7. Abrechnung über den Telegraphen-, Fernsprech- und Funkverkehr mit dem Ausland.

§ 3.

Oberpostdirektionen (OPD).

Die OPD[1] besitzen die Eigenschaft einer höheren Reichsbehörde. Innerhalb ihres Bezirks führen sie die gesamte Verwaltung des Post-, Telegraphen-, Fernsprech- und Funkdienstes, sorgen für Ausführung aller Gesetze und Verordnungen über das Post-, Telegraphen-, Fernsprech- und Funkwesen sowie für die Durchführung der Finanz-, Wirtschafts-, Verkehrs- und Personalpolitik der DRP und überwachen die Geschäftsführung der unterstellten VAnst[2].

Im Rahmen ihrer Haushaltsmittel und nach den Vorschriften des RPM entscheiden sie selbständig und unter eigener Verantwortung in allen Angelegenheiten, die sich nicht das RPM vorbehalten hat oder für die nicht ausdrücklich die Zuständigkeit oder Mitwirkung einer anderen Dienststelle (RPZ, VA usw.) bestimmt ist.

Das RPM kann die Erledigung bestimmter Geschäfte für alle oder mehrere OPD-Bezirke besonderen geschäftsführenden OPD[3] übertragen.

Über Beschwerden gegen eine Entscheidung der OPD entscheidet endgültig der Präsident, wenn nicht durch Gesetz oder besondere Anordnung etwas anderes bestimmt ist.

1 Die der OPD Stuttgart für ihr Verkehrsgebiet zustehenden besonderen Befugnisse werden durch diese ZO nicht berührt.

2 Den OPD obliegt im besonderen:

Gerichtliche und außergerichtliche Vertretung der Verwaltung. Festsetzung der Gebühren, soweit sie nicht durch Gesetz, Verordnung oder allgemeine Verfügung bestimmt sind. Festsetzung des Personengeldes für Pferdeposten und Landpostfahrten ohne Beschränkung. Übernahme uneinziehbarer Ersatz- und Schuldbeträge auf die Reichskasse. Ermäßigung oder Erlaß von Sachschadensforderungen gegen Beamte und nicht im Beamtenverhältnis stehende Postangehörige innerhalb der jeweils festgesetzten Betragsgrenzen. Endgültige Entscheidung über Beschwerden in Angelegenheiten des laufenden Dienstes, soweit es sich nicht um Fragen von grundsätzlicher Bedeutung oder von erheblicher wirtschaftlicher Tragweite handelt. Ersatzleistung, ohne Beschränkung auf einen Höchstbetrag, für Postsendungen des In- und Auslandsverkehrs sowie für die Beschädigung von Postreisenden. Entscheidung über Ersatzforderungen, die nach Ablauf der Verjährungsfrist geltend gemacht werden, soweit Billigkeitsgründe vorliegen. Entschädigung des Absenders für Sendungen nach dem Ausland für Rechnung der Zwischen- oder der Bestimmungsverwaltung, wenn der Absender Gewähr für etwaige Rückzahlung des Betrags bietet. Einleitung der Entschädigungsklage gegen einen ersatzpflichtigen Postbeamten. Verwaltungsstrafverfahren bei Posthinterziehungen. Behandlung der von den PAnst als unbestellbar eingesandten Postsendungen und der Fundsachen. Zulassung von Abweichungen von der allgemeinen Gewichtsgrenze für Reisegepäck auf einzelnen Reisestrecken. Vertretung der Postverwaltung bei Feststellung der Eisenbahnfahrpläne. Verständigung mit der Eisenbahnverwaltung wegen Übertragung von Post- und Telegraphendienstgeschäften an Eisenbahnbeamte.

3 S. S. 113.

§ 4.

Verkehrsämter (VA).

1. Die VA vermitteln den Verkehr mit den Benutzern der Post-, Telegraphen-, Fernsprech- und Funkeinrichtungen und regeln innerhalb ihres räumlichen Geschäftsbereichs den Betrieb selbständig nach Maßgabe des örtlichen Verkehrsbedürfnisses unter Berücksichtigung der Verkehrsverhältnisse bei den zu demselben Wirtschaftsgebiet gehörenden VA.

Sie entscheiden erstinstanzlich ausnahmslos in allen Fragen des laufenden Dienstes, ferner gegenüber dem Personal in allen Angelegenheiten, die ihrer Zuständigkeit als unmittelbar vorgesetzter Dienstbehörde unterliegen.

Die Zuständigkeit der VA im einzelnen ist durch die allgemeinen Dienstvorschriften bestimmt.

2. Die TBA leiten und überwachen den gesamten Baudienst zur Herstellung und Instandhaltung des ober- und unterirdischen Leitungsnetzes, der technischen Einrichtungen der Vermittlungsstellen und Sprechstellen, soweit nicht die Arbeiten an technischen Einrichtungen der Vermittlungsstellen durch Unternehmer ausgeführt werden oder besonderen Beauftragten obliegen.

Sie halten sich unterrichtet über den Störungsbeseitigungsdienst, überwachen den Betrieb der Stangenzubereitungsanstalten, der Verstärkerämter, soweit letztere nicht einem VA unterstellt sind, und überwachen die Verrechnung der Fernsprechgebühren bei VA ohne eigene GASt.

Sie entscheiden erstinstanzlich in allen Fragen des laufenden Dienstes, ferner gegenüber dem Personal in allen Angelegenheiten, die ihrer Zuständigkeit als unmittelbar vorgesetzter Dienstbehörde unterliegen.

Die Zuständigkeit der TBA im einzelnen ist durch die Bestimmungen im Abschn. VII, 1 § 4 unter c der ADA geregelt.

§ 5.

Diese ZO tritt am 1. April 1928 in Kraft.

Berlin, den 13. März 1928.

RPMin: Schätzel.

Vf, betr. Geschäftsführende OPD[1].

(PABl. Nr. 30 vom 30. März 1928, S. 165).

1 S. § 3 ZuständigkeitsO 13. 3. 28, Anm. 1 (S. 94).

Zur planmäßigen Weiterführung der Maßnahmen, die eine flüssigere Abwicklung des Geschäftsbetriebs der DRP und gleichzeitig eine Vereinfachung und Vereinheitlichung der Verkehrs- und Betriebseinrichtungen sowie des Beschaffungswesens zum Ziele haben, sollen künftig für bestimmte Sachgebiete größere Verwaltungsbezirke gebildet und zu diesem Zwecke mehrere OPD derart zusammengefaßt werden, daß eine von ihnen (geschäftsführende OPD) das Sachgebiet unter Beteiligung der anderen für den gemeinsamen Verwaltungsbezirk (Bezirksgruppe) federführend behandelt.

Die Sachgebiete, für die derartige Zusammenfassungen z. T. bereits bestehen, z. T. hiermit neu eingerichtet werden, ferner die mit der Geschäftsführung beauftragten OPD, ihre eigentlichen Aufgaben und die räumliche Ausdehnung der Bezirksgruppen ergeben sich aus der am Schluß abgedruckten Übersicht. Soweit die darin aufgeführten Sachgebiete schon jetzt von bestimmten OPD für ein größeres Gebiet bearbeitet werden, bleiben Aufgabenkreis und Befugnisse entsprechend den durch die

ADA oder durch Einzelverfügungen getroffenen Bestimmungen zunächst unverändert, nur werden die beauftragten OPD künftig als geschäftsführende OPD bezeichnet.

Allgemein gilt für die Geschäftsführung folgendes:

1 Die geschäftsführenden OPD sind für ihr Sachgebiet und die zugeteilte Bezirksgruppe dem RPM und dem RPZ gegenüber federführend. RPM und RPZ treten in Angelegenheiten solcher Gebiete im allgemeinen nur mit den geschäftsführenden OPD in Verbindung. Allgemeine Verfügungen des RPM und Schreiben des RPZ werden indes nach wie vor allen OPD zugeleitet.

2. Die geschäftsführenden OPD desselben Sachgebiets haben untereinander und mit dem RPZ engste Fühlung zu halten.

3. Die geschäftsführenden OPD haben auf möglichst einheitliche Reglung der ihr Sachgebiet betreffenden Angelegenheiten innerhalb der Bezirksgruppe durch Beratung, Anregung und Begutachtung hinzuwirken. Anordnungsbefugnis haben sie nicht; das bisherige Verhältnis der Gleichordnung aller OPD wird durch die Neureglung nicht berührt. Die Erledigung der Geschäfte innerhalb des Bezirks, ferner im Verkehr mit den Postbenutzern usw. liegt wie bisher der örtlich zuständigen OPD ob.

4. Will eine geschäftsführende OPD für ihr Sachgebiet von bestimmten VA der Bezirksgruppe gutachtliche Berichte, Nachweisungen usw. erhalten, so hat sie die den VA vorgesetzten OPD um ihre Vermittlung zu ersuchen, die die Berichte usw. der geschäftsführenden OPD zugehen läßt.

5. Sofern eine OPD der Bezirksgruppe in einer Angelegenheit des der Geschäftsführung vorbehaltenen

Sachgebiets für ihren Bezirk eine wichtigere Anordnung trifft, hat sie der geschäftsführenden OPD rechtzeitig Kenntnis zu geben.

6. Die geschäftsführenden OPD können im Einvernehmen mit den OPD der Bezirksgruppe auch in deren Bezirken Besichtigungen und Erhebungen an Ort und Stelle vornehmen oder vornehmen lassen.

Die Einrichtung der geschäftsführenden OPD in der vorstehend erörterten Form stellt einen Versuch dar; ihr weiterer Ausbau bleibt vorbehalten.

Über die mit der zunächst getroffenen Einrichtung gemachten Erfahrungen haben die geschäftsführenden OPD zum 1. April 1929 zu berichten. Dabei sind e. F. Vorschläge zur Ausgestaltung der Einrichtung, zur Ergänzung der Bestimmungen usw. abzugeben.

Übersicht über die geschäftsführenden OPD.

A. Postangelegenheiten.

1. Bahnpostwageninstandsetzungen in Privatwerken.

a) Aufgabe.

1. Überwachung der Güte und des zeitlichen Fortgangs der Arbeitsausführung bei Bahnpostwageninstandsetzungen in Privatwerken durch einen hierfür besonders bestimmten Beamten;

2. Besprechung von auffälligen Wahrnehmungen (Verschleppung oder nachlässige Ausführung von Arbeiten, Vornahme unnötiger Arbeiten, unübersichtliche Aufstellung von Rechnungen usw.) mit dem Überwachungsbeamten der Reichsbahn. Falls das nicht zur Abhilfe führt, Mitteilung an beteiligte OPD.

b) Einteilung.

Lfde. Nr.	Geschäfts-führende OPD	Für das Privatwerk	Für die Bezirke
1	Chemnitz	Zwickauer Fahrzeugfabrik in Zwickau	Chemnitz, Dresden, Leipzig
2	Karlsruhe (Baden)	Waggonfabrik Rastatt	Karlsruhe (Baden), Konstanz
3	Kassel	Gebr. Crebé in Niederzwehren	Darmstadt, Erfurt Frankfurt (Main), Kassel, Koblenz, Minden (Westf.), Münster (Westf.)
4	Köln	Van der Zuypen und Charlier in Köln-Deutz	Aachen, Dortmund, Düsseldorf, Köln, Trier
5	Königsberg (Pr.)	Waggonfabrik Steinfurt in Königsberg (Pr.)	Gumbinnen, Königsberg (Pr.)
6	Liegnitz (bis auf weiteres)	Christoph und Unmack in Niesky (O.-Lausitz)	Berlin, Braunschweig, Breslau, Frankfurt (Oder), Halle (Saale), Köslin, Liegnitz, Magdeburg, Oppeln, Potsdam, Stettin
7	Schwerin (Meckl.)	Waggonfabrik Wismar in Wismar	Hamburg, Hannover, Kiel, Oldenburg (Oldb.), Schwerin (Meckl.)

2. Auslandspaketverkehr.

a) Aufgabe.

1. Bestimmung der Zuführungsgebiete für die verschiedenen Grenz-Ausgangs-PAnst;
2. Reglung des Sackwagenumlaufs unter Berücksichtigung der Wirtschaftlichkeit;

3. Unterrichtung über die Reglung des Paketdienstes im fremden Lande (Beförderung, Zustellung, Verzollung);
4. Auskunftserteilung an die OPD in Beschwerdefällen über häufige Unregelmäßigkeiten oder besondere Vorkommnisse;
5. Reglung aller nicht glattgehenden Ersatzfälle, die im Verkehr mit den zugeteilten Ländern vorkommen und bisher dem RPM vorzulegen waren[1].

[1]) An das RPM wird in Ersatzangelegenheiten nur noch bei Fragen allgemeiner oder grundsätzlicher Bedeutung, z. B. Einleitung eines Schiedsgerichtsverfahrens, Einholung eines Gutachtens vom Internationalen Büro in Bern, Änderung von Vertragsbestimmungen, Zweifel über die Auslegung der Vertragsbestimmungen, berichtet.

b) Einteilung.

Lfde. Nr.	Geschäftsführende OPD	Für den Paketverkehr des ganzen Reichspostgebiets mit
1	Berlin	Schweden und Finnland
2	Bremen	Vereinigte Staaten von Amerika, Chile, Ekuador, Peru
3	Breslau	Rumänien
4	Dresden	Tschechoslowakei und Ungarn
5	Düsseldorf ...	Niederlande nebst Kolonien
6	Frankfurt (Main)	Schweiz, Italien nebst Kolonien, Ägypten, Asien (ohne asiat. Rußland und asiat. Türkei und ohne die britischen, französischen, niederländischen und portugiesischen Kolonien), Australien
7	Frankfurt (Oder)	Freie Stadt Danzig, Polen
8	Gumbinnen (bis auf weiteres)	Litauen, Lettland, Estland, Union der Sozialistischen Sowjet-Republiken (europ. und asiat. Teil, auch Seeweg)

Lfde. Nr.	Geschäftsführende OPD	Für den Paketverkehr des ganzen Reichspostgebiets mit
9	Hamburg ...	Portugal und portug. Kolonien, Afrika (ohne Ägypten und ohne die belg., britisch., franz. und spanisch. Kolonien usw.), Nord-, Mittel- und Südamerika einschl. Kanada, jedoch ausschl. Vereinigte Staaten, Chile, Ekuador, Peru sowie ausgen. die britischen, französischen und niederländischen Kolonien usw.
10	Karlsruhe (Baden)	Frankreich und französische Kolonien, Spanien und spanische Kolonien usw.
11	Kiel (bis auf weiteres)	Dänemark, Island, Norwegen
12	Köln	Belgien und belgische Kolonien, Großbritannien und Nordirland nebst sämtlichen Kolonien usw., Freistaat Irland
13	München	Albanien, Bulgarien, Griechenland, Jugoslawien, Österreich und Türkei (europäische und asiatische, auch Seeweg)
14	Trier (bis auf weiteres)	Luxemburg, Saargebiet

3. Auslandsbriefverkehr.

a) Aufgabe.

1. Leitung sowie Einrichtung, Änderung und Aufhebung von Kartenschlüssen;
2. Reglung aller nicht glattgehenden Ersatzfälle, die im Verkehr mit den zugeteilten Ländern vorkommen und bisher dem RPM vorzulegen waren[1].

[1]) S. Anm. 1 zu 2a Ziff. 5.

b) Einteilung.

Lfde. Nr.	Geschäftsführende OPD	Für den Briefverkehr des ganzen Reichspostgebiets mit
1	Berlin	Union der Sozialistischen Sowjet-Republiken
2	Breslau	Rumänien
3	München	Albanien, Bulgarien, Griechenland, Jugoslawien und Türkei

(Zu a 1.) Im Verkehr mit Portugal und — wie schon jetzt — im Verkehr mit den übrigen oben nicht genannten europäischen Ländern ist jede OPD für ihren Dienstbereich zuständig. Für die außereuropäischen Länder (ohne asiatisches Rußland und asiatische Türkei) bleibt wie bisher das RPM zuständig.

(Zu a 2.) Den Schriftwechsel in Ersatzangelegenheiten des Briefverkehrs und den Ausgleich der Ersatzbeträge, soweit er bisher von besonderen Ausgleich-OPD wahrgenommen wurde (vgl. Anm. 1 auf S. 31 des WPH), besorgt die für den Paketverkehr zuständige geschäftsführende OPD (A. 2).

B. Telegraphen-, Fernsprech- und Funkangelegenheiten.

(usw.)

C. Personalangelegenheiten.

13. Abnahme von Prüfungen.

a) Aufgabe.

Abnahme der Prüfungen und Ausstellung der Prüfungszeugnisse.

b) Einteilung.

Lfde. Nr.	Geschäftsführende OPD	Für die Bezirke
	a) Obersekretärprüfung für den gehobenen mittleren Postdienst	
1	Berlin	Berlin (einschl. RPZ), Frankfurt (Oder), Potsdam
2	Breslau	Breslau, Liegnitz, Oppeln
3	Frankfurt (Main)	Darmstadt, Frankfurt (Main)
4	Hamburg ...	Bremen, Hamburg, Kiel, Oldenburg (Oldb.), Schwerin (Mecklb.)
5	Hannover....	Braunschweig, Hannover, Kassel, Magdeburg, Minden (Westf.)
6	Karlsruhe (Baden)	Karlsruhe (Baden), Konstanz
7	Köln	Aachen, Dortmund, Düsseldorf, Koblenz, Köln, Münster (Westf.), Trier
8	Königsberg (Pr.)	Gumbinnen, Königsberg (Pr.)
9	Leipzig	Chemnitz, Dresden, Erfurt, Halle (Saale), Leipzig
10	Stettin	Köslin, Stettin
11	München	in Bayern
12	Stuttgart ...	Stuttgart
	b) Obersekretärprüfung für den gehobenen mittleren bautechnischen Dienst (Amtsbl Vf 146/1924, Anl 1)	
1	Berlin	Berlin (einschl. RPZ), Braunschweig, Bremen, Breslau, Chemnitz, Dresden, Erfurt, Frankfurt (Oder), Gumbinnen, Halle (Saale), Hamburg, Hannover, Kiel, Königsberg (Pr.), Köslin, Leipzig, Liegnitz, Magdeburg, Oldenburg (Oldb.), Oppeln, Potsdam, Schwerin (Mecklb.), Stettin

Lfde. Nr.	Geschäftsführende OPD	Für die Bezirke
2	Düsseldorf ...	Aachen, Darmstadt, Dortmund, Düsseldorf, Frankfurt (Main), Karlsruhe (Baden), Kassel, Koblenz, Köln, Konstanz, Minden (Westf.), Münster (Westf.), Trier
3	München	in Bayern
4	Stuttgart ...	Stuttgart

c) Obersekretärprüfung für den gehobenen mittleren maschinentechnischen Dienst

(RPM Bf 9. 5. 27 IVa Q 464)

1	Berlin	Berlin (einschl. RPZ), Braunschweig, Bremen, Breslau, Chemnitz, Dresden, Erfurt, Frankfurt (Oder), Gumbinnen, Halle (Saale), Hamburg, Hannover, Kiel, Königsberg (Pr.), Köslin, Leipzig, Liegnitz, Magdeburg, Oldenburg (Oldb.), Oppeln, Potsdam, Schwerin (Meckb.), Stettin
2	Köln	Aachen, Darmstadt, Dortmund, Düsseldorf, Frankfurt (Main), Karlsruhe (Baden), Kassel, Koblenz, Köln, Konstanz, Minden (Westf.), Münster (Westf.), Trier
3	München	in Bayern
4	Stuttgart ...	Stuttgart

d) Obersekretärprüfung für den gehobenen mittleren telegraphentechnischen Dienst

(RPM. Bf 28. 11. 27 IVa Q 1172)

1	Berlin	Berlin (einschl. RPZ), Frankfurt (Oder), Gumbinnen, Königsberg (Pr.), Köslin, Magdeburg, Potsdam, Stettin
2	Dresden	Breslau, Chemnitz, Dresden, Halle (Saale), Leipzig, Liegnitz, Oppeln

Lfde. Nr.	Geschäfts-führende OPD	Für die Bezirke
3	Düsseldorf ...	Aachen, Dortmund, Düsseldorf, Köln, Minden (Westf.), Münster (Westf.)
4	Frankfurt (Main)	Darmstadt, Erfurt, Frankfurt (Main), Karlsruhe (Baden), Kassel, Koblenz, Konstanz, Trier
5	Hamburg ...	Braunschweig, Bremen, Hamburg, Hannover, Kiel, Oldenburg (Oldb.), Schwerin (Mecklb.)
6	München	in Bayern
7	Stuttgart ...	Stuttgart

14. Unterrichtswesen.

a) Aufgabe.

1. Dienstschulwesen.

Austausch von Erfahrungen, Aufbau der Lehrpläne, Abgabe von Anregungen, Umdruck von Hilfsmitteln, Ausbau und Ergänzung der Unterrichtspläne und des Unterrichtsstoffs des Postleitfadens III nach den jeweiligen Sonderverhältnissen der OPD.

2. Fremdsprachlicher Unterricht.

Austausch von Lehrmitteln, Abgabe von Vorschlägen über die Zweckmäßigkeit der Unterrichtsgestaltung usw.

3. Für das Dienstvortragswesen vermittelt die OPD Berlin für das alte Reichspostgebiet den Austausch der wichtigeren Vorträge, ebenso für ergänzende Lehrgänge und allgemeine Vortragsabende, die Ausarbeitung von Mustervorträgen, den Umlauf von Lichtbildern und anderen Vortragsmitteln.

4. Psychotechnische Eignungsprüfungen

für Telegraphenbaulehrlinge (Verbesserung der Prüfungsarten, Austausch von Erfahrungen).

b) Einteilung.

Lfde. Nr.	Geschäftsführende OPD	Für die Bezirke
1	Berlin	Berlin, Braunschweig, Köslin, Magdeburg, Potsdam, Stettin (für den Austausch von Vorträgen usw. für das ganze alte Reichspostgebiet)
2	Breslau	Breslau, Frankfurt (Oder), Liegnitz, Oppeln
3	Dortmund ..	Aachen, Dortmund, Düsseldorf, Köln, Minden (Westf.), Münster (Westf.)
4	Frankfurt (Main)	Darmstadt, Frankfurt (Main), Karlsruhe (Baden), Kassel, Koblenz, Konstanz, Trier
5	Hamburg ...	Bremen, Hamburg, Hannover, Kiel, Oldenburg (Oldb.), Schwerin (Mecklb.)
6	Königsberg (Pr.)	Gumbinnen, Königsberg (Pr.)
7	Leipzig	Chemnitz, Dresden, Erfurt, Halle (Saale), Leipzig
8	München	in Bayern
9	Stuttgart ...	Stuttgart

D. Allgemeines.

15. Beschaffung von Ausstattungsgegenständen und Amtsbedürfnissen.

a) Aufgabe.

Beschaffung und Reglung der Bezahlung, Verhandlungen mit den Lieferern (ADA IV, 2 § 6 Ber. 328).

Das RPZ wirkt bei den Beschaffungen durch Vorbereitung und Beratung maßgebend mit.

b) Einteilung.

(Die Beschaffungen durch das RPZ und die Reichsdruckerei sind nicht aufgeführt.)

Lfde. Nr.	Gegenstand der Beschaffung	Geschäftsführende OPD	Für die Bezirke
1	Briefbeutel für Überseeverkehr	Hamburg	aller OPD des alten Reichspostgebiets
2	Hausschilder	Düsseldorf	aller OPD des alten Reichspostgebiets
3	Markenmappen*)	Leipzig	Braunschweig, Chemnitz, Dresden, Erfurt, Halle (Saale), Kassel, Leipzig, Magdeburg
		Hannover	Aachen, Bremen, Darmstadt, Dortmund, Düsseldorf, Frankfurt (rlsruhe Hamburg, oblenz, nover, Ka nstanz, (Baden), K Westf.), Köln, Ko Westf.), Minden (Oldb.), Münster (Oldenburg (önigs- Trier
4	Schreibmaschinentische*)	Königsberg (Pr.)	Gumbinnen, ankfurt berg (Pr.) rlsruhe
		Frankfurt (Main)	Darmstadt, Fr Kassel, (Main), Ka nstanz, (Baden), Koblenz, Ko Braun- Trier remen,
		Hamburg	Aachen, schweig, B besorgt

*) Die Beschaffung für die nicht aufgeführten Bezirke das RPZ (Post) (ZO § 2, Ziff. 9 und 10).

Lfde. Nr.	Gegenstand der Beschaffung	Geschäftsführende OPD	Für die Bezirke
			Dortmund, Düsseldorf, Erfurt, Halle (Saale), Hamburg, Hannover, Kiel, Köln, Minden (Westf.), Münster (Westf.), Oldenburg (Oldb.)
5	Schutz- und Sonderkleidung für Kraftwagenführer, Werkstättenarbeiter usw.*)	Breslau	Breslau, Frankfurt (Oder), Liegnitz, Oppeln
		Frankfurt (Main)	Darmstadt, Frankfurt (Main), Karlsruhe (Baden), Koblenz, Konstanz, Trier
		Hamburg	Aachen, Bremen, Dortmund, Düsseldorf, Hamburg, Kiel, Köln, Minden (Westf.), Münster (Westf.), Oldenburg (Oldb.)
		Königsberg (Pr.)	Gumbinnen, Königsberg (Pr.)
		Leipzig	Chemnitz, Dresden, Erfurt, Leipzig
		Magdeburg	Braunschweig, Halle (Saale), Hannover, Kassel Magdeburg
6	Stühle und Schemel*)	Hannover	Alle OPD des alten Reichspostgebiets westlich der Elbe

*) Die Beschaffung für die nicht aufgeführten Bezirke besorgt das RPZ (Post) (ZO § 2, Ziff. 9 und 10).

Lfde. Nr.	Gegenstand der Beschaffung	Geschäfts-führende OPD	Für die Bezirke
7	Stempelunterlagen	Breslau	Berlin, Breslau, Frankfurt (Oder), Köslin, Liegnitz, Oppeln, Potsdam, Schwerin (Meckl.), Stettin
		Frankfurt (Main)	Darmstadt, Frankfurt (Main), Hannover, Karlsruhe (Baden), Kassel, Koblenz, Konstanz, Trier
		Hamburg	Aachen, Bremen, Dortmund, Düsseldorf, Hamburg, Kiel, Köln, Minden (Westf.), Münster (Westf.), Oldenburg (Oldb.)
		Königsberg (Pr.)	Gumbinnen, Königsberg (Pr.)
		Leipzig	Braunschweig, Chemnitz, Dresden, Erfurt, Halle (Saale), Leipzig, Magdeburg
8	Eiserne Kleiderschränke*)	Breslau	Braunschweig, Breslau, Chemnitz, Dresden, Erfurt, Halle (Saale), Leipzig, Liegnitz, Oppeln
		Dortmund	Aachen, Bremen, Darmstadt, Dortmund, Düsseldorf, Frankfurt (Main), Hamburg, Han-

*) Die Beschaffung für die nicht aufgeführten Bezirke besorgt das RPZ (Post) (ZO § 2, Ziff. 9 und 10).

Lfde. Nr.	Gegenstand der Beschaffung	Geschäftsführende OPD	Für die Bezirke
			nover, Karlsruhe (Baden), Kassel, Kiel, Koblenz, Köln, Konstanz, Minden (Westf.), Münster (Westf.), Oldenburg (Oldb.), Trier
9	Eiserne Paketlagergestelle*)	Breslau	Braunschweig, Breslau, Chemnitz, Dresden, Erfurt, Halle (Saale), Leipzig, Liegnitz, Oppeln
		Dortmund	Aachen, Bremen, Darmstadt, Dortmund, Düsseldorf, Frankfurt (Main), Hamburg, Hannover, Karlsruhe (Baden), Kassel, Koblenz, Köln, Konstanz, Minden (Westf.), Münster (Westf.), Oldenburg (Oldb.), Trier
		Königsberg (Pr.)	Gumbinnen, Königsberg (Pr.)
10	Kohle und Koks	wird noch bestimmt	
11	Emailleschilder	Düsseldorf	sämtlicher OPD des alten Reichspostgebiets
12	Schreibpapier, Kohlepapier,	Braunschweig (bis auf weiteres)	Braunschweig, Erfurt Halle (Saale), Magdeburg

*) Die Beschaffung für die nicht aufgeführten Bezirke besorgt das RPZ (Post) (ZO § 2, Ziff. 9 und 10).

Lfde. Nr.	Gegenstand der Beschaffung	Geschäftsführende OPD	Für die Bezirke
	Packpapier, Löschpapier, Geldrollenpapier, Klosettpapier, Briefumschläge, Aktendeckel, Ordner, Heftzwirn, Büroklammern, Stecknadeln, Büroleim, Federhalter, Schreibfedern, Bleistifte, Farbstifte, Fußmatten, Geldsäcke, Kernseife*)	Breslau	Breslau, Liegnitz, Oppeln
		Chemnitz	Chemnitz, Dresden, Leipzig
		Dortmund	Aachen, Dortmund, Düsseldorf, Münster (Westf.)
		Frankfurt (Main)	Frankfurt (Main), Karlsruhe (Baden), Konstanz
		Hamburg	Bremen, Hamburg, Kiel, Oldenburg (Oldb.)
		Kassel	Hannover, Kassel, Minden (Westf.)
		Köln	Darmstadt, Koblenz, Köln, Trier
		Königsberg (Pr.)	Gumbinnen, Königsberg (Pr.)
		Stettin	Köslin, Schwerin (Meckl.), Stettin
13	Drucksachen, Formblätter	Chemnitz	Chemnitz, Leipzig
		Dresden	Dresden (ferner für alle OPD des alten Reichspostgebiets Lieferung allgemeiner Formblätter, die in kleinen Mengen gebraucht werden)
		Düsseldorf	Aachen, Düsseldorf, Koblenz, Köln, Trier

*) Die Beschaffung für die nicht aufgeführten Bezirke besorgt das RPZ (Post) (ZO § 2, Ziff. 9 und 10).

Lfde. Nr.	Gegenstand der Beschaffung	Geschäftsführende OPD	Für die Bezirke
		Frankfurt (Main)	Braunschweig, Darmstadt, Frankfurt (Main), Kassel
		Karlsruhe (Baden)	Karlsruhe (Baden), Konstanz
		Königsberg (Pr.)	Gumbinnen, Königsberg (Pr.)
		Liegnitz (bis auf weiteres)	Breslau, Liegnitz, Oppeln
		Magdeburg	Erfurt, Halle (Saale), Magdeburg
		Minden (Westf.) (bis auf weiteres)	Bremen, Dortmund, Minden (Westf.), Münster (Westf.), Oldenburg (Oldb.)
		Schwerin (Meckl.)	Hamburg, Hannover, Kiel, Schwerin (Meckl.)
14	Ortschaftsverzeichnisse	Breslau	Provinzen Niederschlesien und Oberschlesien
		Frankfurt (Main)	Provinz Hessen-Nassau, Volksstaat Hessen, Freistaat Waldeck, Kr. Wetzl.
		Hannover	Provinz Hannover, Freistaat Oldenburg (ohne Birkenfeld und Lübeck), Freistaat Braunschweig, Freie Hansastadt Bremen
		Karlsruhe (Baden)	Demokratische Republik Baden, Hohenzollern, Amtsgerichtsbezirk Wimpfen

Lfde. Nr.	Gegenstand der Beschaffung	Geschäftsführende OPD	Für die Bezirke
		Kiel (bis auf weiteres)	Provinz Schleswig-Holstein, Oldenburgischen Landesteil Lübeck, Freie und Hansastädte Hamburg und Lübeck
		Köln	Rheinprovinz einschl. Saargebiet u. oldenburgischen Landesteil Birkenfeld
		Königsberg (Pr.)	sämtliche deutschen Ortschaften östlich der Weichsel
		Leipzig	Freistaat Sachsen und die zu den OPD Chemnitz u. Leipzig gehörenden Teile Thüringens
		Magdeburg	Provinz Sachsen, Freistaat Thüringen (mit Ausnahme der zu den OPD-Bezirken Chemnitz und Leipzig gehörenden Teile) und Freistaat Anhalt
		Münster(Westf.) (bis auf weiteres)	Provinz Westfalen, Freistaaten Lippe und Schaumburg-Lippe
		Potsdam	Provinz Brandenburg und Grenzmark Posen-Westpreußen
		Schwerin (Mecklb.)	Freistaaten Mecklenburg-Schwerin und Mecklenburg-Strel.
		Stettin	Provinz Pommern

Verordnung über die Zuständigkeit der Post- und Telegraphenbehörden in Bayern und Württemberg.

Vom 29. April 1920 (RGBl. S. 673).

§ 1.

Soweit nach Übernahme der bayerischen und der württembergischen Post- und Telegraphenverwaltung durch das Reich auf dem Gebiete des Post-, Telegraphen- und Fernsprechwesens noch bisherige landesrechtliche Bestimmungen Bayerns oder Württembergs vorläufig in Geltung bleiben (§ 10 Abs. 1 erster Satz der Staatsverträge zwischen dem Deutschen Reiche und dem Freistaat Bayern sowie dem Freien Volksstaat Württemberg über den Übergang der Post- und Telegraphenverwaltungen Bayerns und Württembergs an das Reich sowie unter „Allgemeines" der zugehörigen Schlußprotokolle, Reichs-Gesetzbl. S. 643), gilt wegen der Zuständigkeit der in Betracht kommenden Post- und Telegraphenbehörden folgendes:

A. Landesrechtliche Bestimmungen Bayerns.

1. Die bisherigen Zuständigkeiten des Bayerischen Staatsministeriums für Verkehrsangelegenheiten gehen auf den Reichspostminister und soweit die Voraussetzungen des Schlußprotokolls zu § 4 erster Absatz vorliegen, auf die Abteilung des Reichspostministeriums in München über.

2. Die Zuständigkeiten der Ober-Postdirektionen, der Post- und Telegraphenanstalten und der sonstigen Dienststellen bleiben bis auf weiteres unverändert.

B. Landesrechtliche Bestimmungen Württembergs.

Die bisherigen Zuständigkeiten des Württembergischen Ministeriums der auswärtigen Angelegenheiten oder der

Generaldirektion der Württembergischen Posten und Telegraphen gehen auf den Reichspostminister (Reichspostministerium) und, soweit die Voraussetzungen des Schlußprotokolls zu § 4 erster Absatz vorliegen, auf die Ober-Postdirektion in Stuttgart über, in letzterem Falle aber nur insoweit, als es sich nicht um Angelegenheiten handelt, die nach Reichsrecht von der obersten Reichsbehörde erledigt werden müssen.

2. Die Zuständigkeit der Post- und Telegraphenanstalten und der sonstigen Dienststellen bleiben bis auf weiteres unverändert.

§ 2.

Diese Verordnung tritt mit dem Tage der Verkündung in Kraft.

Berlin, den 29. April 1920.

RPMin: Giesberts.

Geschäftsordnung des Verwaltungsrats der Deutschen Reichspost.

Vom 12. Juni 1924 (PABl. S. 347).

Auf Grund des § 5 des Reichspostfinanzgesetzes vom 18. März 1924 (Reichsgesetzbl. I S. 287) verordnet die Reichsregierung nach Anhörung des Verwaltungsrats der Deutschen Reichspost:

Sitz.

§ 1.

Der Verwaltungsrat hat seinen Sitz im Reichspostministerium in Berlin.

Tagung.

§ 2.

Der Verwaltungsrat wird vom Reichspostminister nach Maßgabe des § 6 einberufen und bleibt bis zur Erledigung der jeweiligen Tagesordnung versammelt.

Mitgliedschaft.

§ 3.

Die Mitgliedschaft zum Verwaltungsrat bestimmt sich nach § 3 des Reichspostfinanzgesetzes. Jedes Mitglied ist berechtigt und verpflichtet, an den Sitzungen des Verwaltungsrats teilzunehmen.

Ist ein Mitglied verhindert, an den Sitzungen teilzunehmen, so ist dies unverzüglich dem Reichspostminister und in dringenden Fällen auch unmittelbar dem Stellvertreter mitzuteilen.

Kommissare.

§ 4.

Der Reichspostminister hat sich bei allen Fragen, die den Geschäftsbereich anderer Reichsminister oder des Rechnungshofs berühren, mit diesen ins Benehmen zu setzen, bevor die Angelegenheit im Verwaltungsrat zur Erörterung kommt.

Der Reichspostminister kann Beamte seiner Verwaltung und gegebenenfalls auch Beamte anderer Ressorts einschließlich des Rechnungshofs — im Einvernehmen mit diesen — zu den Sitzungen des Verwaltungsrats und des Arbeitsausschusses (§ 13) heranziehen.

Die Teilnahme von Vertretern der Regierungen der Länder regelt sich nach § 5 des Reichspostfinanzgesetzes.

Stellung der Mitglieder aus dem Personal der Deutschen Reichspost.

§ 5.

Die aus dem Personal der Deutschen Reichspost ernannten Mitglieder und deren Stellvertreter bedürfen zur

Teilnahme an den Sitzungen des Verwaltungsrats und des Arbeitsausschusses keines Urlaubs. Sie dürfen wegen der in Ausübung ihrer Mitgliedschaft getanen sachlichen Äußerungen und wegen ihrer Abstimmung unbeschadet der Bestimmung im § 4 des Reichspostfinanzgesetzes vom Reichspostminister nicht zur Verantwortung gezogen werden.

Einberufung.

§ 6.

Der Verwaltungsrat ist einzuberufen, wenn

a) der Reichspostminister dies für erforderlich erachtet oder

b) der Arbeitsausschuß oder mindestens 10 Mitglieder des Verwaltungsrats es beantragen.

Einladung.

§ 7.

Die Einladung zu den Sitzungen des Verwaltungsrats erfolgt unter „Einschreiben" durch den Reichspostminister. Bei den im § 3 Abs. 2 erwähnten dringenden Fällen gilt die Mitteilung des Mitglieds an den Stellvertreter als Einladung. Die Einladungen an die Mitglieder müssen jeweils mindestens 7 Tage vor dem 1. Sitzungstag zur Post gegeben werden.

In der Einladung ist die Tagesordnung mitzuteilen.

Tagesordnung.

§ 8.

Die Tagesordnung wird vom Reichspostminister festgesetzt. Ein Gegenstand muß auf die Tagesordnung gesetzt werden, wenn der Arbeitsausschuß oder 10 Mitglieder des Verwaltungsrats dies vor der Einladung beim Reichspostminister beantragen. Gegenstände, die nicht auf der Tagesordnung stehen, können auf Antrag des Vorsitzenden oder eines Mitglieds des Verwaltungsrats verhandelt werden, wenn weder der Vorsitzende noch der Vertreter des Reichsministers der Finanzen noch mehr als zwei sonstige anwesende Mitglieder des Verwaltungsrats widersprechen.

Vorsitz.

§ 9.

Den Vorsitz im Verwaltungsrat führt der Reichspostminister, im Falle seiner Behinderung sein Vertreter. Der Vorsitzende leitet die Beratung und Abstimmung. An den Abstimmungen nimmt der Vorsitzende nicht teil.

Berichterstatter.

§ 10.

Der Vorsitzende bestellt in der Regel für die einzelnen Gegenstände der Tagesordnung Berichterstatter aus den Mitgliedern des Verwaltungsrats. Über Gegenstände, die vom Arbeitsausschuß vorberaten worden sind, ist stets ein Berichterstatter aus den Mitgliedern des Arbeitsausschusses vom Vorsitzenden zu bestellen. Die Berichterstattung erfolgt in der Regel mündlich.

Sitzungsordnung.

§ 11.

Die Aussprache über die zur Beratung stehenden Gegenstände findet in der Reihenfolge der Wortmeldungen statt. Ist kein Redner mehr vorgemerkt, so wird die Aussprache geschlossen. Auf Antrag kann mit Zustimmung des Vorsitzenden der Schluß der Aussprache auch schon vorher beschlossen werden. Ergreift in diesem Falle nach Schluß der Aussprache noch ein Regierungsvertreter das Wort, so gilt die Aussprache als wieder eröffnet.

Zur Geschäftsordnung wird das Wort jederzeit erteilt.

Jedes Mitglied oder der Stellvertreter ist berechtigt, bis zum Schluß der Beratung schriftliche Anträge auf Abänderung der zur Beratung stehenden Vorlagen zu stellen. Der Vorsitzende kann auch die mündliche Form der Antragstellung zulassen, wenn kein Widerspruch erfolgt.

Abstimmung.

§ 12.

Der Verwaltungsrat ist beschlußfähig, wenn mindestens 16 seiner Mitglieder oder deren Stellvertreter anwesend sind.

Bei Abstimmungen des Verwaltungsrats entscheidet die einfache Mehrheit der Abstimmenden. Bei Stimmengleichheit gilt der Antrag als abgelehnt.

Wird zu einer Vorlage eine Änderung beantragt, so ist zunächst über den Änderungsantrag und erst, wenn dieser abgelehnt wird, über die Vorlage abzustimmen. Bei mehreren Änderungsanträgen ist zunächst über denjenigen abzustimmen, der sich am weitesten von der Vorlage entfernt.

Jedes Mitglied oder der Stellvertreter hat eine Stimme. Das Stimmrecht kann in der Sitzung nur persönlich ausgeübt werden.

Bei allen Abstimmungen darf jedes Mitglied oder der Stellvertreter erklären, daß sie sich der Abstimmung enthalten. Sie haben ferner das Recht, vor der Abstimmung eine kurze Erklärung über ihre Stimmabgabe zur Aufnahme in die Sitzungsniederschrift (§ 18) abzugeben.

Zusammensetzung des Arbeitsausschusses.

§ 13.

Der im § 3 des Reichspostfinanzgesetzes vorgesehene Arbeitsausschuß besteht aus höchstens 9 auf Vorschlag des Reichspostministers vom Verwaltungsrat aus seiner Mitte zu wählenden Mitgliedern und aus dem Vertreter des Reichsministers der Finanzen. Von den zu wählenden Mitgliedern sind je 2 aus den vom Reichsrat und Reichstag benannten Mitgliedern, 2 aus den Vertretern der Wirtschaft und des Verkehrs und mindestens 2 aus dem Personal der Deutschen Reichspost zu entnehmen. Für jedes Mitglied des Arbeitsausschusses ist ein Stellvertreter zu wählen.

Den Vorsitz im Arbeitsausschuß führt der Reichspostminister oder sein Vertreter.

Der Arbeitsausschuß behält seine Zusammensetzung, bis der Verwaltungsrat anderweit darüber beschließt.

An Stelle eines aus dem Arbeitsausschuß ausscheidenden Mitglieds ist unverzüglich ein anderes Mitglied des Verwaltungsrats aus der Gruppe des Ausscheidenden in den Arbeitsausschuß zu wählen.

Einberufung des Arbeitsausschusses.

§ 14.

Der Arbeitsausschuß wird vom Reichspostminister einberufen,

a) wenn dieser es für erforderlich erachtet oder

b) auf Verlangen von mindestens 3 Mitgliedern des Arbeitsausschusses.

Den Mitgliedern des Arbeitsausschusses ist bei ihrer Einberufung die Tagesordnung mitzuteilen. Die Tagesordnung ist auch den übrigen Mitgliedern des Verwaltungsrats zur Kenntnis zu bringen.

Aufgaben des Arbeitsausschusses.

§ 15.

Der Arbeitsausschuß hat die Aufgabe,

1. die gemäß § 6 des Reichspostfinanzgesetzes dem Ver-

waltungsrat zur Beschlußfassung vorzulegenden Angelegenheiten in der Regel vorzubereiten;

2. bei dringenden Angelegenheiten vorläufig zu entscheiden, vorbehaltlich der nachträglichen Zustimmung des Verwaltungsrats;
3. endgültig zu entscheiden über Angelegenheiten, die dem Arbeitsausschuß vom Verwaltungsrat zur selbständigen Erledigung übertragen worden sind;
4. die übrigen ihm vom Verwaltungsrat übertragenen Aufgaben (§ 6 des Reichspostfinanzgesetzes) durchzuführen.

Tätigkeitsbericht.

§ 16.

Über die Tätigkeit des Arbeitsausschusses ist dem Verwaltungsrat zu Beginn jeder Tagung durch den Vorsitzenden oder einen Beauftragten allgemein Bericht zu erstatten.

Abstimmung des Arbeitsausschusses.

§ 17.

Der Arbeitsausschuß ist nur beschlußfähig, wenn mindestens 5 Mitglieder anwesend sind.

Im übrigen gelten für die Abstimmung im Arbeitsausschuß die Bestimmungen über die Abstimmung im Verwaltungsrat (§ 12) sinngemäß. Werden dabei von einer Gruppe 3 Stimmen in derselben Richtung abgegeben, so werden nur 2 Stimmen gezählt.

Niederschriften.

§ 18.

Über jede Sitzung des Verwaltungsrats und des Arbeitsausschusses ist eine Niederschrift zu fertigen. Die

Schriftführer werden vom Reichspostministerium gestellt. Die Niederschrift hat die Gegenstände der Beratung, alle Anträge und Beschlüsse, die zur Kenntnis genommenen Mitteilungen des Reichspostministers oder seiner Vertreter sowie die bezüglich der Abstimmung abgegebenen Erklärungen (§ 12) zu enthalten. In der Niederschrift ist ferner anzugeben, ob die Beschlüsse einstimmig oder mit Stimmenmehrheit gefaßt worden sind.

Die Niederschrift ist vom Vorsitzenden oder dem Vertreter und einem Schriftführer zu unterschreiben. Ihr ist eine Anwesenheitsliste beizufügen.

Eine Ausfertigung der Niederschrift wird den Mitgliedern und deren Stellvertretern zugesandt.

Veröffentlichung.

§ 19.

Die Sitzungen des Verwaltungsrats und des Arbeitsausschusses sind nicht öffentlich. Verlangt der Vorsitzende oder beschließt der Verwaltungsrat oder der Arbeitsausschuß, daß eine Angelegenheit vertraulich zu behandeln ist, so ist darüber von allen Beteiligten Stillschweigen zu bewahren, soweit nicht Beamte ihrer vorgesetzten Dienststelle gegenüber zur Berichterstattung verpflichtet sind.

Inkrafttreten.

§ 20.

Diese Geschäftsordnung tritt sofort in Kraft.

Berlin, den 4. Juni 1924.

RKzl: Marx.

RPMin: Höfle.

Verordnung über die Entschädigung der Mitglieder des Verwaltungsrats der Deutschen Reichspost für ihre Geschäftsführung.

Vom 19. Juni 1924 (PABl. S. 425).

Auf Grund des § 5 des Reichspostfinanzgesetzes vom 18. März 1924 (Reichsgesetzbl. I S. 287) verordnet die Reichsregierung nach Anhörung des Verwaltungsrats der Deutschen Reichspost:

§ 1.

Die Mitglieder des Verwaltungsrats der Deutschen Reichspost erhalten:

1. als Aufwandsentschädigung für jeden Tag ihrer Teilnahme an einer Sitzung des Verwaltungsrats oder des Arbeitsausschusses ein Tagegeld von 20 Goldmark;
2. soweit die Mitglieder nicht in Berlin ihren Wohnsitz haben,
   a) ein Übernachtungsgeld von 10 Goldmark für jede am Tagungsort verbrachte Nacht,
   b) eine Reisekostenentschädigung (Zehrgeld) von 15 Goldmark für jeden Tag der Hinreise oder der Rückreise.

Mitglieder, die infolge der entfernten Lage des Wohnorts mehr als einen Reisetag für die Hinreise oder die Rückreise aufwenden müssen, erhalten für jede volle oder angebrochene weitere Tageshälfte eine Reisekostenentschädigung (Zehrgeld) von 7,50 Goldmark. Dabei wird die Zeit von Mitternacht bis Mittag und von Mittag bis Mitternacht je als Tageshälfte berechnet. Für diejenigen Tage der Hinreise oder der Rückreise, für die eine Aufwandsentschädigung gezahlt wird, kommt die Reiseentschädigung in Fortfall.

3. Ersatz der verauslagten Kosten für Eisenbahnfahrt, Straßenbahnfahrten usw. Die den Mitgliedern des Verwaltungsrats in Ausübung ihrer Mitgliedschaft etwa entstehenden Ausgaben an Post-, Telegraphen- und Fernsprechgebühren sowie an Schreibbedürfnissen werden ebenfalls erstattet.

§ 2.

Ist ein Mitglied des Verwaltungsrats der Deutschen Reichspost gleichzeitig Mitglied des Deutschen Reichstags, so wird bei Teilnahme an Sitzungen des Verwaltungsrats der Deutschen Reichspost oder seines Arbeitsausschusses

1. an den Tagen der Vollsitzungen des Reichstags und bei eintägiger Unterbrechung dieser Sitzungen auf die im § 1 festgesetzten Entschädigungen die vom Reichstag für den gleichen Tag gezahlte Aufwandsentschädigung (ein Dreißigstel der Monatsentschädigung) angerechnet, es sei denn, daß dem Mitglied seitens des Reichstags für den gleichen Tag von seiner Reichstagsentschädigung ein Abzug gemacht wird;
2. bei Unterbrechung der Sitzungen des Reichstags um mehr als einen Tag auf die im § 1 festgesetzten Entschädigungen das Tagegeld angerechnet, welches dem Mitglied etwa für den gleichen Tag vom Reichstag über die monatliche Aufwandsentschädigung hinaus gezahlt wird.

§ 3.

Ist ein Mitglied des Verwaltungsrats der Deutschen Reichspost zugleich Mitglied des Vorläufigen Reichswirtschaftsrats, so werden die ihm nach § 1 zustehenden Entschädigungen um den Betrag gekürzt, den das Mitglied etwa für den gleichen Tag als Entschädigung für Teilnahme an einer Sitzung des Vorläufigen Reichswirtschaftsrats erhält.

§ 4.

Mitglieder des Verwaltungsrats, die im Reichsdienst beschäftigt sind, erhalten keine anderen Entschädigungen, als sie vorstehend festgesetzt sind.

§ 5.

Stellvertreter, die für verhinderte Mitglieder an den Sitzungen des Verwaltungsrats oder des Arbeitsausschusses teilnehmen, erhalten die vorstehend festgesetzten Entschädigungen.

§ 6.

Diese Verordnung tritt mit Wirkung vom 4. Mai 1924 in Kraft.

Berlin, den 19. Juni 1924.

RKzl: Marx.
RPMin: Höfle.

Gesetz über das Postwesen des Deutschen Reichs.

Vom 28. Oktober 1871 (RGBl. S. 347).

Vorg.: preuß. PG 5. 6. 1852 (GS. S. 345), NorddPG 2. 11. 1867 (BGBl. S. 61) mit fast durchweg wörtlich übereinstimmender Fassung. — Änderungen: Ges 20. 12. 1899 (RGBl. S. 715; neu: §§ 1a, 2a), Ges 6. 5. 1920 (RGBl. S. 893, zu § 9), aufgeh.: Ges 13. 12. 1922 (RGBl. S. 913, zu §§ 6, 9, 10, 27, 29), aufgeh.: Ges 5. 2. 1925 (RGBl. I S. 10, zu §§ 9, 10, 27, 29), S. 177. Seit 1919 geltend aus Art. 178 RVerf (vgl. § 1 ÜbergangsG 4. 3. 1919, RGBl. S. 285). — Grundlage der gesamten geltenden P.TRechtsordnung, namentlich betr. Rechtsweg und materielles Haftungsrecht. Keine Anwendbarkeit von Handelsrecht auf das PBeförderungsgeschäft (§§ 452, 663 HGB. 1897, S. 398).

Wir Wilhelm von Gottes Gnaden Deutscher Kaiser, König von Preußen usw.

verordnen im Namen des Deutschen Reichs, nach erfolgter Zustimmung des Bundesrats und des Reichstags, was folgt:

Abschnitt I.

Grundsätzliche Rechte und Pflichten der Post.

§ 1.

Die Beförderung[1]

1. aller versiegelten, zugenähten oder sonst verschlossenen Briefe[2],
2. aller Zeitungen politischen Inhalts, welche öfter als einmal wöchentlich erscheinen,

gegen Bezahlung[3] von[4] Orten mit einer Postanstalt[5] nach anderen Orten mit einer Postanstalt des In- oder Auslandes auf andere Weise, als durch die Post, ist verboten[6]. Hinsichtlich der politischen Zeitungen erstreckt dieses Verbot sich nicht auf den zweimeiligen Umkreis ihres Ursprungsorts.

Wenn Briefe und Zeitungen (Nr. 1 und 2) vom Ausland eingehen und nach inländischen Orten mit einer Postanstalt bestimmt sind, oder durch das Gebiet des Deutschen Reichs transitieren sollen, so müssen sie bei der nächsten inländischen Postanstalt zur Weiterbeförderung eingeliefert werden[7].

Unverschlossene Briefe[8], welche in versiegelten, zugenähten oder sonst verschlossenen Paketen[9] befördert werden, sind den verschlossenen Briefen gleich zu achten. Es ist jedoch gestattet, versiegelten, zugenähten oder sonst verschlossenen Paketen, welche auf andere Weise, als durch die Post befördert werden, solche unverschlossene Briefe, Fakturen, Preiskurante, Rechnungen und ähnliche Schriftstücke beizufügen, welche den Inhalt des Pakets betreffen.

1 Auch Annahme (§ 31 PO) und gewöhnl. Zustellung (§§ 38 bis 40 PO); nicht: förml. Zustellung (§§ 27, 41 PO), RGer 11. 5. 1925 (RGSt 59, 222).

2 Nicht notwendig identisch mit den Briefen i. S. der PO (§ 6a).

3 Tatfrage.

4 Auch in Orten: Art. 2 zu I Ges 20. 12. 1899 (RGBl. S. 715), S. 175.

5 Vorg.: § 155 ALR II 15, § 1 prPG 1852, § 1 NorddPG. 1867.

6 Strafnorm s. § 27. Sedes materiae des „PZwanges" i. S. des 18. Jh.; Vorg.: § 143 ALR II 15, Ziff. 1 VO 12. 6. 1804 (Myl. NCC S. 2105), § 1 prPG 1852, § 1 NorddPG 1867. Heute: öffentlich-rechtliche Beschränkung der privaten Gewerbefreiheit, vgl. § 5 GewerbeO 1869/1900 (BGBl. S. 245, RGBl. S. 331; Vorg.: § 4 GewerbeO 1845, GS. S. 41).

7 Der WPVerein wurde erst 1874 errichtet (RGBl. 1875 S. 223).

8 Briefe i. S. des gew. Sprachgebrauchs; nicht gleichbedeutend mit den „offenen B." nach § 1 PO.

9 Pakete i. S. des § 14 PO oder des gew. Sprachgebrauchs.

§ 2.

Die Beförderung[1] von Briefen und politischen Zeitungen (§ 1) gegen Bezahlung durch expresse Boten[2] oder Fuhren ist gestattet. Doch darf ein solcher Expresser nur von einem Absender abgeschickt sein, und dem Postzwang unterliegende Gegenstände weder von Anderen mitnehmen, noch für Andere zurückbringen.

1 S. § 1 Anm. 1; „Beförderungs"-Wechsel in der Rechts-

folge Post—expr.Bote ist nur bei Zeitungen vorgesehen: Art. 3 Abs. 3 Ges 20. 12. 1899 (RGBl. S. 715), S. 175.

2 Vorg.: Abschn. XVI § 5 PO 1782.

§ 3.

Die Annahme und Beförderung[1] von Postsendungen darf von der Post nicht verweigert[2] werden, sofern die Bestimmungen dieses Gesetzes und des Reglements[3] (§ 50) beobachtet sind. Auch darf keine im Gebiete des Deutschen Reichs erscheinende politische Zeitung vom Postdebit ausgeschlossen und ebensowenig darf bei der Normierung der Provision, welche für die Beförderung und Debitierung der im Gebiete des Deutschen Reichs erscheinenden Zeitungen zu erheben ist, nach verschiedenen Grundsätzen verfahren werden. Die Post besorgt die Annahme der Pränumeration auf die Zeitungen sowie den gesamten Debit derselben.

1 Nicht auch: Zustellung (vgl. dagegen §§ 1 und 2, Anm. 1); s. vielmehr § 38 III PO.

2 Sog. „Kontrahierungszwang" der älteren Lehre; Vorg.: § 5 Abs. 3 prPG 1852 aus Landtagsbeschluß (Drucks. 243/1852 II. Kammer, S. 37) nachgebildet dem Art. 422 ADHGB (jetzt § 453 HGB), jedoch ohne die Haftungsklausel; ferner: § 3 PG 1867 (Sten. Ber. I. LegPer. 1867, Bd. II S. 29 ff.). Kein Rechtsweg, daher keine Erzwingung nach Tit. 35 § 33 AGO 1793 bzw. § 25 RessortRgl. f. d. Rheinland 20. 6. 1818 (rhein. Amtsbl.); vgl. Allg. Vf des prJustizMin 24. 3. 1882 zu § 674 Ziff. 1 ZPO 1877 (§ 753 ZPO 1924).

3 Vgl. indessen § 4 IV PO u. zahlreiche Parallelvorschriften der PO mit deklaratorischer Tragweite.

§ 4[1].

1 Aufgehoben durch § 12 Ges 20. 12. 1875 (RGBl. S. 318); S. 417.

§ 5.

Das Briefgeheimnis[1] ist unverletzlich. Die bei strafgerichtlichen Untersuchungen[2] und in Konkurs-[3] und zivilprozessualischen[4] Fällen notwendigen Ausnahmen sind durch ein Reichsgesetz festzustellen. Bis zu dem Erlaß eines Reichsgesetzes werden jene Ausnahmen durch die Landesgesetze bestimmt.

1 S. Art. 117 RVerf 1919 (S. 10).

2 §§ 99—101 StPO (S. 414).

3 § 121 KonkursO (S. 413).

4 Im Zivilprozeß ist keine Ausnahme vom BfGeh zugelassen, daher keine Sachpfändung oder Pf des AbsAnspruchs gegen die P auf Herausgabe von PSachen und Auszahlung; zweifelhaft: Pfändbarkeit von PAnwBeträgen.

Abschnitt II.

Garantie[1].

§ 6.

Die Postverwaltung leistet dem Absender[2] im Falle reglementsmäßig[3] erfolgter Einlieferung Ersatz[4]:

I. für den Verlust[5] und die Beschädigung[6]

1. der Briefe mit Wertangabe[7],

2. der Pakete mit oder ohne Wertangabe[8];

II. für den Verlust der eingeschriebenen Sendungen[9].

Für einen durch verzögerte[10] Beförderung oder Bestellung der unter I bezeichneten Gegenstände entstandenen Schaden leistet die Postverwaltung nur dann Ersatz, wenn die Sache durch die verzögerte Beförderung oder Bestellung verdorben ist, oder ihren Wert[11] bleibend ganz oder teilweise verloren hat. Auf eine Veränderung des Kurses oder marktgängigen Preises wird jedoch hierbei[12] keine Rücksicht genommen[13].

Die Verbindlichkeit der Postverwaltung zur Ersatz-

leistung bleibt ausgeschlossen[14], wenn der Verlust, die Beschädigung oder die verzögerte Beförderung oder Bestellung
a) durch die eigene Fahrlässigkeit des Absenders, oder
b) durch die unabwendbaren Folgen eines Naturereignisses, oder durch die natürliche Beschaffenheit des Gutes herbeigeführt[15] worden ist, oder
c) auf einer auswärtigen Beförderungsanstalt sich ereignet hat, für welche die Postverwaltung nicht durch Konvention die Ersatzleistung ausdrücklich übernommen hat[16]; ist jedoch in diesem Falle die Einlieferung bei einer deutschen Postanstalt erfolgt, und will der Absender seine Ansprüche gegen die auswärtige Beförderungsanstalt geltend machen[17], so hat die Postverwaltung ihm Beistand zu leisten.

Für die auf Postanweisungen[18] eingezahlten[19] Beträge leistet die Postverwaltung Garantie.

Für andere als die vorstehend bezeichneten Gegenstände, insbesondere für gewöhnliche Briefe[20], wird weder im Fall eines Verlustes oder einer Beschädigung noch im Fall einer verzögerten Beförderung oder Bestellung Ersatz geleistet.

1 Nicht Bürgschaft nach BGB, auch nicht „Erfolgshaftung", vielmehr H. für fremdes Verschulden; Vorg.: Kap. VIII § 10 PO 1712.

Leitsätze der PG-Haftung: I. Es wird grundsätzlich gehaftet (a. M., indessen ungeschichtlich: Kammer-Ger II. ZivilS. 8. 7. 1924, 11 U 3443/24, JW 1924 S. 1615), u. zw. dem Grunde nach über die höh. Gew. hinaus (nicht: § 11), dem Betrage nach begrenzt (z. T. bis auf Null; Umkehrung des ALR-Prinzips mit enger Verschuldens- und weiter BetragsH). Die HGrenze bestimmt teils das Ges (§§ 9—11), teils der Abs (§ 6 Abs. 3, §§ 7, 8). — II. Ersetzt wird — nur in Geld — der Sachschade aus der Beförderung (§§ 7—9, 11); Interesseschade im Falle des § 10 und beim Geldverkehr (Anm. 16). — III. Schuld der P ist bewiesen, wenn feststeht, daß das Nutzungsverhältnis unter Wahrung der AnstO (s. Anm. 3) eingegangen, jedoch fehlerhaft abgelaufen ist. Nachweis persönlichen Verschuldens nicht erfordert (sog. Betriebsverschulden). — IV. Keine Konkurrenz des BGB, daher u. A. keine Schuldverteilung (§ 254 BGB); abweichend PScheckG 1921 (S. 365) und Wechsel-Novelle 1908 (S. 398). — V. Kein selbständiger Zahlungsanspruch neben demj. auf Entschädigung (anders WPVertrag); der Ausdruckswechsel in den Quellen ist unbeachtlich. — VI. Rechtsverwirkung besteht nur im Falle des § 8 (s. d. Anm. 4; anders WPVertrag); vgl. § 15 Anm. 2.

Haftungsausschlüsse: I. Höhere Gewalt (§ 11). — Unabwendbare Folgen eines Naturereignisses (§ 6 Abs. 3 zu b; Vorg.: „unabw. äußerer Zufall" im § 25 EisenbG 3. 11. 1838, GS. S. 505). — Natürliche Beschaffenheit des Gutes (§ 6 w. v.). — IV. Nichtwahrung der AnstO durch den Ersatzberechtigten, u. zw.: 1. allgemein s. § 6 Abs 3 zu a; 2. fehlerhafte Übergabe zur P, s. Anm. 3; 3. verbotwidriger Inhalt, s. §§ 4 III und 5 II PO; 4. u. U. Fehlen der inneren Paketaufschrift s. § 3 PO AusfBest zu III; 5. im Abholungsfalle: Nichtvereinbarung der Ausweisprüfung (§ 48 f. PG). — V. Vorausverzicht des Absenders: 1. allgemein nach § 29 PO; 2. bei Zeitungspaketen s. PABl. 1927 S. 310. — VI. Betrügerische Wertangabe (§ 8 PG). — VII. Unbeanstandete Annahme der Sendung durch den Berechtigten (§ 7 PG). — VIII. Mißbrauch von Ausweisen durch unberechtigte Empfänger (§§ 48 f. PG, §§ 23 V, 42 V, VI, 59 V PO). — IX. Ablehnung durch öffentliche Bekanntmachung (§ 15 PG).

2 Absender ist, wer sich auf der Sendung als solcher bezeichnet hat (§ 2 PO), sonst: Tatfrage. Gleichbedeutend: „Auftraggeber" (§§ 20 und 52 IV PO), „Einzahler" (§ 22 PO), „Kontoinhaber" (§ 9 PScheckG; i. d. PScheckO als „PScheckkunde" bezeichnet). Keine PVorschrift, betr. Übergang des Haftungsanspruchs an e. Rechtsnachfolger des Abs (anders: WPVertrag). Wegen Abtretungen an die P s. §§ 20 XV und 21 X PO. Wegen Prozeßparteien s. § 14 Anm. 3.

3 Nicht „regelmäßig" (vgl. BGB. § 149 usw.), sondern PO-mäßig nach Ort u. Zeit der Aufgabe zur P (§§ 31 f. PO); vgl. PHandbuch 1861 S. 95. Daher irrig (wie auch sonst: s. Anm. 16) Sten. Ber. I. LegPer. Sess. 1867, Bd. II S. 168. Die Trennung der Haftungsausschlußgründe (s. Anm. 1) zu IV 1 und 2 führt auf § 185 ALR II, 15 und § 19 ebd. I, 6 zurück.

4 Keine Frist f. d. Durchführung des Ersatzverfahrens; VerwPO (Sollvorschrift): 1 bis 3 Wochen (nicht verk.).

5 Bei Sachschaden genügt Nichtablieferung an den Berechtigten (§ 40 PO) ohne Wiedererlangbarkeit der Sache; Verlust bei Interesseschaden s. § 10 PG und § 20 PO.

6 D. i. Minderung an Sach- oder Nutzwert.

7 Vgl. §§ 7 und 8 PG.

8 Vgl. § 9 PG.

9 Vgl. § 10 PG; Text geändert durch § 1 Ges 13. 12. 1922 (RGBl. I S. 913).

10 Kein Schuldnerverzug nach BGB §§ 284 ff.

11 Vgl. Anm. 6; typischer Fall: Wertminderung durch Modenwechsel.

12 D. i.: bei der Haftung nach dem Betrage.

13 D. h.: mit der PVersendung kann kein Differenzgeschäft bezweckt sein; s. Art. 357 ADHGB (§ 376 HGB), vgl. § 16 III PO.

14 Unvollständige Aufzählung; Systematik der Haftungsausschlüsse s. Anm. 1.

15 D. i.: bei mittelbarer oder unmittelbarer Verursachung.

16 M. a. W.: soweit die Haftung aus Staatsverträgen versagt, wird auch im Auslandsverkehr für die deutsche Beförderungsstrecke materiell nach PG gehaftet; s. indessen Anm. 17.

17 Formelle HaftungsO; die PPraxis beschränkt, materiell und formell gleichsetzend, die Haftung gemäß Anm. 16 auf den Fall der Versendung von D. nach dem Auslande.

18 Die Haftung im PGeldverkehr (außer Schecks) ist sonst durch PO geordnet (§§ 20, 21, 23); die PAnwHaftung nach § 6 Abs. 4 PG (in den § 22 PO gehörend) ist aus § 17 NorddPRegl 1867 (PABl. S. 403) irrig ins PG 1871 übernommen worden.

19 Vorg.: § 193 ALR II, 15. Keine Haftung bei Zinsverlust, da mittelb. Schaden (§ 12 PG).

20 D. s.: gewöhnl. Briefsendungen nach § 1 PO, ferner: Päckchen (§ 13 PO), Bahnhofsbriefe und -zeitungen (§ 25 PO), formelle Zustellungen (§§ 27, 41 PO), Zeitungen (§ 30 PO), Zeitungspakete (PABl. 1927 S. 310), Pakete an PAnst mit Adreßkarteien zur Prüfung (S. 339).

§ 7.

Wenn der Verschluß und die Verpackung der zur Post gegebenen Gegenstände bei der Aushändigung an den Empfänger äußerlich unverletzt und zugleich das Gewicht mit dem bei der Einlieferung ermittelten übereinstimmend befunden wird[1], so darf dasjenige, was bei der Eröffnung an dem angegebenen Inhalte fehlt, von der Postverwaltung nicht vertreten werden[2]. Die ohne Erinnerung[3] geschehene Annahme einer Sendung begründet die Vermutung[4], daß bei der Aushändigung Verschluß und Verpackung unverletzt und das Gewicht mit dem bei der Einlieferung ermittelten übereinstimmend befunden worden ist.

1 § 7 Abs. 4 PZollO (S. 344).

2 Vorg.: § 192 ALR II, 15.

3 Für grundsätzliche Statthaftigkeit der nachträglichen Erinnerung: RGZ 26, 414 (anders PPraxis: nur von Fall zu Fall).

4 Vgl. dagegen PO § 29 Anm. 3.

§ 8.

Wenn eine Wertangabe[1] geschehen ist[2], so wird dieselbe bei der Feststellung des Betrags des von der Postverwaltung zu leistenden Schadensersatzes zum Grunde gelegt. Beweist jedoch die Postverwaltung, daß der angegebene

Wert den gemeinen Wert[3] der Sache übersteigt, so hat sie nur diesen zu ersetzen.

Ist in betrüglicher Absicht zu hoch deklariert worden, so verliert[4] der Absender nicht nur jeden Anspruch auf Schadenersatz, sondern ist auch nach den Vorschriften der Strafgesetze zu bestrafen.

1 D. i. durch den Abs; nach der Wertangabe bestimmt sich die obere Haftungsgrenze (§ 16 II und III PO). Keine Anwendung versicherungsrechtlicher Grundsätze (Über- und Unterversicherung).

2 Zulässig bei verschlossenen Briefen und bei Paketen (§ 14 PO).

3 D. i.: Selbstkosten des Berechtigten, zuzüglich Verpackungskosten; bei Wertsendungen (s. Anm. 2) außerdem „ein angemessener Unternehmergewinn".

4 Rechtsverwirkung; Vorg.: § 201 ALR II 15, § 10 prPG 1852, § 8 NorddPG 1867.

§ 9.

Wenn bei Paketen die Angabe des Wertes unterblieben ist[1], so vergütet die Postverwaltung im Fall eines Verlustes[2] oder einer Beschädigung[3] den wirklich erlittenen[4] Schaden, jedoch niemals mehr als drei Reichsmark[5] für jedes Pfund der ganzen Sendung. Pakete, welche weniger als ein Pfund wiegen, werden den Paketen zum Gewichte von einem Pfunde gleichgestellt und überschießende Pfundteile für ein Pfund gerechnet.

1 Fall der gew. Pakete (§ 14 PO) und der Stückgüter (§ 52 IV PO); nicht: Pakete an PAnst mit Adreßkarteien zur Prüfung (PABl. 1926 S. 357, 1928 S. 158), Zeitungspakete mit vereinfachter Behandlungsweise (PABl. 1927 S. 310), „sonstige" Päckchen (§ 13 II PO).

2 § 6 Anm. 5.

3 § 6 Anm. 6.

4 D. i.: Sachschaden im Umfange der Minderung des gemeinen Wertes, s. § 8 Anm. 3.

5 Text geändert durch § 1 Ges 6. 5. 1920 (RGBl. S. 893: 10 M statt „ein Taler“), § 2 Ges 13. 12. 1922 (RGBl. I S. 913: 500 M), Art. I Ziff. 1a Ges 5. 2. 1925 (RGBl. I S. 10), S. 177.

§ 10.

Für eine eingeschriebene[1] Sendung[2] (§ 6 II) wird dem Absender[3] im Falle des Verlustes[4] ohne Rücksicht auf den Wert der Sendung[5] ein Ersatz von vierzig Reichsmark[6] gezahlt[7].

1 Text geändert durch § 3 Ges 13. 12. 1922 (RGBl. I S. 913), vgl. Art. I Ges 5. 2. 1925, S. 177.

2 Vgl. § 15 PO.

3 § 6 Anm. 2.

4 § 6 Anm. 5; Verlust liegt vor, „wenn der ganze Inhalt des Briefes abhanden gekommen ist und dem Empfänger (§ 40 PO) nur der leere Umschlag hat behändigt werden können“, es sei denn, daß noch der leere Umschlag „für den Empfänger bestimmte Mitteilungen enthält, so daß die Hülle als beachtlicher Teil der Sendung anzusehen ist“.

5 Interesseschadenersatz, s. § 6 Anm. 1, Leitsatz II; vgl. Motive zu § 13 des Entw. prPG 1852 (Drucks.125/1852, III. Sess. II. Kammer, S. 38 ff.). Die Praxis zahlt, außerhalb des Systems, mit Einverständnis des Berechtigten u. U. weniger als 40 RM Ersatz.

6 Text geändert wie zu Anm. 1; Vorg.: Art. I Ziff. 1b Ges 5. 2. 1915 (RGBl. I S. 10).

7 § 6 Anm. 1, Leitsatz V.

§ 11.

Bei Reisen mit ordentlichen Posten[1] leistet die Postverwaltung Ersatz:

1. **für den Verlust oder die Beschädigung des reglementsmäßig eingelieferten[2] Passagierguts[3] nach Maßgabe der §§ 8 und 9 und**
2. **für die erforderlichen Kur- und Verpflegungskosten**

im Falle der körperlichen Beschädigung eines Reisenden, wenn dieselbe nicht erweislich durch höhere Gewalt oder durch eigene Fahrlässigkeit des Reisenden herbeigeführt ist[4].

Bei der Extrapostbeförderung[5] wird weder für den Verlust oder die Beschädigung an Sachen, welche der Reisende bei sich führt, noch bei einer körperlichen Beschädigung des Reisenden Entschädigung von der Postverwaltung[6] geleistet.

1 PO § 52 I; kein Anspruch des Reisenden aus §§ 7 ff. Ges 3. 5. 1909 und Nachfolgegesetzen; S. 446.

2 § 6 Anm. 3.

3 § 59 PO; keine Haftung für aufgegebene Fahrräder u. Handgepäck.

4 Daneben Unfallhaftung der Thuringia-Erfurt zuf. Vertrags m. d. RPM (Vf des RPMin 11. 5. 1926 u. 8. 4. 1927, nicht veröffentlicht): Kapitalvers. 10 000 RM f. d. Todesfall, 20 000 RM f. d. Fall dauernder Beschädigung u. 1000 RM f. d. Kosten d. Heilverfahrens; Prämie 0,6 Pf. für Reisetag u. Person. Nicht für BW geltend.

5 § 52 III PO.

6 Dagegen von der Thuringia durch die PTB (wie Anm. 4).

§ 12.

Eine weitere als die in den §§ 8, 9, 10 und 11 nach Verschiedenheit der Fälle bestimmte Entschädigung wird von der Postverwaltung nicht geleistet[1]; insbesondere findet gegen dieselbe ein Anspruch wegen eines durch den Verlust oder die Beschädigung einer Sendung entstandenen mittelbaren[2] Schadens[3] oder entgangenen Gewinns[2] nicht statt[4].

1 Die Ablehnung gilt nur für Schadenfälle aus dem Sachbeförderungs-, Reise- u. PAnwVerk; a. M., indessen ohne Rücksicht auf d. rechtsgeschichtl. Sachverhalt, LGer III Bln 1. 5. 1924,

28 O 2323/8 (JW 1924 S. 1444). Wegen Nichthaftung bei unrichtiger Auskunft s. § 65 PO, desgl. bei unrichtiger Anschriftenprüfung S. 339, bei unrichtiger Hauslistenverteilung S. 342.

2 Vorg.: §§ 3 und 5 ALR I, 6.

3 D. i. Sach-, nicht Interessenschade (vgl. § 6 Anm. 1, Leitsatz II).

4 PG lehnt hier keine bürgerliche Vertragshaftung ab, daher kein Eintritt einer BGB-Deliktshaftung (§§ 823 ff.).

§ 13.

Der Anspruch auf Schadloshaltung gegen die Postverwaltung muß in allen Fällen gegen die Ober-Postdirektion[1] — beziehungsweise gegen die mit deren Funktionen beauftragte Postbehörde[2] — gerichtet werden, in deren Bezirk der Ort der Einlieferung der Sendung oder der Ort der Einschreibung des Reisenden liegt.

1 ZuständigkeitsO 13. 3. 1928, § 3 Anm. 2 (S. 94). Wegen Parteieigenschaft s. § 14 Anm. 3.

2 Zwischensatz „bzw. bis PBehörde": Vorg. § 13 NorddPG 1867, da Sachsen, Mecklenburg, Oldenburg u. Braunschweig erst zum 1. 1. 1868 OPD nach preuß. Muster erhielten; s. KabO 19. 9. 1849 (GS. 1850 S. 299) u. Allerh. PräsErl 18. 12. 1867 (BGBl. S. 328). Das PG 1871 behielt mit Rücksicht auf BW den Zwischensatz bei. Nachdem auch in BW OPD errichtet sind (1. 4. 1920, s. RVerf Art. 170), ist der Zwischensatz veraltet.

§ 14.

Der Anspruch auf Entschädigung an die Postverwaltung erlischt mit Ablauf von sechs Monaten[1], vom Tage der Einlieferung der Sendung[2] oder vom Tage der Beschädigung des Reisenden an gerechnet. Diese Verjährung wird nicht allein durch Klage[3], sondern auch durch Anbringung der Reklamation[4] bei der kompetenten Postbehörde (§ 13) unterbrochen. Ergeht hierauf eine abschlägige Bescheidung, so beginnt vom Empfange derselben eine neue Verjährung, welche durch eine Reklamation[5] gegen jenen Bescheid nicht unterbrochen wird.

1 Gleiche Frist im PGeldVerk (§§ 20, 21, 23 PO) und im StückgüterVerk (§ 11 Anm. 1). Anders im PScheckVerk (PScheckG § 9; Zahlkarten: wie PAnw, § 22 PO) und beim PProtest (§ 20 PO).

2 Auch: Einzahlung der PAnw (§ 6 Abs. 4).

3 Text geändert durch § 13 EG/ZPO 1877 (RGBl. S. 244); vgl. § 209 BGB. In der Vorschrift liegt die Zulassung des Rechtswegs im Haftungsstreit, auch im Bereich der PO; Vorg.: §§ 157, 185 ALR II 15 und § 1734 ebd. II 8. Prozeßparteien: Abs. usw. (s. § 6 Anm. 2) und OPD (§ 13 Anm. 1).

4 D. i. VerwRechtspflege; nicht: Vorausbeschwerde i. S. des admin. Prozesses nach AGO 1793 (vgl. StPO § 447). Im Reiseverk (§ 11) ist gegen die Thuringia-Erfurt Klage erst binnen 6 Monaten nach Abweisung des Beschwerdeanspruchs geboten. Der Reiseunfall „ist unverzüglich bei der DRP zur Sprache zu bringen". Beschwerdeform: keine Vorschrift.

5 Nicht notwendig Beschwerde bei der höheren Stelle (vgl. dagegen § 42).

§ 15.

In Fällen des Krieges und gemeiner Gefahr ist die Postverwaltung befugt[1], durch öffentliche Bekanntmachung jede Vertretung abzulehnen[2] und Briefe sowie andere Sachen nur auf Gefahr des Absenders zur Beförderung zu übernehmen. In solchem Falle steht jedoch dem Absender frei, sich ohne Rücksicht auf die Bestimmungen des § 1 jeder anderen Beförderungsgelegenheit zu bedienen.

1 Vorg.: §§ 10 und 19 prPG 1852; Suspensivvorschrift für Abschn. I, II, IV und V PG 1871; vgl. auch RohrPO § 1 Anm. 4 (S. 302).

2 Bisher bekannte Anwendungsfälle: Bek 3. 8. 1923 (PABl. S. 294) und 15. 9. 1923 (ebd. S. 392), betr. Pakete mit verbot-

widrigem Inhalt nach dem besetzten Rheinland; keine Rechtsverwirkung, s. § 6 Anm. 1 Leitsatz VI.

Abschnitt III.

Besondere Vorrechte[1] der Posten.

1 Keine privilegia fisci, auch keine bürgerl. Vorrechte eines Privatrechtsträgers, sondern öffentlich-rechtliche Durchbrechungen der bürgerlichen RechtsO; Vorg.: §§ 76 ff. ALR II 14 u. früher. Im PG 1852 deklariert als: a) Grundlage neu aufgenommener Straf- oder Entschädigungsnormen; b) Einführung von Vorrechten Privater (der Posthalter) gemäß § 3 ALR II 14; c) Überleitung von älterem VO-Gut, das weder von ALR II 15 noch von VO 12. 6. 1804 berücksichtigt war, in die Verfassungsform des Ges. Für den außerpreuß. Geltungsbereich der PG 1867 und 1871 hatten bzw. haben die Vorschriften des Abschn. III uneingeschränkt konstitutive Wirkung.

Kein Beitrag von PGut zur großen Haverei (§ 835 HGB; vgl. OLG Hmb 6. 12. 1912 in Seuff. Arch. 69, 162) oder zu den Kosten der Beseitigung eines Schiffahrtshindernisses aus Strandung (§ 25 Abs. 3 StrandungsO, S. 404); Erleichterungen für Postschiffe (§ 37 SeemannsO, S. 404).

Strafrechtlicher Schutz des PVerk: Diebstahl auf PGrundstücken § 243 Ziff. 4 StGB; Urkundenfälschung, betr. Postfreimarken und Freistempelabdrucke, §§ 275 f., 360 (Ziff. 4 und 5), 364 StGB, Art. 3 Ges 23. 11. 1921 (RGBl. S. 1375) S. 409; Gefährdung des PVerk § 90 Ziff. 2, §§ 317, 318, 318a, 367 Ziff. 5a StGB (S. 408); PGeheimnisverletzung durch Beamte § 354 StGB (vgl. RVerf Art. 117). Eine Anzahl „strafbarer Handlungen im PBetrieb", d. h. posttechnischer Anwendungsfälle gemeiner Straftaten, zählt (nicht limitativ) eine Vf des RInnenMin 26. 2. 1924 auf (MinBl. S. 823).

Auslieferung begründen: Diebstahl usw. und Urkundenfälschung usw. (w. vor) laut Verträgen mit: Belgien 24. 12. 1874 (RGBl. 1875 S. 73), Bulgarien 29. 9. 1911 (RGBl. 1913 S. 468), Griechenland 12. 3. 1907 (RGBl. S. 545), Großbritannien 14. 5. 1872 (RGBl. S. 229), Italien 31. 10. 1871 (RGBl. S. 446),

Luxemburg 9. 3. 1876 (RGBl. S. 223), Niederlande 31. 12. 1896 (RGBl. 1897 S. 731), Norwegen 19. 1. 1878 (RGBl. S. 110), Paraguay 26. 11. 1909 (RGBl. 1915 S. 571), Schweden 19. 1. 1878 (RGBl. S. 110), Schweiz 24. 1. 1874 (RGBl. S. 113), Spanien 2. 5. 1878 (RGBl. S. 213), Uruguay 12. 2. 1880 (RGBl. 1883 S. 287). Die Verträge mit Belgien, Griechenland, Großbritannien und Italien sind nach dem Kriege gemäß Art. 289 VerſFr wieder in Kraft gesetzt. Gegenüber Bulgarien und Paraguay gilt auch Gefährdung des PVerk (s. o.) als auslieferungsbegründend. Gegenüber Österreich, Tschechoslowakei und Ungarn gilt der Beschluß der D. Bundesversammlung 26. 1. 1854 (GS. S. 359) bzw. Art. 13 des Prager Friedens 1866 (s. Preuß. JustMinBl. 1889 S. 23).

§ 16[1].

Die ordentlichen Posten[2] nebst deren Beiwagen, ...[3], die von Postbeförderungen ledig zurückkommenden Postfuhrwerke und Postpferde, die Briefträger und die Postboten sind von Entrichtung der Chausseegelder und anderen[4] Kommunikations-Abgaben befreit[5]. Dasselbe gilt von Personenfuhrwerken, welche durch Privatunternehmer eingerichtet und als Ersatz für ordentliche Posten ausschließlich zur Beförderung von Reisenden und deren Effekten und von Postsendungen benutzt werden.

Diese Befreiung findet auch, jedoch unbeschadet wohlerworbener Rechte, gegen die zur Erhebung solcher Abgaben berechtigten Korporationen, Gemeinden oder Privatpersonen statt.

1 Vorg.: betr. Wegebenutzung durch die P (§§ 16—23): §§ 221 bis 226 ALR II 15, §§ 20—28 prPG 1852, §§ 16—23 NordbPG 1867.

2 § 52 I PO; die Vorrechte aus §§ 16—23 PG gelten auch für PKraftfahrzeuge: § 42 VO 16. 3. 1928 (RGBl. I S. 91) S 468.

3 Veralteter Text.

4 Ausführlicher: § 20 prPG 1852 und § 16 NorddPG 1867.
5 Änderungen durch die neuere SteuerGgebung s. § 2 RP-FinanzG.

§ 17.

In besonderen Fällen, in denen die gewöhnlichen Postwege gar nicht oder schwer zu passieren sind, können die ordentlichen Posten[1], die Extraposten[2], ...[3] sich der Neben- und Feldwege sowie der ungehegten Wiesen und Äcker bedienen[4], unbeschadet jedoch des Rechtes der Eigentümer auf Schadenersatz[5].

1 S. § 16 Anm. 1.
2 § 52 III PO.
3 Veralteter Text.
4 Vorg.: §§ 221—223 ALR II 15; s. auch § 16 Anm. 2.
5 Kein Rechtsweg.

§ 18.

Gegen die ordentlichen Posten[1], Extraposten[2], ...[3] ist keine Pfändung[4] erlaubt[5]; auch darf dieselbe gegen einen Postillion nicht geübt werden, welcher mit dem ledigen Gespann zurückkehrt. Bei Zuwiderhandlungen ist eine Geldstrafe von zehn Silbergroschen bis zu zwanzig Talern verwirkt[6].

1 S. § 16 Anm. 1
2 § 52 III PO.
3 Veralteter Text.
4 Vorg.: § 418 ALR I 14, § 225 ebd. II 15.
5 Entsprechend: BGB § 229.
6 VO 6. 2. 1924 (RGBl. I S. 44).

§ 19.

Jedes Fuhrwerk muß den ordentlichen Posten[1] sowie den Extraposten[2], ...[3] auf das übliche Signal[4] ausweichen[5]. Bei Zuwiderhandlungen ist eine Geldstrafe von zehn Silbergroschen bis zu zehn Talern verwirkt[6].

1 S. § 16 Anm. 1.

2 § 52 III PO.

3 Veralteter Text.

4 Wegen der Kraftfahrzeuge s. § 16 Anm. 2.

5 Vorg.: §§ 26 und 226 ALR II 15.

6 S. § 19 Anm. 6.

§ 20.

Das Inventarium der Posthaltereien[1] darf im Wege des Arrestes oder der Exekution nicht mit Beschlag belegt werden[2].

1 PHalter sind private PFuhrunternehmer kraft BGB-Werkvertrags mit der PTV.

2 Vorg.: § 227 ALR II 15 (nach e. Patent vom 4. 8. 1714); s. § 13 EG/ZPO. Nicht im Konkurs geltend, s. § 1 Abs. 2 KonkursO.

§ 21.

[1]Wenn den ordentlichen Posten[2], Extraposten[3], ...[4] unterwegs ein Unfall begegnet, so sind die Anwohner der Straße verbunden, denselben die zu ihrem Weiterkommen erforderliche Hilfe gegen vollständige Entschädigung[5] schleunigst zu gewähren.

1 Vorg.: Abschn. XVII § 5 PO 26. 11. 1782 (NCC, Bd. VII, 1786, S. 1725).

2 § 52 I PO.

3 § 52 III PO.

4 Veralteter Text.

5 Kein Rechtsweg.

§ 22.

Die vorschriftsmäßig zu haltenden[1] Postpferde und Postillione dürfen zu den behufs der Staats- und Kommunalbedürfnisse zu leistenden Spanndiensten nicht herangezogen werden[2].

1 PHalter s. § 20 Anm. 1.

2 Vorg.: Abschn. XV § 6 PO 1782.

§ 23[1].

Die . . . .[2], Brücken- und Barrierebeamten sind verbunden, die . . . .[2] Schlagbäume schleunigst zu öffnen, sobald der Postillion das übliche Signal gibt. Ebenso müssen auf dasselbe die Fährleute[3] die Überfahrt unverzüglich bewirken. Bei Zuwiderhandlungen ist eine Geldstrafe von zehn Silbergroschen bis zu zehn Talern verwirkt[4].

1 Vorg.: Abschn. IX § 13 PO 1782 (nach e. Patent 19. 7. 1713).

2 Veralteter Text.

3 Vorg.: § 23 prPG 1852.

4 S. § 18 Anm. 6.

§ 24.

Auf Requisition der Postbehörden haben die Polizei- . . . .[1] beamten und deren Organe zur Verhütung und Entdeckung von Postübertretungen[2] mitzuwirken[3].

1 Veralteter Text.

2 S. §§ 27 und 29 PG.

3 Vorg.: Abschn. V § 10 und XVI § 8 PO 1782.

§ 25.

[1]Die Postanstalten sind berechtigt, unbezahlt gebliebene Beträge an Personengeld[2], ...[3] und Gebühren nach den für die Beitreibung öffentlicher Abgaben bestehenden Vorschriften[4] exekutivisch einziehen zu lassen[5].

Die mit Beitreibung exekutionsreifer Forderungen im allgemeinen betrauten Organe sind verpflichtet, die von den Postanstalten angemeldeten rückständigen Beträge an Personengeld, ...[6] und Gebühren im Wege der Hilfsvollstreckung einzuheben.

[7]Dem Exequierten steht jedoch die Betretung des Rechtswegs[8] offen.

1 Vorg.: Abschn. XV § 4 PO 1782; vgl. auch § 46.

2 § 55 PO; Vorg.: § 97 Portotaxregulativ 18. 12. 1824 (GS. S. 225).

3 Veralteter Text.

4 Landesrecht; in Preußen VO 15. 11. 1899 (GS. S. 545) und 31. 10. 1925 (GS. S. 153). Nicht: §§ 298 ff. RAbgabenO 13. 12. 1919 (RGBl. S. 1993). Wegen der Verjährung s. § 51 V PO.

5 Selbsteinziehung wahlweise; die Tätigkeit des PVollzBeamten erfüllt die Voraussetzungen des § 839 BGB.

6 Veralteter Text.

7 Vorg.: § 25 NorddPG 1867.

8 Nur im Vollstreckungsprozeß. Wegen des Leistungsprozesses s. § 1734 ALR II 8.

§ 26.

[1]Die Beträge, welche in einer Sendung enthalten sind, die weder an den Adressaten bestellt[2] noch an den Absender zurückgegeben[3] werden kann, oder welche aus dem Verkaufe der vorgefundenen Gegenstände gelöst werden, fließen nach Abzug des Portos[4] und der sonstigen Kosten zur Post- . . . .[5] Unterstützungskasse. Meldet sich der Absender oder der Adressat später, so zahlt ihm die Post- . . . .[5] Unterstützungskasse die ihr zugeflossenen Summen, jedoch ohne Zinsen, zurück.

[6]Nach gleichen Grundsätzen ist mit Beträgen, welche auf Postsendungen eingezahlt[7] sind, und mit zurückgelassenen Passagier-Effekten[8] zu verfahren.

1 Vorg.: § 31 prPG 1852; wegen der Fundgegenstände, die außerhalb der PVersendung aufkommen s. § 979 BGB; wegen PSendungen als Fundsachen s. § 48 PO.

2 § 47 PO.

3 § 48 PO.

4 D. i. Beförderungsgebühr.

5 Veralteter Text.

6 Vorg.: § 26 NorddPG 1867.

7 §§ 20—23 PO.

8 Reisegepäck: § 59 PO.

Abschnitt IV.

Strafbestimmungen[1] bei Post- und Porto[2]-Defraudationen.

1 EG/StGB § 2; Vorg.: ZollstrafG 23. 1. 1838 (GS. S. 78), §§ 32 ff. prPG 1852, §§ 27 ff. NorddPG 1867.

2 Jetzt: „Beförderungsgebühr."

§ 27.

Mit dem vierfachen[1] Betrage des defraudierten Portos, jedoch niemals unter[2] einer Geldstrafe von drei Reichsmark[3], wird bestraft:

1. wer Briefe oder politische Zeitungen, den Bestimmungen der §§ 1 und 2 zuwider[4], auf andere Weise, als durch die Post, gegen Bezahlung befördert oder verschickt[5]; erfolgt die Beförderung in versiegelten, zugenähten oder sonst verschlossenen Paketen, so trifft die Strafe den Beförderer nur dann, wenn er den verbotwidrigen Inhalt des Pakets zu erkennen vermochte;
2. wer sich zu einer portopflichtigen Sendung einer von der Entrichtung des Portos befreienden[6] Bezeichnung bedient oder eine solche Sendung in eine andere verpackt, welche bei Anwendung einer vorgeschriebenen Bezeichnung portofrei befördert wird;
3. wer Postwertzeichen nach ihrer Entwertung zur Frankierung[7] einer Sendung benutzt; inwiefern in diesem Falle wegen hinzugetretener Vertilgung des Entwertungszeichens eine härtere Strafe verwirkt ist, wird nach den allgemeinen Strafgesetzen[8] beurteilt;
4. wer Briefe oder andere Sachen zur Umgehung der Portogefälle einem Postbeamten oder Postillion zur Mitnahme übergibt.

In den unter Nr. 2 und 3 bestimmten Fällen ist die Strafe mit der Einlieferung der Sendung zur Post verwirkt.

1 Vorgang: quadrupli actio der Pandekten (Gai. 3, 189).

2 Keine Höchstgrenze, daher keine Anwendung des Ges 21. 12. 1921 (RGBl. S. 1604).

3 Text geändert durch § 4 Ges 13. 12. 1922 (RGBl. I S. 913) — 500 ℳ — und Art. I Ges 5. 2. 1925, s. S. 177.

4 Auch: §§ 1a und 2a, s. Art. 2 Ges 20. 12. 1899 (RGBl. S. 715), S. 175.

5 S. § 1 Anm. 5.

6 S. Ges 29. 4. 1920 (RGBl. S. 678), S. 396.

7 §§ 2 III, 50 V, 51 I PO.

8 §§ 275, 276 (Abs. 2), 360 Nr. 4 und 5 StGB; Art. 3 Ges 23. 11. 1921 (RGBl. S. 1375), S. 409.

§ 28.

Im ersten Rückfalle wird die Strafe (§ 27) verdoppelt und bei ferneren Rückfällen auf das Vierfache erhöht.

Im Rückfalle befindet sich derjenige, welcher, nachdem er wegen einer der im § 27 bezeichneten Defraudationen vom Gericht oder im Verwaltungswege (§§ 34, 35) bestraft worden, abermals eine dieser Defraudationen begeht.

Die Straferhöhung wegen Rückfalls tritt auch ein, wenn die frühere Strafe nur teilweise verbüßt oder ganz oder teilweise erlassen ist, bleibt jedoch ausgeschlossen, wenn seit der Verbüßung oder dem Erlasse der letzten Strafe bis zur Begehung der neuen Defraudation drei Jahre[1] verflossen sind.

1 § 7 EG/StGB; Ausnahmen von § 67 Abs. 3 StGB.

§ 29.

Wer wissentlich, um der Postkasse das Personengeld[1] zu entziehen, uneingeschrieben mit der Post reist, wird mit dem vierfachen Betrage[2] des defraudierten Personengeldes, jedoch niemals unter[3] einer Geldstrafe von drei Reichsmark[4], bestraft.

1 § 55 PO.
2 § 27 Anm. 1.
3 Ebd. Anm. 2.
4 Ebd. Anm. 3.

§ 30.

Außer der Strafe muß in den Fällen des § 27 das Porto[1], welches für die Beförderung der Gegenstände der Post zu entrichten gewesen wäre, und in dem Falle des § 29 das defraudierte Personengeld[2] gezahlt werden. In dem Falle des § 27 unter Nr. 1 haften[3] der Absender und der Beförderer für das Porto solidarisch.

1 Jetzt: Beförderungsgebühr.
2 § 55 PO.
3 Zwangsverfahren s. § 25.

§ 31.

Die Dauer der Haft[1], welche an die Stelle einer nicht beizutreibenden[2] Geldstrafe tritt, ist vom Richter[3] festzusetzen und darf sechs Wochen nicht übersteigen.

1 § 40 prPG 1852: „verhältnismäßige Gefängnisstrafe"; § 35 NorddPG 1867: „Freiheitsstrafe", mit Umrechnungsvorschrift und Höchstdauer (6 W.); „Haft" seit PG 1871. Wegen § 35 NorddPG 1867 als ReichsGes Ziff. II 4 des Art. 80 Bundesverfassung 15. 11. 1870 (BGBl. S. 627) bzw. § 2 Abs. 2 und § 29 StGB.
2 S. § 46.
3 S. §§ 463, 491 StPO 1877 (§§ 423, 459 StPO 1924).

§ 32.

Die Postbehörden und Postbeamten, welche eine Defraudation entdecken, sind befugt, die dabei vorgefundenen Briefe oder anderen Sachen, welche Gegenstand der Übertretung sind, in Beschlag zu nehmen und so lange ganz oder teilweise zurückzuhalten, bis[1] entweder die defraudierten Postgefälle, die Geldstrafe und die Kosten gezahlt oder durch Kaution sichergestellt sind.

1 Keine Einziehung als Strafmittel, da vom PRecht schon frühzeitig abgelehnt, entgegen ZollstrafG 1838 (Abschn. IV pr., Anm. 1). Vorg.: § 156 ALR II 15 und VO 12. 6. 1804.

§ 33.

Die in den §§ 27 bis 29 bestimmten Geldstrafen fließen zur Post- . . . .[1] Unterstützungskasse.

1 Veralteter Text.

Abschnitt V.

Strafverfahren[1] bei Post- und Porto[2]-Defraudationen.

1 § 5 EG/StPO; Rest einer ausgedehnten PAttributivjustiz in Zivil-, Straf- und Dienststrafsachen, s. Abschn. III § 4 PO 10. 8. 1712 (CCM, Teil IV, o. J., Abt. I, S. 963), Abschn. XV § 62 PO 1782, Tit. 35 II AGO 1793, §§ 34—48 VO 26. 12. 1808 (GS. S. 679; Beilage zur Instruktion 23. 10. 1817, GS. S. 248).
2 Jetzt: Beförderungsgebühr.

§ 34.

Wenn eine Post- oder Porto-Defraudation entdeckt wird, so eröffnet die Ober-Postdirektion oder die mit den Funktionen der Ober-Postdirektion beauftragte Postbehörde mittels besonderer Verfügung vor Einleitung eines förmlichen Verfahrens dem Angeschuldigten, welche Geldstrafe[1] für von ihm verwirkt zu erachten sei, und stellt ihm hierbei frei[2], das fernere Verfahren und die Erteilung eines Strafbescheids[3] durch Bezahlung der Strafe und Kosten innerhalb einer präklusivischen Frist von zehn Tagen zu vermeiden. Leistet der Angeschuldigte hierauf die Zahlung ohne Einrede, so gilt die Verfügung als rechtskräftiger Strafbescheid; entgegengesetztenfalls erfolgt die Untersuchung und Entscheidung nach Maßgabe der §§ 35 bis 46.

1 Nicht auch die stellvertretende Freiheitsstrafe, § 459 StPO 1877 (§ 419 StPO 1924).

2 Vorg.: § 56 sächsPG 7. 6. 1859.

3 StPO wie Anm. 1.

§ 35.

Die Untersuchung wird summarisch[1] von den Postanstalten oder von den Bezirks-Aufsichtsbeamten geführt und darauf im Verwaltungswege von den Ober-Postdirektionen[2] usw.[3] entschieden. Diese können jedoch, so lange noch kein Strafbescheid erlassen worden ist, die Verweisung der Sache zum gerichtlichen Verfahren verfügen[4], und ebenso kann der Angeschuldigte während der Untersuchung bei der Postbehörde und binnen zehn[5] Tagen präklusivischer Frist nach Eröffnung des von letzterer abgefaßten Strafbescheids, auf rechtliches Gehör[6] antragen. Dieser Antrag ist an die Postbehörde zu richten. Der Strafbescheid wird alsdann als nicht ergangen angesehen.

Einer ausdrücklichen Anmeldung der Berufung auf rechtliches Gehör wird es gleich geachtet, wenn der Angeschuldigte auf die Vorladung der Postbehörde nicht erscheint oder die Auslassung vor derselben verweigert[7].

1 Vorg.: Tit. 28 AGO 1793 und § 243 des Anhangs 4. 2. 1815 (GS. S. 29).

2 § 3 ZuständigkeitsO 1928 (S. 94).

3 S. § 13 Anm. 2.

4 Anders § 464 StPO 1877 (§ 424 StPO 1924); ein öffentliches Interesse an der Herbeiführung einer gerichtlichen Entscheidung (§ 153 Abs. 1 StPO 1924) wird grundsätzlich angenommen (Vf des RPMin 24. 4. 1924, I/VIa A 822).

5 Anders § 459 StPO 1877 (§ 419 StPO 1924).

6 Rechtsbeschwerde s. § 42.

§ 36.

Bei den Untersuchungen im Verwaltungswege werden die Beteiligten mündlich verhört und ihre Aussagen zu Protokoll genommen.

§ 37.

Die Zustellungen und die Vorladungen geschehen durch die Beamten oder Unterbeamten der Postanstalten oder auf deren Requisition nach den für gerichtliche Insinuationen bestehenden Vorschriften.

§ 38.

Die Zeugen sind verbunden, den an sie von den Postbehörden ergehenden Vorladungen Folge zu leisten. Wer sich dessen weigert, wird dazu auf Requisition der Postbehörden durch das Gericht in gleicher Art wie bei gerichtlichen Vorladungen angehalten.

§ 39.

In Sachen, wo die zu verhängende Geldstrafe den Betrag von fünfzig Talern übersteigt, muß dem Angeschuldigten auf Verlangen eine Frist von acht Tagen bis vier Wochen zur Einreichung einer schriftlichen Verteidigung gestattet werden.

§ 40.

Findet die Ober-Postdirektion usw.[1] die Anwendung einer Strafe nicht begründet, so verfügt sie die Zurücklegung der Akten und benachrichtigt hiervon den Angeschuldigten.

1 S. § 13 Anm. 2.

§ 41.

Dem Strafbescheide müssen die Entscheidungsgründe beigefügt sein. Auch ist darin der Angeschuldigte sowohl mit den ihm dagegen zustehenden Rechtsmitteln (§ 42) als auch mit der Straferhöhung, welche er beim Rückfalle (§ 28) zu erwarten hat, bekannt zu machen[1].

Der Strafbescheid ist durch die Postanstalt dem Angeschuldigten entweder zu Protokoll zu publizieren oder in der für die Vorladung vorgeschriebenen Form zu insinuieren.

1 Anders § 459 StPO 1877 (§ 419 StPO 1924).

§ 42.

Der Angeschuldigte kann, wenn er von der Befugnis zur Berufung auf richterliche Entscheidung keinen Gebrauch machen will, gegen den Strafbescheid den Rekurs an die der Ober-Postdirektion usw.[1] vorgesetzte Behörde ergreifen. Dies muß jedoch binnen zehn Tagen präklusivischer Frist nach der Eröffnung des Strafbescheids geschehen und schließt fernerhin jedes gerichtliche Verfahren aus. Der Rekurs ist durch Anmeldung bei einer Postbehörde gewahrt.

Wenn mit der Anmeldung des Rekurses nicht zugleich dessen Rechtfertigung verbunden ist, so wird der Angeschuldigte durch die Postanstalt aufgefordert, die Ausführung seiner weiteren Verteidigung in einem nicht über vier Wochen hinaus anzusetzenden Termine zu Protokoll zu geben oder bis dahin schriftlich einzureichen.

1 S. § 13 Anm. 2.

§ 43.

Die Verhandlungen werden hiernächst zur Abfassung des Rekursresoluts an die kompetente Behörde[1] eingesandt. Hat jedoch der Angeschuldigte zur Rechtfertigung des Rekurses neue Tatsachen oder Beweismittel, deren Aufnahme erheblich befunden wird, angeführt, so wird mit der Instruktion nach den für die erste Instanz gegebenen Bestimmungen verfahren.

1 RPM; s. § 1 Ziff. 4 ZuständigkeitsO 1928 (S. 94).

§ 44.

Das Rekursresolut, welchem die Entscheidungsgründe beizufügen sind, wird an die betreffende Postbehörde befördert und nach erfolgter Publikation oder Insinuation vollstreckt.

§ 45.

Mit der Verurteilung des Angeschuldigten zu einer Strafe durch Strafbescheid oder Rekursresolut ist zugleich die Verurteilung desselben in die baren Auslagen des Verfahrens auszusprechen.

Bei der Untersuchung im Verwaltungswege kommen außer den baren Auslagen an Porto[1], Stempel, Zeugengebühren usw., keine Kosten zum Ansatz.

Der Angeschuldigte, welcher wegen Post- oder Porto-Defraudation zu einer Strafe gerichtlich verurteilt wird, hat auch die durch das Verfahren im Verwaltungswege entstandenen Kosten zu tragen.

1 Jetzt: Beförderungsgebühr.

§ 46.

Die Vollstreckung der rechtskräftigen Erkenntnisse geschieht nach den für die Vollstreckung strafgerichtlicher Erkenntnisse im allgemeinen bestehenden Vorschriften, die Vollstreckung der Strafbescheide oder der Resolute aber von der Postbehörde; letztere hat dabei nach denjenigen Vorschriften[1] zu verfahren, welche für die Exekution der im Verwaltungswege festgesetzten Geldstrafen erteilt sind[2].

1 Wie zu § 25.

2 Aufgehoben sind die anschließenden §§ 51 (Abs. 2) bis 53 NorddPG 1867.

Abschnitt VI.
Allgemeine Bestimmungen.
§ 47.

[1]Was ein Briefträger[2] oder Postbote[2] über die von ihm geschehene Bestellung[3] auf seinen Diensteid anzeigt, ist so lange für wahr und richtig anzunehmen, bis das Gegenteil überzeugend nachgewiesen wird.

1 Vorg.: Abschn. VIII § 4 PO 1712, s. Zt. auch für den Ausgabebeamten geltend (s. §§ 48, 49 PG), eingeschränkt zufolge VII § 40 AGO 1793; im Rechtssinne aufrechterhalten durch § 13 EG/ZPO und § 5 EG/StPO; tatsächlich anwendbar im Verw-Verfahren nach § 14 PG.

2 Jetzt „Zusteller", s. § 40 VI PO.

3 S. § 48 PO.

§ 48.

[1]Die Postverwaltung ist für die richtige Bestellung[2] nicht verantwortlich, wenn der Adressat erklärt[3] hat, die an ihn eingehenden Postsendungen selbst abzuholen oder abholen zu lassen. Auch liegt in diesem Falle der Postanstalt eine Prüfung der Legitimation desjenigen, welcher sich zur Abholung meldet, nicht ob[4], sofern nicht auf den Antrag des Adressaten zwischen diesem und der Postanstalt ein desfallsiges besonderes Abkommen getroffen worden ist.

1 Vorg.: § 55 Portotaxregulativ 18. 12. 1824 (GS. S. 225).

2 § 40 PO.

3 § 44 I PO.

4 S. jedoch § 23 III PO.

§ 49.

[1]Die Postverwaltung ist, nachdem sie das Formular zum Ablieferungsscheine dem Adressaten reglementsmäßig hat ausliefern lassen[2], nicht verpflichtet, die Echtheit der

Unterschrift und des etwa hinzugefügten Siegels unter dem mit dem Namen des Empfangsberechtigten unterschriebenen und beziehungsweise untersiegelten Ablieferungsscheine zu untersuchen. Ebensowenig braucht sie die Legitimation desjenigen zu prüfen, welcher unter Vorlegung des vollzogenen Ablieferungsscheins oder bei Paketen ohne Wertangabe unter Vorlegung des reglementsmäßig ausgelieferten Begleitbriefs[3] die Aushändigung der Sendung verlangt.

1 Vorg.: § 58 Abs. 3 usw. wie Anm. 1 zu § 48.
2 §§ 40, 45 PO.
3 Jetzt: Paketkarte, § 14 PO.

§ 50.

[1]Durch ein von dem Reichskanzler[2] zu erlassendes Reglement[3], welches mittels der für die Publikation amtlicher Bekanntmachungen bestimmten Blätter[4] zu veröffentlichen[5] ist, werden die weiteren bei Benutzung der Postanstalt zu beobachtenden Vorschriften getroffen.

Diese Vorschriften gelten als Bestandteile des[6] Vertrags[7] zwischen der Postanstalt und dem Absender[8] beziehungsweise Reisenden.

Das Reglement hat zu enthalten[9]:

1. die Bedingungen für die Annahme aller behufs der Beförderung durch die Post eingelieferten Gegenstände[10];
2. das Maximalgewicht der Briefe und Pakete[11];
3. die Bedingungen der Rückforderung von seiten des Absenders und die Vorschriften über die Behandlung unbestellbarer Sendungen[12];
4. die Bestimmungen wegen schließlicher Verfügung über die unanbringlichen Sendungen[13];

5. die Bezeichnung der für Beförderung durch die Post unzulässigen Gegenstände[14];

[15]6. die Gebühren für Postanweisungen, Vorschußsendungen[16] und sonstige Geldübermittlungen[17] durch die Post, für Sendungen von Drucksachen, Warenproben und Mustern, Korrespondenzkarten[18], rekommandierte Sendungen[19], für Zustellung von Sendungen mit Behändigungsscheinen[20], für Laufschreiben wegen Postsendungen und Überweisung der Zeitungen;

[15]7. Anordnungen über die Art der Bestellung[21] der durch die Post beförderten Gegenstände und die hierfür zu erhebenden Gebühren, insbesondere die Gebühren für Bestellung der Expreßsendungen[22], der Stadtbriefe[23] und Pakete, der Wertsendungen . . .[24];

8. die Bedingungen für die Beförderung der Reisenden mit den ordentlichen Posten oder mit Extrapost, die Bestimmung des Personengeldes und der Gebühr für Beförderung von Passagiergut[25];

9. die näheren Anordnungen über Kontierung und Kreditierung von Porto, sowie die dafür zu entrichtenden Gebühren[26];

10. Anordnungen zur Aufrechterhaltung der Ordnung, der Sicherheit und des Anstandes auf den Posten, in den Postlokalen und Passagierstuben[27].

Die unter Ziffer 2, 4 und 6 bezeichneten Anordnungen unterliegen der Beschlußfassung des Bundesrats[28].

Für den inneren Postverkehr der Königreiche Bayern und Württemberg werden die reglementären Anordnungen von den zuständigen Behörden dieser Staaten erlassen[29].

1 Vorg.: § 50 prPG 1852, § 57 NorddPG. 1867.

2 PG 1852: PVerw; Art. 50 BVerf 1867 und NorddPG: Bundespräsident; PräsErl 18. 12. 1867 (BGBl. S. 328): Bundes-

kanzler; Art. 50 RVerf 1871: Kaiser. — RKzl vertreten durch GeneralPMeister (Ges 17. 3. 1878, RGBl. S. 7), seit 1880: Staatssekretär des RPA (Erl 23. 2. 1880, RGBl. S. 25). Neues Recht: § 5 RGewaltG 10. 2. 1919 (RGBl. S. 169): RMinisterium bzw. RPMin; ebenso Art. 88 RVerf 1919; RPFinanzG 18. 3. 1924 (RGBl. I S. 287): RPMin u. PVerwRat.

3 Seit 1874: PO (Zentralbl. 1875 S. 6).

4 PG 1852: Regierungsamtsblätter; seit 1874: Zentralbl. (s. Bundesratsbeschluß 21. 12. 1872, RAnz. Nr. 303 und Bek des RKzlA 22. 12. 1872, RAnz. Nr. 304); seit 1917 RGBl. (Praxis), seit 1923 PABl. (Ges 13. 10. 1923, RGBl. I S. 959 und Mitteilg. 1. 12. 1923, RGBl. I S. 1236).

5 Verkündungserfordernis verneint: RGZ 40, 68 (26. 6. 1901), indes mit irriger Begründung. Ob die PO „Rechts"-VO sei, ist für den öffentlich-rechtlichen Sachverhalt unerheblich.

6 Keine lex constitutiva; Fassung vielmehr zu erklären aus dem Stande der pandektistischen Theorie von 1818—1852.

7 Vorg.: § 50 PG 1852; die Aufnahme des zivilrechtlichen Vertragstheorems in das PG 1852 war ein — im Anfange der verfassungsmäßigen Ggebungstechnik (vgl. Art. 45 PrVerfUrk 1850) unbeholfen ausgefallener und unausgereifter — Versuch, dem PAnstNutzer den Rechtsweg offenzuhalten, soweit das beabsichtigte Reglement Gegenstände an sich zöge, für die, wenn sie dem Ges i. form. S. überlassen blieben, der Rechtsweg kraft Gesetzes bestünde. Aber aus PG 1852 (ebenso 1867 und 1871) besteht der Rechtsweg ohnehin nur im Haftungs- und im Gebührenstreit (§ 14 PG), wie ebenso auch aus der PO, unabhängig von dem Vertragstheorem.

8 Vorg. für die Ablehnung der Empfängerrechte: Art. 405 Entw. z. ADHGB 1846.

9 Keine Enumeration im Rechtssinne.

10 Schließt die „Bezeichnung der für die Beförd. durch die P zulässigen Gegenstände" in sich; vgl. Ziff. 5.

11 § 1 PO.

12 §§ 35, 47, 48 PO.

13 § 48 V—VII PO.

14 §§ 4 und 5 PO; vgl. Anm. 10.

15 Ziff. 6 und 7, aufgehoben durch Ges 29. 4. 1920 (RGBl. S. 683), sind durch PO-ÄnderungsVO 25. 7. 1927 (PABl. S. 275) wiederhergestellt worden.

16 Seit 1879: Nachnahmesendungen (§ 18 PO 1879, Zentralbl. S. 185; jetzt § 21 PO).

17 Bezog sich auf die PMandate nach VO 22. 9. 1871 (PABl. S. 333); seit 1874: PAufträge (§ 20 PO 1874, Zentralbl. 1875 S. 6; jetzt § 20 PO).

18 Seit 1874: PKarten (§ 13 PO 1874, s. Anm. 17; jetzt § 7 PO).

19 Seit 1874: Einschreibsendungen (§ 16 PO 1874, s. Anm. 17; jetzt § 15 PO).

20 Seit 1892: Briefe mit PZustellungsurkunde (§ 26 PO 1892, Zentralbl. S. 428; jetzt § 27 PO).

21 Seit 1923: Zustellung (früher: „Bestellung", Ausdruckswechsel zufolge Vorl. ZuständigkeitsO 20. 3. 1923 vgl. Seite 94); § 38 PO.

22 Seit 1874: Durch Eilboten zu bestellende Sendungen (§ 21 PO 1874, s. Anm. 17; jetzt § 24 PO).

23 S. § 1a (Art. 2 zu I Ges 20. 12. 1899, Seite 175).

24 Veralteter Text.

25 §§ 53—62 PO.

26 § 51 VI PO.

27 Zuletzt § 62 PO 1900 (Zentralbl. S. 53); seit 1917 fortgefallen (PO 1917, RGBl. S. 763).

28 Ersetzt durch: Staatenausschuß nach § 3 ÜbergangsG 4. 3. 1919 (RGBl. S. 285); Reichsrat — ohne Beschränkung auf Ziff. 2, 4 und 6 — nach Art. 88 Abs. 3 RVerf 1919; RPMin und PVerwRat nach §§ 1 und 6 RPFinanzG 18. 3. 1924 (RGBl. S. 287).

29 Beseitigt durch die PÜbergangsverträge 1920 (S. 15).

§ 51.

Alle bisherigen allgemeinen und besonderen Bestimmungen über Gegenstände, worüber das gegenwärtige Gesetz verfügt, soweit jene Bestimmungen nicht auf den

mit dem Ausland abgeschlossenen Staatsverträgen oder Konventionen beruhen, werden hierdurch aufgehoben.

Das gegenwärtige Gesetz tritt mit dem 1. Januar 1872 in Kraft.

Urkundlich unter Unserer Höchsteigenhändigen Unterschrift und beigedrucktem Kaiserlichen Insiegel.

Gegeben Berlin, den 28. Oktober 1871.

(L. S.) **Wilhelm**

Fürst v. Bismarck

Gesetz, betreffend einige Änderungen von Bestimmungen über das Postwesen.

Vom 20. Dezember 1899 (RGBl. S. 715).

Wir Wilhelm, von Gottes Gnaden Deutscher Kaiser, König von Preußen usw., verordnen im Namen des Reichs, nach erfolgter Zustimmung des Bundesrats und des Reichstags, was folgt:

Art. 1 (veraltet).

Art. 2.

Das Gesetz über das Postwesen des Deutschen Reichs vom 28. Oktober 1871 (RGBl. S. 347) wird dahin geändert:

I. Als § 1a wird folgende Vorschrift eingestellt:

Die §§ 1, 27, 28, 30 bis 33 dieses Gesetzes finden auch Anwendung auf verschlossene und solchen gleichzuachtende Briefe, die innerhalb der Gemeindegrenzen ihres mit einer Postanstalt versehenen Ursprungsorts verbleiben.

II. Als § 2a werden folgende Vorschriften eingestellt:

Die Beförderung von verschlossenen Briefen im Ursprungsorte (§ 1a) gegen Bezahlung durch Boten, welche weder die Einsammlung von Briefen, Karten, Drucksachen, Zeitungen und Zeitschriften oder Warenproben gewerbsmäßig betreiben, noch im Dienste einer Privatbeförderungsanstalt stehen, ist ohne die im § 2 vorgeschriebenen Einschränkungen gestattet.

Privatbeförderungsanstalten dürfen in eigener Angelegenheit verschlossene Briefe auch durch ihre Bediensteten befördern lassen.

Art. 3.

Anstalten zur gewerbsmäßigen Einsammlung, Beförderung oder Verteilung von unverschlossenen Briefen, Karten, Drucksachen und Warenproben, die mit der Aufschrift bestimmter Empfänger versehen sind, dürfen vom 1. April 1900 ab nicht betrieben werden.

Zuwiderhandlungen werden mit Geldstrafe bis zu eintausendfünfhundert Mark oder mit Haft oder mit Gefängnis bis zu sechs Monaten bestraft.

Abgesehen von den bezeichneten Anstalten ist die gewerbsmäßige oder nicht gewerbsmäßige Beförderung von unverschlossenen politischen Zeitungen innerhalb der Gemeindegrenzen eines Ortes, insbesondere auch wenn sie durch die Post oder durch Expreßboten[1] dorthin befördert wurden, jedermann gestattet, auch an Sonn- und Feiertagen während der Stunden, in denen die . . .[2] Post bestellt.

1 § 2 PG 1871, Anm. 1.
2 Veralteter Text.

Art. 4 (veraltet).

Art. 5 (veraltet).

[1]Art. 6.

Die Bestimmungen des Artikel 1, III Abs. 1, 2 und 4 treten am 1. Januar 1901, Abs. 3 am 1. Januar 1900, die übrigen Bestimmungen dieses Gesetzes am 1. April 1900 in Kraft.

(usw.)

Urkundlich unter Unserer Höchsteigenhändigen Unterschrift und beigedrucktem Kaiserlichen Insiegel.

Gegeben Neues Palais, den 20. Dezember 1899.

(L. S.) **Wilhelm**

Fürst zu Hohenlohe

1 Der 2. Abs. ist veraltet.

Gesetz zur Änderung des Postgesetzes.

Vom 5. Februar 1925 (RGBl. I S. 10).

Der Reichstag hat das folgende Gesetz beschlossen, das mit Zustimmung des Reichsrats hiermit verkündet wird:

Art. I.

Das Gesetz über das Postwesen des Deutschen Reichs vom 28. Oktober 1871 (Reichsgesetzbl. S. 347) in der Fassung des Gesetzes vom 13. Dezember 1922[1] (Reichsgesetzbl. I S. 913) wird wie folgt geändert:

1. Es werden ersetzt
   a) im § 9 die Worte „fünfhundert Mark“[2] durch die Worte „drei Reichsmark“,
   b) im § 10 die Worte „zweitausend Mark“ durch die Worte „vierzig Reichsmark“,
   c) in den §§ 27 Abs. 1 und 29 die Worte „fünfhundert Mark“ durch die Worte „drei Reichsmark“.

2. § 5[3] des Gesetzes vom 13. Dezember 1922 wird gestrichen.

1 Vgl. PG 1871 Anm. zur Überschrift, unter „Änderungen".

2 Vorg: 10 M zufolge Ges 6. 5. 1920 (RGBl. S. 893), wie zu Anm. 1.

3 Betraf die Ermächtigung des RPMin zur Änderung der Haftsummen von 500 und 2000 M (§§ 9 und 10 PG) entsprechend dem Steigen der PGebühren für Pakete und Einschreibsendungen; ergangen sind zwei ermächtigte VOn: Bek 10. 1. 1923 (PABl. S. 27) und 5. 2. 1923 (PABl. S. 102).

Art. II.

Dieses Gesetz tritt am 1. Februar 1925 in Kraft.

Ist die Sendung vor dem Inkrafttreten dieses Gesetzes bei der Post eingeliefert oder die Hinterziehung vor diesem Zeitpunkt begangen, so gelten die bisherigen Vorschriften.

Berlin, den 5. Februar 1925.

RPräs: Ebert.
RPMin: Stingl.

[1–5] Postordnung.

Vom 30. Januar 1929 (PABl. S. 49).

1 Vorg: prPReglements 31. 7. 1852, 27. 5. 1856, 21. 12. 1860 (PABl. S. 477, 277, 475), NorddPRegl 11. 12. 1867 (PABl. S. 403), ReichsPRegl 30. 11. 1871 (PABl. S. 557), PO 18. 12. 1874, 8. 3. 1879, 11. 6. 1892, 20. 3. 1900 (Zentralbl. 1875, S. 6 bzw. 185, 428, 53), 28. 7. 1917 (RGBl. S. 763), 22. 12. 1921 (RGBl. S. 1609).

2 Änderungen seit 1922: RGBl. 1922 I S. 284, 491, 728, 756, 836, 885, 899, 921; 1923 I S. 47, 65, 124, 154, 211, 350, 395, 590, 623, 759, 791, 819, 844, 923, 989, 1159, 1194; 1924 PABl. S. 49, 287, 501 (auch RGBl. I S. 680), 581; 1925 PABl. S. 181,

327, 579; PABl. 1926 S. 141, 569; 1927 PABl. S. 165, 275, 453; 1928 PABl. S. 298, 467.

3 Rechtsnatur: Die (früher viel erörterte) Frage, ob die PO RechtsVO sei, ist ohne Belang, da der Rechtsweg ohnehin, wie auch nach PG, nur im Haftungs- und im Gebührenstreit gewährt ist (s. PG §§ 14, 25). Keine AusführungsVO im Sinne des richterlichen Prüfungsrechts, vielmehr schon 1852 aus dem prPG delegiert als gesetzvertretende VO, seit 1867/1871 ohne Delegation von unmittelbarem Rechtsbestand aus Art. 48 Abs. 2 BVerf 1867 und RVerf 1871, worin nichts geändert durch Art. 88 Abs. 3 RVerf 1919 oder § 2 RPFinanzG 1924.

4 Inhalt: Auch ohne Delegation gesetzesgleich (Art. 48 RVerf 1871, s. Anm. 3). Wegen des zivilrechtlichen Vertragstheorems s. Anm. 7 zu § 50 PG. Die Prinzipien der Scheidung des ursprünglich vereinigten Rechtsstoffs (ALR 1794) in PG und PO (PRegl) führen auf die Entwürfe von 1818 bis 1852 zum prPG 1852 (GS S. 345) zurück (Anl. 125 StenogrBer II Kammer 1851/52 Bd. III). Der gebührenrechtliche Inhalt der PO ging seit 1919 in steigendem Umfange ins Gesetz i. form. S. über, bis er 1927 zusammen mit dem früheren GebGesetzesinhalt in der PO wiederaufging (VO 25. 7. 1927, PABl. S. 275). Selbständige PO-Haftungsordnung im Geld- usw. PVerk (s. § 6 PG und PO § 18 Anm. 22, § 19 Anm. 14, § 21 Anm. 6). Keine selbständige Rechtswegordnung, doch gilt diejenige des PG auch für die PO (Rechtsweg im Haftungs- und im Gebührenstreit; s. § 18 Anm. 22, § 19 Anm. 14, § 21 Anm. 4, § 50 Anm. 4). Zahlreiche Ermächtigungen der Verw aus: PO §§ 5 VII, 7a III, 12 VII, 16 I und II, 17 III (Abs. 2), 22 IV (Abs. 2), 23 V, 28 II (Abs. 1), IX (Abs. 1) X XIV, 29 I (Abs. 2) III V (Abs. 1), 30 VIII, 32, 36 III, 37, 50 I, 51 IV, 53 I und II, 54, 58 VI, 59, 62, 63. Änderungen durch VO s. Anm. 2. Periodische Erneuerungen s. Anm. 1. Der Rahmen des Sollinhalts nach § 50 PG wird z. T. nicht erreicht, z. T. überschritten.

5 Das System der Inhaltsanordnung ist das des prPRegl 1852. Die Sprache der PO führt z. T. auf ALR zurück, daher unauslegbar nach dem Sprachgebrauch der neueren Gesetzestechnik.

Inhaltsverzeichnis.

[1] Bekanntmachung des neuen Wortlauts der Postordnung.

Auf Grund des § 2 RPFinanzG vom 18. März 1924 (RGBl. I S. 287) wird die PO in der Anlage neu bekanntgemacht.

Berlin, den 30. Januar 1929.

RPMin: Schätzel.

1 Verkündungsform ohne Vorgang bei den PO'n seit 1852.

Abschnitt I.

Postsendungen.

§ 1.

Allgemeines; Höchstgewicht; Art der Freimachung; Gebühren.

I. Als Postsendungen werden zugelassen:

1. Briefsendungen,
   a) geschlossene:
   Briefe bis 500 g;
   b) offene:
   Postkarten (§ 7),
   Drucksachen bis 500 g (§ 8),
   Postwurfsendungen: Drucksachen bis 50 g, Mischsendungen — Drucksachen und Warenproben — bis 20 g (§ 9),
   Blindenschriftsendungen bis 5 kg (§ 8),
   Geschäftspapiere bis 500 g (§ 10),
   Warenproben bis 500 g (§ 11),
   Mischsendungen bis 500 g (§ 12),
   Bahnhofszeitungen bis 20 kg (§ 25, V);
   c) geschlossene oder offene:
   Briefpäckchen bis 1 kg (§ 13, I),
   sonstige Päckchen bis 2 kg (§ 13, II);
2. Pakete bis 20 kg (§ 14),

3. Postanweisungen (§ 22),

4. Zeitungen, die der Post zum Vertrieb übergeben werden (§ 30).

Briefsendungen sollen eine rechteckige Form haben; auch Rollenform ist zugelassen.

II. Die nicht eingeschrieben (§ 15) und nicht unter Wertangabe (§ 16) aufgelieferten Briefsendungen und die nicht unter Wertangabe (§§ 16 und 18) aufgelieferten Pakete werden als gewöhnliche bezeichnet.

III. Alle Postsendungen, mit Ausnahme der gewöhnlichen und eingeschriebenen Briefe und Postkarten unterliegen dem Freimachungszwang[1]; Nachnahmesendungen müssen stets freigemacht werden.

Für nicht- oder unzureichend freigemachte Briefe und Postkarten wird das Eineinhalbfache des Fehlbetrags unter Aufrundung auf volle 5 Reichspfennige nacherhoben. Für nichtfreigemachte gebührenpflichtige Dienstbriefe und -postkarten, wenn sie als solche durch eine vom Reichspostminister festzustellende Bezeichnung erkennbar gemacht sind, wird nur der einfache Fehlbetrag erhoben.

Nichtfreigemachte Drucksachen, Blindenschriftsendungen, Geschäftspapiere, Warenproben und Mischsendungen werden nicht befördert[2]. Für unzureichend freigemachte Sendungen dieser Arten wird das Eineinhalbfache des Fehlbetrags unter Aufrundung auf volle 5 Reichspfennige nacherhoben.

Nicht- oder unzureichend freigemachte Päckchen, Pakete und Wertsendungen werden nicht befördert[2].

Bei Berechnung der Nachgebühr für nicht- oder unzureichend freigemachte Postsendungen sind die Beförderungsgebühren sowie die Einschreibgebühren, die Zustellgebühren und die Einlieferungsgebühr für die durch

Straßenbahnbriefkasten[3] aufgelieferten gewöhnlichen Briefsendungen als ein unteilbarer Gebührensatz anzusehen.

IV. Die Postgebühren[4] sind in der Anlage[5] enthalten.

1 Vorg: „Frankozwang" nach §§ 14 und 21 PRegl 1871, beseitigt: §§ 13 und 20 PO 1874. Seitdem erstmals wieder hier (1921). Etwas anderes ist der „Markenklebezwang" nach § 51 I.

2 Tekl., s. § 3 PG.

3 § 31 I Abs. 2.

4 PGebühren genießen nicht die Vorrechte aus §§ 49 (Ziff. 1) und 61 KonkursO.

5 S. Seite 294.

§ 2.

Außenseite.

I. Außer den Angaben über die Beförderung soll der Absender auf der Außenseite seinen Namen, Stand und Wohnort nebst Wohnung angeben; auf Päckchen (§ 13), Paketen (§ 14), Wertbriefen (§ 16), Bahnhofsbriefen und Bahnhofszeitungen (§ 25) und Briefen mit Zustellungsurkunde (§ 27) muß dies geschehen; über die Sendungen mit Nachnahme und Rückschein s. § 21, II und § 28, II. Er darf außerdem seine Fernsprechnummer, die Telegrammanschrift und den Telegrammschlüssel sowie sein Postscheck- und Bankkonto angeben. Auf der Außenseite der gewöhnlichen und eingeschriebenen Briefsendungen sind weitere Angaben, die nicht die Eigenschaft einer brieflichen Mitteilung[1] haben, und Abbildungen zulässig. Die Angaben dürfen in keiner Weise die Deutlichkeit der Aufschrift sowie die Anbringung der Stempelabdrücke und der postdienstlichen Vermerke beeinträchtigen und müssen auf die Rückseite und das linke Drittel der Aufschriftseite der Briefumschläge usw. beschränkt bleiben. Zu den Angaben dürfen, außer bei Wertbriefen und bei Postanweisungen, auch aufgeklebte Zettel benutzt werden. Die Zettel müssen der ganzen Fläche nach haltbar aufgeklebt und so beschaffen sein, daß sie mit postdienstlichen Klebezetteln nicht verwechselt werden können. Geschäftsanpreisungs-, Wohltätigkeits-, Gedenk- und ähnliche Marken sowie Abdrücke von Kontrollkassenstempeln dürfen jedoch auf der Aufschriftseite der Briefsendungen nicht angebracht werden. Ungültige Freimarken, Nachbildungen von Freimarken und Stempelabdrücke, die mit Freimarkenstempeln oder Freistempeln verwechselt werden können, dürfen sich auf den Außenseiten der Briefsendungen nicht befinden. Über die Zulässigkeit von Aufklebungen bei Postkarten s. § 7, III. Werbeanzeigen mehrerer Personen sind nicht gestattet. Über die besonderen Bestimmungen für Paketkarten und Postanweisungen s. §§ 14 und 22.

II. Bei Postkarten (§ 7) und Drucksachen in Kartenform (§ 8, VI) gilt die Aufschriftseite als Außenseite, jedoch muß mindestens die rechte Hälfte der Aufschriftseite frei sein von allen sich nicht auf die Beförderung beziehenden Angaben. Außer den unter I zugelassenen Angaben und Abbildungen können auf der linken Hälfte der Aufschriftseite der Postkarten briefliche Mitteilungen[1] jeder Art, auf der linken Hälfte der Aufschriftseite der Drucksachen in Kartenform mechanisch vervielfältigte Angaben jeder Art (§ 8, I) angebracht werden.

III. Die PWertzeichen sind in die obere rechte Ecke der Aufschriftseite, bei Paketen (§ 14) an die gleiche Stelle der Paketkarte zu kleben.

1 Vgl. § 11 Anm. 1.

§ 3.

Aufschrift.

I. In der Aufschrift sind Empfänger und Bestimmungsort, bei großen Orten auch Straße und Hausnummer, deutlich und so bestimmt[1] zu bezeichnen, daß jeder Ungewißheit vorgebeugt wird. Auf Sendungen an Abholer (§ 44) soll ferner der Vermerk „Postfach" oder „Postschließfach Nr. ...." angegeben werden. Bei Sendungen nach Orten ohne Postanstalt ist die Postanstalt anzugeben, von der die Sendung zugestellt wird oder abgeholt werden soll. Die Lage nicht allgemein bekannter Orte muß näher bezeichnet werden.

Die Aufschrift kann entweder handschriftlich oder durch Druck, mit der Schreibmaschine usw. hergestellt werden. Wird die Aufschrift handschriftlich hergestellt, so darf bei Wertbriefen (§ 16) und Postanweisungen (§ 22) nur Tinte, bei Einschreibbriefsendungen (§ 15) und versiegelten Wertpaketen (§ 18) Tinte oder Tintenstift, bei gewöhnlichen Paketen und bei unversiegelten Wertpaketen (§ 18) Tinte, Tintenstift oder Farbstift verwendet werden.

Postlagernde Sendungen dürfen, soweit die Post für sie keine Gewähr zu leisten hat[2], statt des Namens des Empfängers Buchstaben, Ziffern, einzelne Wörter oder kurze Sätze tragen.

Die Aufschrift der Briefsendungen muß den Langseiten des Umschlags usw. gleichgerichtet sein.

II. Bei gewöhnlichen und eingeschriebenen Briefsendungen kann der Absender sogenannte Fensterbriefumschläge verwenden und die Aufschrift auf der Briefeinlage selbst anbringen, wenn der über der Aufschrift befindliche Teil des Umschlags, das Fenster, so durchscheinend und die Briefeinlage in dem Umschlag so verwahrt ist, daß die Aufschrift leicht gelesen werden kann. Das Fenster darf keinen störenden Glanz zeigen, muß die Anbringung einer leicht und gut haftenden Schrift gestatten und einen festen Bestandteil des Umschlags bilden. Bei Briefen mit Zustellungsurkunde dürfen keine Fensterbriefumschläge benutzt werden.

III. Das Paket muß die gleiche Aufschrift, auch die gleichen Vermerke über Eilzustellung (§ 24, I) usw. erhalten wie die Paketkarte, so daß es nötigenfalls auch ohne die Paketkarte zugestellt werden kann. Der Name der Bestimmungspostanstalt muß besonders groß und deutlich geschrieben oder gedruckt sein. Ein Doppel der Aufschrift soll in das Paket obenauf gelegt werden[3]. Pakete, die aus leeren Schachteln, Kisten, Körben oder andern leeren Behältnissen bestehen, sind über der Anschrift durch den Vermerk „Leergut" zu kennzeichnen. Über die Sendungen mit lebenden Tieren und leicht verderblichem Inhalt, die Wert- und Nachnahmepakete, die dringenden Pakete und die Pakete gegen Rückschein s. auch §§ 5, I, 16, II, 21, II, 26, II und 28, II.

1 Registertreue bei PSendungen an eingetragene Firmen (Vereine) in der Aufschrift nicht erforderlich, auch nicht bei haftungsfähigen Sendungen; s. dagegen § 40 Anm. 11. Pseudonyme Aufschriften von der Praxis nur beschränkt geduldet.

2 D. i. bei gew. Briefsendungen.

3 Unterlassung ist u. U. Haftungsausschlußgrund (§ 6 PG).

§ 4.

Ausschließung von der Postbeförderung[1].

I. Von der Postbeförderung ausgeschlossen sind

1. Sendungen, deren Außenseite oder sichtbarer Inhalt gegen die Gesetze oder das öffentliche Wohl oder die Sittlichkeit verstößt;
2. Gegenstände, deren Beförderung eine Gefahr für die Postbediensteten oder die Postsendungen bildet, namentlich alle durch Reibung, Luftzutritt, Druck oder sonst leicht entzündlichen Sachen und ätzende Flüssigkeiten.

II. Vermutet die Post in einer Sendung Gegenstände der unter I, 2 genannten Art, so kann sie vom Absender die Angabe des Inhalts verlangen und, wenn diese verweigert wird, die Annahme der Sendung ablehnen[2].

III[3]. Wer Gegenstände der unter I, 2 bezeichneten Art unter Verschweigung oder unrichtiger Angabe des Inhalts[4] der Sendung mit der Post verschickt, haftet[5] — von der gesetzlichen Strafe[6] abgesehen — für allen daraus entstehenden[7] Schaden (§ 29, III).

IV. Die Post darf die Annahme, Beförderung und Zustellung von Sendungen ablehnen, die sie mit den vorhandenen Verbindungen[8] und Mitteln nicht nach dem Bestimmungsort bringen kann, oder die nach ihrer Beschaffenheit den Postbetrieb wesentlich erschweren würden.

1 Vorg.: § 9 PRegl 1852; vgl. § 9 VI.

2 Dekl: s. § 3 PG. 3 Vorg: § 13 PRegl 1856.

4 Im PVerk seit 1860 (§ 13 PRegl) keine Inhaltserklärungspflicht; vgl. indessen § 5 IV, V und VII.

5 Keine Klage aus der PO.

6 § 367 Ziff. 5a StGB (Seite 408).

7 D. h. bei ursächl. Z'hang.

8 Auch Eisenbahnen und Flugzeuge.

§ 5.

Bedingte Zulassung zur Postbeförderung[1].

I. Flüssigkeiten, schnell verderbende oder faulende Sachen, unförmig große Gegenstände und lebende Tiere können zurückgewiesen werden. Für den Fall, daß Sendungen mit lebenden Tieren, die unzustellbar werden, nicht zurückgeschickt werden sollen (§ 47, III), hat der Absender auf der Aufschriftseite (bei Paketen auch auf der Paketkarte) zu bestimmen, was mit der Sendung geschehen soll. Die Bestimmung hat zu lauten „Wenn unzustellbar, an N. in N." oder „Wenn unzustellbar, verkaufen"[2] oder

„Wenn unzustellbar, telegraphische Nachricht auf meine Kosten“.

Ebenso kann der Absender über Pakete mit leicht verderblichem Inhalt, z. B. frischen Blumen, für den Fall der Unzustellbarkeit voraus verfügen.

Die Verfügung des Absenders ist maßgebend, es sei denn, daß der Inhalt voraussichtlich vor der Ausführung verderben würde[3]. Hat der Absender auch für diesen Fall die Rücksendung durch den Vermerk „Wenn unzustellbar, zurück auf meine Gefahr“ verlangt, so wird dem Verlangen entsprochen, wenn nicht die Beschaffenheit des Inhalts (übler Geruch, Absondern von Feuchtigkeit u. dgl.) die Rücksendung ohne weiteres ausschließt.

II. Wenn solche Sendungen oder leicht zerbrechliche[4] oder in Schachteln verpackte Sachen infolge[5] ihrer Beschaffenheit oder ihrer Verpackung beschädigt werden oder verlorengehen, so leistet die Post keinen Ersatz[6]. Über die auf Gefahr des Absenders angenommenen Sendungen s. § 29, II.

III. Zündhütchen, Zündspiegel und Patronen für Handfeuerwaffen sind zulässig, wenn sie als solche auf der Paketkarte und auf der Sendung bezeichnet und in Kisten oder Fässern fest von außen und innen verpackt sind. Die Patronen müssen derart beschaffen sein, daß weder das Geschoß noch das Schrot noch das Pulver aus den Hülsen herausfallen kann. Außer Zentralfeuerpatronen werden Randfeuerpatronen bis zu einem Manteldurchmesser von 9 mm und Lefaucheux-Revolverpatronen zugelassen; die Randfeuerpatronen müssen in Packungen bis zu 100 Stück, die Lefaucheux-Patronen in Einzelpackungen von höchstens 50 Stück geschieden sein.

IV. Rohes Zellhorn sowie Lichtbildstreifen aus Zellhorn werden nur in festen Holzkisten zugelassen; Waren, die ganz oder zum Teil aus Zellhorn bestehen, müssen — auch bei Briefsendungen — in starke Pappe verpackt sein. Alle Sendungen, die rohes Zellhorn oder Zellhornwaren enthalten, müssen augenfällig als solche gekennzeichnet sein; auch auf der Paketkarte ist der Inhalt anzugeben[5].

V. Radium- oder mesothorhaltige Körper mit einem Gehalt von über ein Milligramm Radium-Element müssen in Kisten von mindestens 25 cm Kantenlänge so verpackt sein, daß sie sich in der Mitte der Kiste befinden. Der Inhalt ist auf dem Paket und der Paketkarte in die Augen fallend anzugeben[7].

VI. Gegenstände aus Zereisen müssen so verpackt sein, daß jede Bewegung oder Reibung der Gegenstände aneinander vermieden und somit Staub- und Funkenbildung ausgeschlossen ist. Mit leicht brennbaren Stoffen darf Zereisen nicht in Berührung stehen, Lufträume im Innern der Packungen müssen vermieden werden. Zum Ausfüllen der Zwischenräume zwischen den einzelnen Gegenständen müssen unverbrennbare Stoffe, wie Asbest, Kieselgur, Ton verwendet werden.

VII. Vermutet die Post in einer Sendung Gegenstände usw. der unter I bis VI genannten Art, so kann sie vom Absender die Angabe des Inhalts verlangen und, wenn diese verweigert wird, die Annahme der Sendung ablehnen[6] (§ 4, II).

[7]VIII. Über die Haftung der Absender für Schäden, die aus der Beförderung bedingt zugelassener Gegenstände erstehen, s. § 29, III.

1 Vorg.: § 8 PRegl 1852; vgl. 11 VII.

2 Verkauf auf Antrag, s. § 47 III zu 2.

3 Verkauf ohne Antrag, s. § 48 VI.

4 Vgl. PZollO § 8 Abs. 5 zu b (Seite 352).

5 Vgl. § 4 Anm. 7.

6 Teil: s. § 6 Abs. 3 PG.

7 Vorg: § 6 PO 1917.

§ 6[1].

Briefe[2].

Briefe[3] im Ortsverkehr[4] werden gegen ermäßigte Gebühr befördert.

Ortsverkehr ist der Verkehr innerhalb des Orts- und Landzustellbezirks des Aufgabepostorts. Liegen mehrere Postanstalten in derselben Gemeinde, so bilden ihre Orts- und Landzustellbezirke einen einheitlichen Ortsverkehrsbezirk. Ortsverkehr kann — vom Reichspostminister mit Zustimmung des Verwaltungsrats[5] — zwischen Orten zugelassen werden, die baulich zusammenhängen und durch die Zugehörigkeit zu verschiedenen Ländern gehindert sind, sich zu einer Gemeinde zusammenzuschließen.

1 Vorg: Art. I Ziff. 10 VO 25. 7. 1927 (PABl. S. 275); § 1 PGebührenG 19. 12. 1921 (RGBl. S. 237, aufgeh.).

2 Wesen des Briefes i. S. der PO: Einzelnachricht in Einzelausfertigung mit Einzelbenennung des Empf.; offene Versendung gewährt keine GebErmäßigung; vgl. § 8 Anm. 1 und § 9 Anm. 2.

3 Nicht notwendig identisch mit den Briefen i. S. des PG (S. 144).

4 S. hierzu VO 22. 11. 1927 (PABl. S. 452).

5 Dekl neben § 6 RPFinanzG 1924; Vorg: Art. 1 Ziff. 14 Ges 20. 12. 1899 (RGBl. S. 715), aufgehoben durch § 8 Ges 8. 9. 1919 (RGBl. S. 1519) und die FolgeGes bis 1927, s. Überschrift Anm. 3.

§ 7.

Postkarten.

I. Postkarten müssen offen versandt werden.

II. Postkarten, die nicht von der Post bezogen sind, dürfen in Form und Papierstärke nicht wesentlich von den amtlich ausgegebenen abweichen und die

Höchstmaße von 14,8 : 10,5 cm nicht überschreiten. Die Aufschrift „Postkarte" brauchen sie nicht zu tragen.

III. Aufklebungen sind auf der linken Hälfte der Aufschriftseite mit den im § 2, I aufgeführten Einschränkungen sowie auf der Rückseite zulässig, wenn sie nicht die Eigenschaft der Postkarten als offene Sendungen aufheben. Die Zettel müssen der ganzen Fläche nach haltbar aufgeklebt sein. Warenproben (§ 11) dürfen mit Postkarten nicht vereinigt werden.

IV. Mit den Postkarten dürfen Antwortkarten verbunden sein. Diese Doppelkarten müssen in beiden Teilen den Bestimmungen für Postkarten entsprechen und hinsichtlich der Freimachung gleichmäßig behandelt sein; die Antwortkarte muß als solche bezeichnet sein.

V. Postkarten, die den Bestimmungen (I bis IV) nicht entsprechen, unterliegen der Briefgebühr.

VI. Postkarten werden im Ortsverkehr gegen ermäßigte Gebühr befördert. Über Ortsverkehr s. § 6.

§ 8.

Drucksachen[1].

I. Als Drucksachen[2] werden zugelassen:

alle auf Papier, Pergament oder Steifpapier durch Buchdruck oder ein ähnliches Verfahren, Umdruck oder Belichtung hergestellten Vervielfältigungen, die als solche deutlich erkennbar und nach ihrer Form und sonstigen Beschaffenheit zur Beförderung mit der Briefpost geeignet sind. Über die zulässigen Änderungen und Zusätze s. unter VIII.

II. Zugelassen sind auch Abdrucke oder Abzüge, die durch verschiedene Vervielfältigungsverfahren (I) hergestellt sind. Über die Vereinigung mehrerer Druckstücke zu einer Sendung s. unter VII.

III. Mit Schreibmaschine angefertigte Schriftstücke einschl. der Durchschläge sowie Vervielfältigungen, die mit Stempel, Durchdruck oder Paus- (Kopier-) Presse hergestellt sind, gelten nicht als Drucksachen.

IV. Die Sendungen sind offen, und zwar entweder unter Streif- oder Kreuzband oder umschnürt oder in einem offenen Umschlag oder einfach zusammengefaltet einzuliefern, so daß ihr Inhalt leicht geprüft[3] werden kann. Einfach zusammengefaltete Drucksachen müssen so beschaffen sein, daß sich andere Sendungen nicht in die Falten hineinschieben können. Unter Band usw. können auch Bücher, gleichviel ob gebunden oder geheftet, versandt werden.

V. Drucksachen in Rollenform dürfen 75 cm in der Länge und 10 cm im Durchmesser nicht überschreiten.

VI. Drucksachen sind auch in Kartenform zulässig; die Karten sollen nicht die Aufschrift „Postkarte" tragen; sie müssen hinsichtlich der Größe — auch in zusammengefaltetem Zustand — sowie hinsichtlich der Form und Papierstärke den Bestimmungen für Postkarten (§ 7) entsprechen. Ohne Umschlag versandte Drucksachen in Form einfacher Karten, auch mit anhängender Antwortkarte, unterliegen einer ermäßigten Gebühr.

VII. Mehrere Druckstücke können zu einer Sendung vereinigt werden, wenn sie von demselben Absender herrühren. Die einzelnen Stücke dürfen nicht mit verschiedenen Aufschriften versehen sein und müssen jedes für sich den Bestimmungen für Drucksachen entsprechen. Über die Vereinigung mit Geschäftspapieren und Warenproben s. § 12.

[4]VIII. Es ist gestattet, handschriftlich, mit der Schreibmaschine, mit Stempel, im Durchdruck- oder Pausverfahren

1. eine innre mit der äußern übereinstimmende Aufschrift anzugeben sowie in gleicher Weise Absendungstag, Firma, Namen, Stand und Wohnort nebst Wohnung des Absenders, seine Fernsprechnummer, die Telegrammanschrift und den Telegrammschlüssel sowie sein Postscheck- und Bankkonto und sonstige geschäftliche Merk- und Kennworte nachzutragen oder zu ändern;
2. offensichtliche Druckfehler zu berichtigen;
3. Stellen des Druckes zu streichen, Worte oder Teile des Druckes durch Anstriche hervorzuheben und zu unterstreichen;
4. Ziffern an offen gelassenen Stellen des gedruckten Wortlauts nachzutragen;
5. Ziffern zu ändern;
6. sonstige Änderungen im Wortlaut sowie Nachtragungen an beliebiger Stelle vorzunehmen. Diese Änderungen und Nachtragungen dürfen jedoch zusammengezählt nicht mehr als 5 Worte usw. umfassen und müssen in leicht erkennbarem sachlichem Zusammenhang mit der gedruckten Mitteilung stehen.

Durch die Änderungen und Zusätze dürfen keine Mitteilungen in verabredeter Sprache entstehen.

Es ist ferner zulässig:

7. Bücher, Bilder und sonstige durch Druck hergestellte literarische und künstlerische Erzeugnisse mit einer einfachen Widmung zu versehen, die Rechnung beizulegen und diese mit Zusätzen über den Inhalt der Sendung zu versehen; die Zusätze dürfen nicht die Eigenschaft einer besonderen selbständigen Mitteilung haben;
8. bei Bücher- und Sammelbestellzetteln für buchhändlerische Werke, Bücher, Zeitungen, Zeitschriften, Bil-

der und Noten die bestellten oder angebotenen Werke zu bezeichnen;

9. im Leihverkehr der staatlichen, gemeindlichen und gemeinnützigen Büchereien untereinander und mit den Benutzern in den dafür üblichen Formblättern die Bücher und sonstigen Werke zu bezeichnen und kurze, den Leihverkehr betreffende Vermerke hinzuzufügen;
10. Berichtigungsbogen die Urschrift (Manuskript) beizufügen, in den Bogen Änderungen und Zusätze zu machen, die die Berichtigung, die Form und den Druck betreffen, und solche Zusätze auch auf besonderen Zetteln anzubringen;
11. bei Quittungskarten der Invalidenversicherung die durch die Reichsversicherungsordnung vorgeschriebenen Eintragungen vorzunehmen, die Beitragsmarken aufzukleben und die aufgeklebten Marken zu entwerten;
12. bei Drucksachen, die von Berufsgenossenschaften oder Versicherungsanstalten oder ihren Oganen auf Grund der Reichsversicherungsordnung abgesandt werden und auf der Außenseite mit dem Namen der Berufsgenossenschaft oder der Versicherungsanstalt bezeichnet sind, Zahlen oder Namen einzutragen oder zu ändern.

Bei den unter 7 bis 12 aufgeführten Drucksachen nebst Beilagen können auch die unter 1 bis 6 bezeichneten Änderungen und Zusätze angebracht werden.

IX. Drucksachen in Briefform[5], die den Bestimmungen nicht entsprechen, unterliegen der Briefgebühr. Drucksachen in Kartenform (VI), die den Bestimmungen nicht genügen, unterliegen der Postkartengebühr, wenn sie den Bestimmungen für Postkarten entsprechen.

X. Zu den Drucksachen zählen auch die zum Gebrauch

der Blinden bestimmte Papiere mit erhabenen Punkten (Blindenschriftsendungen). Die Aufschrift der offenen Blindenschriftsendungen muß in gewöhnlichen Schriftzeichen hergestellt sein und den Vermerk „Blindenschrift" tragen.

°XI. Über die außergewöhnlichen Zeitungsbeilagen s. § 30, X.

1 Wesen der Drucksache: Vielfachnachricht in Vielfachausfertigung durch mechanisches (nicht Hand-) Verfahren mit Einzelbenennung des Empf., Massenversendung kein notwendiges Merkmal. Verschlossene Versendung entzieht die GebErmäßigung. Vgl. § 6 Anm. 2 und § 9 Anm. 2.

2 Vorg: die „Streif- oder Kreuzbandsendungen" des § 14 prPortotaxregulativ 18. 12. 1824 (GS. S. 225). Wegen der Pakete mit Zeitungen vereinfachter Behandlungsweise s. Seite 338.

3 Keine Durchbrechung des Briefgeheimnisses, da kein Eindringen eines Dritten in das PNutzungsverhältnis; s. Art. 117 RVerf.

4 Leitsatz: verboten sind Zusätze, welche die Vielfachnachricht (s. Anm. 1) in eine Einzelnachricht verwandeln. Die Aufzählung ist jeweils enumerativ-limitativ (Vorg: AllerhErl 29 5. 1848, GS. S. 155).

5 S. § 1 I Abs. 2.

6 Wegen Nichtzurücksendung bei Unzustellbarkeit s. § 47 III Abs. 2 Ziff. 1.

§ 9[1].

Postwurfsendungen[2].

I. Die Post übernimmt es, unverschlossene, mit Sammelanschrift versehene Massendrucksachen und Mischsendungen (Drucksachen und Warenproben zusammengepackt) an bestimmte Gattungen von Empfängern, z. B. sämtliche Haushaltungen, sämtliche offenen Geschäfte, einzelne Berufsklassen usw., zu verteilen. Die Drucksachen müssen den

Bestimmungen im § 8, die in den Mischsendungen befindlichen Warenproben den Bestimmungen im § 11 entsprechen, die Warenproben dürfen aber die Stärke von 5 mm nicht wesentlich überschreiten; sie sind mit den Druckstücken zusammen unter Umschlag einzuliefern und so zu verpacken, daß sie der Sendung nicht entfallen können. Das Gewicht einer Drucksache darf 50 g, das einer Mischsendung 20 g nicht übersteigen.

II. Die Mindestzahl einer Einlieferung beträgt im Ortsverkehr 100 Stück, im Fernverkehr 500 Stück. Für eine Postanstalt sollen mindestens 10 Stück gleichzeitig vorliegen; bei einer geringeren Zahl ist die Gebühr für 10 Stück zu entrichten. Jeder Einlieferung ist ein Pflichtstück besonders beizulegen.

III. Auf jedem Einzelstück ist die Empfängergattung anzugeben, für die es bestimmt ist. Mehr als 5 Empfängergattungen dürfen auf einer Postwurfsendung nicht angegeben werden. (Auskunft über die Zahl der erforderlichen Stücke erteilen — gegen eine Geb. v. 50 Pf. für je 5 Berufsarten — die PA am Sitze der OPD'n; PABl. 1929 S. 3 u. 59.)

IV. An welche Empfängergattungen Postwurfsendungen zulässig sind, bestimmt die Post. Diese trifft auch die näheren Anordnungen über die Verpackung und Einlieferung, über die Art der Gebührenerhebung, über die Beförderung sowie über Art und Zeit der Verteilung der Stücke. Grundsätzlich ausgeschlossen ist die Verteilung an Sonn- und Festtagen. Die Aushändigung an die Empfangsberechtigten erfolgt nach den Grundsätzen für die Aushändigung gewöhnlicher Briefsendungen[1]. Nach- und Rücksendung[4] findet nicht statt. Auf Rückgabe zuviel gelieferter Stücke hat der Absender keinen Anspruch. Ergibt sich bei der Prüfung am Bestimmungsort eine größere Stückzahl, als bei der Gebührenerhebung zugrunde gelegt ist, so ist der Absender zur Nachzahlung des fehlenden Gebührenteils verpflichtet[5].

[6]V. Eine Gewähr für fehlerlose Verteilung und für Verteilung zu einer bestimmten Zeit oder innerhalb einer bestimmten Frist wird nicht übernommen. Für verlorengegangene Sendungen oder beschädigte Stücke wird kein Ersatz geleistet.

VI. Ausgeschlossen von der Verteilung sind Sendungen politischer oder religiöser Art; im übrigen s. § 4, I.

1 Vorg.: Art. I Ziff. 20 VO 25. 7. 1927 (PABl. S. 275). — Kein Alleinrecht der PVerw (Art. 2 zu II, Ges 20. 12. 1899, S. 175).

2 Wesen der PWurfsendung: wie Drucksachen (§ 8 Anm. 1), jedoch ohne Einzelbenennung des Empf. und mit notwendiger Massenauflieferung. Vorg: RPM-Vf (o. T.), PABl. 1925 S. 135.

3 S. § 40.

4 S. § 46.

5 S. § 51 V.

6 Dekl.; s. §§ 6 und 12 PG.

§ 10.

Geschäftspapiere[1].

I. Als Geschäftspapiere gegen ermäßigte Gebühr werden zugelassen: alle ganz oder teilweise geschriebenen oder gezeichneten Schriftstücke und Urkunden, die nicht die Eigenschaft einer eigentlichen und persönlichen Mitteilung[2] haben, wie Prozeßakten; von öffentlichen Beamten aufgenommene Urkunden jeder Art; Frachtbriefe oder Ladescheine; Rechnungen, Empfangsscheine auf gestempeltem oder ungestempeltem Papier; verschiedene Papiere der Versicherungsgesellschaften, Berufsgenossenschaften, Krankenkassen usw.; offene Briefe und Postkarten, die ihren ursprünglichen Zweck erfüllt haben; Abschriften oder Auszüge außergerichtlicher Verträge auf gestempeltem oder ungestempeltem Papier; geschriebene Notenblätter und Notenhefte (Partituren); die für sich versandten Urschriften (Manuskripte) von Werken oder Zeitungen; nicht verbesserte oder verbesserte Schülerarbeiten mit Ausschluß jeder Angabe, die sich nicht unmittelbar auf die Ausführung der Arbeit bezieht; Lohn-, Dienst- oder Arbeitsbücher usw.

II. Nach Form und äußerer Beschaffenheit unterliegen sie denselben Bestimmungen wie die Drucksachen (§ 8). Die Aufschrift muß die Bezeichnung „Geschäftspapiere" enthalten.

III. Mehrere zu einer Sendung vereinigte Geschäftspapiere dürfen nicht mit verschiedenen Aufschriften versehen sein. Über die Vereinigung mit Drucksachen und Warenproben s. § 12.

IV. Geschäftspapiere, die den Bestimmungen nicht entsprechen, unterliegen der Briefgebühr.

1 Vorg.: § 9 PO 1900 (im WPVerein schon 1874 bekannt: Art. 2; RGBl. 1875 S. 223). 2 Vgl. § 11 Anm. 1.

§ 11.

Warenproben.

I. Als Warenproben gegen ermäßigte Gebühr werden zugelassen Proben und Muster, kleine Warenmengen, einzelne Schlüssel, abgeschnittene frische Blumen, Tuben mit Serum und pathologische Gegenstände, die so zubereitet und verpackt sind, daß sie keinen Schaden anrichten können, naturgeschichtliche Gegenstände, getrocknete oder haltbar gemachte Tiere und Pflanzen, geologische Muster usw.

II. Warenproben müssen sich nach Verpackung, Form und sonstiger Beschaffenheit zur Beförderung mit der Briefpost eignen; sie dürfen 30 cm lang, 20 cm breit und

10 cm hoch sein oder in Rollenform 30 cm in der Länge und 15 cm im Durchmesser nicht überschreiten.

III. Briefliche[1] Mitteilungen dürfen nicht beigefügt werden; es ist jedoch gestattet, Absendungstag, Firma, Namen, Stand und Wohnort nebst Wohnung des Absenders und des Empfängers, Fernsprechnummer, Telegrammanschrift und Telegrammschlüssel, Postscheck- und Bankkonto des Absenders, Fabrik- oder Handelszeichen, Nummern, Preise, Gewicht, Maß, Ausdehnung, verfügbare Menge, Herkunft und Natur der Ware handschriftlich oder mechanisch anzugeben oder zu ändern.

IV. Die Sendungen sind unter Band oder in offenen Umschlägen, Kästchen oder Säckchen einzuliefern, so daß der Inhalt leicht geprüft werden kann[2].

V. Die Aufschrift ist möglichst auf der Sendung selbst oder, wenn dies nicht angeht, auf einer haltbar befestigten Fahne von Pappe, Pergamentpapier oder anderem festem Stoffe anzubringen. Die Aufschrift muß den Vermerk „Warenproben“ oder „Proben“ oder „Muster“ enthalten.

VI. Mehrere zu einer Sendung vereinigte Warenproben dürfen nicht mit verschiedenen Aufschriften versehen sein. Über die Vereinigung mit Drucksachen und Geschäftspapieren s. § 12.

[3]VII. Gegenstände aus Glas, Flüssigkeiten, Öle, fette Stoffe, Pulver sowie lebende Bienen werden unter folgenden Bedingungen zugelassen:

1. Glas muß in Metall, Holz, Leder oder Pappe fest verpackt sein, so daß jeder Gefahr für andere Sendungen und die Postbediensteten vorgebeugt wird;
2. Flüssigkeiten, Öle und leicht schmelzende Stoffe müssen in Glasfläschchen fest verschlossen sein. Jedes Fläschchen muß in ein Kästchen von Holz oder starker Pappe mit Sägespänen, Baumwolle oder einem schwammigen

Stoff so verpackt sein, daß beim Zerbrechen die Flüssigkeit aufgesaugt wird. Das Kästchen selbst muß in eine Hülse von Metall, von Holz mit angeschraubtem Deckel oder von starkem und dickem Leder eingeschlossen sein. Werden die Fläschchen in durchlochte Holzblöcke verpackt, die hinreichend widerstandsfähig, mit aufsaugenden Stoffen angefüllt und mit einem Deckel verschlossen sind, so ist kein zweites Behältnis nötig. Ebenso kann von der doppelten Verpackung abgesehen werden bei Kästchen aus starker Wellpappe, wenn die Fläschchen sicher verschlossen, sämtliche Zwischenräume mit aufsaugenden Stoffen angefüllt sind und jedes von mehreren Fläschchen mit einer besonderen Hülle von Wellpappe versehen ist;

3. schwer schmelzende Fettstoffe, wie Salben, weiche Seife, Harze usw., müssen zunächst in eine besondere Hülle (Kästchen, Säckchen von Leinwand, Pergament usw.) eingeschlossen und dann in ein Kästchen von Holz, Metall oder starkem und dickem Leder verpackt sein;
4. Pulver müssen in Pappkästchen verpackt und diese in Säckchen von Leinwand oder Pergament eingeschlossen sein;
5. lebende Bienen müssen in Kästchen versandt werden, die die Gefahr des Entweichens ausschließen.

Die Verpackung muß in allen Fällen so eingerichtet sein, daß der Inhalt geprüft werden kann[2]. Gegenstände, die verderben würden, wenn sie in der vorgeschriebenen Art verpackt würden, können ausnahmsweise in luftdicht verschlossener Verpackung zugelassen werden. In solchen Fällen haben die Absender oder Empfänger die Prüfung des Inhalts durch Öffnen einiger ihnen bezeichneter Sendungen oder in sonst befriedigender Weise zu erleichtern.

VIII. **Warenproben, die den Bestimmungen nicht entsprechen, unterliegen der Briefgebühr; Sendungen, deren Beförderung mit Nachteil oder Gefahr verbunden ist, werden nicht befördert**[4].

1 D. s. „eigentliche und persönliche" M., wie § 10 I.
2 S. § 8 Anm. 3.
3 S. § 5.
4 Dekl.; s. § 3 PG.

§ 12.

Mischsendungen[1].

I. Drucksachen, Blindenschriftsendungen, Geschäftspapiere und Warenproben dürfen zusammengepackt werden, wenn

1. kein Gegenstand für sich die für ihn zugelassenen Höchstmaße überschreitet;
2. das Gesamtgewicht nicht über 500 g beträgt.

II. Die Aufschrift muß den Vermerk „Mischsendung" enthalten.

III. Mischsendungen, die den Bestimmungen nicht entsprechen, unterliegen der Briefgebühr.

1 D. s. die „zusammengepackten Drucksachen usw.", so zuletzt § 11 PO 1900.

§ 13.

Päckchen[1].

I. Als Briefpäckchen sind offene und geschlossene Sendungen im Gewicht bis zu 1 kg zugelassen, die sich nach Form und sonstiger Beschaffenheit zur Beförderung mit der Briefpost eignen. Die Sendungen dürfen 25 cm lang, 15 cm breit und 10 cm hoch oder 30 cm lang, 20 cm breit und 5 cm hoch sein; in Rollenform dürfen sie 30 cm in der Länge und 15 cm im Durchmesser nicht überschreiten. Die Aufschrift muß den augenfällig hervortretenden Vermerk „Briefpäckchen" tragen.

II. Als sonstige Päckchen[2] werden offene und geschlossene Sendungen im Gewicht bis zu 2 kg zugelassen, die sich nach Form und sonstiger Beschaffenheit zur Beförderung in Säcken[3] eignen. Die Sendungen dürfen 40 cm lang, 25 cm breit und 10 cm hoch oder 50 cm lang, 20 cm breit und 10 cm hoch sein; in Rollenform dürfen sie 75 cm in der Länge und 10 cm im Durchmesser nicht überschreiten. Die Aufschrift muß den augenfällig hervortretenden Vermerk „Päckchen" tragen.

III. Bei Päckchen (I und II) sind Überschreitungen der Höchstmaße bis zu 1 cm in einer Richtung auf Kosten der anderen zugelassen. Die Sendungen dürfen briefliche[4] Mitteilungen enthalten. Die Aufschrift kann auf der Umhüllung selbst stehen oder ganz aufgeklebt oder sonst haltbar befestigt sein. Die Benutzung von Fahnen[5] für die Aufschrift ist nicht gestattet. Über die Zustellung durch besondere Boten (Eilzustellung) s. § 24.

IV. Einschreiben (§ 15), Nachnahme (§ 21) und das Verlangen eines Rückscheins (§ 28) sind bei Briefpäckchen (I), Wertangabe (§ 16) ist bei allen Päckchen (I und II) unzulässig.

V. Päckchen (I und II), die den Bestimmungen nicht entsprechen, werden nicht befördert[6]. Der Vermerk „Briefpäckchen" bleibt unbeachtet, wenn die Sendung den besonderen Bedingungen für diese Päckchen (I) nicht entspricht.

VI. Die Einlieferung gewöhnlicher Päckchen (I und II) wird auf Antrag gegen Entrichtung einer Gebühr bescheinigt[7].

VII. Für den Verlust oder die Beschädigung gewöhnlicher Päckchen (I und II) wird kein Ersatz geleistet[8]. Für eingeschriebene oder mit Nachnahme[9] belastete Päckchen (II und IV) regelt sich die Ersatzleistung nach den Vorschriften für gleichartige andere Briefsendungen[10].

1 Vorg.: VO 21. 12. 1919 (RGBl. S. 2149); wegen Päckchen im Auslandsverk s. § 1 Anm. 1 PZollO (S. 344).

2 D. s. ebenfalls „Briefe" i. S. des § 1 I PO.

3 Identisch mit „Briefpost" im Abs. I; vgl. § 11 II.

4 S. § 11 Anm. 1.

5 S. § 14 IV.

6 Dekl.; s. § 3 PG.

7 S. § 14 V.

8 Dekl.; s. §§ 6 und 12 PG.

9 Bei NachnBriefsendungen ohne Wertangabe wird auch sonst nur im Einschreibfalle gehaftet (§ 21 X).

10 § 10 PG.

§ 14.

Pakete[1].

I. Jedem Paket muß eine Paketkarte beigegeben sein. Den Abschnitt der Paketkarte kann der Absender zu Mitteilungen benutzen.

II. Paketkarten, die nicht von der Post bezogen sind, müssen in Größe (14,8 : 10,5 cm), Farbe und Papierstärke sowie im Aufdruck mit den amtlich ausgegebenen übereinstimmen.

III. Die Paketkarte geht mit den Freimarken bei der Einlieferung in das Eigentum der Post über. Der Empfänger oder bei Unzustellbarkeit der Absender muß sie an die Postanstalt zurückgeben, gleichviel ob er das Paket annimmt oder nicht; den Abschnitt kann er jedoch bei Annahme des Pakets abtrennen und behalten.

IV. Die Aufschrift kann auf der Umhüllung der Pakete stehen oder ganz aufgeklebt oder sonst haltbar befestigt sein; auch kann sie auf einer Fahne von Pappe, Pergament, Holz oder anderem dauerhaftem Stoffe angebracht sein. Bei Eimern, Körben, Kannen, Säcken und sonstigen Paketen, auf denen die Aufschriften oder die Aufgabezettel schlecht haften, müssen Fahnen verwendet werden. Über Verpackung und Verschluß s. §§ 17 und 18.

über die Verpflichtung, in die Pakete obenauf ein Doppel der Aufschrift zu legen, s. § 3, III.

V. Die Einlieferung gewöhnlicher[2] Pakete wird auf Antrag gegen Entrichtung einer Gebühr bescheinigt[3].

VI. Die Paketgebühr wird nach der Entfernung und nach dem Gewicht erhoben.

Es werden fünf Zonen unterschieden: Zone 1 bis 75 Kilometer, Zone 2 über 75 bis 150 Kilometer, Zone 3 über 150 bis 375 Kilometer, Zone 4 über 375 bis 750 Kilometer, Zone 5 über 750 Kilometer. Um die Zonen zu bilden, wird das Postgebiet in quadratische Felder von 15 Kilometer Seitenlänge eingeteilt und die Entfernung vom Mittelpunkt des einen Feldes zum gleichen Punkt des andern Feldes gemessen. Beträgt die Entfernung nicht mehr als 75 Kilometer, so liegen die Postorte des einen Feldes in der 1. Zone der Postorte des andern Feldes, beträgt sie über 75 bis 150 Kilometer, so ist die 2. Zone, bei mehr als 150 bis 375 Kilometer die 3. Zone, bei mehr als 375 bis 750 Kilometer die 4. Zone und, wenn sie über 750 Kilometer beträgt, die 5. Zone gegeben.

Im Paketverkehr zwischen Ostpreußen und dem übrigen Reich wird die Gebühr der jeweilig nächstniedrigeren Zone in Ansatz gebracht.

VII. Für sperrige Pakete[4] wird ein Zuschlag von 100 v. H. der Paketgebühr erhoben. Welche Sendungen als Sperrgut anzusehen sind, bestimmt die Post.

1 Höchstgewicht 20 kg, s. § 1. Kleinpakete bis zu 2 kg ohne Paketkarte („sonstige Päckchen") s. § 13 II. Wegen der Stückgüter bis zu 100 kg s. § 52 IV. Wegen der Pakete mit Zeitungen und vereinfachter Behandlungsweise s. S. 338.

2 D. h. Pakete ohne Wertangabe, s. § 16. Einschreibung bei Paketen aufgehoben: VO 25. 7. 1927 (PABl. S. 275).

3 Bei Wertpaketen (§ 16): ohne Antrag und gebührenfrei.

4 Vgl. § 59 Anm. 5.

§ 15.

Einschreibsendungen[1].

I. Briefsendungen können eingeschrieben werden; ausgenommen sind Bahnhofsbriefe und Bahnhofszeitungen (§ 25) und Briefe mit Zustellungsurkunde (§ 27). Über Einschreiben bei Päckchen s. § 13, IV.

II. Der Absender hat die Briefsendungen mit dem Vermerk „Einschreiben" zu versehen.

III. Die Einlieferung wird bescheinigt.

IV. Neben der Beförderungsgebühr wird eine Einschreibgebühr erhoben.

1 Wegen des Einschreibbriefverfahrens statt Zustellung durch Aufgabe zur Post (ZPO § 175) vgl. u. a. § 4 ZwVersteigerungsG 24. 3. 1897 (RGBl. 1898 S. 713), § 27 PWirtschGerichtsG 21. 5. 1920 (RGBl. S. 1167), § 11 Ges 5. 7. 27 (RGBl. I S. 139); dgl. statt Z. durch die P (ZPO § 193) vgl. §§ 70, 394 RAbgabenO 13. 12. 1919 (RGBl. S. 1993), § 56 RVersorgGerichtsG 10. 1. 1922 (RGBl. S. 59), § 184 RKnappschaftsG 23. 6. 1923 (RGBl. I S. 431), § 135 RVersichO, Bek 15. 12. 1924 (RGBl. I S. 779), § 99 WehrmVersorgG, Bek 19. 9. 1925 (RGBl. I S. 349), § 98 RArbeitsgerichtsG 23. 12. 1926 (RGBl. I S. 507); vgl. ferner § 17 Bek über d. Geschäftsaufsicht z. Abwendung des Konkurses 14. 12. 1916 (RGBl. S. 1363), § 4 Bek, betr. Verträge mit feindl. Staatsangehörigen 16. 12. 1916 (RGBl. S. 1396), § 8 Anweisung ü. d. Verfahren bei den auf Grund des HilfsdienstG gebildeten Ausschüssen 30. 1. 17 (RGBl. S. 87), § 50 Bestimmungen ü. d. MilVersorgGerichte usw. 18. 2. 1919 (RGBl. S. 217), § 102 AusfBest z. Ges ü. d. Regelung d. Kohlenwirtschaft 28. 3. 1919 (RGBl. S. 1449), § 9 Bek ü. d. Verfahren z. Feststellung d. Vergütung v. Requisitionen usw. 22. 4. 1919 (RGBl. S. 405), §§ 70, 394 RAbgabenO 13. 12. 1919 (RGBl. S. 1993), § 17 VO, betr. d. Verfahren zur Feststellung der Entschädigungen auf Grund des Ges über die durch innere Unruhen verursachten Schäden 15. 9. 1920 (RGBl. S. 1647), § 11 VergleichsO 5. 7. 1927 (RGBl. I S. 139).

§ 16.

Wertsendungen.

I. Briefe und Pakete können unter Wertangabe befördert werden; ausgenommen sind Päckchen (§ 13), Bahnhofsbriefe und Bahnhofszeitungen (§ 25) und Briefe mit Zustellungsurkunde (§ 27). Über Verpackung und Verschluß s. §§ 17 bis 19.

II. Der Wert ist in der Aufschrift, bei Paketen auch auf der Paketkarte, in Reichsmark[1] in Ziffern anzugeben; bei unversiegelten Wertpaketen (§ 18, I) hat die Angabe des Wertes in der Paketaufschrift zu unterbleiben. Der angegebene Wert soll den gemeinen Wert der Sendung nicht übersteigen[2].

III. Von Papieren mit Kurswert ist der Kurswert[3], den sie zur Zeit der Einlieferung haben, von pfandrechtlichen Papieren, Wechseln und ähnlichen Urkunden sind als Wert die Kosten anzugeben, die eine neue rechtsgültige Ausfertigung der Urkunde oder die Einziehung der Forderung bei Verlust der Urkunde verursachen würde. Entspricht die Wertangabe diesen Grundsätzen nicht, so kann die Sendung zur Berichtigung zurückgegeben werden[4]. Aus einer zu hohen Wertangabe darf kein Anspruch auf Erstattung des entsprechenden Teils der Versicherungsgebühr hergeleitet werden[5].

IV. Die Angabe eines Nachnahmebetrags[6] gilt nicht als Wertangabe[7]. Nachnahmesendungen werden daher nur dann als Wertsendungen behandelt, wenn außerdem noch ein Wert angegeben ist.

V. Die Einlieferung wird bescheinigt.

1 Zwingend; daher keine Aufwertung durch Urteil.

2 S. PG § 8.

3 S. PG § 6 Anm. 13.

4 Dekl.: s. § 3 PG.

5 D. h. im Haftungsfalle nach §§ 6 und 8 PG; s. § 51 IV.
6 S. § 19; Vorg.: § 8 PRegl. 1867.
7 Vorg.: § 19 I PO 1900.

§ 17.

[1]Verpackung der Pakete und Wertsendungen.

I. Pakete[2] und Wertsendungen[3] sind nach ihrem Umfang und Inhalt sowie nach der Länge der Beförderungsstrecke haltbar und sicher zu verpacken.

II. Bei Gegenständen von geringem Wert[4], die nicht unter Druck leiden und kein Fett und keine Feuchtigkeit absetzen, ferner bei Akten- oder Schriftensendungen genügt bei einem Gewicht bis 3 kg eine Hülle von Packpapier mit fester Verschnürung.

III. Schwerere Gegenstände müssen mindestens mit mehreren Bogen starken Packpapiers verpackt sein.

IV. Sendungen von Wert[4], besonders solche, die durch Nässe, Reibung oder Druck leicht Schaden leiden, z. B. Spitzen, Seidenwaren, müssen nach ihrem Wert, Umfang und Gewicht sicher in Wachsleinwand, Pappe oder in festen, unter Umständen mit Leinen überzogenen Kisten usw. verpackt sein.

V. Sendungen müssen so verpackt sein, daß ihr Inhalt andere Sendungen nicht beschädigen kann[5]. Fässer mit Flüssigkeiten müssen starke Reifen haben. Leicht zerbrechliche Gefäße (Flaschen, Krüge usw.) mit Flüssigkeiten sind in festen Kisten, Kübeln oder Körben zu verwahren.

VI. Wertbriefe müssen mit einem haltbaren, aus einem Stück hergestellten Umschlag versehen sein; er darf keine farbigen Ränder haben.

VII. Über die besonderen Anforderungen bei Geldsendungen mit Siegelverschluß s. § 19.

1 Die Textfassung gehört zu den ältesten Beständen der PO (1852 und früher).

2 Wegen der Warenproben s. § 11 VII.

3 S. § 16.

4 D. i. gemeiner (nicht: angegebener) Wert; §§ 8 und 9 PG, nicht § 16 PO.

5 S. §§ 4, 5, 29.

§ 18.

Verschluß der Pakete und Wertsendungen.

I. Gewöhnliche Pakete sowie Wertpakete, bei denen die Wertangabe einen bestimmten, von der Post festzusetzenden Betrag[1] nicht überschreitet, müssen so verschlossen sein, daß ohne Öffnen oder Beschädigen des Verschlusses ihrem Inhalt nicht beizukommen ist. Siegelabdrücke sollen nicht angebracht sein. Der Verschluß kann durch eine gut geknotete Verschnürung oder, wenn die Hülle aus Packpapier besteht, mit gutem Klebstoff oder mit Siegelmarken hergestellt werden. Auch bei anderer Verpackung können Siegelmarken angewandt werden, wenn damit ein haltbarer Verschluß erzielt wird. Verschlossene Reisetaschen, Koffer, gut bereifte und fest verspundete Fässer und fest vernagelte Kisten bedürfen keines weiteren Verschlusses. Gut umhüllte Maschinenteile, größere Waffen und Werkzeuge, Kartenkasten, einzelne Stücke Wildbret, z. B. Hasen und Rehe, können ohne besonderen Verschluß angenommen werden.

II. Wertbriefe sowie Wertpakete, für die die höhere Behandlungsgebühr nach der Anlage entrichtet ist oder deren angegebener Wert den von der Post festzusetzenden Betrag (I) übersteigt, müssen so viel Abdrücke desselben Siegels in gutem Siegellack erhalten, daß dem Inhalt ohne sichtbare Beschädigung der Hülle (des Briefumschlags) oder der Siegel nicht beizukommen ist; das Siegel muß das Gepräge eines Wappens, Namens oder einer sonstigen persönlichen oder eigentümlichen Bezeichnung tragen. Als Verschlußmittel für Wertpakete kann die Post neben den Lacksiegeln auch Bleisiegel und Stahlblechsiegel zulassen. Bei Wertbriefen müssen die Siegelabdrücke sämtliche Klappen des Umschlags treffen. Über die besonderen Anforderungen bei Briefen mit Geldstücken und bei Geldsendungen mit Siegelverschluß s. § 19.

1 100 RM.

§ 19.

Verpackung und Verschluß der Briefe mit Geldstücken und der Geldsendungen mit Siegelverschluß.

I. Geldstücke in Briefen müssen so eingeschlagen und befestigt sein, daß sie ihre Lage nicht ändern können.

II. Bei Geldpaketen im Gewicht bis 3 kg, deren Wertangabe 1000 Reichsmark nicht übersteigt, genügt eine Hülle aus starkem, mehrfach umgeschlagenem Papier mit guter Verschnürung und Versieglung. Geldpakete von größerem Gewicht oder von höherem Wert sind in haltbare Leinwand, in Wachsleinwand oder in Leder zu verpacken, gut zu umschnüren und zu vernähen und auf der Naht hinreichend oft zu versiegeln.

III. Unverpackte Geldbeutel aus einfacher starker Leinwand sind nur zulässig, wenn das Geld gerollt oder zu Päckchen vereinigt ist; sonst müssen sie aus wenigstens doppelter Leinwand bestehen. Die Naht darf nicht auswendig und der Kropf nicht zu kurz sein; die Umschnürung muß durch ihn hindurchgezogen sein. Auf dem Knoten und außerdem über beiden Schnurenden muß das Siegel aufgedrückt sein.

Geldbeutel der Reichs- und Staatsbehörden und der Reichsbankanstalten werden auch mit Bleiverschluß zugelassen, wenn die Einrichtung und Beschaffenheit der Bleisiegel den Anforderungen der Post entspricht.

IV. Geldkisten müssen aus starkem Holz gefertigt, gut gefügt und fest vernagelt sein oder gute Schlösser haben. Der Deckel darf nicht überstehen; die Eisenbeschläge müssen gut befestigt und so eingelassen sein, daß sie andere Gegenstände nicht beschädigen können.

V. Geldfässer müssen gut bereift, die Schlußreifen vernagelt und die beiden Böden so verschnürt und versiegelt sein, daß sie ohne Verletzung der Schnüre oder Siegel nicht zu öffnen sind.

VI. Bares Geld in größeren Beträgen muß gerollt sein. Geld, das in Fässern oder Kisten versandt werden soll, muß zunächst in Beuteln oder Paketen verpackt sein.

§ 20.

Postaufträge[1].

I. Die Post kann beauftragt werden,

1. Beträge bis 1000 Reichsmark einschließlich einzuziehen (Postaufträge zur Geldeinziehung);
2. Wechsel zur Annahmeerklärung[2] vorzuzeigen (Postaufträge zur Annahmeeinholung);
3. Wechsel[3] zur Zahlung vorzuzeigen und, wenn die Zahlung unterbleibt, Protest mangels Zahlung[4] nach den Vorschriften der Wechselordnung zu erheben[5] (Postprotestaufträge).

Ausgeschlossen[6] von der Protesterhebung durch die Post sind:

Wechsel über mehr als 1000 Reichsmark (XIII Abs. 2),

Wechsel in fremder Sprache (XIII Abs. 2),

Wechsel, die auf eine ausländische Münzsorte lauten, wenn der Aussteller durch das Wort „effektiv" oder einen ähnlichen Zusatz die Zahlung in der benannten Münzsorte ausdrücklich bestimmt hat,

Wechsel mit Notanschrift (Notadresse) oder Ehrenannahme,

Wechsel, die unter Vorlegung mehrerer Stücke desselben Wechsels oder unter Vorlegung der Urschrift und einer Abschrift zu protestieren sind.

II. Es ist beizufügen:

1. dem Postauftrag zur Geldeinziehung das einzulösende Papier (quittierte Rechnung, quittierter Wechsel[7], Zinsschein usw.). Mehrere Papiere — bis zu 10 — dürfen beigefügt werden, wenn sie demselben Zahlungspflichtigen gleichzeitig zur Einlösung vorzuzeigen sind und die einzuziehende Gesamtsumme 1 000 Reichsmark nicht übersteigt;
2. dem Postauftrag zur Annahmeeinholung der zur Annahme vorzuzeigende Wechsel. Mehrere Wechsel dürfen beigefügt werden, wenn sie derselben Person gleichzeitig zur Annahmeerklärung vorzuzeigen sind;
3. dem Postprotestauftrag der quittierte Wechsel[8]; mehrere Wechsel beizufügen, ist nicht gestattet.

III. Der Postauftrag ist auf besonderem Formblatt, der Postauftragskarte, zu erteilen. Es gibt Postauftragskarten

1. a) für Postaufträge zur Geldeinziehung mit anhängender Postanweisung,
   b) für Postaufträge zur Geldeinziehung mit anhängender Zahlkarte;
2. für Postaufträge zur Annahmeeinholung;
3. a) für Postprotestaufträge mit anhängender Postanweisung,
   b) für Postprotestaufträge mit anhängender Zahlkarte.

Nicht von der Post bezogene Formblätter müssen in

Größe, Farbe und Papierstärke sowie im Aufdruck mit den amtlichen genau übereinstimmen.

IV. Der Auftraggeber hat auf der Vorderseite der Postauftragskarte anzugeben:

1. bei Postaufträgen zur Geldeinziehung Namen und Wohnort der Person, die zahlen soll, den einzuziehenden Betrag (XV Abs. 1), die Zahl der Anlagen und den eigenen Namen und Wohnort. Er kann auch den Tag angeben, an dem der Betrag eingezogen werden soll. Dieser Tag ist dann für die Vorzeigung maßgebend. Beantragt der Auftraggeber die Überweisung auf das Postscheckkonto eines Dritten, so hat er am Fuße der Vorderseite der Postauftragskarte „Zahlkarte PSchA (Ort) . . . . Konto Nr. . . . N. . . . . in N. . . . . .“ und auf dem Abschnitt der Zahlkarte seinen Namen zu vermerken;
2. bei Postaufträgen zur Annahmeeinholung Namen und Wohnort der Person, die die Annahmeerklärung abgeben soll, den Betrag der vorzuzeigenden Wechsel und den eigenen Namen und Wohnort. Er kann auch den Fälligkeitstag des Wechsels und die Wechselnummer angeben;
3. bei Postprotestaufträgen Namen und Wohnort der Person, die zahlen soll, die Wechselsumme, den Tag, an dem nach dem Inhalt des Wechsels zu zahlen ist, bei Wechseln, die auf Sicht lauten, den Tag, an dem der Wechsel vorgezeigt werden soll, ferner den eigenen Namen und Wohnort. Stimmen die Angaben in der Postauftragskarte über die Wechselsumme und den Zahlungstag mit denen des Wechsels nicht überein, so ist der Wechsel maßgebend. Ist auf dem Wechsel eine Teilzahlung vermerkt, so ist in die Postauftragskarte nur der noch nicht bezahlte Rest einzutragen.

Ist ein auf Sicht lautender Wechsel bereits vor Erteilung des Postauftrags zur Zahlung vorgezeigt worden, so hat der Auftraggeber auf der Rückseite der Postauftragskarte zu vermerken „Der Wechsel ist vorgezeigt worden am .... (Tag der Vorzeigung)".

Die Karten können ganz oder teilweise durch Druck, mit der Schreibmaschine usw. ausgefüllt werden. Der einzuziehende Betrag (Wechselsumme usw.) ist in Reichsmark[s] anzugeben und die Marksumme in Buchstaben zu wiederholen.

Der Auftraggeber hat die der Postauftragskarte anhängende Postanweisung oder Zahlkarte auszufüllen; der einzuziehende Betrag ist nach Abzug der Postanweisungs- oder Zahlkartengebühr einzutragen. Der Auftraggeber ist dafür verantwortlich[s], daß auf der anhängenden Postanweisung oder Zahlkarte der Empfangsberechtigte richtig bezeichnet ist.

V. Der Auftraggeber kann bei Postaufträgen zur Geldeinziehung oder zur Annahmeeinholung auf der Rückseite der Karte bestimmen, daß sie nach der ersten vergeblichen Vorzeigung oder dem ersten vergeblichen Versuch an ihn zurück- oder an eine andere Person innerhalb des Reichspostgebiets weitergesandt werden. Diesem Zweck dienen die Vermerke „Sofort zurück" oder „Sofort an N. in N." (s. XI Ziff. 1, Abs. 3) unter genauer Bezeichnung eines anderen Empfängers. Wünscht der Auftraggeber die Weitersendung an eine zur Aufnahme des Wechselprotestes befugte Person, so genügt der Vermerk „Sofort zum Protest" ohne Namensangabe.

VI. Die Postauftragskarte bleibt bei Einziehung des Betrags oder bei Annahme des Wechsels oder bei postseitiger Protestierung im Gewahrsam der Post; sie darf nur zu den nach IV und V zulässigen Angaben benutzt werden; Briefe dürfen nicht beigefügt werden.

VII. Der Postauftrag ist in einem verschlossenen Umschlag mit der Aufschrift „Postauftrag nach .... (Name der Bestimmungspostanstalt)“[10] einzuliefern. Als Bestimmungspostanstalt ist zu nennen

1. bei Postaufträgen zur Geldeinziehung und zur Annahmeeinholung die Postanstalt, die den Geldbetrag einziehen oder die Annahmeerklärung einholen soll;
2. bei Postprotestaufträgen die Postanstalt, zu deren Bezirk der im Wechsel angegebene Zahlungsort gehört, auch wenn die Person, die zahlen soll, nicht an dem im Wechsel angegebenen Zahlungsort wohnt, z. B. nach Ausstellung des Wechsels verzogen ist[11].

Soll der Postauftrag an einem bestimmten Tage vorgezeigt werden, so darf er nicht früher als 7 Tage vorher eingeliefert werden. Mehrere Postaufträge dürfen nicht zu einer Sendung vereinigt werden.

VIII. Die Einlieferung wird bescheinigt.

IX. Die Bestimmungspostanstalt läßt den Postauftrag dem Berechtigten vorzeigen, um den Geldbetrag gegen Aushändigung der quittierten Anlagen einzuziehen oder die schriftliche Annahmeerklärung des Berechtigten auf dem Wechsel zu erwirken. Als berechtigt, einen Postauftrag einzulösen, gelten die im § 40, I bis V bezeichneten Personen. Postaufträge zur Annahmeeinholung sind nur der in der Postauftragskarte genannten Person oder ihrem Bevollmächtigten vorzuzeigen. Wenn nicht bei der Post eine besondere Vollmacht für die Annahme von Wechseln niedergelegt ist, gilt jeder als bevollmächtigt, der berechtigt ist, für die in der Postauftragskarte bezeichnete Person Wertsendungen, deren Wertangabe 1 000 Reichsmark überschreitet, in Empfang zu nehmen (§ 40, VII).

Dem Antrag eines Wechselausstellers, einen von ihm[12] übersandten Betrag zur Deckung eines für den Bezogenen vorliegenden Postprotestauftrags zu verwenden, kann unter der Bedingung entsprochen werden, daß der Wechsel dem Bezogenen auszuhändigen ist. Verlangt der Wechselaussteller, daß der Wechsel an ihn ausgehändigt werde, so ist einem solchen Verlangen nur dann zu entsprechen, wenn der Bezogene nach Verständigung vom Sachverhalt sein schriftliches Einverständnis damit auf der Rückseite der Postauftragskarte abgibt.

An Sonntagen und allgemeinen Feiertagen werden keine Postaufträge vorgezeigt.

X. Der eingezogene Betrag wird dem Auftraggeber nach Abzug der Postanweisungs- oder Zahlkartengebühr durch Postanweisung (§ 22) übermittelt oder auf das in der Zahlkarte[13] angegebene Postscheckkonto überwiesen. Der angenommene Wechsel wird an den Auftraggeber ohne Verzug eingeschrieben (§ 15) zurückgesandt.

XI. Wird der Postauftrag nicht eingelöst, die Annahmeerklärung nicht erteilt oder bleibt der Versuch[14], den Postauftrag vorzuzeigen, erfolglos, so wird folgendermaßen verfahren:

1. Ist bei Postaufträgen zur Geldeinziehung und zur Annahmeeinholung der Berechtigte, der zahlen oder die Annahmeerklärung abgeben soll, nicht zu ermitteln oder verweigert er die Einlösung des Postauftrags oder die Abgabe der Annahmeerklärung, so wird der Postauftrag sofort gebührenfrei[32] zurück- oder weitergesandt (V).

   Auf Verlangen wird dem Berechtigten eine siebentägige Frist gewährt, die vom Tage nach der ersten Vorzeigung oder nach dem ersten Vorzeigeversuch an rechnet. Wird der Postauftrag bis zum letzten Tage der Frist nicht eingelöst oder die Annahmeerklärung nicht abgegeben, so wird der Auftrag an diesem Tage nochmals vorgezeigt und, wenn die Einlösung oder die Annahmeerklärung verweigert wird, sofort zurückgesandt. Bleibt die Vorzeigung oder der Versuch aus einem anderen Grunde erfolglos, so wird der Postauftrag noch bis zum Schluß der Postschalterstunden bei der Postanstalt zur Einlösung oder Annahmeerklärung bereitgehalten.

Die Einlösungsfrist wird nicht gewährt, wenn auf der Postauftragskarte „Sofort zurück“ oder „Sofort an N. in N.“ oder „Sofort zum Protest“ vermerkt ist. Solche Postaufträge hält die PAnst am Tage der ersten vergeblichen Vorzeigung oder des ersten Versuchs noch bis zum Schluß der Postschalterstunden zur Einlösung oder Annahmeerklärung bereit, schickt sie dagegen sofort zurück oder weiter, wenn der auf der Postauftragskarte angegebene Tag (IV) bereits verstrichen ist. Mit der Aushändigung des Postauftrags und seiner Anlagen an den Gerichtsvollzieher, Notar usw. oder den zweiten Empfänger ist die Aufgabe der Post erfüllt. Die Protestkosten hat der Auftraggeber unmittelbar an den Erheber des Protestes zu entrichten.

Teilzahlungen[15] werden bei Postaufträgen zur Geldeinziehung nicht angenommen.

Die Annahme eines Wechsels gilt als verweigert, wenn die Annahmeerklärung auf einen Teil der Wechselsumme beschränkt wird oder andere Einschränkungen enthält[16].

2. Postprotestaufträge werden, wenn die Wechselsumme nicht gezahlt wird oder der Vorzeigeversuch[14]

erfolglos bleibt, bei der PAnst bis zum Schluß der Postschalterstunden des ersten Werktags nach dem Zahlungstag des Wechsels zur Einlösung bereitgehalten. Wird auch bis dahin nicht gezahlt, so wird der Wechsel mit dem Postauftrag am zweiten Werktag nach dem Zahlungstag nochmals zur Zahlung vorgezeigt. Bleibt die zweite Vorzeigung oder der Versuch[14] erfolglos, so wird gegen die in der Postauftragskarte bezeichnete Person Protest nach den Vorschriften der Wechselordnung erhoben.

Schon nach der ersten Vorzeigung wird der Protest erhoben, wenn dabei die Zahlung ausdrücklich verweigert worden ist. Ebenfalls wird schon nach der ersten Vorzeigung oder nach dem ersten Versuch der Vorzeigung protestiert, wenn der Postprotestauftrag mit dem Vermerk „Ohne Protestfrist" versehen ist oder die Protestfrist mit dem Tage der Vorzeigung abläuft oder wenn die Person, die zahlen soll, am Zahlungsort des Wechsels weder einen Geschäftsraum (Geschäftslokal) noch eine Wohnung hat oder wenn es die Postanstalt aus einem anderen Grunde für erforderlich hält.

Als Zahlungsverweigerung gilt in jedem Fall nur die Erklärung der Person, die zahlen soll, oder ihres Bevollmächtigten[17].

XII. Der protestierte Wechsel wird mit der Protesturkunde eingeschrieben (§ 15) an den Auftraggeber unter Einziehung der Gebühren (XVI) und der etwa entstandenen Stempelkosten zurückgesandt.

Zahlt eine vom Aussteller des Wechsels nicht bezeichnete Person[18] innerhalb der Protestfrist als Ehrenzahler[19] die Wechselsumme und die Protestkosten (Anl. Ziff. 14) an den Postprotestbeamten, so wird ihr der Wechsel mit der Protesturkunde ausgehändigt.

XIII. Die Protesterhebung durch die Post unterbleibt,

1. wenn dem Postprotestauftrag Wechsel, die von der Protesterhebung durch die Post ausgeschlossen sind (I), oder mehrere Wechsel beigefügt sind;
2. wenn die für Postaufträge zur Geldeinziehung oder zur Annahmeeinholung vorgeschriebene Postauftragskarte (III) benutzt ist.

Postaufträge auf unrichtiger Postauftragskarte sowie Postaufträge, denen

Wechsel in französischer Sprache (I Abs. 2),
Wechsel mit Notanschrift (Notadresse) oder Ehrenannahme,
unter Vorlegung mehrerer Stücke desselben Wechsels oder unter Vorlegung der Urschrift und einer Abschrift zu protestierende Wechsel

beigefügt sind, werden zunächst dem Berechtigten (IX), bei Wechseln mit Notanschrift (Notadresse) oder Ehrenannahme nur dem Bezogenen[20] vorgezeigt. Bleibt die Vorzeigung oder der Versuch der Vorzeigung vergeblich, so werden sie an einen Gerichtsvollzieher, Notar usw. weitergegeben. Alle übrigen Postaufträge der unter 1 bezeichneten Art sowie Postaufträge auf Postauftragskarten zur Geldeinziehung mit Wechseln im Betrage von mehr als 1000 Reichsmark (I Abs. 2), die den Vermerk „Sofort zum Protest" tragen, werden ohne Vorzeigung (IX) an einen Gerichtsvollzieher, Notar usw. weitergegeben.

Die Protesterhebung durch die Post kann unterbleiben, wenn der Auftrag erst am letzten Tage der Protestfrist bei der Postanstalt eingeht, die den Protest zu erheben hat (VII Ziff. 2).

XIV. Solange der Postauftrag noch nicht eingelöst, nicht angenommen, zurückgesandt oder weitergesandt ist oder solange noch nicht Protest erhoben worden ist, kann der Absender unter Vorlegung eines Doppels der ausgefüllten Postauftragskarte und unter den sonstigen Bedingungen des § 35 den Postauftrag zurückziehen; bei Postaufträgen zur Geldeinziehung und zur Annahmeeinholung kann er auch die Angaben in der Postauftragskarte (III) ändern lassen. Bei den Anlagen sind nachträgliche Änderungen nicht zulässig.

[21]XV. Die Post haftet[22] bei Postaufträgen zur Geldeinziehung und Annahmeeinholung für die Postauftragsendung (VII) wie für einen eingeschriebenen Brief (§ 15) und für den eingezogenen Betrag wie für die auf Postanweisungen (§ 22) eingezahlten[23] Beträge. Sind die Anlagen eines Postauftrags ohne ordnungsmäßige[24] Einziehung des Postauftragsbetrags (IX) ausgehändigt worden, so ersetzt[22] die Post dem Absender[25] vorbehaltlich der Abtretung[26] seines Anspruchs gegen den Empfänger der Anlagen, den unmittelbaren[27] Schaden bis zum Betrag des Postauftrags (IV Abs. 1 Ziff. 1). Eine weitergehende Gewähr, insbesondere für rechtzeitige[25] Vorzeigung oder für rechtzeitige[27] Rück- oder Weitersendung des Postauftrags leistet sie nicht; sie übernimmt auch keinerlei Verpflichtung[26] zur Erfüllung der besonderen Vorschriften des Wechselrechts.

Bei Postprotestaufträgen haftet die Post für die ordnungsmäßige[24] Ausführung eines vorschriftsmäßigen[24] Protestauftrags (I bis IV) nach § 4 des Gesetzes, betreffend die Erleichterung des Wechselprotestes, vom 30. Mai 1908 (RGBl. S. 321)[28]. Diese Haftung beginnt mit dem Eingang des Postauftrags bei der Postanstalt, die den Protest zu erheben hat (VII Ziff. 2), und endet, sobald der protestierte Wechsel nebst Protesturkunde zur Beförderung an den Auftraggeber eingeliefert worden ist (XII). Bis zum Eingang des Postauftrags bei der Postanstalt, die den Protest zu erheben hat, haftet die Post wie für einen eingeschriebenen Brief (§ 15). In demselben Umfang haftet sie für den Brief mit dem protestierten Wechsel und der Protesturkunde, sobald er von der Postanstalt zur Beförderung an den Auftraggeber eingeliefert worden ist. Wird die Wechselsumme gezahlt, so haftet die Post für den eingezogenen Betrag wie für die auf Postanweisungen eingezahlten[23] Beträge.

Für die Beförderung von Postprotestaufträgen, die an einen Gerichtsvollzieher, Notar usw. weitergegeben werden, haftet die Post wie für einen eingeschriebenen Brief (§ 15).

XVI. Für Postaufträge werden erhoben

1. die Gebühr für einen Einschreibbrief (§ 15 IV);
2. eine Vorzeigegebühr;
3. a) für die Übermittlung des eingezogenen Betrags die Postanweisungsgebühr nach der Anlage oder die Zahlkartengebühr nach der Postscheckordnung (Gebührenübersicht);
   b) für die Rücksendung des angenommenen Wechsels die Gebühr für einen freigemachten Einschreibbrief;
4. wenn die Wechselsumme nicht gezahlt worden ist
   a) eine Gebühr für die Erhebung des Postprotestes,
   b) für die Rücksendung des protestierten Wechsels und der Protesturkunde die Gebühr für einen freigemachten Einschreibbrief.

Zur Zahlung der Gebühren zu 1, 2 und 4[29] sowie zur Erstattung der nach den Landesgesetzen etwa entstehenden

Stempelkosten für die Protesturkunde ist der Auftraggeber verpflichtet[30].

Die Gebühren zu 1 und 2 sind vorauszuzahlen (§ 1 III). Die Postanweisungs- und die Zahlkartengebühr (3a) werden von dem eingezogenen Betrag abgezogen. Die Gebühren unter 3b und unter 4 nebst den landesgesetzlichen Stempelkosten werden bei Übersendung des angenommenen oder des protestierten Wechsels erhoben[31].

XVII. Die Vorschriften dieses Paragraphen über Protestaufträge[32] gelten sinngemäß auch für Schecks, die protestiert werden sollen.

1 Kein BGB-Auftrag (§§ 662 ff.); Vorg.: PMandate nach VO 22. 9. 1871 (PABl. S. 333), umbenannt: § 20 PO 1874. PAuftr zur Annahmeeinholung (seit 1. 8. 1876) s. erstmals § 20 PO 8. 3. 1879 (Zentralbl. S. 185).

2 WechselO Art. 21

3 Auch Schecks, s. XVII.

4 WechselO Art. 41.

5 Soweit die PO das PProtestgeschäft regelt, ist sie DurchführungsVO zu § 3 Abs. 2 Ges 30. 5. 1908 (RGBl. S. 321). Der PBeamte ist Protestbeamter i. S. des Art. 87 WechselO (s. d. § 1 zu V); er unterliegt dem § 839 BGB; wegen seiner Pflicht zur Wechselsteuerprüfung s. § 18 Ges (Bek) 10. 8. 1923 (RGBl. I S. 778, 779). Dem PProtestbeamten stehen Personen gleich, denen von der PVerw die Aufnahme von PProtesten übertragen wird (Ges 18. 12. 1926, RGBl. I S. 506). Die PO gilt hinsichtlich der PProtestbesorgung auch im Verkehr zwischen dem RPGebiet und der Freien Stadt Danzig.

6 Ausnahmen zufolge § 3 Abs. 2 Ges 30. 5. 1908 (RGBl. S. 321).

7 Auch Schecks.

8 S. § 16 Anm. 1.

9 Dekl.; s. PG § 6 Abs. 3 zu a und PO § 21 III Abs. 2.

10 Hieraus folgert die PPraxis, daß PAufträge an Gemeinschuldner nicht dem § 121 KonkursO unterliegen; vgl. § 6 Abs. 4 ZustAnw. (S. 324).

11 §§ 46 I u. 47 I zu 1.

12 Vgl. dagegen XII Abs. 2.

13 § 3 PScheckG, § 2 PScheckO (S. 365 u. 373).

14 D. i. der ersten; s. V.

15 Die P ist nicht Wechselinhaber i. S. des Art. 98 WechselO; so erstmals § 20 PO 1917.

16 Entspricht nur zufällig der wechselrechtlichen Lage.

17 S. IX Abs. 1.

18 Vgl. IX Abs. 2.

19 WechselO Art. 62.

20 WechselO Art. 4 Ziff. 7.

21 S. §§ 6 (Abs. 4) und 13 PG. Keine Gewähr für die Ausführung des Auftrags nach XIV, vgl. § 21 Anm. 12.

22 Selbständiges PO-Haftungsrecht im PGeldVerk; s. § 6 Anm. 1 PG, Leitsatz II. Der Anspruch ist klagbar.

23 Die Tatsache der Einzahlung wird nicht erfordert.

24 D. i. PO-mäßige Einlieferung.

25 Entsprechend § 6 Abs. 1 und 2 PG.

26 Bis auf Höhe der P-Betragshaftung; der abgetretene Anspruch ist von der P aus BGB einklagbar.

27 Gegensatz des „mittelbaren" Schadens nach § 12 PG.

28 D. i. dem Grunde nach besteht BGB-Haftung (§ 278), dem Betrage nach nicht über den wechselmäßigen Regreßanspruch hinaus (Art. 50, 51 WechselO).

29 Auch derjenigen zu 3; s. Abs. 3.

30 S. § 25 PG.

31 Ohne die Nachgebühr nach § 1 III Abs. 2.

32 S. Ges 29. 4. 1920 (S. 396).

33 Auch über PAufträge zur Geldeinziehung, s. Anm. 7.

§ 21.

Nachnahmesendungen[1].

I. Postnachnahme ist bis zu 1 000 Reichsmark[2] einschließlich bei Briefsendungen (§ 1) und Paketen (§ 14) zulässig. Ausgenommen sind Bahnhofsbriefe und

Bahnhofszeitungen (§ 26) und Briefe mit Zustellungsurkunde (§ 27). Über Nachnahme bei Päckchen s. § 13 IV.

II. Briefsendungen und Pakete, deren Nachnahmebetrag dem Absender durch Postanweisung (§ 22) übermittelt werden soll, müssen in³ der Aufschrift (§ 3) den Vermerk enthalten „Nachnahme . . . . . . Reichsmark . . . . Rpf." (Marksumme in Ziffern und Buchstaben) und unmittelbar darunter Namen und Wohnort — in größeren Städten auch die Wohnung — des Absenders. Auf den Nachnahmepaketkarten (§ 14 I) und Nachnahmekarten (§ 7) sind Name und Wohnort des Absenders nicht nötig.

Briefsendungen und Pakete, deren Nachnahmebetrag dem Absender oder einem Dritten durch Zahlkarte (§ 3 PScheckG) überwiesen werden soll, müssen in³ der Briefaufschrift oder auf dem Paket den Vermerk enthalten „Nachnahme . . . . . . Reichsmark . . . Rpf." (Marksumme in Ziffern und Buchstaben) und unmittelbar darunter „Zahlkarte PSchA (Ort) . . . . Konto Nr. . , . . N. . . . . in N. . . . . .".

Beantragt der Absender bei der Nachnahme die Überweisung auf das Postscheckkonto eines Dritten, so hat er auf dem Abschnitt der Zahlkarte seinen Namen anzugeben.

III. Der Absender hat bei Paketen oder Karten mit Nachnahme Nachnahmepaketkarten und Nachnahmekarten mit anhängender Postanweisung oder Zahlkarte zu verwenden; jeder anderen Nachnahmesendung hat er eine Postanweisung oder Nachnahmezahlkarte haltbar befestigt beizufügen. Nicht von der Post bezogene Formblätter müssen in Größe, Farbe und Papierstärke sowie im Aufdruck mit den amtlichen genau übereinstimmen.

Der Absender hat die Formblätter vor der Einlieferung auszufüllen; auf den Postanweisungen und Zahlkarten ist der einzuziehende Nachnahmebetrag nach Abzug der Postanweisungs- oder Zahlkartengebühr (XI, 3) einzutragen. Der Absender ist dafür verantwortlich[4], daß der Empfangsberechtigte in den von ihm ausgefüllten Postanweisungen oder Zahlkarten richtig bezeichnet ist.

IV. Der Nachnahmebetrag wird bescheinigt[5]. Wird die Einlieferung der Sendung ohnehin[6] bescheinigt, so wird der Nachnahmebetrag dabei mit vermerkt.

V. Am Bestimmungsort wird die Nachnahmesendung dem Empfänger vorgezeigt[7] und gegen[8] den Nachnahmebetrag ausgehändigt[9]. Bei Karten mit Nachnahme ist dem Empfänger auf Verlangen die Einsichtnahme zu gestatten.

An Sonntagen und allgemeinen Feiertagen werden nur Nachnahmesendungen mit dem Vermerk „Durch Eilboten" (§ 24) oder „Postlagernd" (§ 42) und auch diese nur zum ersten Male (VII) vorgezeigt.

VI. Der eingezogene Betrag wird in der vom Absender vorgeschriebenen Weise (II) abgeführt.

VII. Auf Verlangen wird dem Empfänger eine siebentägige Einlösungsfrist gewährt, die vom Tage nach dem Eingang an rechnet. Sonntage und allgemeine Feiertage, an denen die Nachnahmesendung bestimmungsgemäß nicht vorgezeigt worden ist, zählen dabei nicht mit. Wird die Sendung bis zum letzten Tage der Frist nicht eingelöst, so wird sie an diesem Tage nochmals vorgezeigt und, wenn die Einlösung verweigert wird, sofort zurückgesandt. Bleibt die Vorzeigung oder der Versuch aus einem anderen Grunde erfolglos, so wird die Sendung noch bis zum Schluß der Postschalterstunden zur Einlösung bereitgehalten.

Die Einlösungsfrist wird nicht gewährt, wenn die Aufschrift (bei Paketen auch die Nachnahmepaketkarte) den

Vermerk „Sofort zurück“[10] oder eine ähnliche Angabe enthält.

Nachnahmesendungen mit dem Vermerk „Postlagernd“ werden 7 Tage lang[11] vom Tage nach dem Eingang zur Verfügung des Empfängers gehalten, wenn er nicht vorher die Annahme verweigert.

Bei Nachsendung (§ 46) wird die Einlösungsfrist von 7 Tagen für jeden neuen Bestimmungsort besonders berechnet.

VIII. Wird die Einlösung der Nachnahme verweigert, so wird die Sendung sofort zurückgeschickt, wenn sie nicht zunächst als unzustellbar zu melden ist (§ 47, III).

IX. Der Absender kann unter den Bedingungen des § 35 nachträglich die Nachnahme streichen oder ändern lassen oder bestimmen, daß bereits abgesandte Sendungen ohne Nachnahme nur gegen Zahlung eines Nachnahmebetrags ausgeliefert werden. Eine Gewähr für die Ausführung der Anträge wird nicht übernommen[12].

X. Ist eine Nachnahmesendung ohne[13] ordnungsmäßige Einziehung des Nachnahmebetrags ausgehändigt worden, so ersetzt[14] die Post dem Absender, vorbehaltlich der Abtretung[15] seines Anspruchs gegen den Empfänger, bei Einschreib- und Wertsendungen sowie bei gewöhnlichen Paketen (§§ 14—16) den unmittelbaren[16] Schaden bis zum Betrag der Nachnahme (11).

XI. Für Nachnahmesendungen werden erhoben

1. die Gebühr für gleichartige Sendungen ohne Nachnahme, bei Einschreib- und Wertsendungen auch die Einschreib- und die Versicherungs- und die Behandlungsgebühr;
2. eine Vorzeigegebühr;
3. für die Übermittlung des eingezogenen Betrags die Postanweisungsgebühr nach der Anlage oder die

Zahlkartengebühr nach der Postscheckordnung (Gebührenübersicht).

Die Gebühren zu 1 und 2 sind vorauszuentrichten. Die Postanweisungs- und die Zahlkartengebühr werden von dem eingezogenen Betrag abgezogen.

1 Vorg: PVorschußsendungen nach § 28 prPRegl 1852, umbenannt: § 18 PO 1879.

2 § 16 Anm. 1 und 6.

3 Die folgende Textabweichung des Abs. 1 gegen Abs. 2 ist belanglos.

4 § 20 Anm. 9.

5 Dadurch gewinnt die gewöhnliche NachnSendung nicht die Eigenschaft einer Einschreibsendung.

6 §§ 13 VI, 14 V, 15 III, 16 V.

7 Vorzeigeversuch genügt nicht; anders PAufträge (s. § 20 V, XI).

8 Ordnungsvorschrift; kein Anspruch des Abs.

9 Keine nachträgliche Rückgabe an die P gegen Rückempfang des NachnBetrags.

10 Vgl. § 20 XI zu 1 Abs. 3.

11 § 47 I Ziff. 4.

12 Vgl. § 20 Anm. 21.

13 Bei ordnungsmäßiger Einziehung gilt dasselbe wie nach § 20 XV (Anm. 23).

14 Selbständiges VO-Haftungsrecht, wie § 20 Anm. 22; Vorg.: VO 12. 11. 1912 (Zentralbl. S. 830); der Anspruch ist klagbar.

15 § 20 Anm. 26.

16 § 20 Anm. 27.

§ 22.

Postanweisungen[1].

a) Gewöhnliche Postanweisungen.

I. Geldbeträge bis 1 000 Reichsmark[2] einschließlich können durch Postanweisung übermittelt werden.

II. Nicht von der Post bezogene Formblätter zu Postanweisungen müssen in Größe, Farbe und Papierstärke sowie im Aufdruck mit den amtlichen genau übereinstimmen.

III. Die Postanweisung ist vom Absender auszufüllen. Der Betrag ist in Reichsmark[2] anzugeben, die Marksumme in Ziffern und Buchstaben. Bei Postanweisungen mit anhängendem Posteinlieferungsschein ist auch dieser vom Absender auszufüllen.

IV. Der Abschnitt der Postanweisung dient zu Mitteilungen des Absenders.

V. Die Post kann verlangen, daß bei Einzahlungen über hohe Beträge die Geldscheine kassenmäßig verpackt werden. Die Einzahlung des Betrags wird bescheinigt.

VI. Die Auszahlung hat der Empfänger auf der Rückseite zu bescheinigen; den Abschnitt kann er abtrennnen.

VII. Die Postanweisung und die Freimarken gehen bei der Einlieferung in das Eigentum der Post über; sie müssen ihr auch dann zurückgegeben werden, wenn auf die Auszahlung des Betrags verzichtet oder seine Annahme verweigert wird.

VIII. Stehen der Bestimmungspostanstalt die erforderlichen Geldmittel nicht zur Verfügung, so wird der Betrag ausgezahlt, nachdem die Mittel beschafft sind[3].

IX. Verliert der Empfänger[4] eine Postanweisung, so hat er dies der Bestimmungspostanstalt mitzuteilen. Diese setzt die Zahlung bis auf weiteres aus. Der Empfänger muß den Absender veranlassen, ein Doppel der Postanweisung auszufertigen und dessen Übersendung bei der Aufgabepostanstalt zu beantragen. Bei dem Antrag ist die Einlieferungsbescheinigung über die abhanden gekommene Postanweisung vorzulegen. Das Doppel wird von dem Aufgabe- nach dem Bestimmungsort gebührenfrei übersandt.

b) Telegraphische Postanweisungen.

X. Auf Postanweisungen eingezahlte Beträge werden auf Verlangen des Absenders telegraphisch überwiesen. Derartige Postanweisungen sind in unbeschränkter Höhe[2] zugelassen.

XI. Für telegraphische Postanweisungen ist ein besonderes Formblatt zu verwenden, das von den Postanstalten zu beziehen ist; nichtamtliche Formblätter werden nicht zugelassen. Das Formblatt ist mit Ausnahme der Postvermerke vom Absender auszufüllen. Die Anwendung einer abgekürzten Telegrammanschrift[5] ist nicht zulässig. Mitteilungen für den Empfänger sind in das Überweisungstelegramm aufzunehmen.

XII. Die Bestimmungen des § 22, III, V, VII, VIII und IX gelten sinngemäß auch für telegraphische Postanweisungen.

XIII. Von Orten ohne Telegraphenanstalt wird das Überweisungstelegramm eingeschrieben[6] mit der nächsten Postgelegenheit der Telegraphenanstalt übersandt, die am schnellsten zu erreichen ist oder die das Telegramm nach Lage ihrer Dienststunden am schnellsten dem Bestimmungsort zuführen kann.

XIV. Nach Postorten ohne Telegraphenanstalt wird das Überweisungstelegramm von der letzten Telegraphenanstalt mit der nächsten Postgelegenheit eingeschrieben[6] weiterbefördert.

XV. An Gebühren sind zu entrichten

1. eine nach der Höhe des Postanweisungsbetrags gestaffelte Gebühr und
2. die Telegraphengebühr für die in das Überweisungstelegramm aufgenommenen Mitteilungen für den Empfänger (XI).

Die Gebühren hat der Absender vorauszuzahlen.

XVI. Telegraphische Postanweisungen werden am Bestimmungsort nach den Vorschriften für Eilsendungen (§ 24, II) zugestellt, wenn sie nicht mit dem Vermerk „Postlagernd" (§ 42) oder „Telegraphenlagernd" versehen sind. Der Betrag wird gegen Empfangsbescheinigung auf dem zurückzugebenden Telegramm gezahlt.

XVII. Nachgesandt (§ 46) werden telegraphische Postanweisungen in der Regel auf dem Postwege, telegraphisch nur dann, wenn es der Absender ausdrücklich vorgeschrieben oder der Empfänger beantragt hat. Auch gewöhnliche Postanweisungen werden auf Verlangen des Absenders oder Empfängers telegraphisch nachgesandt.

Für die telegraphische Nachsendung einer gewöhnlichen Postanweisung wird die Gebühr für eine telegraphische Postanweisung desselben Betrags (XV, 1) und für die telegraphische Nachsendung einer telegraphischen Postanweisung die Gebühr für ein Telegramm nach der neuen Wortzahl erhoben.

1 Vorg.: pr. AllerhErl 24. 5. 1848 (GS. S. 165); die „baren Einzahlungen" nach § 27 prPRegl 1852; umbenannt: § 17 PRegl 1867. Keine BGB-Anweisung (§§ 783 ff.).

2 § 16 Anm. 1.

3 Keine Verzugshaftung (Zinsen), s. § 6 PG, auch wegen der sonstigen Haftung bei PAnw.

4 Bei Verlust im PBetriebe kein Anspruch (vgl. Anm. 3) vor Wiederauffindung oder Betriebsabrechnung.

5 § 14 TelO 30. 6. 1926 (PABl. S. 447).

6 § 15.

§ 23.

Postkreditbriefe[1].

I. Postkreditbriefe können auf alle durch 100 teilbare Summen bis 5 000 Reichsmark[2] ausgestellt werden. Sie gelten 6 Monate, vom Tage der Ausstellung an gerechnet.

II. Die Postkreditbriefe werden von den Postscheckämtern ausgefertigt. Bestellungen nimmt jede Postanstalt entgegen. Der Besteller zahlt den Betrag, auf den der Kreditbrief lauten soll, mit Zahlkarte an das von ihm zu bestimmende Postscheckamt zur Gutschrift auf ein anzulegendes Kreditbriefkonto[3] und bezeichnet in der Zahlkarte die Person, für die der Kreditbrief ausgestellt werden soll, genau nach Namen, Wohnort und Wohnung. Soll der Kreditbrief an eine andere Anschrift gesandt werden, so ist dies auf dem Abschnitt zu vermerken. Der Besteller kann den Betrag auch von seinem Postscheckkonto auf das anzulegende Kreditbriefkonto überweisen. Der Kreditbrief wird der Person, für die er ausgestellt ist, gebührenfrei übersandt. Die Post haftet jedoch nicht für die rechtzeitige Aushändigung des Postkreditbriefs[4].

III. Die Person, auf die der Kreditbrief lautet, kann bei jeder Postanstalt, der sie den Kreditbrief vorlegt, während der Postschalterstunden Beträge des Guthabens abheben; sie hat sich durch den im Kreditbrief angegebenen behördlichen Ausweis mit Lichtbild und eigenhändiger Unterschrift auszuweisen. Die Beträge müssen durch 100 teilbar sein. Mehr als $^1/_{10}$ des Meistbetrags darf die Person, auf die der Kreditbrief lautet, an einem Tage nicht abheben. Sie bescheinigt den Empfang auf einem der im Kreditbrief enthaltenen Formblätter, das der auszahlende Beamte aus dem Hefte trennt. Handschriftlich dürfen die Formblätter nur mit Tinte ausgefüllt werden.

IV. Stehen der Auszahlungspostanstalt die erforderlichen Geldmittel nicht zur Verfügung, so wird der Betrag ausgezahlt, nachdem die Mittel beschafft sind[5].

[6]V. Die Post haftet für die auf Kreditbriefkonto gutgeschriebenen Beträge wie für Postanweisungen[7].

Nach der ordnungsmäßigen Aushändigung des Kreditbriefs trägt die Person, auf die der Kreditbrief lautet, alle Nachteile, die aus Verlust oder Mißbrauch des Postkreditbriefs entstehen. Sie hat den Verlust unverzüglich der Postanstalt ihres Aufenthaltsorts anzuzeigen. Diese veranlaßt, falls Zweifel über die Person nicht bestehen, die Ausstellung eines neuen Postkreditbriefs.

Wird im Falle des Verlustes die Rückzahlung des Restguthabens verlangt, so ist der Nachweis der Einzahlung durch den Einlieferungsschein, bei Überweisungen durch Angabe des Tages der Überweisung oder durch sonstige glaubwürdige Angaben zu erbringen.

Beim Verlust des Postkreditbriefs darf nicht früher als 3 Wochen nach Verfall des Kreditbriefs ein neuer Postkreditbrief ausgestellt oder das Restguthaben zurückgezahlt werden.

VI. Vom Besteller werden erhoben

1. für die Einzahlung mit Zahlkarte die Zahlkartengebühr (Postscheckordnung, Gebührenübersicht),
2. die Auszahlungsgebühr nach der Anlage.

Der Besteller hat die Zahlkarte vor der Einlieferung mit Freimarken in Höhe der Gebühren unter 1 und 2 freizumachen; erfolgt die Bestellung mit Überweisung von einem Postscheckkonto, so wird die Gebühr unter 2 von diesem Postscheckkonto abgebucht. Wird das Guthaben nicht ganz abgehoben, so wird die Auszahlungsgebühr für den nicht abgehobenen Teil nicht erstattet.

Nach Ablauf der Gültigkeitsdauer zahlt das Postscheckamt, das den Kreditbrief ausgefertigt hat, auf Antrag der Person, auf die der Kreditbrief lautet, das Restguthaben zurück. Dem Antrag muß der Kreditbrief mit den übriggebliebenen Formblättern beiliegen.

1 Vorg.: VO 23. 4. 1914 (Zentralbl. S. 264). Keine BGB-Anweisung auf Schuld (§ 787). 2 § 16 Anm. 1.

3 Keine Leistung der P aus der Urkunde, sondern nur auf Grund der Einzahlung; vgl. § 22; daher der PKreditbf wesentlich eine PAnw (§ 22) mit Auszahlung in Teilbeträgen und durch Abholung (§ 44).

4 PG-Prinzip: keine Haftung f. mittelb. Schaden (s. d. § 12). Vorg.: § 21 PO 1921. Der Anspruch ist klagbar.

5 § 22 Anm. 3.

6 Selbständiges PO-Haftungsrecht; vgl. § 20 Anm. 22.

7 § 6 Abs. 4 PG; keine Haftung nach PScheckG § 9.

§ 24.

Durch Eilboten zuzustellende Sendungen.

I. Postsendungen (ausgenommen Briefe mit Zustellungsurkunde, § 27) werden auf Verlangen des Absenders durch besondere[1] Boten zugestellt (Eilzustellung). Zu diesem Zweck hat der Absender (s. jedoch IX) in der Aufschrift, bei Paketen auch auf der Paketkarte, den Vermerk „Durch Eilboten" niederzuschreiben, ihn rot zu unterstreichen und die ganze Aufschriftseite mit einem liegenden roten Kreuz zu versehen. Vermerke wie „Dringend", „Eilig" usw. reichen zur Kennzeichnung des Verlangens der Eilzustellung nicht aus.

II. Sendungen, für die Eilzustellung verlangt ist, werden sogleich nach der Ankunft zugestellt, zwischen 22 Uhr und 6 Uhr aber nur dann, wenn der Absender dem Eilzustellvermerk (I) hinzugefügt hat „auch nachts".

III. Der Absender kann die Gebühr für die Eilzustellung (V) vorausbezahlen oder die Zahlung dem Empfänger überlassen. Im Falle der Vorauszahlung hat er der Aufschrift den Vermerk „Bote bezahlt" hinzuzufügen.

IV. Vom Eilboten werden abgetragen

a) im Ortszustellbezirk gewöhnliche und eingeschriebene Briefsendungen, Pakete, Wertsendungen und Postanweisungen nach Maßgabe des § 38,

b) im Landzustellbezirk gewöhnliche und eingeschriebene Briefsendungen, Pakete bis zum Gewicht von 5 kg, Wertsendungen bis 1 000 Reichsmark einschließlich und Postanweisungen mit den Geldbeträgen.

Bei Wertsendungen mit höherer Wertangabe sowie bei Paketen über 5 kg nach dem Landzustellbezirk überbringt der Eilbote nur den Ablieferungsschein oder die Paketkarte[2]. Die Post ist berechtigt, die bezeichneten Gewichts- und Wertgrenzen für bestimmte Orte oder Gebiete dauernd oder vorübergehend zu erweitern und die Gebühren (Anlage) entsprechend zu erhöhen, anderseits kann sie für Wertsendungen, Postanweisungen oder Pakete die Eilzustellung während der Nachtzeit (II) beschränken.

V. A. Bei Vorauszahlung der Eilzustellgebühren durch den Absender werden einheitliche Sätze erhoben

1. für jede Briefsendung, jede Postanweisung mit und ohne den zugehörigen Geldbetrag, jeden Wertbrief, jede ohne das zugehörige Paket zugestellte Paketkarte und jeden ohne die zugehörige Sendung zugestellten Ablieferungsschein
   a) nach dem Ortszustellbezirk,
   b) nach dem Landzustellbezirk;
2. für jedes Paket (einschließlich der zugehörigen Paketkarte)
   a) nach dem Ortszustellbezirk,
   b) nach dem Landzustellbezirk;

B. Wenn der Empfänger die Eilzustellgebühr zu zahlen hat, sind bei allen Sendungen die wirklichen Botenkosten, mindestens aber für jede Sendung die für die Vorauszahlung (A) geltenden Sätze zu entrichten.

Werden mehrere Briefsendungen an denselben Empfänger gleichzeitig abgetragen, so wird bei Zahlung der Gebühren durch den Empfänger für die erste Briefsendung der volle Betrag, für jede weitere Briefsendung eine ermäßigte Gebühr erhoben.

Was im Falle B etwa an Eilzustellgebühr vorausbezahlt ist, wird dem Empfänger zugute gerechnet; die für etwa gleichzeitig abzutragende Telegramme vorausbezahlte Zustellgebühr bleibt hierbei außer Betracht.

VI. Reichen bei Briefsendungen, die im Briefkasten vorgefunden werden, die Freimarken zur Deckung der Gebühren für Beförderung und Eilzustellung (V A) nicht aus, so werden die Sätze unter V B abzüglich des die Beförderungsgebühr übersteigenden Wertes der Freimarken erhoben.

VII. Vom Einlieferungsort nach einem anderen Postort werden keine Sendungen durch Eilboten befördert. Dagegen können Sendungen, die einer Postanstalt von einer anderen zugehen, nach einer dritten durch Eilboten befördert werden, wenn diese nicht über 15 km entfernt ist. In diesen Fällen muß die Aufschrift unter der Angabe des Bestimmungsorts den Vermerk enthalten „Von ...... (Bezeichnung der Postanstalt, von der aus die Beförderung durch Eilboten erfolgen soll) durch Eilboten". Für derartige Eilsendungen sind stets die wirklichen Botenkosten, mindestens aber die im Falle der Vorausbezahlung (V A) für die Landzustellung geltenden Gebührensätze zu entrichten. Der Absender hat auf Verlangen einen angemessenen Betrag zur Deckung dieser Kosten zu hinterlegen.

VIII. Hat der Absender die Eilzustellgebühr nicht oder nicht voll vorausbezahlt und verweigert der Empfänger die Zahlung, so ist die Sendung als unzustellbar zu behandeln und dem Absender gegen Entrichtung[3] der nach V B oder nach VI zu berechnenden Gebühr zurückzugeben (§§ 47, 48).

IX. Auch auf Antrag des Empfängers kann ausnahmsweise Eilzustellung stattfinden, wenn es der Dienstbetrieb erlaubt. Dann ist die Eilzustellgebühr nach V B zu erheben, aber ohne die Ermäßigung bei gleichzeitigem Abtragen mehrerer Gegenstände.

1 Gewöhnl. Zustellung s. § 38.

2 Weiteres s. § 45.

3 § 25 PG.

§ 25.

Bahnhofsbriefe und Bahnhofszeitungen.

I. Wünscht ein Empfänger Briefe eines bestimmten Absenders am Bahnhof unmittelbar nach Ankunft der Eisenbahnzüge in Empfang zu nehmen (Bahnhofsbriefe), so hat er dies der Postanstalt seines Wohnorts mitzuteilen, die ihm gegen die festgesetzte Gebühr (IV) einen Ausweis aushändigt.

II. Der Empfänger muß den Absender veranlassen, die Bahnhofsbriefe stets zu dem gleichen Zuge aufzuliefern.

III. Die Briefe müssen den Vorschriften der Postordnung entsprechen; die Umschläge müssen einen breiten roten Rand haben und am Kopfe in großen Buchstaben die Bezeichnung „Bahnhofsbrief“ tragen.

IV. Bahnhofsbriefe müssen vom Absender freigemacht werden. Die vom Empfänger vorauszuzahlende Gebühr für die tägliche Aushändigung je eines mit einem bestimmten Eisenbahnzug beförderten Briefes desselben Absenders wird für den Kalendermonat oder, wenn die Beförderung für kürzere Fristen erfolgen soll, für die Kalenderwoche berechnet.

V. Zeitungen, die Bahnhofsbuchhändler oder andere

Zeitungsvertriebsstellen am Bahnhof unmittelbar nach Ankunft der Eisenbahnzüge in Empfang nehmen wollen, können von den Verlegern unter der Bezeichnung „Bahnhofszeitungen" versandt werden. Beabsichtigt ein Verleger, Bahnhofszeitungen zu versenden, so hat er dies für jede Zeitung vorher der Verlagspostanstalt mitzuteilen. Das Nähere hierüber sowie über Ort und Zeit der Einlieferung der Sendungen und über Art und Form ihrer Aufschrift bestimmt die Post. Die Sendungen dürfen nicht schwerer als 20 kg sein, sie sind vom Verleger selbst zu fertigen. Dem Empfänger wird gegen Vorzeigung der Mitteilung des Verlegers, daß für ihn Bahnhofszeitungen abgesandt werden, von der Bestimmungspostanstalt kostenlos ein Ausweis ausgehändigt.

VI. Für Bahnhofszeitungen wird eine Gebühr erhoben, die der Verleger auf den Sendungen durch Freistempler (§ 51 I) zu verrechnen hat. In Ausnahmefällen kann unter den von der Post festzusetzenden Bedingungen die Freimachung durch Postwertzeichen zugelassen werden. Die Höhe der Gebühr für eine Sendung wird bestimmt nach dem Gewicht, das sich aus dem durchschnittlichen Gewicht einer Zeitungsnummer, vervielfältigt mit der Zahl der in die Sendung aufgenommenen Nummerstücke, ergibt. Das durchschnittliche Nummergewicht wird für jedes Kalendervierteljahr nach dem Gewicht aller für den zweiten Monat des vorhergegangenen Kalendervierteljahrs gelieferten Nummern einschließlich der außergewöhnlichen Beilagen ermittelt, und zwar wird es bei den Tageszeitungen für jede Tagesausgabe an den Werktagen und an den Sonntagen besonders festgestellt. Für neu erscheinende Zeitungen wird das durchschnittliche Nummergewicht bis zur Anwendbarkeit der vorstehenden Bestimmungen von der Verlagspostanstalt im Benehmen mit dem Verleger anschlagsweise berechnet.

Nicht- oder unzureichend freigemachte Sendungen werden dem Verleger zur vollständigen Freimachung zurückgegeben, falls dadurch die Beförderung der Sendungen nicht verzögert wird. Andernfalls wird für solche Sendungen das Doppelte des fehlenden Betrags unter Rundung auf volle 5 RPf. nach oben, jedoch für jede Sendung mindestens der Betrag von 10 RPf. von dem Verleger nacherhoben. Die Empfänger haben auf Verlangen der Bestimmungspostanstalt die Aufschriftzettel der ihnen zugegangenen Sendungen bei deren Aushändigung zurückzugeben.

Verlegern, die auf ihren Sendungen wiederholt unrichtige Zahlen für die Gebührenberechnung angeben, oder die häufig nicht- oder unzureichend freigemachte Sendungen einliefern, kann das Recht, Bahnhofszeitungen zu versenden, entzogen werden[1].

VII. Bahnhofsbriefe und Bahnhofszeitungen werden nur gegen Vorzeigung des Ausweises (I) ausgehändigt. Meldet sich der Abholer nicht rechtzeitig, so werden die Bahnhofsbriefe stets, die Bahnhofszeitungen dagegen nur auf ausdrücklichen Antrag des Empfängers gegen die im § 24, V B festgesetzte Gebühr durch Eilboten zugestellt. Für nicht abgeholte Bahnhofszeitungen gelten im übrigen die Bestimmungen im § 30, XVIII.

VIII. Über die Unzulässigkeit des Einschreibens, der Wertangabe und Nachnahme bei Bahnhofsbriefen und Bahnhofszeitungen s. §§ 15, 16 und 21.

1 Dekl.; s. § 3 PG.

§ 26.

Dringende Pakete.

I. Auf Verlangen des Absenders werden gewöhnliche Pakete sowie unversiegelte Wertpakete (§§ 14 I, 16 II) mit den schnellsten Postgelegenheiten (§ 34) befördert.

II. Dringende Pakete müssen augenfällig durch einen farbigen Zettel gekennzeichnet sein, der in fettem schwarzem Druck oder deutlich und groß geschrieben die Bezeichnung „Dringend" trägt. Die Paketkarten sind mit dem gleichen Vermerk zu versehen. Über die Zustellung durch besondere Boten (Eilzustellung) s. § 24.

III. Für dringende Pakete wird eine Sondergebühr neben der Paketgebühr erhoben.

§ 27.

Briefe mit Zustellungsurkunde[1].

I. Die förmliche Zustellung[2] von gewöhnlichen[3] Briefen wird auf Verlangen des Absenders nach den Vorschriften der Zivilprozeßordnung[4] beurkundet. Die Urkunde wird dem Absender übersandt.

II. Die förmliche Zustellung kann gewöhnlich oder vereinfacht sein.

Bei der gewöhnlichen Zustellung erhält der Empfänger eine beglaubigte Abschrift der Urkunde (III, VI), bei der vereinfachten wird nur der Tag der Zustellung auf dem Briefe vermerkt. Über die förmliche Zustellung s. § 41.

III. Briefe mit Zustellungsurkunde müssen verschlossen[5] sein, auf dem linken Drittel der Aufschriftseite Namen und Wohnort des Absenders tragen und den Bestimmungen der Postordnung (§ 6) entsprechen. Über die Unzulässigkeit der Nachnahme, Eilzustellung und des Vermerks „Postlagernd" s. §§ 21, 24 und 42. Der Absender hat für die gewöhnliche Zustellung zwei Formblätter von weißem Papier (Urschrift und Abschrift), für die vereinfachte ein graublaues Formblatt dem Briefumschlag haltbar äußerlich beizufügen und in der Aufschrift

entweder „Hierbei ein Vordruck (Formblatt) zur Zustellungsurkunde nebst Abschrift"

oder „Hierbei ein Vordruck (Formblatt) zur Zustellungsurkunde. Vereinfachte Zustellung“
augenfällig zu vermerken.

IV. Der Absender muß den Kopf des Formblatts und der Abschrift ausfüllen und das Formblatt mit der für die Rücksendung erforderlichen Anschrift versehen.

V. Soll der Brief nicht ersatzweise an die in den §§ 181, 183 und im § 184 Abs. 1 der Zivilprozeßordnung bezeichneten Personen[6] zugestellt werden, so muß der Absender in der Aufschrift und auf dem Formblatt zur Urkunde unmittelbar unter der Bezeichnung des Empfängers mit roter Tinte augenfällig vermerken „Eine Zustellung an .... (z. B. an die Ehefrau, an den Vermieter N., an die Hausgehilfin N.) darf nicht stattfinden“.

Soll in der Zustellungsurkunde die Zeit der Zustellung näher bezeichnet werden, so muß der Absender auf die Aufschriftseite des Briefes und an den Kopf der Formblätter schreiben „Mit Zeitangabe zustellen“ und diese Worte rot unterstreichen.

VI. Zu den Urkunden werden zwei verschiedene Formblätter verwendet. Eine Art ist für Zustellungen an Unteroffiziere und Mannschaften der Wehrmacht, die andere für alle übrigen Fälle bestimmt. Nicht von der Post bezogene Formblätter müssen in Größe, Farbe und Papierstärke sowie im Aufdruck mit den amtlich ausgegebenen genau übereinstimmen.

VII. Für Briefe mit Zustellungsurkunde werden erhoben

1. die Briefgebühr,
2. die Zustellgebühr,
3. für die Rücksendung der Zustellungsurkunde die Gebühr für einen freigemachten Brief.

Die Beträge zu 1 bis 3 hat sämtlich entweder der Absender bei der Einlieferung oder der Empfänger bei der Aushändigung zu entrichten. Der Absender haftet[7] für alle Beträge, die der Empfänger nicht bezahlt. Kann der Brief nicht zugestellt werden, so ist bei nichtfreigemachten Briefen nur die Gebühr zu 1 vom Absender zu entrichten; bei freigemachten Briefen werden die unter 2 und 3 bezeichneten Gebühren dem Absender erstattet.

1 Vorg.: Sendungen mit Behändigungsschein nach § 38 NorddPRegl 1867; umbenannt: § 26 PO 1892. Im prPG und PRegl fehlend, da durch Ges 20. 9. 1862 (GS. S. 316) geordnet (vgl. § 41 Anm. 2).

2 Verfahren s. § 41: „förmliche" Z; dagegen gewöhnl. Z: § 38.

3 Wegen der Z durch Einschreibbrief s. §§ 14 u. 28.

4 §§ 180—186, 195, 208, 212.

5 Gegensatz zur ursprünglichen Anordnung von 1796; s. „Anweisung" (S. 324), Anm. 1.

6 Wesentliche Abweichung gegen § 40 PO; vgl. § 41 Anm. 1.

7 § 25 PG.

§ 28.

Rückschein[1].

I. Der Absender eines Pakets oder einer Wert- oder Einschreibsendung (§§ 14—16) kann verlangen, daß ihm oder einer anderen Person die Bescheinigung des Empfängers (Rückschein) übersandt wird. Über die Zulässigkeit des Verlangens eines Rückscheins bei Päckchen s. § 13 IV.

II. Sendungen gegen Rückschein sind freizumachen und in der Aufschrift, bei Paketen auch auf der Paketkarte, mit dem Vermerk „Rückschein" und dem Namen und der Wohnungsangabe des Absenders oder der Person zu versehen, an die der Rückschein auszuhändigen ist. Für den Rückschein wird eine Gebühr erhoben, die vorauszuentrichten ist.

III. Die Weigerung des Empfängers, den Rückschein zu vollziehen, gilt als Verweigerung der Annahme der Sendung.

IV. Der Absender kann gegen Vorauszahlung einer erhöhten Gebühr auch nachträglich einen Rückschein verlangen.

1 PRückschein statt Zustellungsurkunde (§ 27) s. § 27 REntschädigungsO 30. 7. 1921 (RGBl. S. 1046).

§ 29.

Behandlung vorschriftswidriger Sendungen.

I. Sendungen, die den Bestimmungen nicht entsprechen, können dem Einlieferer zur Beseitigung der Mängel zurückgegeben werden[1].

II. Verlangt der Einlieferer trotzdem die Beförderung, so ist die Sendung anzunehmen, wenn aus ihrer mangelhaften Beschaffenheit kein Nachteil für andere Postsendungen und keine Störung des Dienstbetriebs zu befürchten ist; der Einlieferer muß aber durch den von ihm zu unterschreibenden Vermerk „Auf meine Gefahr" — bei Paketen auch auf der Paketkarte — auf jede Entschädigung verzichten[2]. Den Verzicht vermerkt die Postanstalt (g. F.) auf dem Einlieferungsschein.

III. Auch wenn die Annahme nicht beanstandet worden ist[3], hat der Absender alle Nachteile zu vertreten, die aus vorschriftswidriger Verpackung, Verschließung und Aufschrift entstehen[4]. Ebenso hat er den Schaden zu ersetzen[5], der durch die Beförderung ausgeschlossener oder nur bedingt zugelassener Gegenstände (§§ 4 und 5) entsteht.

1 Dekl.; s. § 3 PG.

2 Wegen des Haftungsverzichts bei Paketen mit Zeitungen vereinfachter Behandlungsweise s. S. 338.

3 Unbeanstandete PAnnahme begründet keine Vermutung PO-mäßiger Beschaffenheit, vgl. dagegen § 7 PG.

16*

4 Dekl.; PG § 6 Abs. 3 zu a.
5 Keine Regreßklage der P aus der PO; der Anspruch aus PG §§ 6 ff. bleibt unverändert.

§ 30.

Zeitungsvertrieb[1].

I. Soll eine Zeitung der Post zum Vertrieb übergeben werden, so hat der Verleger eine schriftliche Erklärung in der vorgeschriebenen Fassung bei der Postanstalt niederzulegen.

II. Änderungen der Bezugsbedingungen (Benennung der Zeitung, Bezugspreis, Bezugszeit, Erscheinungsweise, Verlagsort) sind nur zulässig

bei vierteljährig zu beziehenden Zeitungen: zum 1. Januar, 1. April, 1. Juli und 1. Oktober,

bei einmonatig zu beziehenden Zeitungen: zum 1. jedes Monats.

Den Zeitpunkt, bis zu dem sie bei der Verlagspostanstalt spätestens angemeldet werden müssen, bestimmt die Post.

III. An die Stelle einer Zeitung, die im Laufe der Bezugszeit zu erscheinen aufhört, kann die Lieferung einer anderen, neu erscheinenden Zeitung nur dann treten, wenn diese von dem Verleger des bis dahin erschienenen Blattes als dessen Fortsetzung unter verändertem Namen ausdrücklich anerkannt worden ist und wenn der Preis derselbe bleibt. Bezieher, die die Annahme der neuen Zeitung verweigern, können vom Bezug zurücktreten.

IV. Der Bezugspreis ist vom Verleger auf einen durch 5 Rpf. teilbaren Betrag festzusetzen, er muß so bemessen sein, daß damit mindestens die nach überschläglicher Berechnung ermittelten Gebühren gedeckt werden. Für Zeitungen, die ausschließlich als Verlagsstücke (XIX) vertrieben werden sollen, ist kein Bezugspreis anzumelden.

V. Vom Zeitungsvertrieb durch die Post sind ausgeschlossen[2]:

a) Veröffentlichungen, die in ihrem wesentlichen Bestandteil auf andere Weise als im Buchdruckverfahren hergestellt werden, sowie alle Veröffentlichungen usw., die nach Art, Form und Umfang dem nicht entsprechen, was nach der im Verkehr herkömmlichen Auffassung unter einer Zeitung oder Zeitschrift zu verstehen ist;

b) alle von gewerblichen und kaufmännischen Unternehmungen herrührenden Druckerzeugnisse, die ihrem wesentlichen Inhalt und Hauptzweck nach Preislisten, Geschäftsanzeigen, Handelsrundschreiben oder Werbeanzeigen einzelner oder einer begrenzten Zahl von Unternehmungen darstellen und von den Unternehmungen selbst oder in ihrem Auftrag und auf ihre Rechnung von einem Dritten herausgegeben werden.

VI. Für jedes Stück einer durch die Post vertriebenen Zeitung ist vom Verleger eine Monatsgebühr zu zahlen, die sich nach der Häufigkeit des Erscheinens der Zeitung und nach ihrem durchschnittlichen Nummergewicht richtet. Mindestens hat der Verleger für jede der Post zum Vertrieb übergebene Zeitung einen für das Vierteljahr festgesetzten Betrag (Mindestbetrag) zu entrichten.

VII. Zur Ermittlung des Gewichts hat der Verleger der Verlagspostanstalt ein vollständiges Pflichtstück von jeder Zeitungsnummer beim Erscheinen zu liefern. Nach diesen Pflichtstücken wird jedesmal für die Zeit, auf die sich die Abrechnung mit dem Verleger erstreckt, die Zahl und das Gewicht aller während dieser Zeit erschienenen Zeitungsnummern und daraus das Durchschnittsgewicht einer Nummer festgestellt. Bruchteile des Durchschnittsgewichts von ½ g und darüber werden auf volle Gramm aufgerundet, Teile unter ½ g bleiben unberücksichtigt.

VIII. Der vorgeschriebene Mindestbetrag an Zeitungsgebühr ist vom Verleger stets für ein volles Kalendervierteljahr, und zwar vom Beginn des Vierteljahrs an zu entrichten, in dem die Zeitung der Post zum Vertrieb übergeben wird. Er ist zu bezahlen, selbst wenn in einem Vierteljahr Bestellungen auf die Zeitung nicht vorliegen und auch der Verleger Zeitungsstücke zum Vertrieb nicht anmeldet. Bei Zahlungsverweigerung wird der Vertrieb der Zeitung eingestellt. Eine Neuanmeldung hat dann stets die Nachzahlung der rückständigen Gebühren zur Voraussetzung.

IX. Als gewöhnliche Zeitungsbeilagen, die ohne Erhebung einer besonderen Gebühr mit den Zeitungen befördert werden, gelten

a) solche Beilagen, die nach Form, Papier, Druck oder anderen Merkmalen als Bestandteile der Zeitung zu erachten sind;

b) Nebenblätter, die sich nach Inhalt der vom Verleger an die Post abgegebenen schriftlichen Erklärung oder durch Ankündigung in der Hauptzeitung als regelmäßige Beilagen des Hauptblattes erkennen lassen, gleichviel, ob sie nur im Zusammenhang mit der Hauptzeitung oder für sich allein durch Vermittlung der Post bezogen werden können. Es ist nicht erforderlich, daß die Nebenblätter in Form, Papier und Druck mit der Hauptzeitung übereinstimmen;

c) Zeitungszugaben. Als solche sind anzusehen Druckerzeugnisse, die der Verleger bei regelmäßig wiederkehrenden Gelegenheiten den Beziehern unentgeltlich liefert und den Zeitungen unmittelbar beifügt, wie Kursbücher, Fahrpläne, Wandkalender, Bildwerke, Jahrbücher, Mitgliederverzeichnisse, Bezugsquellenanzeiger. Nicht hierzu gehören Drucksachen, die aus einem besonderen (außergewöhnlichen) Anlaß den Zeitungen beigelegt werden, z. B. politische Broschüren, Flugblätter, Festschriften, Abdrucke von Gesetzen, Zeitungsbestellscheine, Zeitungsbezugseinladungen und Anzeigengutscheine.

X. Drucksachen, die nicht als gewöhnliche Zeitungsbeilagen (IX) angesehen werden können, und Warenproben dürfen den Zeitungen und Zeitschriften unter folgenden Bedingungen als außergewöhnliche Beilagen mitgegeben werden. Die Beilagen müssen sich nach Form, Größe und Stärke sowie nach ihrer sonstigen Beschaffenheit zur Beförderung mit den Zeitungen eignen. Drucksachen müssen im übrigen den Bestimmungen unter § 8, I und II entsprechen, nachträgliche Änderungen und Zusätze dürfen in ihnen nicht vorgenommen werden. Als Warenproben sind bedruckte und unbedruckte Proben von Papier, Pergament, Leinwand oder ähnlichen Stoffen von geringer Stärke zugelassen. Die Post bestimmt, was als ein oder mehrere Beilagestücke zu gelten hat und wie die Beilagen den Zeitungen und Zeitschriften beizufügen sind.

Es wird eine Gebühr erhoben, die nach Gewichtsstufen von je 25 g jedes einzelnen Beilagestücks berechnet wird.

Der Verleger hat jede Versendung bei der Verlagspostanstalt (wegen der Gebühr s. IV) vorher anzumelden. Bei Berechnung der Gebühr gilt als Regel, daß die Beilage der ganzen Postauflage der Zeitung oder Zeitschrift beigefügt wird; ist sie ausnahmsweise nur einem Teile der Postauflage beigelegt, so ist die Gebühr nur für diesen Teil zu entrichten. In derartigen Fällen hat der Verleger bei der Einlieferung die bei den Postanstalten zu erfahrenden besonderen Bedingungen einzuhalten.

XI. Die Verpackung der Zeitungen für den Postversand ist Sache des Verlegers. Auf Antrag des Verlegers hat die Post die Verpackung auszuführen, jedoch zu einem zwischen beiden vereinbarten Betrag, der die Selbstkosten der Post deckt.

XII. Auf die Zeitungsbezugsgelder werden an die Verleger auf Antrag Abschlagszahlungen unter Abzug der der Post für die Bezugszeit zustehenden Gebühren durch die Verlagspostanstalten geleistet. Den Zeitpunkt der Zahlungen bestimmt die Post.

Ergibt sich bei genauerer Feststellung der Forderung des Verlegers, daß ihm ein zu hoher Betrag ausgezahlt worden ist, so ist der Verleger verpflichtet, der Aufforderung der Verlagspostanstalt zur Rückgabe des zuviel gezahlten Betrags sogleich nachzukommen, andernfalls wird er von der Vergünstigung, Abschlagszahlungen zu erhalten, für die Folge ausgeschlossen. Endgültig wird mit dem Verleger vierteljährlich nachträglich, und zwar im April, Juli, Oktober und Januar, abgerechnet.

XIII. Wird durch Verbot der Zeitung oder dadurch, daß der Verleger die Zeitung nicht liefert oder ihre Herausgabe einstellt oder unterbricht, die Post verhindert, die Zeitung den Beziehern zuzustellen, so werden die Bezieher mit etwaigen Ansprüchen[3] auf Rückzahlung von Bezugsgeldern an den Verleger verwiesen.

XIV. Die Zeitungen müssen bei der Postanstalt bestellt werden, in deren Bezirk sie abgetragen oder von der sie abgeholt werden sollen.

XV. Zeitungsbestellungen werden in der Regel für die Dauer eines Vierteljahrs entgegengenommen. Die vierteljährigen Bezugszeiten beginnen mit dem 1. Januar,

1. April, 1. Juli oder 1. Oktober. Ob in bestimmten Fällen auf Wunsch der Verleger kürzere Fristen zuzulassen sind, entscheidet die Post. Veröffentlichungen, die seltener als vierteljährlich erscheinen, können nur als Verlagsstücke (XIX) vertrieben werden.

XVI. Mit der rechtzeitigen Lieferung der Zeitungen kann nur gerechnet werden, wenn die Bestellung so zeitig angemeldet wird, daß sie dem Verleger noch vor Beginn der Bezugszeit ausgehändigt werden kann. Die nach dem 25. des Monats vor Beginn der Bezugszeit und die im Laufe der Bezugszeit aufgegebenen Zeitungsbestellungen gelten als verspätet und unterliegen einer Verspätungsgebühr. Nach dem 20. eines Monats werden Zeitungsbestellungen auf den laufenden Monat, nach dem 20. des letzten Vierteljahrsmonats werden Zeitungsbestellungen auf das laufende Vierteljahr nicht mehr angenommen. Wünscht der Bezieher einer Zeitung bei verspäteter Bestellung die Nachlieferung der für die Bezugszeit bereits erschienenen Nummern, so ist für das an die Verlagspostanstalt oder an den Verleger abzulassende Schreiben eine Nachlieferungsgebühr zu entrichten. Bei verspäteter Bestellung mehrerer Stücke derselben Zeitung durch einen Bezieher wird die Verspätungsgebühr nur einmal erhoben; dasselbe gilt bei Nachlieferungen für die Nachlieferungsgebühr.

XVII. Bei der Bestellung einer Zeitung ist der Bezugspreis für die Zeit, auf die die Bestellung lautet, in einer Summe zu entrichten. Ist ein zu geringer Bezugspreis erhoben worden, so muß der Bezieher befragt werden, ob er seine Bestellung aufrechterhalten und den Mehrbetrag entrichten oder ob er von der Bestellung zurücktreten will. Tritt er zurück, so wird ihm der vorausbezahlte Betrag erstattet. Ist eine Ermäßigung des Preises eingetreten, so wird dem Bezieher der zuviel gezahlte Betrag zurückgegeben.

XVIII. Die Zeitungen werden nach ihrem Eintreffen am Absatzort nur innerhalb eines von der Post zu bestimmenden Zeitraums zur Verfügung der Bezieher gehalten.

XIX. Dem Verleger ist gestattet, Bestellungen für die von ihm gewonnenen Bezieher sowie Tausch- und Freistücke als Verlagsstücke gegen Entrichtung der für den Postvertrieb der Zeitungen festgesetzten Gebühren bei der Verlagspostanstalt anzumelden.

XX. Für Zeitschriften, die wöchentlich einmal oder seltener erscheinen und nicht mehr als 50 g wiegen, sind Sammelüberweisungen seitens der Verleger zu ermäßigten Gebühren zulässig. Voraussetzung hierfür ist, daß

a) an einen Bezieher mindestens fünf Stück derselben Zeitschrift überwiesen werden,

b) der Verleger diese Zeitschriften im eignen Betrieb verpacken, sie mit der Anschrift der Bezieher versehen und aufliefern läßt,

c) die Post von diesen Sammelbeziehern weder Zeitungsgeld noch Postgebühren zu erheben hat.

Die Überweisung kann für ein Vierteljahr erfolgen. An bereits vorhandene Sammelbezieher können auch im Laufe des Vierteljahrs weitere Stücke überwiesen werden. Die Überweisungsgebühr ist vom Verleger mindestens monatlich im voraus an die Auflieferungspostanstalt zu zahlen.

1 Vorg.: § 28 PO 1900; in früheren PO (PRegl) fehlend, da nach preuß. Übung allein durch Instruktion geordnet, dennoch auch in dieser Form gesetzvertretend (Art. 48 Abs. 2 BVerf. 1867 u. RVerf 1871). Noch jetzt sind große Teile des Gegenstandes nur durch Instruktion geregelt (ADA V, 3).

2 Dekl.; § 3 PG. 3 Dekl.; §§ 6 und 12 PG.

§ 31.

Ort der Einlieferung[1].

I. Läßt es der Umfang und die Beschaffenheit der Gegenstände zu, so sind gewöhnliche Briefsendungen, mit Ausnahme der Päckchen (§ 13) und der Nachnahmesendungen (§ 21), durch die Briefkasten einzuliefern. Sie dürfen auch unterwegs den im Dienste befindlichen Postbegleitern, Wagenführern, Beförderern von Botenposten und Führern der zu Postzwecken dienenden Privatfuhrwerke übergeben werden; solche Sendungen werden als bei der nächst rückliegenden Postanstalt eingeliefert angesehen und behandelt.

Die Post kann auch die Einlieferung gewöhnlicher Briefsendungen ohne Nachnahme durch Straßenbahnbriefkasten gegen Entrichtung einer Nebengebühr zulassen.

II. Die übrigen Sendungen sind bei den Annahmestellen einzuliefern. Die Posthilfstellen haben nicht die Eigenschaft von Postanstalten und sind in der Annahme von Postsendungen beschränkt (IX).

III. Wo die Paketzustellfahrten mit Pferdegespannen oder mit Kraftwagen ausgeführt werden, kann die Post zulassen, daß die Paketzusteller gewöhnliche Pakete zur Ablieferung an die Postanstalt annehmen. Die Abholung aus der Wohnung kann schriftlich oder durch Fernsprecher bei der Postanstalt bestellt werden. Für die Bestellschreiben oder -karten wird keine Gebühr erhoben; sie können in die Briefkasten gelegt oder den Zustellern mitgegeben werden.

IV. Für gewöhnliche Pakete, die die Paketzusteller auf ihren Fahrten annehmen (III), ist außer der Paketgebühr eine Annahmegebühr vorauszuentrichten.

V. Die Landzusteller nehmen auf ihren Zustellgängen und Zustellfahrten zur Ablieferung an die Postanstalt oder zur Zustellung unterwegs an gewöhnliche und einzuschreibende Briefsendungen, Postanweisungen, Nachnahmesendungen, gewöhnliche Pakete und Wertsendungen bis 1000 Reichsmark im einzelnen. Die Post ist berechtigt, die Wertgrenze von 1000 Reichsmark für bestimmte Orte oder Gebiete zu erweitern oder zu beschränken; auch kann sie eine Wertgrenze für die von einem Absender gleichzeitig anzunehmenden oder der durch den Landzusteller bei einer Zustellung insgesamt anzunehmenden Wertsendungen, Postanweisungen und Zahlkarten festsetzen.

Zur Mitnahme von Paketen sind die Landzusteller zu Fuß nur so weit verpflichtet, als sie die Pakete geschützt unterbringen und innerhalb der zulässigen Belastungsgrenze befördern können und keine Unzuträglichkeiten für die Beförderung oder Zustellung anderer Sendungen zu befürchten sind.

Die Landzusteller nehmen auch Bestellungen auf Zeitungen an.

VI. Der Landzusteller erteilt über die von ihm angenommenen Sendungen die Einlieferungsbescheinigung.

VII. Für Einschreibbriefsendungen, Pakete, Postanweisungen und Wertbriefe, die der Landzusteller auf seinem Zustellgang annimmt (V), ist außer der Beförderungsgebühr und den sonstigen Gebühren für jede Sendung eine besondere Annahmegebühr vom Absender vorauszuentrichten.

VIII. Für die von den Zustellern angenommenen Postsendungen haftet[2] die Post wie bei unmittelbarer Einlieferung bei der Postanstalt.

IX. Die Posthilfstelle nimmt gewöhnliche Briefsendungen und, soweit nicht nach den örtlichen Verhältnissen Einschränkungen festgesetzt sind, gewöhnliche Pakete an.

Die Annahme von Wert- und Einschreibsendungen, Nachnahmesendungen und Postanweisungen gehört nicht zu den dienstlichen Pflichten des Posthilfstelleninhabers, doch darf er solche Sendungen in dem unter V festgesetzten Umfang zur Weitergabe an den Landzusteller übernehmen. Die Übergabe ist lediglich Vertrauenssache des Absenders zum Posthilfstelleninhaber. Die Haftpflicht[2] der Post beginnt erst mit der Ablieferung an den Landzusteller.

Eine besondere Gebühr wird nicht erhoben.

[3]X. Werden vom Absender Briefe oder andere Gegenstände unter Umschlag an eine Postanstalt zur Aushändigung an die Empfänger oder zur Weiterleitung nach anderen Orten gesandt, so wird für jede in dem Umschlag enthaltene Sendung die Gebühr vom Aufgabeort der Gesamtsendung bis zum Bestimmungsort der einzelnen Sendung berechnet.

1 Vgl. PG § 6 Anm. 3.

2 Konstitutiv zu PG § 6 Abs. 1.

3 Vorg.: § 2 VO 12. 6. 1804 (NCC Bd. 11 S. 2105).

§ 32.

Zeit der Einlieferung[1].

I. Die Sendungen sind bei den Postanstalten während der Postschalterstunden und, wenn sie mit der nächsten dazu geeigneten Postverbindung befördert werden sollen, vor deren Schlußzeit einzuliefern.

II. Die Postschalterstunden werden nach den örtlichen Verhältnissen festgesetzt und durch Aushang bei den Postanstalten bekanntgemacht.

III. Schlußzeiten bei den Annahmestellen sind in der Regel:

1. für gewöhnliche Briefe und Postkarten sowie für Briefpäckchen
   eine viertel bis eine halbe Stunde;

2. für gewöhnliche Drucksachen, Geschäftspapiere, Warenproben und Mischsendungen
eine halbe bis eine Stunde;
3. für einzuschreibende Briefsendungen
eine viertel bis eine halbe Stunde;
4. für alle anderen Gegenstände
eine Stunde

vor der planmäßigen Abgangszeit der Postverbindung.

IV. Ist die ordnungsmäßige Bearbeitung innerhalb der Fristen wegen besonderer Verhältnisse unausführbar, so können die Schlußzeiten anderweit festgesetzt werden. Dasselbe gilt im Einzelfall, wenn ein Absender gleichzeitig größere Mengen einliefert.

V. Bei Beförderung durch die Eisenbahn werden die unter III bezeichneten Fristen um die zur Beförderung nach dem Bahnhof und die Verladung erforderliche Zeit verlängert.

VI. Für Postverbindungen, deren Abgangszeit nicht in die gewöhnlichen Dienststunden fällt, bildet spätestens das Ende der Dienststunden die Schlußzeit.

VII. Die Briefkasten an und in den Posthäusern werden bei Eintritt der Schlußzeit jeder Postverbindung, zu den außerhalb der gewöhnlichen Dienststunden bestehenden Postverbindungen auch noch vor deren Abgangszeit geleert. Die Leerungszeiten der anderen Briefkasten werden nach den örtlichen Bedürfnissen festgesetzt; die Zeit der nächsten Leerung ist an den Briefkasten ersichtlich. Die Briefkasten auf den Bahnhöfen werden möglichst kurz vor dem planmäßigen Abgang jedes zur Postbeförderung benutzten Zuges geleert. Gewöhnliche Briefsendungen können, soweit nicht für einzelne Züge Einschränkungen bestehen, durch den Briefeinwurf am Bahnpostwagen bis zum Abgang des Zuges eingeliefert werden.

VIII. Gestatten es die örtlichen Verhältnisse, so nehmen Postanstalten Einschreib- und Wertsendungen sowie gewöhnliche Pakete, Postanstalten mit Telegraphenbetrieb telegraphische Postanweisungen, selbständige Telegraphenanstalten Einschreibbriefsendungen außerhalb der Schalterstunden an. Die näheren Bestimmungen hierüber werden durch Aushang bekanntgemacht. Für jede Sendung ist eine Einlieferungsgebühr vorauszuentrichten.

1 Vgl. PG § 6 Anm. 3; Zeit der Aufgabe zur P bei der Hinterlegung s. § 375 BGB. (S. 398).

§ 33.

Einlieferungsschein.

Der von der Post ausgestellte Einlieferungsschein beweist die Einlieferung der Sendung; der Einlieferer soll sich daher nicht entfernen, ohne ihn in Empfang genommen zu haben. Vermag er den Schein nicht vorzulegen, so gilt im Streitfall die Einlieferung als nicht geschehen, wenn sie nicht aus den postamtlichen Buchungen[1] ersichtlich ist oder anderweit vom Absender überzeugend nachgewiesen wird.

1 Keine Buchungen mehr von Einschreibsendungen (§ 15) ab 1. 5. 1928.

§ 34.

Leitung der Postsendungen.

Die Post bestimmt, wie die Sendungen zu leiten sind[1].

1 Vgl. § 7 Anm. 2 PZollO (S. 332). Anders im Auslandsverkehr.

§ 35.

Zurückziehen von Postsendungen und Zeitungsbestellungen; Ändern von Aufschriften[1].

I. Der Absender kann eine Postsendung zurücknehmen oder ihre Aufschrift ändern lassen, solange die Sendung dem Empfänger noch nicht ausgehändigt ist.

II. Die Rücknahme kann am Aufgabeort oder am Bestimmungsort erfolgen, ausnahmsweise auch an einem Zwischenort, wenn dadurch der Dienst nicht gestört wird.

III. Wer eine Sendung zurückfordert, muß außer dem etwa erteilten Einlieferungsschein ein Doppel des Briefumschlags, der Postanweisung, der Paketkarte, in sonstigen Fällen eine Wiedergabe der Aufschrift vorlegen, und zwar von der Hand, die die Aufschrift der Sendung geschrieben hat.

IV. Wer eine bereits abgegangene Sendung durch Vermittlung der Aufgabepostanstalt zurückfordert, muß sie schriftlich so genau bezeichnen (III), daß sie unzweifelhaft als die verlangte zu erkennen ist.

V. In gleicher Weise ist die Änderung der Aufschrift zu beantragen.

Dagegen kann der Absender eine bloße Berichtigung der Aufschrift (ohne Änderung des Namens oder des Standes des Empfängers) auch unmittelbar bei der Bestimmungspostanstalt, also ohne Erfüllung der Bestimmungen unter III, beantragen.

VI. Die Rückforderung oder das Verlangen der Aufschriftänderung wird brieflich oder telegraphisch von der Aufgabepostanstalt der Postanstalt übermittelt, die den Auftrag ausführen soll. Der Absender hat dafür zu entrichten

1. bei brieflicher Übermittlung die Gebühr für einen einfachen Einschreibbrief,
2. bei telegraphischer Übermittlung die Gebühren für das Telegramm.

Bei Anträgen auf nachträgliche Belastung einer Sendung mit Nachnahme (§ 21, IX) hat der Absender außer den vorstehenden Gebühren eine besondere Gebühr zu entrichten.

Die Gebühren werden, wenn ein Antrag aus irgendeinem Grunde nicht ausgeführt werden kann, nicht erstattet.

VII. Ist die Sendung noch nicht abgegangen, so erstattet die Post auf Verlangen die vorausgezahlten Beträge ausschließlich der Versicherungs- und der Behandlungsgebühr bei Rückgabe des Briefumschlags usw.

VIII. Ist die Sendung bereits abgegangen, so werden die Gebühren für den Rückweg wie bei einer gewöhnlichen Rücksendung (§ 47, X) erhoben. Wird die Sendung zurückgeleitet, bevor sie den Bestimmungsort erreicht hat, so ist die Beförderungsgebühr für den Hinweg und für den Rückweg nach der wirklich zurückgelegten Entfernung abzüglich der etwa vorausgezahlten Beträge zu entrichten.

IX. Eine Zeitungsbestellung kann nur vor dem Beginn der Lieferung der Zeitung zurückgezogen werden. Ist die Bestellung bereits an den Verleger weitergegeben worden, so kann die Zurückziehung nur erfolgen, wenn der Verleger sich mit der Abbestellung einverstanden erklärt.

X. Von Zeitungen, die durch einen Dritten bestellt und bezahlt worden sind, können auf dessen Antrag einzelne Stücke auf den Namen eines anderen als des ursprünglichen Beziehers umgeschrieben werden. Hierfür wird eine Gebühr in Höhe der Gebühr für die Überweisung einer Zeitung (§ 46, VI) erhoben, gleichviel ob der neue Bezieher im Zustellbezirk derselben oder einer anderen Postanstalt wohnt.

1 Vgl. § 20 XIV u. § 21 IX.

§ 36.

Aushändigung von Postsendungen an den Empfänger an Zwischenorten.

I. Auf dem Beförderungsweg können Sendungen an den Empfänger ausgehändigt werden, wenn er sich gehörig ausweist, sonst keine Bedenken entstehen und der Dienst nicht gestört wird.

II. Die Gebühr wird nach der wirklichen Beförderungsstrecke berechnet. Gebühr für freigemachte Sendungen wird nicht erstattet.

§ 37.

Verschließen und Öffnen der Sendungen durch Postbeamte.

I. Hat sich der Verschluß einer Sendung gelöst, so wird er durch die Post wiederhergestellt.

II. Ist bei einem Wertbrief oder einem Paket die Herausnahme des Inhalts möglich geworden, so wird vor Wiederherstellung des Verschlusses die Sendung geöffnet und der Inhalt festgestellt. Die Postbeamten müssen sich dabei jeder über diesen Zweck hinausgehenden Besichtigung enthalten[1].

III. Der Beamte, der den Verschluß oder die Verpackung wiederherstellt oder den Inhalt feststellt, soll tunlichst einen Zeugen hinzuziehen. Beide haben einen auf die Sendung zu setzenden Vermerk über den Hergang oder die darüber aufzunehmende Verhandlung zu unterzeichnen.

IV. Bei Wertbriefen und Paketen, die bestimmungsgemäß durch die Post verschlossen worden sind oder die in beschädigtem Zustand bei der Bestimmungspostanstalt eingehen, wird der Empfänger ersucht, die Sendung innerhalb einer bestimmten Frist bei der Postanstalt in Gegenwart eines Postbeamten zu öffnen. Über den Befund und eine etwaige Beanstandung des Inhalts wird eine Verhandlung aufgenommen. Erscheint der Empfänger nicht oder verzichtet er ausdrücklich auf eine Verhandlung über das Öffnen der Sendung, so wird sie in gewöhnlicher Weise ausgehändigt.

V. Die Postbeamten sind befugt, Sendungen mit

Drucksachen, Geschäftspapieren, Warenproben oder Mischsendungen zu öffnen und einzusehen[1], um die Zulässigkeit der Gebühr zu prüfen.

VI. Muß eine Sendung infolge mangelhafter Verpackung durch die Post neu verpackt werden, so hat der Empfänger oder, wenn von ihm keine Zahlung zu erlangen ist, der Absender die Kosten zu tragen.

1 Keine Durchbrechung des Briefgeheimnisses (s. Art. 117 RVerf) im Rechtssinne, da kein Eindringen eines Dritten in das PNutzungsverhältnis. Vgl. § 8 (Abs. 5 zu a) PZollO (S. 352).

§ 38.

Zustellung[1].

I. Die Verpflichtung[2] der Post, die angekommenen Gegenstände dem Empfänger ins Haus senden (zustellen) zu lassen, erstreckt sich

1. im Ortszustellbezirk
   a) auf gewöhnliche und eingeschriebene Briefsendungen,
   b) auf gewöhnliche Pakete und auf Sendungen mit Sammelüberweisungen von Zeitschriften,
   c) auf Sendungen mit einer Wertangabe bis 3000 Reichsmark,
   d) auf Postaufträge,
   e) auf Postanweisungen nebst den Geldbeträgen,
   f) auf Ablieferungsscheine und Paketkarten zu Wertsendungen, die nach c nicht zugestellt werden, sowie auf Paketkarten zu zollpflichtigen Paketen;
   g) auf die durch die Post vertriebenen Zeitungen;
2. im Landzustellbezirk
   a) auf gewöhnliche und eingeschriebene Briefsendungen,
   b) auf gewöhnliche Pakete und auf Sendungen mit Sammelüberweisungen von Zeitschriften, soweit

sie im einzelnen nicht über 5 kg wiegen und vom Landzusteller innerhalb der zulässigen Belastungsgrenze und gegen Nässe usw. geschützt befördert werden können,

c) auf Sendungen mit einer Wertangabe bis 1 000 Reichsmark, bei Paketen unter den Voraussetzungen zu b,

d) auf Postaufträge,

e) auf Postanweisungen nebst den Geldbeträgen,

f) auf Paketkarten und Ablieferungsscheine zu Paketen und Wertsendungen, die nach b und c nicht zugestellt werden, sowie auf Paketkarten zu zollpflichtigen Paketen,

g) auf die durch die Post vertriebenen Zeitungen.

II. Gewöhnliche Briefsendungen und Pakete — ausschließlich der Nachnahmen — nach Landorten mit Posthilfstelle können dieser zugeführt und entweder durch den Posthilfstelleninhaber abgetragen oder dem Empfänger zur Abholung (§ 44) bereitgehalten werden; sind sie bis zur nächsten Ankunft des Landzustellers nicht abgeholt, so werden sie von diesem abgetragen.

III. Die Post kann die Verpflichtung zur Zustellung aus besonderen Gründen beschränken und für bestimmte Orte oder Gebiete dauernd oder vorübergehend erweitern.

IV. Übernimmt die Post die Zustellung nicht, so müssen die Sendungen und Postanweisungsbeträge auf Grund der Paketkarte, des Ablieferungsscheins oder der Postanweisung von der Postanstalt abgeholt werden (§ 45).

V. Für das Abtragen der durch die Post vertriebenen Zeitungen an die Bezieher im Orts- und Landzustellbezirk ist eine Monatsgebühr zu entrichten, die sich nach der Häufigkeit des Erscheinens richtet.

Für jedes als Sammelüberweisung angemeldete Stück

einer an den Empfänger abzutragenden Zeitschrift ist ebenfalls eine Monatsgebühr zu zahlen.

VI. Die Zeitungszustellgebühr wird bei bestellten Stücken für die Dauer der Bezugszeit, bei Verlagsstücken (§ 30, XIX) für die Dauer eines Monats vorauserhoben, und zwar vom 1. des Monats an, in dem die Abtragung beginnt. Für Verlagsstücke und Sammelüberweisungen ist die Zustellgebühr vom Verleger zu entrichten.

1 Gewöhnl. Zustellung, dagegen förmliche Z: §§ 27, 41.

2 Keine Verpflichtung im Rechtssinne (vgl. § 3 Anm. 1 PG). Vorg: „Verbindlichkeit" in § 19 PRegl 1852; umbenannt: § 36 PO 1917 (vgl. § 50 Anm. 2). Wegen der öffentlich-rechtlichen Rechtsnatur der PZustellung s. § 41 Anm. 1.

§ 39.

Zeit der Zustellung.

Die Post bestimmt die Zustellzeiten[1].

1 Ankunftsstempel, soweit angewendet, ist nur Betriebsmaßnahme (RGSt 30, 381). Wegen des Vertragsschlusses durch Briefwechsel (Zeit des Zugangs der Willenserklärung) s. § 127 BGB.

§ 40.

An wen die Sendungen auszuhändigen sind.

I. Die Sendungen werden an den Empfänger[1] selbst oder an seinen Bevollmächtigten (III) ausgehändigt. Über Briefe mit Zustellungsurkunde s. § 41.

Nicht-physische Personen.

II. Für die Empfangsberechtigung bei Sendungen an Handelsfirmen (Einzelfirmen und Handelsgesellschaften), Genossenschaften und Vereine, die in die Handels-, Genossenschafts- und Vereinsregister eingetragen sind, gelten die in diesen Registern über die Vertretungsbefugnis[2] enthaltenen Angaben. Sendungen an nicht eingetragene Geschäfts- oder Gewerbebetriebe, Genossenschaften und Vereine sowie an Gesellschaften, Direktionen, Ausschüsse,

Büros, Geschäftsstellen und ähnliche Stellen, in deren Aufschrift der Empfänger nicht namentlich bezeichnet ist, sind an die Person auszuhändigen, die der Postanstalt als Inhaber, Direktor, Vorsteher usw. bekannt ist oder sich als solcher ausweist.

Postvollmacht.

III. Wer einen anderen zur Empfangnahme der für ihn bestimmten Sendungen bevollmächtigen will, hat die Vollmacht schriftlich auszustellen[3] und darin die Arten der Sendungen genau zu bezeichnen, für die sie gelten soll. Steht seine Unterschrift für die Postanstalt nicht ganz außer Zweifel, so muß sie von einer zur Führung eines amtlichen Siegels berechtigten Person durch Unterschrift und Amtssiegel beglaubigt sein. Die Vollmacht ist bei der Postanstalt niederzulegen[4], die die Sendungen auszuhändigen hat.

Empfangsvertretung: a) aus der Aufschrift.

IV. Ist in der Aufschrift außer dem Empfänger noch ein anderer, wenn auch zur näheren Bezeichnung der Wohnung, genannt, z. B. „An A. bei B.", so ist dieser zweite auch ohne ausdrückliche Ermächtigung zur Empfangnahme von gewöhnlichen Briefsendungen befugt. Ist in der Aufschrift ein Gasthof, ein Bank- oder Reisegeschäft oder eine ähnliche Stelle als Wohnung des Empfängers angegeben, so gilt der Gastwirt (vgl. § 44 V) oder der Inhaber des Geschäfts usw. auch dann als bevollmächtigt zur Empfangnahme gewöhnlicher Briefsendungen, gewöhnlicher Pakete und unversiegelter Wertpakete (§§ 16, II und 18, I), wenn der Empfänger noch nicht eingetroffen ist. Sind bei Postaufträgen (§ 20) mehrere Personen bezeichnet, so wird der Postauftrag nur der zuerst genannten Person oder ihrem Bevollmächtigten vorgezeigt. (Fortsetzung s. VIII.)

b) aus der Anstaltsordnung.

[5]V. Gewöhnliche Briefsendungen, gewöhnliche Pakete, unversiegelte Wertpakete (§§ 16, II und 18, I) und Paketkarten, auch die Anlagen der Postaufträge, wenn der Betrag sogleich gezahlt wird, werden an einen Haus-(Geschäfts-)Beamten, ein erwachsenes[6] Familienglied, einen anderen Angehörigen, oder einen Hausangestellten des Empfängers oder seines Bevollmächtigten ausgehändigt[7], wenn diese nicht selbst in der Wohnung anzutreffen sind. Ist auch von den anderen niemand anzutreffen, so kann die Aushändigung an den Hauswirt, den Wohnungsgeber, den Hausverwalter und deren Ehefrauen oder an den Pförtner[8] des Hauses geschehen. Pförtner ist diejenige Person, die im gegebenen Fall die Pförtnergeschäfte tatsächlich ausübt.

Kann die Ersatzzustellung an eine dieser Personen ebenfalls nicht erfolgen, so können gewöhnliche Briefsendungen, gewöhnliche Pakete und unversiegelte Wertpakete auch an sonstige als zuverlässig bekannte Hausbewohner oder Hausnachbarn ausgehändigt werden. Über die Zustellung wird in solchen Fällen, soweit möglich, eine Benachrichtigung in der Wohnung des Empfängers hinterlassen. (Fortsetzung s. VII, XII, XIII, XV.)

VI. Hat der Empfänger oder sein Bevollmächtigter (III) an seiner Wohnung oder an seinen Geschäftsräumen einen Briefkasten, so benutzt ihn der Zusteller für die gewöhnlichen freigemachten Briefsendungen, soweit es möglich ist.

1. Fortsetzung von V.

VII. Einschreibbriefsendungen sowie Wertbriefe und versiegelte Wertpakete (§ 18, II) bis 1000 Reichsmark oder die zugehörigen Ablieferungsscheine und Paketkarten (§ 38) sowie Postanweisungen (§ 22) werden bei der Zustellung, wenn der Empfänger oder sein Bevollmächtigter in der Wohnung nicht angetroffen oder der Zusteller nicht vorgelassen wird, an ein erwachsenes[°] Familienglied des Empfängers ausgehändigt. Sendungen von höherem Wert dürfen an den Ehemann oder an die Ehefrau des Empfängers[°] ausgehändigt werden, sofern die Ehegatten in häuslicher Gemeinschaft leben und nicht ausdrücklich andere Bestimmungen getroffen haben. Betreibt einer der Ehegatten ein Handelsgewerbe, so dürfen die unter seiner Firma oder Geschäftsbezeichnung eingehenden Sendungen an den anderen Ehegatten nur beim Vorliegen einer Postvollmacht (III) ausgehändigt werden. Im übrigen dürfen die Sendungen von höherem Wert nur an den Empfänger selbst oder seinen Bevollmächtigten (III) ausgehändigt werden.

Fortsetzung von IV.

VIII. Wert- und Einschreibsendungen, Postanweisungen und gewöhnliche Pakete mit der Aufschrift:

„An A. zu erfragen bei B." oder „An A. abzugeben bei B." oder „An A. im Hause des B." oder „An A. wohnhaft bei B."	werden an den zuerst genannten Empfänger (A.), seinen Bevollmächtigten oder einen anderen Empfangsberechtigten (V und VII) ausgehändigt;

lautet die Aufschrift dagegen:

„An A. zu Händen des B." oder „An A. abzugeben an B." oder „An A. für B."	so dürfen sie sowohl an den zuerst genannten Empfänger (A.) als auch an den zuletzt genannten (B.), ihre Bevollmächtigten oder anderen Empfangsberechtigten (V und VII) ausgehändigt werden.

Mit der Aufschrift „An die Familie" versehene Sendungen, für die die Post Gewähr leistet[10], sind einem erwachsenen* Familienmitglied auszuhändigen.

Ausschluß der Empfangsvertretung.

IX. Sind Wertbriefe, versiegelte Wertpakete, Einschreibbriefsendungen und Postanweisungen vom Absender mit dem Vermerk „Eigenhändig" versehen, so sind sie oder die zugehörigen Ablieferungsscheine und Paketkarten (§ 38, I) stets an den Empfänger selbst auszuhändigen (§ 44, X, 3).

(Fortsetzung.)

X. Sendungen gegen Rückschein (§ 28) dürfen nur an den Empfänger selbst oder seinen Bevollmächtigten (III) ausgehändigt werden.

XI. Einschreibbriefsendungen, Wertbriefe, Postanweisungsbeträge, versiegelte Wertpakete (§ 18, II) ferner Päckchen (§ 13, IV), gewöhnliche Pakete und unversiegelte Wertpakete (§§ 16, II und 18, I) gegen Rückschein dürfen nur gegen Empfangsbescheinigung[11] ausgehändigt werden; die Person, an die die Zustellung erfolgt, hat den Ablieferungsschein (Rückschein § 28) oder die auf der Rückseite der Postanweisung oder der Paketkarte vorgedruckte Empfangsbescheinigung mit deutschen oder lateinischen Schriftzeichen handschriftlich zu vollziehen. Des Schreibens unkundige oder am Schreiben verhinderte Personen unterzeichnen mit Handzeichen, das eine zur Führung eines amtlichen Siegels berechtigte Person durch Unterschrift und Amtssiegel zu beglaubigen hat.

2. Fortsetzung von V.

XII. Sendungen an Angehörige der Wehrmacht, an Schutzpolizeibeamte in Gemeinschaftswohnungen, an Angestellte und Arbeiter größerer Geschäftsbetriebe oder Behörden, an Kranke in Krankenanstalten sowie an Zöglinge in Erziehungs- und Unterrichtsanstalten usw. werden nach besonderem Abkommen mit der zuständigen Behörde oder Leitung an Beauftragte ausgehändigt.

3. Fortsetzung von V.

XIII. Sendungen an Verstorbene dürfen den Erben ausgehändigt werden, wenn diese sich durch Vorlegung des Testaments, des gerichtlichen Erbscheins oder einer sonstigen, die Erbberechtigung bestätigenden Urkunde ausweisen; solange dieser Nachweis nicht erbracht ist, können nur gewöhnliche Briefsendungen (V) ausgehändigt werden. Ist ein Testamentsvollstrecker, ein Nachlaßpfleger oder Nachlaßverwalter ernannt worden, so sind ihm die Sendungen auszuhändigen [11a].

[12]XIV. Zollpflichtige Sendungen werden der zuständigen Zoll- oder Steuerstelle zur zollamtlichen Abfertigung übergeben. Mit der ordnungsmäßigen[13] Übergabe erlischt[14] die Haftpflicht der Post.

1 Kein Unterschied in den PRechtsquellen zwischen Soll- und Ist-Empfänger.

2 Nicht die Handlungsvollmacht (§ 54 HGB).

3 Keine BGB-Formregeln; wegen Ablehnung der materiellen Vertretung nach BGB s. Anm. 5. Keine Selbstbevollmächtigung des gesetzlichen (BGB-) Vertreters.

4 Wirksamkeit: bis zum Widerruf; kein Herausgabeanspruch des Vollmachtgebers (§ 175 BGB).

5 Unberücksichtigt bleibt die gesetzliche BGB-Vertretung (§ 177 BGB). Wegen der PSachen für den Gemeinschuldner s. § 121 KonkursO, jedoch § 20 Anm. 10. Wegen des PScheckA als Empfangsvertreter bei Zahlkarten s. PScheckG § 5.

6 Nicht: volljähriges (§ 2 BGB).

7 Beachtlich: die Abweichung der Reihenfolge gegen § 7 der Zustellungsanweisung (Seite 332). Kein Aufsuchen des Ersatzempf am zweiten Orte (dagegen: § 7 Abs. 2 ZustAnw).

8 Nicht an dessen Familienangehörige.

9 Tatfrage: nicht maßgebend § 1576 BGB.

10 D. h. haftet (nach Ges oder PO).

11 Die PPraxis fordert registertreue Namensangabe; vgl. dagegen § 3 Anm. 1.

11a Keine Durchbrechung des Briefgeheimnisses, da der Erbe kein Dritter ist (vgl. § 37 Anm. 1).

12 Vorg: § 40 XII PO 1892, entsprechend Art. 11 § 7 PPktAbk zum WPVertrag, erste Fassung Paris 1880 (RGBl. 1881 S. 69).

13 D. i. PO-mäßig. Verzögerte Zustellung der Zoll-Paketkarte (vgl. § 14 PO) an den Empf ist haftungsbegründender Verzug nach § 6 PG.

14 Nur für die Dauer des Zollgewahrsams. Die Zollhaftung folgt nicht den Regeln der PHaftung; vgl. § 51 Anm. 7.

§ 41.

Zustellen der Briefe mit Zustellungsurkunde.

Für das Zustellen der Briefe mit Zustellungsurkunde gelten die Bestimmungen[1] in den §§ 180 bis 186, 195, 208 und 212 der Zivilprozeßordnung und die Anweisung[2] über das Verfahren, betreffend die postamtliche Zustellung von Briefen mit Zustellungsurkunde (Zentralblatt für das Deutsche Reich 1914, S. 208).

1 Daher nicht: „gewöhnl. Zustellung nach § 38 PO, der nur die Wirkung der ZPO-Zustellung beigelegt" wäre. Kein Alleinrecht der PVerw; s. § 1 Anm. 1 PG. Der zustellende PBote nach § 41 ist Gerichtsbeamter (vgl. Kohler, ZPRecht bei Holtzendorff, Enzykl. 1904 Bd. II S. 63 § 13 Abs. 2, S. 65 § 16 Abs. 2), auch bei Inanspruchnahme durch Private (vgl. § 44 Ziff. 3 GerVollzO 23. 3. 1914, JustizMinBl S. 289; § 5 GeschAnw f. d. GerVollz 24. 3. 1914, JustMinBl S. 343; auch ZPO §§ 195 und 212). Die förmliche PZustellung ist als öffentlich-rechtlicher Akt anerkannt (RGSt 51, 65), daher Beamtenhaftung nach § 839 BGB; nicht auch PVerwHaftung (§ 6 Ges 22. 5. 1910, RGBl. S. 798, und §§ 6 und 12 PG).

2 Vgl. § 27 Anm. 1; neben dem Ges 20. 9. 1862 bestand eine prPInstruktion über das förml. ZustVerfahren. (PHandb. 1861 S. 140); z. Zt. geltende Fassung vom 6. 3. 1914 s. S. 324.

§ 42.

Postlagernde Sendungen.

I. Postsendungen mit dem Vermerk „Postlagernd" mit Ausnahme der Briefe mit Zustellungsurkunde (§ 27) werden bei der Bestimmungspostanstalt aufbewahrt. Die Post ist berechtigt, Pakete mit dem Vermerk „Postlagernd" dem Empfänger ins Haus senden (zustellen) zu lassen (§ 38), wenn er im Orts- oder Landzustellbezirk der Bestimmungspostanstalt ansässig ist. Gewöhnliche Briefsendungen und Pakete ohne Nachnahme, die nach Orten mit Posthilfstelle (§ 31 II, IX) gerichtet sind, werden bei der Hilfstelle aufbewahrt.

II. Die Aufbewahrungsfrist beträgt

1. bei Sendungen mit lebenden Tieren (§ 5 I) 48 Stunden nach dem Eintreffen,
2. bei Sendungen mit Postnachnahme (§ 21 VII) 7 Tage vom Tage nach dem Eintreffen,
3. bei sonstigen Sendungen 14 Tage vom Tage nach dem Eintreffen.

III. Wird ein postlagerndes Paket zugestellt, so wird im Fall der Eilzustellung das Eilzustellgeld (§ 24, IX) erhoben.

IV. Die Sendungen werden dem Empfänger ausgehändigt, wenn er sich meldet und auf Verlangen ausweist. Personen, die das 16. Lebensjahr noch nicht vollendet haben, müssen bei der Abholung postlagernder Sendungen auf Verlangen glaubhaft nachweisen, daß ihre Eltern, Erziehungsberechtigten, Lehrherren usw. mit der Abholung einverstanden sind.

V. Auf Antrag stellt jedes Postamt gegen eine Gebühr Postausweiskarten aus, die bei allen Postanstalten gelten.

VI. Auf Antrag werden gegen eine Gebühr Postlagerkarten ausgestellt. Die Gültigkeitsdauer beträgt einen Monat. Auf Verlangen werden Postlagerkarten auch für mehrere Monate bis zur Dauer eines Jahres ausgestellt. Sie berechtigen zum Empfang gewöhnlicher Briefsendungen, die ohne persönliche Aufschrift eingehen und die Bezeichnung „Postlagerkarte" sowie die in der Karte angegebene Nummer tragen.

VII. Wo es die örtlichen Verhältnisse gestatten, geben die Postanstalten postlagernde Sendungen auch außerhalb der Postschalterstunden aus.

§ 43.

Lagern von Paketen.

I. Wenn Pakete aus Gründen, die die Post nicht zu vertreten hat[1], lagern, z. B. postlagernde Pakete (§ 42), unzustellbar zu meldende Pakete (§ 47), Nachnahmepakete, für die Frist verlangt wird (§ 21 VII), so wird eine Paketlagergebühr für jeden Tag erhoben. Der Gesamtbetrag an Lagergebühr darf den von der Post bestimmten Höchstbetrag[2] nicht überschreiten.

II. Als gebührenpflichtige Lagertage werden nicht gerechnet

1. bei Abholerpaketen (§ 44) der Tag des Eingangs des Pakets und der auf ihn folgende Tag sowie der Tag der Aushändigung,
2. bei den zuzustellenden Paketen (§ 38) der Tag des Eingangs des Pakets und der Tag des ersten Zustellversuchs sowie der Tag der Aushändigung.

Sonntage und allgemeine Feiertage bleiben bei Festsetzung des Beginns[3] der gebührenpflichtigen Lagerung außer Betracht.

III. Die Paketlagergebühr ist vom Empfänger bei der Aushändigung des Pakets zu entrichten. Verweigert er die Zahlung[4], so ist die Sendung als unzustellbar (§ 47) zu behandeln.

IV. Der Absender eines Pakets kann durch einen Vermerk auf der Paketkarte und dem Paket verlangen, daß es ihm nach Ablauf der lagergebührenfreien Zeit zurückgesandt werde.

1 Kein haftungsrechtlicher Begriff.
2 S. Anlage (Seite 301) Ziff. 36.
3 Abweichung gegen § 193 BGB.
4 § 25 PG.

§ 44.

Abholen der Sendungen.

I. Wer seine Sendungen abholen oder abholen lassen will, muß eine Abholungserklärung in vorgeschriebener Fassung bei der Postanstalt niederlegen. Für die Beglaubigung der Unterschrift gelten die Bestimmungen des § 40, III. Die Post ist berechtigt, für bestimmte Orte oder Gebiete die Abholung auf gewöhnliche und eingeschriebene Briefsendungen und Zeitungen zu beschränken. Bei Posthilfstellen (§ 31 II) und Postagenturen mit einfacherem Betrieb, die sich mit dem Ausgabedienst befassen, können Postsendungen ohne Abgabe einer schriftlichen Erklärung abgeholt werden.

II. Die Post kann anordnen, daß dieselbe Person sich höchstens zum Empfang von Sendungen für drei Abholer melden darf.

III. Die Aushändigung erfolgt bei der Zustellpostanstalt (§ 38), für Pakete bei dem Paketzustellamt, am Postschalter innerhalb der Postschalterstunden (§ 32, II) oder, wenn dem Abholer auf besonderen Antrag ein

Schließfach überlassen ist, durch Einlegen in dieses Fach, das nach den örtlichen Verhältnissen auch außerhalb der Postschalterstunden geleert werden kann. Sendungen, die wegen ihrer Größe nicht in die Schließfächer gelegt werden können, ferner mit Gebühren belastete Sendungen, für die der Empfänger die Gebühren nicht stunden läßt (§ 52 VI), oder Nachnahmen sind am Postschalter in Empfang zu nehmen.

IV. Für ein Schließfach mit zwei Schlüsseln wird eine Gebühr[1] erhoben, die nach der Größe des Faches bemessen wird und vierteljährlich vorauszuentrichten ist. Das Mietverhältnis[1a] gilt zunächst für ein Jahr. Endigt es nicht mit dem Ablauf eines Kalendervierteljahrs, so dauert das Mietverhältnis bis zu dessen Ablauf. Wird nicht drei Monate vorher schriftlich gekündigt, so verlängert sich die Überlassung auf unbestimmte Zeit unter Vorbehalt einer dreimonatigen, nur zum Ende eines Kalendervierteljahrs zulässigen schriftlichen Kündigung. Beim Todesfall des Schließfachinhabers, bei Verlegung des Wohnsitzes oder des Geschäfts, bei Aufgabe des Geschäfts oder aus ähnlichen Billigkeitsgründen können die Verpflichteten auf Antrag schon vor Ablauf der Überlassungsdauer aus ihrer Verbindlichkeit entlassen werden. Die Post ist zur Überlassung eines Schließfachs nicht verpflichtet. Sie ist berechtigt, es jederzeit zu entziehen; die zuviel erhobene Gebühr wird erstattet.

V. Sendungen, in deren Aufschrift außer dem eigentlichen Empfänger eine zweite Person derart benannt wird, daß auch diese nach § 40, IV und VIII empfangsberechtigt ist, können von der zweiten Person auf Grund einer für die eigenen Postsendungen gegebenen Abholungserklärung abgeholt werden. Dasselbe gilt für gewöhnliche Briefsendungen und gewöhnliche Pakete, wenn ein Gasthof als Wohnung genannt ist und der Gastwirt (vgl. § 40 IV) zu den Abholern gehört.

VI. Für die Zustellung oder Abholung von gewöhnlichen Paketen, Wertsendungen oder Geldbeträgen zu Postanweisungen gelten als zusammengehörig

1. Pakete und Paketkarten oder Ablieferungsscheine,
2. Wertbriefe und Ablieferungsscheine,
3. Postanweisungen und die Geldbeträge, gleichviel ob diese dem Empfänger bar ausgezahlt oder auf ein Postscheckkonto oder Bankkonto überwiesen werden.

VII. Die gewöhnlichen Briefsendungen werden für den Abholer während der Postschalterstunden spätestens eine halbe Stunde nach Ankunft bereitgestellt; die Frist kann von der Post verlängert werden.

VIII. Bei eingeschriebenen Briefsendungen und bei Wertbriefen wird dem Abholer zunächst nur der Ablieferungsschein, bei Paketen nur die Paketkarte oder der Ablieferungsschein und bei Postanweisungen nur die Postanweisung ohne den Betrag ausgehändigt[2].

IX. Empfänger, die ihre Pakete auf Grund einer Abholungserklärung (I) abholen, erhalten von der Post für jedes abgeholte Paket eine Vergütung von 10 RPf.

X. Die Zustellung erfolgt trotz der Abholungserklärung des Empfängers,

1. wenn der Absender die Eilzustellung (§ 24) verlangt hat;
2. wenn es sich um Briefe mit Zustellungsurkunde (§§ 27, 41) oder Postaufträge (§ 20) handelt;
3. wenn Wertbriefe, versiegelte Wertpakete, Einschreibbriefsendungen oder Postanweisungen vom Absender mit dem Vermerk „Eigenhändig" versehen sind (§ 40 IX);

4. wenn der Empfänger Sendungen mit lebenden Tieren (§ 5) nicht binnen 24 Stunden nach dem Eintreffen abholen läßt[3].

1 Vorg.: Ges 22. 5. 1910 (RGBl. S. 837).

1a Keine Miete nach BGB (§§ 535 ff.).

2 Wegen Verzugshaftung s. § 40 Anm. 13.

3 Wegen derartiger postlagernder Sendungen s. § 42 II zu 1.

§ 45.

Aushändigung der Sendungen und Geldbeträge gegen Rückgabe der Paketkarten, Ablieferungsscheine und Postanweisungen.

I. Nach Aushändigung der Paketkarten, Ablieferungsscheine und Postanweisungen (§ 38, I und IV, § 40, V und VII, § 44, VIII) werden die abzuholenden (§ 44) Sendungen und Geldbeträge während der Postschalterstunden an den ausgehändigt, der sich zur Abholung meldet (§ 44 II) und bei gewöhnlichen Paketen sowie bei unversiegelten Wertpaketen (§ 16, II und § 18, I) die Paketkarte, bei Einschreibbriefsendungen, Wertbriefen, versiegelten Wertpaketen (§ 18, II) und Postanweisungsbeträgen die mit dem Namen des Empfangsberechtigten unterschriebene Empfangsbescheinigung (Paketkarte, Ablieferungsschein, Postanweisung, § 40 XI) abgibt.

II. Die Echtheit der Unterschrift und des etwa auf den Ablieferungsschein usw. gedruckten Siegels sowie die Berechtigung des Überbringers zu prüfen, liegt der Post nach § 49 des Gesetzes über das Postwesen nicht ob.

III. Unterläßt der Empfänger, die Sendungen oder Geldbeträge bei der Postanstalt abzufordern, so werden sie am achten Tage, vom Tage nach dem Eingang an gerechnet, als unzustellbar behandelt (§ 47).

Sendungen mit lebenden Tieren (§ 5) werden nach Ablauf von 24 Stunden nach dem Eingang zugestellt (§ 44, X) oder unzustellbar behandelt.

§ 46.

Nachsendung der Postsendungen; Überweisung von Zeitungen.

I. Hat der Empfänger seinen Aufenthalts- oder Wohnort[1] verändert und ist sein neuer Aufenthalts-[1] oder Wohnort bekannt[2], so werden gewöhnliche und eingeschriebene Briefsendungen (§§ 1, 6, 14) und Postanweisungen (§ 22) nachgesandt, wenn nicht er oder der Absender anders bestimmt hat. Dasselbe gilt von den Postaufträgen (§ 20) nebst ihren Anlagen, falls der Absender nicht sofortige Rücksendung oder Weitergabe zum Protest oder Absendung an eine andere, namentlich bezeichnete Person verlangt hat.

II. Pakete (§§ 14, 16, 26) und Wertbriefe (§ 16) werden nur nachgesandt, wenn es der Absender oder der Empfänger verlangt.

III. Hat der Absender durch einen Vermerk in der Aufschrift, der bei Paketen auf der Paketkarte wiederholt sein muß, die Nachsendung ausgeschlossen, so darf sie auch auf Antrag des Empfängers (I und II) nicht stattfinden.

IV. Für gewöhnliche Pakete wird im Fall der Nachsendung die Paketgebühr, für Wertsendungen die Paket- oder die Briefgebühr und die Versicherungs- und die Behandlungsgebühr von Bestimmungsort zu Bestimmungsort neu angesetzt. Für andere Sendungen als Pakete und Wertsendungen findet kein neuer Gebührenansatz statt; Postanweisungs- und Postauftragsgebühren, die Einschreibgebühr sowie die Vorzeigegebühr für Nachnahmesendungen (§ 21) werden nicht noch einmal berechnet. Für dringende Pakete (§ 26) wird die Sondergebühr noch einmal angesetzt, wenn der Absender oder der Empfänger ausdrücklich verlangt hat, daß das Paket auch bei der Nachsendung als dringend behandelt wird (vgl. § 47 X).

V. Überschreiten gewöhnliche und eingeschriebene Briefe und Postkarten (§ 7) den Geltungsbereich der Ortsgebühr[3] des Aufgabepostorts (§ 6), so unterliegen sie der Ferngebühr.

VI. Eine bei einer Postanstalt bestellte Zeitung (§ 30) wird auf Verlangen des Beziehers gegen Entrichtung einer Gebühr an eine andere Postanstalt überwiesen. Die Gebühr ist doppelt zu entrichten, wenn die Überweisung gleichzeitig für den Rest der laufenden und für die kommende Bezugszeit beantragt wird. Sie wird auch für jede folgende Überweisung, nicht aber für die Rücküberweisung nach dem früheren Bezugsort erhoben.

Verlagsstücke können unter besonderen, von der Post festzusetzenden Bedingungen sowohl auf Antrag des Beziehers als auch des Verlegers überwiesen werden.

1 Kein BGB-Begriff; Vorg: § 24 PRegl 1852.

2 Normalfall: Nachsendungsantrag des Empf. (AusfBest); Nichtbeachtung des EmpfAntrags begründet im Schadenfall (§§ 6 ff. PG) P Haftung (Ersatzantrag: Absender).

3 S. § 6 Anm. 4.

§ 47.

Behandlung unzustellbarer Postsendungen am Bestimmungsort.

I. Postsendungen gelten als unzustellbar,

1. wenn der Empfänger am Bestimmungsort nicht zu ermitteln[1] und die Nachsendung nach § 46 unmöglich oder unzulässig ist;
2. wenn die Annahme verweigert wird;
3. wenn eine Sendung mit dem Vermerk „Postlagernd" (§ 42) nicht innerhalb 14 Tagen vom Tage nach dem Eintreffen, bei Sendungen mit lebenden Tieren (§ 5) nicht spätestens innerhalb 48 Stunden nach dem Eintreffen von der Postanstalt abgeholt wird;
4. wenn eine Sendung mit Postnachnahme (§ 21),

auch wenn sie mit „Postlagernd" bezeichnet ist, nicht innerhalb 7 Tagen vom Tage nach dem Eingang eingelöst wird;

5. wenn Sendungen an Abholer (§ 44) nicht innerhalb 7 Tagen vom Tage nach dem Eingang in Empfang genommen werden (§ 45, III);
6. wenn die Sendung Lose oder Anerbieten zu einem Glücksspiel enthält, an dem sich der Empfänger nach den Gesetzen nicht beteiligen darf, und wenn sie sofort nach dem Öffnen an die Postanstalt zurückgegeben[2] wird.

II. Der Empfänger kann die Annahme einer für ihn eingegangenen Postsendung verweigern. Der Grund der Verweigerung braucht nicht angegeben zu werden. Die Annahmeverweigerung muß in der Regel sogleich bei der Zustellung (§ 38) oder Abholung (§ 44) der Sendung erklärt werden. Die Verweigerung der Empfangsbescheinigung (§ 40, XI), bei Sendungen gegen Rückschein (§ 28) auch die Weigerung, den Rückschein zu vollziehen, gilt als Verweigerung der Annahme der Sendung selbst. Der Empfänger darf von dem Inhalt der Sendung, deren Annahme er verweigert, keine Kenntnis nehmen und daher die Sendung nicht öffnen, auch nicht in Gegenwart des Schalterbeamten oder des Zustellers.

Bei Nachnahmekarten ist dem Empfänger auf Verlangen vor seiner Erklärung über die Annahme oder die Annahmeverweigerung die Einsichtnahme zu gestatten.

III. Die unzustellbare Sendung ist unverzüglich an den Absender zurückzusenden.

Die Rücksendung unterbleibt

1. bei wertlosen Drucksachen[3], wenn nicht der Absender die Rücksendung durch einen Vermerk auf der Außenseite der Sendung verlangt hat;

2. bei Paketen in den Fällen zu I unter 1 bis 5, wenn der Absender durch einen Vermerk auf der Aufschriftseite der Paketkarte und des Pakets anderweit Bestimmung getroffen hat. Die Bestimmung hat zu lauten: „Wenn unzustellbar, Meldung" oder „Wenn unzustellbar, an N. in N.". Über die Sendungen mit lebenden Tieren und über die Pakete mit leicht verderblichem Inhalt s. § 5, I[4]. Hat der Absender sofortige Rücksendung schon nach dem ersten vergeblichen Zustellversuch verlangt (§ 21, VII), so ist danach zu verfahren;
3. bei Paketen, Wertbriefen oder Postanweisungen, wenn der Empfänger aus der Aufschrift nicht sicher erkennbar ist (§ 3 I), und wenn bei den Postanweisungen der Absender angegeben ist. In diesen Fällen ist zunächst eine Unzustellbarkeitsmeldung (IV) zu erlassen.

IV. Die Unzustellbarkeitsmeldungen sind der für den Wohnort[5] des Absenders zuständigen Postanstalt zu übersenden, die seine Bestimmung über die weitere Behandlung der Sendung einzuholen hat. Für die Meldung hat der Absender eine Gebühr auch dann zu entrichten, wenn er die Annahme der Meldung verweigert oder die Meldung unbeantwortet läßt. Über die Paketlagergebühr s. § 43.

V. Über ein unzustellbar gemeldetes Paket kann der Absender dahin verfügen, daß entweder die Zustellung nochmals an den ursprünglichen Empfänger oder an eine zweite und nötigenfalls an eine dritte Person innerhalb des Reichspostgebiets erfolgen soll, oder daß das Paket an ihn selbst zurückgesandt, auf seine Rechnung und Gefahr verkauft[6] oder der Post preisgegeben wird.

Ist keine der vom Absender verfügten Zustellungen ausführbar, so wird das Paket ohne nochmalige Unzustellbarkeitsmeldung an den Absender zurückgesandt.

Gibt er die Sendung preis, so bleibt er trotzdem verpflichtet, die Gebühren zu entrichten[7], soweit sie nicht durch den Verkauf des Pakets gedeckt werden.

Solange keine abweichende Verfügung des Absenders vorliegt, ist die Bestimmungspostanstalt zur nachträglichen Aushändigung oder Nachsendung eines unzustellbar gemeldeten Pakets an den Empfänger berechtigt.

VI. Gibt der Absender seine Erklärung nicht innerhalb 7 Tagen nach Empfang der Benachrichtigung bei der Postanstalt ab, die ihm die Unzustellbarkeitsmeldung zugestellt hat, so wird die Sendung, sofern sie nicht dem Empfänger nachträglich ausgehändigt worden ist, an ihn zurückgesandt.

VII. Ist bei Sendungen, die schnell verderben, nach Ansicht der Bestimmungspostanstalt zu befürchten, daß der Inhalt auf dem Rückweg verdirbt, so wird von der Rücksendung abgesehen und der Inhalt für Rechnung des Absenders verkauft (§ 5, I).

VIII. Der Grund der Rücksendung oder des Verkaufs wird auf der Briefsendung oder auf der Paketkarte usw. vermerkt.

IX. Die zurückzusendenden Gegenstände dürfen mit Ausnahme der unter I, 6 bezeichneten nicht geöffnet sein. Hat eine Person irrtümlich einen Brief geöffnet, so soll sie dies unter Namensunterschrift auf der Rückseite bescheinigen.

X. Für die Rücksendung sind bei gewöhnlichen Paketen die Paketgebühr, bei Wertsendungen die Paket- oder Briefgebühr und die Versicherungs- und Behandlungsgebühr zu entrichten. Bei anderen Sendungen findet kein neuer Gebührenansatz statt; Postanweisungs- und Postauftragsgebühren, die Einschreibgebühr sowie die Vorzeigegebühr für Nachnahmesendungen werden nicht noch einmal berechnet. Dagegen wird für dringende Pakete (§ 26) die Sondergebühr angesetzt, wenn der Absender ausdrücklich verlangt hat, daß das Paket auch bei der Rücksendung als „Dringend" behandelt wird (vgl. § 46 IV).

1 Wegen Prüfung von Anschriften durch die P s. Seite 339.

2 § 51 Anm. 7.

3 § 9 IV Anm. 4; § 48 Anm. 5.

4 § 5 Anm. 2 und 3 (Verkauf auf oder ohne Antrag); s. § 48 VI.

5 § 46 Anm. 1.

6 Verkauf auf Antrag.

7 § 25 PG.

§ 48.

Behandlung unzustellbarer und unzulässiger Postsendungen am Aufgabeort oder am Wohnort des Absenders; Behandlung aufschriftloser Postsendungen.

I. Die als unzustellbar nach dem Aufgabeort zurückgelangten sowie die als unzulässig von der Postbeförderung ausgeschlossenen Sendungen werden an den Absender zurückgegeben. Wohnt dieser nicht am Aufgabeort, so werden die Sendungen ihm nach den Bestimmungen des § 46, IV und V nachgesandt.

II. Die Aushändigung an den Absender geschieht nach denselben Bestimmungen wie an den Empfänger.

III. Kann die Postanstalt am Aufgabeort den Absender nicht ermitteln, so wird die Sendung an eine Dienststelle, die von der Oberpostdirektion mit der Befugnis zum Öffnen unzustellbarer oder unanbringlicher Sendungen besonders beauftragt ist, eingesandt und dort nötigenfalls geöffnet[1]. In gleicher Weise wird bei Postsendungen, deren Aufschrift ganz oder teilweise fehlt, versucht, den Empfänger und den Bestimmungsort oder den Absender und den Aufgabeort zu ermitteln. Die mit dem Öffnen beauftragten Beamten sind zu strenger Verschwiegenheit besonders verpflichtet; sie haben möglichst nur die Unterschrift, die Angabe des Wohnorts und der Wohnung (Straße und Hausnummer) sowie erforderlichenfalls die innere Aufschrift und Anrede festzustellen, sich aber jeder weiteren Durchsicht zu enthalten. Die Sendung wird darauf mit Siegelmarken oder Dienstsiegel, die eine entsprechende Inschrift tragen, wieder verschlossen.

IV. Wenn der Absender ermittelt wird, aber die Annahme verweigert oder innerhalb 7 Tagen nach Aushändigung der Paketkarte oder des Ablieferungsscheins oder der Postanweisung die Sendung oder den Geldbetrag nicht abholen läßt, so können die Gegenstände zum Besten der Postunterstützungskassen verkauft oder verwendet, Briefe und die zum Verkauf nicht geeigneten wertlosen Gegenstände aber vernichtet werden.

V. Ist der Absender auch mit Hilfe der unter III bezeichneten Dienststelle nicht zu ermitteln, so werden gewöhnliche Briefsendungen und die zum Verkauf nicht geeigneten wertlosen Gegenstände nach Verlauf von drei Monaten, vom Tage ihres Eingangs bei dieser Dienststelle gerechnet, vernichtet. Dagegen ist der Absender bei Einschreibsendungen, bei Wertbriefen, bei gewöhnlichen Briefen, in denen sich Gegenstände von Wert vorgefunden haben, bei Postanweisungen und bei Paketen mit oder ohne Wertangabe öffentlich aufzufordern, innerhalb 4 Wochen die unzustellbaren Gegenstände in Empfang zu nehmen. Die Aufforderung muß die Sendung, ihren Aufgabe- und Bestimmungsort, Empfänger und Tag der Einlieferung bezeichnen. Die Bekanntmachung erfolgt durch Aushang im Schalterraum der Aufgabepostanstalt. Inzwischen lagern die Sendungen auf Gefahr[2] des Absenders. Sachen, die schnell verderben, können sofort verkauft[3] werden.

VI. Bleibt die öffentliche Aufforderung ohne Erfolg, so werden die Sendungen oder Geldbeträge zum Besten der Postunterstützungskassen verkauft[4] oder verwendet, Briefe und zum Verkauf usw. nicht geeignete Gegenstände aber vernichtet[5].

1 Keine Durchbrechung des Briefgeheimnisses; s. § 37 Anm. 1.

2 S. PG § 6 Abs. 3 zu a; Vorg: § 179 ALR II 15.

3 Verkauf ohne Antrag; s. § 5 Anm. 3, und § 47 Anm. 4 und 6.

4 Dekl.; s. § 26 PG.

5 Vgl. § 47 Anm. 3.

§ 49.

Laufschreiben über Postsendungen, Anträge auf Anstellung von Nachforschungen, Ausfertigung von Doppeln.

I. Wird der Erlaß eines Laufschreibens verlangt, so ist dafür eine Gebühr[1] für jede Sendung zu entrichten. Sie wird erst erhoben, wenn die ordnungsmäßige Aushändigung der Sendung an den Empfänger festgestellt wird oder wenn sich herausstellt, daß der Anlaß zu dem Laufschreiben nicht durch die Post gegeben ist.

II. Unter der gleichen Voraussetzung hat der Antragsteller die Kosten für umfangreiche Nachforschungen zu erstatten. Ihre vermutliche Höhe ist ihm vor Einleitung von Nachforschungen bekanntzugeben; auf Verlangen hat er einen angemessenen Betrag zu hinterlegen.

Dasselbe gilt hinsichtlich der Kosten umfangreicher Ermittlungen oder zeitraubender Feststellungen, die zur Erteilung einer Auskunft auf Antrag vorzunehmen sind.

1 Keine GebPflicht bei Nachfragen von Behörden über Zustellung ihrer Schreiben (PNBl 1921 S. 563); dgl. nicht bei Nachfragen in Versorgungssachen (PABl. 1927 S. 261).

§ 50.

Verkauf von Postwertzeichen[1].

I. Die Postwertzeichen werden zum Nennwert verkauft. Für Freimarken in Rollen und für gestempelte Postkarten kann zur Deckung der besonderen Herstellungskosten ein Zuschlag erhoben werden.

II. Postwertzeichen werden von den Postanstalten, den Posthilfstellen und amtlichen Verkaufstellen und in kleinen Mengen auch von den Landzustellern verkauft. Die Landzusteller nehmen, wenn ihr Vorrat nicht reicht, auch Bestellungen auf Wertzeichen an.

III. Außer Umlauf gesetzte Postwertzeichen werden innerhalb der durch den Deutschen Reichsanzeiger und andere öffentliche Blätter bekanntzumachenden Frist bei den Postanstalten zum Nennwert gegen gültige umgetauscht. Nach Ablauf der Frist hört der Umtausch auf.

IV. Die Post ist nicht verpflichtet[2], Postwertzeichen bar einzulösen oder umzutauschen.

V. Freimarkenstempel, die aus gestempelten Formblättern, Umschlägen usw. ausgeschnitten sind, dürfen nicht zum Freimachen benutzt werden.

VI. Die Reichsdruckerei übernimmt es, Postkarten, Briefumschläge, Kartenbriefe, Streifbänder und Karten, die als Drucksachen ohne Umschlag versandt werden sollen, mit dem Freimarkenstempel zu versehen. Die Bedingungen sind bei den Postanstalten zu erfragen.

1 Wegen Vertriebs der: statistischen Marken durch die P s. § 17 Abs. 1 Ges 27. 3. 1928 (RGBl. I S. 111) und § 74 BO 9. 8. 1928 (RGBl. I S. 293), AngestelltenversicherungsM s. § 175 Ges u. Bek 28. 5. 1924 (RGBl. I S. 563), InvalVersichM s. § 1412 RVersicherungsO u. Bek 15. 12. 1924 (RGBl. I S. 779), WechselsteuerM s. § 10 AusfBest zum WechselsteuerG 19. 9. 1928 (RMinBl. S. 957), EinkommensteuerM s. § 60 BO 5. 9. 1925 (RMinBl. S. 1186).

2 Vorg: § 43 VI PO 1879; Ausdruckswechsel „verpflichtet" statt „verbunden" seit § 49 VI PO 1917 (vgl. § 38 Anm. 2).

§ 51.

Zahlung der Gebühren[1].

I. Auf die freizumachenden Briefsendungen[2] (§ 1 III) und auf die Postanweisungen (§ 22) hat der Absender vor der Einlieferung die erforderlichen Freimarken zu kleben[3]. Die Sendungen können außer durch Freimarken auch durch Stempelabdrücke (Freistempel) von Barfreimachungsmaschinen, Freimachungshandstempeln oder Freistemplern freigemacht werden, die amtlich zugelassen sind und nach den von der Post festgesetzten Bestimmungen gehandhabt werden. Die Freimarken werden durch Stempel entwertet, deren Form und Inschrift die Post bestimmt.

II. Reicht die am Abgangsort entrichtete Gebühr nicht aus, so hat der Empfänger die Nachgebühr (§ 1, III) zu zahlen. Wird die Nachzahlung verweigert, so gilt dies bei gewöhnlichen Briefsendungen sowie bei allen Sendungen vom Ausland als Verweigerung der Annahme. Bei unzureichend freigemachten Einschreibsendungen aus dem Inland kann der Empfänger die Auslieferung ohne Gebührenzahlung verlangen, wenn er den Absender namhaft macht und den Briefumschlag zurückgibt. Die Nachgebühr hat alsdann der Absender zu entrichten[4].

III. Verweigert der Empfänger die Annahme einer Sendung oder kann er nicht ermittelt werden, so ist der Absender verpflichtet, die Gebühren zu zahlen, selbst wenn er die Sendung nicht zurücknehmen will. Dies gilt auch für die Nachsendung, wenn sie der Absender nicht ausgeschlossen hatte (§ 46, III).

IV. Für Sendungen, die erweislich während der Postbeförderung verlorengegangen[5] sind, werden keine Gebühren erhoben; gezahlte Beträge, außer der Versicherungs- und Behandlungsgebühr, werden erstattet. Dasselbe gilt von beschädigten Sendungen, deren Annahme der Empfänger verweigert, wenn die Post den Schaden zu vertreten hat.

V. Hat der Empfänger die Sendung angenommen[6], so ist er zur Zahlung der Gebühren verpflichtet[4] und kann sich davon durch spätere Rückgabe[7] der Sendung nicht befreien. Über die Ausnahme bei Einschreibsendungen s. II. Nachforderungen an Gebühren für Sendungen, die nachträglich als unzureichend freigemacht erkannt werden, hat der Absender zu berichtigen[4], wenn der Empfänger die Zahlung ablehnt. Nachforderungen an zu wenig bezahlten Gebühren verjähren innerhalb eines Jahres[8] nach der Einlieferung der Sendung.

Reichs- oder Staatsbehörden können nach der Annahme und dem Öffnen einer Sendung die darauf haftenden Gebühren vom Absender[4] durch die Postanstalten einziehen lassen; dazu bedarf es bei Postkarten eines schriftlichen Antrags, bei anderen Sendungen genügt die Rückgabe der Umschläge.

VI. Für die Stundung von Gebührenbeträgen usw. ist eine Gebühr für jede volle oder angebrochene Reichsmark monatlich zu entrichten unter Berechnung eines monatlichen Mindestsatzes an Stundungsgebühr. Sie wird nicht erhoben, wenn keine Gebühr zu stunden war. Die Post ist zur Stundung nicht verpflichtet[9].

1 Der GebAnspruch der P gegen Länder u. Gemeinden besteht steuerrechtlich auch dann, wenn die gebührenpflichtigen Handlungen der Behörden in Ausübung öffentlicher Gewalt vorgenommen werden (§ 1 Ges 10. 8. 1925, RGBl. I S. 252); vgl. § 1 Anm. 6 RPFinanzG (S. 71). Wegen Zahlung der Auskunfts-

Geb an Einwohnermeldeā in inländischen PWertzeichen von 5 bis 20 Pf. s. Erl 17. 12. 1926 (RInnMinBl. S. 1099).

2 Auch Päckchen (§ 13), dagegen nicht Einschreib- und Wertbriefe (§§ 15, 16).

3 „Markenklebezwang", vgl. § 1 Anm. 1; Vorg.: § 50 PO 1917.

3a. Aufgabestempel ist Betriebsmaßnahme (vgl. § 37 Anm. 1); daher neben § 354 StGB keine Anwendbarkeit von §§ 348, 349 StGB (a. M. RGer).

4 § 26 PG; Rechtsweg zulässig im GebStreit (§ 82 ALR II 14; außerpreußisch zufolge Gewohnheit aus BVerf u. RVerf 1867/71).

5 Vgl. Nr. 16 Abs. 1 PZollO (S. 358).

6 Vorg.: § 30 Abs. 8 PRegl 1852; die widersprechende Vorschrift aus § 6 PTaxG 1871 (RGBl. S. 358; aufgehoben 1919; Vorg.: § 93 Portotaxregulativ 18. 12. 1824, GS. S. 225), wonach Sendungen vor der GebZahlung nicht auszuhändigen waren, ist aufgehoben (§ 8 PGebG 8. 9. 1919, RGBl. S. 1519).

7 Zurücknahme zugestellter PSachen durch die P nur: im Falle des § 47 I Ziff. 6, bei Zollsendungen (§ 40 XIV) und bei Briefen mit ZustUrk (§ 10 ZustAnw, S. 334). Vgl. § 101 StPO (S. 415).

8 Vorg.: § 96 Portotaxregulativ 1824 (s. Anm. 6), zuletzt in § 8 PGebG 19. 12. 1921 (RGBl. S. 1593), übergegangen in die PO zuf. VO 1927 (w. o. zu Anm. 6).

9 Vorg.: § 50 VII PO 1900.

Abschnitt II.

Beförderungsdienst.

1. Personenposten.

§ 52.

Beförderungsgelegenheiten.

I. Die Post unterhält zur Beförderung von Personen Kraftwagenposten und Pferdeposten (Personenposten, Karriolposten und Landpostfahrten). Die Kraftwagenpersonenposten, die Pferdepersonenposten und die Karriolposten sind ordentliche Posten[1].

II. Für die Beförderung sind die vorhandenen Beförderungsmittel und die vorhandenen Plätze maßgebend (vgl. § 57).

III. Die Post führt Sonderfahrten[2] mit Kraftfahrzeugen aus, wenn Bedienstete und Fahrzeuge zur Verfügung stehen und die zu benutzenden Straßen sich in einem zum Befahren mit Kraftfahrzeugen geeigneten Zustand befinden. Die Beförderung mit Sonderfahrten gilt als Extrapostbeförderung[3] im Sinne des Postgesetzes vom 28. Oktober 1871 (§ 11).

IV. Für die Beförderung von Stückgütern[4] mit den Kraftfahrzeugen gelten die bei den Ladestellen aushängenden Beförderungsbedingungen.

1 Im haftrechtl. Sinne; s. § 11 PG.

2 D. s. auf Bestellung vereinbarte Fahrten.

3 ExtraP seit 1917 nicht mehr in der PO.

4 D. s. Pakete bis zu 100 kg; „Bahnstückgüter", wenn befördert zwischen POrten u. Eisenbahnstationen, „PStückgüter" dgl. zwischen POrten (RPM-Vf 2. 5. 1925, I Kp 736).

§ 53.

Von der Beförderung ausgeschlossene Personen.

I. Von der Beförderung sind ausgeschlossen[1]

1. Personen mit ansteckenden Krankheiten oder solche Personen, deren Zustand den Mitreisenden lästig fallen würde;
2. Personen, die die vorgeschriebene Ordnung nicht beachten, den Anordnungen der zuständigen Postbediensteten sich nicht fügen, durch ihr Benehmen oder durch Unreinlichkeit Mitreisende belästigen würden;
3. Gefangene;
4. Personen, mit geladenen Schußwaffen[2].

II. Personen, die während der Fahrt von der Beförderung ausgeschlossen werden, haben keinen Anspruch auf Erstattung des Fahrgelds oder der Gepäckgebühr.

III. Personen, die an einer ansteckenden Krankheit erkrankt waren oder einer solchen Krankheit verdächtig sind, können zur Beförderung zugelassen werden, wenn die Zulässigkeit der Beförderung ärztlich bescheinigt ist.

Das Mitführen von Hunden oder von kleineren anderen Tieren wird nicht beanstandet, wenn die Tiere ohne Belästigung der Mitreisenden untergebracht werden können.

IV. Über den Ausschluß von der Beförderung entscheidet in zweifelhaften Fällen der zuständige Postbedienstete nach pflichtmäßigem Ermessen.

1 Konstitutiv, da von § 3 PG nicht berührt.

2 Vgl. § 32 prPRegl 1852; kein Zusammenhang mit d. Ges 12. 4. 1928 (RGBl. I S. 143).

§ 54.

Fahrten.

I. Zur Beförderung dienen die regelmäßig nach bestimmtem Fahrplan und die nach Bedarf[1] verkehrenden Fahrten.

Die Ausführung von Bedarfsfahrten unterliegt dem Ermessen der Post.

II. Die Fahrpläne werden nach Bedarf vor dem Inkrafttreten veröffentlicht sowie bei den Postanstalten der Linie ausgehängt. Aus ihnen müssen die Haltestellen und Fahrzeiten hervorgehen.

Für die Durchführung des Betriebs sind ausschließlich die ausgehängten Fahrpläne maßgebend.

1 D. s. Anschlußfahrten (Vor- und Nachf.) zu den regelmäßigen Fahrten.

§ 55.

Fahrgeld.

Das Fahrgeld wird nach den von der Post bestimmten Sätzen erhoben[1]. Für Bedarfsfahrten (§ 54 I) gelten die gleichen Fahrgeldsätze wie für fahrplanmäßige Fahrten. Die Post ist berechtigt, für die Vorausbestellung eines Platzes eine Gebühr zu erheben.

1 10 Pf. für 1 km (Mindestsatz 30 Pf.). Ermäßigungen für Kinder, Blinde, Führerhunde sowie Zeitkarten zugelassen. Vgl. § 25 PG.

§ 56.

Fahrscheine.

I. Der Reisende erhält gegen Entrichtung des Fahrgeldes einen Fahrschein.

II. Der Fahrschein berechtigt zu der Fahrt, für die er gelöst ist.

III. Die Fahrscheine sind nicht übertragbar.

IV. Es ist Sache des Reisenden, den Fahrschein auf seine Richtigkeit zu prüfen[1].

V. Die Post kann verlangen, daß das Fahrgeld abgezählt entrichtet wird.

VI. Fahrscheine werden an den Anfangsorten nur ausgegeben, soweit Plätze verfügbar sind.

Die Annahme von Reisenden unterwegs ist davon abhängig, daß in dem Wagen noch freie Plätze vorhanden sind.

1 Dekl.; vgl. § 12 PG.

§ 57.

Zurücknahme von Fahrscheinen.

I. Das Fahrgeld wird erstattet,

1. wenn und soweit die Post die durch die Annahme des Reisenden eingegangene Verbindlichkeit[1] ohne sein Verschulden[1] nicht erfüllen kann;

2. wenn der Reisende an der Fahrt nicht teilnehmen kann und die Erstattung mindestens 15 Minuten vor der planmäßigen Abfahrt beantragt.

II. Der Reisende muß den Fahrschein zurückgeben und den Empfang des erstatteten Betrags bescheinigen.

1 Keine BGB-Begriffe; Vorg.: § 35 PRegl 1852.

§ 58.

Ausführung der Fahrten.

I. Der Reisende hat sich zum Antritt der Reise an der im Fahrplan bezeichneten Haltestelle rechtzeitig einzufinden und nach Eintreffen am Reiseziel den Wagen zu verlassen.

II. Die mit Fahrscheinen von weiterher angekommenen Reisenden haben den Vorzug vor neu hinzutretenden. Reisende mit Fahrscheinen für die längere Strecke haben hinsichtlich der Wahl unter den freien Plätzen den Vorzug vor Reisenden mit Fahrscheinen für die kürzere Strecke; bei gleichen Strecken entscheidet die frühere Lösung des Fahrscheins.

III. Der Reisende darf beim Einsteigen für sich und jede mit ihm reisende Person je einen Platz belegen. Wer seinen Platz verläßt, ohne ihn deutlich erkennbar zu belegen, verliert den Anspruch darauf.

IV. Wer die Fahrt versäumt oder an Zwischenorten den Wagen verläßt und zur Abfahrtszeit nicht wieder zurückgekehrt ist, hat keinen Anspruch auf Erstattung des Fahrgeldes und der Gepäckgebühr.

V. Die verspätete Abfahrt oder Ankunft oder das Ausfallen einer Fahrt oder Unrichtigkeiten im Fahrplan begründen keinen Anspruch auf Entschädigung[1].

VI. Zurückgelassene Gegenstände unterliegen im Falle der Unanbringlichkeit den Bestimmungen im § 48[2].

1 Wie § 56 Anm. 1.
2 S. § 26 Abs. 2 PG; § 979 BGB steht nicht im Wege.

§ 59.

Reisegepäck.

I. Jedem Reisenden ist die Mitnahme von Reisegepäck insoweit unbeschränkt gestattet, als die einzelnen Gegenstände als Postsendungen[1] geeignet sind.

Kleine Gegenstände, die ohne Belästigung der anderen Reisenden im Personenraum untergebracht werden können, dürfen die Reisenden unter eigener Aufsicht[2] bei sich führen. Gefährliche Gegenstände, namentlich geladene Schußwaffen[2a], explosionsgefährliche, leicht entzündliche, ätzende und übelriechende Stoffe sind von der Mitnahme ausgeschlossen[3]. Der Zuwiderhandelnde haftet für jeden hieraus entstehenden Schaden[3]. Die Postbediensteten sind berechtigt, sich von der Beschaffenheit der mitgenommenen Gegenstände zu überzeugen[3]. Personen, die in Ausübung des öffentlichen Dienstes eine Schußwaffe[2a] führen, ferner Jäger dürfen Handmunition mitnehmen.

Anderes Reisegepäck muß bei der Postanstalt oder beim Wagenführer eingeliefert[4] werden.

Fahrräder werden als Reisegepäck nur nach Maßgabe des verfügbaren Laderaums und auf Haftung der Reisenden[5] angenommen. Als Gewicht eines Fahrrads werden für die Berechnung der Gepäckgebühr 20 kg[6] zugrunde gelegt.

II. In Orten mit Postanstalt muß das Reisegepäck, soweit es von den Reisenden nicht im Personenraum mitgeführt werden darf[2], spätestens 15 Minuten vor der Abfahrt unter Vorzeigung des Fahrscheins bei der Postanstalt eingeliefert werden. Erfolgt die Einlieferung später, so hat der Reisende auf die Mitbeförderung des

Gepäcks nur dann zu rechnen, wenn durch dessen Annahme und Verladung die Abfahrt nicht verzögert wird. Beim Übergang von einer Personenpost oder Eisenbahn auf eine unmittelbar anschließende Personenpost wird das Gepäck angenommen, solange der Reisende ohne Versäumnis der Personenpost zur Weiterfahrt zugelassen werden kann.

III. Der Reisende erhält über das eingelieferte Reisegepäck einen Gepäckschein[7].

Das Reisegepäck wird nur für den Wagen zur Beförderung angenommen, den der Reisende selbst zur Fahrt benutzt.

Dem Reisenden kann die Verfügung über das eingelieferte Reisegepäck nur während des Aufenthalts an Orten mit Postanstalten und nur gegen Aushändigung des Fahrscheins und des Gepäckscheins gestattet werden.

Reisende nach Zwischenorten müssen ihr Reisegepäck bei der zuletzt berührten Postanstalt in Empfang nehmen.

IV. Die Reisenden sind verpflichtet, der zoll- oder steueramtlichen oder der sonstigen verwaltungsbehördlichen Abfertigung des Reisegepäcks beizuwohnen[8].

Für den durch Nichtbeachtung dieser Vorschrift entstehenden Schaden wird kein Ersatz geleistet[9].

V. Das Reisegepäck wird gegen Rückgabe des Gepäckscheins ausgeliefert. Die Post ist nicht verpflichtet, die Berechtigung des Inhabers des Gepäckscheins zu prüfen[10].

Der Inhaber des Gepäckscheins ist berechtigt, am Bestimmungsort die Auslieferung des Reisegepäcks zu verlangen, sobald die zur Bereitstellung des Reisegepäcks und etwa zur zoll- oder steueramtlichen[8] oder sonstigen verwaltungsbehördlichen Abfertigung des Reisegepäcks erforderliche Zeit abgelaufen ist.

Wird der Gepäckschein nicht beigebracht, so ist die Post zur Auslieferung des Reisegepäcks nur verpflichtet, wenn die Empfangsberechtigung glaubhaft gemacht wird; auch kann Sicherheitsleistung verlangt werden.

Der Reisende hat das Gepäck in der Regel sogleich nach Ankunft am Bestimmungsort und nach Bereitstellung des Reisegepäcks in Empfang zu nehmen. Er kann es indessen auch später innerhalb der gewöhnlichen Dienststunden abholen. Für die einstweilige Aufbewahrung wird vom Tage nach der Ankunft eine Lagergebühr (§ 43) erhoben.

VI. Jeder Reisende kann Reisegepäck bis zum Gesamtgewicht von 50 kg einliefern. Für einzelne Strecken kann ein höheres oder geringeres Gesamtgewicht festgesetzt werden. Die Gebühr für das Reisegepäck und die etwaige Versicherungsgebühr werden nach den von der Post bestimmten Sätzen erhoben, sie werden nach denselben Grundsätzen erstattet wie das Fahrgeld (§ 57).

1 S. §§ 14, 16, 17, 18.

2 Keine Haftung bei Handgepäck; § 11 PG.

2a S. § 53 Anm. 2.

3 Entspricht § 4.

4 Haftung wie bei Paketen (§§ 9 und 11 PG).

5 Abweichung gegen § 14 VII: Fahrräder als sperrige Pakete sind haftungsfähig. Haftungsausschluß hier konstitutiv.

6 Vgl. § 1 I Ziff. 2.

7 S. § 14 V; gebührenfrei.

8 Vgl. § 4 PZollO (S. 349). Wegen Befreiung von Reisegepäck (bei Ein- und Ausfuhr) von der Anmeldung zur Warenstatistik s. § 70 IIIa VO 9. 8. 1928 (RGBl. I S. 293).

9 Dekl.; s. § 12 PG.

10 Entspricht § 49 PG.

§ 60.

Beförderungsbedingungen im einzelnen.

Die Post erläßt[1] die näheren Bestimmungen für die Durchführung der Personenbeförderung.

1 Nach Maßgabe der örtlichen Verhältnisse.

2. Karriolposten.

§ 61.

Reglung der Benutzung.

Die Bestimmungen der §§ 52 bis 60 gelten auch für Karriolposten mit Personenbeförderung.

3. Landpostfahrten.

§ 62.

Reglung der Benutzung.

Die Meldung zur Reise erfolgt bei dem Wagenführer[1]. Er entscheidet über die Mitnahme der Reisenden. Fahrscheine werden nicht ausgegeben.

1 S. §§ 31 u. 38 I zu 2.

4. Rohrpostbeförderung.

§ 63.

Beförderungsbedingungen.

Die Bedingungen für die Benutzung der Rohrpost werden durch eine besondere Rohrpostordnung[1] festgesetzt.

1 S. Seite 302.

5. Luftpostbeförderung.

§ 64.

Beförderungsbedingungen.

Die Bedingungen für die Luftpostbeförderung[1] werden durch besondere Anordnungen der Post festgesetzt.

1 S. Seite 307.

Abschnitt III.

Schlußbestimmung.

§ 65.

Nichthaftung für Erteilung unrichtiger Auskunft[1].

Die Post haftet nicht für Schäden, die durch Erteilung einer unrichtigen Auskunft entstehen.

1 Vorg.: VO. 19. 3. 1926 (PABl. S. 141).

Anlage zur PO (§ 1 IV).

Übersicht der Postgebühren.

1	2	3	4	
Nr.	Gegenstand	PO §:	Gebühr	
			RM	Rpf
1	**Briefe**	6		
	a) im Ortsverkehr			
	bis 20 g		—	8
	über 20 „ 250 g		—	15
	„ 250 „ 500 g		—	20
	b) im Fernverkehr			
	bis 20 g		—	15
	über 20 „ 250 g		—	30
	„ 250 „ 500 g		—	40
2	**Postkarten**	7		
	a) im Ortsverkehr		—	5
	b) im Fernverkehr		—	8
3	**Drucksachen**	8		
	a) in Form einfacher, ohne Umschlag versandter Karten, auch mit anhängender Antwortkarte (§ 8 VI)		—	3
	b) im übrigen			
	bis 50 g		—	5
	über 50 „ 100 g		—	8
	„ 100 „ 250 g		—	15
	„ 250 „ 500 g		—	30

1	2	3	4	
Nr.	Gegenstand	PO §:	Gebühr	
			RM	Rpf
4	**Blindenschriftsendungen** bis zum Höchstgewicht von 5 kg	8 X	—	3
5	**Postwurfsendungen**	9		
	a) Drucksachen bis 50 g		—	3
	b) Mischsendungen — Drucksachen und Warenproben — bis 20 g		—	$6^2/_3$
6	**Geschäftspapiere**	10		
	bis 250 g		—	15
	über 250 „ 500 g		—	30
7	**Warenproben**	11		
	bis 250 g		—	15
	über 250 „ 500 g		—	30
8	**Mischsendungen** (zusammengepackte Drucksachen, Geschäftspapiere und Warenproben)	12		
	bis 250 g		—	15
	über 250 „ 500 g		—	30
9	**Briefpäckchen**	13 I		
	bis 1 kg		—	60
	Sonstige Päckchen	13 II		
	bis 2 kg		—	40
10	**Einlieferungsbescheinigung**	13 VI, 14 V		
	a) über ein gewöhnliches Päckchen oder ein gewöhnliches Paket .		—	10
	b) über mehrere gewöhnliche Päckchen oder gewöhnliche Pakete (Sammeleinlieferungsbescheinigung)			
	an einen Empfänger		—	10
	an mehrere Empfänger je .		—	10
	Höchstgebühr		—	50

1	2	3	4	
Nr.	Gegenstand	PO §:	Gebühr	
			RM	Rpf
11	Pakete*)	14 VI, 44 IX		

	Gebühr**)									
	1. Zone bis 75 km		2. Zone über 75 bis 150 km		3. Zone über 150 bis 375 km		4. Zone über 375 bis 750 km		5. Zone über 750 km	
	RM	Rpf	RM	Rpf	RM	Rpf	RM	Rpf	RM	Rpf
bis 5 kg	—	50	—	60	—	80	—	80	—	80
über 5 „ 6 „	—	60	—	80	1	10	1	15	1	20
„ 6 „ 7 „	—	70	1	—	1	40	1	50	1	60
„ 7 „ 8 „	—	80	1	20	1	70	1	85	2	—
„ 8 „ 9 „	—	90	1	40	2	—	2	20	2	40
„ 9 „ 10 „	1	—	1	60	2	30	2	55	2	80
„ 10 „ 11 „	1	10	1	80	2	60	2	90	3	20
„ 11 „ 12 „	1	20	2	—	2	90	3	25	3	60
„ 12 „ 13 „	1	30	2	20	3	20	3	60	4	—
„ 13 „ 14 „	1	40	2	40	3	50	3	95	4	40
„ 14 „ 15 „	1	50	2	60	3	80	4	30	4	80
„ 15 „ 16 „	1	60	2	80	4	10	4	65	5	20
„ 16 „ 17 „	1	70	3	—	4	40	5	—	5	60
„ 17 „ 18 „	1	80	3	20	4	70	5	35	6	—
„ 18 „ 19 „	1	90	3	40	5	—	5	70	6	40
„ 19 „ 20 „	2	—	3	60	5	30	6	05	6	80

*) Im Paketverkehr zwischen Ostpreußen und dem übrigen Reich wird die Gebühr der jeweilig nächstniedrigeren Zone in Ansatz gebracht.

**) Empfänger, die ihre Pakete auf Grund einer Abholungserklärung (§ 44 I) abholen, erhalten von der Post für jedes abgeholte Paket eine Vergütung von 10 Rpf.

12	Einschreiben	15 IV	—	30
13	Wertsendungen 1. Die Briefgebühr (Nr. 1) oder die Paketgebühr (Nr. 11)	16, 18		

1	2	3	4	
Nr.	Gegenstand	PO §:	Gebühr	
			RM	Rpf
	2. Die Versicherungsgebühr für je 500 RM. der Wertangabe . . .		—	10
	3. Die Behandlungsgebühr			
	a) für Wertbriefe und für versiegelte Wertpakete			
	bis 100 RM. einschl. .		—	40
	über 100 RM.		—	50
	b) für unversiegelte Wertpakete		—	10
14	**Postaufträge** Vorzeigegebühr	20 XVI Ziff. 2	—	20
	Protestgebühr bei Postprotestaufträgen	20 XVI Ziff. 4a	1	—
15	**Nachnahmen** Vorzeigegebühr	21 XI Ziff. 2	—	20
16	**Postanweisungen**	22		
	bis 10 RM. . . .		—	20
	über 10 „ 25 „ . . .		—	30
	„ 25 „ 100 „ . . .		—	40
	„ 100 „ 250 „ . . .		—	60
	„ 250 „ 500 „ . . .		—	80
	„ 500 „ 750 „ . . .		1	—
	„ 750 „ 1000 „ . . .		1	20
17	**Telegraphische Postanweisungen**	22 XV Ziff. 1		
	bis 25 RM. . . .		3	—
	„ 25 RM. „ 100 „ . . .		3	50
	„ 100 „ „ 250 „ . . .		4	—
	„ 250 „ „ 500 „ . . .		4	50
	„ 500 „ „ 750 „ . . .		5	50
	„ 750 „ „ 1000 „ . . .		6	50
	„ 1000 „ für je 250 „ oder einen Teil davon mehr . . .		1	—

1	2	3	4	
Nr.	Gegenstand	PO §:	Gebühr	
			RM	Rpf
18	**Postkreditbriefe**	23 VI Ziff. 2		
	für je 100 RM. des Kreditbriefbetrags		—	10
	Mindestsatz		1	—
19	**Eilzustellung bei Vorauszahlung der Gebühr durch den Absender**	24 V A		
	1. für jede Briefsendung usw.			
	im Ortszustellbezirk		—	40
	im Landzustellbezirk		—	80
	2. für Pakete (einschließlich der Paketkarten)			
	im Ortszustellbezirk		—	60
	im Landzustellbezirk		1	20
	Briefsendungen, die mit anderen Eilsendungen an denselben Empfänger abgetragen werden, für jede Sendung	24 V B	—	10
20	**Bahnhofsbriefe**	25 IV		
	für den Kalendermonat		18	—
	für die Kalenderwoche		6	—
21	**Bahnhofszeitungen**	25 VI		
	für jede Sendung im Gewicht			
	bis 100 g		—	5
	über 100 „ 250 „		—	10
	„ 250 „ 500 „		—	20
	„ 500 g bis 1 kg		—	30
	„ 1 kg „ 2 „		—	60
	für jedes weitere kg bis 20 kg mehr		—	20
22	**Dringende Pakete**	26 III	1	—
23	**Förmliche Zustellung**	27 VII Ziff. 2	—	30
24	**Rückscheine**			
	falls bei der Einlieferung verlangt	28 II	—	30
	falls nachträglich verlangt	28 IV	—	60

1	2	3	4	
Nr.	Gegenstand	PO §:	Gebühr	
			RM	Rpf
25	**Zeitungen**	30 VI		
	a) Zeitungsgebühr für monatlich einmaliges Erscheinen von Zeitungen im durchschnittlichen Nummergewicht		für jedes Stück monatl.	
	bis 30 g		—	1,5
	über 30 „ 50 „		—	2
	„ 50 „ 100 „		—	4
	„ 100 „ 250 „		—	6
	„ 250 „ 500 „		—	8
	„ 500 „ 1000 „		—	10
	für monatlich zweimaliges Erscheinen		das Doppelte der vorsteh. Sätze	
	für häufigeres als monatlich zweimaliges, höchstens aber wöchentlich einmaliges Erscheinen sowie für jede weitere Ausgabe in der Woche von Zeitungen im durchschnittlichen Nummergewicht			
	bis 30 g		—	3
	über 30 „ 50 „		—	5
	„ 50 „ 100 „		—	8
	„ 100 „ 250 „		—	12
	„ 250 „ 500 „		—	16
	„ 500 „ 1000 „		—	20
	Für jede der Post zum Vertrieb übergebene Zeitung hat jedoch der Verleger an Zeitungsgebühr zu zahlen mindestens .		vierteljährlich 15	—
	b) Gebühr für Sammelüberweisungen von Zeitschriften bei einem durchschnittlich. Nummergewicht	30 XX	für jedes Stück vierteljährlich	
	bis 20 g		—	4
	über 20 „ 30 „		—	6
	„ 30 „ 50 „		—	12

1	2	3	4	
Nr.	Gegenstand	PO §:	Gebühr	
			RM	Rpf
26	**Außergewöhnliche Zeitungsbeilagen** für je 25 g eines Beilagestücks, das die Eigenschaft einer Drucksache hat	30 X	—	0,5
	das die Eigenschaft einer Warenprobe hat		—	2
	für je 25 g des Gesamtgewichts von zusammengehörigen Drucksachen und Warenproben . .		—	2
27	**Verspätet aufgegebene Zeitungsbestellungen**	30 XVI	—	20
28	**Nachlieferung von Zeitungen** . . .	30 XVI	—	10
29	**Einlieferung gewöhnl. Briefsendungen durch Straßenbahnbriefkasten** . .	31 I	—	5
30	**Annahme von Postsendungen durch die Zusteller**			
	1. für die von Ortspaketzustellern angenommenen Pakete . . .	31 IV	—	20
	2. für die von Landzustellern angenommenen Sendungen, und zwar:	31 VII		
	a) für Einschreibbriefsendungen, Postanweisungen und Wertbriefe		—	10
	b) für Pakete bis 5 kg einschließl.		—	20
	c) für schwerere Pakete . . .		—	30
31	**Einlieferung von Einschreibsendungen usw. außerhalb der Postschalterstunden**	32 VIII	—	30
32	**Nachträgliche Belastung einer Sendung mit Nachnahme**	35 VI	—	50

1	2	3	4	
Nr.	Gegenstand	PO §:	Gebühr	
			RM	Rpf
33	**Zeitungszustellung**	38 V		
	a) bei monatlich einmaligem Erscheinen		—	2
	b) bei monatlich zweimaligem Erscheinen		—	4
	c) bei häufigerem als monatlich zweimaligem, höchstens aber wöchentlich einmaligem Erscheinen . . . . . für jedes Stück einer Zeitung		—	6
	d) für jede weitere Ausgabe in der Woche monatlich		—	6
	Höchstsatz		—	72
	e) für Sammelüberweisungen von Zeitschriften		—	0,6
34	**Postausweiskarten**	42 V	—	50
35	**Postlagerkarten,** monatlich	42 VI	—	25
36	**Lagern von Paketen,** täglich	43 I	—	15
	Höchstsatz		4	—
37	**Schließfächer**	44 IV		
	a) für ein gewöhnliches Schließfach, monatlich		—	75
	b) für ein größeres Schließfach, monatlich		1	—
38	**Zeitungsüberweisungen im Orts- und Fernverkehr und Zeitungsumschreibungen**	46 VI, 35 X	—	50
39	**Unzustellbarkeitsmeldung**	47 IV	—	30
40	**Laufschreiben**	49 I	—	50
41	**Stundung,** monatlich für jede volle oder angebrochene Reichsmark		—	2
	Mindest, monatlich	51 VI	—	50

Rohrpostordnung.

Vom 30. Mai 1923 (RGBl. I S. 303).

Vorg.: RohrPBetriebsO 1879, 1882, 1885, 1893 (nicht verkündet), RohrPO 30. 1. 1909 (Zentralbl. S. 22). Änderungen: PABl. 1924 S. 319, 1927 S. 290. Vgl. § 318a StGB. (S. 407).

Auf Grund des Artikels 88 der Verfassung des Deutschen Reichs vom 11. August 1919 (Reichsgesetzbl. S. 1383) und des § 50 des Gesetzes über das Postwesen des Deutschen Reichs vom 28. Oktober 1871 (Reichsgesetzbl. S. 347) wird mit Zustimmung des Reichsrats nachstehende Rohrpostordnung erlassen:

Benutzung der Rohrpost.

§ 1.

Als Rohrpostsendungen werden zugelassen:

1. Briefe[1],
2. Postkarten[2],

die innerhalb der Orte mit Rohrpostbezirk[3] eingeliefert werden oder nach diesen Orten gerichtet sind und wenigstens streckenweise mit der Rohrpost befördert werden können.

Die Post hat das Recht[4], die Rohrpost zeitweise ganz oder zum Teil für alle oder gewisse Gattungen von Sendungen zu schließen oder für einzelne Rohrpostbezirke andere Gattungen von Sendungen zuzulassen.

1 § 6 PO.
2 § 7 PO.
3 Z. Zt. Berlin und München.
4 Vgl. § 15 PG, § 1 I TelO 30. 6. 1926 (PABl. S. 447).

Rohrpostbezirke.

§ 2.

Rohrpostbezirke im Sinne des § 1 sind solche Orte oder Ortsteile, deren Rohrpostanstalten für den allgemeinen

Verkehr geöffnet sind; sie werden aus den Zustellbezirken dieser Rohrpostanstalten gebildet.

Die Post entscheidet über die Einrichtung von Rohrpostbezirken sowie über die Änderung und Aufhebung bestehender Rohrpostbezirke.

Allgemeine Bestimmungen.

§ 3.

Die Vorschriften der jeweils geltenden Postordnung über

1. die gewöhnlichen Briefsendungen[1],
2. den Verkauf von Postwertzeichen[2]

finden auch auf Rohrpostsendungen Anwendung, soweit nachstehend nichts anderes bestimmt ist.

1 PO § 1 I zu 1a.
2 § 50 PO.

Gewicht und Beschaffenheit der Rohrpostsendungen.

§ 4.

Die Vorschriften über das Meistgewicht und die Beschaffenheit der Rohrpostsendungen werden für die einzelnen Rohrpostbezirke von der Post erlassen und in ihren amtlichen Blättern veröffentlicht[1].

1 S. AusfBest PABl. 1924 S. 319; für Berlin Meistgewicht 20 g, Maße: 9 zu 14 cm, für München dgl. 100 g und 14 zu 20 cm.

Kennzeichnung und Aufschrift der Rohrpostsendungen.

§ 5.

Rohrpostsendungen müssen, sofern nicht die von der Post herausgegebenen gestempelten Rohrpostbriefumschläge und Rohrpostkarten verwendet werden, einen das Verlangen der Beförderung mit der Rohrpost ausdrückenden Vermerk tragen, z. B. „Rohrpost“, „Rohrpostbrief“, „Rohrpostkarte". Dieser Vermerk muß auf der Vorderseite der Sendungen deutlich angebracht sein.

In der Aufschrift ist die Wohnung des Empfängers genau zu bezeichnen. Die linke obere Ecke der Aufschriftseite ist für Dienstvermerke frei zu lassen.

Von der Rohrpostbeförderung ausgeschlossene Gegenstände.

§ 6.

Von der Rohrpostbeförderung sind ausgeschlossen[1]:

1. Sendungen, die Geldstücke oder sonstige steife oder zerbrechliche Gegenstände enthalten oder mit Siegellack verschlossen sind oder nicht in die Rohrpostbüchsen, ohne Schaden zu nehmen, eingelegt werden können, oder die bei der Verpackung und Beförderung Schwierigkeiten bereiten;
2. Wert-[2], Einschreib-[3] und Nachnahmesendungen[4];
3. Briefe mit Zustellungsurkunde[5].

Durch die gewöhnlichen Postbriefkasten[6] aufgelieferte Sendungen, die als Rohrpostsendungen bezeichnet, jedoch nach vorstehenden Bestimmungen von der Rohrpostbeförderung ausgeschlossen sind, werden, soweit es nach den Vorschriften der Postordnung angängig ist, wie Eilsendungen[7] behandelt.

1 Vgl. § 4 PO.
2 § 16 PO.
3 § 15 PO.
4 § 21 PO.
5 § 27 PO.
6 § 31 I PO.
7 § 24 PO.

Gebühren für Rohrpostsendungen[1].

§ 7.

Für Rohrpostsendungen sind zu entrichten:

1. die Gebühr für eine gewöhnliche Sendung gleicher Art,
2. ein Zuschlag von 10 RPf. für die Beförderung mit der Rohrpost und
3. im Inlandsverkehr die Eilzustellgebühr nach der Postordnung.

Die Gebühren sind im voraus zu entrichten. Für die Festsetzung der Nachgebühr bei nicht- oder unzureichend freigemachten Rohrpostsendungen gelten die Bestimmungen der Postordnung.

1 Text erneuert durch VO. 25. 7. 1927 (PABl. S. 290).

Ort der Einlieferung.

§ 8.

Rohrpostsendungen sind bei den Rohrpostanstalten durch die in den Schaltervorräumen befindlichen besonderen Briefkasten oder Einwürfe für Rohrpostsendungen oder, wenn solche nicht vorhanden sind, an der Annahmestelle einzuliefern.

Rohrpostsendungen können auch auf die durch die Postordnung[1] für Briefsendungen vorgesehenen sonstigen Arten eingeliefert werden.

1 § 31 PO.

Zeit der Einlieferung[1].

§ 9.

Die Annahmezeiten für Rohrpostsendungen bei den Rohrpostanstalten werden nach den örtlichen Verhältnissen von der Post festgesetzt und durch Aushang im Schaltervorraum bekanntgegeben. Außerhalb dieser Annahmezeiten eingelieferte Rohrpostsendungen werden wie Eilsendungen[2] behandelt.

1 § 32 PO.
2 § 24 PO.

Beförderung außerhalb der Rohrpostbezirke.

§ 10.

Rohrpostsendungen werden bei der Beförderung außerhalb der Rohrpostbezirke wie Eilsendungen[1] behandelt.

1 § 24 PO.

Zustellung der Rohrpostsendungen[1].

§ 11.

Rohrpostsendungen werden sogleich nach der Ankunft abgetragen, zwischen 10 Uhr abends und 6 Uhr früh aber nur dann, wenn der Absender es durch den Vermerk in der Aufschrift „Auch nachts" verlangt hat.

1 § 39 PO.

Nachsendung[1] und Behandlung unzustellbarer[2] Rohrpostsendungen.

§ 12.

Nachzusendende und zurückzusendende Rohrpostsendungen werden hinsichtlich der Beförderung und Zustellung ohne neuen Gebührenansatz wie sonstige Rohrpostsendungen behandelt. Überschreiten sie dabei den Geltungsbereich der Ortsgebühr des Aufgabe-Postorts, so unterliegen sie der Ferngebühr[3].

1 § 46 PO.
2 § 47 PO.
3 Anlage zur PO, Ziff. 1b und 2b.

Nebenrohrpostanlagen.

§ 13.

Die Post kann auf Antrag einen Wohn- oder Geschäftsraum durch eine Nebenrohrpostanlage mit einer Rohrpostanstalt verbinden. Sie setzt die Bedingungen für die Herstellung, die Unterhaltung und den Betrieb solcher Anlagen von Fall zu Fall fest.

Inkrafttreten.

§ 14.

Diese Rohrpostordnung tritt am 1. Juni 1923 in Kraft. Gleichzeitig erlöschen die Rohrpostordnung für Berlin vom 30. Januar 1909 nebst Änderungen und die Verordnung über den Rohrpostverkehr in München vom 1. Juli 1922[1].

Berlin, den 30. Mai 1923.

RPMin: Stingl.

1 RGBl. I S. 562: Auf Grund des Artikels 88 der Verfassung des Deutschen Reichs vom 11. August 1919 (Reichsgesetzbl. S. 1383) wird mit Zustimmung des Reichsrats bestimmt:

Die Bestimmungen der Rohrpostordnung für Berlin vom 30. Januar 1909 nebst Änderungen sind auf den Rohrpostbriefverkehr in München sinngemäß anzuwenden mit dem Abmaß, daß auch Postkarten mit Antwort als Rohrpostsendungen zugelassen werden und daß das Meistgewicht für Rohrpostbriefe 100 Gramm beträgt.

Die Gebühr beträgt,

a) wenn Aufgabeort und Bestimmungsort innerhalb des Geltungsbereichs der Ortsbriefgebühr von München liegen,
für die Rohrpostkarte mit Antwort . . . . . 8 Mark,
für den Rohrpostbrief über 20 bis 100 Gramm 6 Mark,

b) wenn der Aufgabeort oder der Bestimmungsort außerhalb des Geltungsbereichs der Ortsbriefgebühr von München liegt,
für die Rohrpostkarte mit Antwort . . . . . 10 Mark,
für den Rohrpostbrief über 20 bis 100 Gramm 8 Mark.

Diese Verordnung tritt mit der Verkündung in Kraft.

Berlin, den 1. Juli 1922.

RPMin: Giesberts

Bestimmungen über den Luftpostverkehr[1].

Vom 23. April 1928 (PABl. S. 188).

Inhaltsverzeichnis

I. Allgemeines

1 § 64 PO. Vorliegende Fassung erstmals 1928 angewendet. Vorg.: Vor 1920 Instruktion „über FlugPSendungen und -zeitungen" (nicht verk.); erste veröffentlichte AnstaltsO (o. T.) im PNBl. 1920 S. 247, daneben „Aushang" wechselnder Fassung, erstmals September 1920 (PNBl. S. 385); Bezeichnung „LuftPVerk" erstmals feststehend März 1922 (a. a. O. S. 222); erste zusammenhängende Bestimmungen über den „LuftPVerk" im PNBl. 1922 (S. 226) nebst „Aushang" mit Flugplänen und Auszug aus den Best.: Gebühren anfangs als „Flugzuschläge" bezeichnet, seit 1923 verändert „LuftPGeb" (PNBl. S. 581), wie schon vordem im Auslandsverk. (ebd. S. 547). Änderungen: PNBl. 1923 S. 228, PABl. 1924 (S. 203), 1925 (S. 236), 1926 (S. 144), 1927 (S. 112).

I. Allgemeines.

§ 1.

Luftpostnetz.

1. Das Luftpostnetz und die Flugpläne des regelmäßigen Verkehrs einschließlich der für deutsche Sendungen benutzten Luftpostverbindungen fremder Länder

werden durch das Amtsblatt des Reichspostministeriums bekanntgegeben. Der vom Reichspostministerium gelieferte, bei allen Postämtern anzubringende Aushang „Luftpost“ enthält eine Skizze und ein Verzeichnis der Luftpostlinien. Für die Postdienststellen wird ein Sonderdruck der „Flugpläne des Luftpostverkehrs“ mit der Linienskizze geliefert. Ferner gibt das Reichs-Kursbuch, vorbehaltlich etwaiger später eintretender Änderungen, Aufschluß über die Luftverbindungen und -verkehrsbedingungen. Die Angaben über den „Luftpostverkehr nach dem Ausland“ bilden eine Abteilung der monatlich erscheinenden „Postdampferliste“.

II. Außergewöhnliche Luftpostverbindungen werden besonders bekanntgegeben.

§ 2.

Einrichtung von Luftposten.

I. Das Reichspostministerium bestimmt, ob und für welchen Zeitraum Luftverkehrsverbindungen zur Postbeförderung zu benutzen sind.

II. Die Postämter in den Luftpostorten und anderen von den Oberpostdirektionen zu bestimmenden Orten haben auf dem Aushang „Luftpost“ (§ 1) oder durch ein besonderes den Aushang ergänzendes Verzeichnis in den Schalterräumen die Luftposten bekanntzugeben, die am Orte verkehren oder für ihn besondere Bedeutung haben.

§ 3.

Benutzung der Luftposten.

Mit den Luftposten werden Sendungen (Luftpostsendungen) befördert, für die eine Zuschlaggebühr (Luftpostzuschlag) entrichtet ist, andere Sendungen nur auf Anordnung des Reichspostministeriums. Als Luftpostsendungen sind zugelassen:

a) im Inlandsverkehr einschließlich Saargebiet und nach der Freien Stadt Danzig:

gewöhnliche und eingeschriebene Briefsendungen jeder Art sowie Postanweisungen,

gewöhnliche Pakete bis 20 kg, die die Ausdehnung 50 : 50 : 100 cm nicht überschreiten; Wertangabe nicht zugelassen. Wegen ihrer Beförderung als dringende Pakete siehe § 9 Ausführungsbestimmungen unter f 2,

Zeitungen,

b) im Verkehr mit dem Ausland:

gewöhnliche und eingeschriebene Briefsendungen jeder Art sowie Postanweisungen,

gewöhnliche Pakete,
auch dringende,
Zeitungen } nur nach besonderer Bekanntgabe im PAmtsblatt

Im Paketverkehr wird eine Gewähr für das Fassungsvermögen der planmäßig zu benutzenden Luftpostlinien und Luftfahrzeuge postseitig nicht übernommen.

§ 4.

Luftpostgebühren.

I. Die neben den gewöhnlichen Gebühren zu erhebenden Luftpostzuschläge für Luftpost-Brief- und -Paketsendungen und die Gesamtgebühren für Luftpostzeitungen sind in der Anlage 1 zusammengestellt.

II. Wird Eilzustellung[1] verlangt, so ist die Eilzustellgebühr außer dem Luftpostzuschlag zu entrichten.

III. Für Luftpostsendungen, die als Rohrpostsendungen[2] in Groß-Berlin oder München aufgeliefert werden oder dorthin gerichtet sind, wird außer dem Luftpostzuschlag der Rohrpostzuschlag von 10 RPf., dazu im Inlandsverkehr auch die Eilzustellgebühr erhoben.

1 § 24 PO.
2 RohrPO 30. 5. 1923 (S. 302).

II. Luftpost-Brief- und -Paketsendungen.

§ 5.

Freimachung.

I. Für die Freimachung der Luftpostsendungen sowie für die Behandlung nicht freigemachter oder unzureichend freigemachter Luftpostsendungen im Inlandsverkehr gelten die Bestimmungen des allgemeinen Verkehrs[1].

II. Im Auslandsverkehr gelten die allgemeinen Vorschriften[2] mit folgenden Abweichungen:

1. Nicht freigemachte Briefe und Postkarten werden nicht mit Luftpost befördert, sondern auf gewöhnlichem Wege abgesandt.
2. Unzureichend freigemachte Briefsendungen, also auch Geschäftspapiere, Drucksachen, Warenproben und Mischsendungen, werden auf dem Luftweg befördert, wenn die vorausgezahlte Gebühr mindestens den Luftpostzuschlag deckt.

1 § 1 PO.
2 WeltPVertrag 1924, Ges 22. 6. 1925 (RGBl. II S. 517).

§ 6.

Luftpostwertzeichen.

Luftpostmarken und Luftpostkarten dienen dazu, die Luftpostsendungen vor andern Sendungen besser kenntlich zu machen. Ihre Verwendung ist daher den Absendern von Luftpostsendungen zu empfehlen.

§ 7.

Kennzeichnung.

I. Alle Luftpostsendungen einschließlich der zugehörigen Paketkarten müssen die deutliche Angabe „Mit Luftpost“ tragen. Dieser Vermerk kann handschriftlich, durch Druck oder durch Zettelaufklebung hergestellt sein. Klebezettel mit dem Aufdruck „Mit Luftpost“ sind bei allen Postämtern vorrätig und werden auf Wunsch unentgeltlich abgegeben. Wird ein solcher Zettel nicht verwendet, so ist der Luftpostvermerk des Absenders möglichst links neben die Angabe des Bestimmungsorts zu setzen und mit Farbstift zu unterstreichen.

II. Ist außer dem Vermerk „Mit Luftpost“ noch ein Zusatz, etwa ein Leitvermerk oder die Bezeichnung einer Luftpostverbindung, erforderlich, so wird dies durch das Amtsblatt und durch die „Postdampferliste“, Abteilung „Luftpostverkehr nach dem Ausland“, bekanntgegeben.

§ 8.

Auflieferung und Annahme.

I. Luftpostsendungen werden bei allen Postanstalten angenommen. Gewöhnliche Briefsendungen können auch durch die Briefkasten aufgeliefert werden. In den an das Luftpostnetz angeschlossenen Städten sind besondere Luftpostbriefkasten aufgestellt. In Luftpostorten mit mehreren Postanstalten vermitteln bestimmte Postanstalten („Luft-Postanstalten“) den Luftpostdienst für den ganzen Ort. Es ist zweckmäßig, Luftpostsendungen bei diesen Postanstalten oder den Postanstalten in den Flughäfen aufzuliefern.

II. Zur Beschleunigung der Luftpostsendungen ist es zweckmäßig, sie unter Vorausbezahlung des Eilzustellgeldes als Eilsendungen[1] aufzuliefern. Für die von den Rohrpostbezirken Berlin und München ausgehenden oder dorthin gerichteten Luftpostbriefsendungen, die sich zur Rohrpostbeförderung eignen (vgl. § 4, III) empfiehlt sich die Auflieferung als Rohrpostsendungen.

1 § 24 PO.

§ 9.

Beförderungsdienst.

I. Luftpostsendungen sind grundsätzlich mit den Luftposten unter Benutzung aller sich darbietenden Linien zu befördern. Die Absendungs- oder Umleitungsstellen haben jedoch andere Beförderungsmittel zu wählen[1], wenn diese voraussichtlich eine frühere Überkunft der Sendungen und Kartenschlüsse gewährleisten. Namentlich gilt dies bei Störungen oder Unterbrechungen der zu benutzenden Flüge. Diese Bestimmung gilt auch für Sendungen, die die Absender mit dem Vermerk „Nur mit Luftpost" oder dgl. versehen haben.

II. Wenn der Absender wünscht, daß eine Sendung nur streckenweise auf dem Luftweg befördert werden soll, muß er es besonders vermerken.

1 § 34 PO.

§ 10.

Stemplung der Sendungen nach der Luftbeförderung.

Alle Luftpostsendungen, einschließlich der Pakete, sind von dem Luft-Postamt, bei dem ihre Luftbeförderung planmäßig oder außerplanmäßig (bei Flugunterbrechungen oder Anschlußverfehlungen) endet, mit einem Stempelabdruck des Wortlauts „Mit Luftpost befördert (Bezeichnung des Luft-Postamts)" in roter Farbe zu versehen. Die Stemplung geschieht durch Kautschukstempel von viereckiger Form, die bei jedem Luft-Postamt zu führen sind. Sie ist nicht als Ankunftsstempel, sondern lediglich als eine Bestätigung darüber aufzufassen, daß eine Luftbeförderung stattgefunden hat.

§ 11.

Zustellung.

Am Bestimmungsort sind die Luftpostsendungen auf den gewöhnlichen Zustellgängen[1] abzutragen, soweit nicht die Eilzustellung[2] besonders verlangt ist oder die Sendungen als Rohrpostsendungen (§ 4) aufgeliefert sind.

1 § 39 PO.
2 § 24 PO.

§ 12.

Nach- oder Rücksendung.

I. Briefsendungen, deren Empfänger ihren Wohnort gewechselt haben, werden auf gewöhnlichem Wege nach dem neuen Bestimmungsort gesandt, wenn der Empfänger nicht ausdrücklich die Nachsendung[1] auf dem Luftweg verlangt und bei der nachsendenden Postanstalt den Luftpostzuschlag für die neue Beförderung vorausgezahlt hat. Unzustellbare Sendungen werden auf gewöhnlichem Wege zurückgesandt[2].

II. Die Nachsendung eines Luftpostpakets nach einem neuen Bestimmungsort kann, soweit sie nach den allgemeinen Vorschriften an sich zulässig ist, auf Verlangen des Absenders oder des Empfängers auf dem Luftweg stattfinden, wenn die Zahlung des für die neue Beförderung zu entrichtenden Luftpostzuschlags sichergestellt ist. Das gleiche gilt für die von dem Absender verlangte Rücksendung eines Luftpostpakets nach dem Aufgabeort.

1 § 46 PO.
2 § 47 PO.

§ 13.

Verzollung der Luftpostpakete.

Hinsichtlich der zollamtlichen Behandlung gelten für Luftpostpakete dieselben Bestimmungen wie für dringende Pakete[1]. Für die Zustellung der Luftpostpakete und der Paketkarten (in Bayern der Zollstückzettel) an die Empfänger gelten die Bestimmungen des § 11, Satz 1.

1 § 26 PO; WPVertrag 1924, Art. 35 PktAbk; keine Anmeldepflicht zur Warenstatistik für Waren, die im LuftfrachtVerk über das deutsche Wirtschaftsgebiet streckenweise durch die P befördert werden, VO 9. 8. 1928 § 70 Ziff. II zu 3 (RGBl. I S. 298), § 18 PZollO (S. 362).

§ 14.

Gebührenerstattung[1].

Für Luftpostsendungen, die aus Versehen oder aus Anlaß von Flugbetriebsstörungen nicht mit der Luftpost befördert worden sind, kann auf Verlangen der Luftpostzuschlag erstattet werden. Für Luftpostpakete des innern Verkehrs sowie im Verkehr mit der Freien Stadt Danzig kann der Betrag erstattet werden, um den die für die Sendung entrichtete Beförderungs- und Zuschlaggebühr die Beförderungsgebühr für ein gleich schweres dringendes Paket überschreitet, z. B. für ein 2 kg schweres Luftpostpaket des innern Verkehrs (3. Zone): 80 + 140 — 180 = 40 RPf. Wenn die Luftbeförderung infolge einer Betriebsstörung nur teilweise durchgeführt werden kann, werden keine Gebühren erstattet.

1 Im Streitfall ist der Rechtsweg zulässig (s. PO § 51 Anm. 4).

§ 15.

Haftung[1].

Die Deutsche Reichspost haftet für Luftpostsendungen

nach den Bestimmungen des Postgesetzes und des Weltpostvertrags einschl. der Zusatzabkommen[2].

1 Dekl.; s. §§ 6 ff. PG; keinerlei Berührung mit der PO 6. 2. 1924 (RGBl. I S. 42) u. Vorg.

2 § 5 Anm. 2.

III. Luftpostzeitungen.

§ 16.

Anmeldung und Auflieferung[1].

I. Die Verleger können einzelne Nummern einer Zeitung in Mengen von mindestens je 5 Stück an einen bestimmt bezeichneten Empfänger in Form besonderer Zeitungssendungen zur Luftbeförderung innerhalb Deutschlands sowie nach der Freien Stadt Danzig und nach anderen besonders bekanntgegebenen Ländern (vgl. § 3 Benutzung der Luftposten) aufliefern. Die Einlieferung geschieht bei der Luft-Postanstalt oder der Postanstalt im Flughafen, g. F. auch, nach dem Ermessen der Oberpostdirektion, bei der Verlags-Postanstalt oder bei anderen Postanstalten. Die Verleger haben Tag und Zeit der Auflieferung sowie die Zahl der voraussichtlich zu versendenden Zeitungsstücke der Verlags-Postanstalt vorher anzuzeigen.

II. Werden Sendungen mit weniger als 5 Stück einer Zeitungsnummer aufgeliefert, so sind sie den Verlegern zurückzugeben.

III. Anmeldungen größerer Zeitungsmengen sind unter Vorbehalt anzunehmen.

1 § 30 PO.

§ 17.

Verpackung. Aufschrift.

Die Luftpostzeitungen sind vom Verleger zu verpacken; die Sendungen müssen eine stark in die Augen fallende Aufschrift nach folgendem Muster tragen:

a) im Inlandsverkehr sowie nach der Freien Stadt Danzig:

Absender: ....

Luftpostzeitungen

(starker roter Strich)

an ....

in ....

b) im Auslandsverkehr:

Absender
Expéditeur } ....

Luftpostzeitungen
Journaux par avion }

(starker roter Strich)

an
à } ....

in
à } ....

Zu den Aufschriften sind weiße Zettel zu verwenden, die in der Mitte einen senkrechten starken Strich von roter Farbe tragen müssen. Den Zeitungsverlegern ist bei Anmeldung von Luftpostzeitungen hiervon Kenntnis zu geben.

(Fortsetzung der Bestimmungen S. 323)

Anlage zu § 4 I.

Luftpostgebühren.

I. Briefsendungen.

Bestimmungsland	Leitweg (Aufschrift)	Außer den gewöhnlichen Gebühren zu erhebender Luftpostzuschlag				
		Postkarten[1]), Postanweisungen		andere Briefsendungen		
		RM	Rpf	Gewichtsstufe	RM	Rpf
a) **Inland (einschl. Saargebiet), Freie Stadt Danzig, Litauen einschl. Memelgebiet, Österreich**		—	10	bis 20 g	—	10
				über 20 „ 50 g	—	20
				„ 50 „ 100 g	—	40
				„ 100 „ 250 g	—	80
				„ 250 „ 500 g	1	25
				„ 500 „ 1 kg	2	50
				für jedes weitere angefangene ½ kg (soweit schwerere Sendungen zugelassen)	1	25
b) **Ausland** (mit Ausnahme der unter a, c, d usw. aufgeführten Länder)[2])		—	20	für je 20 g	—	20

c) **Union der Sozialistischen Sowjet-Republiken**	1. Luftpost bis Moskau	—	20	für je 20 g	—	30
	2. Luftpost bis Moskau und darüber hinaus (Aufschrift „Par avion au delà de Moscou“)	—	30	für je 20 g	—	50
d) **Afrika**[3])						
1. Französisch-Westafrika .	Luftpost Toulouse—Dakar	—	40	für je 20 g	—	60
2. Marokko	Luftpost Toulouse—Casablanca	—	20	für je 20 g	—	30
e) **Amerika**[3])						
1. Vereinigte Staaten von Amerika, Kanada, Mexiko, überseeische Länder über San Franzisko	Luftposten innerhalb der Vereinigten Staaten	—	60	für je 20 g	—	60
2. Kolumbien	Luftposten in Kolumbien	1	20	**für Briefe** für je 20 g	1	20
				für andere Briefsendungen für je 20 g	—	60
außerdem für **Einschreibbriefsendungen** nach Kolumbien **Sonderzuschlag**		—	90	**für das Stück**	—	90
f) **Asien**						
1. Asiat. Rußland (vgl. unter c), China, Japan, Persien, Philippinen	Luftpost bis Moskau	—	20	für je 20 g	—	30

Bestimmungsland	Leitweg (Aufschrift)	Außer den gewöhnlichen Gebühren zu erhebender Luftpostzuschlag				
		Postkarten[1]), Postanweisungen		andere Briefsendungen		
		RM	Rpf	Gewichtsstufe	RM	Rpf
2. Asiat. Rußland (vgl. unter c), Mongolei, Persien	Luftpost bis Moskau und darüber hinaus (Aufschrift „Par avion au delà de Moscou")	—	30	für je 20 g	—	50
3. Belutschistan[3]), Brit.-Indien[3]), Mesopotamien[3]), Südwest-Persien[3])	Luftpost Kairo—Basra	—	20	für je 20 g	—	30

[1]) Für Postkarten mit Antwortkarte nach dem Ausland wird der Zuschlag bei der Absendung für jeden Teil besonders erhoben.

[2]) Verlangt der Absender durch entsprechenden Vermerk auf der Sendung die Luftbeförderung nur für einen nicht über Deutschland oder die anderen unter a bezeichneten Länder hinausgehenden Teil der Beförderungsstrecke, so ist nur der Luftpostzuschlag zu a zu erheben.

[3]) Wenn die Sendungen vor der Beförderung mit den unter d, e und f 3 bezeichneten Luftposten noch mit anderen Luftposten (entweder innerhalb Deutschlands oder von Deutschland nach dem Ausland) befördert werden sollen, so ist außerdem der Luftpostzuschlag zu a oder b zu erheben.

II. Pakete

(s. im übrigen Gebührentafel für Luftpostpakete)

	Außer den gewöhnlichen Gebühren zu erhebender Luftpostzuschlag			
	bis 1 kg		für jedes weitere angefangene ½ kg	
	RM	Rpf	RM	Rpf
a) **Inland** (einschl. Saargebiet) und **Freie Stadt Danzig**				
1. bis 3. Zone (bis 375 km) . . .	1	—	—	20
4. und 5. Zone (über 375 km) . .	1	—	—	40
b) **Österreich**	1	60	—	40
c) **Ausland** (mit Ausnahme der unter a und b aufgeführten Länder) — soweit nicht andere, besonders veröffentlichte Sätze gelten —	2	—	—	50

III. Luftpostzeitungen
(Zeitungen von Verlegern mit Anschrift des Empfängers,

Mindestmenge je 5 Stück einer Nummer)	Gesamtgebühr[1]) RM	Rpf
a) nach dem Inland einschl. Saargebiet sowie nach der Freien Stadt Danzig, Litauen einschl. Memelgebiet und nach Österreich für 1 kg	1	
b) nach dem Ausland		
1. nach Belgien (nur Antwerpen, Brüssel und Ostende) . . . für 1 kg	1	75
2. „ Dänemark . . . . „ 1 „	1	25
3. „ Estland . . . . „ 1 „	1	75
4. „ Finnland . . . . „ 1 „	1	75
5. „ Frankreich (nur Paris) . . . . „ 1 „	1	75
6. „ Großbritannien (nur London) „ 1 „	1	75
7. „ Lettland . . . . „ 1 „	1	75
8. „ den Niederlanden . . . . . . „ 1 „	1	75
9. „ Norwegen . . . . „ 1 „	1	75
10. „ Schweden . . . . „ 1 „	1	50
11. „ der Schweiz . . . . „ 1 „	1	75
12. „ der Tschechoslowakei . . . . „ 1 „	1	25

[1]) Die Gebühr wird unter Berücksichtigung der Bruchteile eines kg nach dem tatsächlichen Gewicht der Zeitungssendung unter Anwendung des für 1 kg angegebenen Satzes berechnet.

§ 18.
Gebühren.

I. Für Luftpostzeitungen wird eine Gebühr erhoben, die von der Verlags-Postanstalt nach dem Gesamtgewicht der während eines Zahlungsabschnitts aufgelieferten Sendungen berechnet wird. Zeitungsgebühr, Zustellgeld und Gebühren für außergewöhnliche Zeitungsbeilagen werden für Luftpostzeitungen nicht berechnet[1].

1 Anlage zur PO Ziff. 25, 26, 33.

§ 19.
Gebührenerstattung.

Gebühren für Luftpostzeitungen können unter denselben Voraussetzungen erstattet werden, die für die Erstattung von Luftpostzuschlägen im Brief- und Paketverkehr gelten (§ 14). In solchen Fällen werden vier Fünftel der Gebühr (Anlage, Luftpostgebühren) erstattet.

§ 20.
Beförderung und Zustellung.

I. Auf die Beförderung und Leitung der Luftpostzeitungen sind die Bestimmungen für Luftpostbriefsendungen sinngemäß anzuwenden (vgl. § 9 Beförderungsdienst). Für die Beförderung der Luftpostzeitungen mit den gewöhnlichen Verkehrsmitteln sind keine besonderen Gebühren zu erheben.

II. Luftpostzeitungen sind im Flughafen oder beim Luft-Postamt abzuholen[1].

III. Soweit Luftpostzeitungen mit der Eisenbahn befördert werden müssen, sind sie wie Bahnhofszeitungen[1] zu behandeln.

1 § 25 PO.

Anweisung über das Verfahren, betreffend die postamtliche Bestellung von Briefen mit Zustellungsurkunde[1].

Vom 6. März 1914 (Zentralbl. S. 208).

1 § 41 PO. Vorg.: AGO 1793 I 7 § 26 über Z von Ladungen; hierzu 1796 Übereink. zwischen JustDept und GPA: keine Verpflichtung der P zur Z; Coursordre 6. 1. 1797: nur LandesJustKollegien sind berechtigt zur Z durch die P (offenes Schreiben mit Abschrift, wie Abschn. II § 23 GerVollzGeschAnw 1914, JustMinBl. S. 343); 7. 12. 1829 erste Erwähnung der „Behändigungsscheine" als Ersatz der Abschrift (s. PO § 25 Anm. 1 und 5) in e. Schr. d. JustMin an das GPA; VO 5. 5. 1838 (GS. S. 273): Z von Urteilen durch die P nur an Empf außerhalb des Gerichtsorts; 9. 9. 1839 GPA-Zirkular Nr. 23: Einführung eines Druckformulars für den Behändigungsschein; AKO 31. 3. 1842 (JustMinBl. S. 199) mit Erweiterungen der Befugnis zur Inanspruchnahme der P; GPA-Zirkular 13. 5. 1842 mit entsprechender PInstruktion; GPA-Vf 11. 12. 1849 (PABl. S. 480): auch nichtrichterliche Behörden können PZ. anwenden; 5. 1. 1853: Erneuerung der Instruktion von 1842; 20. 9. 1862 Ges, betr. d. Beförd. gerichtl. Erlasse durch d. P (GS. S. 316); 9. 7. 1866 GPA-Vf (PABl. S. 153): Änderung des Formulars von 1839; VO des RKzl 22. 9. 1871 (PABl. S. 388): Zulassung von PrivatAbs. zur PZ im Orts- und Landzustellbz des AufgabePA; VO 24. 8. 1879 (PABl. S. 387) mit Erneuerung der Instruktion von 1853 und des Formulars von 1866; VO 27. 12. 1879 Bestimmungen über Nachsendung und Niederlegung (PABl. S. 471); Einführung der vereinfachten Z (JustMinBl. 1879 S. 194); VO 26. 10. 1899 mit Erneuerung der Instruktion von 1879 (Zentralbl. 1900 S. 329).

§ 1.

Gegenstände der postamtlichen Zustellung.

Briefe[1] können auf Ersuchen von Behörden, Beamten oder Privatpersonen unter Beurkunden der Zustellung durch die Postanstalten zugestellt werden.

Einschreibung[2], Wertangabe[3], Nachnahme[4], Eilbestellung[5] und der Vermerk „postlagernd"[6] sind unzulässig.

1 § 6 PO.
2 § 15 PO.
3 § 16 PO.
4 § 21 PO.
5 § 24 PO.
6 § 42 PO.

§ 2.

Arten der Zustellung.

Die Zustellungen können sein:

a) gewöhnliche[1];
b) vereinfachte.

Im Falle zu a wird dem Empfänger bei der Zustellung eine beglaubigte Abschrift der Zustellungsurkunde übergeben, im Falle zu b nur der Tag der Zustellung auf dem Briefe vor seiner Aushändigung vermerkt.

1 Hier ist nicht die Z nach § 38 PO gemeint; vgl. vielmehr Abschn. II §§ 26—37 GerVollzGeschAnw 1914 (JustMinBl. S. 343).

§ 3.

Äußere Beschaffenheit der Briefe mit Zustellungsurkunde.

Briefe mit Zustellungsurkunde müssen den Vorschriften der jeweils gültigen Postordnung[1] entsprechen, verschlossen[2] sein und auf der Aufschriftseite[3] Namen und Wohnort des Absenders tragen.

In der Aufschrift[3] des zuzustellenden Briefes müssen die Person, der zugestellt werden soll, und der Bestimmungsort deutlich und so bestimmt bezeichnet sein, daß jeder Ungewißheit vorgebeugt wird[4].

Bei Zustellungen an Unteroffiziere oder Gemeine des aktiven Heeres oder der aktiven Marine muß die Aufschrift an diese selbst gerichtet sein unter genauer Bezeichnung des Truppenteils (Kompagnie, Eskadron und Batterie des zu bezeichnenden Regiments usw.), zu dem sie gehören, und unter Beifügung des Zusatzes „zu Händen des Chefs der (genau zu bezeichnenden) zunächst vorgesetzten Kommandobehörde (Chef der Kompagnie, Eskadron, Batterie usw.)".

Der Absender hat dem Brief im Falle der gewöhnlichen Zustellung (§ 2a) zwei Formulare zur Zustellungsurkunde auf weißem Papier (Urschrift und Abschrift), im Falle der vereinfachten Zustellung (§ 2b) ein Formular auf graublauem Papier haltbar äußerlich beizufügen und dementsprechend auf der Aufschriftseite des Briefes

a) bei gewöhnlicher Zustellung:
„Hierbei ein Formular zur Zustellungsurkunde nebst Abschrift",

b) bei vereinfachter Zustellung:
„Hierbei ein Formular zur Zustellungsurkunde. Vereinfachte Zustellung"

zu vermerken.

Der Absender muß ferner den Kopf des Formulars zur Zustellungsurkunde und zu ihrer Abschrift ausfüllen und das Formular mit der für die Rücksendung erforderlichen Aufschrift versehen.

Wenn auf Verlangen des Absenders in der Zustellungsurkunde die Zeit der Zustellung näher bezeichnet werden soll, muß der Absender auf der Aufschriftseite des Briefes sowie am Kopfe des Formulars zur Zustellungsurkunde und zu ihrer Abschrift den von ihm rot zu unterstreichenden Vermerk „Mit Zeitangabe zustellen" niederschreiben.

Zu den Postzustellungsurkunden werden zwei verschiedene Formulare verwandt. Das eine (C 87b) ist für Zustellungen an Unteroffiziere und Gemeine des aktiven

Heeres oder der aktiven Marine, das andere (C 87a) für Zustellungen in allen übrigen Fällen bestimmt.

Die Formulare zur Postzustellungsurkunde sind so eingerichtet, daß sie die bei der Zustellung in Betracht kommenden Fälle erschöpfend enthalten, so daß der Besteller nur den Namen der Person, der der zuzustellende Brief übergeben ist, an der im Vordruck offen gelassenen Stelle niederzuschreiben und den Vordruck so weit durchzustreichen hat, als er in dem gerade vorliegenden Falle nicht zutrifft.

Die linke Hälfte des Formulars C 87a ist für die Zustellung an Einzelpersonen (u. a. an Rechtsanwälte, Notare, Gerichtsvollzieher) und an solche Firmen bestimmt, die nur einen Inhaber haben; die rechte Hälfte des Formulars dient für die Zustellung an Firmen, die mehrere Inhaber haben, Gesellschaften, Aktiengesellschaften, Genossenschaften, Behörden, Gemeinden, Korporationen, Vereine. Vor Antritt des Bestellgangs hat der Besteller zu prüfen, ob nach der Aufschrift des Briefes mit Zustellungsurkunde in Verbindung mit den Angaben im Firmen- und Vollmachtsverzeichnisse zweifellos feststeht, welche Hälfte des Formulars C 87a für die Zustellung des Briefes in Betracht kommt. Bestehen Zweifel, so hat er die Entscheidung des Beamten einzuholen.

1 § 27 PO.

2 Rückstand von 1797/1829 (s. Überschr. Anm. 1).

3 § 3 PO.

4 Bei Abweichungen in der Schreibweise des Namens des Z-Empf. wird diesem Gelegenheit zu Einwendungen gegen die Z gegeben.

§ 4.

Beurkundung.

Die postamtliche Zustellung besteht in der Übergabe des zuzustellenden Briefes unter Beurkunden der erfolgten Übergabe. Die hierbei aufzunehmende Urkunde hat folgenden Erfordernissen zu entsprechen:

1. Die Urkunde muß enthalten:

a) Ort und Zeit der Zustellung; der Name des Monats ist in Buchstaben anzugeben; der Vordruck „zwischen . . . Uhr und . . . Uhr . . . . mittags" ist nur auf Verlangen des Absenders (§ 3 Abs. 6) auszufüllen; die Zeitpunkte sind dabei so anzugeben, daß zwischen ihnen keinesfalls ein längerer Zeitraum als eine Stunde liegt (z. B. zwischen 9 Uhr und 10 Uhr vormittags oder zwischen 9½ Uhr und 10½ Uhr vormittags);

b) die Bezeichnung der Person, an die zugestellt werden soll;

c) die Bezeichnung der Person, der zugestellt ist; in den Fällen der §§ 7 bis 9 die Angabe des Grundes, der die Zustellung an die bezeichnete Person rechtfertigt; wenn nach § 10 verfahren ist, die Bemerkung, wie die darin enthaltenen Vorschriften befolgt sind;

d) im Falle der Verweigerung der Annahme die Angabe, daß die Annahme verweigert und der zu übergebende Brief am Orte der Zustellung zurückgelassen ist;

e) bei gewöhnlichen Zustellungen die Bemerkung, daß der zuzustellende Brief und eine beglaubigte Abschrift der Zustellungsurkunde übergeben sind; bei vereinfachten Zustellungen die Bemerkung, daß der zuzustellende Brief übergeben und der Tag der Zustellung auf dem Briefumschlage vermerkt ist;

f) die Unterschrift des zustellenden Bestellers. (Der Unterschrift kann die Amtsbezeichnung „Briefträger", „Landbriefträger", „Postbote" usw. beigefügt werden.)

2. Die Urkunden sind deutlich und bestimmt abzufassen und leserlich zu schreiben. Dabei ist Tinte oder Tintenstift zu gebrauchen. Urschriften wie Abschriften sind ohne Lücken anzufertigen. Ausschabungen sind untersagt. Etwa nötige Durchstreichungen sind so vorzunehmen, daß das Durchgestrichene leserlich bleibt. In den Formularen sind die zum Ausfüllen bestimmten Zwischenräume, soweit sie nicht ausgefüllt werden müssen, durch Striche zu nachträglichen Eintragungen ungeeignet zu machen.

3. Die Abschriften, die in den Fällen der gewöhnlichen Zustellungen (§ 2a) vom Besteller am Orte der Zustellung auszufertigen und an den Empfänger zu übergeben sind, müssen stets als solche bezeichnet und am Schluß, unmittelbar vor der Unterschrift, mit dem Vermerke „Beglaubigt" versehen werden. Die Beglaubigung darf erst erfolgen, nachdem der Besteller von dem wörtlichen Übereinstimmen der Abschrift mit der Urschrift sich überzeugt hat.

Bei vereinfachten Zustellungen ist der Tag der Zustellung in folgender Weise auf dem Briefumschlage zu vermerken:

„Zugestellt am ..... (Tag, Monat, Jahr)".

Auch hierbei ist der Monat in Buchstaben anzugeben.

4. Für Zustellungen an offene Handelsgesellschaften usw. dient die rechte Seite des Formulars C 87a. Ist dagegen der zuzustellende Brief an eine Gesellschaftsfirma gerichtet, die von einem Einzelkaufmanne geführt wird, z. B. an die vom Kaufmann Nagel geführte Firma Arndt & Krause, so ist die linke Seite des Formulars C 87a zu benutzen. In diesem Fall

ist in der Urkunde an den durch Vordruck gekennzeichneten Stellen der bürgerliche Name (Vor- und Zuname) des Firmeninhabers anzugeben.

§ 5.

Ort und Zeit der Zustellung.

Zur Vornahme der Zustellung hat der Besteller in der Regel die Wohnung des Empfängers aufzusuchen. Bei Zustellungen an Gewerbetreibende, Rechtsanwälte, Notare, Gerichtsvollzieher, Behörden, Gemeinden, Korporationen und Vereine (einschließlich der Handelsgesellschaften) hat er sich der Regel nach zunächst in das Geschäftslokal des Gewerbetreibenden usw. (Laden, Kontor, Bureau usw.) zu begeben.

Die Zustellung kann auch an jedem anderen Ort erfolgen, wo der Empfänger angetroffen wird. Hat der Empfänger aber am Bestimmungsorte des Briefes eine Wohnung oder ein Geschäftslokal, so ist er nicht verpflichtet, sich auf eine außerhalb der Wohnung oder des Geschäftslokals versuchte Zustellung einzulassen, er kann vielmehr verlangen, daß der Brief in der Wohnung usw. zugestellt werde. Diesem Verlangen muß der Besteller entsprechen. Bei Zustellungen außerhalb der Wohnung oder des Geschäftslokals ist ein angemessener Ort und eine passende Gelegenheit zu wählen, die eine ungehinderte und sichere Übergabe und Annahme des Briefes und bei gewöhnlicher Zustellung auch der Abschrift der Zustellungsurkunde gestatten.

Briefe mit Zustellungsurkunde an Gefangene dürfen durch die Post nicht im Gefängnis zugestellt werden. Sie sind als unbestellbar[1] zu behandeln, sofern der Gefangene nicht am Bestimmungsorte des Briefes eine Wohnung oder ein Geschäftslokal besitzt; in diesem Fall ist nach §§ 7 bis 12 zuzustellen.

Die Zustellung muß bei der nächsten Bestellgelegenheit erfolgen, sofern nicht auf der Aufschriftseite des Briefes ein bestimmter Tag für die Zustellung angegeben ist. An Sonntagen und allgemeinen Feiertagen hat die Zustellung zu unterbleiben, wenn sie nicht auf der Aufschriftseite des Briefes besonders verlangt ist.

1 § 47 PO.

§ 6.

Personen, an die die Zustellung zu erfolgen hat.

Die Zustellung erfolgt an den in der Aufschrift des Briefes bezeichneten Empfänger in Person[1].

Zustellungen an Behörden, Gemeinden, Korporationen und Vereine (einschließlich der offenen Handelsgesellschaften usw.), die als solche klagen oder verklagt werden können, sind an den Vorsteher, gesetzlichen Vertreter oder vertretungsberechtigten Mitinhaber zu bewirken.

Briefe, die an Eheleute gemeinschaftlich gerichtet sind, sind so zuzustellen, als wenn sie an den Ehemann[2] allein gerichtet wären. Leben die Eheleute getrennt, so sind solche Briefe als unbestellbar zu behandeln[3].

Ist über das Vermögen des Empfängers das Konkursverfahren eröffnet und vom Konkursgerichte die Aushändigung der für den Gemeinschuldner eingehenden Briefe an den Konkursverwalter angeordnet (§ 121 der Konkursordnung), so sind die für den Gemeinschuldner bestimmten Briefe mit Zustellungsurkunde als unbestellbar zu behandeln[3].

An verstorbene Personen[4] gerichtete Briefe mit Zustellungsurkunde sind stets als unbestellbar zu behandeln[3].

Handelt es sich um die Zustellung an einen Unteroffizier oder Gemeinen des aktiven Heeres oder der aktiven Marine, so muß die Zustellung an den Chef der zunächst vorgesetzten Kommandobehörde (Chef der Kompagnie, Eskadron, Batterie usw.) erfolgen. Zu den Unteroffizieren gehören in dieser Beziehung auch die Feldwebel, Wachtmeister und die ihnen gleich- oder nachstehenden Beförderten.

Im übrigen ist die Zustellung, die an den Empfänger in Person nicht erfolgen kann, nach den folgenden Bestimmungen an eine andere Person (§§ 7 bis 9) oder durch Niederlegen bei einer Behörde (§ 10) zu bewirken.

1 Nicht an den PBevollmächtigten; § 40 III PO.

2 Anders § 40 VII PO.

3 § 45 PO; vgl. PO § 20 Anm. 10.

4 Anders § 40 XIII PO.

§ 7.

Ersatzzustellung an Familienmitglieder, dienende Personen, an den Hauswirt oder Vermieter.

[1]Wird die Person, der zugestellt werden soll, nicht angetroffen, so hat die Zustellung in der Wohnung an einen zur Familie dieser Person gehörenden erwachsenen Hausgenossen oder an eine in dieser Familie dienende erwachsene Person stattzufinden. Daß die dienende Person in demselben Hause wohne, ist nicht erforderlich.

Wird weder ein Hausgenosse noch eine dienende Person angetroffen, so ist die Zustellung an den in demselben Hause wohnenden Hauswirt oder Vermieter zu bewirken, wenn diese zur Annahme des Briefes bereit sind (§ 12 Abs. 2). An die Ehefrau[2] des Hauswirts oder Vermieters darf die Zustellung nicht erfolgen.

1 S. PO § 40 Anm. 7.

2 Ebd. Anm. 8.

§ 8.

Ersatzzustellung an Gehilfen, Schreiber, Beamte usw.

Werden Gewerbetreibende, Rechtsanwälte, Notare oder Gerichtsvollzieher in ihrem Geschäftslokal nicht angetroffen, so ist der Brief an einen daselbst anwesenden Gehilfen (Gesellen, Buchhalter, Kommis, Bureauvorsteher, Expedienten usw.) oder Schreiber zuzustellen.

Ist der Vorsteher usw. einer Behörde, einer Gemeinde, einer Korporation (einschließlich der offenen Handelsgesellschaften usw.) oder eines Vereins in dem Geschäftslokal während der gewöhnlichen Geschäftsstunden an der Annahme verhindert oder nicht anwesend, so ist die Zustellung an einen anderen im Geschäftslokal anwesenden, beim Empfänger angestellten Beamten oder Bediensteten zu bewirken.

Ist die Zustellung in dieser Weise nicht ausführbar, so hat sich der Besteller in die Wohnung des Empfängers zu begeben und dort den Brief zuzustellen. Briefe an Behörden, Gemeinden, Korporationen und Vereine (einschließlich der offenen Handelsgesellschaften usw.), die ein besonderes Geschäftslokal haben, dürfen außerhalb dieses Lokals, auch in der Wohnung, nur an den Empfänger in Person zugestellt werden.

§ 9.

Ersatzzustellung bei Zustellungen an Unteroffiziere und Gemeine.

Wird der Chef der dem Empfänger zunächst vorgesetzten Kommandobehörde in deren Geschäftslokal nicht angetroffen, oder ist er im Falle des Antreffens an der Annahme verhindert, so ist die Zustellung an einen im Geschäftslokal der Kommandobehörde anwesenden, dienstlich bei dieser beschäftigten Angehörigen der Kompagnie, Eskadron, Batterie usw. zu bewirken. Der Besteller hat derartig zugestellte Briefe nach Aufgabeort und Empfänger in das zu diesem Zweck in dem Geschäftslokal der Kommandobehörde ausliegende Buch unter Angabe des Tages der Zustellung einzutragen.

§ 10.

Niederlegen bei einer Behörde.

Ist der Empfänger in seiner Wohnung nicht angetroffen worden, und kann die Zustellung auch nicht nach §§ 7 und 8 erfolgen, so hat der Besteller den Brief, bei gewöhnlicher[1] Zustellung auch die Abschrift der Zustellungsurkunde, sofern der Absender ein Gerichtschreiber oder Gerichtsvollzieher ist, auf der Gerichtschreiberei des Amtsgerichts, in dessen Bezirk der Ort der Zustellung liegt, oder an diesem Orte bei der Postanstalt oder dem Gemeindevorsteher oder dem Polizeivorsteher, in den übrigen Fällen bei der Postanstalt des Ortes und, wenn sich eine solche am Orte nicht befindet, bei dem Gemeindevorstand (in Zwangsvollstreckungs-Angelegenheiten der Verwaltungsbehörden bei der Ortsbehörde) niederzulegen[2] und die Niederlegung sowohl durch eine an der Tür der Wohnung des Empfängers zu befestigende schriftliche Anzeige als auch, soweit tunlich, durch mündliche Mitteilung an zwei in der Nachbarschaft wohnende Personen bekanntzumachen. Bei einer Posthilfstelle[3] darf die Niederlegung nicht erfolgen.

Unter den bezeichneten Niederlegungsstellen hat der Besteller die zu wählen, die dem Empfänger am bequemsten zugänglich ist. Sind mehrere Postanstalten am Orte, so ist der Brief, bei gewöhnlicher[3] Zustellung auch die Abschrift der Zustellungsurkunde, bei der Postanstalt niederzulegen, von der der Besteller den zuzustellenden Brief erhalten hat.

Die Nachbarn, denen das Niederlegen des Briefes usw. mitgeteilt wird, sind zu ersuchen, den Empfänger davon möglichst bald in Kenntnis zu setzen.

Hat der Besteller die Zustellung durch Niederlegen bei der Gerichtschreiberei oder dem Gemeinde- oder Polizeivorsteher bewirkt, so sind diese berechtigt, die Briefe nach sechs Monaten, vom Tage der Niederlegung ab gerechnet, an die zuständige Postanstalt oder an den Besteller dieser Postanstalt zurückzugeben[4]. Derartige Briefe sind sodann als unbestellbar zu behandeln.

Die nach Abs. 1 bei den Postanstalten niedergelegten Briefe sind sechs Monate, vom Tage der Niederlegung ab gerechnet, daselbst aufzubewahren. Werden sie innerhalb dieser Frist vom Empfänger nicht abgeholt, so sind sie als unbestellbar zu behandeln[5].

1 § 2 Abs. 1 zu a.

2 D. h. durch Niederlegung zuzustellen (vgl. § 13 Abs. 3).

3 § 31 PO.

4 PO § 51 Anm. 7.

5 Jedoch nicht nach § 47 PO; vielmehr werden sie dem GerVollz, in dessen Bz die PAnstalt liegt (der also nach § 10 Abs. 2 nicht der Abs zu sein braucht), „z. H. zurückgegeben; ist dies nicht möglich, so ist der GerVollz von dem Vorliegen der Schriftstücke gebührenfrei zu benachrichtigen; wünscht er hierauf die Zusendung der Schr. durch die P, so sind sie mit der PO-mäßigen Geb zu belegen. Ist der GerVollz, der die Schr. niedergelegt hat, nach Ablauf der Lagerfrist nicht mehr bei demselben AmtsGer tätig, so sind die Schr. an die GerSchreiberei oder an e. anderen GerVollz des AmtsGer zurückzugeben" (AusfBest zu § 41 PO).

§ 11.

Allgemeine Bestimmungen.

Bevor der Besteller die Zustellung an eine der in den §§ 7 bis 9 bezeichneten Personen oder durch Niederlegen (§ 10) bewirkt, hat er sich zu überzeugen, daß die Wohnung oder das Geschäftslokal, worin die Zustellung vorgenommen oder versucht wird, auch wirklich die Wohnung oder das Geschäftslokal des Empfängers ist, und daß die Personen, mit denen er verhandelt, auch wirklich die sind, für die sie sich ausgeben.

Die Personen, denen an Stelle des Empfängers ein Brief zugestellt wird, sind vom Besteller darauf hinzuweisen, daß sie verpflichtet sind, den Brief, bei gewöhnlicher Zustellung auch die Abschrift der Zustellungsurkunde, dem Empfänger möglichst bald auszuhändigen.

An Unerwachsene, an Mieter oder an Fremde darf eine Zustellung niemals geschehen.

Soll die Ersatzzustellung an eine der in den §§ 7 und 8 bezeichneten Personen unterbleiben, so hat der Absender auf der Aufschriftseite des Briefes und auf dem Formular zur Postzustellungsurkunde unmittelbar unter dem Namen usw. des Empfängers mit roter Tinte hervortretend zu vermerken: „Eine Zustellung an . . . . (z. B. an die Ehefrau, an den Vermieter N., an das Dienstmädchen NN.) darf nicht stattfinden". Solche Vermerke sind vom Besteller zu beachten.

§ 12.

Verweigern der Annahme der Zustellung.

Die Annahme einer gehörig erfolgenden Zustellung darf von der Person, an die sie bewirkt wird, nicht verweigert werden. Geschieht dies dennoch, so hat der Besteller den zu übergebenden Brief, bei gewöhnlicher Zustellung auch die Abschrift der Zustellungsurkunde, am Orte der Zustellung zurückzulassen.

Hierbei ist jedoch zu beachten, daß an den Hauswirt oder Vermieter die Zustellung nur erfolgen kann, wenn sie zur Annahme bereit sind (§ 7 Abs. 2), daß also, wenn sie die Annahme verweigern, die Zustellung auch nicht durch Zurücklassen des Briefes usw. bewirkt werden darf.

Ferner ist zu berücksichtigen, daß das Verweigern der Zahlung der auf dem Briefe haftenden Gebühren nicht als Verweigern der Annahme des Briefes gilt[1], daß vielmehr in diesem Falle die Gebühren vom Absender einzuziehen sind[2].

1 § 51 II PO.
2 § 25 PG.

§ 13.

Nachsenden[1].

Briefe mit Zustellungsurkunde von Gerichten, Gerichtsvollziehern, Gerichtschreibern, Staats- oder Amtsanwaltschaften und ihren Beamten sollen, falls die Zustellung am Bestimmungsorte nicht erfolgen kann, nur dann nachgesandt werden, wenn der neue Aufenthaltsort des Empfängers mit dem ersten Bestimmungsorte des Briefes in demselben Amtsgerichtsbezirk liegt. Ist jedoch in der Aufschrift des Briefes vermerkt: „Nachzusenden innerhalb des Landgerichtsbezirks" oder „Nachzusenden innerhalb des Deutschen Reichs", so ist diesem Verlangen nachzukommen.

Briefe mit Zustellungsurkunde von nicht gerichtlichen Behörden oder von Privatpersonen sind, wenn die Zustellung am Bestimmungsorte nicht erfolgen kann, innerhalb des Deutschen Reichs nachzusenden, sofern nicht die Aufschrift des Briefes eine beschränkende Bestimmung enthält.

Bei der Orts-Postanstalt niedergelegte[2] und somit rechtsgültig zugestellte Briefe mit Zustellungsurkunde sind, wenn der Empfänger einen Nachsendungsantrag[1] bei der Postanstalt gestellt hat, ohne jede Einschränkung wie gewöhnliche Briefe nachzusenden. Der Besteller hat den niedergelegten Brief mit einem Vermerk über die vom Empfänger verlangte Nachsendung zu versehen.

1 § 46 PO.
2 § 10 Anm. 2.

Vf, betr. Pakete mit Zeitungen von Selbstbuchern.

(PABl. 1927 S. 310.)

Zeitungspakete, die unter bestimmten Voraussetzungen zu ermäßigter Gebühr befördert[1] wurden, sind vom 1. August an als besondere Paketgattung weggefallen[2]. Von diesem Tage an gelten für die bisherigen Zeitungspakete die allgemeinen Versendungsbedingungen für Pakete[3].

Pakete mit Zeitungen können aber, auch wenn sie das Gewicht von 5 kg übersteigen, auf Verlangen der Versender auch weiterhin nach einem vereinfachten Verfahren aufgeliefert und behandelt werden, wenn die Versender am Selbstbucher- und Abbuchungsverfahren[4] teilnehmen und für die in vereinfachter Weise behandelten Pakete schriftlich auf Ersatz verzichten[5]. Das gilt für alle Pakete mit Zeitungen und zeitungsähnlichen Erzeugnissen. Eine Mindeststückzahl für die Auflieferung wird nicht verlangt. Den Paketen ist eine Paketkarte nicht beizufügen. Die Beklebung mit Aufgabezetteln unterbleibt. Die Verpackung kann e. F. in der bisherigen Art der Zeitungspakete beibehalten werden. Wertangabe, Nachnahme und Rückschein sind ausgeschlossen[6]. Die Pakete sind vom Absender mit einem hellgrünen Aufschriftzettel zu versehen, der oberhalb der Aufschrift den hervortretenden Aufdruck trägt:

Paket ohne Paketkarte.

Absender:

Das Einlieferungsblatt erhält die Überschrift: „Pakete ohne Paketkarte". Die Buchung nach Stückzahl und Gebührenbetrag kann ebenfalls beibehalten werden. Wie die Übernahme der Pakete im einzelnen vorzunehmen ist, bleibt der örtlichen Reglung überlassen. Eine Prüfung des Inhalts[7] der Pakete kommt nicht mehr in Betracht.

1 Vorg.: § 2 Abs. 5 PGebG 22. 3. 1921 (RGBl. S. 297, aufgeh.) und § 16a PO (VO 22. 3. 1921, RGBl. S. 243, aufgeh.).
2 VO 25. 7. 1927 (PABl. S. 275).
3 § 14 PO.
4 Instruktion; ADA V, 2 Anhang 1.
5 Vgl. § 29 II PO.
6 §§ 16, 21, 28 PO.
7 PL § 4 Anm. 4; ebd. § 8 Anm. 3.

Bf, betr. Prüfung von Anschriften

(PABl. 1928 S. 158.)

Um die Zahl derjenigen Sendungen herabzumindern, die wegen unrichtiger oder ungenügender Anschrift nicht zugestellt werden können, übernimmt die Deutsche Reichspost vom 1. Oktober an unter folgenden Bedingungen versuchsweise die Prüfung und Berichtigung von Anschriften[1].

Die Anschriften, deren Prüfung und Berichtigung durch die Post beantragt wird, sind einzeln auf Karten oder Zetteln in der ungefähren Größe der Postkarte (§ 7 PO) anzubringen. Auch Briefumschläge und Streifbänder[2] mit Anschrift sind zugelassen. Auftraggeber, die eine Anschriftenkartei führen, können diese zur Prüfung vorlegen; ferner können Anschriftenlisten eingereicht werden, jede Liste darf jedoch nur den Bereich eines PA, einschließlich der zugeteilten PAg, umfassen.

Die im Bereich des Einlieferungs-PA[3] zu prüfenden Anschriftenkarten usw. können unverpackt übergeben werden; die für andere PA bestimmten Karten usw. müssen je nach ihrem Gewicht als Brief, Päckchen oder Paket (§§ 6, 13, 15 PO) postordnungsmäßig verpackt sein. Der Beigabe von Paketkarten (§ 14 I PO) bedarf es nicht.

Gehören mehr als 50 Anschriftenkarten zu einer Sendung, so sind sie innerhalb jeder Sendung so zu bündeln oder in anderer Weise übersichtlich derart zusammenzufassen, daß ihre Stückzahl leicht festgestellt werden kann. Jede Sendung ist vom Auftraggeber mit folgender Aufschrift zu versehen: „...... Stück Anschriften zur Prüfung nach ....".

Für die Großstädte mit mehreren Zustell-PA¹ sind die Sendungen mit Anschriftenkarten usw. an dasjenige PA zu richten, das für die Verteilung der Postwurfsendungen (§ 9 PO) zuständig ist. Links von der Aufschrift ist in der üblichen Weise die genaue Anschrift des Absenders anzugeben.

Die Briefe können durch den Briefkasten aufgeliefert werden, Päckchen und Pakete sind am Schalter aufzugeben. Gebühren für Hin- und Rücksendung sind nicht zu entrichten; sie sind in die Prüfungsgebühr eingerechnet.

Wünscht der Auftraggeber die Versendung unter „Einschreiben" (bei Briefen) (§ 15 PO) oder als unversiegeltes Wertpaket (§ 18 I PO), so hat er die Sendungen in postordnungsmäßiger Verpackung — die Pakete mit Paketkarte — unter der Anschrift des Bestimmungs-PA freigemacht einzuliefern. Für derartige Sendungen sind die postordnungsmäßigen Gebühren zu entrichten. Die Rücksendung der geprüften Anschriften erfolgt in diesem Falle in derselben Weise unter Anrechnung der Freigebühren.

Die Gebühr für das Prüfen von Anschriften beträgt 2 Rpf. für das Stück unter Aufrundung des Gesamtbetrags auf volle 10 Rpf., mindestens 20 Rpf. für jede Sendung nach ein und demselben PA. Ergibt sich bei der postmäßigen Feststellung der Stückzahl am Bestimmungsort ein Unterschied gegen die Angaben des Absenders, so sind für die Gebührenerhebung die Feststellungen der Post maßgebend.

Für den Verlust wird bei Versendung als gewöhnliche Sendung kein Ersatz geleistet. Bei Versendung unter „Einschreiben" oder als unversiegeltes Wertpaket regelt sich die Ersatzleistung nach den für solche Sendungen geltenden Bestimmungen (§§ 6, 8, 10 PG).

Außer solchen Sammelsendungen werden auch einzelne Aufträge auf Postkartenformblatt zugelassen. Derartige Karten sind mit 3 Rpf. freizumachen; für ihre Rücksendung nach der Prüfung wird keine besondere Gebühr erhoben. Diese Formblätter werden amtlich nicht geliefert, die Beschaffung bleibt den Auftraggebern überlassen. Es können auch gewöhnliche Formblätter zu Postkarten (§ 7 PO) verwendet werden, wenn die vorgesehenen Vermerke angebracht werden.

Die Bestimmungen über die Prüfung und Berichtigung der Anschriften trifft die Post. Eine Gewähr für die Richtigkeit der Prüfungsangaben und für die Ausführung der Prüfung innerhalb einer bestimmten Frist kann nicht übernommen werden[5]. Grundsätzlich ausgeschlossen sind Nachfragen bei der Polizei, bei Einwohnermeldeämtern und ähnlichen Stellen. Die Prüfung erfolgt nach den Grundsätzen für die Behandlung von Postsendungen mit ungenügender Anschrift[6]. Eine Nachsendung (§ 46 PO) der Anschriftenkarten findet nicht statt, wenn der bezeichnete Empfänger verzogen ist. Angaben über den Wohnungs- oder Geschäftsnachfolger oder ähnliches werden nicht gemacht.

1 PO §§ 3 und 47 Anm. 1; Vorg.: PABl. 1926 S. 357.
2 § 8 IV PO.
3 § 31 PO.
4 § 38 PO.
5 Konstitutiv.
6 PO § 47 Anm. 1.

Vf, betr. Abtragen und Einsammeln von Hauslisten.

(Verkehrsnachrichten für PT, Berlin 1928 Nr. 11 vom 17. März, S. 118).

Die Postanstalten übernehmen fortan die Abtragung und Einsammlung von Formblättern (Vordrucken) zu Hauslisten für die Personenstandsaufnahme, für die Anfertigung von Adreßbüchern usw. nach folgenden Richtlinien:

Die Formblätter müssen in zweckmäßiger Weise geordnet und fortlaufend benummert mit Anmeldeverzeichnissen bei dem in Betracht kommenden Zustellpostamt eingeliefert werden. Sie werden den Hausbesitzern oder Hausverwaltern gelegentlich der Zustellgänge[1] ausgehändigt und nach einigen Tagen wieder abgeholt. Die eingesammelten Formblätter werden sodann auf dem Postamt wieder nach Ordnungsnummern gelegt, auf Vollständigkeit geprüft und dem Auftraggeber zurückgegeben.

Für das Abtragen jedes Formblatts einschl. etwaiger zugehörigen Einzelblätter ist die Gebühr für eine Drucksache[2] und für das Einsammeln jedes Stücks die Gebühr für einen Ortsbrief[3] zu entrichten. Die bei der Teilung des Gesamtgewichts durch die Stückzahl der Formblätter für ein Zustellamt sich ergebende Gewichtsstufe wird der Berechnung der Einzelgebühr zugrunde gelegt.

Diesen Beförderungsgebühren wird mit Rücksicht auf die mit der Ausführung des ganzen Auftrags verbundenen Sonderleistungen der Post und deren allgemeine Verwaltungskosten ein angemessener Zuschlag, der im allgemeinen nicht weniger als 30 v. H. betragen soll, hinzugerechnet.

Für den Verlust oder die Beschädigung der Formblätter übernimmt die Post keine Gewähr, auch nicht für richtige oder vollständige Verteilung und Einsammlung der Formblätter[4]. Eine Verpflichtung[5], die Formblätter auf Vollständigkeit und Richtigkeit der Eintragungen zu prüfen, liegt der Post nicht ob. In der Regel wird beim Einsammeln der Formblätter in jedem Hause höchstens zweimal nachgefragt werden. Die Frist von der Abtragung bis zur Einsammlung der Listen wird auf etwa 14 Tage bemessen. Die Gebühren werden auf Grund der Anmeldeverzeichnisse festgestellt, wobei die dem Auftraggeber ohne Vermittlung des Postamts unmittelbar zurückgelieferten und die von den Hausbesitzern nicht wiederzuerlangenden Formblätter bei der Berechnung der für die Einsammlung zu erhebenden Briefgebühren von der Gesamtzahl der ausgetragenen Formblätter abgesetzt werden. Wenn nach der Einsammlung und Ablieferung der Formblätter noch weitere Leistungen von der Post in Anspruch genommen werden, so müssen hierfür nach den vorstehenden Grundsätzen Gebühren berechnet werden.

Für die Auftraggeber empfiehlt es sich, kurz vor dem Abtragen der Formblätter durch die Zeitungen die Bewohner über die Wichtigkeit der mit den Hauslisten bezweckten Umfragen sowie über das für die Verteilung und Wiedereinsammlung der Listen vorgesehene Verfahren aufzuklären und darauf hinzuweisen, daß das Postpersonal, welches das Abtragen und Einsammeln besorgt, höchstens zweimal den Versuch machen wird, die ausgefüllten Formblätter abzufordern.

1 §§ 38, 39 PO.
2 § 8 PO.
3 § 6 PO.
4 Konstitutiv.
5 Kein BGB-Begriff.

Post-Zollordnung[1].

Vom 28. Januar 1909 (Zentralbl. S. 39).

1 Erlassen vom Bundesrat gem. § 91 Abs. 5 VerZollG 1. 7. 1869 (BGBl. S. 340); Vorg.: Regulativ usw. 1. 8. 1868 (PABl. S. 224, Anl.), PZollregulativ 18. 7. 1888 (Zentralbl. S. 484, 606).

I. Zollbehandlung der in das deutsche Zollgebiet eingehenden Postsendungen.

§ 1.

Zollfreie Postsendungen.

(1) Von der Verzollung befreit sind:

a) die mit der Post eingehenden Warensendungen (Poststücke) von 250 g Rohgewicht oder weniger;

b) die mit der Post eingehenden Proben und Muster von Kaffee, Kakao, Zucker, Rohtabak und getrockneten Früchten im Rohgewichte von 350 g oder weniger.

(2) Von der Zollfreiheit nach Abs. 1 unter a sind ausgeschlossen:

a) die einem Zollsatze von 100 ℳ oder mehr für 1 dz unterliegenden Warensendungen im Rohgewichte von 50 g oder darüber;

b) die Sendungen, die Taschenuhren oder Werke oder Gehäuse zu solchen oder einem Stückzoll unterliegende Hüte enthalten;

c) feingeschnittener Rauchtabak, Pfeifentabak und Schnupftabak (§ 5 Abs. 1, Abteilung C, D und F des Tabaksteuergesetzes) in Mengen von 50 g oder darüber, unverpackte oder in angebrochenen Packungen eingehende Zigarren in Mengen von mehr als 10 Stück, dergleichen Zigaretten in Mengen von mehr als 25 Stück, dergleichen Kautabak in Mengen von mehr als 3 Stück, verpackte Zigarren, Zigaretten und Kautabak in Mengen von mehr als 30 g;

d) Sendungen, die Reiherfedern oder Straußfedern (Tarifnr. 531) enthalten, auch wenn sie weniger als 50 g wiegen.

(3) Die Zollfreiheit ist ohne Rücksicht auf die Zahl der für denselben Empfänger gleichzeitig eingehenden Sendungen zu gewähren. Sie wird begrenzt durch das Rohgewicht von 250 und 350 g; Sendungen, deren Rohgewicht diese Grenze übersteigt, sind auch dann zollpflichtig, wenn das überschießende Gewicht weniger als 50 g beträgt und deshalb bei der Zollberechnung bestimmungsmäßig außer Betracht zu bleiben hat.

(4) Die nach den vorstehenden Bestimmungen zollfreien Sendungen sind von der Vorführung bei der Zollstelle und von jeder zollamtlichen Behandlung befreit[1]. Die im Abs. 1 unter b genannten Warenproben und Muster sind jedoch nur dann der Zollstelle nicht vorzuführen, wenn ihr Inhalt äußerlich zweifelsfrei zu erkennen ist.

1 Statistik des Warenverkehrs. Zollfreie PSendungen (s. Abs. 1) sind befreit von der Anmeldung zur WSt (§ 70 I zu 1 VO 9. 8. 1928, RGBl. I S. 293), dgl.: leere Umschließungen und andere Verpackungsmittel („Leergut" § 3 III VO), die zur Beförd. von Waren dienen sollen o. gedient haben (§ 70 II zu 9 VO 9. 8. 1928), und dienstl. Sendungen mit amtl. Akten usw. (ebd. IIIb zu 1, 4, 12—14; vgl. PABl. 1928 S. 432 zu 2g). Wegen Reisegepäcks s. PO § 59 IV, V. Bei anmeldungspflichtigen PSendungen (s. Ziff. 2) bedarf es bei der Anmeldung keiner Wertangabe, wenn solche schon in der ZollInhaltsErkl steht (§ 12 Abs. 2 VO 9. 8. 1928). Umfaßt bei der Einfuhr mit der P ein Beschaubefund mehrere ZollInhErklärungen, so gelten diese für d. Berechnung der stat. Abgabe zusammen als ein Anmeldepapier (§ 78 Abs. 3 der VO 9. 8. 1928). An

die Stelle der Anmeldescheine treten bei der Einfuhr mit der P in den freien Verk die ZollInhErkl zu den PPaketen und die InhAngaben auf den Päckchen (PO § 13 Anm. 1), bei der Einfuhr auf Niederlagen oder zur Veredelung im Zollgebiet usw. die schriftl. Zollanmeldungen (§ 65 Abs. 1 VO 9. 8. 1928); wegen Ergänzung der ZollInhErkl und der InhAngaben auf den Päckchen durch den Empf s. ebd. Abs. 2.

§ 2.

Inhaltserklärung.

(1) Die mit der Post in das deutsche Zollgebiet eingehenden, zu einer Begleitadresse[1] gehörigen Sendungen im Rohgewichte von mehr als 250 g müssen von einer deutlich geschriebenen, offen beiliegenden Inhaltserklärung begleitet sein, aus der zu ersehen ist:

a) der Name des Empfängers;
b) der Bestimmungsort;
c) die Zahl der einzelnen zu der Inhaltserklärung gehörigen Poststücke;
d) die Gattung der in jedem Poststück enthaltenen Gegenstände nach ihrer handelsüblichen oder sonst sprachgebräuchlichen Benennung;
e) der Ort und Tag der Ausstellung der Inhaltserklärung;
f) der Name des Absenders.

(2) Die Inhaltserklärung kann in deutscher, französischer oder englischer Sprache abgefaßt sein. Den Zolldirektivbehörden bleibt vorbehalten, im Falle des Bedürfnisses auch Inhaltserklärungen in anderen Sprachen zuzulassen.

(3) Daß eine Inhaltserklärung beigelegt worden ist, hat der Absender auf der Begleitadresse[1] oder, falls eine solche nicht beigegeben wird, auf der Sendung selbst zu vermerken. Ebenso ist die etwaige Beifügung von Reb-

lausattesten, Ursprungszeugnissen nach Artikel 2 des Viehseuchenübereinkommens mit Österreich-Ungarn sowie sonstigen für die Prüfung der Einfuhrfähigkeit erforderlichen Zeugnissen zu vermerken.

1 Paketkarte, s. § 14 PO.

§ 3.

Sendungen ohne Inhaltserklärung.

(1) Die Beifügung einer Inhaltserklärung ist nicht erforderlich:

a) bei Briefbeuteln und sonstigen Postbehältnissen sowie bei den an Stelle der Briefbeutel angewendeten Briefpaketen;

b) bei Zeitungspaketen;

c) bei Geldfässern, Geldkisten, Geldbeuteln und Geldpaketen;

d) bei Postsendungen, die unter dem Siegel einer Staatsbehörde oder eines eine solche Behörde vertretenden Beamten eingehen und an eine Staatsbehörde oder einen sie vertretenden Beamten gerichtet sind;

e) bei Briefen, ferner bei Warenproben und Mustern im Rohgewichte von 500 g oder weniger sowie bei Drucksachen und Geschäftspapieren, vorausgesetzt, daß die Warenproben, Muster, Drucksachen und Geschäftspapiere so verpackt sind, daß über den Inhalt kein Zweifel entstehen kann. Briefe mit zollpflichtigem Inhalt sollen mit einem grünen Zettel gekennzeichnet sein[1].

(2) Die im Abs. 1 unter a bis c aufgeführten Sendungen unterliegen keiner zollamtlichen Behandlung. Das gleiche gilt für die unter d erwähnten Sendungen, sofern ihr Inhalt aus Akten oder Schriften besteht und dies

äußerlich ersichtlich oder auf den Begleitadressen[2] oder den Sendungen angegeben ist.

(3) Die im Abs. 1 unter d aufgeführten Sendungen, soweit sie im Abs. 2 nicht ausgenommen sind, sowie alle Briefsendungen, die über 250 g wiegen oder die bei geringerem Gewichte mit einem grünen Zettel nach Abs. 1 Buchstabe e gekennzeichnet sind oder bei denen die Vermutung zollpflichtigen Inhalts gerechtfertigt erscheint, sind der zuständigen Zollstelle vorzuführen. Ebenso ist mit den Drucksachen und Geschäftspapieren sowie mit den Warenproben und Mustern, soweit diese nicht als zollfrei gemäß § 1 Abs. 1 erkennbar sind, zu verfahren. Auf die zollamtliche Abfertigung aller dieser Sendungen finden die Bestimmungen der §§ 6ff. sinngemäße Anwendung.

(4) Die Zollbeamten sind befugt, in den Diensträumen der Postanstalten an der Grenze und im Innern der Eröffnung der Brief- und Geldbriefbeutel und der Briefpakete ohne Rücksicht auf deren Herkunft beizuwohnen, um sich von dem Inhalte zu überzeugen, auch die von den Poststellen geführten Lagerbücher einzusehen[3]. Durch diese Prüfungen darf jedoch der Postbetrieb nicht gestört, und es darf dabei über das Maß des zur Sicherung der Zollgefälle Erforderlichen nicht hinausgegangen werden. Die Postanstalten haben den Zollbeamten bei Erfüllung ihrer Obliegenheiten willfährig zu begegnen. Pflicht der Postbeamten ist es auch, während ihrer postdienstlichen Verrichtungen das Zollinteresse mit derselben Gewissenhaftigkeit wahrzunehmen wie das Postinteresse.

(5) Die Zollstellen haben die in Betracht kommenden Postanstalten darauf aufmerksam zu machen, ob und aus welchen Orten, von welchen Absendern und für welche Empfänger Postsendungen eingehen können, bei denen die Absicht einer Zollhinterziehung zu vermuten ist.

1 Art. 34 WPVertrag 1924 (RGBl. 1925 II S. 517).
2 S. § 2 Anm. 1.
3 Durchbrechung des Briefgeheimnisses (Art. 117 RVerf).

§ 4.

Zollbehandlung an der Grenze.

a) Reisegepäck.

Das Reisegepäck, welches die mit der Post vom Auslande kommenden Reisenden bei sich führen, wird von den Zollbeamten auf der Grenzstation in Gegenwart der Reisenden, und zwar in der Regel im Postraume, zollamtlich abgefertigt und in den freien Verkehr gesetzt.

§ 5.

b) Postsendungen.

(1) Von den aus dem Ausland eingehenden Postsendungen sind der Grenzzollstelle nur diejenigen vorzuführen, die vor der Weitersendung in das Reichsgebiet auf die Zulässigkeit der Einfuhr geprüft werden müssen oder deren vollständige Abfertigung an der Grenze von der Postverwaltung gewünscht wird. Die Zollabfertigung erfolgt im letzteren Falle nach den Bestimmungen der §§ 6ff. Wird von der Grenzzollstelle die Unzulässigkeit der Einfuhr einer Sendung festgestellt, so hat die Postverwaltung für die alsbaldige Rücksendung oder Vernichtung usw. nach den hierfür geltenden Vorschriften zu sorgen.

(2) Im übrigen sind die Sendungen ohne weitere Zollbehandlung an der Grenze von der Postverwaltung mit den zugehörigen Inhaltserklärungen der zuständigen Zollstelle im Innern vorzuführen. Eine besondere Kennzeichnung der Sendungen oder ihre Beförderung in zollamtlich verschlossenen Wagen oder sonstigen Behältnissen ist nicht erforderlich.

§ 6.

Abfertigung der Postsendungen.

a) Abfertigungsbefugnisse der Zollstellen.

Alle Zollstellen ohne Unterschied sind zur selbständigen Abfertigung der vom Ausland eingehenden Postsendungen ohne Rücksicht auf deren Gewicht und die Höhe des Eingangszolls befugt, bei Waren der im § 4 des Zolltarifgesetzes vom 25. Dezember 1902 (RGBl. S. 303) bezeichneten Art und bei Gegenständen, deren Einfuhr von besonderen Bedingungen abhängig gemacht oder besonderen Beschränkungen unterworfen ist, jedoch nur nach Maßgabe der darüber bestehenden besonderen Vorschriften.

§ 7.

b) Vorführung der Sendungen.

(1) Die Sendungen sind, soweit der Absender nicht den Ort der Abfertigung auf der Begleitadresse[1] und auf der Sendung vorgeschrieben hat, von der Postverwaltung derjenigen Zollstelle vorzuführen, bei der nach Bestimmung der Postverwaltung[2] die Abfertigung erfolgen soll.

(2) Mit den Sendungen sind der Zollstelle die dazugehörigen Inhaltserklärungen zu übergeben. Fehlt eine Inhaltserklärung oder ist die Inhaltserklärung in einer nicht zugelassenen Sprache abgefaßt, so hat die vorführende Poststelle eine Notinhaltserklärung auszustellen, welche die im § 2 vorgeschriebenen Angaben, soweit sie aus der Begleitadresse oder der Aufschrift des Poststücks ersichtlich sind, enthalten muß.

(3) Die Zollstelle erteilt über den Empfang[3] der Postsendungen eine Bescheinigung, deren Form nach Maßgabe der örtlichen Verhältnisse mit der Poststelle zu vereinbaren ist.

(4) Bei der Übernahme der Sendungen haben die Zollbeamten zu prüfen, ob die äußere Verpackung unverletzt ist, und bei Wertsendungen außerdem, ob das Gewicht mit dem von der Postanstalt des Bestimmungsorts oder Grenzeingangsorts ermittelten Gewicht übereinstimmt. Die Nachwiegung hat stets sofort bei der Übernahme und in Gegenwart des übergebenden Postbeamten stattzufinden. Die Zollbeamten haben die Sendungen nur dann ohne Beanstandung zu übernehmen, wenn ihre äußere Verpackung unverletzt und bei Wertsendungen auch das Gewicht unverändert ist[4].

(5) Wo die örtlichen Verhältnisse es gestatten, können die Zolldirektivbehörden mit den Ober-Postdirektionen vereinbaren, daß die Sendungen bis zur Abfertigung im Gewahrsame der Poststelle verbleiben.

1 S. § 2 Anm. 1.
2 S. § 34 PO.
3 Vgl. § 40 XIV PO.
4 Vgl. § 7 PG.

§ 8.

c) Herbeiführung der Abfertigung.

(1) Befindet sich der Empfänger am Orte der Zollstelle, so kann er die zollamtliche Abfertigung entweder selbst oder durch einen Beauftragten bewirken. Die Postverwaltung ist berechtigt, auf Wunsch des Empfänger's dessen Vertretung bei der Zollabfertigung zu übernehmen.

(2) Bei Sendungen nach Orten ohne Zollstelle wird die zollamtliche Abfertigung von der Postverwaltung bewirkt, ohne daß sie hierzu einer besonderen Ermächtigung des Empfängers bedarf. Der Empfänger kann jedoch, abgesehen von den im § 11 Abs. 6 vorgesehenen Fällen, durch eine bei der Postanstalt des Bestimmungsorts ab-

zugebende Erklärung die Vermittelung der Post ein für allemal oder für bestimmte Einzelfälle ausschließen. Nach Bestimmung der Zolldirektivbehörden kann im Einverständisse mit der Postverwaltung in gleicher Weise auch bei Sendungen nach Orten mit Zollstellen verfahren werden.

(3) Sendungen, für welche der Absender den Zoll zu entrichten wünscht oder den Ort der Abfertigung vorgeschrieben hat, werden stets durch Vermittlung der Post abgefertigt. Das gleiche gilt, wenn der Absender durch einen Vermerk auf der Sendung und der Begleitadresse die Verzollung durch die Post verlangt hat.

(4) Im Falle des örtlichen Bedürfnisses kann durch die Zolldirektivbehörden eine abweichende Regelung der Fälle, in welchen die Abfertigung einer Sendung von der Post bewirkt wird, im Benehmen mit der Postverwaltung erfolgen.

(5) Die Postverwaltung ist befugt, die Anwesenheit des Empfängers oder eines Beauftragten bei der Abfertigung zu verlangen:

a) wenn die Sendung äußerlich beschädigt ist[1], so daß die Haftpflicht der Postverwaltung in Frage kommt;
b) wenn der Inhalt der Sendung nach der Inhaltserklärung in leicht zerbrechlichen[2], lichtempfindlichen oder sonstigen Gegenständen besteht, deren Wiederverpackung mit besonderen Schwierigkeiten verbunden ist.

(6) Die Postverwaltung kann die Anwesenheit des Empfängers auch dann beanspruchen, wenn die Veranlassung hierzu sich erst bei der Revision ergibt. Ebenso kann die Zollstelle die Zuziehung des Empfängers verlangen, wenn sie es nach dem Ergebnisse der Revision

für erforderlich hält. Hat die Revision vor Zuziehung des Empfängers bereits begonnen, so ist die Sendung von dem Postbeamten wieder zu verpacken. Auf die weitere Abfertigung finden die Bestimmungen des § 11 Anwendung.

(7) Die Postverwaltung ist in denjenigen Fällen, in denen sie die zollamtliche Abfertigung bewirkt, zur Erhebung einer Gebühr befugt.

1 Vgl. § 37 IV PO.
2 Vgl. PO § 5 Anm. 4.

§ 9.

d) Vornahme der Abfertigung.

α) Allgemeine Bestimmungen.

(1) Die zollamtliche Abfertigung der Postsendungen erfolgt nach den allgemeinen gesetzlichen Vorschriften, die Verzollung nach Maßgabe des Revisionsbefundes. Zollfreie Waren in Massensendungen können auf Grund probeweiser Revision abgefertigt werden. Diese hat auf Antrag der Postverwaltung in den Bahnpostwagen und Postdiensträumen zu erfolgen, die in diesem Falle als Amtsstelle im Sinne des § 1 der Zollgebührenordnung anzusehen sind.

(2) Die vorliegenden Inhaltserklärungen und Notinhaltserklärungen können bis zur Vornahme der speziellen Revision von der Postverwaltung und vom Empfänger vervollständigt oder berichtigt werden.

(3) Die Inhaltserklärungen und Notinhaltserklärungen bleiben als Belege bei dem Posteingangsbuche der Zollstelle, das nach . . . . Muster zu führen ist. Die Zolldirektivbehörden sind befugt, den örtlichen Verhältnissen entsprechende Änderungen des Musters vorzunehmen.

§ 10.

β) Verzollung durch die Post.

(1) Der mit der Herbeiführung der Zollabfertigung beauftragte Postbeamte hat sich bei der Zollstelle durch Vorzeigung der Begleitadresse[1] oder Notbegleitadresse oder des Zollstückzettels (bei Sendungen ohne Begleitadresse) auszuweisen. Er hat die Sendung zu öffnen und den Inhalt zur Revision vorzulegen. Nach der Abfertigung ist ihm die Sendung zur Wiederverpackung und weiteren Behandlung von der Zollstelle auszuhändigen. Die Begleitadresse[1] oder das sonstige Begleitpapier ist zum Nachweise der Abfertigung zollamtlich abzustempeln.

(2) Sendungen, die nicht am Abfertigungorte bestellt, sondern von der Post nach dem Wohnorte des Empfängers weiterbefördert werden, sind von der Zollstelle mit einer in die Augen fallenden Marke von grünem Papier zu bekleben, welche einen schwarzen Abdruck des Dienststempels der Zollstelle und die Aufschrift „Zollamtlich abgefertigt" trägt.

(3) Den Zolldirektivbehörden bleibt vorbehalten, im Falle des Bedürfnisses von der zollamtlichen Kennzeichnung der auf Grund probeweiser Revision (§ 9 Abs. 1) abgefertigten Massensendungen absehen zu lassen und zu gestatten, daß zum Nachweise der Abfertigung nur die Begleitadressen[1] oder sonstigen Begleitpapiere zollamtlich abgestempelt werden.

(4) Den bei der Abfertigung berechneten Zollbetrag hat der Postbeamte in der Regel gegen Zollquittung bar zu entrichten. Auf Antrag der Postverwaltung kann die Entrichtung des Zolles für alle innerhalb eines Kalender- oder Rechnungsmonats abgefertigten Sendungen bis zum Schlusse dieses Monats ausgesetzt werden; die näheren Bestimmungen über diese Art der Zollentrichtung treffen

die Zolldirektivbehörden im Benehmen mit den beteiligten Ober-Postdirektionen.

(5) Ist bei den auf Antrag der Postverwaltung vorgenommenen Abfertigungen Zoll nachzufordern, so erfolgt die Einziehung durch die Postverwaltung, sofern die Zahlungsaufforderung der Zollverwaltung an den Empfänger erfolglos bleibt. Die Erstattung zuviel gezahlter Zollbeträge erfolgt in der Regel ohne Vermittelung der Postverwaltung an den Empfangsberechtigten.

1 S. § 2 Anm. 1.

§ 11.

γ) Verzollung durch den Empfänger.

(1) Ist der Abfertigungsantrag durch den Empfänger zu stellen oder wird auf Grund der Bestimmungen im § 8 Abs. 5 und 6 von der Postverwaltung oder der Zollstelle die Anwesenheit des Empfängers bei der Verzollung verlangt, so ist diesem von der Post die Begleitadresse[1], Notbegleitadresse, der Zollstückzettel oder ein sonstiger Ausweis mit der Benachrichtigung zuzustellen, daß die Sendung bei der Zollstelle während der Dienststunden in Empfang zu nehmen sei.

(2) Der Empfänger oder sein Beauftragter hat sich bei der Zollstelle durch die Begleitadresse usw. auszuweisen. Die Aushändigung der abgefertigten Sendungen durch die Zollstelle erfolgt nur gegen Rückgabe der zugehörigen Begleitadresse[1] usw., doch steht es dem Empfänger frei, den an der Begleitadresse[1] befindlichen Abschnitt abzutrennen und zu behalten. Sofern nicht besondere Quittung erteilt wird, ist der erhobene Zollbetrag oder die Zollfreiheit auf dem Abschnitte zu vermerken. Die Begleitadressen[1] usw. werden von der Zollstelle zum Nachweise der geschehenen Abfertigung abgestempelt und der Postverwaltung übergeben.

(3) Solange eine vom Ausland eingegangene Postsendung nicht aus den Händen der Post- oder Zollbehörde gekommen ist, steht es dem Empfänger frei, die Annahme abzulehnen[2].

(4) Sendungen, auf denen Postnachnahme[3] haftet, kann sich der Empfänger bei Vorlegung eines postseitigen Ausweises vor Entrichtung des Nachnahmebetrags und vor der Abfertigung zur Besichtigung des Inhalts von der Zollstelle vorzeigen lassen. Erklärt sich der Empfänger zur Annahme bereit, so erfolgt die Aushändigung der Sendung nur, wenn er durch die Vorlegung der Begleitadresse[1] usw. die Entrichtung des Nachnahmebetrags nachweist. Kann ihm die Sendung nicht sofort ausgehändigt werden oder verweigert er auf Grund der Besichtigung die Annahme[4], so hat er für die Wiederverpackung der Sendung Sorge zu tragen. Demnächst ist die wiederverpackte Sendung zollamtlich zu verschließen.

(5) Die Bestimmungen des Abs. 4 über die Wiederverpackung und die zollamtliche Verschließung finden auch Anwendung auf Sendungen, deren Abfertigung durch den Empfänger beantragt, deren Annahme aber auf Grund des Revisionsbefundes noch vor Entrichtung des Zolles verweigert worden ist.

(6) Wird bei Sendungen, deren Abfertigung der Empfänger herbeizuführen hat, binnen 7 Tagen kein Antrag auf Abfertigung gestellt, so hat die Zollstelle die Postanstalt schriftlich davon zu benachrichtigen. Die Postverwaltung läßt alsdann die Sendungen ihrerseits abfertigen oder nimmt sie zur weiteren Verfügung zurück[4].

1 S. § 2 Anm. 1.
2 S. § 47 PO.
3 § 21 PO.
4 § 40 XIV PO.

§ 12.

δ) Sendungen an Behörden.

Die im § 3 Abs. 1 unter d genannten Sendungen an Staatsbehörden sind, soweit sie nicht auf Grund des Abs. 2 daselbst von jeder zollamtlichen Behandlung befreit sind, durch die Postverwaltung der Zollstelle auszuhändigen. Die zollamtliche Revision unterbleibt jedoch, wenn von der Behörde, an die die Sendung gerichtet ist, eine ausreichende Bescheinigung über den Inhalt erteilt wird. Es erfolgt dann auf Grund dieser Bescheinigung die zollfreie Ablassung oder, falls der Inhalt zollpflichtig ist, die Erhebung des Eingangszolls.

§ 13.

Nach- und Weitersendung von Postsendungen.

Soll eine zollamtlich noch nicht abgefertigte Sendung im Inlande nach- oder weitergesandt[1] werden, so ist sie mit der zugehörigen Inhaltserklärung oder Notinhaltserklärung von der Zollstelle, der sie übergeben war, der Postanstalt gegen Empfangsbescheinigung zur Weiterbeförderung zurückzugeben[2]. Muß eine Sendung nach dem Auslande nach- oder weitergesandt werden, so ist nach § 14 zu verfahren.

1 § 44 PO.
2 § 38 XV PO.

§ 14.

Behandlung unbestellbarer, in das Ausland zurückgehender Postsendungen.

a) Vor der Zollabfertigung.

Ist der Empfänger nicht zu ermitteln oder verweigert er die Annahme[1], ehe die Abfertigung stattgefunden hat, so ist die Zollstelle, der die Sendung übergeben war, von der Poststelle unter Vorzeigung der mit einem Vermerk über die Unbestellbarkeit und die zu bewirkende Rücksendung versehenen Begleitadresse usw. um Rückgabe[2] der Sendung zu ersuchen. Die Zollstelle versieht hierauf die Inhaltserklärung oder Notinhaltserklärung mit einem entsprechenden Vermerk und gibt sie mit der Sendung gegen Empfangsbescheinigung an die Poststelle zurück, welche die Rücksendung besorgt.

1 § 45 PO.
2 S. § 13 Anm. 2.

§ 15.

b) Nach der Zollabfertigung.

Ist der Empfänger nicht zu ermitteln, wird die Annahme der Sendung verweigert oder kann die Sendung aus einem anderen Grunde nach ihrem Übergang in den freien Verkehr nicht bestellt werden, so hat die Poststelle die mit Gegenquittung und einer Bescheinigung über die Unbestellbarkeit und die zu bewirkende Rücksendung des Poststücks zu versehende Zollquittung der Zollstelle, von der die Abfertigung vorgenommen war, zurückzugeben, worauf sie den eingezahlten Zollbetrag zurückerhält. Für die Fälle, in welchen die Zollzahlung gemäß § 10 Abs. 4 ausgesetzt war, bestimmen die Zolldirektivbehörden im Benehmen mit den Ober-Postdirektionen das einzuhaltende Verfahren.

§ 16.

Zollerlaß für Postsendungen.

(1) Geht eine zu einer ausländischen Begleitadresse gehörige Postsendung während der Postbeförderung verloren, so kann das Hauptamt von der Erhebung eines Zolles absehen[1]. Dem darauf gerichteten Antrag ist von der Postverwaltung der geführte Schriftwechsel zur Einsicht beizufügen. Das gleiche gilt, wenn nachzuerhebende

Zollbeträge im Falle des § 10 Abs. 5 durch die Postverwaltung nicht eingezogen werden können.

(2) Auf Antrag der Poststelle können unbestellbare Postsendungen, deren Inhalt unverdorben ist, unter zollamtlicher Aufsicht vernichtet oder durch Zerkleinern oder in sonst geeigneter Weise in eine zollfreie oder in eine mit einem niedrigeren Zollsatze belegte Ware mit der Wirkung umgewandelt werden, daß sie zollfrei bleiben oder nach dem niedrigeren Zollsatze zu verzollen sind. In gleicher Weise können, auch auf Antrag des Empfängers mit Zustimmung der Poststelle, Sendungen behandelt werden, deren Inhalt am Bestimmungsort in verdorbenem oder zerbrochenem Zustand ankommt. Zur Entscheidung über die Anträge ist die abfertigende Zollstelle zuständig.

(3) Erfolgt die Vernichtung versehentlich ohne Zollaufsicht, aber doch unter postamtlicher Aufsicht und unter Beobachtung der postamtlich vorgeschriebenen Formen, so können die Hauptämter den Zoll aus Billigkeitsgründen erlassen.

(4) Sendungen, die aus dem freien Verkehre des Inlandes stammen und aus dem Auslande zurückkommen, können vom Eingangszolle freigelassen werden, wenn sie im Auslande nicht in die Hände des Empfängers gelangt, sondern im Gewahrsame der Post-, Zoll-, Eisenbahn-, Gerichts- oder Polizeibehörde oder einer dritten Person geblieben sind. Die Zollfreiheit ist von der abfertigenden Zollstelle zu gewähren, wenn die Sendung im Auslande nicht aus den Händen der Post-, Zoll-, Eisenbahn-, Gerichts- oder Polizeibehörde gelangt ist; in diesem Falle kann auch von einer speziellen Revision der Sendung Abstand genommen werden. Ist die Sendung im Gewahrsame einer dritten Person gewesen, so ist für die Gewäh-

rung der Zollfreiheit das Zollamt, wenn es mit einem Oberbeamten besetzt ist, sonst das Hauptamt zuständig.

(5) In den im Abs. 2 **aufgeführten Fällen** ist dem **Ab**fertigungspapier eine Bescheinigung über die unter zollamtlicher Aufsicht stattgehabte Vernichtung usw. beizufügen, in den im Abs. 4 aufgeführten Fällen eine Bescheinigung der Postbehörde darüber, daß die Sendung aus dem freien Verkehre des deutschen Zollgebiets stammt und im Auslande nicht in die Hände des Empfängers gelangt ist. Ist sie nicht aus dem Gewahrsam der Post-, Zoll-, Eisenbahn-, Gerichts- oder Polizeibehörde gelangt, so ist dies in der Bescheinigung anzugeben.

1 Vgl. PO. § 50 Anm. 5.
2 PO. § 45 Anm. 1.

II. Zollbehandlung der aus dem Zollgebiet ausgehenden Sendungen sowie der im Inlande zur Versendung gelangenden Waren, auf denen ein Zollanspruch haftet.

§ 17.

(1) Wenn unverzollte Waren von Zollagern und Konten oder andere Waren, bei denen es auf den Beweis der erfolgten Ausfuhr ankommt, in das Zollausland verschickt werden, oder wenn Waren, auf denen noch ein Zollanspruch haftet, im Inlande versendet werden, so ist der Sendung in der Regel ein Begleitschein oder das an seine Stelle tretende Abfertigungspapier beizufügen. Der Absender hat auf der Begleitadresse[1] und in der Aufschrift der Sendung, und zwar ohne Rücksicht auf die Art des beigefügten Abfertigungspapiers, zu vermerken: „nebst Begleitschein". Auf einen Begleitschein sind entweder nur Postpakete oder nur Postfrachtstücke[2] zu versenden.

(2) Die Angabe eines Erledigungsamts in den Begleitscheinen zu Postsendungen, die in das Zollausland

versendet werden, ist nicht gestattet; die Wahl der Zollstelle, bei der die Sendung zum Nachweise der Ausfuhr vorzuführen ist, bleibt vielmehr der Postverwaltung vorbehalten[3].

(3) Für den auf den Sendungen ruhenden Zoll haftet der Absender (Begleitscheinnehmer) nach den gesetzlichen Vorschriften[4].

(4) Nach Bestimmung der obersten Landesfinanzbehörden können für die im Abs. 1 genannten Sendungen bei der Ausfuhr mit der Post Erleichterungen in der Zollbehandlung[5] zugelassen, insbesondere kann von der Beifügung eines Begleitscheins abgesehen werden. Die näheren Bestimmungen über Art und Umfang der Erleichterungen sind im Einvernehmen mit der Postverwaltung zu treffen.

1 S. § 2 Anm. 1.

2 Technischer Begriff des WPVertrags.

3 S. § 32 PO.

4 Wegen des Reisegepäcks s. § 58 IV, V PO.

5 Statistik des Warenverkehrs: Von der Anmeldung bei der Ausfuhr sind befreit Waren, die in Briefen (§ 5a PO), Brief- und anderen Päckchen (§ 11 PO) oder in Drucksachen (§ 7 PO) versandt werden (§ 70 Abs. I zu 2 VO 9. 8. 1928, RGBl. I S. 293); keine Anmeldepflicht für Waren in eingeschriebenen Briefsendungen und in Wertbriefen (§§ 13, 14 PO; s. PABl. 1928 S. 432 zu 2a); dgl. leere Umschließungen usw. (§ 3 III PO; s. § 1 Anm. 1); wegen Reisegepäcks s. § 58 IV, V PO. Bei anmeldepflichtigen PSendungen zur Ausfuhr mit der P gilt der Abs als Exporteur i. S. der VO 9. 8. 1928 (s. d. § 39 Abs. 1 zu c), dem daher die Anmeldung obliegt (§ 5 Abs. 1 zu b Ges 27. 3. 1928, RGBl. I S. 111). Die P ist von der Prüfung der Anmeldescheine befreit (§ 72 Abs. 1 VO. 9. 8. 1928). Wenn PPakete (Wertkästchen) verschiedene Waren enthalten, so ist bei der Anmeldung die sonst vorgeschriebene Genehmigung zur allg. Warenbezeichnung nicht erforderlich (§ 68

Abs. 3 PO 9. 8. 1928; wegen Wertkästchen s. WPVertrag, Wertbrief-Abkommen 1924).

III. Zollbehandlung der Sendungen, die durch das Zollgebiet durchgeführt werden.

§ 18.

(1) Von den Postsendungen, die durch das deutsche Zollgebiet durchgeführt[1] werden sollen, sind der Eingangszollstelle nur diejenigen vorzuführen, die beim Überschreiten der Grenze auf die Zulässigkeit der Durchfuhr geprüft werden müssen; eine Vorführung bei der Ausgangszollstelle findet nicht statt. Die Beifügung einer besonderen Inhaltserklärung für die Zwecke der deutschen Zollverwaltung ist nicht erforderlich. Wird ausnahmsweise die Aufschrift einer solchen Sendung in der Weise geändert, daß sie im Inlande verbleiben soll, so gelten hinsichtlich der Gestellung zur zollamtlichen Eingangsabfertigung die Vorschriften im § 7.

(2) Die Zollverwaltung ist befugt, die Wagen, in denen die Postsendungen durch das deutsche Zollgebiet durchgeführt werden, zollamtlich zu verschließen oder die durchzuführenden Sendungen in geeigneten Fällen zollamtlich begleiten zu lassen.

1 Wegen Befreiung solcher PSendungen von der Anmeldung zur Warenstatistik s. § 70 I zu 3 und 4 PO 9. 8. 1928 (RGBl. I S. 293); vgl. § 1 Anm. 1 und LuftPBest § 13 (S. 315).

IV. Zollbehandlung von Postsendungen, welche aus einem Orte des deutschen Zollgebiets durch das Zollausland nach einem andern Orte des Zollgebiets gehen.

§ 19.

(1) Bei Gegenständen des freien Verkehrs, die mit der Post aus Orten des Zollgebiets durch das Zollausland

nach Orten des Zollgebiets befördert werden sollen, bedarf es der Beifügung von Inhaltserklärungen für die Zwecke der deutschen Zollverwaltung nicht. Die zum Durchgange durch das Zollausland bestimmten Postsendungen werden von der Ausgangszollstelle unter zollamtlichen Verschluß gesetzt, was auf den Ladezetteln oder Frachtkarten bescheinigt wird. Die Eingangszollstelle prüft die Unverletztheit des amtlichen Verschlusses, worauf die Sendungen in den freien Verkehr gesetzt werden. An Stelle des Verschlusses kann auch amtliche Begleitung treten.

(2) Mit Genehmigung der Zolldirektivbehörde kann, namentlich auf kurzen das Ausland berührenden Straßenstrecken, von dem zollamtlichen Verschluß oder von der zollamtlichen Begleitung Abstand genommen werden. Die Zolldirektivbehörde trifft in solchen Fällen die nach den örtlichen Verhältnissen nötigen Anordnungen zur Wahrung des Zollinteresses.

V. Anwendung der Post-Zollordnung auf Sendungen aus dem Auslande, die erst im Zollgebiete zur Post gegeben werden.

§ 20.

(1) Die Zolldirektivbehörden können genehmigen, daß auf Sendungen aus dem Auslande, die nicht mit der Post die Grenze überschritten haben, sondern erst im Zollinlande der Post zur Weiterbeförderung übergeben werden[1], die Bestimmungen der Post-Zollordnung angewendet werden.

(2) Die Beförderung der im Abs. 1 genannten Sendungen muß mit Begleitadressen[2], wie sie für den Verkehr von Deutschland nach dem Auslande vorgeschrieben sind, erfolgen. Diese Begleitadressen[2] und die Sendungen selbst

müssen die Aufschrift oder den Ausdruck tragen: „in Deutschland zollpflichtig“.

1 Betrifft Spediteurpakete vom Auslande, mit denen sich die auswärtige PVerw nicht befaßt hat.

2 S. § 2 Anm. 1.

VI. Strafbestimmungen.

§ 21.

Zuwiderhandlungen gegen die Bestimmungen der Post-Zollordnung werden, sofern nicht nach den §§ 134 ff. des Vereinszollgesetzes eine höhere Strafe verwirkt ist, nach § 152 dieses Gesetzes mit einer Ordnungsstrafe bis zu 150 M[1] geahndet.

1 VO 6. 2. 1924 (RGBl. I S. 44).

Bekanntmachung, betr. die Fassung des Postscheckgesetzes.

Vom 22. März 1921 (RGBl. S. 247).

Auf Grund des Artikels 2 des Gesetzes vom 22. März 1921[1] zur Änderung des Postscheckgesetzes vom 26. März 1914[2] wird die Fassung des Postscheckgesetzes nachstehend bekanntgemacht[3].

Berlin, den 22. März 1921.

RPMin: Giesberts.

1 RGBl. S. 242, 247.

2 RGBl. S. 85; Änderungen: Ges 30. 5. 1917 (RGBl. S. 469), Ges 25. 3. 1918 (ebd. S. 149), Ges 8. 9. 1919 (ebd. S. 1522).

3 Änderungen: Ges 19. 2. 1923 (RGBl. I S. 151), Ges 28. 9. 1923 (ebd. S. 917), VO 28. 9. 1923 (ebd. S. 918), VO 23. 10. 1923 (ebd. S. 988), VO 23. 11. 1923 (ebd. S. 1132) in Verbin-

dung mit VO 6. 2. 1924 (ebd. S. 50) und § 1 Abs. 3 VO 12. 12. 1924 (ebd. S. 775), RPFinanzG 18. 3. 1924 (ebd. S. 287), VO 18. 12. 1924 (PABl. S. 572, 693), § 1 Abs. 3 VO 25. 3. 1925 (ebd. S. 181), VO. 8. 1. 1927 (RGBl. I S. 40), VO 25. 7. 1927 (PABl. S. 285), VO 16. 12. 1927 (ebd. S. 519). — Der hier mitgeteilte Text des Ges berücksichtigt alle Änderungen seit 1921; eine amtlich berichtigte Fassung des Textes von 1921 enthält ADA V, 4 (s. PABl. 1929 S. 57).

Postscheckgesetz[1].

§ 1.

Zum Postscheckverkehr werden die natürlichen und juristischen Personen, die Handelsgesellschaften, Vereinigungen und Anstalten, auch soweit sie nicht juristische Personen sind, sowie die öffentlichen Behörden durch Eröffnung eines Kontos bei einem Postscheckamt zugelassen.

1 Vorg.: § 6 Ges 30. 3. 1900 (RGBl. S. 139), Ges 18. 5. 1908 (RGBl. S. 197), PScheckO 6. 11. 1908 (RGBl. S. 587), PScheckG 26. 3. 1914 (RGBl. S. 85). Dem Recht des ReichsscheckG 11. 3. 1908 (RGBl. S. 71) folgt der PScheck hinsichtlich: Unstimmigkeit der Schecksummen (§ 6), Zahlungszeit (§ 7), Regreß (§ 15), Protest (§ 16), Nachricht (§ 17), Einwendungen (§ 18), Regreßzahlung (§ 19), Regreßverjährung (§ 20), Bereicherungsanspruch (§ 21), Verjährung des Anspruchs aus §§ 14 und 21 (§ 22), falsche Schecks (§ 23), Aufgebot (§ 27). Keine Scheckstempelpflicht (Ges 15. 7. 1909, RGBl. S. 725, 874; Ges 3. 7. 1913, RGBl. S. 658), keine Warenumsatzstempelpflicht (Ges 26. 6. 1916, RGBl. S. 639 und § 2 Ziff. 2 und 5 Ges 26. 7. 1918, RGBl. S. 779). Wegen des PScheckprotestes s. § 20 XVII PO.

§ 2.

Auf jedem Konto muß, solange es besteht, eine Stammeinlage[1] gehalten werden. [2]Die Stammeinlage kann durch den Reichspostminister mit Zustimmung des Verwal-

tungsrats erhöht oder herabgesetzt werden. Die Guthaben der Kontoinhaber werden nicht verzinst[3].

1 Text von 1921 (25 M.) geändert durch § 1 Ges 19. 2. 1923 (RGBl. I S. 151: 1000 M.), VO 28. 9. 1923 (RGBl. I S. 918: 100 000 M.), § 1 VO 23. 10. 1923 (RGBl. I S. 988: 10 Millionen M.), § 2 VO 23. 11. 1923 (RGBl. I S. 1132: 5 M.), letztere aufgehoben: VO. 8. 1. 1927 (RGBl. I S. 40); jetzt 5 M. zufolge § 1 IV PSchedO.

2 Text nachgetragen durch § 1 Ges 19. 2. 1923 (RGBl. I S. 151: RPMin m. Zust. d. Reichsrats u. e. Reichstagsausschusses v. 21 Mitgl.), § 2 VO 23. 11. 1923 (RGBl. I S. 1132: RPMin allein), zuletzt §§ 2 und 6 RPFinanzG 18. 3. 1924 (RGBl. I S. 287).

3 Wegen Anlegung und Verwendung der PScheckgelder s. Vorschriften des PVerwRats 6. 2. 1925 (Seite 93); Vorg.: Erl d. RKzl 10. 5. 1910 (nicht verk., Abdruck: S. 28 der Begrdg. zum PScheckGEntw 1912, ReichstDrucks, 13. LegPer. I Sess. 1912/14, Nr. 539).

§ 3.

Dem Konto werden gutgeschrieben:

a) die Stammeinlage[1],

b) die mittels Zahlkarte[2] eingezahlten Beträge,

c) die von einem anderen Postscheckkonto überwiesenen[3] Beträge.

1 § 2.

2 § 2 PSchedO.

3 §§ 5 u. 7 PSchedO.

§ 4.

Der Kontoinhaber kann über sein Guthaben[1], soweit es die Stammeinlage[2] übersteigt, in Beträgen, die[3] auf Reichsmark[4] lauten, durch Überweisung[5] auf ein anderes Postscheckkonto oder mittels Schecks jederzeit verfügen[7].

1 Kredit als Guthaben ist ausgeschlossen.

2 § 2.

3 Text von 1921 („in beliebigen Teilbeträgen") geändert durch § 2 Ges 19. 2. 1923 (RGBl. I S. 151: „Betr., die auf volle M. lauten"), § 1 Ges 28. 9. 1923 (RGBl. I S. 917: „volle 1000 M."), § 1 VO 23. 10. 1923 (RGBl. I S. 988: „volle Millionen M."), § 3 VO 23. 11. 1923 (RGBl. I S. 1132: „RentenM." — nicht: „volle R."!), VO 12. 12. 1924 (RGBl. I S. 775: „ReichsM.").

4 Nicht: „volle RM." (s. Anm. 3), vgl. PScheckO § 7 Anm. 2, § 9 Anm. 2.

5 §§ 5 und 7 PScheckO.

6 § 9 PScheckO.

7 Keine Verfügung i. S. des Ges, wenn die P ihre eigenen aufrechnungsfähigen Forderungen gegen den KontoInh durch Überschreiben auf ihr eigenes PScheckkonto befriedigt. Abtretung oder Verpfändung des Guthabens (§§ 398, 1280 BGB) sind ausgeschlossen, nicht aber die Pfändung im Vollstreckungsprozeß (s. § 7).

§ 5 (überholt).

§ 6.

Die Sendungen der Postscheckämter und Postanstalten an die Kontoinhaber, die Sendungen dieser Ämter und Anstalten untereinander sowie die Briefe der Kontoinhaber an die Postscheckämter werden in Postscheckangelegenheiten portofrei[1] befördert. Für die Versendung der Briefe der Kontoinhaber an die Postscheckämter sind besondere Briefumschläge (§ 10 Ziffer 2 dieses Gesetzes) zu benutzen. Werden andere Briefumschläge benutzt, so unterliegen die Sendungen dem gewöhnlichen Briefporto[2].

1 Portofreiheit aufgehoben: Art. I Abs. 2 zu Ziff. 3 der VO 25. 7. 1927 (PABl. S. 285); statt ihrer jetzt ermäßigte BriefGeb (Ziff. 11 der Anl. zu § 1 V PScheckO). Bei unzureichender Freimachung gilt § 1 III PO (Seite 184).

2 Ziff. 1 der Anl. zu § 1 IV PO.

§ 7.

Auskunft über das Scheckguthaben darf nur in den im § 5 des Gesetzes über das Postwesen des Deutschen Reichs vom 28. Oktober 1871 (Reichs-Gesetzbl. S. 347) angegebenen Ausnahmefällen[1] sowie in entsprechender Anwendung des § 3 Abs. 4 und des § 9 des Reichsschuldbuchgesetzes[2] (in der Fassung der Bekanntmachung vom 31. Mai 1910, Reichs-Gesetzbl. S. 840), ferner den Finanzämtern nach Maßgabe des § 181 der Reichsabgabenordnung[3] vom 13. Dezember 1919 (Reichs-Gesetzbl. S. 1993) erteilt werden. Bei Pfändung[4] des Guthabens im Wege der Zwangsvollstreckung oder des Arrestes darf auch dem pfändenden Gläubiger Auskunft erteilt werden (§ 840 der Zivilprozeßordnung).

1 S. Art. 117 RVerf (Seite 10), § 94 StPO (Seite 414).

2 Text: „Über den Inhalt des Reichsschuldbuchs darf nur den im § 9 aufgezählten Personen sowie dem Gegenvormunde, dem Beistand und bezüglich der im § 5 unter Nr. 3 und 4 bezeichneten Gläubiger den zur Revision ihrer Kassen berechtigten öffentlichen Behörden oder sonstigen Personen, letzteren aber nur, falls ihre Berechtigung zur Kassenrevision durch eine öffentliche Behörde bescheinigt ist, Auskunft erteilt werden"; § 5 Nr. 3 und 4: „3. einzelne eingetragene Genossenschaften und einzelne eingeschriebene Hilfskassen, welche im Gebiete des Deutschen Reichs ihren Sitz haben, sowie einzelne juristische Personen; 4. einzelne Vermögensmassen, wie Stiftungen, Anstalten, Familienfideikommisse, deren Verwaltung von einer öffentlichen Behörde oder unter deren Aufsicht geführt wird, oder deren Verwalter ihre Verfügungsbefugnis über die Masse durch eine gerichtliche oder notarielle Urkunde nachweisen"; § 9: „1. der eingetragene Gläubiger, 2. sein gesetzlicher Vertreter oder sein Bevollmächtigter, 3. der Konkursverwalter, 4. derjenige, auf welchen die eingetragene Forderung von Todes wegen übergegangen ist, 5. die gemäß § 7 eingetragene zweite Person, 6. der Testamentsvollstrecker, 7. der Nachlaßverwalter (BGB. §§ 1981 ff.), 8. im Falle der fortgesetzten Gütergemeinschaft der überlebende Ehegatte"; § 7: „Zugleich mit der Eintragung kann der Antragsteller (§ 4) und nach erfolgter Eintragung der Gläubiger eine zweite Person eintragen lassen, welche nach dem Tode des Gläubigers der Reichsschuldenverwaltung gegenüber die Gläubigerrechte auszuüben befugt ist. Diese Eintragung ist auf Antrag der

im § 9 Abs. 1 unter 1 bis 4 und 6 bis 8 bezeichneten Personen jederzeit zu löschen".

3 Text: „Die Verpflichtung öffentlicher Behörden und Beamten, einschließlich der Beamten der Reichsbank, der Staatsbanken und der Schuldbuchverwaltungen, zur Verschwiegenheit gilt nicht für ihre Auskunftspflicht gegenüber den Finanzämtern. Sie dürfen jedoch über Umstände, auf die sich ihre Pflicht zur Verschwiegenheit bezieht, nicht befragt werden, wenn ihnen die Behörde, die ihnen vorgesetzt ist, oder bei Beamten, die nicht mehr im Dienste sind, zuletzt vorgesetzt war, die Erteilung der Auskunft im Einzelfall untersagt hat. Dies darf nur geschehen, wenn die Auskunft dem Wohle des Reichs oder eines Landes nachteilig sein würde. Für die PTBehörden und deren Beamte bleibt es bei der Unverletzlichkeit des Post-, Telegraphen- und Fernsprechgeheimnisses" (Art. 117 RVerf, Seite 10); vgl. dagegen § 191 RAbgabenO: „Die Reichs-, Staats- und Gemeindebehörden, die Beamten und Notare sowie die Verbände und Vertretungen von Betriebs- oder Berufszweigen haben den Finanzämtern jede zur Durchführung der Besteuerung und der den Finanzämtern obliegenden Prüfung und Aufsicht dienliche Hilfe zu leisten, insbesondere Einsicht in ihre Bücher, Verhandlungen, Listen und Urkunden zu gewähren. Die Unverletzbarkeit des Post-, Telegraphen- und Fernsprechgeheimnisses bleibt unberührt. (Abs. 2:) Schuldbuchverwaltungen, Postscheckämter, Sparkassen und Banken, die die Stellung von Behörden haben, fallen nicht unter diese Vorschrift."

4 Bei Pfändungen des PScheckguthabens im Vollstreckungsprozeß (§§ 828 ff. ZPO) ist das PScheckA, nicht, wie sonst die OPD, Drittschuldner; s. Bek 10. 7. 1921 (Zentralbl. S. 636, PNBl. S. 341), Sonderbestimmung zu § 18 ZPO, vgl. RGZ 35, 15. Ebenso ist das PScheckA ZustellungsEmpf für Pfändung- und Überweisungsbeschlüsse usw. (§§ 840, 845 ZPO); § 832 ZPO ist nicht anwendbar.

§ 8.

Der Kontoinhaber kann jederzeit aus dem Postscheckverkehr scheiden[1]. Die Postverwaltung kann das Konto bei mißbräuchlicher Überziehung des Guthabens aufheben[2].

1 Selbst bei schwebender Zwangsvollstreckung (vgl. § 7); jedoch Wiederzulassung zum PScheckVerk alsdann nur mit Einverständ-

nis des Pfändungsgläubigers (§ 843 ZPO; Vf des RPM 2. 9. 1925 V/VI SchP 477).

2 Die erweiterten Aufhebungsbefugnisse der P — bei Zurückbleiben des Guthabens hinter dem Betrag der Stammeinlage (§ 2), verbunden mit Nichtauffüllung binnen einer von der P gesetzten Frist —, eingeführt durch § 1 Abs. 3 VO 23. 10. 1923 (RGBl. I S. 988) und aufrechterhalten durch § 6 Abs. 1 VO 23. 11. 1923 (RGBl. I S. 1132), sind mit letzterer aufgehoben durch VO 8. 1. 1927 (RGBl. I S. 40).

§ 9.

[1] Die Postverwaltung haftet dem Kontoinhaber[2] für die ordnungsmäßige Ausführung der bei dem Postscheckamt eingegangenen Aufträge[3] nach den allgemeinen Vorschriften des bürgerlichen Rechtes über die Haftung des Schuldners für die Erfüllung seiner Verbindlichkeit[4]. Sie haftet nicht für die rechtzeitige Ausführung der ihr erteilten Aufträge.

Der Anspruch gegen die Postverwaltung verjährt in zwei Jahren[5]. Die Verjährung beginnt mit dem Schlusse des Jahres, in dem der Auftrag dem zuständigen Postscheckamt zugegangen ist.

Für Zahlkartenbeträge[6] haftet die Postverwaltung dem Absender in gleicher Weise wie für Postanweisungen[7].

1 Vorg.: § 4 WechselNov 30. 5. 1908 (Seite 398), vgl. § 12 PScheckO, Anm. 1; Beginn der Haftung: Zeitpunkt des Eingangs des PScheckauftrags beim PScheckA, dagegen Haftung nach §§ 6 und 10 PG (Seite 142) während der Beförderung des Auftrags zum PScheckA. Kein klagbarer Haftungsanspruch aus dem PScheck. Keine PBeamtenhaftung aus § 839 BGB (h. M.). Protest und Regreß aus PSchecks folgt den §§ 15 ff. RScheckG 1908; wegen PProtestes s. § 18 XVII PO.

2 Gegenüber dem PScheckEmpf keine Haftung der P (a. M. RGer 3. 3. 1922 VII 704/21).

3 D. s. Schecks (§ 9 PScheckO), Zahlungsanweisungen (§ 9 VI ebd.), Überweisungen (§§ 5 und 7 ebd.); nicht Zahlkarten (§ 2 ebd.).

4 S. BGB §§ 242, 249—254, 276, 278, 280—282; wegen Zulassung des Rechtswegs gilt dasselbe wie nach § 14 PG (Seite 154).

5 Vorg.: §§ 196, 201 BGB.

6 § 2 PScheckO.

7 § 6 Abs. 4 PG; Verjährung 6 Monate (§ 14 ebd.).

§ 10.

[1]Die weiteren Anordnungen[2] zur Regelung des Postscheckverkehrs erläßt der Reichspostminister mit Zustimmung des Verwaltungsrats. Er bestimmt insbesondere[3]:

1. die allgemeinen Grundsätze für den Ausweis der nach § 1 zum Postscheckverkehr zuzulassenden Teilnehmer sowie für die Bezeichnung der Konten,
2. die zu verwendenden Formulare; die Formulare zu Zahlkarten und die im § 6 bezeichneten Briefumschläge können auch von der Privatindustrie hergestellt werden,
3. den Höchstbetrag der Zahlkarten und Schecks,
4. die Voraussetzungen, unter denen den Konten auf anderem als dem im § 3 erwähnten Wege Beträge zugeführt werden können, und unter denen der Kontoinhaber in anderer als der im § 4 erwähnten Weise über sein Guthaben verfügen kann,
5. die Geschäfte, die bei weiterer Ausgestaltung des Postscheckverkehrs zuzulassen sind,
6. die Anlegung der im Postscheckverkehr aufkommenden Gelder[4],
7. die Art der Benachrichtigung der Kontoinhaber über

die Ausführung der Aufträge und den Stand der Guthaben.

Werden die Anordnungen geändert, so sind die neuen Vorschriften auch auf die bereits bestehenden Postscheckkonten anzuwenden[5].

[6]Die nach diesen Bestimmungen erlassenen Vollzugsanordnungen sind dem Reichstag zur Kenntnis zu bringen. Ferner ist alljährlich mit dem Etat des Reichshaushalts eine genaue monatliche Nachweisung über die Anlegung der im Postscheckverkehr aufkommenden Gelder vorzulegen.

1 Text von 1921 (Reichsregierung m. Zust. des Reichsrats) geändert durch § 15 RPFinanzG (Seite 71).

2 D. i. die PScheckO.

3 Aufzählung nicht limitativ; Vorg.: § 50 PG.

4 S. § 2 Anm. 3.

5 Vgl. § 13 PScheckO.

6 Überholt; s. § 2 RPFinanzG.

§ 11.

Dieses Gesetz tritt am 1. April 1921 in Kraft.

Bekanntmachung des neuen Wortlauts der Postscheckordnung.

Vom 16. Dezember 1927 (PABl. S. 519).

Auf Grund des § 2 des Reichspostfinanzgesetzes vom 18. März 1924 (Reichsgesetzblatt I S. 287) wird die Postscheckordnung vom 7. April 1921[1] (Reichsgesetzbl. S. 459) in dem geltenden Wortlaut nach Zustimmung des Verwaltungsrats nachstehend bekanntgegeben.

Berlin, den 16. Dezember 1927.

RPMin: Schätzel.

1 Vorg.: PScheckO 22. 5. 1914 (RGBl. S. 131).

Postscheckordnung.

1. Allgemeines.

§ 1.

I. Der Antrag auf Eröffnung eines Postscheckkontos ist an ein Postscheckamt[1] oder an eine Postanstalt zu richten.

II. Gesellschaften, Vereine, Genossenschaften usw., die nicht im Register der Handelsfirmen, Vereine, Genossenschaften usw. eingetragen sind, haben mit dem Antrag ihre Satzung vorzulegen.

III. Jedes Postscheckamt führt eine Liste der Postscheckkunden. Die Post veröffentlicht ein Verzeichnis der Postscheckkunden[2].

IV. Die auf jedem Konto zu haltende Stammeinlage (Postscheckgesetz § 2) beträgt 5 Reichsmark. Die Höhe des Guthabens eines Kontos ist nicht beschränkt. Ändert sich das Guthaben, so wird der Postscheckkunde vom Postscheckamt durch einen Kontoauszug benachrichtigt. Auf Verlangen erteilt das Postscheckamt eine schriftliche Bestätigung über die Höhe des beim Abschluß eines Buchungstags vorhanden gewesenen Kontoguthabens gegen eine Gebühr, die der Antragsteller (Postscheckgesetz § 7) durch Aufkleben von Freimarken auf dem Schreiben zu entrichten hat.

V. Die Postscheckgebühren sind in einer besonderen Anlage enthalten.

1 Die einzelnen PScheckA sind Mitglieder der Abrechnungsstellen (§ 12 RScheckG 1908), nicht die P als solche.

2 Identisch mit dem „Kontoinhaber“ nach PScheckG; wegen Erhältlichkeit der Verzeichnisse s. PABl. 1928 S. 89.

2. Einzahlungen.

§ 2.

Einzahlungen durch Zahlkarte[1].

I. Durch Zahlkarte können auf ein Postscheckkonto Beträge in beliebiger Höhe eingezahlt werden. Der Absender hat die Zahlkarte vor dem Einliefern zur Post mit Freimarken in Höhe der Zahlkartengebühr freizumachen. Die Post kann verlangen, daß bei Einzahlungen über hohe Beträge die Geldscheine kassenmäßig verpackt werden.

II. Die Zahlkarten können auch durch das Privatgewerbe hergestellt werden; sie müssen in der Größe, Farbe und Stärke des Papiers sowie im Aufdruck mit den durch die Post ausgegebenen Zahlkarten genau übereinstimmen.

III. Die Zahlkarte muß entweder durch Druck, mit der Schreibmaschine usw. oder handschriftlich mit Tinte ausgefüllt werden. Der Betrag ist in der Reichswährung[2] einzutragen; der Reichsmarkbetrag ist in Buchstaben zu wiederholen. Auch der mit der Zahlkarte verbundene Einlieferungsschein ist vom Einzahler auszufüllen.

IV. Der Abschnitt der Zahlkarte dient zu Mitteilungen an den Postscheckkunden. Zahlkarten, die unter Ausnutzung des Postscheckverkehrs zwecks Umgehung der Postgebühren zum Übermitteln von Nachrichten oder geschäftlichen Anpreisungen verwendet werden sollen, sind unzulässig.

V. Nach dem Einzahlen des Betrags wird der Postvermerk auf dem Einlieferungsschein vollzogen.

VI. Der eingezahlte Betrag wird dem in der Zahlkarte angegebenen Postscheckkonto gutgeschrieben. Das Postscheckamt übersendet dem Postscheckkunden nach der Gutschrift den Abschnitt der Zahlkarte.

VII. Kann die Zahlkarte beim Postscheckamt nicht gutgeschrieben werden, so wird der Betrag an den Absender zurückgezahlt.

VIII. Den Landzustellern können nach den in der Postordnung für Postanweisungen gegebenen Vorschriften auf ihren Zustellgängen freigemachte Zahlkarten zum Abliefern an die Postanstalt übergeben werden.

IX. Bei den Posthilfstellen können Zahlkarten unter den in der Postordnung für Postanweisungen angegebenen Bedingungen zur Weitergabe an den Landzusteller niedergelegt werden.

X. Der Absender kann eine eingelieferte Zahlkarte unter den in der Postordnung für das Zurückziehen von Postsendungen angegebenen Bedingungen zurücknehmen, solange der Betrag dem Konto des Empfängers noch nicht gutgeschrieben ist.

XI. Für eine bereits abgegangene Zahlkarte wird die Zahlkartengebühr nicht erstattet.

1 Zahlkarte rechtlich identisch mit der PAnw (§ 22 PO; S. 11 der Begrdg. zum PScheckGEntw 1912, s. § 2 PScheckG Anm. 3), auch wegen der Beschlagnahme (StPO § 99, Seite 414), vgl. PABl. 1928 S. 374. Daher erfüllt die Zahlkarte nach richtiger Ansicht schon mit dem Eingang beim PScheckA (als EmpfVertreter des KontoInh), nicht erst mit der Gutschrift; die Einzahlung auf Zahlkarte ist ohne scheckrechtliche Wirkung (a. M. RGer 2. 10. 1919 IV 168, 19).

2 Anders § 1 RScheckG 1908; vgl. § 22 PO, Anm. 2.

§ 8.

Telegraphische Zahlkarten.

I. Zahlkarten können auf Verlangen des Absenders dem Postscheckamt, bei dem das Konto des Empfängers geführt wird, telegraphisch übermittelt werden. Für die telegraphischen Zahlkarten gelten die Vorschriften der Postordnung[1] für telegraphische Postanweisungen sinngemäß. Es ist das besondere Formblatt für telegraphische Zahlkarten zu verwenden.

II. Der Postscheckkunde wird durch das Postscheckamt von der Gutschrift in der gewöhnlichen Weise (§ 1, IV) benachrichtigt. Auf Verlangen des Absenders wird der Postscheckkunde von der Aufgabepostanstalt telegraphisch benachrichtigt.

III. Besondere für den Empfänger bestimmte Mitteilungen hat der Absender auf dem Zahlkartentelegramm niederzuschreiben; sie werden durch das Zahlkartentelegramm dem Postscheckamt mitgeteilt und von diesem in der gewöhnlichen Weise (§ 1, IV) an den Empfänger weitergegeben. Hat der Absender die telegraphische Benachrichtigung des Empfängers gewünscht, so werden die Mitteilungen in das Benachrichtigungstelegramm aufgenommen. Sie sind in diesem Falle vom Absender nicht auf dem Zahlkartentelegramm, sondern auf der Rückseite des Abschnitts der telegraphischen Zahlkarte niederzuschreiben.

IV. Vom Absender werden erhoben:

a) eine nach der Höhe des Zahlkartenbetrags gestaffelte Gebühr, außerdem zutreffendenfalls

b) die Telegraphengebühr[2] für die in das Zahlkartentelegramm aufgenommenen Mitteilungen für den Empfänger (III),

c) die Telegraphengebühr[2] für das besondere Benachrichtigungstelegramm.

1 § 22 X ff.
2 § 7 TelO 30. 6. 1926 (PABl. S. 447).

§ 4.

Überweisung von Post- und Zahlungsanweisungen und von Beträgen, die durch Postauftrag oder Nachnahme eingezogen worden sind.

I. Der Postscheckkunde kann bei der Postanstalt, durch die er seine Postsendungen erhält, beantragen, daß alle für ihn eingehenden oder auch einzelne bereits eingegangene Post-[1] und Zahlungsanweisungen[2] seinem Postscheckkonto gutgeschrieben werden.

II. Die Postanstalt überweist die eingegangenen Post- und Zahlungsanweisungen zur Gutschrift dem Postscheckamt, bei dem das Konto des Postscheckkunden geführt wird. Das Postscheckamt übersendet dem Postscheckkunden nach der Gutschrift die Abschnitte der Post- und Zahlungsanweisungen. Dem Postscheckkunden steht nicht das Recht[3] zu, den Betrag einer Post- oder Zahlungsanweisung nach erfolgter Gutschrift zu verweigern[4].

III. 1. Die durch Postauftrag[5] eingezogenen Beträge werden nach Abzug der Zahlkartengebühr[6] dem Postscheckkonto des Auftraggebers oder eines Dritten mit Zahlkarte überwiesen, wenn der Auftraggeber Postaufträge mit anhängender Zahlkarte benutzt. Die Zahlkarte ist von ihm auszufüllen; als Betrag ist der einzuziehende Betrag nach Abzug der Zahlkartengebühr einzutragen.

2. Wird die Überweisung auf das Postscheckkonto eines Dritten gewünscht, so hat der Auftraggeber am Fuße der Vorderseite des Postauftrags zu vermerken:

„Zahlkarte PSchA. (Ort) . . . .
Konto Nr. . . . . N. . . . . in M. . . . .“.

und auf dem Abschnitt der Zahlkarte seinen Namen anzugeben.

IV. 1. Die durch Nachnahme[7] eingezogenen Beträge werden nach Abzug der Zahlkartengebühr[8] dem Postscheckkonto des Absenders oder eines Dritten mit Zahlkarte überwiesen, wenn der Absender der Sendung eine Zahlkarte beifügt. Als Betrag ist in der Zahlkarte der einzuziehende Betrag nach Abzug der Zahlkartengebühr einzutragen.

2. Bei Paketen[8] oder Karten mit Nachnahme hat der Absender Nachnahmepaketkarten und Nachnahmekarten mit anhängender Zahlkarte zu benutzen. Bei Nachnahmepaketen ist auf dem Paket in der Aufschrift unmittelbar unter der Angabe des Nachnahmebetrags zu vermerken:

„Zahlkarte PSchA (Ort) . . . .
Konto Nr. . . . N. . . . in M. . . . .“.

3. Bei Briefen usw. mit Nachnahme hat der Absender blaue Nachnahmezahlkarten (mit Klebeleiste) oder hellrotbraune Nachnahmezahlkarten in Kartenform zu verwenden. Unmittelbar unter der Angabe des Nachnahmebetrags ist auf diesen Sendungen zu vermerken:

„Zahlkarte PSchA. (Ort) . . . .
Konto Nr. . . . N. . . . in M. . . . . “.

4. Wird die Überweisung[9] auf das Postscheckkonto eines Dritten gewünscht, so hat der Absender auf dem Abschnitt der Zahlkarte seinen Namen anzugeben

V. Die Formblätter (III und IV) können auch durch das Privatgewerbe hergestellt werden; sie müssen in der Größe, Farbe und Stärke des Papiers sowie im Aufdruck mit den durch die Post ausgegebenen Formblättern genau übereinstimmen.

VI. Das Postscheckamt sendet dem Postscheckkunden nach der Gutschrift des Betrags den Abschnitt der Zahlkarte.

1 § 22 PO.
2 § 9 VI.
3 Kein bürgerlich-rechtlicher Sachverhalt.
4 § 7 Anm. 5, vgl. § 47 PO.
5 § 20 PO.
6 § 2.
7 § 21 PO.
8 § 14 PO.
9 §§ 5 und 7.

§ 5.

Überweisungen[1] von einem andern Postscheckkonto.

I. Die für Postscheckkunden von andern Postscheckkunden überwiesenen Beträge werden dem Konto des Empfängers gutgeschrieben.

II. Das Postscheckamt sendet dem Postscheckkunden nach der Gutschrift die Abschnitte der Überweisungen und Ersatzüberweisungen (§ 7, II und III Abs. 2).

1 Vgl. § 7.

3. Auszahlungen.

§ 6.

Allgemeines[1].

I. Zu Überweisungen (§ 7, I), Ersatzüberweisungen (§ 7, III Abs. 2), Schecken (§ 9 I) und Zahlungsanweisungen (§ 9, III Abs. 2) dürfen nur die vom Postscheckamt bezogenen Formblätter[2] benutzt werden.

II 1. Der Postscheckkunde ist verpflichtet, die Formblätter (I) sorgfältig und sicher aufzubewahren[3]. Er trägt alle Nachteile, die aus dem Verlust oder dem sonstigen Abhandenkommen sowie aus dem Mißbrauch der Formblätter entstehen, wenn er nicht das Postscheckamt von dem Verlust usw. unter Angabe der Heft- und Blattnummer der verlorengegangenen oder sonst abhanden gekommenen Formblätter so zeitig benachrichtigt hat, daß die Überweisung oder Zahlung an einen Unberechtigten noch verhindert werden kann; auch hat er in solchem Falle die ihm vom Postscheckamt mitgeteilten Sicherheitsmaßnahmen zu beachten.

2. Verschriebene oder sonst verdorbene Formblätter sind nicht an das Postscheckamt einzusenden, sondern vom Postscheckkunden zu vernichten.

III. 1. Die Unterschriften der Personen, die zum Unterzeichnen von Überweisungen und Schecken berechtigt sein sollen, hat der Postscheckkunde dem Postscheckamt — zweifach — auf dem amtlichen Unterschriftsblatt mitzuteilen.

2. Jede Person, deren Unterschrift hinterlegt ist, ist allein zeichnungsberechtigt; sollen mehrere Personen gemeinsam unterschreiben, so ist dies im Unterschriftsblatt an der dafür vorgesehenen Stelle zu vermerken.

3. Die vom Postscheckkunden zum Unterzeichnen von Überweisungen und Schecken ermächtigten Personen sind berechtigt, Überweisungs- und Scheckhefte zu bestellen, ferner nach dem Tode des Postscheckkunden das Konto weiterzuführen oder das Löschen des Kontos zu beantragen und das Restguthaben abzuheben. Der Postscheckkunde kann diese Befugnisse im Unterschriftsblatt beschränken oder ausschließen.

IV. Die dem Postscheckamt mitgeteilten Unterschriften gelten so lange, bis gegenüber diesem Amte die Zeichnungsbefugnis vom Postscheckkunden, nach seinem Tode von den Erben oder andern zum Verfügen über den Nachlaß berechtigten Personen schriftlich widerrufen wird. Der Widerruf steht jedem einzelnen Erben zu.

V. Die Formblätter (I) einschließlich der mit den Überweisungen und Schecken verbundenen Lastschriftzettel müssen entweder durch Druck, mit der Schreibmaschine usw. oder handschriftlich mit Tinte ausgefüllt werden.

Die Unterschrift ist stets handschriftlich mit Tinte oder mit Tintenstift anzugeben. Der Betrag ist in der Reichswährung einzutragen; bei Überweisungen, Schecken und Zahlungsanweisungen ist der Reichsmarkbetrag in Buchstaben zu wiederholen. Ist der für die Angabe des Betrags in Ziffern und in Buchstaben bestimmte Raum nicht ganz ausgefüllt, so sind die leeren Stellen durch starke liegende Striche zu schließen.

VI. Über die durch Sammelüberweisung (§ 7, III Abs. 1) oder Sammelscheck (§ 9, III Abs. 1) gegebenen Einzelaufträge erteilt das Postscheckamt dem Poscheckkunden auf Wunsch durch Lastschriftzettel Einlieferungsbescheinigungen, aus denen Name und Wohnort des Empfängers ersichtlich sind. Jeder Eintragung im Verzeichnis muß ein ausgefüllter Lastschriftzettel beigefügt sein. Durch das Privatgewerbe hergestellte Formblätter müssen mit den durch die Post ausgegebenen genau übereinstimmen. Der Postscheckkunde hat die ausgefüllten Lastschriftzettel mit der Sammelüberweisung oder dem Sammelscheck an das Postscheckamt zu senden.

1 Dishonorierungsgründe für PSchecks und PÜberweisungen: Nichtverwendung der amtlichen Formulare (§ 6 I), Unstimmigkeit der Unterschrift (§ 6 III), verbotenes Schreibmaterial (§ 6 VI), Angabe anderer als Reichswährung (§ 6 V), Widerruf (§§ 7 VII und 9 IV), verspätete Vorlegung (§ 9 IV), Indossament (§ 9 V), Kreuzung weißer Schecks und Überbringerklausel (s. Formular!), Tod des KontoInh ohne Vorherbenennung e. Rechtsnachfolgers oder ohne Kontoweiterführungsauftrag (§ 12 II), Ablauf von 6 Monaten nach dem Kontoweiterführungsauftrag (ebd.), Abhandenkommen der Zahlungsanw (§ 9 IX), sonstige Änderungen in den rechtlichen Verhältnissen des KontoInh gemäß entsprechender Mitteilung (§ 12 I), Mißbrauch bei Kontobenutzung und mißbräuchliche Kontoüberziehung (§ 8 PScheckG).

2 Zahlungsort (PScheckA) ist vorgedruckt, daher § 5 Satz 2 RScheckG 1908 hier unanwendbar.

3 Konstitutiv; der Schaden aus falschen PSchecks (vgl. § 23 RScheckG 1908) trifft den KontoInh.

§ 7.

Überweisungen[1] auf ein anderes Postscheckkonto.

I. Die Überweisungen können auf jeden beliebigen[2] Betrag innerhalb des verfügbaren Guthabens ausgestellt werden. Stimmt in einer Überweisung der Betrag in Ziffern mit dem in Buchstaben nicht überein, so gilt der geringere Betrag.

II. Der Abschnitt der Überweisung dient vorbehaltlich des § 2, IV Satz 2 zu Mitteilungen an den Gutschriftempfänger.

III. 1. Aufträge für mehrere Empfänger können in einer Überweisung (Sammelüberweisung) zusammengefaßt werden. Die untere Grenze für die Zahl der Aufträge bestimmt der Reichspostminister. In der Sammelüberweisung ist an der für die Angabe des Gutschriftempfängers vorgesehenen Stelle der Vermerk „laut Anlage" niederzuschreiben.

2. Der Postscheckkunde hat der Sammelüberweisung eine Anlage beizufügen, in dieser die einzelnen Überweisungen aufzuführen und für jede Eintragung eine Ersatzüberweisung zu fertigen. Der Abschnitt der Ersatzüberweisung dient vorbehaltlich des § 2, IV Satz 2 zu Mitteilungen an den Gutschriftempfänger. Die Schlußsumme der vom Postscheckkunden zu unterschreibenden Anlage muß mit dem in der Sammelüberweisung angegebenen Betrag übereinstimmen. Die Anlagen können auch durch das Privatgewerbe hergestellt werden; sie müssen in der Größe und im Aufdruck mit den durch die Post ausgegebenen Anlagen übereinstimmen.

IV. Die Überweisung ist an das Postscheckamt zu senden, das das Konto des Ausstellers führt. Wird die

Überweisung vom Gutschriftempfänger eingesandt, so hat er am oberen Rand unter der vorgedruckten Kontobezeichnung zu vermerken: „Vom Empfänger eingesandt".

V. 1. Der Einsender einer Überweisung kann verlangen, daß das Postscheckamt, bei dem das Konto des Ausstellers geführt wird, den Gutschriftempfänger unmittelbar benachrichtigt. Das Verlangen ist auf der Überweisung links unten durch den Vermerk zu stellen: „Empfänger schriftlich (telegraphisch) benachrichtigen". Der Vermerk ist vom Antragsteller zu unterschreiben. In der Überweisung ist die vollständige Anschrift des Empfängers anzugeben. In Sammelüberweisungen (III) dürfen solche Aufträge nicht aufgenommen werden.

2. Die Benachrichtigung geschieht

a) durch Telegramm, wenn das Konto des Gutschriftempfängers bei demselben Postscheckamt geführt wird,

b) durch Brief oder durch Telegramm, wenn das Konto des Gutschriftempfängers bei einem anderen Postscheckamt geführt wird.

3. Der Abschnitt der Überweisung wird bei schriftlicher Benachrichtigung dem Benachrichtigungsschreiben beigefügt. Bei telegraphischer Benachrichtigung erhält der Empfänger den Abschnitt in der gewöhnlichen Weise (§ 1, IV) durch das Postscheckamt, das sein Konto führt; auf dem Abschnitt niedergeschriebene Mitteilungen werden in das Benachrichtigungstelegramm aufgenommen.

4. Vom Antragsteller werden erhoben:

a) bei schriftlicher Benachrichtigung eine Gebühr für die Benachrichtigung,

b) bei telegraphischer Benachrichtigung die Telegraphengebühr[8].

5. Hat der Aussteller die unmittelbare Benachrichtigung beantragt, so werden die Gebühren von seinem Konto abgebucht; der Betrag der Überweisung wird in diesem Falle unverkürzt überwiesen. Hat dagegen der Gutschriftempfänger den Antrag gestellt, so wird der Betrag der Überweisung um die Gebühr gekürzt.

VI. Das Postscheckamt vollzieht den der Überweisung angefügten Lastschriftzettel durch den Abdruck des Tagesstempels und sendet ihn nach dem Abbuchen des Betrags dem Postscheckkunden.

VII. 1. Der Postscheckkunde kann eine Überweisung zurücknehmen[4], solange der Betrag auf dem Konto des Empfängers noch nicht gutgeschrieben ist[5]. Ist die Überweisung bereits an das Bestimmungspostscheckamt abgesandt, so wird bei brieflicher Übermittlung die Gebühr für den einfachen Einschreibbrief[6], bei telegraphischer Übermittlung die Telegraphengebühr[3] erhoben. Die Gebühren werden vom Konto des Ausstellers abgebucht.

2. Für Überweisungen, die am Tage nach dem ersten Buchungsversuch ohne Deckung bleiben, wird eine Gebühr[7] erhoben.

1 D. s. rote PSchecks; vgl. § 5.
2 Vgl. § 4 PScheckG, Anm. 4.
3 Vgl. § 3 Anm. 2.
4 Vgl. § 35 PO.
5 § 4 Anm. 4.
6 § 16 PO.
7 Ziff. 5 der Anl. zu § 1 V.

§ 8.

Telegraphische Überweisungen.

I. Überweisungen können auf Verlangen des Einsenders einem bei einem andern Postscheckamt geführten Konto telegraphisch übermittelt werden.

II. Der Gutschriftempfänger wird durch das Postscheckamt, bei dem sein Konto geführt wird, von der Gutschrift in der gewöhnlichen Weise (§ 1, IV) benachrichtigt.

III. Der Einsender einer telegraphischen Überweisung kann auch verlangen, daß das Postscheckamt, bei dem das Konto des Ausstellers geführt wird, den Gutschriftempfänger schriftlich oder telegraphisch benachrichtigt (§ 7, V Abs. 1).

IV. Das Verlangen telegraphischer Überweisung ist auf der Überweisung links unten durch den Vermerk „Telegraphisch" zu stellen. Soll außerdem der Empfänger vom Postscheckamt, bei dem das Konto des Ausstellers geführt wird, schriftlich oder telegraphisch benachrichtigt werden (III), so muß der Vermerk lauten: „Telegraphisch überweisen, Empfänger schriftlich (telegraphisch) benachrichtigen". Die Vermerke sind vom Antragsteller zu unterschreiben. In Sammelüberweisungen (§ 7, III Abs. 1) dürfen keine telegraphisch zu erledigenden Aufträge aufgenommen werden.

V. Die auf dem Abschnitt der Überweisung vom Auftraggeber niedergeschriebenen besonderen Mitteilungen werden durch das Überweisungstelegramm dem Bestimmungspostscheckamt und von diesem in der gewöhnlichen Weise (§ 1, IV) durch einen Gutschriftzettel dem Empfänger übermittelt (II). Ist schriftliche oder telegraphische Benachrichtigung des Empfängers verlangt (III), so werden die Mitteilungen in die schriftliche oder telegraphische Benachrichtigung aufgenommen.

VI. 1. Vom Antragsteller werden erhoben:

a) eine nach der Höhe des Betrags der Überweisung gestaffelte Gebühr, außerdem zutreffendenfalls

b) die Telegraphengebühr[1] für die in das Überweisungstelegramm aufgenommenen Mitteilungen für den Empfänger (V),

c) bei schriftlicher Benachrichtigung eine Gebühr für die Benachrichtigung,

d) bei telegraphischer Benachrichtigung die Telegraphengebühr[1].

2. Für das Erheben der Gebühren gilt § 7, V Abs. 5 sinngemäß.

1 § 3 Anm. 2.

§ 9.

Auszahlungen durch Scheck.

I. Die Schecke können auf jeden beliebigen[1] Betrag innerhalb des verfügbaren Guthabens ausgestellt werden. Für die Auszahlung wird eine Gebühr erhoben.

II. Der Abschnitt des Schecks dient vorbehaltlich des § 2, IV Satz 2 zu Mitteilungen an den Empfänger.

III. 1. Aufträge zu Barzahlungen an mehrere Empfänger können in einem Scheck (Sammelscheck) zusammengefaßt werden. Die untere Grenze für die Zahl der Aufträge bestimmt der Reichspostminister. In dem Sammelscheck ist an der für die Angabe des Empfängers vorgesehenen Stelle der Vermerk „laut Anlage" niederzuschreiben.

2. Der Postscheckkunde hat dem Sammelscheck eine Anlage beizufügen, in dieser die einzelnen Aufträge aufzuführen und für jede Eintragung eine Zahlungsanweisung zu fertigen. Der Abschnitt der Zahlungsanweisung dient vorbehaltlich des § 2, IV Satz 2 zu Mitteilungen an den Empfänger. Die Schlußsumme der vom Postscheckkunden zu unterschreibenden Anlage muß mit dem im Sammelscheck angegebenen Betrag übereinstimmen. Die Anlagen können auch durch das Privatgewerbe hergestellt

werden; sie müssen in der Größe und im Ausdruck mit den durch die Post ausgegebenen Anlagen übereinstimmen.

IV. 1. Der Scheck ist binnen zehn Tagen nach dem Ausstellen beim Postscheckamt zum Einlösen vorzulegen. Wird ein Scheck nach Ablauf dieser Frist vorgelegt, so kann das Postscheckamt das Einlösen ablehnen. Wird der Scheck vom Zahlungsempfänger eingesandt, so hat dieser am oberen Rand unter der vorgedruckten Kontobezeichnung zu vermerken: „Vom Empfänger eingesandt".

2. Das Postscheckamt vollzieht den dem Scheck angefügten Lastschriftzettel durch den Abdruck des Tagesstempels und sendet ihn nach dem Abbuchen des Betrags dem Postscheckkunden.

3. Der Postscheckkunde kann einen von ihm an das Postscheckamt gesandten Scheck, in dem der Name des Empfängers angegeben ist, zurücknehmen[2], solange die Zahlungsanweisung[3] dem Empfänger noch nicht zugestellt[4] ist. Ist die Zahlungsanweisung bereits an die Bestimmungspostanstalt abgesandt, so wird bei brieflicher Übermittlung die Gebühr für den einfachen Einschreibbrief, bei telegraphischer Übermittlung die Telegraphengebühr[5] erhoben. Die Gebühren werden vom Konto des Ausstellers abgebucht.

4. Für Schecke, die am Tage nach dem ersten Buchungsversuch ohne Deckung bleiben, wird eine Gebühr erhoben[6].

V. Schecke mit Indossament werden nicht eingelöst[7].

VI. Ist im Scheck der Empfänger genannt, so wird die Postanstalt[8] vom Postscheckamt durch Zahlungsanweisung[9] beauftragt, den Betrag an den Empfänger zu zahlen.

VII. Hat der im Scheck genannte Empfänger selbst ein Konto bei demselben oder einem anderen Postscheckamt und soll der Betrag diesem Konto gutgeschrieben werden, so hat er im Scheck hinter dem Bestimmungsort auch die Nummer seines Kontos und das Postscheckamt, bei dem es geführt wird, anzugeben.

VIII. 1. Die Vorschriften der Postordnung über
das Zustellen, Abholen und Auszahlen der Postanweisungen (§§ 22, 38, 40, 44),
das Aushändigen postlagernder Postanweisungen (§ 42),
das Auszahlen der Beträge nach Behändigen der Postanweisungen (§ 45),
das Nachsenden der Postanweisungen (§ 46) sowie
das Behandeln unzustellbarer Postanweisungen am Bestimmungsort (§ 47)
gelten sinngemäß für die Zahlungsanweisungen.

2. Das Zustellen mit dem Geldbetrag ist auf Zahlungsanweisungen bis zu den in der Postordnung für das Zustellen der Wertsendungen festgesetzten Höchstbeträgen[10] beschränkt. Lautet die Zahlungsanweisung auf einen höheren Betrag, so wird nur die Zahlungsanweisung zugestellt. Der Betrag ist in diesem Falle bei der Postanstalt auf Grund der Zahlungsanweisung abzuholen[11]. Die Post kann das Zustellen aus besonderen Gründen beschränken und für bestimmte Orte oder Gebiete dauernd oder vorübergehend erweitern.

[12]IX. Verliert der Empfänger eine Zahlungsanweisung, so hat er es der Bestimmungspostanstalt mitzuteilen. Diese setzt das Zahlen bis auf weiteres aus. Es ist Sache des Empfängers, den Postscheckkunden zu veranlassen, daß dieser beim Postscheckamt das Übersenden eines Doppels der Zahlungsanweisung erwirkt.

X. 1. Scheckbeträge können dem Empfänger durch telegraphische Zahlungsanweisung übermittelt werden. Das

Verlangen ist durch den Vermerk „Telegraphisch“ auf der Vorderseite des Schecks links unten zu stellen und vom Antragsteller zu unterschreiben. In Sammelschecke (III Abs. 1) dürfen keine telegraphisch zu erledigenden Aufträge aufgenommen werden. Für die telegraphischen Zahlungsanweisungen gelten die Vorschriften der Postordnung für telegraphische Postanweisungen sinngemäß.

2. An Gebühren werden erhoben:

a) eine nach der Höhe des Scheckbetrags gestaffelte Gebühr, außerdem zutreffendenfalls

b) die Telegraphengebühr[6] für die in das Telegramm aufgenommenen Mitteilungen für den Empfänger.

3. Für das Erheben der Gebühren gilt § 7, V Abs. 5 sinngemäß.

4. Gewöhnliche Zahlungsanweisungen können auf Verlangen des Ausstellers oder des Empfängers telegraphisch nachgesandt werden. Für das Übermitteln nach dem neuen Bestimmungsort werden vom Betrag die für telegraphisches Nachsenden von Postanweisungen zu erhebenden Gebühren[13] abgezogen.

XI. Der Betrag eines Schecks kann dem Empfänger durch besonderen Boten zugestellt werden (Eilzustellung). Für das Verfahren gilt die Postordnung[14] sinngemäß. Am oberen Rande der Rückseite des Schecks ist der Vermerk „Durch Eilboten“ niederzuschreiben. Will der Aussteller das Eilzustellgeld tragen, so hat er „Bote bezahlt“ hinzuzufügen. Von seinem Konto wird dann auch das Eilzustellgeld abgebucht. In Sammelschecke (III Abs. 1) dürfen solche Aufträge nicht aufgenommen werden.

XII. 1. Wohnt der im Scheck bezeichnete Empfänger im Ausland[15], so wird ihm der Betrag durch Postanweisung oder Wertbrief gesandt. Sind beide Versendungsmöglichkeiten zugelassen, so hat der Postscheckkunde zu bestimmen, wie der Betrag übermittelt werden soll; für die Übermittlung durch Postanweisung kann er im Scheck den Betrag in der Währung des Bestimmungslandes angeben. Der Postscheckkunde kann dem Scheck eine ausgefüllte Postanweisung beifügen und deren Abschnitt zu Mitteilungen an den Empfänger benutzen, soweit diese zugelassen sind. Auf der Vorderseite des Schecks ist links unten der Vermerk „Postanweisung anbei“ niederzuschreiben. Vom Konto des Ausstellers werden der Betrag des Schecks und die Gebühr für die Postanweisung oder den Wertbrief abgebucht.

2. Der Aussteller kann auf dem Scheck durch den Vermerk „Gebühr trägt der Empfänger“ bestimmen, daß der Empfänger die Gebühr für die Postanweisung oder den Wertbrief tragen soll. In diesem Falle wird der Betrag des Schecks um die Gebühr gekürzt.

XIII. Der Inhaber eines Schecks, in dem kein Zahlungsempfänger angegeben ist, kann

a) den Scheck bei der Kasse des Postscheckamts, das das Konto des Ausstellers führt, zum Einlösen vorlegen[16] oder

b) im Scheck einen Empfänger angeben. In diesem Falle gelten die Vorschriften unter VI bis XII sinngemäß; bei Übermittlung des Scheckbetrags nach dem Ausland (XII) wird dieser stets um die Gebühr gekürzt.

1 Vgl. § 4 PScheckG, Anm. 4.

2 Vgl. § 35 PO. Der Widerruf nach RScheckG 1908 bleibt hiernach nur bei PKassenschecks anwendbar. Bei PNamenschecks ist der unterbliebene Widerruf nicht ersetzbar durch Ablehnung der geschehenen Gutschrift seitens des Empf (§ 4, II).

3 S. Ziff. VI.

4 § 38 PO.

5 § 3 Anm. 2.

6 Ziff. 8 der Anl. zu § 1 V.

7 Dennoch besteht scheckrechtliche Wirksamkeit des indossierten PSchecks im Verhältnis zwischen Aussteller und Nehmer. Kein Indossament im Rechtssinne ist der Fall nach Ziff. XIII b.

8 PAnst am Wohnort des Empf.

9 D. i. der adressierte PScheck, vermehrt um den Buchungsvermerk des PScheckA.

10 § 38 PO.

11 § 45 PO.

12 Vgl. § 22 IX PO.

13 § 22 XVII PO.

14 § 24 PO.

15 Weiße PSchecks auf ausländische Bezogene kommen nicht vor. Wegen PÜberweisungen des internationalen Verk s. RGBl. 1925 II S. 615.

16 Quittung oder Personalausweis werden nicht verlangt.

4. Entrichten der Gebühren[1].

§ 10.

I. Die Gebühren und die Preise für Formblätter werden, soweit in der Postscheckordnung nichts anderes bestimmt ist, vom Konto des Zahlungspflichtigen abgebucht. Die mit Scheck überwiesenen Beträge (§ 9, VII) und die vom Postscheckamt mit Postanweisung oder Wertbrief (§ 9, XII) abgesandten Beträge unterliegen nicht der Auszahlungsgebühr[2].

II. Der Preis für unbrauchbar gewordene Formblätter (I) wird nicht erstattet.

III. Für Laufschreiben[3] wegen Sendungen des Postscheckverkehrs (Zahlkarten, Überweisungen, Schecke) wird eine Gebühr erhoben[4].

IV. Die Kosten für umfangreiche Nachforschungen, die von der Post nicht verschuldet sind, hat der Antragsteller zu erstatten. Ihre ungefähre Höhe wird ihm vor Beginn der Nachforschungen bekanntgegeben; auf Verlangen hat er auf dem Konto einen Teil seines Guthabens für Lastschriften sperren zu lassen oder einen angemessenen Betrag im voraus zu hinterlegen.

1 Im GebStreit ist der Rechtsweg zulässig; vgl. § 51 PO.
2 Ziff. 7 der Anl. zu § 1 V.
3 § 49 PO.
4 Ziff. 10 der Anl. zu § 1 V.

5. Scheckbriefumschläge.

§ 11.

Die Umschläge zum Versenden der Briefe der Postscheckkunden an die Postscheckämter gegen die ermäßigte[1] Gebühr können auch durch das Privatgewerbe hergestellt werden; sie müssen in der Größe und Farbe des Papiers sowie im Aufdruck mit den durch die Post ausgegebenen Umschlägen genau übereinstimmen.

1 Ziff. 11 der Anl. zu § 1 V.

6. Änderungen in den Verhältnissen eines Postscheckkunden.

§ 12.

I. Änderungen in den rechtlichen Verhältnissen eines Postscheckkunden, die für sein Konto von Bedeutung sind, müssen dem zuständigen Postscheckamt mitgeteilt und durch Vorlegen öffentlicher Urkunden nachgewiesen werden. Unterbleibt diese Mitteilung, so hat die Post den aus der Unkenntnis der eingetretenen Änderungen entstehenden Schaden nicht zu vertreten[1].

II. Stirbt ein Postscheckkunde, so kann das Konto auf Antrag bis zu sechs Monaten — vom Tode des Postscheckkunden an — weitergeführt werden. Zum Stellen des Antrags sind die Erben berechtigt, die sich durch Vorlegen des Testaments, der gerichtlichen Erbbescheinigung usw. ausweisen müssen. Ist ein Testamentsvollstrecker, ein Nachlaßpfleger oder Nachlaßverwalter ernannt worden, so ist dieser zum Weiterführen des Kontos berechtigt. Ein Antrag ist nicht erforderlich, wenn zum Weiterführen eine Person oder mehrere Personen laut Unterschriftsblatt ermächtigt sind (§ 6, III Abs. 3).

III. Beträge, die beim Postscheckamt unter der Anschrift des Verstorbenen eingehen, werden dem Konto gutgeschrieben, solange es nicht aufgehoben ist.

IV. Die vom Verstorbenen beim Postscheckamt mit Gültigkeit auf Lebensdauer niedergelegten Unterschriften (§ 6, III) verlieren ihre Gültigkeit, sobald der Tod des Postscheckkunden dem Postscheckamt bekannt wird; bei Weiterführung des Kontos können sie jedoch von den Erben oder von den zum Weiterführen berechtigten Personen wieder in Kraft gesetzt werden.

V. Wird kein Antrag auf Weiterführen des Kontos von den dazu Berechtigten gestellt und besteht auch keine Vollmacht zum Weiterführen des Kontos, so wird es geschlossen.

VI. Die Beträge der nach dem Erlöschen eines Kontos noch eingehenden Einzahlungen werden den Einzahlern zurückgezahlt.

1 Konstitutiv; Honorierung in Kenntnis des Konkurses des PScheckausstellers (KonkursO § 8) begründet PHaftung (§ 9 PScheckG).

7. Änderung der Postscheckordnung.

§ 13.

[1]Werden die Vorschriften der Postscheckordnung geändert, so gelten die neuen Vorschriften auch für die bereits bestehenden Postscheckkonten.

1 Vgl. § 10 PScheckG, Anm. 5.

Anlage zu § 1 V PSchecкO.

Übersicht der Postscheckgebühren.

Nr.	Gegenstand	PSchecкO §	Gebühr RM	Gebühr Rpf
1	Gebühr für die schriftliche Bestätigung über die Höhe des Kontoguthabens	1 IV	—	10
2	Gebühr für Einzahlungen mit Zahlkarte	2 I		
	bis 10 RM.		—	10
	von mehr als 10 „ 25 „		—	15
	„ „ „ 25 „ 100 „		—	20
	„ „ „ 100 „ 250 „		—	25
	„ „ „ 250 „ 500 „		—	30
	„ „ „ 500 „ 750 „		—	40
	„ „ „ 750 „ 1000 „		—	50
	„ „ „ 1000 „ 1250 „		—	60
	„ „ „ 1250 „ 1500 „		—	70
	„ „ „ 1500 „ 1750 „		—	80
	„ „ „ 1750 „ 2000 „		—	90
	„ „ „ 2000 RM. (unbeschränkt)		1	–
3	Gebühr für telegraphische Zahlkarten bis 500 RM.	3 IV unter a	3	–
	von mehr als 500 „ 1000 „		3	50
	für je weitere 500 RM. oder einen Teil davon		1	—
4	Gebühr für die unmittelbare schriftliche Benachrichtigung des Empfängers einer Überweisung	7 V Abs. 4 unter a	—	20
5	Gebühr für deckungslose Überweisungen	7 VII Abs. 2	—	20
6	a) Gebühr für telegraphische Überweisungen	8 VI Abs. 1 unter a		
	bis 1000 RM.		3	—
	für je weitere 500 RM. oder einen Teil davon		—	50

Nr.	Gegenstand	PScheckO §	Gebühr RM	Gebühr Rpf
	b) Gebühr für die unmittelbare schriftliche Benachrichtigung des Gutschriftempfängers . .	8 VI Abs. 1 unter c	—	20
7	Gebühr für Auszahlungen	9 I		
	a) für jede von der Zahlstelle eines Postscheckamts bargeldlos und für jede in den Abrechnungsstellen der Reichsbank beglichene Auszahlung $^1/_{10}$ vom Tausend des im Scheck angegebenen Betrags			
	b) für jede Barauszahlung durch die Zahlstelle eines Postscheckamts sowie für das Übersenden eines Schecks durch das Postscheckamt an eine Postanstalt und für das weitere Behandeln des Schecks bei dieser ½ vom Tausend des im Scheck angegebenen Betrags und außerdem eine feste Gebühr von		—	15
	Die Gebührenbeträge zu a und b werden auf volle Reichspfennig aufgerundet und vom Konto des Auftraggebers abgebucht.			
8	Gebühr für deckungslose Schecke . .	9 IV Abs. 4	—	20
9	Gebühr für telegraphische Zahlungsanweisungen	9 X Abs. 2 unter a		
	bis 25 RM.		3	—
	von mehr als 25 „ 500 „ .		3	50
	„ „ „ 500 „ 1000 „ .		4	50
	für je weitere 500 RM. oder einen Teil davon		1	50

Nr.	Gegenstand	PScheckO §	Gebühr RM	Gebühr Rpf
10	Gebühr für Laufschreiben wegen Sendungen des Postscheckverkehrs . .	10 III	—	50
11	Gebühr für die Briefe der Postscheckkunden an die Postscheckämter in Postscheckangelegenheiten bei Verwendung der besonderen Briefumschläge . . . . Die Gebühr ist vom Absender durch Aufkleben einer Freimarke auf den Umschlag zu entrichten. Werden andere Briefumschläge benutzt, so unterliegen die Sendungen der gewöhnlichen Briefgebühr.	11	—	5

Gesetz über die Aufhebung der Gebührenfreiheiten im Post- und Telegraphenverkehre.

Vom 29. April 1920 (RGBl. S. 678).

Die verfassunggebende Deutsche Nationalversammlung hat das folgende Gesetz beschlossen, das mit Zustimmung des Reichsrats hiermit verkündet wird:

§ 1.

Das Gesetz, betreffend die Portofreiheiten[1] im Gebiete des Norddeutschen Bundes, vom 5. Juni 1869 (BGBl. S. 141[2]) und das Gesetz, betreffend die Einführung dieses Gesetzes im Verkehre mit Bayern und Württemberg, vom 29. Mai 1872 (RGBl. S. 167) werden aufgehoben[3].

Die Reichspostverwaltung behält die Befugnis, nach drei Jahren mit Staatsbehörden die im § 11 des Portofreiheitsgesetzes vorgesehenen Abkommen über die Pauschalierung der Postgebühren abzuschließen.

1 „Porto" = Beförderungsgebühren; Befreiungen von sonstigen PGebühren sind nicht beseitigt (vgl. u. a. § 49 PO).

2 RGes zufolge Art. 80 Verf d. DB, Versailler Vertrag 15. 11. 1870 mit Baden und Hessen, Art. 2 des Vertrags mit Württemberg 25. 11. 1870 und Art. 79 des Vertrags mit Bayern 23. 11. 1870; vgl. § 2 Ges 16. 4. 1871 (RGBl. S. 63).

3 Unberührt geblieben sind die GebFreiheiten der PDienstsendungen (da auf VerwVO außerhalb des Ges beruhend) und diejenigen aus Art. 12 Rheinlandabk 28. 6. 1919 (RGBl. S. 1349). Wegen Aufhebung der GebFreiheit im PScheckVerk s. § 6 PScheckG.

§ 2.

Die Verordnung, betreffend die gebührenfreie Beförderung von Telegrammen, vom 2. Juni 1877 (RGBl. S. 524) wird aufgehoben.

§ 3.

Der § 2 dieses Gesetzes tritt mit dem 1. Mai 1920 in Kraft. Im übrigen setzt der Reichspostminister den Zeitpunkt fest, mit dem das Gesetz in Kraft tritt[1].

Berlin, den 29. April 1920.

RPräs: Ebert.
RPMin: Giesberts.

1 1. 7. 1920 (Bek 14. 6. 20, RGBl. S. 1205).

Nebengesetze.

Bürgerliches Gesetzbuch.

Vom 18. August 1896 (RGBl. S. 195).

(Auszug.)

§ 375.

Ist die hinterlegte Sache der Hinterlegungsstelle durch die Post übersendet worden, so wirkt die Hinterlegung auf die Zeit der Aufgabe der Sache zur Post[1] zurück.

1 S. § 32 PO.

Handelsgesetzbuch.

Vom 10. Mai 1897 (RGBl. S. 219).

(Auszug[1].)

§ 452.

Auf die Beförderung von Gütern durch die Postverwaltungen des Reichs und der Bundesstaaten finden die Vorschriften dieses Abschnitts keine Anwendung. Die bezeichneten Postverwaltungen gelten nicht als Kaufleute im Sinne dieses Gesetzbuchs.

§ 663.

Auf die Beförderung von Gütern zur See durch die Postverwaltungen des Reichs und der Bundesstaaten finden die Vorschriften dieses Abschnitts keine Anwendung.

1 Vorg.: Art. 421, 445 ADHGB (BGBl. 1869 S. 379).

Gesetz, betr. die Erleichterung des Wechselprotestes.

Vom 30. Mai 1908 (RGBl. S. 321).

(Auszug.)

Wir Wilhelm, von Gottes Gnaden Deutscher Kaiser, König von Preußen usw. verordnen im Namen des

Reichs, nach erfolgter Zustimmung des Bundesrats und des Reichstags, was folgt:

§ 1.

Die Allgemeine Deutsche Wechselordnung[1] wird dahin geändert:

usw.

V. Im Artikel 87 Satz 1 werden hinter dem Worte „Gerichtsbeamten" die Worte eingeschaltet:

„oder einen Postbeamten".

usw.

1 ReichsG 26. 11. 1848; BundesG zuf. Ges 5. 6. 1869 (RGBl. S. 379), ReichsG zuf. Verfassungsvertrag 15. 11. 1870 betr. Art. 80 I Ziff. 15 (RGBl. S. 648).

§ 2.

Der § 21 des Gesetzes, betreffend die Wechselstempelsteuer, vom 10. Juni 1869 (Bundes-Gesetzbl. S. 193[1]) wird dahin geändert:

1. Im Satze 1 werden hinter dem Worte „Notare" die Worte eingeschaltet:

„die Postbeamten".

usw.

1 ReichsG wie Anm. 1 zu § 1 (Art. 80 I Ziff. 16 BVerf 1870).

2 § 21: „Außer den Steuerbehörden haben alle diejenigen Staats- oder Kommunalbehörden und Beamten, denen eine richterliche oder Polizeigewalt anvertraut ist, sowie die Notare und andere Beamte, welche Wechselproteste ausfertigen, die Verpflichtung, die Besteuerung der bei ihnen vorkommenden Wechsel und Anweisungen von Amts wegen zu prüfen und die zu ihrer Kenntnis kommenden Zuwiderhandlungen gegen dieses Gesetz bei der .... zuständigen Behörde zur Anzeige zu bringen. Notare,

Gerichtspersonen und andere Beamte, welche Wechselproteste ausfertigen, sind verbunden, sowohl in dem Proteste, als in dem über die Protestation etwa aufzunehmenden Protokolle ausdrücklich zu bemerken, mit welchem Stempel die protestierte Urkunde versehen, oder daß sie mit einem Bundesstempel nicht versehen ist." Jetzt: § 18 WechselsteuerG, Bek 10. 8. 1923 (RGBl. I S. 778), Vorg.: § 26 Ges 15. 7. 1909 (RGBl. S. 825), § 18 Ges 18. 6. 1923 (RGBl. I S. 403). Die Prüfung ist durch Instruktion der dem PProtestbeamten vorgesetzten PAnst übertragen (ADA V 2 § 64 IX Ziff. 5). Wegen des Steuerbetrags s. Art. III Ges 10. 8. 1925 (RGBl. I S. 241).

§ 3.

Unter Zustimmung des Bundesrats kann der Reichskanzler anordnen[1], daß die Postverwaltung für bestimmte Fälle, insbesondere mit Rücksicht auf die Art des Protestes oder die Höhe der Wechselsumme, die Protesterhebung nicht übernimmt.

Die näheren Bestimmungen[2] über die Benutzung der Postanstalten zur Aufnahme von Wechselprotesten erläßt der Reichskanzler[3]. Für den inneren Verkehr der Königreiche Bayern und Württemberg werden diese Bestimmungen von den zuständigen Behörden dieser Staaten erlassen[4].

1 Bek 5. 8. 1908 (Seite 401).

2 VO 13. 8. 1908 (Zentralbl. S. 336): Einführung des § 18a PO 1900 (Zentralbl. S. 53), jetzt § 20 PO 1929 (Seite 178).

3 Jetzt: RPMin und PVerwRat (RPFinanzG §§ 2 u. 6; vgl. Art. 179 RVerf).

4 Satz 2 aufgeh: Art. 170 RVerf und Märzverträge 1920 (Seite 15).

§ 4.

Die Postverwaltung haftet dem Auftraggeber für die ordnungsmäßige Ausführung des Protestauftrags nach den allgemeinen Vorschriften des bürgerlichen Rechtes[1]

über die Haftung eines Schuldners für die Erfüllung seiner Verbindlichkeit[2]. Sie haftet nicht über den Betrag des wechselmäßigen Regreßanspruchs hinaus.

Der Anspruch gegen die Postverwaltung verjährt in drei Jahren. Die Verjährung beginnt mit dem Zeitpunkt, in welchem der Protestauftrag bei der Postanstalt eingeht, von welcher der Auftrag auszuführen ist.

1 Materielles Zivilrecht in Vertretung und in der Eigenschaft von nicht eigens normiertem öffentlichen Recht (wie ordentl. Prozeßrecht stellvertretend für fehlende VerwGerichtsbarkeit, GVG § 13). Die PAnstaltsnutzung öffentlichen Rechts ist durch die WechselO nicht zum Privatrechtsverhältnis erklärt (vgl. §§ 20 u. 25 Ges 1. 8. 1922, RGBl. I S. 681).

2 BGB §§ 242, 249—254, 276, 278, 280, 282.

3 WechselO Art. 2 und 81.

4 Art. 77 WechselO.

5 PO § 20 XV Abs. 2 Satz 2.

§ 6.

Dieses Gesetz tritt am 1. Oktober 1908 in Kraft. (Usw.)

Urkundlich unter Unserer Höchsteigenhändigen Unterschrift und beigedrucktem Kaiserlichem Insiegel.

Gegeben Potsdam, den 30. Mai 1908.

Wilhelm.

Fürst von Bülow.

Bekanntmachung, betr. die Erhebung von Wechsel- und Scheckprotesten durch Postbeamte.

Vom 5. August 1908 (RGBl. S. 482).

Mit dem Inkrafttreten des Gesetzes, betreffend die Erleichterung des Wechselprotestes, vom 30. Mai 1908 (Reichs-Gesetzbl. S. 321 ff.) und gemäß § 30 des Scheckgesetzes[1] vom 11. März 1908 (Reichs-Gesetzbl. S. 71 ff.) sind auch die Postbeamten zur Aufnahme von Wechsel- und Scheckprotesten berufen.

Auf Grund des § 3 des erstgenannten Gesetzes wird unter Zustimmung des Bundesrats angeordnet, daß vom 1. Oktober 1908 ab die Postverwaltung die Erhebung von Wechsel- und Scheckprotesten mit folgenden Beschränkungen übernimmt:

1. Proteste, die sich auf eine andere wechselrechtliche Leistung als die Zahlung beziehen, werden nicht erhoben.
2. Die Erhebung von Protesten mangels Zahlung bleibt ausgeschlossen
   a) für Wechsel und Schecks, die über mehr als 800 Mark[2] lauten,
   b) für Wechsel und Schecks, die in fremder Sprache ausgestellt sind,
   c) für Wechsel und Schecks, die auf eine ausländische Münzsorte lauten, sofern der Aussteller durch den Gebrauch des Wortes „effektiv" oder eines ähnlichen Zusatzes die Zahlung in der im Wechsel benannten Münzsorte ausdrücklich bestimmt hat,
   d) für Wechsel, die mit Notadresse oder Ehrenakzept versehen sind,
   e) für Wechsel, die unter Vorlegung mehrerer Exemplare desselben Wechsels oder unter Vorlegung des Originals und einer Kopie zu protestieren sind.

Berlin, den 5. August 1908.

RKzl: i. V. Kraetke.

1 § 30 (Auszug): Mit dem Inkrafttreten des Gesetzes, betreffend die Erleichterung des Wechselprotestes, werden die im § 16 des

gegenwärtigen Gesetzes angeführten Vorschriften durch die neuen Artikel 87 bis 88a, 89a, 90 bis 91a, 92 Abs. 2 der Wechselordnung sowie durch die §§ 3, 4 des erstgenannten Gesetzes ersetzt.

§ 16 (Auszug): Zur Ausübung des Regreßrechts muß nachgewiesen werden, daß der Scheck rechtzeitig zur Zahlung vorgelegt und nicht eingelöst oder daß die Vorlegung vergeblich versucht worden ist. Der Nachweis kann nur geführt werden:...

3. durch einen Protest.

Auf die Vorlegung des Schecks und den Protest finden die Vorschriften der Artikel 87, 88, 90, 91 der Wechselordnung entsprechende Anwendung.

(usw.).

2 Jetzt: 1000 RM. (§ 20 I PO).

Gesetz zur Änderung der Wechselordnung.

Vom 18. Dezember 1926 (RGBl. I S. 505).

Der Reichstag hat das folgende Gesetz beschlossen, das mit Zustimmung des Reichsrats hiermit verkündet wird:

Artikel 1.

Artikel 87 der Wechselordnung erhält folgenden neuen Absatz:

Den Postbeamten stehen solche Personen gleich, denen von der Postverwaltung die Aufnahme von Protesten übertragen ist.

Artikel 2.

Dieses Gesetz tritt am 1. Januar 1927 in Kraft.

Berlin, den 18. Dezember 1926.

RPräs: von Hindenburg.

RJustMin: Bell.

1 Geltender Wortlaut gemäß Bek 3. 6. 1908 (RGBl. S. 326).

2 S. Ges 30. 5. 1908 (Seite 398) § 1 Anm. 1.

3 D. h. ohne Beamteneigenschaft (vgl. § 1 RBeamtenG 17. 5. 1907, RGBl. S. 201).

Seemannsordnung.

Vom 2. Juni 1902 (RGBl. S. 175).

(Auszug.)

§ 37 (Abs. 2). Mit Löschen und Laden dürfen, solange das Schiff innerhalb des Reichsgebiets im Hafen oder auf der Reede liegt, die zur Schiffsmannschaft gehörigen Personen an Sonn- und Festtagen nicht beschäftigt werden. Diese Vorschrift gilt nicht für die Ladung derjenigen Dampfschiffe, welche in regelmäßigem Fahrplane die Kaiserlich deutsche Post befördern, und für die zum Löschen und Laden dieser Dampfschiffe dienenden Fahrzeuge, sowie für das Gepäck der Reisenden und für leicht verderbende Güter. Außerdem können von einer durch die Zentralbehörde des Bundesstaats zu bestimmenden Behörde in Notfällen Ausnahmen von dieser Vorschrift auf jedesmaligen Antrag gestattet werden.

Strandungsordnung.

Vom 17. Mai 1874 (RGBl. S. 73) i. d. Fass. d. G. 30. 12. 1901 (RGBl. 1902 S. 1).

(Auszug.)

§ 25 (Abs. 3). Zur Deckung der Kosten der Beseitigung[1] kann die Behörde die beseitigten Gegenstände öffentlich verkaufen, soweit nicht Sicherheit gestellt wird. Dieses Recht erstreckt sich im Falle der Beseitigung eines Schiffes oder Wrackes auch auf alle Gegenstände, welche zur Zeit des Einschreitens der Behörde auf dem Schiffe oder Wracke vorhanden waren, mit Ausnahme der Habe der Schiffsbesatzung, des Reiseguts der Reisenden und der Post (usw.),

1 D. h. eines durch Strandung entstandenen Schiffahrtshindernisses.

Reichs-Strafgesetzbuch.

Vom 31. Mai 1870 (RGBl. S. 197, 648).

(Auszug.)

§ 90.

Lebenslängliche Zuchthausstrafe tritt im Falle des § 89 ein, wenn der Täter ....

2. Festungswerke, Schiffe oder Fahrzeuge der Kriegsmarine, öffentliche Gelder, Vorräte von Waffen, Schießbedarf oder anderen Kriegsbedürfnissen, sowie Brücken, Eisenbahnen, Telegraphen und Transportmittel in feindliche Gewalt bringt oder zum Vorteile des Feindes zerstört oder unbrauchbar macht; (usw.).

In minder schweren Fällen kann auf Zuchthaus nicht unter zehn Jahren erkannt werden.

Sind mildernde Umstände vorhanden, so tritt Festungshaft nicht unter fünf Jahren ein.

Neben der Festungshaft kann auf Verlust der bekleideten öffentlichen Ämter, sowie der aus öffentlichen Wahlen hervorgegangenen Rechte erkannt werden.

§ 243.

Auf Zuchthaus bis zu zehn Jahren ist zu erkennen, wenn ....

4. .... in einem Postgebäude oder dem dazu gehörigen Hofraume ..... eine zum Reisegepäck oder zu anderen Gegenständen der Beförderung gehörende Sache mittels Abschneidens oder Ablösens der Befestigungs- oder Verwahrungsmittel, oder durch Anwendung falscher Schlüssel oder anderer zur ordnungsmäßigen Eröffnung nicht bestimmter Werkzeuge gestohlen wird; (usw.).

Sind mildernde Umstände vorhanden, so tritt Gefängnisstrafe nicht unter drei Monaten ein.

§ 275.

Mit Gefängnis nicht unter drei Monaten wird bestraft, wer

1. wissentlich ..... von falschen oder gefälschten ..... Post- oder Telegraphenfreimarken[1] oder gestempelten Briefkuverts[2] Gebrauch macht,
2. ..... unechte Post- oder Telegraphenfreimarken[1] oder gestempelte Briefkuverts[2] in der Absicht anfertigt, sie als echt zu verwenden, oder
3. ..... echte ..... Post- oder Telegraphenfreimarken[1] oder gestempelte Briefkuverts[2] in der Absicht verfälscht, sie zu einem höheren Werte zu verwenden.

1 S. Ges 16. 5. 1869 (RGBl. S. 377).

2 Vorg.: VO 3. 9. 1851 (PABl. S. 529, Einführung), VO 26. 11. 1890 (PABl. S. 353, Abschaffung).

§ 276.

....

Gleiche Strafe[1] trifft denjenigen, welcher wissentlich schon einmal verwendete Post- oder Telegraphenwertzeichen[2] nach gänzlicher oder teilweiser Entfernung des Entwertungszeichens zur Frankierung benutzt. Neben dieser Strafe ist die etwa wegen Entziehung der Post- oder Telegraphengebühren begründete Strafe[3] verwirkt.

1 Geldstrafe bis 600 M.

2 S. § 275 Anm. 1.

3 § 27 PG (Anm. 8).

§ 317.

Wer vorsätzlich und rechtswidrig den Betrieb einer zu öffentlichen Zwecken dienenden Telegraphenanlage dadurch verhindert oder gefährdet, daß er Teile oder Zubehörungen derselben beschädigt oder Veränderungen daran vornimmt, wird mit Gefängnis von einem Monat bis zu drei Jahren bestraft.

§ 318.

Wer fahrlässigerweise durch eine der vorbezeichneten Handlungen den Betrieb einer zu öffentlichen Zwecken dienenden Telegraphenanlage verhindert oder gefährdet, wird mit Gefängnis bis zu einem Jahre oder mit Geldstrafe bis zu neunhundert Mark bestraft.

Gleiche Strafe trifft die zur Beaufsichtigung und Bedienung der Telegraphenanlagen und ihrer Zubehörungen angestellten Personen, wenn sie durch Vernachlässigung der ihnen obliegenden Pflichten den Betrieb verhindern oder gefährden.

§ 318a.

Die Vorschriften in den §§ 317 und 318 finden gleichmäßig Anwendung auf die Verhinderung oder Gefährdung des Betriebes der zu öffentlichen Zwecken dienenden Rohrpostanlagen[1].

Unter Telegraphenanlagen im Sinne der §§ 317 und 318 sind Fernsprechanlagen mitbegriffen.

1 S. RohrPO 30. 5. 1923 (Seite 302).

§ 360.

Mit Geldstrafe bis zu einhundertfünfzig Mark oder mit Haft wird bestraft:

. . . .

4. wer ohne schriftlichen Auftrag einer Behörde Stiche, Platten oder andere Formen, welche zur Anfertigung

von Post- oder Telegraphenwertzeichen[1] dienen können, anfertigt oder an einen Anderen als die Behörde verabfolgt;

5. wer ohne schriftlichen Auftrag einer Behörde den Abdruck der in Nr. 4 genannten Stiche, Platten oder Formen unternimmt, oder Abdrücke an einen Anderen als die Behörde verabfolgt;

. . . .

In den Fällen der Nummern . . . 4, 5 . . . . kann neben der Geldstrafe oder der Haft auf Einziehung der . . . . Stiche, Platten oder anderen Formen, der Abdrücke oder Abbildungen . . . . erkannt werden, ohne Unterschied, ob sie dem Verurteilten gehören oder nicht.

1 S. § 275 Anm. 1.

§ 364.

. . . .

Gleiche Strafe[1] trifft denjenigen, welcher wissentlich schon einmal verwendete Post- oder Telegraphenwertzeichen[2] nach gänzlicher oder teilweiser Entfernung des Entwertungszeichens veräußert oder feilhält.

1 Geldstrafe bis zu 150 M.; vgl. § 27 PG (Anm. 8).
2 S. § 275 Anm. 1.

§ 367.

Mit Geldstrafe bis zu einhundertfünfzig Mark oder mit Haft wird bestraft:

. . . .

5a) wer bei Versendung oder Beförderung von leicht entzündlichen oder ätzenden Gegenständen durch die Post die deshalb ergangenen Verordnungen[1] nicht befolgt.

1 § 4 PO (Seite 178).

Gesetz über die Weltpostvereinsverträge und den strafrechtlichen Schutz von Freistempelabdrücken.

Vom 23. November 1921 (RGBl. S. 1375).

Der Reichstag hat das folgende Gesetz beschlossen, das mit Zustimmung des Reichsrats hiermit verkündet wird:

Art. 1 (veraltet).

Art. 2 (veraltet).

Art. 3.

Den Post= oder Telegraphenfreimarken im Sinne des § 275 sowie den Post= und Telegraphenwertzeichen im Sinne des § 276 Abs. 2 und des § 360 Nr. 4 und 5 des Strafgesetzbuchs und des § 27 Abs. 1 Nr. 3 des Gesetzes über das Postwesen des Deutschen Reichs vom 28. Oktober 1871 (RGBl. S. 347) stehen Stempelabdrücke[1] gleich, die auf Postsendungen zur Freimachung angebracht werden.

1 § 51 I PO.

Art. 4.

Dieses Gesetz tritt mit dem Tage der Verkündung in Kraft.

Berlin, den 23. November 1921.

RPräs: Ebert.
RPMin: Giesberts.

Zivilprozeßordnung.

Vom 13. 5. 1924 (RGBl. I S. 437).

(Auszug.)

§ 175.

Der Zustellungsbevollmächtigte ist bei der nächsten gerichtlichen Verhandlung oder, wenn die Partei vorher dem Gegner einen Schriftsatz zustellen läßt, in diesem zu benennen. Geschieht dies nicht, so können alle späteren Zustellungen bis zur nachträglichen Benennung in der Art bewirkt werden, daß der Gerichtsvollzieher das zu übergebende Schriftstück unter der Adresse der Partei nach ihrem Wohnort zur Post gibt. Die Zustellung wird mit der Aufgabe zur Post[1] als bewirkt angesehen, selbst wenn die Sendung als unbestellbar zurückkommt.

Die Postsendungen sind mit der Bezeichnung „Einschreiben"[2] zu versehen, wenn die Partei es verlangt und zur Zahlung der Mehrkosten sich bereit erklärt.

1 §§ 31, 32 PO.
2 § 15 PO.

§ 188.

Zur Nachtzeit, sowie an Sonntagen und allgemeinen Feiertagen darf eine Zustellung, sofern sie nicht durch Aufgabe zur Post[1] bewirkt wird, nur mit richterlicher Erlaubnis erfolgen. Die Nachtzeit umfaßt in dem Zeitraum vom 1. April bis 30. September die Stunden von neun Uhr abends bis vier Uhr morgens und in dem Zeitraum vom 1. Oktober bis 31. März die Stunden von neun Uhr abends bis sechs Uhr morgens. (Usw.)

1 S. § 175.

§ 192.

Ist die Zustellung durch Aufgabe zur Post (§ 175) erfolgt, so muß die Zustellungsurkunde den Bestimmungen des vorstehenden Paragraphen[1] unter Nr, 2, 3, 7 entsprechen und außerdem ergeben, zu welcher Zeit[2], unter welcher Adresse[3] und bei welcher Postanstalt[4] die Aufgabe geschehen ist.

1 Inhaltlich übereinstimmend mit § 4 ZustAnw (Seite 327).
2 PO § 32 Anm. 1.

3 § 3 PO.
4 § 31 PO.

§ 193.

Zustellungen können auch durch die Post[1] erfolgen.

1 §§ 27, 41 PL.

§ 194.

Wird durch die Post zugestellt[1], so hat der Gerichtsvollzieher einen durch sein Dienstsiegel verschlossenen, mit der Adresse der Person, an welche zugestellt werden soll, versehenen und mit einer Geschäftsnummer bezeichneten Briefumschlag, in welchem die zuzustellende Ausfertigung oder die beglaubigte Abschrift des zuzustellenden Schriftstücks enthalten ist, der Post mit dem Ersuchen zu übergeben, die Zustellung einem Postboten des Bestimmungsorts aufzutragen.

Der Gerichtsvollzieher hat auf dem bei der Zustellung zu übergebenden Schriftstücke zu vermerken, für welche Person er dasselbe der Post übergibt, und auf der Urschrift des zuzustellenden Schriftstücks oder auf einem mit derselben zu verbindenden Bogen zu bezeugen, daß die Übergabe in der im Abs. 1 bezeichneten Art und für wen sie geschehen ist.

1 § 193.

§ 195.

Die Zustellung durch den Postboten[1] erfolgt in Gemäßheit der Bestimmungen der §§ 180—186.

Über die Zustellung ist von dem Postboten eine Urkunde aufzunehmen, welche den Bestimmungen des § 191 Nr. 1, 3—5, 7 entsprechen und außerdem die Übergabe des seinem Verschlusse, seiner Adresse und seiner Geschäftsnummer nach bezeichneten Briefumschlags sowie der Abschrift der Zustellungsurkunde bezeugen muß.

Die Urkunde ist von dem Postboten der Postanstalt und von dieser dem Gerichtsvollzieher zu überliefern, welcher mit derselben in Gemäßheit der Bestimmung des § 190 Abs. 4 zu verfahren hat[4].

1 § 41 PO.

2 § 4 ZustAnw (Seite 327).

3 § 192 Anm. 1.

4 D. h. sie der Partei zu übermitteln, für die zugestellt ist.

§ 196.

Insoweit eine Zustellung unter Vermittlung des Gerichtsschreibers[1] zulässig ist, kann derselbe unmittelbar die Post um Bewirkung der Zustellung[2] ersuchen. In diesem Falle finden die Vorschriften der §§ 194, 195 auf den Gerichtsschreiber entsprechende Anwendung; die erforderliche Beglaubigung erfolgt durch den Gerichtsschreiber.

1 Wegen der Umbenennung s. Ges 9. 7. 1927 u. VO 30. 11. 1927 (RGBl. I S. 175, 334).

2 §§ 27, 41 PO.

§ 213.

Ist die Zustellung durch Aufgabe zur Post (§ 175) erfolgt, so hat der Gerichtsschreiber in den Akten zu vermerken, zu welcher Zeit und unter welcher Adresse die Aufgabe geschehen ist. Der Aufnahme einer Zustellungsurkunde bedarf es nicht.

§ 244.

Stirbt in Anwaltsprozessen der Anwalt einer Partei oder wird derselbe unfähig, die Vertretung der Partei fortzuführen, so tritt eine Unterbrechung des Verfahrens ein, bis der bestellte neue Anwalt von seiner Bestellung dem Gegner Anzeige macht.

Wird diese Anzeige verzögert, so kann die Partei selbst zur Verhandlung der Hauptsache geladen oder zur Bestellung eines neuen Anwalts binnen einer von dem Vorsitzenden zu bestimmenden Frist aufgefordert werden. Wird dieser Aufforderung nicht Folge geleistet, so ist das Verfahren als aufgenommen anzusehen. Bis zur nachträglichen Anzeige der Bestellung eines neuen Anwalts können alle Zustellungen an die zur Anzeige verpflichtete Partei, sofern diese weder am Orte des Prozeßgerichts noch innerhalb des Amtsgerichtsbezirkes wohnt, in welchem das Prozeßgericht seinen Sitz hat, durch Aufgabe zur Post (§ 175) erfolgen.

Konkursordnung.

Vom 17. 5. 1898 (RGBl. S. 189).

(Auszug.)

§ 121.

Die Post- und Telegraphenanstalten sind verpflichtet, auf Anordnung des Konkursgerichts alle für den Gemeinschuldner[1] eingehenden Sendungen, Briefe und Depeschen dem Verwalter auszuhändigen[2]. Dieser ist zur Eröffnung derselben berechtigt[3]. Der Gemeinschuldner kann die Einsicht und, wenn ihr Inhalt die Masse nicht betrifft, die Herausgabe derselben verlangen.

Das Gericht kann die Anordnung auf Antrag des Gemeinschuldners nach Anhörung des Verwalters aufheben oder beschränken.

1 Keine Anwendbarkeit im Vergleichsverfahren, da dort kein Gemeinschuldner vorhanden (Ges 5. 7. 1927, RGBl. I S. 139).

2 Wegen der PAufträge s. PO § 20 Anm. 10.

3 Durchbrechung des Briefgeheimnisses (Art. 117 RVerf); vgl. § 7 PScheckG, Anm. 2, betr. Ziff. 3 des § 9 RSchuldbuchG.

Strafprozeßordnung.

Vom 22. 3. 1924 (RGBl. I S. 299).

(Auszug.)

§ 94.

[1]Gegenstände, welche als Beweismittel für die Untersuchung von Bedeutung sein können oder der Einziehung unterliegen, sind in Verwahrung zu nehmen oder in anderer Weise sicher zu stellen.

Befinden sich die Gegenstände in dem Gewahrsam einer Person und werden sie nicht freiwillig herausgegeben, so bedarf es der Beschlagnahme.

1 Beschlagnahmen, die in den Dienstbereich der PScheckA eingreifen, sind nur aus § 94 StPO zulässig, da die PScheckA nicht zu den PAnst i. S. des § 99 StPO rechnen (PABl. 1928 S. 374). „Die Finanzämter können Beschlagnahmen nach § 94 StPO .... anordnen und durch ihre Beamten ausführen lassen" (§ 395 RAbgabenO 13. 12. 1923, RGBl. S. 1993), vgl. Anm. 1 zu § 7 PScheckG (Seite 368).

§ 99.

[1]Zulässig ist die Beschlagnahme der an den Beschuldigten gerichteten Briefe und Sendungen auf der Post sowie der an ihn gerichteten Telegramme auf den Telegraphenanstalten; desgleichen ist zulässig an den bezeichneten Orten die Beschlagnahme solcher Briefe, Sendungen und Telegramme, in Betreff derer Tatsachen vorliegen, aus welchen zu schließen ist, daß sie von dem Beschuldigten herrühren oder für ihn bestimmt sind und daß ihr Inhalt für die Untersuchung Bedeutung habe.

1 Durchbrechung des Briefgeheimnisses (Art. 117 RVerf, Seite 10). Wegen Beschlagnahme im Steuerrecht s. § 396 RAbgabenO: „Um die Beschlagnahme von Briefen und Sendungen auf der Post sowie von Telegrammen auf den TelAnst (§ 99 StPO) ersucht das Finanzamt das zuständige AmtsGer. Dieses

übergibt ihm eröffnete Sendungen, deren Zurückhaltung erforderlich erscheint."

§ 100.

[1]Zu der Beschlagnahme (§ 99) ist nur der Richter, bei Gefahr im Verzug und, wenn die Untersuchung nicht bloß eine Übertretung betrifft, auch die Staatsanwaltschaft befugt. Die letztere muß jedoch den ihr ausgelieferten Gegenstand sofort, und zwar Briefe und andere Postsendungen uneröffnet, dem Richter vorlegen.

Die von der Staatsanwaltschaft verfügte Beschlagnahme tritt, auch wenn sie eine Auslieferung noch nicht zur Folge gehabt hat, außer Kraft, wenn sie nicht binnen drei Tagen von dem Richter bestätigt wird.

Die Entscheidung über eine von der Staatsanwaltschaft verfügte Beschlagnahme sowie über die Eröffnung eines ausgelieferten Briefes oder einer anderen Postsendung erfolgt durch den zuständigen Richter (§ 98).

1 S. Anm. 1 zu § 99.

§ 101.

[1]Von den getroffenen Maßregeln (§§ 99, 100) sind die Beteiligten zu benachrichtigen, sobald dies ohne Gefährdung des Untersuchungszwecks geschehen kann.

Sendungen, deren Eröffnung nicht angeordnet worden, sind dem Beteiligten sofort auszuantworten[2]. Dasselbe gilt, soweit nach der Eröffnung die Zurückbehaltung nicht erforderlich ist.

Der Teil eines zurückbehaltenen Briefes, dessen Vorenthaltung nicht durch die Rücksicht auf die Untersuchung geboten erscheint, ist dem Empfangsberechtigten abschriftlich mitzuteilen.

1 S. Anm. 1 zu § 99.

2 Zurücknahme zur P nur am Aufgabe- oder Unterwegsorte (§§ 31, 36 PO), nicht am Bestimmungsort (§ 38 PO), und nur gegen urkundliche Erklärung des Gerichts.

Rechtsverhältnisse zwischen Post und Eisenbahn.

Gesetz über die Eisenbahn-Unternehmungen.

Vom 3. November 1838 (GS. S. 505).

(Auszug.)

Wir Friedrich Wilhelm, von Gottes Gnaden, König von Preußen usw. haben für nötig erachtet, über die Eisenbahn-Unternehmungen und insbesondere über die Verhältnisse der Eisenbahn-Gesellschaften zum Staate und zum Publikum, allgemeine Bestimmungen zu treffen, und verordnen demnach auf den Antrag Unseres Staatsministeriums und nach erfordertem Gutachten Unseres Staats-Rats, wie folgt:

§ 25[1].

Die Gesellschaft ist zum Ersatz verpflichtet für allen Schaden, welcher bei der Beförderung auf der Bahn, an den auf derselben beförderten Personen[2] und Gütern, oder auch an anderen Personen[2] und deren Sachen, entsteht und sie kann sich von dieser Verpflichtung nur durch den Beweis befreien, daß der Schaden entweder durch die eigene Schuld des Beschädigten oder durch einen unabwendbaren äußern Zufall bewirkt worden ist. Die gefährliche Natur der Unternehmung selbst ist als ein solcher, von dem Schadensersatz befreiender, Zufall nicht zu betrachten.

1 In Kraft für Hauptbahnen in Preußen: Art. 105 EG/BGB.

2 Vgl. Ges 3. 5. 1869 (GS. S. 665):

Einziger Artikel.

Die Eisenbahnen sind nicht befugt, die Anwendung der im § 25 des Gesetzes über die Eisenbahn-Unternehmungen vom 3. November 1838 enthaltenen Bestimmungen über ihre Verpflichtung zum Ersatze des Schadens, welcher bei der Beförderung auf der Bahn an den auf derselben beförderten Personen oder auch an anderen Personen entsteht, zu ihrem Vorteile durch Verträge (mittels Reglements oder durch besondere Übereinkunft) im voraus auszuschließen oder zu beschränken.

Vertragsbestimmungen, welche dieser Vorschrift entgegenstehen, haben keine rechtliche Wirkung.

Jetzt, wesentlich gleichlautend: § 5 Ges 7. 6. 1871 (RGBl. S. 207); vgl. Art. 8 EPG.

Gesetz, betr. die Abänderung des § 4[1] des Gesetzes über das Postwesen des Deutschen Reichs vom 28. Oktober 1871 (Eisenbahn-Postgesetz).

Vom 20. Dezember 1875 (RGBl. S. 318).

Wir Wilhelm, von Gottes Gnaden Deutscher Kaiser, König von Preußen usw. verordnen im Namen des Deutschen Reichs, nach erfolgter Zustimmung des Bundesrats und des Reichstags, was folgt[2]:

1 Text: „Hinsichts der Eisenbahn-Unternehmungen verbleibt es bei den besonderen gesetzlichen Vorschriften. Für die Verbindlichkeit der bereits konzessionierten Eisenbahngesellschaften zum unentgeltlichen Transport von Postsendungen bewendet es bei den Bestimmungen der Konzessionsurkunden, und bleiben insbesondere in dieser Beziehung die bisherigen Gesetze über den Umfang des Postzwangs und über die Verbindlichkeit der Eisenbahnen zu Leistungen im Interesse der Post maßgebend.

Wenn eine bereits konzessionierte Eisenbahngesellschaft ihr Unternehmen durch den Bau neuer Eisenbahnen erweitert, so sind dieselben zu gleichen Leistungen im Interesse der Post verpflichtet, wie solche der ursprünglichen Bahn obliegen, falls nicht in der bereits erteilten Konzessionsurkunde eine ausdrückliche Ausnahme in dieser Beziehung enthalten ist.

Der Kaiser wird die erforderlichen Anordnungen treffen, damit bei neu zu konzessionierenden Eisenbahn-Unternehmungen die den Eisenbahnen im Interesse der Post aufzuerlegenden Verpflichtungen gleichmäßig bemessen werden. Diese Verpflichtungen sollen nicht über das Maß derjenigen Verbindlichkeiten hinausgehen, welche den neu zu erbauenden Eisenbahnen nach den bisher in den älteren östlichen Landesteilen Preußens geltenden Gesetzen obliegen.

Die vorstehenden Bestimmungen finden auf Bayern und Württemberg keine Anwendung."

Vorg.: § 5 NorddPG 1867 (BGBl. S. 61) mit stilistischen Abweichungen im 3. Abs. und ohne Abs. 4.

2 Vorg. in Preußen: § 36 Ges 3. 11. 1838 (GS. S. 505), ursprüngl. nur für die damals allein vorhandenen PrivatE'n geltend; § 9 prPG 1852 (GS. S. 345); prReglt 13. 9. 1856 (nicht verk), das Gleiche f. StaatsE'n einführend; § 5 Ges 21. 5. 1860 (GS. S. 209); seit 1867: EinfVO 19. 8. 1867 (GS. S. 1426); § 5 NorddPG 1867 (BGBl. S. 61); StaatsEReglt 1. 1. 1868 (nicht verk); Ges 3. 5. 1869 (GS. S. 665); § 4 PG (RGBl. S. 347).

Einziger Paragraph.

An die Stelle des § 4 des Gesetzes über das Postwesen des Deutschen Reichs vom 28. Oktober 1871 (RGBl. S. 347) treten die nachfolgenden Bestimmungen[1]:

1 Änderungen zufolge § 13 RBahnG 30. 8. 1924 (RGBl. II S. 272):

„Leistungen für andere Verwaltungen.

Leistungen der Gesellschaft für die Reichspost- und die Reichstelegraphenverwaltung und für sonstige Verwaltungen des Reichs, der Länder oder der Gemeinden (Gemeindeverbände) sowie Leistungen dieser Verwaltungen für die Gesellschaft sind gegenseitig nach den im geschäftlichen Verkehr üblichen Sätzen angemessen abzugelten. Die bestehenden Vergünstigungen für Militärtransporte bleiben aufrechterhalten, solange und soweit sie nicht durch neue Vereinbarungen zwischen der Reichsregierung und der Gesellschaft abgeändert werden."

Vorg.: § 6 Abs. 2 VO 12. 2. 1924 (RGBl. I S. 57). Wegen Zulässigkeit von Preisermäßigungen und sonstiger Vergünstigungen für Zwecke der öffentlichen Verw'n s. § 6 Ziff. 2 EVerkO 16. 5. 1928 (RGBl. II S. 401). Vereinbarungen hierzu vom Februar 1924 und 11. 6. 1925 (nicht verk); wegen Verteilung der Kosten für Änderungen an den Tel- und FspAnlagen der DRP infolge der Elektrisierung von RBahnen s. Vereinbarung 15. 2. 1924 (PABl. S. 55) mit Ergänzung von 1926 (ebd. S. 423). Wegen der Privatbahnen s. Art. 10, Anm. 1.

Art. 1.

Der Eisenbahnbetrieb ist, soweit es die Natur und die Erfordernisse desselben gestatten, in die notwendige

Übereinstimmung mit den Bedürfnissen des Postdienstes zu bringen.

Die Einlegung besonderer Züge für die Zwecke des Postdienstes kann jedoch von der Postverwaltung nicht beansprucht werden.

Bei Meinungsverschiedenheiten zwischen der Postverwaltung und den Eisenbahnverwaltungen[1] über die Bedürfnisse des Postdienstes, die Natur und die Erfordernisse des Eisenbahnbetriebs entscheidet, soweit die Postverwaltung sich bei dem Ausspruche der Landes-Aufsichtsbehörde[2] nicht beruhigt, der Bundesrat[3] nach Anhörung der Reichs-Postverwaltung und des Reichs-Eisenbahnamts[4].

1 REisenbahnVerw: Ges 30. 4. 1920 (RGBl. S. 773) und VO 26. 4. 1920 (RGBl. S. 797); „Unternehmen DRB": VO 12. 2. 1924 (RGBl. I S. 57); jetzt „DRB-Gesellschaft": Ges 30. 8. 1924 (RGBl. II S. 272). GeschäftsO 1. 10. 1924 (Bek 3. 12. 1924, RMinBl. S. 415).

2 Jetzt: RVerkMin: § 3 VO 26. 4. 1920 (RGBl. S. 797).

3 Jetzt: Reichsrat: § 3 Ges 4. 3. 1919 (RGBl. S. 285) und Art. 179 RVerf.

4 Jetzt: RVerkMin: § 4 wie zu Anm. 2.

Art. 2.

Mit jedem für den regelmäßigen Beförderungsdienst der Bahn bestimmten Zuge ist auf Verlangen der Postverwaltung ein von dieser gestellter Postwagen . . . . zu befördern. Diese . . . . Beförderung umfaßt:

a) die Briefpostsendungen, Zeitungen, Gelder mit Einschluß des ungemünzten Goldes und Silbers, Juwelen und Pretiosen ohne Unterschied des Gewichts, ferner sonstige Poststücke bis zum Einzelgewichte von 10 Kilogramm einschließlich,

b) die zur Begleitung der Postsendungen sowie zur Verrichtung des Dienstes unterwegs erforderlichen Postbeamten, auch wenn dieselben vom Dienste zurückkehren,

c) die Gerätschaften, deren die Postbeamten unterwegs bedürfen.

Für Poststücke .... hat die Postverwaltung eine Frachtvergütung zu zahlen, welche nach der Gesamtmenge der auf der betreffenden Eisenbahn sich bewegenden zahlungspflichtigen Poststücke für das Achskilometer berechnet wird[1].

Die Mitbeförderung solcher Päckereien, welche nicht zu den Brief- und Zeitungspaketen gehören, soll bei Zügen, deren Fahrzeit besonders kurz bemessen ist, beschränkt oder ausgeschlossen werden, wenn dies von der Eisenbahn-Aufsichtsbehörde zur Wahrung der pünktlichen und sicheren Beförderung der betreffenden Züge für notwendig erachtet wird, und andere zur Mitnahme der Päckereien geeignete Züge auf der betreffenden Bahn eingerichtet sind.

1 S. Anm. 1 vor Art. 1.

Art. 3.

Auf Grund vorangegangener Verständigung kann an Stelle eines besonderen Postwagens eine Abteilung eines Eisenbahnwagens gegen Erstattung der für Herstellung und Wiederbeseitigung der für die Zwecke des Postdienstes erforderlichen Einrichtungen von der Eisenbahnverwaltung aufgewendeten Selbstkosten sowie gegen Zahlung einer Miete für Hergabe und Unterhaltung benutzt werden, welche nach Artikel 6 Abs. 5 zu berechnen[1] ist.

1 S. Anm. 1 vor Art. 1.

Art. 4.

Bei solchen für den regelmäßigen Beförderungsdienst der Bahn bestimmten Zügen, welche nicht in der in den

Artikeln 2 und 3 bezeichneten Weise zur Postbeförderung benutzt werden, kann die Postverwaltung entweder, insoweit dies nach dem Ermessen der Eisenbahnverwaltung zulässig ist, der letzteren Briefbeutel sowie Brief- und Zeitungspakete zur . . . . Beförderung durch das Zugpersonal überweisen oder die Beförderung von Briefbeuteln sowie Brief- und Zeitungspaketen durch einen Postbeamten besorgen lassen, welchem der erforderliche Platz in einem Eisenbahnwagen . . . . einzuräumen ist.

Art. 5.

Reicht der eine Postwagen (Art. 2) oder die an dessen Stelle für Postzwecke bestimmte Wagenabteilung (Art. 3) für die Bedürfnisse des Postdienstes nicht aus, so sind die Eisenbahnverwaltungen auf rechtzeitige Anmeldung oder Bestellung gehalten, nach Wahl der Postverwaltung

mehrere Postwagen zur Beförderung zuzulassen

oder der Postverwaltung zur Befriedigung des Mehrbedürfnisses geeignete Güterwagen oder einzelne geeignete Abteilungen solcher Personenwagen, deren übrige Abteilungen in dem betreffenden Zuge für Eisenbahnzwecke verwendbar sind, zu gestellen

oder endlich die ihnen von der Postverwaltung überwiesenen Postsendungen zur eigenen Beförderung zu übernehmen.

Bei Zügen, auf denen die Beförderung von Postpäckereien ausgeschlossen oder beschränkt ist (Art. 2 Abs. 3), darf die Gestellung außerordentlicher Transportmittel seitens der Postverwaltung nicht beansprucht werden. Die Überweisung von Postsendungen an die Eisenbahn-Verwaltung ist nur insoweit zulässig, als letztere sich bei dem betreffenden Zuge mit der Beförderung von Gütern (Eil-

oder Frachtgütern) befaßt und die zu überweisenden Poststücke nicht in Geld- oder Wertsendungen bestehen.

Für die Beförderung eines zweiten oder mehrerer Postwagen sowie für die Gestellung und Beförderung der erforderlichen Eisenbahn-Transportmittel ist von der Postverwaltung eine für das Achskilometer zu berechnende Vergütung, für die Beförderung der überwiesenen Poststücke aber die tarifmäßige Eisenbahn-Eilfrachtgebühr zu zahlen[1]. Für die Mitbeförderung des etwa erforderlichen Postbegleitungspersonals und der Gerätschaften für den Dienst wird eine Vergütung .... gezahlt[1].

1 S. Anm. 1 vor Art. 1.

Art. 6.

Die für den regelmäßigen Dienst erforderlichen Eisenbahn-Postwagen werden für Rechnung der Postverwaltung beschafft.

Die Eisenbahnverwaltungen sind verbunden, die Unterhaltung, äußere Reinigung, das Schmieren und das Ein- und Ausrangieren dieser Wagen gegen eine .... Vergütung zu bewirken[1].

Wenn die im regelmäßigen Dienste befindlichen Eisenbahn-Postwagen während des Stillagers auf den Bahnhöfen der Endstationen im Freien stehen bleiben, so ist dafür eine Vergütung .... zu zahlen. Letzteres gilt auch für die Plätze auf den Bahnhöfen, welche der Postverwaltung zur Aufbewahrung der Perronwagen und sonstigen Gerätschaften für das Verladungsgeschäft angewiesen werden.

Unbeladene Postwagen sind gegen .... Gebühr[1] zu befördern. Für die Beförderung zur Eisenbahn-Reparaturwerkstatt und zurück findet eine Vergütung[1] .... statt.

Wenn Eisenbahn-Postwagen beschädigt oder laufunfähig werden, so sind die Eisenbahnverwaltungen gehalten, der Postverwaltung geeignete Güterwagen zur Aushilfe zu überlassen. Für diese Güterwagen hat die Postverwaltung die nämliche Miete zu bezahlen, welche die betreffende Eisenbahnverwaltung im Verkehr mit benachbarten Bahnen für Benutzung fremder Wagen von gleicher Beschaffenheit entrichtet[1].

Desgleichen sind die teilweise von der Post benutzten Eisenbahnwagen (Art. 3), wenn sie laufunfähig werden, von den Eisenbahnverwaltungen auf ihre Kosten[2] durch andere zu ersetzen.

1 S. Anm. 1 vor Art. 1.

2 Geändert: wie zu Anm. 1.

Art. 7.

Bei Errichtung neuer Bahnhöfe oder Stationsgebäude sind auf Verlangen der Postverwaltung die durch den Eisenbahnbetrieb bedingten, für die Zwecke des Postdienstes erforderlichen Diensträume mit den für den Postdienst etwa erforderlichen besonderen baulichen Anlagen von der Eisenbahnverwaltung gegen Mietsentschädigung[1] zu beschaffen und zu unterhalten.

Dasselbe gilt bei dem Um- oder Erweiterungsbau bestehender Stationsgebäude, insofern durch die den Bau veranlassenden Verhältnisse eine Erweiterung oder Veränderung der Postdiensträume bedingt wird.

Bei dem Mangel geeigneter Privatwohnungen in der Nähe der Bahnhöfe sind die Eisenbahnverwaltungen gehalten, bei Aufstellung von Bauplänen zu Bahnhofsanlagen und bei dem Um- oder Erweiterungsbau von Stationsgebäuden auf die Beschaffung von Dienstwohnungsräumen für die Postbeamten, welche zur Verrichtung des durch den Eisenbahnbetrieb bedingten Postdienstes erforderlich sind, Rücksicht zu nehmen. Über den Umfang dieser Dienstwohnungsräume wird sich die Postverwaltung mit der Eisenbahnverwaltung und erforderlichenfalls mit der Landes-Aufsichtsbehörde in jedem einzelnen Falle verständigen. Für die Beschaffung und Unterhaltung der Dienstwohnungsräume hat die Postverwaltung eine Mietentschädigung nach gleichen Grundsätzen wie für die Diensträume auf den Bahnhöfen zu entrichten.

Das Mietverhältnis bezüglich der der Postverwaltung überwiesenen Dienst- und Dienstwohnungsräume auf den Bahnhöfen kann nur durch das Einverständnis beider Verwaltungen aufgelöst werden.

Werden bei Errichtung neuer Bahnhofsanlagen sowie bei dem Um- oder Erweiterungsbau bestehender Stationsgebäude zur Unterbringung von Dienst- oder Dienstwohnungsräumen auf Verlangen der Postbehörde besondere Gebäude auf den Bahnhöfen hergestellt, so ist der erforderliche Bauplatz von den Eisenbahnverwaltungen gegen Erstattung der Selbstkosten zu beschaffen, der Bau und die Unterhaltung derartiger Gebäude aber aus der Postkasse zu bestreiten.

1 Keine BGB-Miete.

Art. 8[1].

Wenn bei dem Betrieb einer Eisenbahn ein im Dienste befindlicher Postbeamter getötet oder körperlich verletzt worden ist, und die Eisenbahnverwaltung den nach den Gesetzen ihr obliegenden Schadenersatz dafür geleistet hat, so ist die Postverwaltung verpflichtet, derselben das Geleistete zu ersetzen[2], falls nicht der Tod oder die Körperverletzung durch ein Verschulden des Eisenbahnbetriebs-Unternehmers oder einer der im Eisenbahnbetriebe verwandten Personen herbeigeführt worden ist.

1 Auch für Kleinbahnen geltend: Ges 28. 7. 1892 (Seite 441); Zusatz zu § 5 Ges 7. 6. 1871 (s. Ges 3. 11. 1838, Seite 416, Anm. 2).

2 Entsprechend § 12 Ges 18. 7. 1901 (RGBl. S. 211).

Art. 9[1].

Der Reichskanzler ist ermächtigt, für Eisenbahnen mit schmalerer als der Normalspur und für Eisenbahnen, bei welchen wegen ihrer untergeordneten Bedeutung das Bahnpolizei-Reglement für die Eisenbahnen Deutschlands nicht für anwendbar erachtet ist, die vorstehenden Verpflichtungen für die Zwecke des Postdienstes zu ermäßigen oder ganz zu erlassen.

1 S. Seite 438.

Art. 10.

Durch die von dem Reichskanzler[1] nach Anhörung der Reichs-Postverwaltung und des Reichs-Eisenbahnamts[2] unter Zustimmung des Bundesrats[3] zu erlassenden Vollzugsbestimmungen werden die näheren Anordnungen über die Ausführung der vorstehenden Leistungen sowie über die Festsetzung und die Berechnung der Vergütung für die gegen Entgelt zu gewährenden Leistungen getroffen.

1 Ermächtigung des RPMin: VO 25. 7. 1927 (Seite 442); Vorg.: VO 29. 3. 1921 (RGBl. S. 455), Best 6. 3. 1922 (ebd. S. 236), VO 3. 1. 1924 (ebd. I S. 24). Demgemäß Regelung mit den Privatbahnen (nicht verk).

2 S. Art. 1 Anm. 4.

3 Beteiligung weggefallen: § 15 (Abs. 2) RPFinanzG 1924 (Seite 71).

Art. 11.

Auf die bei Erlaß dieses Gesetzes bereits konzessionierten Eisenbahngesellschaften und deren zukünftig konzessionierte Erweiterungen durch Neubauten finden die vorstehenden Vorschriften insoweit Anwendung, als dies nach den Konzessionsurkunden zulässig ist. Im übrigen bewendet es für die Verbindlichkeiten der bereits konzessionierten Eisenbahngesellschaften bei den Bestimmungen der Konzessionsurkunden, und bleiben insbesondere in dieser Beziehung die bis dahin zur Anwendung gekommenen Vorschriften über den Umfang des Postzwangs und über die Verbindlichkeiten der Eisenbahnverwaltungen zu Leistungen für die Zwecke des Postdienstes maßgebend.

Die bereits konzessionierten Eisenbahngesellschaften sind jedoch berechtigt, an Stelle der ihnen konzessionsmäßig obliegenden Verpflichtungen für die Zwecke des Postdienstes die durch das gegenwärtige Gesetz angeordneten Leistungen zu übernehmen.

Art. 12 (überholt).

Art. 13.

Dieses Gesetz tritt mit dem 1. Januar 1876 in Kraft. Dasselbe findet auf Bayern und Württemberg keine Anwendung[1].

1 Satz 2 aufgehoben: Ges 19. 5. 21 (Seite 426).

Urkundlich unter Unserer Höchsteigenhändigen Unterschrift und beigedrucktem Kaiserlichen Insiegel.

Gegeben Berlin, den 20. Dezember 1875.

Wilhelm.

Fürst v. Bismarck.

Gesetz, betreffend Änderung des Artikels 13 des Eisenbahn-Postgesetzes vom 20. Dezember 1875.

Vom 19. Mai 1921 (RGBl. S. 711).

Der Reichstag hat das folgende Gesetz beschlossen, das mit Zustimmung des Reichsrats hiermit verkündet wird:

Einziger Paragraph.

Der zweite Satz des Artikels 13 des Eisenbahn-Postgesetzes vom 20. Dezember 1875 (Gesetz, betreffend die Abänderung des § 4 des Gesetzes über das Postwesen des Deutschen Reichs vom 28. Oktober 1871 — Reichs-Gesetzbl. S. 318 —) wird mit Wirkung vom 1. April 1921 an aufgehoben. Das Eisenbahn-Postgesetz findet von diesem Tage an auch auf Bayern und Württemberg Anwendung.

Berlin, den 19. Mai 1921.

RPräs: Ebert.
RPMin: Giesberts.

1 Vgl. Schlußprotokolle („Allgemeines", Anm. 1) zu den Staatsverträgen mit BW von 1920 (Seite 15, 40).

Vollzugsbestimmungen zum Eisenbahn-Postgesetz vom 20. Dezember 1875.

Vom 9. Februar 1876 (Zentralbl. S. 87).

Auf Grund der Vorschrift im Artikel 10 des Gesetzes vom 20. Dezember 1875, betreffend die Abänderung des § 4 des Gesetzes über das Postwesen des Deutschen Reichs vom 28. Oktober 1871, werden, nach erfolgter Anhörung der Reichs-Postverwaltung und des Reichs-Eisenbahnamts, unter Zustimmung des Bundesrats nachstehende Vollzugsbestimmungen erlassen.

I.

Zu Artikel 1 des Gesetzes.

Die Entwürfe zu den Eisenbahnfahrplänen für die Personenbeförderung sowie für diejenigen Güterzüge, welche nach Verständigung zwischen der Postverwaltung und der Eisenbahnverwaltung zur Beförderung von Postpäckereien benutzt werden sollen, sind der ersteren zur Wahrung ihrer Interessen rechtzeitig mitzuteilen. Die Feststellung der Fahrpläne geschieht unter Mitwirkung der Postverwaltung.

Die festgestellten Fahrpläne sind von den Eisenbahnverwaltungen ohne Verzug der Postverwaltung mitzuteilen, welche diejenigen einzelnen Züge bezeichnet, die sie zur Postbeförderung benutzen wird.

II.

Zu Artikel 2.

1. Die Bezeichnung eines Zuges als Eil-, Schnell- oder Kurierzug reicht an sich nicht aus, um die Postpäckereien von der Beförderung mit demselben völlig auszuschließen.

2. Die Zahl der Postbeamten, welche zur Begleitung der Postsendungen sowie zur Verrichtung des Dienstes unterwegs bei jedem Zuge regelmäßig mitgehen sollen, wird von der Postverwaltung bestimmt und der Eisenbahnverwaltung mitgeteilt. Muß diese Zahl in einzelnen Fällen überschritten werden, so sind die außergewöhnlich mitreisenden Postbeamten seitens der Postverwaltung mit besonderen, auf die einzelnen Fahrten lautenden Legitimationskarten zu versehen.

3. Außer dem unter Nr. 2 gedachten Postbegleitungspersonal dürfen nur der jedesmalige Vorsteher desjenigen Postamts, welchem der Betrieb auf der Route zugewiesen ist, ferner die Post-Aufsichtsbeamten und solche Personen zur Mitbeförderung in den Postwagen oder Wagenabteilungen zugelassen werden, welche aus postdienstlichen Gründen vom Postamtsvorsteher des Kurses oder von dessen vorgesetzter Behörde hierzu mit Erlaubnisscheinen versehen sind. Personen, welche außer dem Postbeglei-

tungspersonal (Nr. 2) in den Postwagen oder Postwagenabteilungen mitreisen, müssen das Personengeld für die zweite Wagenklasse des betreffenden Zuges, und sofern dieser nur Wagen erster Klasse führt, das Fahrgeld erster Klasse entrichten. Die Eisenbahnverwaltung ist befugt, darüber zu wachen, daß eine mißbräuchliche Personenbeförderung in den Postwagen und Wagenabteilungen nicht stattfinde.

4. Die Fracht für Beförderung zahlungspflichtiger Postsendungen wird wie folgt berechnet[1]:

1 S. Anm. 1 vor Art. 1.

III.

Zu Artikel 3.

1. Der Einstellung vereinigter Post- und Eisenbahnwagen muß eine Verständigung zwischen der Post- und Eisenbahnverwaltung über die Größe und die Einrichtung der für die Post zu bestimmenden Räume sowie über die Zahl und Gattung von Eisenbahnwagen, in welchen diese Räume herzustellen sind, vorhergehen.

2. Sofern die innere Ausstattung der für Postzwecke bestimmten Abteilung und deren demnächstige Wiederentfernung in einer Werkstatt der betreffenden Eisenbahnverwaltung erfolgt, können

a) die verwendeten Materialien mit dem Selbstkostenpreis und

b) die Arbeitslöhne . . . . .

in Rechnung gestellt werden[1].

3[2].

1 S. Anm. 1 vor Art. 1.

2 Überholt; vgl. Anm. 1.

IV.

Zu Artikel 5.

1. Die außergewöhnlichen Transportmittel sind bei der Eisenbahnverwaltung schriftlich zu bestellen. Die Bestellung muß möglichst zeitig vor der bestimmten Abfahrtszeit der Züge geschehen.

2. Die für die Hergabe und Beförderung außerordentlicher Transportmittel von der Postverwaltung zu zahlenden Vergütungen betragen für das Achskilometer[1]:

3. Die Postverwaltung darf verlangen, daß ihr die Benutzung der für sie auf einer Eisenbahn gestellten außerordentlichen Transportmittel, namentlich der Eisenbahn-Güter- und der Postwagen, auch über den Bereich dieser Bahn hinaus, und zwar insoweit gestattet werde, als im Eisenbahndienste selbst eine Durchbenutzung der Wagen auf anschließenden Bahnen stattfinden kann, und als außerdem eine Umladung der Postgüter an den Übergangspunkten nicht ohne Beeinträchtigung des regelmäßigen Ganges der Postgüter zu bewirken sein würde. Die Zahlung der Hergabe- und Beförderungsvergütungen findet der Regel nach an jede Eisenbahnverwaltung, auf deren Bahn außerordentliche Transportmittel benutzt worden sind, zum vollen Betrag und ohne Rücksicht darauf statt, ob die benutzten Wagen erst auf der betreffenden Bahn eingestellt oder schon von weiterher durchgenommen worden sind. Jede Eisenbahnverwaltung, deren Wagen über den Bereich ihrer Bahn hinaus benutzt werden, hat sich daher wegen der ihr für die Weiterbeförderung zustehenden Miete mit denjenigen Verwaltungen unmittelbar zu berechnen, auf deren Bahnen die Wagen weitergegangen sind.

4. Die Überweisung von Postsendungen an die Eisenbahnverwaltung soll sich vorzugsweise auf Poststücke von

größerem Umfang und Gewichte beschränken. Die Überweisung geschieht mittelst doppelt ausgefertigter Versendungsscheine, von denen die Eisenbahnverwaltung ein Exemplar mit der Quittung über den Empfang der einzeln verzeichneten Stücke zurückgibt, während sie das andere Exemplar zurückbehält.

Für jede Ablieferungsstation müssen besondere Versendungsscheine vorhanden sein. Die Überweisung muß so frühzeitig erfolgen, daß die Verladung in die Eisenbahnwagen vor Abgang des Zuges mit Ordnung bewirkt werden kann. Ist zur Verladung genügende Zeit vorhanden, worüber der Eisenbahn-Stationsvorsteher in Differenzfällen entscheidet, so darf seitens der Eisenbahn die Mitbeförderung mit dem betreffenden Zuge nicht versagt werden. Bei der Ablieferungsstation ist es Sache der Post, die Gegenstände von der Eisenbahnverwaltung wieder abzufordern. Dabei wird von der Post in dem in den Händen der Eisenbahnbeamten befindlichen Exemplare des Versendungsscheins Gegenquittung geleistet. Auf Grund des Versendungsscheins zahlt die Postverwaltung die tarifmäßige Eilfrachtgebühr nach dem von der Eisenbahnverwaltung ermittelten Gesamtgewichte, wobei die Sendungen nach jeder Ablieferungsstation besonders tarifiert werden.

1 Neu geregelt; s. Anm. 3 vor Art. 1.

V.

Zu Artikel 6[1].

1 Neu geregelt; s. Anm. 1 vor Art. 1.

VI.

Zu Artikel 7.

1. Bei Aufstellung der Bauprojekte zu den im Artikel 7 bezeichneten Neuanlagen oder Veränderungen ist

der Postverwaltung rechtzeitig Gelegenheit zu geben, ihr Bedürfnis an Dienst- und Dienstwohnungsräumen anzumelden.

2. Die von der Eisenbahnverwaltung beschafften Postdienst- bzw. Dienstwohnungsräume sind der Postverwaltung in einem zur beabsichtigten Verwendung geeigneten, gebrauchsfähigen Zustande zu übergeben.

3. Die bauliche Unterhaltung der der Post überwiesenen Räumlichkeiten geschieht von seiten und für Rechnung der Eisenbahnverwaltung. Zur baulichen Unterhaltung ist hierbei jedoch die Ausführung solcher Reparaturen usw. nicht zu rechnen, welche nach den in dem betreffenden Staate geltenden Bestimmungen über die Unterhaltung von Dienstwohnungen der Staatsbeamten für Rechnung der Inhaber auszuführen sind. Zwar hat die Eisenbahnverwaltung auch bei Reparaturen dieser Art auf Verlangen der Postverwaltung die Vermittlung zu übernehmen; die Kosten sind aber der Postverwaltung in Rechnung zu stellen.

4. Für die Beschaffung und Unterhaltung der Postdienst- bzw. Dienstwohnungsräume zahlt die Postverwaltung an die Eisenbahnverwaltung eine jährliche Mietvergütung von sieben Prozent des Baukapitals[1].

Als Baukapital gilt der Betrag der Herstellungskosten einschließlich des Preises für den Grund und Boden.

Bei Gebäuden, welche ausschließlich von der Postverwaltung benutzt werden, wird das Baukapital ungeteilt zur Berechnung gezogen.

Bei solchen Gebäuden dagegen, in denen die Postverwaltung nur einen Teil der vorhandenen Räumlichkeiten benutzt, wird derjenige Teil des Baukapitals des ganzen Gebäudes in Ansatz gebracht, welcher auf die von der

Postverwaltung benutzten Räumlichkeiten nach dem Verhältnisse des Raumes derselben zu dem Raume des ganzen Gebäudes entfällt, und ist dabei der Bauwert der gemeinschaftlich benutzten Flure, Treppen und Bodenräume auf die Eisenbahn- und auf die Postverwaltung nach dem Verhältnisse des von jeder Verwaltung benutzten Raumes zu verteilen.

Unter dem Ausdrucke „Raum des ganzen Gebäudes" ist die Summe des quadratischen Inhalts der lichten Räume sämtlicher Etagen unter Hinzurechnung des Bodenraums zu verstehen. Von dieser Gesamtsumme ist vorweg die Summe der auf die gemeinschaftlich benutzten Flur-, Treppen- und Bodenräume fallenden Quadratmeter in Abzug zu bringen, so daß es also in bezug auf jene gemeinschaftlich benutzten Räume einer besonderen Repartition nicht bedarf.

5. Die Reinigung, Erleuchtung und Heizung der zu dienstlichen Zwecken benutzten Räume liegt derjenigen Verwaltung ob, welche die Räume benutzt. Die Reinigung, Erleuchtung und Heizung der gemeinschaftlich zu dienstlichen Zwecken benutzten Räume besorgt die Eisenbahnverwaltung gegen Erstattung der Hälfte eines zu berechnenden Kosten-Pauschquantums[1].

Für die Reinigung und Erleuchtung der für Dienstzwecke gemeinschaftlich benutzten Flure und Treppen werden nur die im Interesse des Postdienstes etwa entstehenden besonderen Aufwendungen von der Postverwaltung erstattet[1].

Die Reinigung und Erleuchtung der Flure und Treppen der Dienstwohnungsräume der Postbeamten liegt der Eisenbahnverwaltung nicht ob.

6. Die für die Eisenbahnreisenden bestimmten Wartesäle können auch von den Postreisenden benutzt werden,

und zwar unter denjenigen Bedingungen bezüglich des Aufenthalts in denselben, welche für die Benutzung der Wartesäle durch die Eisenbahnreisenden allgemein vorgeschrieben sind. Soweit den Eisenbahnen durch die Aufnahme der Postreisenden in den Wartesälen der Eisenbahn nachweisliche Mehrkosten entstehen, sind dieselben von der Postverwaltung zu erstatten[1].

7. Die Stellen, wo Postschilder und Briefkasten anzubringen sind, werden von der Postverwaltung nach vorheriger Verständigung mit der Eisenbahnverwaltung bestimmt.

8. Über die Baupläne für die besonderen Postgebäude auf den Bahnhöfen sowie darüber, ob die Ausführung des Baues für Rechnung der Postkasse von der Eisenbahnverwaltung zu übernehmen ist, werden sich die Postverwaltung und die Eisenbahnverwaltung in jedem Einzelfalle verständigen.

9. Wenn die Eisenbahnverwaltung Veränderungen der Bahnhofsanlage vornehmen will, durch welche die zweckentsprechende Benutzung der Postlokalitäten untunlich gemacht wird, so ist die Postverwaltung berechtigt, die letzteren zurückzugeben und nach Maßgabe der Festsetzungen im Artikel 7 die Zuweisung anderer zweckentsprechender Räumlichkeiten in Anspruch zu nehmen. Meinungsverschiedenheiten darüber, ob ein solcher Fall vorliegt, werden auf dem im Artikel 1 des Gesetzes vorgeschriebenen Wege erledigt.

1 Geändert; s. Anm. 1 vor Art. 1.

VII.

Zu Artikel 8.

Ersatzansprüche, welche wegen einer bei dem Betrieb einer Eisenbahn erfolgten Tötung oder Verletzung eines im Dienste befindlichen Postbeamten erhoben werden, wird die betreffende Eisenbahnverwaltung alsbald zur Kenntnis der Postverwaltung bringen.

Werden solche Ersatzansprüche im Wege des Prozesses verfolgt, so wird die Eisenbahnverwaltung nach Zustellung der Klage eine Abschrift derselben der Postverwaltung mitteilen.

Die Mitteilung erfolgt in beiden Fällen an diejenige .... Ober-Postdirektion, in deren Bezirk der Unfall sich ereignet hat.

VIII.

Zu Artikel 10.

Allgemeine Bestimmungen.

1. Die Beamten der beiderseitigen Verwaltungen sind verpflichtet, bei Wahrnehmung ihres Dienstes dergestalt Hand in Hand zu gehen, daß das Interesse beider Verwaltungen nach Möglichkeit gefördert, Nachteil für die eine oder die andere Verwaltung aber vermieden wird. Soweit solches mit den Interessen der eignen Verwaltung verträglich erscheint, müssen die Beamten in allen Vorkommnissen des Dienstes den Wünschen der Beamten der anderen Verwaltung sich willfährig beweisen.

2. Den Anordnungen, welche zur Aufrechterhaltung der Ordnung auf den Bahnhöfen, der Regelmäßigkeit und Sicherheit im Gange der Eisenbahnzüge sowie auf Grund bahnpolizeilicher Vorschriften von der Eisenbahnverwaltung oder von den mit der Ausübung der Bahnpolizei betrauten Eisenbahnbeamten getroffen werden, sind auch die Postbeamten nachzukommen verbunden.

Bei Erlaß der bezüglichen Anordnungen ist eine Beschränkung und eine Erschwerung des Postverkehrs tunlichst zu vermeiden. Insbesondere ist zu jeder Zeit, wo solches im Postinteresse notwendig erscheint, der Zugang zu den auf den Bahnhöfen befindlichen Postbureaus offen zu erhalten; auch muß zur Zeit der Ankunft, der Abfahrt und des Durchgangs der Züge den diensttuenden Postbeamten der Zutritt zu den Perrons gestattet werden, imgleichen auch dem die Briefkasten an den Postwagen benutzenden Publikum, insofern nicht die Eisenbahnverwaltung aus besonderen Gründen das Betreten des Perrons zu beschränken genötigt ist und diese Gründe von der Eisenbahn-Aufsichtsbehörde gebilligt werden. Den anschließenden Posten ist das Aufstellen auf den Bahnhöfen an geeigneten Stellen, soweit solche vorhanden sind, zu gestatten.

Die Plätze, wo das Ein- und Ausladen der Postgüter in die aus den Eisenbahn-Postwagen zu geschehen hat, sind mit Rücksicht auf die Stelle, die der Postwagen im Zuge einnimmt, möglichst ein für allemal zu bestimmen. Die Plätze sind, wo dies tunlich erscheint, so zu wählen, daß sie dem Andrange des Publikums nicht ausgesetzt sind. Müssen dieselben im ausschließlichen Interesse des Postdienstes nachts erleuchtet werden, so trägt die Postverwaltung die Kosten.

3. Die Postbeamten sind verbunden, alle Vorsicht anzuwenden, um Unglücksfälle unterwegs zu vermeiden. Es bezieht sich dies nicht allein auf das Umgehen mit Feuer und Licht, auf das Schließen und Öffnen der Wagentüren usw., sondern auch ganz besonders auf die Art des Verladens der Postgüter. Die einzelnen Achsen der Postwagen müssen möglichst gleichmäßig belastet, jede Überlastung aber muß sorgfältig vermieden werden. Nimmt der Eisenbahn-Stationsvorsteher eine Überlastung des ganzen Wagens oder eines Teiles desselben wahr,

so ist er berechtigt und verpflichtet, sofortige Beseitigung dieses Übelstands zu verlangen.

Sobald die Postbeamten, von welchen Eisenbahn-Posttransporte begleitet werden, unterwegs eine Schadhaftigkeit an den Postwagen wahrnehmen, haben sie davon in geeigneter Art den Eisenbahnbeamten Nachricht zu geben.

4. Werden an Eisenbahnhaltestellen, wo besondere Postanstalten sich nicht befinden, von der Postverwaltung Briefkasten aufgestellt, so wird die Eisenbahnverwaltung, soweit dies ohne Beeinträchtigung der Sicherheit des Betriebs zulässig ist, nach Verständigung mit der Postverwaltung den Eisenbahnbeamten, welchem die Wahrnehmung des Dienstes an der Haltestelle obliegt, verpflichten, sich der Beaufsichtigung des Briefkastens zu unterziehen, denselben kurz vor Durchgang jedes Zuges zu öffnen und die darin befindlichen Briefe den Postbeamten, welche die Züge begleiten, während des Anhaltens derselben zu übergeben.

Unter den gleichen Voraussetzungen wird die Eisenbahnverwaltung den Eisenbahnbeamten einer solchen Haltestelle auch beauftragen, die Auswechslung verschlossener Brieftaschen oder Briefpakete zwischen Postanstalten und solchen Personen, welche in der Nähe der Haltestelle wohnen, zu vermitteln.

5. Die Eisenbahn-Stationsvorsteher sind verpflichtet, den Vorstehern der Orts-Postanstalten von allen Störungen im Eisenbahnbetriebe, welche auf den Postdienst von Einfluß sein können, sowie von der erfolgten Beseitigung solcher Störungen unverzüglich Mitteilung zu machen.

6. Bei Betriebsstörungen, welche die Weiterbeförderung des Postwagens nicht gestatten, sind die Briefpost und die Zeitungen, soweit der Fortschaffung derselben nicht unüberwindliche Hindernisse entgegenstehen, mit dem

nächsten abgehenden Zuge weiterzubefördern. Bei gänzlicher Hemmung der Passage auf der Eisenbahn ist es Sache der Postverwaltung, für die Beförderung der Postsendungen durch Postbetriebsmittel zu sorgen.

7. Jede Eisenbahnverwaltung tritt in bezug auf ihre gesamten Forderungen an die Postverwaltung in der Regel mit nur einer Ober-Postdirektion, und zwar mit derjenigen in Abrechnung, in deren Bezirk der Ort belegen ist, an welchem die Eisenbahnverwaltung ihren Sitz hat. Die Abrechnungen sind vierteljährlich von der Eisenbahnverwaltung aufzustellen. Die Zahlung der Beträge erfolgt, sobald die Abrechnung von der Ober-Postdirektion geprüft und festgestellt worden ist, kostenfrei aus der Ober-Postkasse.

8. (Überholt.)

Berlin, den 9. Februar 1876.

RKzl: Bismarck.

Bestimmungen (des Reichskanzlers), betr. die Verpflichtungen der Eisenbahnen untergeordneter Bedeutung zu Leistungen für die Zwecke des Postdienstes.

Vom 28. Mai 1879 (Zentralbl. S. 380).

Auf Grund der mir durch den Artikel 9 des Gesetzes vom 20. Dezember 1875 (Reichs-Gesetzbl. S. 318) — betreffend die Abänderung des § 4 des Gesetzes über das Postwesen des Deutschen Reichs vom 28. Oktober 1871 — erteilten Ermächtigung bestimme ich[1] hierdurch, was folgt:

1 S. EPG Art. 10, Anm. 1; Vereinbarungen nicht verkündet.

I.

Die Verpflichtungen der fortan auf Kosten des Reichs oder eines Bundesstaats oder im Wege der Privatunternehmung zur Anlage kommenden Eisenbahnen untergeordneter Bedeutung zu Leistungen für die Zwecke des Postdienstes regeln sich nach dem vorbezogenen Gesetze vom 20. Dezember 1875 und den dazu gehörigen Vollzugsbestimmungen, jedoch mit der Erleichterung, daß für die Zeit bis zum Ablaufe von acht Jahren vom Beginn des auf die Betriebseröffnung folgenden Kalenderjahrs, an Stelle der Artikel 2, 3 und 4 des vorbezogenen Gesetzes die nachstehenden Bestimmungen treten:

Die Bahnverwaltung ist verpflichtet, in jedem für den regelmäßigen Beförderungsdienst bestimmten Zuge auf Verlangen und nach freier Wahl der Reichs-Postverwaltung:

1. die Beförderung der Postsendungen durch die Vermittlung des Zugpersonals bewirken zu lassen, wofür die Postverwaltung eine Vergütung . . . . entrichtet. Die Postverwaltung wird dafür sorgen, daß die Poststücke tunlichst in Säcken oder Körben zusammengepackt zur Bahnbeförderung übergeben werden;
2. Briefbeutel sowie Brief- und Zeitungspakete mit Ausschluß anderer Postsendungen zur Beförderung durch das Zugpersonal gegen Entschädigung . . . . zu übernehmen;
3. die Beförderung von Briefbeuteln sowie Brief- und Zeitungspaketen durch einen Postbeamten zu gestatten, welchem der erforderliche Platz in einem Personenwagen dritter Klasse gegen Entrichtung eines Fahrgeldes . . . . einzuräumen ist;

4. ein Abteil eines Eisenbahnwagens zur Beförderung der Postsendungen, des Postbegleitpersonals und der erforderlichen Postdienstgeräte gegen . . . . einzuräumen. Die Entscheidung darüber, ob die Wagenabteilung in einem Personen- oder in einem Güterwagen einzurichten ist, steht der Postverwaltung zu;
5. einen von der Postverwaltung gestellten Eisenbahn-Postwagen mit den darin befindlichen Postsendungen, dem Postbegleitpersonal und den erforderlichen Postdienstgeräten gegen Entrichtung einer Frachtvergütung . . . . zu befördern.

Sofern innerhalb des vorbezeichneten Zeitraums in den Verhältnissen der Bahn infolge von Erweiterungen des Unternehmens oder durch den Anschluß an andere Bahnen oder aus anderen Gründen eine Änderung eintreten sollte, durch welche nach der Entscheidung der obersten Reichs-Aufsichtsbehörde die Bahn die Eigenschaft als Eisenbahn untergeordneter Bedeutung verliert, tritt das Eisenbahn-Postgesetz mit den dazu gehörigen Vollzugsbestimmungen ohne Einschränkung in Anwendung.

II.

Unter den Eisenbahnen untergeordneter Bedeutung im Sinne der vorstehenden Bestimmungen sind diejenigen verstanden, welche mit schmalerer als der Normalspur gebaut sind, sowie diejenigen, auf welche vermöge ihrer untergeordneten Bedeutung die Bestimmungen des Bahnpolizei-Reglements für die Eisenbahnen Deutschlands vom 4. Januar 1875[1] von der zuständigen Landesbehörde im Einverständnis mit dem Reichs-Eisenbahnamte für nicht anwendbar erklärt sind.

Auf die zur Zeit bereits im Betrieb oder Bau befindlichen Eisenbahnen untergeordneter Bedeutung wie auf bestehende Eisenbahnen, denen künftig der Charakter einer Eisenbahn untergeordneter Bedeutung beigelegt werden möchte, finden die Bestimmungen unter I — vorbehaltlich meiner besonderen Bewilligung im Einzelfalle — keine Anwendung.

Berlin, den 28. Mai 1879.

RKzl: Bismarck.

1 Jetzt: Eisenbahn-Bau- und Betriebsordnung 4. 11. 1904 (RGBl. S. 387) mit zahlreichen Abänderungen.

Gesetz über Kleinbahnen und Privatanschlußbahnen in Preußen.

Vom 28. Juli 1892 (GS. S. 225).

(Auszug.)

§ 42.

Die Kleinbahnen unterliegen nachfolgenden Verpflichtungen[1] gegenüber der Postverwaltung:

1. Die Unternehmer haben auf Verlangen der Postverwaltung mit jeder für den regelmäßigen Beförderungsdienst bestimmten Fahrt einen Postunterbeamten mit einem Briefsack und, soweit der Platz reicht, auch andere zur Mitfahrt erscheinende Unterbeamte im Dienste gegen Zahlung . . . . zu befördern[2].
2. Die Unternehmer solcher Bahnen, welche sich nicht ausschließlich mit der Personenbeförderung befassen, sind außerdem verpflichtet, auf Verlangen der Postverwaltung mit jeder für den regelmäßigen Beförderungsdienst bestimmten Fahrt:
   a) Postsendungen jeder Art durch Vermittlung des Zugpersonals zu befördern, und zwar . . . . gegen eine Vergütung von[2] . . . .

b) in Zügen, mit welchen in der Regel mehr als ein Wagen befördert wird, eine Abteilung eines Wagens für die Postsendungen, das Begleitpersonal und die erforderlichen Postdienstgeräte, gegen Zahlung[2] .... einzuräumen.

3. Die Postverwaltung ist berechtigt, auf ihre Kosten an den Bahnwagen einen Briefkasten anbringen und dessen Auswechslung oder Leerung an bestimmten Haltestellen bewirken zu lassen.

1 D. h. Beförderungsverpflichtungen; im übrigen gelten § 25 Ges 3. 11. 1838 (Seite 416) und EPG (Seite 417). Wegen Neuregelung des Vergütungswesens s. Art. 10 EPG, Anm. 1; die bezügl. Vereinbarungen (Abkommen mit dem Verband Deutscher VerkVereine, Kleinbahnverein. 26. 1. 29) sind nicht verkündet.

2 Vgl. VO 25. 7. 1927 (Seite 442).

Verordnung über die Abgeltung der Leistungen von Privateisenbahnen und Kleinbahnen für die Zwecke des Postdienstes.

Vom 25. Juli 1927 (RGBl. I S. 244).

I. Auf Grund des Artikel 10 des Eisenbahnpostgesetzes[1] vom 20. Dezember 1875 (RGBl. S. 318) in Verbindung mit § 15 des Reichspostfinanzgesetzes[2] vom 18. März 1924 (RGBl. I S. 287) bestimmt die Reichsregierung folgendes:

Der Reichspostminister ist ermächtigt, die Festsetzung und die Berechnung der Vergütung für Leistungen, die

a) den Privateisenbahnen nach dem Eisenbahnpostgesetze vom 20. Dezember 1875 nebst Vollzugsbestimmungen[3] vom 9. Februar 1876 (Zentralbl. S. 87) sowie den Bestimmungen[4], betreffend die Verpflichtungen der Eisenbahnen untergeordneter Bedeutung zu Leistungen für die Zwecke des Postdienstes, vom 28. Mai 1879 (Zentralbl. S. 380) und

b) den Kleinbahnen nach § 42 des Gesetzes über Kleinbahnen und Privatanschlußbahnen in Preußen[5] vom 28. Juli 1892 (GS. S. 225)

obliegen, mit Wirkung vom 1. Januar 1927 ab selbständig im Benehmen mit den beteiligten Eisenbahnverwaltungen vorzunehmen.

II. Die Verordnung über Vergütungen an Privateisenbahnen für Leistungen im Postbeförderungsdienste[6] vom 3. Januar 1924 (RGBl. I S. 24) sowie die Verordnung über die Gewährung von Zuschlägen zu den Vergütungen an Kleinbahnen für Leistungen im Postbeförderungsdienst[7] vom 29. März 1921 (RGBl. S. 455) treten mit Ablauf des 31. Dezember 1926 außer Kraft.

Berlin, den 25. Juli 1927.

RReg: Hergt (Stellv. d. RKzl.).

1 Seite 417.

2 Seite 71.

3 Seite 427.

4 Seite 438.

5 Seite 441.

6 Text: Verordnung über Vergütungen an Privateisenbahnen für Leistungen im Postbeförderungsdienste. Vom 3. Januar 1924 (RGBl. I S. 24).

Auf Grund der Artikel 9 und 10 des Eisenbahnpostgesetzes vom 20. Dezember 1875 (Reichsgesetzbl. S. 318) wird von der Reichsregierung mit Zustimmung des Reichsrats folgendes bestimmt:

I. Den Privateisenbahnen, die entweder den Verpflichtungen des Eisenbahnpostgesetzes gegenüber der Postverwaltung oder den Bestimmungen, betreffend die Verpflichtungen der Eisenbahnen untergeordneter Bedeutung zu Leistungen für die Zwecke des Postdienstes, vom 28. Mai 1879 (Zentralblatt für das Deutsche Reich S. 380) unterliegen, ist für die nachbezeichneten, in der Zeit vom 1. April 1922 bis 31. März 1923 ausgeführten Leistungen das 70fache der dafür in den Vollzugsbestimmungen zum Eisenbahnpostgesetze vom 9. Februar 1876 (Zentralblatt für das Deutsche Reich S. 87) oder in den vorbezeichneten Bestimmungen vom 28. Mai 1879 festgesetzten Vergütungssätze zu zahlen:

a) Beförderung zahlungspflichtiger Postsendungen (E. P. G. Artikel 2; V. B. II, 4),
b) Hergabe und Beförderung außerordentlicher Transportmittel (E. P. G. Artikel 5; V. B. IV, 2),
c) äußere Reinigung und Schmieren der Postwagen (E. P. G. Artikel 6; V. B. V, 5),
d) Auf- und Unterstellung von Postwagen auf den Bahnhöfen, im Freien oder in gedeckten Räumen (E. P. G. Artikel 6; V. B. V, 5),
e) Ein- oder Ausrangieren oder Umstellen von Postwagen (E. P. G. Artikel 6; V. B. V, 5),
f) Beförderung der Poststücke auf Grund der Bestimmungen vom 28. Mai 1879:
   1. durch Vermittlung des Zugpersonals (I, 1),
   2. in einer Abteilung eines Eisenbahnwagens (I, 4),
   3. in einem Postwagen (I, 5).

II. Den unter I bezeichneten Privateisenbahnen sind für die daselbst genannten, vom 1. April 1923 ab ausgeführten Leistungen bis auf weiteres die durch die Geldentwertung gesteigerten Selbstkosten in der Weise zu erstatten, daß die in den Vollzugsbestimmungen zum Eisenbahnpostgesetz und in den Bestimmungen vom 28. Mai 1879 festgesetzten Vergütungssätze mit dem Vielfachen der den Privateisenbahnen gegenüber dem Jahre 1913 für ein Wagenachskilometer aller Art entstandenen Selbstkosten vervielfältigt werden. Die für jene Leistungen bereits gezahlten Vergütungen sind in Abzug zu bringen. Die Zahlungen erfolgen monatlich auf Grund der Selbstkostenberechnungen der Privateisenbahnen, zu deren Prüfung die Privateisenbahnen den Oberpostdirektionen die erforderlichen Unterlagen zur Verfügung zu stellen haben. Zum Ausgleich der seit dem 1. April 1923 eingetretenen Geldentwertung ist bei der nach den Vorschriften unter II dieser Verordnung erfolgenden erstmaligen Zahlung für die rückliegende Zeit vom 1. April 1923 ab nicht das für den jeweiligen rückliegenden Monat sich ergebende Vielfache, sondern die Selbstkostensteigerung im Monat August 1923, und wenn die erstmalige Zahlung nicht mehr im September 1923 erfolgen kann, die Selbkostensteigerung in dem dann der erstmaligen Zahlung vorhergehenden Monat zugrunde zu legen.

III. Vom Beginne des Monats, der auf den Tag der Veröffentlichung dieser Verordnung folgt, treten die Bestimmungen über Vergütungen an Privateisenbahnen für Leistungen im Postbeförderungsdienste vom 6. März 1922 (Reichsgesetzbl. S. 236) außer Kraft. Von dem gleichen Zeitpunkt ab ist den unter I bezeichneten Privateisenbahnen die Hergabe usw. der Postabteile (E. P. G. Artikel 3; V. B. III, 3) und die Beförderung von Briefbeuteln usw. durch das Zugpersonal nach Ziffer I, 2 der Bestimmungen vom 28. Mai 1879 in derselben Weise zu vergüten, wie dies vorstehend unter II hinsichtlich der sonstigen Beförderungsleistungen bestimmt ist.

IV. Anstatt des in den Bestimmungen vom 28. Mai 1879 unter I, 3 festgesetzten Fahrgeldes von zwei Pfennig für das Kilometer, gegen dessen Entrichtung einem Postbeamten der zur Beförderung von Briefbeuteln usw. erforderliche Platz in einem Personenwagen dritter Klasse einzuräumen ist, ist fortan das tarifmäßige Fahrgeld vierter Klasse ohne Verkehrssteuer zu entrichten.

Berlin, den 3. Januar 1924.

RReg: Marx

7 **Text: Verordnung über die Gewährung von Zuschlägen zu den Vergütungen an Kleinbahnen für Leistungen im Postbeförderungsdienste.** Vom 29. März 1921 (RGBl. S. 455.)

Auf Grund des Artikels 10 des Eisenbahn-Postgesetzes vom 20. Dezember 1875 (Gesetz, betreffend die Abänderung des § 4 des Gesetzes über das Postwesen des Deutschen Reichs vom 28. Oktober 1871 — Reichs-Gesetzbl. S. 318 —) wird von der Reichsregierung mit Zustimmung des Reichsrats folgendes verordnet:

§ 1.

Der Reichspostminister wird ermächtigt, den Kleinbahnen, die entweder den Verpflichtungen unter 2a und b des § 42 des preußischen Gesetzes über Kleinbahnen und Privatanschlußbahnen vom 28. Juli 1892 (Preußische Gesetzsamml. S. 225) gegenüber der Postverwaltung unterliegen oder denen gleiche oder ähnliche Verpflichtungen durch die Genehmigungsurkunden auferlegt sind, rückwirkend vom 1. April 1920 ab folgende Zuschläge zu gewähren.

Die Vergütung von 50 Pf. für die Beförderung der Postsendungen durch Vermittlung des Zugpersonals und die als Lauf- und Zeitmiete für Postabteile nach Ziffer III 3 der Vollzugsbestimmungen zum Eisenbahn-Postgesetze vom 9. Februar 1876 (Zentralbl. für das Deutsche Reich S. 87) zu zahlenden festen Sätze von 0,01 Mark, 1 Mark, 0,02 Mark und 2 Mark sind in dem Verhältnis zu erhöhen, das der Steigerung des vor dem 1. August 1914 gültigen Stückguttarifsatzes im Vergleiche zu dem jeweils geltenden Stückguttarifsatze der Kleinbahnen entspricht.

§ 2.

Anträge auf Gewährung von Zuschlägen sind von den Kleinbahnen unter Beifügung zahlenmäßiger, von der Aufsichtsbehörde bestätigter Unterlagen für die Steigerung der Stückguttarifsätze an die für sie zuständigen Oberpostdirektionen zu richten.

§ 3.

Diese Verordnung tritt mit dem Tage der Verkündung in Kraft. Der Reichspostminister bestimmt den Zeitpunkt des Außerkrafttretens.

Berlin, den 29. März 1921.

RReg: Fehrenbach

Rechtsverhältnisse zwischen Post und Kraftfahrzeug- sowie Luftverkehr.

Gesetz über den Verkehr mit Kraftfahrzeugen.

Vom 3. Mai 1909 (RGBl. S. 437).

Wir Wilhelm, von Gottes Gnaden Deutscher Kaiser, König von Preußen usw. verordnen im Namen des Reichs, nach erfolgter Zustimmung des Bundesrats und des Reichstags, was folgt:

I. Verkehrsvorschriften.

§ 1[1].

Kraftfahrzeuge, die auf öffentlichen Wegen oder Plätzen in Betrieb gesetzt werden sollen, müssen von der zuständigen Behörde zum Verkehre zugelassen[2] sein.

Als Kraftfahrzeuge im Sinne dieses Gesetzes gelten Wagen oder Fahrräder, welche durch Maschinenkraft bewegt werden, ohne an Bahngleise gebunden zu sein.

1 Neue Fassung: Art. I Ges 21. 7. 1923 (Seite 459).

2 Übergangsvorschriften für Kraftwagen der DRP: § 1 VO 1. 2. 1921 (RGBl. S. 150; vgl. VO 25. 2. 1915, RGBl. S. 113), aufgehoben: Art. VI zu c VO 15. 3. 1923 (RGBl. I S. 169).

§ 2.

Wer auf öffentlichen Wegen oder Plätzen ein Kraftfahrzeug führen will, bedarf der Erlaubnis der zuständigen Behörde[1]. Die Erlaubnis gilt für das ganze Reich; sie ist zu erteilen, wenn der Nachsuchende seine Befähigung durch eine Prüfung dargetan hat und nicht Tatsachen vorliegen, die die Annahme rechtfertigen, daß er zum Führen von Kraftfahrzeugen ungeeignet ist.

Den Nachweis der Erlaubnis hat der Führer durch eine Bescheinigung (Führerschein) zu erbringen.

Die Befugnis der Ortspolizeibehörde, auf Grund des § 37 der Reichs-Gewerbeordnung weitergehende Anordnungen zu treffen, bleibt unberührt.

1 Neue Fassung: Art. II Ges 21. 7. 1923 (s. § 1 Anm. 1).

§ 3.

Wer zum Zwecke der Ablegung der Prüfung (§ 2 Abs. 1 Satz 2) sich in der Führung von Kraftfahrzeugen übt, muß dabei auf öffentlichen Wegen oder Plätzen von einer mit dem Führerschein versehenen, durch die zuständige Behörde zur Ausbildung von Führern ermächtigten Person begleitet und beaufsichtigt sein. Das Gleiche gilt für die Fahrten, die bei Ablegung der Prüfung vorgenommen werden[1].

Bei den Übungs- und Probefahrten[2], die gemäß der Vorschrift des Abs. 1 stattfinden, gilt im Sinne dieses Gesetzes der Begleiter als Führer des Kraftfahrzeugs.

1 Zusatz: Art. III Ges 21. 7. 1923 (s. § 1 Anm. 1).
2 Geändert: ebd.

§ 4.

Werden Tatsachen festgestellt, welche die Annahme rechtfertigen, daß eine Person zum Führen von Kraftfahrzeugen ungeeignet ist, so kann ihr die Fahrerlaubnis dauernd oder für bestimmte Zeit durch die zuständige Verwaltungsbehörde entzogen werden; nach der Entziehung ist der Führerschein der Behörde abzuliefern.

Die Entziehung der Fahrerlaubnis ist für das ganze Reich wirksam.

§ 5.

Gegen die Versagung der Fahrerlaubnis ist, wenn sie aus anderen Gründen als wegen ungenügenden Ergebnisses der Befähigungsprüfung erfolgt, der Rekurs zulässig. Das Gleiche gilt von der Entziehung der Fahrerlaubnis; der Rekurs[1] hat keine aufschiebende Wirkung.

Die Zuständigkeit der Behörden und das Verfahren bestimmen sich nach den Landesgesetzen und, soweit landesgesetzliche Vorschriften nicht vorhanden sind, nach den §§ 20, 21 der Reichs-Gewerbeordnung.

1 Neue Fassung: Art. IV Ges 21. 7. 1923 (s. § 1 Anm. 1).

§ 5a[1].

1 Text: Art. V Ges 21. 7. 1923 (s. § 1 Anm. 1).

§ 6.

Der Bundesrat erläßt[1]:

1. die zur Ausführung der §§ 1 bis 5[2] erforderlichen Anordnungen sowie die Bestimmungen für die Zulassung der Führer ausländischer Kraftfahrzeuge;
2. die sonstigen zur Erhaltung der Ordnung und Sicherheit auf den öffentlichen Wegen oder Plätzen erforderlichen Anordnungen über den Verkehr mit Kraftfahrzeugen, insbesondere über die Prüfung und Kennzeichnung der Fahrzeuge und über das Verhalten der Führer[3].
3. (usw.)[4].
4. (usw.)[5].

Soweit auf Grund der Anordnungen des Bundesrats die Militär- und Postverwaltung[6] Personen, die sie als Führer von Kraftfahrzeugen verwenden, die Fahrerlaubnis versagt oder entzogen haben, finden die Vorschriften des § 5 keine Anwendung.

Soweit der Bundesrat Anordnungen gemäß Absatz 1 nicht erlassen hat[7], können solche durch die Landeszentralbehörden erlassen werden.

[8]Die Anordnungen des Bundesrats sind durch das Reichs-Gesetzblatt zu veröffentlichen. Sie kommen in

Bayern nach näherer Bestimmung des Bündnisvertrags vom 23. November 1870 (Bundes-Gesetzbl. 1871 S. 9) unter III §§ 4, 5, in Württemberg nach näherer Bestimmung des Bündnisvertrags vom 25. November 1870 (Bundes-Gesetzbl. 1870 S. 654) unter Artikel 2 Nr. 4 zur Anwendung.

1, 2 Geändert: Art. VI Ges 21. 7. 1923 (s. § 1 Anm. 1).
3 Zusatz: Art. VI (ebd.).
4, 5 Text: ebd.
6, 7 Geändert: Art. VII (ebd.).
8 Aufgehoben: ebd.

II. Haftpflicht.

§ 7.

Wird bei dem Betrieb eines Kraftfahrzeugs ein Mensch getötet, der Körper oder die Gesundheit eines Menschen verletzt oder eine Sache beschädigt, so ist der Halter des Fahrzeugs verpflichtet, dem Verletzten den daraus entstehenden Schaden zu ersetzen[1].

Die Ersatzpflicht ist ausgeschlossen, wenn der Unfall durch ein unabwendbares Ereignis verursacht wird, das weder auf einem Fehler in der Beschaffenheit des Fahrzeugs noch auf einem Versagen seiner Vorrichtungen beruht. Als unabwendbar gilt ein Ereignis insbesondere dann, wenn es auf das Verhalten des Verletzten oder eines nicht bei dem Betriebe beschäftigten Dritten oder eines Tieres zurückzuführen ist und sowohl der Halter als der Führer des Fahrzeugs jede nach den Umständen des Falles gebotene Sorgfalt beobachtet hat.

[2]Wird das Fahrzeug ohne Wissen und Willen des Fahrzeughalters von einem anderen in Betrieb gesetzt, so ist dieser an Stelle des Halters zum Ersatze des Schadens verpflichtet.

1 Wegen des Anspruchs des Reisenden s. PG § 11.
2 Neue Fassung: Art. VIII Ges 21. 7. 1923 (s. § 1 Anm. 1).

§ 8.

Die Vorschriften des § 7 finden keine Anwendung:

1. wenn zur Zeit des Unfalls der Verletzte oder die beschädigte Sache durch das Fahrzeug befördert wurde oder der Verletzte bei dem Betriebe des Fahrzeugs tätig war;
2. wenn der Unfall durch ein Fahrzeug verursacht wurde, das nur[1] zur Beförderung von Lasten dient und auf ebener Bahn eine auf 20 Kilometer begrenzte Geschwindigkeit in der Stunde nicht übersteigen kann.

1 Aufgehoben: Art. IX Ges 21. 7. 1923 (s. § 1 Anm. 1).

§ 9.

Hat bei der Entstehung des Schadens ein Verschulden des Verletzten mitgewirkt, so finden die Vorschriften des § 254 des Bürgerlichen Gesetzbuchs mit der Maßgabe Anwendung, daß im Falle der Beschädigung einer Sache das Verschulden desjenigen, welcher die tatsächliche Gewalt über die Sache ausübt, dem Verschulden des Verletzten gleichsteht.

§ 10.

Im Falle der Tötung ist der Schadensersatz durch Ersatz der Kosten einer versuchten Heilung sowie des Vermögensnachteils zu leisten, den der Getötete dadurch erlitten hat, daß während der Krankheit seine Erwerbsfähigkeit aufgehoben oder gemindert oder eine Vermehrung seiner Bedürfnisse eingetreten war. Der Ersatzpflichtige hat außerdem die Kosten der Beerdigung demjenigen zu ersetzen, dem die Verpflichtung obliegt, diese Kosten zu tragen.

Stand der Getötete zur Zeit der Verletzung zu einem Dritten in einem Verhältnisse, vermöge dessen er diesem gegenüber kraft Gesetzes unterhaltspflichtig war oder unterhaltspflichtig werden konnte, und ist dem Dritten infolge der Tötung das Recht auf Unterhalt entzogen, so hat der Ersatzpflichtige dem Dritten insoweit Schadensersatz zu leisten, als der Getötete während der mutmaßlichen Dauer seines Lebens zur Gewährung des Unterhalts verpflichtet gewesen sein würde. Die Ersatzpflicht tritt auch dann ein, wenn der Dritte zur Zeit der Verletzung erzeugt, aber noch nicht geboren war.

§ 11.

Im Falle der Verletzung des Körpers oder der Gesundheit ist der Schadensersatz durch Ersatz der Kosten der Heilung sowie des Vermögensnachteils zu leisten, den der Verletzte dadurch erleidet, daß infolge der Verletzung zeitweise oder dauernd seine Erwerbsfähigkeit aufgehoben oder gemindert oder eine Vermehrung seiner Bedürfnisse eingetreten ist.

§ 12.

Der Ersatzpflichtige haftet:

1[1]. im Falle der Tötung oder Verletzung eines Menschen nur bis zu einem Kapitalbetrage von fünfzigtausend Mark oder bis zu einem Rentenbetrage von jährlich dreitausend Mark,

2[2]. im Falle der Tötung oder Verletzung mehrerer Menschen durch dasselbe Ereignis, unbeschadet der in Nr. 1 bestimmten Grenze, nur bis zu einem Kapitalbetrage von insgesamt einhundertfünfzigtausend Mark oder bis zu einem Rentenbetrage von insgesamt neuntausend Mark,

3[3]. im Falle der Sachbeschädigung, auch wenn durch dasselbe Ereignis mehrere Sachen beschädigt werden, nur bis zum Betrage von zehntausend Mark[4].

[5]Übersteigen die Entschädigungen, die mehreren auf Grund desselben Ereignisses nach Abs. 1 Nr. 1, 3 zu leisten sind, insgesamt die in Nr. 2, 3 bezeichneten Höchstbeträge, so verringern sich die einzelnen Entschädigungen in dem Verhältnis, in welchem ihr Gesamtbetrag zu dem Höchstbetrage steht[6].

1, 2, 3 Geändert: Art. I Ziffer 1 Ges 23. 12. 1922 (Seite 458); vgl. Art. II ebd., Art. I zu a VO 6. 2. 1924 (Seite 465), vgl. Art. II ebd.

4 Zusatz: Art. I zu b VO 6. 2. 1924 (w. v.).

5 Neue Fassung: Art. I zu c (w. v.).

6 Zusatz: Art. I Ziffer 2 Ges 23. 12. 1922 (w. v.).

§ 13.

Der Schadenserfatz wegen Aufhebung oder Minderung der Erwerbsfähigkeit und wegen Vermehrung der Bedürfnisse des Verletzten sowie der nach § 10 Abs. 2 einem Dritten zu gewährende Schadensersatz ist für die Zukunft durch Entrichtung einer Geldrente zu leisten.

Die Vorschriften des § 843 Abs. 2 bis 4 des Bürgerlichen Gesetzbuchs und des § 708 Nr. 6 der Zivilprozeßordnung finden entsprechende Anwendung. Das Gleiche gilt für die dem Verletzten zu entrichtende Geldrente von der Vorschrift des § 850 Abs. 3 und für die dem Dritten zu entrichtende Geldrente von der Vorschrift des § 850 Abs. 1 Nr. 2 der Zivilprozeßordnung.

Ist bei der Verurteilung des Verpflichteten zur Entrichtung einer Geldrente nicht auf Sicherheitsleistung erkannt worden, so kann der Berechtigte gleichwohl Sicherheitsleistung verlangen, wenn die Vermögensverhältnisse des Verpflichteten sich erheblich verschlechtert haben; unter der gleichen Voraussetzung kann er eine Erhöhung der in dem Urteile bestimmten Sicherheit verlangen.

§ 14.

Die in den §§ 7 bis 13 bestimmten Ansprüche auf Schadensersatz verjähren in zwei Jahren von dem Zeitpunkt an, in welchem der Ersatzberechtigte von dem Schaden und von der Person des Ersatzpflichtigen Kenntnis erlangt, ohne Rücksicht auf diese Kenntnis in dreißig Jahren von dem Unfall an.

Schweben zwischen dem Ersatzpflichtigen und dem Ersatzberechtigten Verhandlungen über den zu leistenden Schadensersatz, so ist die Verjährung gehemmt, bis der eine oder der andere Teil die Fortsetzung der Verhandlungen verweigert.

Im übrigen finden die Vorschriften des Bürgerlichen Gesetzbuchs über die Verjährung Anwendung.

§ 15.

Der Ersatzberechtigte verliert die ihm auf Grund der Vorschriften dieses Gesetzes zustehenden Rechte, wenn er nicht spätestens innerhalb zweier Monate, nachdem er von dem Schaden und der Person des Ersatzpflichtigen Kenntnis erhalten hat, dem Ersatzpflichtigen den Unfall anzeigt. Der Rechtsverlust tritt nicht ein, wenn die Anzeige infolge eines von dem Ersatzberechtigten nicht zu vertretenden Umstandes unterblieben ist oder der Ersatzpflichtige innerhalb der bezeichneten Frist auf andere Weise von dem Schaden[1] Kenntnis erhalten hat.

1 Geändert: Art. X Ges 21. 7. 1923 (§ 1 Anm. 1).

§ 16.

Unberührt bleiben die reichsgesetzlichen Vorschriften, nach welchen der Fahrzeughalter für den durch das Fahrzeug verursachten Schaden in weiterem Umfang als nach den Vorschriften dieses Gesetzes haftet oder nach welchen ein anderer für den Schaden verantwortlich ist.

§ 17.

Wird ein Schaden durch mehrere Kraftfahrzeuge verursacht und sind die beteiligten Fahrzeughalter einem Dritten kraft Gesetzes zum Ersatze des Schadens verpflichtet, so hängt im Verhältnisse der Fahrzeughalter zueinander die Verpflichtung zum Ersatze sowie der Umfang des zu leistenden Ersatzes von den Umständen, insbesondere davon ab, inwieweit der Schaden vorwiegend von dem einen oder dem anderen Teile verursacht worden ist. Das Gleiche gilt, wenn der Schaden einem der beteiligten Fahrzeughalter entstanden ist, von der Haftpflicht, die für einen anderen von ihnen eintritt.

Die Vorschriften des Abs. 1 finden entsprechende Anwendung, wenn der Schaden durch ein Kraftfahrzeug und ein Tier oder durch ein Kraftfahrzeug und eine Eisenbahn verursacht wird.

§ 18.

In den Fällen des § 7 Abs. 1 ist auch der Führer des Kraftfahrzeugs zum Ersatze des Schadens nach den Vorschriften der §§ 8 bis 15 verpflichtet. Die Ersatzpflicht ist ausgeschlossen, wenn der Schaden nicht durch ein Verschulden des Führers verursacht ist.

Die Vorschrift des § 16 findet entsprechende Anwendung.

Ist in den Fällen des § 17 auch der Führer eines Fahrzeugs zum Ersatze des Schadens verpflichtet, so finden auf diese Verpflichtung in seinem Verhältnisse zu den Haltern und Führern der anderen beteiligten Fahrzeuge, zu dem Tierhalter oder Eisenbahnunternehmer die Vorschriften des § 17 entsprechende Anwendung.

§ 19.

In bürgerlichen Rechtsstreitigkeiten, in welchen durch Klage oder Widerklage ein Anspruch auf Grund der Vorschriften dieses Gesetzes geltend gemacht ist, wird die Verhandlung und Entscheidung letzter Instanz im Sinne des § 8 des Einführungsgesetzes zum Gerichtsverfassungsgesetze dem Reichsgerichte zugewiesen.

§ 20.

Für Klagen, die auf Grund dieses Gesetzes erhoben werden, ist auch das Gericht zuständig, in dessen Bezirke das schädigende Ereignis stattgefunden hat.

III. Strafvorschriften[1].

1 Geändert: Art. XI Ges 21. 7. 1923 (s. § 1 Anm. 1).

§ 21.

Wer den zur Erhaltung der Ordnung und Sicherheit auf den öffentlichen Wegen oder Plätzen erlassenen polizeilichen Anordnungen über den Verkehr mit Kraftfahrzeugen zuwiderhandelt, wird mit Geldstrafe bis zu einhundertfünfzig Mark oder mit Haft bestraft.

§ 22.

Der Führer eines Kraftfahrzeugs, der nach einem Unfalle (§ 7) es unternimmt, sich der Feststellung des Fahrzeugs und seiner Person durch die Flucht zu entziehen, wird mit Geldstrafe bis zu dreihundert Mark oder mit Gefängnis bis zu zwei Monaten bestraft. Er bleibt jedoch straflos, wenn er spätestens am nächstfolgenden Tage nach dem Unfall Anzeige bei einer inländischen Polizeibehörde erstattet und die Feststellung des Fahrzeugs und seiner Person bewirkt.

Verläßt der Führer des Kraftfahrzeugs eine bei dem Unfalle verletzte Person vorsätzlich in hilfloser Lage, so wird er mit Gefängnis bis zu 6 Monaten bestraft. Sind mildernde Umstände vorhanden, so kann auf Geldstrafe bis zu dreihundert Mark erkannt werden.

§ 23.

Mit Geldstrafe bis zu dreihundert Mark oder mit Gefängnis bis zu zwei Monaten wird bestraft, wer auf öffentlichen Wegen oder Plätzen ein Kraftfahrzeug führt, das nicht von der zuständigen Behörde zum Verkehre zugelassen ist.

Die gleiche Strafe trifft den Halter eines nicht zum Verkehre zugelassenen Kraftfahrzeugs, wenn er vorsätzlich oder fahrlässig dessen Gebrauch auf öffentlichen Wegen oder Plätzen gestattet.

§ 24.

Mit Geldstrafe bis zu dreihundert Mark oder mit Gefängnis bis zu zwei Monaten wird bestraft:

1. wer ein Kraftfahrzeug führt, ohne einen Führerschein zu besitzen;
2. wer ein Kraftfahrzeug führt, obwohl ihm die Fahrerlaubnis entzogen ist;
3. wer nicht seinen Führerschein der Behörde, die ihm die Fahrerlaubnis entzogen hat, auf ihr Verlangen abliefert.

Die gleiche Strafe trifft den Halter des Kraftfahrzeugs, wenn er vorsätzlich oder fahrlässig eine Person zur Führung des Fahrzeugs bestellt oder ermächtigt, die sich nicht durch einen Führerschein ausweisen kann oder der die Fahrerlaubnis entzogen ist.

§ 25.

Wer in rechtswidriger Absicht

1. ein Kraftfahrzeug, für welches von der Polizeibehörde ein Kennzeichen nicht ausgegeben oder zugelassen worden ist, mit einem Zeichen versieht, welches geeignet ist, den Anschein der polizeilich angeordneten oder zugelassenen Kennzeichnung hervorzurufen,
2. ein Kraftfahrzeug mit einer anderen als der polizeilich für das Fahrzeug ausgegebenen oder zugelassenen Kennzeichnung versieht,
3. das an einem Kraftfahrzeuge gemäß polizeilicher Anordnung angebrachte Kennzeichen verändert, beseitigt, verdeckt oder sonst in seiner Erkennbarkeit beeinträchtigt,

wird, sofern nicht nach den Vorschriften des Strafgesetzbuchs eine höhere Strafe verwirkt ist, mit Geldstrafe bis zu fünfhundert Mark oder mit Gefängnis bis zu drei Monaten bestraft.

Die gleiche Strafe trifft Personen, welche auf öffentlichen Wegen oder Plätzen von einem Kraftfahrzeuge Gebrauch machen, von dem sie wissen, daß die Kennzeichnung in der im Abs. 1 unter Nr. 1 bis 3 bezeichneten Art gefälscht, verfälscht oder unterdrückt worden ist.

§ 26.

Dieses Gesetz tritt hinsichtlich der Vorschriften über die Haftpflicht — Teil II — mit dem 1. Juni 1909, im übrigen mit dem 1. April 1910 in Kraft.

IV. Kleinkrafträder[1].

1 Text: Art. XII Ges 21. 7. 1923 (s. § 1 Anm. 1).

Urkundlich unter Unserer Höchsteigenhändigen Unterschrift und beigedrucktem Kaiserlichen Insiegel.

Gegeben Corfu, den 3. Mai 1909.

Wilhelm.
Fürst von Bülow.

Gesetz zur Änderung des Gesetzes über den Verkehr mit Kraftfahrzeugen.

Vom 23. Dezember 1922 (RGBl. 1923 I S. 1).

Der Reichstag hat das folgende Gesetz beschlossen, das mit Zustimmung des Reichsrats hiermit verkündet wird:

Art. I.

§ 12 des Gesetzes über den Verkehr mit Kraftfahrzeugen vom 3. Mai 1909 (Reichsgesetzbl. S. 437) wird in folgenden Punkten geändert[1]:

1 Weitere Änderung: Art. I VO 6. 2. 1924 (Seite 465).

1. Im Absatz 1 werden die in den Nummern 1 bis 3 enthaltenen Beträge wie folgt erhöht:

in Nr. 1 der Kapitalbetrag von fünfzigtausend Mark auf fünf Millionen Mark, der Rentenbetrag von dreitausend Mark auf zweihundertfünfzigtausend Mark;

in Nr. 2 der Kapitalbetrag von einhundertfünfzigtausend Mark auf zwölfeinhalb Millionen Mark, der Rentenbetrag von neuntausend Mark auf eine Million Mark;

in Nr. 3 der Betrag von zehntausend Mark auf eine Million Mark.

2. Es wird folgender Absatz 3 angefügt:

Tritt eine wesentliche Änderung des Geldwerts ein, so kann die Reichsregierung mit Zustimmung des Reichsrats die in Abs. 1 Nummer 1 bis 3 genannten Summen entsprechend ändern.

Art. II.

Die Erhöhung der Beträge findet auf die Schadensfälle Anwendung, in denen das schädigende Ereignis nach Inkrafttreten dieses Gesetzes eingetreten ist.

Berlin, den 23. Dezember 1922.

RPräs: Ebert.
RVerkMin: Groener.

Gesetz zur Abänderung des Gesetzes über den Verkehr mit Kraftfahrzeugen.

Von 21. Juli 1923 (RGBl. I S. 743).

Der Reichstag hat das folgende Gesetz beschlossen, das mit Zustimmung des Reichsrats hiermit verkündet wird:

Das Gesetz über den Verkehr mit Kraftfahrzeugen vom 3. Mai 1909 (Reichsgesetzbl. S. 437) wird in folgenden Punkten geändert:

Art. I.

§ 1 erhält folgende Fassung:

Kraftfahrzeuge, die auf öffentlichen Wegen oder Plätzen in Betrieb gesetzt werden sollen, müssen von der zuständigen Behörde zum Verkehr zugelassen sein; Ausnahmen bestimmt der Reichsverkehrsminister mit Zustimmung des Reichsrats.

Als Kraftfahrzeuge im Sinne dieses Gesetzes gelten Landfahrzeuge, die durch Maschinenkraft bewegt werden, ohne an Bahngleise gebunden zu sein.

Art. II.

§ 2 Abs. 1 Satz 1 erhält folgende Fassung:

Wer auf öffentlichen Wegen oder Plätzen ein Kraftfahrzeug führen will, bedarf der Erlaubnis der zuständigen Behörde; Ausnahmen bestimmt der Reichsverkehrsminister mit Zustimmung des Reichsrats.

Art. III.

§ 3 Abs. 1 wird wie folgt ergänzt:

Ausnahmen bestimmt der Reichsverkehrsminister mit Zustimmung des Reichsrats.

Im § 3 Abs. 2 wird das Wort „Probefahrten" ersetzt durch „Prüfungsfahrten".

Art. IV.

§ 5 Abs. 1 Satz 2 zweiter Halbsatz erhält folgende Fassung:

der Rekurs hat aufschiebende Wirkung, sofern dies nicht ausdrücklich bei der ersten Entscheidung ausgeschlossen wird.

Art. V.

Als § 5a wird folgende Bestimmung eingefügt:

§ 5a.

Gefährliche Stellen an Wegestrecken, die dem Durchgangsverkehre dienen, sind von den Landesbehörden durch Warnungstafeln zu kennzeichnen.

Art. VI.

Im § 6 Abs. 1 am Anfang werden die Worte „Der Bundesrat erläßt" durch die Worte „Die Reichsregierung erläßt mit Zustimmung des Reichsrats", in Nr. 1 die Worte „§§ 1 bis 5" durch die Worte „§§ 1 bis 5a" ersetzt; der Nr. 2 werden unter Wegfall des Punktes am Ende folgende Worte „sowie über den allgemeinen Fahrverkehr, soweit dies in Rücksicht auf den Kraftfahrzeugverkehr erforderlich ist;" hinzugefügt. Ferner werden folgende Nrn. 3 und 4 hinzugefügt:

3. Vorschriften über Gebühren für behördliche Maßnahmen im Kraftfahrzeugverkehre bei Durchführung der auf Grund dieses Gesetzes erlassenen Verordnungen. Die Gebühren sind nach den tatsächlichen Aufwendungen zu bemessen;
4. ferner mit Zustimmung eines Ausschusses des Reichstags Vorschriften über die Bildung eines zur Mitwirkung in Angelegenheiten des Kraftfahrwesens berufenen Beirats.

Der Beirat ist vor Erlassung der in Nr. 1, 2 und 3 erwähnten Vorschriften zu hören. Auch die Landesregierungen können sich durch Vermittlung der Reichsregierung des Beirats bedienen.

Art. VII.

Im § 6 Abs. 2 werden die Worte „des Bundesrats die Militär- und Postverwaltung" ersetzt durch die Worte „nach Abs. 1 die Militär- und Postverwaltung sowie eine staatliche Polizei".

Im § 6 Abs. 3 werden die Worte „der Bundesrat Anordnungen gemäß Abs. 1 nicht erlassen hat" ersetzt durch „Anordnungen nach Abs. 1 Nr. 1 bis 3 nicht erlassen sind".

§ 6 Abs. 4 fällt fort.

Art. VIII.

Der § 7 Abs. 3 erhält folgende Fassung:

Benutzt jemand das Fahrzeug ohne Wissen und Willen des Fahrzeughalters, so ist er an Stelle des Halters zum Ersatze des Schadens verpflichtet. Daneben bleibt der Halter zum Ersatze des Schadens verpflichtet, wenn die Benutzung des Fahrzeugs durch sein Verschulden ermöglicht worden ist.

Art. IX.

Im § 8 Ziffer 2 werden die Worte „nur zur Beförderung von Lasten dienen und" gestrichen.

Art. X.

Im § 15 Satz 2 wird das Wort „Schaden" durch „Unfall" ersetzt.

Art. XI.

Die Überschrift „III. Strafvorschriften" wird ersetzt durch „III. Straf- und Schlußvorschriften".

Art. XII.

Es wird folgender Teil IV hinzugefügt:

IV. Kleinkrafträder.

§ 27.

Die Vorschriften im Teil I, II und III gelten nicht für Kleinkrafträder.

Die Reichsregierung erläßt mit Zustimmung des Reichsrats Anordnungen über den Verkehr mit Kleinkrafträdern.

Berlin, den 21. Juli 1923.

RPräs: Ebert.
RVerkMin: Groener.

Luftverkehrsgesetz.

Vom 1. August 1922 (RGBl. I S. 681).

(Auszug.)

Der Reichstag hat das folgende Gesetz beschlossen, das mit Zustimmung des Reichsrats hiermit verkündet wird:

Erster Abschnitt.
Luftverkehr.

C. Luftfahrtunternehmen und -veranstaltungen.

§ 11 (Abs. 5).

Luftfahrtunternehmen mit einem flugplanmäßigen öffentlichen Betriebe müssen auf Verlangen der Postverwaltung mit jeder flugplanmäßigen Luftfahrt Postsendungen gegen angemessene Vergütung befördern[1]. Der Umfang der Verpflichtung bemißt sich nach den Bedürfnissen des Luftfahrtunternehmens und der Postverwaltung. Er ist im Streitfall vom Reichsverkehrsminister und Reichspostminister festzusetzen; das gleiche gilt für die Höhe der Vergütung.

1 Ohne Vorg.: ein reichseigener Luftpostbetrieb besteht nicht; s. LuftPBest Seite 307.

D. Verkehrsvorschriften.

§ 14.

Luftfahrzeuge dürfen im Luftverkehre Waffen, Schießbedarf, Sprengstoffe, giftige Gase, Brieftauben, Lichtbildgerät und Gerät zur drahtlosen Nachrichtenübermittlung[1] nur mit behördlicher Erlaubnis mitführen.

1 §§ 2 und 4 FernmeldeanlagenG, Bek 14. 1. 1928 (RGBl. I S. 8); die Erlaubnis wird vom RPMin erteilt (§ 1 ebd.).

E. Enteignung.

§ 16.

Das Reich kann Luftfahrtunternehmen oder das Eigentum oder das Recht der Ausnutzung von Anlagen, die der Beförderung von Personen oder Gütern mit Luftfahrzeugen dienen, gegen angemessene Entschädigung übernehmen. Das Nähere regelt ein Reichsgesetz[1].

1 Bisher nicht ergangen; gegebenenfalls erleichternde Vorschriften aus § 7 (Anlegung von Flughäfen), § 11 (Genehmigungspflicht des Unternehmens) und § 29 (Haftpflichtversicherung des Luftfahrzeughalters).

F. Gemeinsame Bestimmungen.

§ 17.

Die Reichsregierung erläßt mit Zustimmung des Reichsrats und eines Ausschusses des Reichstags:

1. Vorschriften zur Ausführung der §§ 2 bis 15 und des § 29,
2. Vorschriften für das Überfliegen der Reichsgrenze oder Zollgrenzen[1], (usw.).

1 S. PZollO (Seite 344) § 18 Anm. 1.

Dritter Abschnitt.

Strafvorschriften und Schlußbestimmung.

§ 34.

Es treten in Kraft

die Vorschriften des zweiten Abschnitts dieses Gesetzes mit dem 1. September 1922,

die übrigen Vorschriften mit dem 1. Oktober 1923, jedoch kann die Reichsregierung diese schon zu einem früheren Zeitpunkt in Kraft setzen; mit diesem Zeitpunkt treten alle auf Grund der Verordnung, betreffend die vorläufige Regelung der Luftfahrt, vom 26. November 1918 (Reichsgesetzbl. S. 1337) erlassenen Vorschriften[1] außer Kraft.

1 Ohne PBestimmungen.

Berlin, den 1. August 1922.

RPräs: Ebert.
RVerkMin: Groener.

Verordnung über die Änderung des Luftverkehrsgesetzes und des Gesetzes über den Verkehr mit Kraftfahrzeugen.

Vom 5. Februar 1924 (RGBl. I S. 43).

(Auszug.)

Auf Grund des Ermächtigungsgesetzes vom 8. Dezember 1923 (Reichsgesetzbl. I S. 1179) verordnet die Reichsregierung nach Anhörung eines Ausschusses des Reichsrats und des Reichstags:

Art. I.

§ 17 Nr. 4 Abschnitt 2 des Luftverkehrsgesetzes vom 1. August 1922 (Reichsgesetzbl. I S. 681) und § 6 Abs. 1 Nr. 4 Abschnitt 2 des Gesetzes über den Verkehr mit Kraftfahrzeugen vom 3. Mai 1909 in der Fassung des Gesetzes vom 21. Juli 1923 (Reichsgesetzbl. I S. 743) erhalten folgende Fassung:

„Die Landesregierungen können sich durch Vermittlung der Reichsregierung des Beirats[1] bedienen."

(usw.)

1 S. VO 11. 7. 1924 (Seite 530).

Berlin, den 5. Februar 1924.

RKzl: Marx.
RVerkMin: Oeser.

Verordnung zur Änderung der Haftpflichthöchstsummen im Kraftfahrzeug- und im Luftverkehre.

Vom 6. Februar 1924 (RGBl. I S. 42).

Auf Grund des Ermächtigungsgesetzes vom 8. Dezember 1923 (Reichsgesetzbl. I S. 1179) verordnet die

Reichsregierung nach Anhörung eines Ausschusses des Reichsrats und des Reichstags:

Art. I.

§ 12 des Gesetzes über den Verkehr mit Kraftfahrzeugen vom 3. Mai 1909 (Reichsgesetzbl. S. 437) in der Fassung des Gesetzes vom 23. Dezember 1922 (Reichsgesetzbl. 1923 I S. 1) und der Verordnung vom 3. Oktober 1923 (Reichsgesetzbl. I S. 932) sowie § 23 des Luftverkehrsgesetzes[1] vom 1. August 1922 (Reichsgesetzbl. I S. 681) werden wie folgt geändert:

a) Die Beträge im Absatz 1 werden wie folgt festgesetzt:

in Nr. 1 der Kapitalbetrag auf fünfundzwanzigtausend Goldmark, der Rentenbetrag auf eintausendfünfhundert Goldmark;

in Nr. 2 der Kapitalbetrag auf fünfundsiebzigtausend Goldmark, der Rentenbetrag auf viertausendfünfhundert Goldmark;

in Nr. 3 der Betrag auf fünftausend Goldmark.

b) Am Schlusse des Abs. 1 wird folgender Satz hinzugefügt:

Die Goldmark wird nach dem vom Reichsminister der Finanzen fortlaufend veröffentlichten Goldumrechnungssatze (§ 2 der Durchführungsbestimmungen zur Aufwertungsverordnung vom 13. Oktober 1923, Reichsgesetzbl. I S. 951) berechnet.

c) Abs. 3 erhält folgende Fassung:

Bei wesentlicher Änderung der wirtschaftlichen Verhältnisse kann die Reichsregierung mit Zustimmung des Reichsrats die Beträge (Abs. 1) anderweitig festsetzen.

1 S. Seite 462.

Art. II.

Die Beträge im Artikel I Abschnitt a Nr. 1 und 2 sind auch dann zugrunde zu legen, wenn das schädigende Ereignis vor Inkrafttreten dieser Verordnung eingetreten ist; in diesem Falle ist der Schaden insoweit zu ersetzen, als die Billigkeit nach den Umständen, insbesondere den Verhältnissen der Beteiligten, eine Schadloshaltung erfordert und dem Ersatzpflichtigen nicht die Mittel entzogen werden, deren er zum standesmäßigen Unterhalt sowie zur Einhaltung seiner gesetzlichen Unterhaltspflichten bedarf. Der Betrag im Artikel I Abschnitt a Nr. 3 ist zugrunde zu legen, wenn das schädigende Ereignis nach Inkrafttreten dieser Verordnung eingetreten ist.

Berlin, den 6. Februar 1924.

RKzl: Marx.
RVerkMin: Oeser.

Bekanntmachung der Neufassung der Verordnung über Kraftfahrzeugverkehr.

Vom 16. März 1928 (RGBl. I S. 91).

Auf Grund des Artikel III der Verordnung über Änderungen der Regelung des Kraftfahrzeugverkehrs vom 16. März 1928 (Reichsgesetzbl. I S. 66) wird nachstehend der Wortlaut der nach den §§ 6 und 27 des Gesetzes über den Verkehr mit Kraftfahrzeugen vom 3. Mai 1909 in der Fassung des Gesetzes vom 21. Juli 1923 (Reichsgesetzbl. I S. 743) erlassenen Verordnung über Kraftfahrzeugverkehr vom 5. Dezember 1925 in der Fassung der Verordnungen vom 28. Juli 1926, 31. Januar 1928 und 16. März 1928 (Reichsgesetzbl. I S. 66) in der neuen Fassung als „Verordnung über Kraftfahrzeugverkehr vom 16. März 1928" bekanntgemacht.

Hinsichtlich des Inkrafttretens derjenigen Bestimmungen, die auf der Verordnung über Änderungen der Regelung des Kraftfahrzeugverkehrs vom 16. März 1928 beruhen, wird auf Artikel II letztgenannter Verordnung hingewiesen.

Berlin, den 16. März 1928.

RVerkMin: Koch.

Verordnung über Kraftfahrzeugverkehr.

Vom 16. März 1928.

Erster Abschnitt.

Kraftfahrzeuge im allgemeinen.

A. Allgemeine Vorschriften.

§ 1.

Im Sinne nachstehender Vorschriften gelten:

1. als Kraftfahrzeuge Landfahrzeuge, die durch Maschinenkraft bewegt werden, ohne an Bahngleise gebunden zu sein;
2. als Krafträder Kraftfahrzeuge, die auf nicht mehr als drei Rädern laufen, wenn ihr Eigengewicht in betriebsfertigem Zustand 350 Kilogramm nicht übersteigt; Anhänger, Bei- oder Vorsteckwagen bleiben bei Feststellung der Fahrzeugart außer Betracht. Als Krafträder gelten außerdem Kraftfahrzeuge mit zwei Laufrädern und zwei seitlichen, nur gelegentlich benutzten Stützrädern ohne Anhänger, Bei- oder Vorsteckwagen, wenn ihr Eigengewicht in betriebsfertigem Zustand 350 Kilogramm nicht übersteigt;
3. als Kraftomnibusse Personenkraftwagen mit mehr als acht Sitzplätzen (einschließlich Führersitz);
4. als Wege auch Plätze, Brücken und Durchgänge;

5. als Wegebenutzer Schienenfahrzeuge, Fuhrwerke, Kraftfahrzeuge (einschließlich Kleinkrafträder), Radfahrer, Reiter, marschierende Abteilungen, Aufzüge sowie getriebene oder geführte Tiere, ausgenommen Hunde;
6. als Dunkelheit in den Monaten April bis September die Zeit von einer Stunde nach Sonnenuntergang bis eine Stunde vor Sonnenaufgang, in den übrigen Monaten die Zeit von einer halben Stunde nach Sonnenuntergang bis eine halbe Stunde vor Sonnenaufgang;
7. als Luftreifen Reifen, bei denen die in einem Schlauche eingeschlossene Luft schon bei unbelastetem Reifen unter Überdruck steht.

§ 2.

(1) Für den Verkehr mit Kraftfahrzeugen gelten sinngemäß die den Verkehr von Fuhrwerken oder von Fahrrädern auf öffentlichen Wegen allgemein regelnden Vorschriften, sofern nicht nachfolgend oder gemäß § 6 Abs. 3 des Gesetzes von der obersten Landesbehörde andere Bestimmungen getroffen werden.

(2) Auf Kraftfahrzeuge, welche im öffentlichen Fuhrgewerbe verwendet werden, sowie auf die Führer dieser Fahrzeuge finden neben den nachstehenden Vorschriften die besonderen Bestimmungen über den Betrieb der dem öffentlichen Fuhrgewerbe dienenden Fuhrwerke Anwendung.

(3) Wenn neben der befestigten eine unbefestigte Fahrbahn (Sommerweg) vorhanden ist, so gilt jede der beiden Fahrbahnen für die Anwendung der Fahrordnung in den §§ 21 bis 23 — Beurteilung der rechten und der linken Seite — als selbständiger Weg; beim Ausweichen und

Überholen darf auch erforderlichenfalls vom Sommerweg auf die befestigte Fahrbahn und umgekehrt übergegangen werden.

(4) Die nachstehenden Vorschriften gelten nicht für Kraftschlitten, Raupenkraftfahrzeuge, Dampfstraßenlokomotiven, Straßenwalzen, ferner solche Kraftfahrzeuge, deren betriebsfertiges Gewicht im beladenen oder unbeladenen Zustand 9 Tonnen oder bei Vorhandensein von 3 Achsen 15 Tonnen übersteigt, sowie selbstfahrende Arbeits- und Werkzeugmaschinen zu landwirtschaftlichen oder gewerblichen Zwecken (z. B. Dampf-, Motorpflüge, Motorsägen).

B. Das Kraftfahrzeug.

a. Beschaffenheit, Ausrüstung und Ladung.

§ 3.

(1) Die Kraftfahrzeuge müssen verkehrssicher und insbesondere so gebaut, eingerichtet und ausgerüstet sein, daß Feuers- und Explosionsgefahr sowie jede Belästigung von Personen und Gefährdung von Fuhrwerken durch Geräusch, Rauch, Dampf oder üblen Geruch ausgeschlossen ist. Die Abführung der Verbrennungsgase bei Verbrennungsmaschinen und des Dampfes bei Dampfmaschinen hat unter Anwendung ausreichender schalldämpfender Mittel zu geschehen; das Ende des Auspuffrohres darf nicht nach abwärts gerichtet sein. Die Anbringung von Auspuffklappen und andere Maßnahmen, die es ermöglichen, die Schalldämpfer in ihrer Wirkung abzuschwächen oder auszuschalten, sind verboten.

(2) Kraftfahrzeuge, deren betriebsfertiges Eigengewicht 3 Tonnen nicht übersteigt, und dreiachsige Kraftfahrzeuge, deren betriebsfertiges Gewicht im beladenen oder unbeladenen Zustand 9 Tonnen übersteigt, müssen

mit Luftreifen versehen sein; alle übrigen Kraftfahrzeuge müssen mit Luftreifen oder hochelastischen Vollgummireifen versehen sein. Die Radkränze dürfen keine Unebenheiten besitzen, die geeignet sind, die Fahrbahn zu beschädigen.

§ 4.

(1) Jedes Fahrzeug muß versehen sein:

1. mit einer zuverlässigen Lenkvorrichtung, die gestattet, sicher und rasch auszuweichen; die zur Lenkung benutzten Wagenräder sollen nach beiden Seiten möglichst weit einschlagen, um kurz wenden zu können;
2. mit zwei in ihrer Wirkung voneinander unabhängigen Bremseinrichtungen, von denen jede auf die Räder einer Achse oder kreuzweise auf die Räder verschiedener Achsen gleichzeitig einwirkt. Eine der beiden Bremseinrichtungen muß feststellbar sein. Bei Kraftfahrzeugen mit Kettenantrieb muß eine Bremseinrichtung unmittelbar auf die Räder oder auf Bestandteile, die mit den Rädern fest verbunden sind, einwirken. Jede Bremseinrichtung muß für sich geeignet sein, das Fahrzeug auf kürzeste Entfernung zum Stehen zu bringen;
3. mit einer zuverlässigen Vorrichtung, die beim Befahren von Steigungen die unbeabsichtigte Rückwärtsbewegung verhindert, sofern nicht eine der Bremsen diese Forderung erfüllt;
4. mit einer am Fahrzeug befestigten Huppe zum Abgeben von Warnungszeichen; falls die Huppe mehrtonig ist, müssen die verschiedenen Töne gleichzeitig in einem harmonischen Akkord anklingen; Huppen sind als vorschriftsmäßig zu betrachten, wenn ein klarer, von Nebengeräuschen freier Ton oder Akkord

durch Schwingungen von Metallzungen, Platten (Membranen) oder anderen Teilen erzeugt wird. An jedem Fahrzeug muß mindestens eine Huppe vorhanden sein, mit der auch bei stillstehendem Motor Warnungszeichen abgegeben werden können[1];

5. nach eingetretener Dunkelheit und bei starkem Nebel mit mindestens zwei in gleicher Höhe angebrachten, die seitliche Begrenzung des Fahrzeugs anzeigenden, hellbrennenden Laternen mit farblosem oder schwach gelblichem Glase, die den Lichtschein derart auf die Fahrbahn werfen, daß diese auf mindestens 20 Meter vor dem Fahrzeug von dem Führer übersehen werden kann. Der Abstand der Außenkante der die seitliche Begrenzung anzeigenden Laternen von der Außenkante des Fahrzeugs darf nicht mehr als 40 Zentimeter betragen. Übermäßig stark wirkende Scheinwerfer dürfen nicht verwendet werden;

6. mit einer Vorrichtung, die verhindert, daß das Fahrzeug von Unbefugten in Betrieb gesetzt werden kann.

(2) Für Krafträder gelten nicht die Vorschriften über Feststellbarkeit der Bremse (Nr. 2) und Vorrichtungen zur Verhinderung der unbeabsichtigten Rückwärtsbewegung (Nr. 3) und der Inbetriebsetzung durch Unbefugte (Nr. 6); es genügt eine hellbrennende Laterne mit farblosem oder schwach gelblichem Glase (Nr. 5), ausgenommen, wenn ein Kraftrad einen Beiwagen auf der linken Seite mitführt; eine auf das Wagenrad des Beiwagens einwirkende Bremse (Nr. 2) ist nicht erforderlich.

(3) Jeder Kraftwagen, dessen Eigengewicht 350 Kilogramm übersteigt, muß so eingerichtet sein, daß er mittels

der Maschine oder des Motors vom Führersitz aus in Rückwärtsgang gebracht werden kann.

(4) Die Griffe zur Bedienung der Maschine oder des Motors und der im Abs. 1 bis 3 angeführten Einrichtungen müssen so angebracht sein, daß der Führer sie, ohne sein Augenmerk von der Fahrtrichtung abzulenken, leicht und auch im Dunkeln ohne Verwechselungsgefahr handhaben kann.

(5) Jedes Kraftfahrzeug muß mit einem an einer sichtbaren Stelle des Fahrgestells angebrachten Schilde versehen sein, das die Firma, die das Fahrgestell hergestellt hat, die Fabriknummer des Fahrgestells, die Anzahl der Pferdestärken der Maschine oder des Motors (bei Krafträdern, Personenkraftwagen mit Ausnahme der Kraftomnibusse und bei Lastkraftwagen bis 2,5 Tonnen Eigengewicht, sofern diese Fahrzeuge durch Verbrennungsmaschine angetrieben werden, auch den Hubraum der Maschine) und das Eigengewicht des betriebsfertigen Fahrzeugs ergibt. Bei Verbrennungsmaschinen muß die Fabriknummer der Antriebsmaschine auf den Zylindern eingeschlagen sein. Bei Kraftfahrzeugen, deren Gesamtgewicht (einschließlich Ladung) 5 Tonnen übersteigt, muß sich die Angabe auf dem Schilde auch auf die zulässige Belastung, auf die Achsdrucke und auf die Felgendrucke auf 1 Zentimeter Felgenbreite — Basis der Gummireifen — im beladenen Zustand erstrecken.

(6) Bei einem Kraftfahrzeug im beladenen Zustand darf der Druck auf eine Achse 6 Tonnen, bei Vorhandensein von 3 Achsen 5 Tonnen und der Druck auf 1 Zentimeter Felgenbreite — Basis der Gummireifen — 150 Kilogramm nicht überschreiten.

(7) Zum Abgeben von Warnungszeichen außerhalb geschlossener Ortsteile bestimmte Pfeifen (§ 19 Abs. 3) gel-

ten als vorschriftsmäßig, wenn durch sie Pfiffe gleicher Tonhöhe in der Weise erzeugt werden, daß unter Druck stehende verbrannte Gase aus dem Zylinder oder der Auspuffleitung durch die Pfeife entweichen.

(8) Lastkraftwagen, deren Eigengewicht zuzüglich der zulässigen Belastung 3,5 Tonnen übersteigt, müssen an der linken Seite mit einem Spiegel versehen sein, der dem Führer die Beobachtung der Fahrbahn nach rückwärts ermöglicht.

(9) Bei Verwendung eines Schlußlichtes oder einer Einrichtung zur Anzeige der Absicht des Anhaltens oder der beabsichtigten Änderung der Fahrtrichtung darf nur gelbrotes Licht benutzt werden.

(10) Die Ladung muß so verteilt, verwahrt oder befestigt sein, daß sie weder Personen oder Sachen beschädigen oder verunreinigen, noch starkes Geräusch oder das Umschlagen des Fahrzeugs verursachen kann. Am hinteren Ende des Fahrzeugs weit herausragende Ladungen müssen an den Enden durch Strohkränze, Lappen oder dergleichen besonders kenntlich gemacht sein.

1 S. § 19 Abs. 3; § 42 Abs. 2.

b. Antrag auf Zulassung eines Fahrzeugs.

§ 5.

(1) Wenn ein Kraftfahrzeug in Betrieb genommen werden soll, hat der Eigentümer bei der für seinen Wohnort zuständigen höheren Verwaltungsbehörde die Zulassung des Fahrzeugs schriftlich zu beantragen. Der Antrag muß enthalten[1]:

1. Namen, Beruf (Gewerbe) und Wohnort des Eigentümers,
2. die Firma, die das Fahrgestell hergestellt hat, sowie die Fabriknummer des Fahrgestells,

3. die Art des Fahrzeugs (Kraftrad, Personenkraftwagen, Kraftomnibus, Lastkraftwagen, Elektrokarren, Zugmaschine oder Güterladeraum), bei Möglichkeit eines Wechsels in den Aufbauten nähere Angaben hierüber,
4. die Art des Antriebs (Verbrennungsmaschine, Dampfmaschine, Elektromotor),
5. die Anzahl der Pferdestärken der Maschine oder des Motors (bei Krafträdern, Personenkraftwagen mit Ausnahme der Kraftomnibusse und bei Lastkraftwagen bis 2,5 Tonnen Eigengewicht, sofern diese Fahrzeuge durch Verbrennungsmaschine angetrieben werden, auch den Hubraum und die Nummer der Maschine),
6. das Eigengewicht des betriebsfertigen Fahrzeugs,
7. die zulässige Belastung (in Kilogramm oder Personen einschließlich Führer),
8. bei Fahrzeugen, deren Gesamtgewicht (einschließlich Ladung) 5 Tonnen übersteigt, die Achsdrucke und die Felgendrucke auf 1 Zentimeter Felgenbreite — Basis der Gummireifen — im beladenen Zustand,
9. bei Kraftomnibussen mit Antrieb durch Verbrennungsmaschine und bei Lastkraftwagen mit gleichem Antrieb die Angabe, ob alle Räder mit Luftreifen versehen sind,
10. die Angabe der gewerblichen oder landwirtschaftlichen Berufsgenossenschaft, falls der Eigentümer einer solchen angehört.

(2) Dem Antrag ist das Gutachten eines von der höheren Verwaltungsbehörde anerkannten Sachverständigen beizufügen, das die Richtigkeit der Angaben unter Abs. 1 Nr. 3 bis 9 sowie ferner bestätigt, daß das Fahr-

zeug den nach dieser Verordnung zu stellenden Anforderungen genügt. Das Gutachten hat der Antragsteller auf seine Kosten zu beschaffen[2].

(3) Die höhere Verwaltungsbehörde kann einer zuverlässigen ins Handelsregister eingetragenen Firma, zu deren Geschäftsbetrieb die Herstellung von Kraftfahrzeugen gehört und deren Sitz sich im Bezirke der Behörde befindet, auf schriftlichen Antrag nach einer auf Kosten der Firma vorgenommenen Prüfung (Typenprüfung) widerruflich eine Bescheinigung darüber erteilen, daß eine von ihr fabrikmäßig gefertigte Gattung von Kraftfahrzeugen den Anforderungen dieser Verordnung genügt (Typenbescheinigung). Für im Ausland hergestellte Fahrzeuge kann eine solche Bescheinigung einer zuverlässigen, ins Handelsregister eingetragenen Firma, zu deren Geschäftsbetriebe der Handel mit Kraftfahrzeugen gehört und deren Sitz sich im Bezirke der Behörde befindet, auf schriftlichen Antrag ausgestellt werden, wenn der Nachweis erbracht wird, daß die Firma im Deutschen Reiche zum alleinigen Vertriebe von Kraftfahrzeugen der betreffenden Gattung berechtigt ist. Die Typenbescheinigung gilt fürs ganze Reich. Für ein Kraftfahrzeug einer solchen Gattung (Satz 1 und 2) kann die Firma zu einer amtlich beglaubigten Abschrift der Typenbescheinigung mit etwaigen Nachträgen unter laufender Nummer eine Ergänzungsbescheinigung ausstellen, die die Richtigkeit der im Absatz 1 unter Nr. 3 bis 9 vorgeschriebenen Angaben bestätigen muß. Eine solche Firmenbescheinigung (Abschrift der Typenbescheinigung nebst Ergänzungsbescheinigung) ersetzt das Gutachten des amtlich anerkannten Sachverständigen (§ 5 Abs. 2) in allen Fällen mit Ausnahme der des § 6 Abs. 3 Satz 2 und des § 35 Abs. 1 mit der Maßgabe, daß für Kraft-

omnibusse mit Antrieb durch Verbrennungsmaschine, Lastkraftwagen mit gleichem Antrieb, elektrisch oder mit Dampf angetriebene Kraftfahrzeuge sowie Zugmaschinen ohne Güterladeraum ein amtlicher Wiegeschein oder eine Bescheinigung über die unter behördlicher Überwachung vorgenommene Wägung beizufügen ist. Für ein Fahrzeug, das schon einmal zum Verkehr auf öffentlichen Wegen zugelassen war, darf eine Firmenbescheinigung nur dann ausgestellt werden, wenn die Firma das Fahrzeug nochmals geprüft und sich von seiner vorschriftsmäßigen Beschaffenheit überzeugt hat; dies ist in der Bescheinigung zu vermerken. Über die mittels Firmenbescheinigung in den Verkehr gebrachten Fahrzeuge hat die Firma ein Verzeichnis zu führen und auf Verlangen den zuständigen Beamten vorzulegen. Firmenbescheinigungen können unter Mitverantwortung der Stammfirma — bei Fahrzeugen ausländischer Herstellung der Hauptvertretung im Sinne des Satzes 2 — auch von den Zweigniederlassungen, die dann gleichfalls zur Listenführung verpflichtet sind, ausgestellt werden. Im Falle des Widerrufs (Satz 1 und 2) verliert die Typenbescheinigung ihre Gültigkeit und ist nebst allen bereits gefertigten beglaubigten Abschriften der zuständigen höheren Verwaltungsbehörde abzuliefern, soweit die Abschriften nicht als Firmenbescheinigungen in den Verkehr gegeben worden sind.

(4) Für die Prüfungen nach Abs. 2 und 3 gelten die Vorschriften einer „Anweisung über die Prüfung von Kraftfahrzeugen“, die der Reichsverkehrsminister erläßt. Er hat davon dem Reichsrat unverzüglich Kenntnis zu geben; erhebt der Reichsrat innerhalb eines Monats Widerspruch, so hat der Reichsverkehrsminister die beanstandeten Vorschriften aufzuheben.

(5) Mit Zustimmung der obersten Landesbehörde und des Reichsverkehrsministers können versuchsweise auch

Kraftfahrzeuge, deren Beschaffenheit oder Ausrüstung den Vorschriften dieser Verordnung oder der „Anweisung über die Prüfung von Kraftfahrzeugen" nicht entspricht, widerruflich zum Verkehre zugelassen werden.

1 S. § 45 Abs. 2 zu a.

2 S. § 45 Abs. 2 zu a und c.

c. Zulassung zum Verkehr und Kennzeichnung.

§ 6[1].

(1) Die höhere Verwaltungsbehörde (§ 5 Abs. 1) entscheidet über den Antrag auf Zulassung des Kraftfahrzeugs zum Verkehr auf öffentlichen Wegen. Die Zulassung gilt für das ganze Reich.

(2) Im Falle der Zulassung hat die höhere Verwaltungsbehörde das Kraftfahrzeug in eine Liste einzutragen, dem Fahrzeug ein polizeiliches Kennzeichen (§ 8) zuzuteilen und hiervon dem Antragsteller Mitteilung zu machen, sowie über die Zulassung und die Eintragung des Kraftfahrzeugs und die Zuteilung des Kennzeichens eine Bescheinigung auszufertigen. Die Aushändigung der Bescheinigung erfolgt durch die für den Ort, wo das Kraftfahrzeug in Betrieb gesetzt werden soll, zuständige Polizeibehörde[2]. Die Bescheinigung darf erst ausgehändigt werden, wenn den Vorschriften über die Entrichtung der Kraftfahrzeugsteuer genügt ist. Die Muster der Liste und der Bescheinigung schreibt der Reichsverkehrsminister vor.

(3) Treten bei einem zum Verkehr auf öffentlichen Wegen bereits zugelassenen Kraftfahrzeug Änderungen ein, die eine Berichtigung der Liste und der Zulassungsbescheinigung erforderlich machen, so hat der Eigentümer unter Vorlegung der Zulassungsbescheinigung die Berichtigungen innerhalb zwei Wochen bei der zuständigen höheren Verwaltungsbehörde zu beantragen; ist eine Be-

richtigung erforderlich geworden, weil ein Kraftomnibus mit Antrieb durch Verbrennungsmaschine oder ein Lastkraftwagen mit gleichem Antrieb an allen Rädern mit Luftreifen statt einer anderen Bereifung versehen worden ist, so hat der Eigentümer den Bereifungswechsel in geeigneter Form nachzuweisen. Bei Änderung der Art des Antriebs, bei Einbau einer stärkeren Maschine oder eines stärkeren Motors, einer in ihrer Bauart oder Übersetzung veränderten Bremse oder Lenkvorrichtung bedarf es einer erneuten Zulassung, die der Eigentümer sofort unter Beifügung eines Gutachtens (§ 5 Abs. 2) bei der zuständigen höheren Verwaltungsbehörde zu beantragen hat.

(4) Verlegt der Eigentümer eines Kraftfahrzeugs seinen Wohnort in den Bezirk einer anderen höheren Verwaltungsbehörde, so hat er bei dieser unverzüglich die Erteilung einer neuen Zulassungsbescheinigung unter Beifügung der bisherigen oder einer beglaubigten Abschrift davon zu beantragen; eines Sachverständigengutachtens (§ 5 Abs. 2, 3) bedarf es in diesem Falle nicht. Dem Fahrzeug wird ein neues Kennzeichen zugeteilt. Bei Aushändigung der neuen Zulassungsbescheinigung ist die bisherige der höheren Verwaltungsbehörde zurückzugeben und von dieser der vordem zuständigen höheren Verwaltungsbehörde unter Angabe des neuen Kennzeichens zu übersenden. Das Kraftfahrzeug ist in die Liste einzutragen.

(5) Soll ein Kraftfahrzeug zum Verkehr auf öffentlichen Wegen nicht mehr verwendet werden, so hat der Eigentümer der zuständigen höheren Verwaltungsbehörde hiervon Mitteilung zu machen und ihr die Zulassungsbescheinigung sowie das Kennzeichen abzuliefern; sobald dies geschehen, gilt das Fahrzeug als abgemeldet. Das Kenn-

zeichen ist, sofern es nicht amtlich ausgegeben ist, nach Vernichtung des Dienststempels zurückzugeben. Unterbleibt die Ablieferung, so hat die höhere Verwaltungsbehörde die Zulassungsbescheinigung und das Kennzeichen einzuziehen oder, soweit die Einziehung des Kennzeichens nicht zulässig ist, den Dienststempel auf diesem augenfällig zu vernichten. In gleicher Weise ist auf Antrag der Steuerbehörde zu verfahren, wenn eine neue Kraftfahrzeugsteuerkarte nicht rechtzeitig gelöst oder die Kraftfahrzeugsteuer nicht rechtzeitig entrichtet wird.

(6) Geht ein zum Verkehr auf öffentlichen Wegen zugelassenes Kraftfahrzeug auf einen anderen Eigentümer über, der das Fahrzeug weiterbenutzen will, so hat der bisherige Eigentümer den Eigentumsübergang unverzüglich der für seinen Wohnort zuständigen höheren Verwaltungsbehörde unter Angabe von Namen, Wohnort und Wohnung des neuen Eigentümers anzuzeigen; er hat ferner dem neuen Eigentümer die Zulassungsbescheinigung gegen Empfangsbestätigung auszuhändigen und diese seiner Anzeige beizufügen. Mit Eingang der Anzeige und der Empfangsbestätigung bei der höheren Verwaltungsbehörde gilt das Fahrzeug in der Person des bisherigen Eigentümers als abgemeldet. Der neue Eigentümer hat unverzüglich bei der für seinen Wohnort zuständigen höheren Verwaltungsbehörde die Erteilung einer neuen Zulassungsbescheinigung unter Beifügung der bisherigen oder einer beglaubigten Abschrift davon zu beantragen; eines Sachverständigengutachtens (§ 5 Abs. 2, 3) bedarf es nicht. War das Fahrzeug bisher von derselben höheren Verwaltungsbehörde zugelassen, so behält es sein Kennzeichen; die Liste ist zu berichtigen. War das Fahrzeug bisher von einer anderen höheren Verwaltungsbehörde zugelassen, so wird es in die Liste eingetragen und ihm

ein neues Kennzeichen zugeteilt. War dem Antrag nur eine beglaubigte Abschrift der bisherigen Zulassungsbescheinigung beigefügt, so ist gegen Aushändigung der neuen Zulassungsbescheinigung die bisherige zurückzugeben; diese ist der etwa vordem zuständigen höheren Verwaltungsbehörde unter Angabe des neuen Kennzeichens zu übersenden. Die neue Zulassungsbescheinigung darf erst ausgehändigt werden, wenn den Vorschriften über die Entrichtung der Kraftfahrzeugsteuer genügt ist.

(7) Soll ein Kraftfahrzeug nur bis zur Dauer von acht Monaten zum Verkehr auf öffentlichen Wegen nicht verwendet werden, so gilt Abs. 5 Satz 1 bis 3 mit der Maßgabe, daß die höhere Verwaltungsbehörde nach Eintragung des Tages der Abmeldung in die Liste die Zulassungsbescheinigung auf Antrag des Eigentümers bis zur Dauer von acht Monaten aufzubewahren und von einer Zuteilung des Kennzeichens an ein anderes Kraftfahrzeug während dieser Zeit abzusehen hat. Wird bei ihr innerhalb dieser Zeit von dem bisherigen oder einem neuen Eigentümer die erneute Zulassung beantragt und von dem Antragsteller die Erklärung abgegeben, daß Änderungen im Sinne des Abs. 3 an dem Kraftfahrzeug in der Zwischenzeit nicht eingetreten sind, so kann sie auf das Sachverständigengutachten (§ 5 Abs. 2, 3) verzichten; im Falle erneuter Zulassung ist dasselbe Kennzeichen (Abs. 2) wieder zuzuteilen; dem bisherigen Eigentümer ist die bisherige Zulassungsbescheinigung nach Eintragung des Tages der erneuten Zulassung in die Liste, einem neuen Eigentümer ist eine neue Zulassungsbescheinigung nach Berichtigung der Liste auszuhändigen; für die Aushändigung der Zulassungsbescheinigung gilt in beiden Fällen Abs. 2 Satz 2 und 3. Liegt der Wohnort des Eigentümers, der die erneute Zulassung des ab-

gemeldeten Kraftfahrzeugs begehrt, im Bezirk einer anderen höheren Verwaltungsbehörde, so ist der Antrag an diese zu richten; für die erneute Zulassung gilt Abs. 2; auf das Sachverständigengutachten kann verzichtet werden, wenn der Antragsteller erklärt, daß Änderungen im Sinne des Abs. 3 an dem Kraftfahrzeug in der Zwischenzeit nicht eingetreten sind. Die höhere Verwaltungsbehörde hat die bisherige Zulassungsbescheinigung von der früher zuständigen höheren Verwaltungsbehörde einzufordern und dieser nach erfolgter Zulassung unter Angabe des neuen Kennzeichens zurückzusenden; die früher zuständige höhere Verwaltungsbehörde hat ihre Liste zu berichtigen.

(8) Mit Zustimmung der obersten Landesbehörde kann die höhere Verwaltungsbehörde zum Verkehr auf öffentlichen Wegen zugelassenen Kraftfahrzeugen ein anderes Kennzeichen zuteilen. In diesen Fällen haben die Eigentümer die Zulassungsbescheinigungen der höheren Verwaltungsbehörde innerhalb 14 Tagen zwecks Berichtigung vorzulegen.

1 S. § 45 Abs. 2 zu a.
2 Ebd. Abs. 3.

§ 7.

Vorbehaltlich der Vorschrift im § 38 muß jedes auf öffentlichen Wegen verkehrende Kraftfahrzeug das polizeiliche Kennzeichen (§ 8) tragen.

§ 8.

(1) Das von der höheren Verwaltungsbehörde zuzuteilende Kennzeichen besteht aus einem (oder mehreren) Buchstaben (oder römischen Ziffern) zur Bezeichnung des Landes (oder engeren Verwaltungsbezirkes) und aus der Erkennungsnummer, unter der das Fahrzeug in die

polizeiliche Liste (§ 6 Abs. 2) eingetragen ist. Die Verteilung der Kennzeichen innerhalb des Reichsgebiets erfolgt nach einem „Plan für die Kennzeichnung der Kraftfahrzeuge", den der Reichsverkehrsminister nach Anhörung der beteiligten obersten Landesbehörden aufstellt. Das Kennzeichen ist an der Vorderseite und an der Rückseite des Fahrzeugs nach außen hin an leicht sichtbarer Stelle anzubringen. Die Fläche des Kennzeichens muß zur Längsachse des Fahrzeugs senkrecht oder annähernd senkrecht stehen. Bei spitz zulaufenden Fahrzeugen kann jedoch das vordere und das hintere Kennzeichen durch je zwei Kennzeichen ersetzt werden; diese müssen beiderseits an jedem spitz zulaufenden Ende des Fahrzeugs auf Flächen angebracht sein, die zur Längsachse des Fahrzeugs schräg, zur Fahrbahn senkrecht oder annähernd senkrecht stehen.

(2) Das vordere Kennzeichen ist in schwarzer Balkenschrift auf weißem, schwarzgerandetem Grunde auf die Wandung des Fahrzeugs oder auf eine rechteckige Tafel aufzumalen, die mit dem Fahrzeug durch Schrauben, Nieten oder Nägel fest zu verbinden ist. Die Buchstaben (oder die römischen Ziffern) und die Nummern müssen in eine Reihe gestellt und durch einen wagerechten Strich voneinander getrennt werden. Die Abmessungen betragen: Randbreite mindestens 10 Millimeter, Schrifthöhe 75 Millimeter bei einer Strichstärke von 12 Millimeter, Abstand zwischen den einzelnen Zeichen und vom Rande 20 Millimeter, Stärke des Trennungsstrichs 12 Millimeter, Länge des Trennungsstrichs 25 Millimeter, Höhe der Tafel ausschließlich des Randes 115 Millimeter.

(3) Bei dem an der Rückseite des Fahrzeugs mittels Schrauben, Nieten oder Nägel fest anzubringenden Kenn-

zeichen sind die Buchstaben (römischen Ziffern) und die Nummer auf einer viereckigen weißen, schwarzgerandeten Tafel in schwarzer Balkenschrift auszuführen. Die Tafel kann Bestandteil einer Laterne sein (vergleiche § 11). Die Nummer kann unter den Buchstaben (römischen Ziffern) oder, durch einen wagerechten Strich getrennt, dahinter stehen. Die Abmessungen betragen: Randbreite mindestens 10 Millimeter, Schrifthöhe 100 Millimeter bei einer Strichstärke von 15 Millimeter, Abstand zwischen den einzelnen Zeichen und vom Rande 20 Millimeter, Höhe der Tafel ausschließlich des Randes bei zweizeiligen Kennzeichen 260 Millimeter, bei einzeiligen Kennzeichen 140 Millimeter, ferner bei einzeiligen Kennzeichen Stärke des Trennungsstrichs 15 Millimeter, Länge des Trennungsstrichs 30 Millimeter. Das hintere Kennzeichen kann auch auf die Wandung des Fahrzeugs aufgemalt werden.

(4) Kraftzweiräder sind von der Führung des hinteren Kennzeichens befreit. Bei ihnen genügt ein beiderseitig beschriebenes Kennzeichen, das an der Vorderseite in der Fahrtrichtung an leicht sichtbarer Stelle anzubringen ist. Das Kennzeichen ist in schwarzer Balkenschrift auf weißem, schwarzgerandetem Grunde auf eine rechteckige, an den Vorderecken leicht abgerundete Tafel aufzumalen, die mit dem Fahrzeug durch Schrauben, Nieten oder Nägel fest zu verbinden ist. Die Buchstaben (oder die römischen Ziffern) und die Nummer müssen in einer Reihe stehen und durch einen wagerechten Strich voneinander getrennt sein. Die Abmessungen betragen: Randbreite mindestens 8 Millimeter, Schrifthöhe 60 Millimeter bei einer Strichstärke von 10 Millimeter, Abstand zwischen den einzelnen Zeichen und vom Rande 12 Millimeter, Stärke des Trennungsstrichs 10 Millimeter, Länge

des Trennungsstrichs 18 Millimeter, Höhe der Tafel ausschließlich des Randes 84 Millimeter.

(5) Bei Elektrokarren, deren betriebsfertiges Eigengewicht 1,75 Tonnen nicht übersteigt, bei anderen Kraftwagen, deren betriebsfertiges Eigengewicht 0,5 Tonnen nicht übersteigt, und bei Kraftdreirädern können das vordere und hintere Kennzeichen (Abs. 2 und 3) auch mit den im Abs. 4 angegebenen Abmessungen ausgeführt werden mit der Maßgabe, daß die Höhe der Tafel ausschließlich des Randes bei zweizeiligen hinteren Kennzeichen 156 Millimeter betragen soll.

(6) Die Muster für die Kennzeichen schreibt der Reichsverkehrsminister vor.

§ 9[1].

Die Kennzeichen müssen mit dem Dienststempel der Polizeibehörde (§ 6 Abs. 2 Satz 2) versehen sein. Zum Zwecke der Abstempelung des Kennzeichens hat die Polizeibehörde die Vorführung des Kraftfahrzeugs anzuordnen. Bevor sie die Abstempelung vornimmt, hat sie sich durch sorgfältige Prüfung davon zu überzeugen, daß das Fahrzeug insbesondere auch den Vorschriften der §§ 8, 10 und 11 entspricht.

1 S. § 45 Abs. 3.

§ 10.

Die Kennzeichen dürfen nicht zum Umklappen eingerichtet sein; sie dürfen niemals verdeckt sein und müssen stets in lesbarem Zustand erhalten werden. Der untere Rand des vorderen Kennzeichens darf nicht weniger als 20 Zentimeter, der des hinteren nicht weniger als 45 Zentimeter vom Erdboden entfernt sein.

§ 11.

(1) Bei Dunkelheit und bei starkem Nebel sind hintere Kennzeichen so zu beleuchten, daß sie deutlich erkennbar sind.

Beleuchtungsvorrichtungen dürfen die Kennzeichen von keiner Seite verdecken; Vorrichtungen zum Abstellen der Beleuchtung vom Sitze des Führers oder vom Innern des Wagens aus sind nur zulässig, wenn beim Abstellen gleichzeitig sämtliche Laternen (§ 4 Abs. 1 Nr. 5) verlöschen.

(2) Bei Kraftzweirädern ist das an der Vorderseite angebrachte Kennzeichen während der Dunkelheit und bei starkem Nebel so zu beleuchten, daß es von beiden Seiten deutlich erkennbar ist.

§ 12[1].

Ist der Dienststempel eines Kennzeichens unkenntlich geworden oder muß ein mit dem Dienststempel der Polizeibehörde versehenes Kennzeichen erneuert werden, so ist das Kraftfahrzeug wiederum entsprechend der Vorschrift im § 9 der Polizeibehörde vorzuführen; tritt die Notwendigkeit der Erneuerung an einem Orte ein, von dem aus die Polizeibehörde, die die erste Stempelung des Kennzeichens vorgenommen hatte, ohne Zeitverlust nicht erreicht werden kann, so ist das Fahrzeug der nächsten Polizeibehörde vorzuführen, die alsdann den Dienststempel zu erneuern oder das erneuerte Kennzeichen mit dem Dienststempel zu versehen und, daß dies geschehen, in der Zulassungsbescheinigung (§ 6 Abs. 2) ersichtlich zu machen hat.

1 S. § 45 Abs. 3.

§ 13.

Die Anbringung mehrerer verschiedener Kennzeichen ist unzulässig.

C. Der Führer des Kraftfahrzeugs.

a. Die Zulassung zum Führen.

§ 14[1].

(1) Wer auf öffentlichen Wegen ein Kraftfahrzeug führen will, bedarf der Erlaubnis der zuständigen höheren Verwaltungsbehörde; dies gilt nicht für ausschließlich im inländischen Verkehre benutzte Elektrokarren, deren betriebsfertiges Eigengewicht 1,75 Tonnen, und andere elektrisch angetriebene Kraftfahrzeuge, deren betriebsfertiges Eigengewicht 0,5 Tonnen nicht übersteigt. Die Erlaubnis gilt für das ganze Reich; sie ist zu erteilen, wenn der Nachsuchende seine Befähigung durch eine Prüfung dargetan hat und nicht Tatsachen vorliegen, die die Annahme rechtfertigen, daß er zum Führen von Kraftfahrzeugen ungeeignet ist.

(2) Personen unter 18 Jahren ist das Führen von Kraftfahrzeugen, insbesondere auch von Krafträdern und elektrisch angetriebenen Kraftfahrzeugen im Sinne des Abs. 1 Satz 1 nicht gestattet. Ausnahmen können von der höheren Verwaltungsbehörde mit Zustimmung des gesetzlichen Vertreters zugelassen werden.

(3) Den Nachweis der Erlaubnis hat der Führer durch eine Bescheinigung (Führerschein) zu erbringen, deren Muster der Reichsverkehrsminister vorschreibt.

(4) Für die vorzunehmenden Prüfungen gelten die Vorschriften unter Ziffer I bis VII der als Anlage beigefügten „Anweisung über die Prüfung der Führer von Kraftfahrzeugen[2]".

1 S. § 45 Abs. 2 zu b.
2 S. § 43.

b. Besondere Pflichten des Führers.

§ 15.

(1) Der Führer hat den Führerschein (§ 14 Abs. 3) sowie die Bescheinigung über die Zulassung des Kraftfahrzeugs (§ 6 Abs. 2 und § 41 Abs. 1, 2 und 11) bei der Benutzung des Fahrzeugs auf öffentlichen Wegen bei sich zu führen und auf Verlangen den zuständigen Beamten vorzuzeigen.

(2) Personen, bei denen die Sehschärfe auf einem Auge ohne oder mit Glas weniger als $^1/_6$ beträgt oder das Sehvermögen auf einem Auge ganz fehlt, müssen beim Führen eines Kraftfahrzeugs mit offenem Führersitz eine staubdicht abschließende Schutzbrille tragen; sie dürfen einen Kraftwagen nur führen, wenn er vor dem Führersitz eine Schutzscheibe mit selbsttätigem Scheibenwischer hat.

§ 16.

Der Führer ist dafür verantwortlich, daß das Kraftfahrzeug mit den nach dieser Verordnung vorgeschriebenen Vermerken und polizeilichen Kennzeichen versehen ist, daß das Kennzeichen in vorgeschriebener Weise beleuchtet ist, daß die zulässige Belastung nicht überschritten wird und daß das Fahrzeug und die Ladung sich in vorschriftsmäßigem Zustand (§§ 3, 4) befinden; er hat sich vor der Fahrt von dem Zustand des Fahrzeugs zu überzeugen. Der Halter eines Kraftfahrzeugs darf die Inbetriebnahme nicht anordnen oder zulassen, wenn ihm ein Mangel bekannt ist. Stellen sich Mängel unterwegs ein, so hat der Führer für Abhilfe zu sorgen.

§ 17.

(1) Der Führer ist zur gehörigen Vorsicht in Leitung und Bedienung seines Fahrzeugs verpflichtet.

(2) Der Führer ist insbesondere dafür verantwortlich, daß eine Belästigung von Personen oder Gefährdung von Fuhrwerken durch Geräusch, Rauch, Dampf oder üblen Geruch in keinem Falle eintritt.

(3) Stark wirkende Scheinwerfer müssen innerhalb beleuchteter Ortsteile, ausgenommen bei starkem Nebel, abgeblendet werden, ferner da, wo die Sicherheit des Verkehrs es erfordert, insbesondere beim Begegnen mit anderen Fahrzeugen. Der Reichsverkehrsminister bestimmt, welche Scheinwerfer als übermäßig stark wirkend und welche als stark wirkend gelten und in welchem Grade stark wirkende Scheinwerfer in den Fällen des Satzes 1 abgeblendet werden müssen.

§ 18.

(1) Die Fahrgeschwindigkeit ist so einzurichten, daß der Führer in der Lage bleibt, seinen Verpflichtungen Genüge zu leisten.

(2) Ist der Überblick über die Fahrbahn behindert, die Sicherheit des Fahrens durch die Beschaffenheit des Weges beeinträchtigt, oder herrscht lebhafter Verkehr, so muß so langsam gefahren werden, daß das Fahrzeug auf kürzeste Entfernung zum Stehen gebracht werden kann.

(3) Die höchstzulässige Fahrgeschwindigkeit beträgt bei Kraftfahrzeugen bis zu 5,5 Tonnen Gesamtgewicht innerhalb geschlossener Ortsteile 30 Kilometer in der Stunde; die höhere Verwaltungsbehörde kann Geschwindigkeiten bis zu 40 Kilometer zulassen. Bei Kraftfahrzeugen von mehr als 5,5 Tonnen Gesamtgewicht beträgt die höchstzulässige Fahrgeschwindigkeit 30 Kilometer in der Stunde. Bei Mitführen von Anhängern beträgt die höchstzulässige Fahrgeschwindigkeit bei allen Kraftfahrzeugen innerhalb geschlossener Ortsteile 16 Kilometer in der Stunde.

§ 19.

(1) Der Führer hat überall dort, wo es die Sicherheit des Verkehrs erfordert, durch deutlich hörbare Warnungszeichen rechtzeitig auf das Nahen des Kraftfahrzeugs aufmerksam zu machen.

(2) Das Abgeben von Warnungszeichen ist sofort einzustellen, wenn Pferde oder andere Tiere dadurch unruhig oder scheu werden.

(3) Innerhalb geschlossener Ortsteile dürfen Warnungszeichen nur mit der im § 4 Abs. 1 Nr. 4 vorgeschriebenen Huppe abgegeben werden; die Warnungszeichen müssen kurz, ihre Klangfarbe und Klangstärke so beschaffen sein, daß im Gefahrbereich befindliche Personen gewarnt, im weiteren Umkreis befindliche Personen aber nicht belästigt werden. Außerhalb geschlossener Ortsteile darf auch eine Pfeife benutzt werden. Die Benutzung von Signalinstrumenten zur Abgabe von anderen als Warnungszeichen, insbesondere von Rufzeichen, ist innerhalb geschlossener Ortsteile verboten[1].

(4) Das Abgeben langgezogener Warnungszeichen, die Ähnlichkeit mit Feuersignalen haben, und die Anbringung und Verwendung anderer als der im Abs. 3 genannten Signalinstrumente ist verboten.

1 S. § 42 Abs. 1.

§ 20.

Merkt der Führer, daß ein Pferd oder ein anderes Tier vor dem Kraftfahrzeuge scheut oder daß sonst durch das Vorbeifahren mit dem Kraftfahrzeuge Menschen oder Tiere in Gefahr gebracht werden, so hat er langsam zu fahren sowie erforderlichenfalls anzuhalten und die Maschine oder den Motor außer Tätigkeit zu setzen.

§ 21.

(1) Der Führer hat mit seinem Kraftfahrzeuge, soweit nicht besondere Umstände entgegenstehen, die rechte Seite des Weges einzuhalten und darf die linke Seite nur beim Überholen oder beim Anhalten an links liegenden Grundstücken — soweit dies örtlich nicht verboten ist — benutzen. Langsam fahrende Kraftfahrzeuge haben innerhalb geschlossener Ortsteile möglichst die äußerste rechte Seite einzuhalten. Beim Durchfahren von scharfen oder unübersichtlichen Wegekrümmungen ist stets die rechte Seite einzuhalten.

(2) Beim Einbiegen in einen anderen Weg hat der Führer nach rechts in kurzer Wendung, nach links in weitem Bogen zu fahren.

§ 22.

(1) Der Führer hat entgegenkommenden anderen Wegebenutzern rechtzeitig und genügend nach rechts auszuweichen oder, falls dies die Umstände oder die Örtlichkeit nicht gestatten, zu halten, bis der Weg frei ist. Jedoch hat der Führer entgegenkommenden Schienenfahrzeugen nach links auszuweichen, wenn der Abstand zwischen dem Schienenfahrzeug und dem rechten Wegerand ein Rechtsausweichen nicht zuläßt.

(2) Soweit bei Begegnung mit anderen Wegebenutzern ein Ausweichen unmöglich ist, hat der Führer nötigenfalls umzukehren oder rückwärts zu fahren, wenn ihm dies nach den Umständen des Einzelfalls am leichtesten fällt.

§ 23.

(1) Der Führer hat eingeholte andere Wegebenutzer auf der linken Seite zu überholen. Schienenfahrzeuge hat er jedoch rechts zu überholen, es sei denn, daß der Ab-

stand zwischen dem Schienenfahrzeug und dem rechten Wegerand ein Rechtsüberholen nicht zuläßt. Schnelleren Wegebenutzern, welche die Absicht zu überholen kundgeben, hat er dies durch sofortiges Rechtshalten zu ermöglichen.

(2) An einer Haltestelle haltende Schienenfahrzeuge dürfen auf der Seite, auf der die Fahrgäste ein- und aussteigen, nur in Schrittgeschwindigkeit und nur in einem solchen seitlichen Abstand überholt werden, daß die Fahrgäste nicht gefährdet werden.

(3) Nach dem Überholen darf sich der Führer erst wieder nach rechts wenden, wenn der überholte Wegebenutzer dadurch nicht gefährdet wird.

(4) An unübersichtlichen Wegestellen und an Stellen, an denen die Fahrbahn durch andere Wegebenutzer oder in sonstiger Weise verengt ist, ist das Überholen verboten.

§ 24.

An Kreuzungen und Einmündungen von Wegen hat, unbeschadet der von Polizeibeamten im Einzelfalle zu treffenden Anordnungen, das auf einem Hauptverkehrswege sich bewegende Kraftfahrzeug die Vorfahrt gegenüber dem aus einem Seitenwege kommenden Fahrzeug; im übrigen hat das von rechts kommende Fahrzeug die Vorfahrt.

§ 25.

(1) Für Fahrzeuge der Polizei und Feuerwehr, die sich durch besondere Zeichen kenntlich machen, ist schon bei ihrer Annäherung freie Bahn zu schaffen. Ferner ist Kranken- und Rettungswagen und in Tätigkeit befindlichen Spreng- und Kehrmaschinen Platz zu machen. Truppenkörper, geschlossene Verbände der Polizei, Leichenzüge und Prozessionen dürfen nur durch die im Feuerwehrdienste begriffenen Fahrzeuge unterbrochen oder sonstwie in ihrer Bewegung gehemmt werden.

(2) Kraftfahrzeuge, die sich auf Schienengleisen befinden, haben diese bei Annäherung von Schienenfahrzeugen unverzüglich zu räumen.

§ 26.

Der Führer hat andern Personen die Absicht des Stillhaltens durch senkrechtes Hochhalten des Armes, die Absicht des Umwendens und des Verlassens der bisher verfolgten Fahrtrichtung durch wagerechtes Halten des Armes in der Richtung des Wechsels rechtzeitig zu erkennen zu geben; zum Abgeben der Zeichen kann auch eine mechanische Einrichtung benutzt werden.

§ 27.

(1) Den Weisungen und Zeichen der Polizeibeamten ist Folge zu leisten. Insbesondere hat der Führer auf den Haltruf oder das Haltzeichen eines solchen kenntlichen Polizeibeamten sofort anzuhalten. Zur Kenntlichmachung eines Polizeibeamten ist das Tragen einer Dienstmütze ausreichend. Den zur Regelung des Verkehrs aufgestellten Polizeibeamten hat der Führer auszuweichen. Die von diesen Beamten gegebenen Zeichen bedeuten:

1. Winken in der Fahrtrichtung „Freie Fahrt“.
2. Hochheben eines Armes „Achtung, Halten“.
3. Seitliches Ausstrecken eines oder beider Arme „Halt“.

(2) Werden Lichtzeichen verwendet, so bedeutet grünes Licht „Freie Fahrt“, gelbes Licht „Achtung, Halten“, rotes Licht „Halt“, Blinklicht „Langsamfahren“.

(3) Unberührt bleibt die nach § 129 des Vereinszollgesetzes vom 1. Juli 1869 (Bundesgesetzbl. des Norddeutschen Bundes S. 317) dem Führer obliegende Verpflichtung, im Zollgrenzbezirke den Anordnungen der Zollbeamten Folge zu leisten. Die Zollbeamten bedienen sich

derselben Haltzeichen wie die Polizeibeamten. In bürgerlicher Kleidung Dienst verrichtende Zollbeamte zeigen beim Haltruf oder beim Geben des Haltzeichens eine grüne Armbinde mit Messingschild.

§ 28.

(1) Der Führer eines zum Stillstand gelangenden Kraftfahrzeugs hat dieses so aufzustellen, daß es den Verkehr nicht behindert. Insbesondere ist die Aufstellung an engen Stellen, Wegekreuzungen und scharfen Wegekrümmungen sowie an Haltestellen der Straßenbahnen und Kraftomnibusse verboten.

(2) Der Führer darf von dem Fahrzeug nicht absteigen, solange es in Bewegung ist, und darf sich von ihm nicht entfernen, solange die Maschine oder der Motor läuft. Er darf das Fahrzeug nur verlassen, nachdem er die erforderlichen Maßnahmen getroffen hat, um Unfälle und Verkehrsstörungen zu vermeiden; insbesondere muß er, falls er sich von dem Fahrzeug entfernt, die Vorrichtung (§ 4 Abs. 1 Nr. 6) in Wirksamkeit setzen, die verhindern soll, daß ein Unbefugter das Fahrzeug in Betrieb setzt.

D. Die Benutzung öffentlicher Wege.

§ 29.

Der Verkehr mit Kraftfahrzeugen ist auf die hierfür bestimmten Fahrwege beschränkt. Wo keine erkennbaren Fußwege vorhanden sind und die Breite der Fahrbahn es zuläßt, haben die Kraftfahrzeuge mindestens ein Meter Abstand vom Straßenrande zu halten. Auf Radfahrwegen und auf Fußwegen, die für Fahrräder freigegeben sind, ist der Verkehr mit Kraftzweirädern mit besonderer polizeilicher Genehmigung zulässig.

§ 30.

(1) Ein Verbot (auch für eine bestimmte Fahrtrichtung) oder eine zeitliche Beschränkung des Verkehrs mit Kraftfahrzeugen überhaupt oder mit einzelnen Arten auf bestimmten Wegen[1] kann von den Polizeibehörden durch allgemeine polizeiliche Vorschriften oder für den einzelnen Fall angeordnet werden, soweit der Zustand der Wege oder anliegender Gebäude oder die Eigenart des Verkehrs, insbesondere Rücksichten auf den Fußgängerverkehr, es erfordern. Soweit das Verbot oder die zeitliche Beschränkung nach Satz 1 für bestimmte Örtlichkeiten mit Rücksicht auf andere besondere Verhältnisse geboten ist, steht die gleiche Befugnis den höheren Verwaltungsbehörden zu. Für Wegestrecken, die dem Durchgangsverkehre dienen, steht die Befugnis nach Satz 1 und 2 der obersten Landesbehörde zu; sie kann diese auf die höheren Verwaltungsbehörden übertragen.

(2) Die Fahrgeschwindigkeit von Kraftfahrzeugen kann von Ortspolizeibehörden nur im Rahmen von Vorschriften für den allgemeinen Fuhrwerksverkehr (§ 2 Abs. 1) beschränkt werden; soll hierbei für Kraftfahrzeuge bis zu 5,5 Tonnen Gesamtgewicht eine Höchstgeschwindigkeit von weniger als 30 Kilometer in der Stunde vorgeschrieben werden, so ist die Zustimmung der höheren Verwaltungsbehörde erforderlich, sofern nicht schon durch Landesrecht die Genehmigung der obersten Landesbehörde vorgeschrieben ist. Die Fahrgeschwindigkeit von Kraftfahrzeugen kann im übrigen von den höheren Verwaltungsbehörden unter den im Abs. 1 Satz 1 und 2 angegebenen Voraussetzungen beschränkt werden, für Kraftfahrzeuge bis zu 5,5 Tonnen Gesamtgewicht auf weniger als 30 Kilometer in der Stunde jedoch nur mit Zustimmung der obersten Landesbehörde. Für die Beschränkung der

Fahrgeschwindigkeit von Kraftfahrzeugen auf Wegestrecken, die dem Durchgangsverkehre dienen, ist die Zustimmung der obersten Landesbehörde erforderlich; diese kann im Falle des Satzes 1 die Befugnis zur Erteilung der Zustimmung auf die höheren Verwaltungsbehörden übertragen; im Falle des Satzes 2 kann sie den höheren Verwaltungsbehörden die Zustimmung allgemein erteilen, soweit es sich nicht um eine Beschränkung der Geschwindigkeit von Kraftfahrzeugen bis zu 5,5 Tonnen Gesamtgewicht auf weniger als 30 Kilometer in der Stunde handelt. Die Bestimmungen dieses Absatzes gelten nicht für Geschwindigkeitsbeschränkungen auf Brücken und Eisenbahnübergängen.

(3) Auf Verbote und Beschränkungen nach Abs. 1 und 2 ist durch Warnungstafeln hinzuweisen.

(4) Das Anbringen von Tafeln, die zu Verwechslungen mit den von der Polizeibehörde angebrachten Tafeln Anlaß geben können, ist verboten.

1 Kein Eingriff durch Polizeiverfügung in die Sonderrechte der P gemäß § 42 Ziff. 2.

§ 31.

(1) Das Wettfahren und die Veranstaltung von Wettfahrten auf öffentlichen Wegen sind verboten.

(2) Für Zuverlässigkeitsfahrten und ähnliche Veranstaltungen zu Prüfungszwecken ist die Genehmigung der zuständigen Behörde erforderlich; soweit mit ihnen Geschwindigkeitsprüfungen verbunden sind, ist die Genehmigung der obersten Landesbehörde erforderlich, die im Einzelfalle die Bedingungen festsetzt; sie kann die Befugnis zur Erteilung der Genehmigung auf die höheren Verwaltungsbehörden übertragen.

E. Mitführen von Anhängern.

§ 32.

(1) Ein zum Verkehr auf öffentlichen Wegen zugelassener Kraftwagen darf einen Anhängewagen nur unter folgenden Bedingungen mitführen:

1. das Gesamtgewicht (einschließlich Ladung) des Anhängewagens darf 7,5 Tonnen nicht überschreiten;
2. der Anhängewagen muß mit Luftreifen oder hochelastischen Vollgummireifen versehen sein; die Radkränze dürfen keine Unebenheiten besitzen, die geeignet sind, die Fahrbahn zu beschädigen;
3. der Anhängewagen muß versehen sein:
   a) mit einer sicher wirkenden Bremse,
   b) mit einer zuverlässigen auf die Fahrbahn wirkenden Vorrichtung, die in Steigungen die unbeabsichtigte Rückwärtsbewegung verhindert (Bergstütze);
4. die Verbindung zwischen Anhängewagen und Kraftwagen muß so beschaffen sein, daß die Räder des Anhängewagens auch in Krümmungen möglichst auf den Spuren des Kraftwagens laufen;
5. der Anhängewagen muß von außen sichtbar ein mit Nieten befestigtes Schild haben, das in leicht lesbarer Schrift eine Unterscheidungsnummer, Eigengewicht, zulässige Nutzlast sowie Felgendruck auf 1 Zentimeter Felgenbreite — Basis der Gummireifen — im beladenen Zustand angibt.

(2) Der Führer ist dafür verantwortlich, daß der Anhängewagen den Bedingungen des Abs. 1 entspricht und sich in verkehrssicherem Zustand befindet. Wenn die Bremse des Anhängewagens nicht vom Führersitze des Kraftwagens aus bedient werden kann, so muß auf dem Anhängewagen ein Bremser mitfahren und eine Ver-

ständigung zwischen diesem und dem Führer möglich sein; dies gilt nicht, wenn der Anhängewagen eine selbsttätige Bremse hat, die ihn auch bei der Lösung der Verbindung mit dem Kraftwagen zum Stehen bringt, und der Führer des Kraftwagens eine Bescheinigung eines amtlich anerkannten Sachverständigen mit sich führt, in der unter Angabe der Fabriknummer des Anhängewagens bestätigt wird, daß dessen selbsttätige Bremse ausreichend betriebssicher ist.

(3) Die höhere Verwaltungsbehörde kann allgemein für ihren Bezirk von der Einhaltung der Bestimmung des Abs. 1 Nr. 3 Befreiung gewähren[1].

(4) Das Mitführen von Anhängeachsen zur Lastenbeförderung und von mehr als einem Anhängewagen ist nur mit Erlaubnis der Polizeibehörde und nur für deren Bezirk zulässig; das gleiche gilt für das Mitführen eines Anhängewagens, wenn den Bedingungen im Abs. 1 Nr. 1, 3, 4 oder 5 nicht genügt ist. Der Erlaubnis der Polizeibehörde bedarf es nicht, soweit nur dem Erfordernisse des Abs. 1 Nr. 3 nicht genügt ist und die höhere Verwaltungsbehörde von der Befugnis, gemäß Abs. 3 Befreiung zu gewähren, Gebrauch gemacht hat. In Fällen polizeilicher Erlaubnis ist der Erlaubnisschein bei der Fahrt mitzuführen und den zuständigen Beamten auf Verlangen vorzuzeigen. Das Mitführen von Anhängeachsen zur Personenbeförderung kann von der höheren Verwaltungsbehörde für ihren Bezirk allgemein oder im Einzelfalle zugelassen werden[2].

(5) Bei Mitführen von Anhängewagen oder -achsen muß außer dem vorderen Kennzeichen des § 8 Abs. 2 das Kennzeichen nach § 8 Abs. 3 entweder an der Rückseite des letzten Fahrzeugs oder auf beiden Seitenwänden des Kraftwagens angebracht sein. Im letzteren Falle

muß bei Dunkelheit oder starkem Nebel eine Laterne weißes oder gelbrotes Licht nach hinten werfen; einer Beleuchtung der seitlichen Kennzeichen bedarf es nicht.

1, 2 S. § 45 Abs. 2 zu a.

§ 33.

(1) Ein zum Verkehr auf öffentlichen Wegen zugelassenes Kraftrad darf Anhänger, Bei- oder Vorsteckwagen nur mitführen, wenn sie mit Luftreifen versehen sind und die Radkränze keine Unebenheiten besitzen, die die Fahrbahn beschädigen könnten; auch muß der Anhänger, Bei- oder Vorsteckwagen mit dem Kraftrad in zuverlässiger Weise gekuppelt sein.

(2) Der Führer ist dafür verantwortlich, daß der Anhänger, Bei- oder Vorsteckwagen diesen Bedingungen entspricht und sich in verkehrssicherem Zustand befindet.

§ 34.

Die Bestimmungen des § 32 finden mit Ausnahme der des Abs. 5 Satz 2, erster Halbsatz keine Anwendung auf angehängte Kraftfahrzeuge, die sich nicht mit eigener Kraft fortbewegen. Solche Schleppzüge müssen besonders vorsichtig fahren; geschleppte Kraftfahrzeuge müssen mit je einem Begleiter besetzt sein, der Bremsen und Lenkvorrichtung bedient.

F. Untersagung des Betriebs.

§ 35[1].

(1) Die Polizeibehörde kann jederzeit auf Kosten des Eigentümers eine Untersuchung darüber veranlassen, ob ein Kraftfahrzeug den nach Maßgabe dieser Verordnung zu stellenden Anforderungen entspricht.

(2) Genügt ein Kraftfahrzeug diesen Anforderungen nicht, so kann seine Ausschließung vom Befahren der

öffentlichen Wege durch die höhere Verwaltungsbehörde verfügt werden.

1 S. § 42 Abs. 1.

§ 36.

(1) Werden Tatsachen festgestellt, die die Annahme rechtfertigen, daß eine Person zum Führen von Kraftfahrzeugen ungeeignet ist, so kann ihr die Fahrerlaubnis dauernd oder für bestimmte Zeit durch die für ihren Wohnort zuständige höhere Verwaltungsbehörde entzogen werden; nach der Entziehung ist der Führerschein der Behörde abzuliefern. Die Entziehung der Fahrerlaubnis ist für das ganze Reich wirksam. Im Falle der Entziehung der Fahrerlaubnis für bestimmte Zeit kann deren Wiedererteilung von der nochmaligen Ablegung einer Prüfung oder der Erfüllung sonstiger Bedingungen abhängig gemacht werden[1].

(2) Personen, die nur während eines vorübergehenden Aufenthalts in dem Gebiete des Deutschen Reichs ein Kraftfahrzeug führen, kann aus Gründen, die nach Abs. 1 die Entziehung der Fahrerlaubnis rechtfertigen, die Führung des Kraftfahrzeugs durch Verfügung der zuständigen höheren Verwaltungsbehörde jederzeit untersagt werden. Die Untersagung ist für das ganze Reich wirksam.

1 S. § 45 Abs. 2 zu b.

G. Ausnahmen.

§ 37[1].

(1) Als vorläufig zum Verkehr auf öffentlichen Wegen zugelassen gelten Kraftfahrzeuge während der durch den amtlich anerkannten Sachverständigen vorzunehmenden technischen Prüfung. Die Vorschrift im § 15 Abs. 1 über die Mitführung der Zulassungsbescheinigung findet in diesen Fällen keine Anwendung.

(2) Während der Prüfungsfahrten haben die Kraftfahrzeuge ein besonderes Kennzeichen (Probefahrtkennzeichen) zu führen, auf das die Bestimmungen im § 8 mit der Maßgabe Anwendung finden, daß die Erkennungsnummer aus einer Null (0) mit einer oder mehreren nachfolgenden Ziffern besteht, daß das Kennzeichen in roter Balkenschrift auf weißem, rotgerandetem Grunde herzustellen ist und daß von der festen Anbringung der Kennzeichen abgesehen werden kann. Derartige, mit dem Dienststempel der höheren Verwaltungsbehörde versehene Kennzeichen sind den amtlich anerkannten Sachverständigen (§ 5) zur Verwendung bei diesen Prüfungsfahrten zur Verfügung zu stellen.

1 S. § 45 Abs. 2 zu a.

§ 38.

Von der Verpflichtung zur Führung des Kennzeichens (§ 7) sind befreit:

1. die Kraftfahrzeuge der Feuerwehren im Dienste,
2. die zu Zwecken der öffentlichen Straßenreinigung dienenden Kraftfahrzeuge.

§ 39[1].

Von der Verpflichtung zur Führung eines gestempelten Kennzeichens sind befreit Kraftfahrzeuge, die auf der Fahrt zur Polizeibehörde zwecks Vorführung des Fahrzeugs und Abstempelung des Kennzeichens (§§ 6 und 9) öffentliche Wege benutzen müssen. Als Ersatz für die fehlende Zulassungsbescheinigung und gleichzeitig als Ausweis für diese Fahrt dient die schriftliche Aufforderung der Polizeibehörde, das Fahrzeug vorzuführen.

1 S. § 45 Abs. 3.

§ 40.

(1) Ausschließlich im inländischen Verkehre benutzte Zugmaschinen ohne Güterladeraum, deren betriebsfertiges Eigengewicht 3,5 Tonnen und deren Höchstgeschwindigkeit auf ebener Bahn 15 Kilometer in der Stunde nicht übersteigen, sind von den Vorschriften über die Kennzeichen (§§ 7 und 8), die Führer solcher Maschinen von der Vorschrift über den Führerschein (§ 14 Abs. 1) befreit.

(2) Ausschließlich im inländischen Verkehre benutzte Zugmaschinen ohne Güterladeraum, deren betriebsfertiges Eigengewicht 2,75 Tonnen und deren Höchstgeschwindigkeit auf ebener Bahn 8 Kilometer in der Stunde nicht übersteigen, sind außerdem von den Vorschriften über die Huppe (§ 4 Abs. 1 Nr. 4) und den Rückwärtsgang (§ 4 Abs. 3) befreit. Für die von solchen Zugmaschinen mitgeführten Anhängewagen gelten nicht die Vorschriften des § 32 Abs. 1 Nr. 3b, 4 und 5, Abs. 2 Satz 2 erster Halbsatz und Abs. 4 Satz 1 erster Halbsatz. Wird eine Zugmaschine ohne Güterladeraum der im Satz 1 bezeichneten Art in einem land- oder forstwirtschaftlichen Betriebe verwendet, so ist diese Zugmaschine auch von der Vorschrift über die Gummibereifung (§ 3 Abs. 2 Satz 1) befreit. Für die von einer solchen Zugmaschine mitgeführten Anhängewagen gilt ferner nicht die Vorschrift des § 32 Abs. 1 Nr. 2 erster Halbsatz; der Druck auf 1 Zentimeter Felgenbreite darf auch bei dem Anhängewagen im beladenen Zustand 150 Kilogramm nicht überschreiten.

(3) Zugmaschinen ohne Güterladeraum, die von den Vorschriften über die Kennzeichen befreit sind, müssen bei Dunkelheit oder starkem Nebel außer den zwei vorderen Laternen eine Laterne führen, die weißes oder gelbrotes Licht nach hinten wirft. Bei Mitführen von Anhängern muß die Laterne am Schlusse des Zuges angebracht sein.

§ 41[1].

(1) Soll ein Kraftfahrzeug zu Probefahrten auf öffentlichen Wegen in Betrieb genommen werden, so hat der Eigentümer bei der für seinen Wohnort zuständigen höheren Verwaltungsbehörde die Zulassung nach §§ 5 und 6 zu bewirken. Ist die Notwendigkeit der Probefahrten nachgewiesen, so erhält der Antragsteller an Stelle der Zulassungsbescheinigung nach § 6 Abs. 2 eine besondere Zulassungsbescheinigung nach einem besonderen vom Reichsverkehrsminister vorgeschriebenen Muster mit kürzester Befristung je nach Lage des Falles und ein Kennzeichen nach § 37 Abs. 2. Für die Abstempelung gilt § 9 sinngemäß[2].

(2) Kraftfahrzeugfabriken, Zweigniederlassungen von Kraftfahrzeugfabriken, Kraftfahrzeughändler und solche Gewerbebetriebe, die Zubehör- oder Bestandteile von Kraftfahrzeugen liefern oder Kraftfahrzeuge instandsetzen, erhalten, wenn sie zuverlässig sind, auf Antrag widerruflich im voraus ohne Vorlage eines Sachverständigengutachtens oder einer Ausfertigung der Typenbescheinigung (§ 5 Abs. 2 und 3) eine dem Umfang ihres Geschäftsbetriebs entsprechende Zahl von der höheren Verwaltungsbehörde vollzogener Zulassungsbescheinigungen nach vom Reichsverkehrsminister vorgeschriebenem Muster, in die sie selbst die Beschreibung des Fahrzeugs einzutragen haben, und eine entsprechende Anzahl Kennzeichen nach § 37 Abs. 2, die entweder für Kraftfahrzeuge jeder Art oder nur für Krafträder gelten, zu wiederkehrender Verwendung bei den einzelnen Kraftfahrzeugen; die Kennzeichen sind der Polizeibehörde zur Abstempelung vorzulegen; eine Vorführung des Fahrzeugs bei der Polizeibehörde (§ 9) ist nicht erforderlich. Für eine von einer Kraftfahrzeugfabrik auf Grund einer Typenbeschei-

nigung gleichzeitig fertiggestellte Gruppe von Fahrzeugen kann auch eine gemeinsame Zulassungsbescheinigung nach Satz 1 ausgestellt werden, in die außer der Bezeichnung der Gattung die Fahrgestellnummern aller zu der Gruppe gehörenden Fahrzeuge einzutragen sind. Die Vorschriften des Satzes 1 gelten von Betrieben des Reichs und der Länder mit der Maßgabe, daß von der Feststellung, ob die im Satze 1 enthaltenen besonderen Voraussetzungen vorliegen, abzusehen ist. Die Abstempelung oder Ausgabe des Probefahrtkennzeichens darf nur gegen Vorlegung der Kraftfahrzeugsteuerkarte erfolgen[3].

(3) Bei Probefahrten zur Prüfung der Verkehrssicherheit eines Fahrzeugs ist besonders vorsichtig zu fahren (§ 18 Abs. 1); für solche Fahrten kann die höhere Verwaltungsbehörde bestimmte Wege vorschreiben. Wird eine Probefahrt über die Grenze des Reichsgebiets ausgedehnt, so sind Kennzeichen und Zulassungsbescheinigung vor Verlassen des Reichs dem deutschen Grenzzollamt abzuliefern. Bei Entziehung der Probefahrtkennzeichen durch die zuständige Verwaltungsbehörde oder bei Ablauf der in der Zulassungsbescheinigung vermerkten Frist sind Kennzeichen und alle erteilten Zulassungsbescheinigungen der Polizeibehörde unverzüglich abzuliefern. Unterbleibt die Ablieferung, so sind Kennzeichen und Zulassungsbescheinigungen einzuziehen; das Kennzeichen ist nach Vernichtung des Dienststempels in augenfälliger Weise unkenntlich zu machen, sofern es nicht amtlich ausgegeben ist. In gleicher Weise ist auf Antrag der Steuerbehörde zu verfahren, wenn eine neue Kraftfahrzeugsteuerkarte nicht rechtzeitig gelöst oder die Kraftfahrzeugsteuer nicht rechtzeitig entrichtet wird.

(4) Bei Verkauf eines Fahrzeugs ist die Ausstellung der Zulassungsbescheinigung und die Zuteilung des nun-

mehr endgültig zu führenden Kennzeichens unverzüglich bei der zuständigen höheren Verwaltungsbehörde (§ 5 Abs. 1) zu beantragen. War für das Fahrzeug eine Zulassungsbescheinigung nach Abs. 1 ausgestellt, so ist diese dem Antrag beizufügen; die höhere Verwaltungsbehörde sendet nach Zulassung des Fahrzeugs die Bescheinigung an die Behörde zurück, die sie ausgestellt hat. Dem Antrag auf endgültige Zulassung eines Fahrzeugs, für das eine Zulassungsbescheinigung nach Abs. 2 ausgestellt war, ist das Gutachten eines Sachverständigen oder die Ausfertigung der Typenbescheinigung (§ 5 Abs. 2 und 3) beizufügen[4].

(5) Über die nach Abs. 2 ausgestellten Zulassungsbescheinigungen hat der Empfänger eine Liste mit Beschreibung der einzelnen Fahrzeuge und Angabe über den Verbleib der Zulassungsbescheinigungen zu führen; er hat diese nach Beendigung der Probefahrten, spätestens ein Jahr nach ihrer Ausstellung, unmittelbar der Behörde, die sie ausgestellt hat, abzuliefern; dies gilt auch für Zulassungsbescheinigungen nach Abs. 1, wenn sie nicht an andere höhere Verwaltungsbehörden eingereicht sind.

(6) Über alle Probefahrten ist eine Liste zu führen, in die jede einzelne Benutzung eines Probefahrtkennzeichens unter genauer Bezeichnung des Wagens (Fabrikat, Fabriknummer des Fahrgestells und Motors) und Angabe des Führers, der Insassen, der Zeit der Abfahrt und Rückkehr, der Fahrstrecke und des Zweckes der Probefahrt einzutragen ist.

(7) Die nach Abs. 5 und 6 zu führenden Listen sind den zuständigen Beamten auf Verlangen vorzuzeigen.

(8) Bei Fahrzeugen, die auf Grund einer Zulassungsbescheinigung nach Abs. 2 mit einem vorläufigen Aufbau zu Probefahrten benutzt werden, darf auf dem Fabrik-

schild die Angabe des Eigengewichts (§ 4 Abs. 5) fehlen und auf der Zulassungsbescheinigung als Eigengewicht des betriebsfertigen Fahrzeugs das betriebsfertige Eigengewicht des Fahrgestells und als zulässige Belastung die Tragfähigkeit des Fahrgestells angegeben werden.

(9) Die höhere Verwaltungsbehörde hat über die ausgegebenen Probefahrtkennzeichen eine Liste zu führen. Die Liste muß erkennen lassen, ob das einzelne Kennzeichen für Kraftfahrzeuge jeder Art oder nur für Krafträder gilt. Geht ein Probefahrtkennzeichen verloren, so hat die höhere Verwaltungsbehörde dem Empfangsberechtigten ein Probefahrtkennzeichen mit einer anderen Erkennungsnummer zuzuteilen; die bisherige Erkennungsnummer darf erst nach Ablauf von drei Jahren erneut ausgegeben werden[5].

(10) Als Probefahrten im Sinne vorstehender Vorschriften gelten Fahrten zur Feststellung oder zum Nachweis der Gebrauchsfähigkeit von Kraftfahrzeugen, von Kraftfahrzeugbestand- oder Kraftfahrzeugzubehörteilen, wenn sie durch die Absicht der Erprobung veranlaßt sind und ihr in der Hauptsache dienen. Eine Probefahrt liegt dann nicht vor, wenn das Fahrzeug einem Kaufliebhaber gegen eine Vergütung für die Benutzung des Fahrzeugs — abgesehen von dem Ersatze der durch die Fahrt verursachten baren Auslagen für Betriebsstoffe — überlassen wird. Als Probefahrten sind ferner solche Fahrten nicht anzusehen, die mit Reklame-, Probe- oder Vorführungswagen veranstaltet werden und darauf abzielen, der Öffentlichkeit allgemein die zum Verkaufe gestellten Fahrzeuge vorzuführen, um erst die Kauflust anzuregen. Überführungsfahrten stehen den Probefahrten gleich. Als Überführungsfahrten gelten Fahrten zur Verbringung des Fahrzeugs an einen andern Ort, wenn die Fahrten durch

die Absicht dieser Verbringung veranlaßt sind und ihr in der Hauptsache dienen, insbesondere Fahrten zur Verbringung von einer Herstellungsstätte an eine andere oder an eine Verkaufsstätte, bei Eigentumswechsel oder Wechsel des Wohnorts des Eigentümers an den neuen Einstellungsort, bei Verkauf ins Ausland an einen Grenzort. Als Überführungsfahrten gelten ferner Fahrten zum Zwecke des Abschleppens eines auf öffentlichen Wegen schadhaft gewordenen Kraftfahrzeugs von der Stelle, wo es schadhaft geworden ist.

(11) Auf Antrag eines Herstellers von Kraftfahrzeugen kann die oberste Landesbehörde im Bedürfnisfalle widerruflich genehmigen, daß für die Überführung von Kraftfahrzeugen von einer bestimmten Herstellungsstätte nach anderen Orten Zulassungsbescheinigungen und Probefahrtkennzeichen auch mit folgender Maßgabe ausgegeben werden: Der Hersteller hält Vordrucke von Zulassungsbescheinigungen mit viertägiger Gültigkeitsdauer nach einem vom Reichsverkehrsminister vorgeschriebenen Muster vorrätig. Er übergibt einer Person, die ein Kraftfahrzeug von der Herstellungsstätte nach einem neuen Einstellungsort überführen will, auf deren Verlangen eine Zulassungsbescheinigung, in die er die Beschreibung des Kraftfahrzeugs eingetragen hat. Er händigt dem Überführer ferner eine Steuerkarte mit viertägiger Gültigkeit nach näherer Bestimmung des Reichsministers der Finanzen aus. Der Überführer legt die Zulassungsbescheinigung und die Steuerkarte bei der für die Herstellungsstätte zuständigen Polizeibehörde vor, die Probefahrtkennzeichen (§ 37 Abs. 2) vorrätig hält. Einer Vorführung des Kraftfahrzeugs bei der Polizeibehörde bedarf es nicht. Die Polizeibehörde trägt in die Zulassungsbescheinigung und die Steuerkarte die Gültigkeits-

dauer, die Nummer des zuzuteilenden Probefahrtkennzeichens, in die Zulassungsbescheinigung außerdem das Ziel der Überführungsfahrt ein und vollzieht die Zulassungsbescheinigung. Der Überführer hat 25 Reichsmark Sicherheit bei der Polizeibehörde zu hinterlegen. Nach der Sicherheitsleistung erhält er außer der Zulassungsbescheinigung und Steuerkarte das Probefahrtkennzeichen ausgehändigt. Dieses hat er mit der Zulassungsbescheinigung alsbald nach Beendigung der Überführungsfahrt, spätestens unverzüglich nach Ablauf der Gültigkeitsdauer, an die Polizeibehörde zurückzugeben oder unter „Einschreiben" zurückzusenden. Nach dem Empfang sendet die Polizeibehörde die geleistete Sicherheit an den Überführer oder an eine von ihm bezeichnete Stelle. Werden Kennzeichen und Zulassungsbescheinigung der Polizeibehörde nicht rechtzeitig zurückgestellt, so verfällt die Sicherheit; gegebenenfalls sind Kennzeichen und Zulassungsbescheinigung einzuziehen. Bei Verlust eines Probefahrtkennzeichens darf die bisherige Erkennungsnummer erst nach Ablauf von drei Jahren erneut ausgegeben werden. Die Polizeibehörde hat über den Verbleib der Probefahrtkennzeichen eine Liste zu führen.

1 S. § 45 Abs. 3.

2—5 S. ebd. Abs. 2 zu a.

§ 42[1].

(1) Auf die Kraftfahrzeuge der Wehrmacht, der Reichspost und der staatlichen Polizei finden die Bestimmungen dieser Verordnung mit der Maßgabe Anwendung, daß die Fahrzeuge Warnungszeichen auch mit anderen als den im § 19 Abs. 3 genannten Signalinstrumenten abgeben dürfen und daß eine jederzeitige Untersuchung der Fahrzeuge der Wehrmacht und der Reichspost und

die Ausschließung dieser Fahrzeuge durch die höhere Verwaltungsbehörde (§ 35) nicht zulässig ist.

(2) Die Kraftfahrzeuge der Reichspost brauchen außerdem nicht mit einer Huppe zum Abgeben von Warnungszeichen (§ 4 Abs. 1 Nr. 4) versehen zu sein. Die für die Fuhrwerke der Reichspost nach Reichs- oder Landesgesetzen bestehenden Sonderrechte[2] gelten auch für die Kraftfahrzeuge der Reichspost.

1 Vorg.: § 32 VO 3. 2. 10 (RGBl. S. 389), § 35 VO 15. 3. 23 (ebd. I S. 175), § 36 VO 5. 12. 25 (ebd. I S. 435, 439) und VO 31. 1. 28 (ebd. I S. 14).

2 §§ 16—23 PG; vgl. § 30 Anm. 1.

§ 43[1].

Für die Erteilung der Erlaubnis zum Führen von Kraftfahrzeugen der Wehrmacht, der Reichspost und der staatlichen Polizei sowie für die Entziehung dieser Erlaubnis gelten die besonderen Vorschriften unter Ziffer VIII der im § 14 Abs. 4 näher bezeichneten Anweisung.

1 Vorg.: § 33 VO 3. 2. 10 (RGBl. S. 389), § 36 VO 15. 3. 23 (ebd. I S. 175), § 37 VO 5. 12. 25 (ebd. I S. 435, 439) und VO 31. 1. 28 (ebd. I S. 14).

§ 44.

Kraftfahrzeuge der Feuerwehren im Dienste brauchen nicht mit einer Huppe zum Abgeben von Warnungszeichen versehen zu sein (§ 4 Abs. 1 Nr. 4) und dürfen Warnungszeichen auch mit anderen als den im § 19 Abs. 3 genannten Signalinstrumenten abgeben. Sie unterliegen nicht den Vorschriften über die einzuhaltende Fahrgeschwindigkeit (§ 18) und sind befreit von den Vorschriften über das Ausweichen, Halten, Überholen und Vorfahren in den in den §§ 22 bis 24 und 28 genannten

Fällen und von sonst von den Polizeibehörden angeordneten Verboten oder Beschränkungen; das gleiche gilt für im Dienste befindliche Kraftfahrzeuge der Wehrmacht und der staatlichen Polizei, wenn Gefahr im Verzug ist; die oberste Landesbehörde kann bei dringendem öffentlichen Interesse für ihren Bereich anderen Kraftfahrzeugen die gleiche Befreiung gewähren; sie erläßt Vorschriften über eine besondere Kenntlichmachung dieser Fahrzeuge.

H. Schluß- und Übergangsbestimmungen.

§ 45[1].

(1) Welche Behörden unter der Bezeichnung „Polizeibehörde" und „höhere Verwaltungsbehörde" zu verstehen sind, bestimmt die oberste Landesbehörde.

(2) Reichswehr- und Reichspostminister bestimmen je für ihren Dienstbereich die Dienststellen, welche die der höheren Verwaltungsbehörde zugewiesenen Befugnisse ausüben,

a) bei Prüfung, Zulassung und Kennzeichnung ihrer Kraftfahrzeuge, bei Entscheidung darüber, ob Anhängewagen mit Bremse und Bergstütze versehen sein müssen, bei Zulassung des Mitführens von Anhängeachsen zur Personenbeförderung (§ 5 Abs. 1 und 2, §§ 6 und 32 Abs. 3 und Abs. 4 Satz 4, §§ 37 und 41 Abs. 1, 4 und 9, ferner § 41 Abs. 2 für ihre reichseigenen Betriebe);

b) bei Prüfung ihrer Kraftfahrzeugführer sowie Erteilung und Entziehung der Fahrerlaubnis (§§ 14, 36 Abs. 1 und Anlage);

c) bei Anerkennung von Angehörigen ihres Dienstbereichs als Sachverständige (§ 5 Abs. 2 und Anlage Ziffer III).

(3) Die Mitwirkung der Polizeibehörde nach § 6 Abs. 2 Satz 2, §§ 9, 12, 39 und 41 unterbleibt in diesen Fällen, die in der Anlage vorgesehene braucht nicht stattzufinden.

(4) Der Reichsverkehrsminister setzt mit Zustimmung des Reichsrats die Anforderungen fest, denen die von den höheren Verwaltungsbehörden anzuerkennenden Sachverständigen und die der Wehrmacht und Reichspost genügen müssen.

1 Vorg.: § 38 VO 15. 3. 23 (RGBl. I S. 175), § 39 VO 5. 12. 25 (ebd. I S. 435, 439).

§ 46.

Der Reichsverkehrsminister setzt die Gebühren fest, die den amtlich anerkannten Sachverständigen für die Prüfung von Kraftfahrzeugen (§ 5 Abs. 2 und 3) und Kraftfahrzeugführern (§ 14 Abs. 4) zustehen; er hat davon dem Reichsrat unverzüglich Kenntnis zu geben; erhebt der Reichsrat innerhalb eines Monats Widerspruch, so hat der Reichsverkehrsminister diese Gebühren aufzuheben und die bisherigen wieder in Kraft zu setzen.

Zweiter Abschnitt.

Kleinkrafträder.

§ 47.

Als Kleinkrafträder im Sinne des § 27 des Gesetzes über den Verkehr mit Kraftfahrzeugen vom $\frac{\text{3. Mai 1909}}{\text{21. Juli 1923}}$ und dieser Vorschriften gelten Krafträder (§ 1 Nr. 2) mit Antrieb durch Verbrennungsmaschine, wenn der Hubraum der Maschine nicht mehr als 200 Kubikzentimeter beträgt. Die Berechnung des Hubraums erfolgt nach den für die

Berechnung des Hubraums von Kraftfahrzeugen im allgemeinen geltenden Vorschriften.

§ 48.

Für Kleinkrafträder, die nur innerhalb des Deutschen Reichs verwendet werden sollen, und ihre Führer gelten sinngemäß die Vorschriften des § 2 Abs. 1 und 2, § 3, § 4 Abs. 1, 2, 4 und 7, §§ 7 bis 13, 16 bis 31, 33, 35, 39, 42, 44 bis 46 des ersten Abschnitts dieser Verordnung mit folgenden Änderungen und Ergänzungen.

1. An einer sichtbaren Stelle der Antriebsmaschine oder des Fahrgestells muß die Firma, von der die Antriebsmaschine hergestellt ist, deren Fabriknummer und die Anzahl ihrer Pferdestärken sowie ihr Hubraum angegeben sein. Die Angaben müssen auf ein durch Nieten befestigtes Schild oder unmittelbar auf das Kurbelgehäuse eingeschlagen oder eingeätzt sein; die Fabriknummer muß außerdem auf die Zylinder eingeschlagen sein.
2. Wenn ein Kleinkraftrad in Betrieb genommen werden soll, hat der Eigentümer bei der für seinen Wohnort zuständigen höheren Verwaltungsbehörde die Zuteilung eines polizeilichen Kennzeichens schriftlich zu beantragen. Der Antrag muß enthalten:
   a) Namen, Beruf (Gewerbe) und Wohnort des Eigentümers,
   b) die Firma, die die Antriebsmaschine hergestellt hat, sowie deren Fabriknummer,
   c) Anzahl der Pferdestärken, Hubraum, Zahl der Zylinder, Durchmesser der Zylinder und Kolbenhub.

   Dem Antrag ist das Gutachten eines von der höheren Verwaltungsbehörde anerkannten Sachverständigen beizufügen, das die Richtigkeit der Angaben unter b und c bestätigt. Dieses Gutachten kann ersetzt werden durch das Gutachten einer Firma, die von der zuständigen höheren Verwaltungsbehörde ermächtigt worden ist, Gutachten im Sinne des Satzes 1 auszustellen. Die höhere Verwaltungsbehörde kann eine solche Ermächtigung einer zuverlässigen, ins Handelsregister eingetragenen Firma, deren Sitz sich im Bezirke der Behörde befindet, auf schriftlichen Antrag widerruflich erteilen, wenn entweder die Herstellung von Antriebsmaschinen oder der Handel mit Antriebsmaschinen ausländischer Herstellung zum Geschäftsbetriebe der Firma gehört; in letzterem Falle muß die Firma nachweisen, daß sie zum alleinigen Vertriebe von Antriebsmaschinen der betreffenden Gattung im Deutschen Reiche berechtigt ist. Jedem von einer Firma ausgestellten Gutachten muß ein polizeilich beglaubigter Abdruck der von der höheren Verwaltungsbehörde erteilten Ermächtigung beigefügt sein. Über die ausgestellten Gutachten hat die Firma ein Verzeichnis zu führen und auf Verlangen dem zuständigen Beamten vorzulegen. Im Falle des Widerrufs verliert die Ermächtigung ihre Gültigkeit. Die höhere Verwaltungsbehörde hat von jedem Falle der Erteilung oder des Widerrufs einer Ermächtigung der Sammelstelle für Nachrichten über Führer von Kraftfahrzeugen (Polizeipräsidium in Berlin) Kenntnis zu geben. Die Sammelstelle erteilt Behörden Auskunft darüber, ob eine Firma im Besitze der Ermächtigung ist.

3. Die höhere Verwaltungsbehörde entscheidet über den Antrag auf Zuteilung eines polizeilichen

Kennzeichens. Im Falle der Zuteilung hat sie das Kleinkraftrad in eine Liste einzutragen und dem Antragsteller von der Zuteilung des polizeilichen Kennzeichens Mitteilung zu machen sowie über die Zuteilung des Kennzeichens und die Eintragung des Kleinkraftrades eine Bescheinigung auszufertigen. Die Aushändigung der Bescheinigung erfolgt durch die für den Ort, wo das Kleinkraftrad in Betrieb gesetzt werden soll, zuständige Polizeibehörde. Die Muster der Liste und der Bescheinigung schreibt der Reichsverkehrsminister vor.

Treten bei einem Kleinkraftrad Änderungen ein, die eine Berichtigung der Liste und der Bescheinigung erforderlich machen, oder verlegt der Eigentümer eines Kleinkraftrades seinen Wohnort in den Bezirk einer anderen höheren Verwaltungsbehörde, oder soll ein Kleinkraftrad zum Verkehr auf öffentlichen Wegen nicht mehr verwendet werden oder geht ein Kleinkraftrad, dem ein polizeiliches Kennzeichen zugeteilt ist, auf einen anderen Eigentümer über, so gelten die Vorschriften des § 6 sinngemäß.

4. Werden Tatsachen festgestellt, welche die Annahme rechtfertigen, daß eine Person zum Führen von Kleinkrafträdern ungeeignet ist, so kann ihr die für ihren Wohnort zuständige höhere Verwaltungsbehörde die Führung von Kleinkrafträdern dauernd oder zeitweise untersagen. Die Untersagung ist für das ganze Reich wirksam. Von jeder Untersagung und deren Zurücknahme hat die höhere Verwaltungsbehörde der Sammelstelle in Berlin umgehend Mitteilung zu machen. In den Fällen der Untersagung sind die Gründe kurz anzugeben. Personen unter 16 Jahren ist das Führen von Klein-

krafträdern nicht gestattet. Die höhere Verwaltungsbehörde kann auf Antrag Ausnahmen genehmigen; sie stellt darüber besondere Ausweise aus.

Der Führer eines Kleinkraftrades hat die Bescheinigung (Nr. 3 Abs. 1 Satz 2) bei der Benutzung des Fahrzeugs auf öffentlichen Wegen bei sich zu führen und auf Verlangen den zuständigen Beamten vorzuzeigen.

5.. Für technische Prüfungen von Kleinkrafträdern gilt die Anweisung über die Prüfung von Kraftfahrzeugen (§ 5 Abs. 4) entsprechend.

6.. Für die Zuteilung von Probefahrtkennzeichen gilt § 41 Abs. 1, 2, 3, 5, 7, 9 und 10 entsprechend mit der Maßgabe, daß das Probefahrtkennzeichen in grüner Balkenschrift auf weißem, grüngerandetem Grunde herzustellen ist, und daß der Führer an Stelle einer Zulassungsbescheinigung eine Bescheinigung der höheren Verwaltungsbehörde über die Zuteilung des Probefahrtkennzeichens nach einem vom Reichsverkehrsminister vorgeschriebenen Muster mitzuführen hat.

§ 49.

Für Kleinkrafträder, die zum internationalen Verkehre zugelassen werden sollen (Abschnitt B der Verordnung über internationalen Kraftfahrzeugverkehr vom 5. Dezember 1925 in der Fassung der Verordnung vom 16. März 1928, Reichsgesetzbl. I S. 66) und ihre Führer geltem die Vorschriften des ersten Abschnitts dieser Verordnung mit Ausnahme des § 5 Abs. 3.

Dritter Abschnitt.

Strafvorschriften.

§ 50.

(1) Wer den Vorschriften über den Verkehr mit Kleinkrafträdern zuwiderhandelt, wird mit Geldstrafe bis zu 150 Reichsmark oder mit Haft bestraft.

(2) Wer den sonstigen Vorschriften dieser Verordnung zuwiderhandelt, wird nach den Strafvorschriften des III. Abschnitts des Gesetzes über den Verkehr mit Kraftfahrzeugen bestraft.

Anlage[1] zu § 14 Abs. 4.

Anweisung über die Prüfung der Führer von Kraftfahrzeugen.

[1] S. § 45 Abs. 2 zu b.

I. A. Für die Beurteilung von Personen hinsichtlich ihrer Eignung zum Führen von Kraftwagen nach Körperbeschaffenheit und geistigem Zustand, insbesondere auch für die amtsärztliche Untersuchung und Begutachtung, gilt folgendes:

(1) Als zum Führen von Kraftwagen geeignet sind nur Personen anzusehen, die im allgemeinen einen gesunden und kräftigen Eindruck machen und eine regelrechte Körperbeschaffenheit, insbesondere ein ausreichendes Seh- und Hörvermögen, aufweisen. Körperbeschaffenheit und geistiger Zustand sollen den nicht geringen Anforderungen der Tätigkeit eines Kraftwagenführers entsprechen; es dürfen keine Anzeichen dafür vorhanden sein, daß sie sich in absehbarer Zeit verschlechtern. Sind hierfür auch nur Verdachtsgründe vorhanden, so ist die betreffende Person zunächst als nicht geeignet anzusehen und wiederholt,

nötigenfalls durch Fachärzte, zu untersuchen, bis der Zustand zweifelsfrei klargelegt ist.

(2) Im einzelnen ist folgendes zu beachten:

a) Kopf und Rumpf müssen frei beweglich sein, damit der Führer imstande ist, seitwärts und auch hinter sich zu sehen. Der Rumpf muß so beweglich sein, daß der Führer sich so weit bücken kann, um vor seinem Sitze am Spritzbrett befindliche Vorrichtungen während der Fahrt zu betätigen. Ebenso müssen die oberen und unteren Gliedmaßen genügend freie Beweglichkeit zur Betätigung der verschiedenen Hand- oder Fußhebel aufweisen. Bei Versteifung, Verkürzung oder Verlust einzelner Finger ist in jedem einzelnen Falle zu prüfen, ob der Führer imstande ist, mit jeder Hand gesondert das Steuerrad festzuhalten und zu drehen. Dabei ist zu beachten, daß dasselbe oft erheblichen und gewaltsamen Drehungen durch Unebenheiten der Fahrbahn ausgesetzt ist, welche jede Hand einzeln überwinden können muß. Die Füße haben meist zwei oder drei Hebel durch Niederdrücken zu betätigen und müssen deshalb, besonders in den Fußgelenken, frei von Bewegungshindernissen sein.

b) Im Hinblick auf das Sehvermögen sind zum Führen von Kraftwagen jeder Art nur solche Personen geeignet, deren Sehschärfe auf einem Auge ohne oder mit Glas mehr als ½, auf dem anderen Auge mindestens $^1/_6$ beträgt unter der Voraussetzung, daß regelrechte Gesichtsfeldgrenzen vorliegen und der sonstige Befund das Vorhandensein von Erkrankungen, die erfahrungsgemäß das Sehen verschlechtern, ausschließt. Zum Führen von Kraftwagen der Klasse 3a sind außerdem Personen geeignet, bei denen die Sehschärfe auf einem Auge ohne oder mit Glas weniger als $^1/_6$

beträgt oder ganz fehlt, wenn der Zustand schon seit mindestens zwei Jahren besteht und eine Sehschärfe von $^{2}/_{3}$ auf dem besseren Auge ohne Glas vorhanden ist; in einem solchen Falle muß das Vorhandensein sonst regelrechter Verhältnisse durch das Gutachten eines Augenarztes bestätigt werden.

c) Die Sehschärfe ist in amtsärztlichen Zeugnissen für jedes Auge — nach Snellen — einzeln anzugeben.

d) Die Benutzung nur eines Auges zum deutlichen Sehen, wie es bei Schielenden der Fall ist, macht nicht zum Führen von Kraftwagen ungeeignet, wenn der Zustand schon seit frühester Jugend besteht, das bessere Auge mindestens $^{2}/_{3}$, das schlechtere mindestens $^{1}/_{6}$ Sehschärfe hat, beide Augen regelrechtes Gesichtsfeld und keine Anzeichen für gefährliche Erkrankungen aufweisen.

e) Ungeeignet zum Führen von Kraftwagen sind Personen, die an Doppelsehen, Linsenlosigkeit und Nachtblindheit leiden.

f) Bei Prüfung des Hörvermögens ist festzustellen, in welcher Entfernung Flüstersprache deutlich verstanden wird. Es genügt, wenn auf einem Ohre Flüstersprache in drei Meter Entfernung sicher verstanden wird. Bei der Ohruntersuchung ist auf Gleichgewichtsstörungen zu achten.

g) Hochgradige Neurasthenie, progressive Paralyse und andere Geisteskrankheiten, organische Gehirnkrankheiten, Tabes und andere Rückenmarkskrankheiten machen zum Führen eines Kraftwagens ungeeignet; deshalb ist der Untersuchte schon bei genügendem Verdacht auf diese Krankheiten vorläufig als ungeeignet anzusehen und gegebenenfalls ein fachärztliches Gutachten zu verlangen. Krämpfe (Epilepsie) und Schwindel machen zum Führen eines Kraftwagens ungeeignet.

h) Bei Erkrankungen der inneren Organe der Brust- und Bauchhöhle sowie Erkrankungen des Gefäßsystems, der Nieren, bei Zuckerharnruhr und dergleichen wird der Gutachter in jedem einzelnen Falle auf Grund des Gesamtergebnisses der Untersuchung entscheiden müssen, ob die Krankheit derartig ist, daß bei dem Führen eines Kraftwagens die öffentliche Sicherheit gefährdet wird.

i) Von der restlosen Erfüllung der vorstehenden Anforderungen, soweit sie Rumpf und Glieder betreffen, kann in besonders gelagerten Fällen abgesehen werden, wenn die Erlaubnis nur für das Führen eines einzelnen bestimmten Wagens beantragt wird. So wird ein regelrechter Körperbau nicht nötig sein, wenn der Betreffende sich um die Zulassung zum Führen eines Wagens bewirbt, der seinem Körperzustande durch Anbringung besonderer Vorrichtungen angepaßt worden ist, oder wenn an Stelle fehlender Glieder zuverlässige Ersatzglieder benutzt werden. In diesen Fällen ist dem Arzte der Nachweis der Fähigkeit zum Führen eines bestimmten einzelnen Wagens durch ein Gutachten eines für die Prüfung von Kraftfahrzeugführern amtlich anerkannten Sachverständigen zu erbringen; erforderlichenfalls ist eine orthopädische Versorgungsstelle, orthopädische Klinik oder dergleichen oder ein orthopädischer Facharzt zu hören. Die hierdurch entstehenden Kosten fallen dem Bewerber zur Last. Das ärztliche Zeugnis ist mit einem entsprechenden einschränkenden Vermerke zu versehen.

B. Für die Beurteilung von Personen hinsichtlich ihrer Eignung zum Führen von Krafträdern nach Körperbeschaffenheit und geistigem Zustand, insbesondere auch für die amtsärztliche Untersuchung und Begutachtung, soweit eine solche angeordnet ist (Ziffer II Abs. 2 Satz 2), gelten die Bestimmungen unter A sinngemäß; hinsichtlich des Sehvermögens sind dieselben Anforderungen zu stellen wie an Führer von Kraftwagen der Klasse 3a.

C. Das Muster für das amtsärztliche Zeugnis schreibt der Reichsverkehrsminister vor.

II. (1) Die Erlaubnis zum Führen eines Kraftfahrzeugs erteilt die für den Wohnort der betreffenden Person zuständige höhere Verwaltungsbehörde. Falls diese Behörde zustimmt, kann die Erlaubnis auch durch die für den Ort der Ausbildung zuständige höhere Verwaltungsbehörde erteilt werden; diese ist ferner zuständig, wenn die betreffende Person keinen Wohnort im Deutschen Reiche hat. Der Antrag auf Erteilung der Erlaubnis ist an die zuständige Ortspolizeibehörde zu richten. Dem Antrag ist beizufügen:

1. ein Geburtsschein,
2. ein Zeugnis eines beamteten Arztes nach Ziffer I; dieses Zeugnis fällt bei Anträgen auf Erteilung der Erlaubnis zum Führen eines Kraftrades fort, sofern nicht die Beibringung von der höheren Verwaltungsbehörde gefordert wird,
3. ein Lichtbild (Brustbild 6 × 8 Zentimeter groß, unaufgezogen), das auf der Rückseite mit der eigenhändigen Unterschrift des Antragstellers und des beamteten Arztes, dem Datum der Untersuchung und dem Dienststempel des Arztes versehen sein muß; Unterschrift des beamteten Arztes, Datum der Untersuchung und Dienststempel fallen bei Anträgen auf Erteilung der Erlaubnis zum Führen eines Kraftrades fort,

4. ein Nachweis darüber, daß er den Fahrdienst bei einer durch die zuständige höhere Verwaltungsbehörde zur Ausbildung von Führern ermächtigten Person oder Stelle (Fahrschule, Kraftfahrzeugfabrik) erlernt hat. Aus dem Nachweis muß die Dauer der praktischen Ausbildung im Fahren ersichtlich sein.

(2) Die Ortspolizeibehörde hat zu prüfen, ob gegen den Antragsteller Tatsachen vorliegen (z. B. schwere Eigentumsvergehen, Neigung zum Trunke oder zu Ausschreitungen, insbesondere zu Roheitsvergehen), die ihn als ungeeignet zum Führen eines Kraftfahrzeugs erscheinen lassen; nach Vornahme der Prüfung legt sie unter Mitteilung des Ergebnisses den Antrag mit seinen Anlagen der höheren Verwaltungsbehörde vor. Diese stellt zunächst durch Anfrage bei der für das Deutsche Reich bestehenden Sammelstelle für Nachrichten über Führer von Kraftfahrzeugen (Polizeipräsidium in Berlin) fest, was etwa Nachteiliges über den Antragsteller dort bekannt ist; sie kann, falls besondere Gründe vorliegen, von Personen, die die Erteilung der Erlaubnis zum Führen von Krafträdern nachsuchen, die Beibringung eines Zeugnisses eines beamteten Arztes über ihre Eignung fordern. Ergeben die Feststellungen, daß der Antragsteller ungeeignet zum Führen eines Kraftfahrzeugs ist, so ist ihm die Erlaubnis zu versagen. Andernfalls übersendet die höhere Verwaltungsbehörde den Antrag nebst Anlagen dem amtlich anerkannten Sachverständigen (Ziffer III) zur Vornahme der Prüfung des Antragstellers über seine Befähigung zum Führen eines Kraftfahrzeugs. Beträgt die Sehschärfe auf einem Auge des Antragstellers ohne oder mit Glas weniger als $^1/_8$ oder fehlt das Sehvermögen auf einem Auge ganz, so ist der amtlich anerkannte Sachverständige unter Hinweis hierauf anzuweisen, die praktische

Fahrprüfung besonders streng vorzunehmen und darüber zu berichten, ob und inwieweit der Antragsteller durch das verminderte Sehvermögen behindert ist und ob er Entfernungen mit einer für die Führung von Kraftfahrzeugen ausreichenden Schnelligkeit und Richtigkeit zu schätzen versteht. Der Antragsteller ist von der Übersendung des Antrags an den amtlich anerkannten Sachverständigen zu benachrichtigen.

(3) Für Reichs- oder Staatsbeamte, die als Führer von Kraftfahrzeugen verwendet werden sollen, kann der Antrag auf Erteilung der Erlaubnis zum Führen eines Kraftfahrzeugs von der vorgesetzten Behörde bei der Ortspolizeibehörde gestellt werden. Der Antrag muß die erforderlichen Angaben über den Personenstand des Prüflings enthalten und von den unter Nr. 2 bis 4 bezeichneten Anlagen begleitet sein. Von einer Feststellung, ob gegen den Prüfling Tatsachen vorliegen, die ihn als ungeeignet zum Führen eines Kraftfahrzeugs erscheinen lassen, hat die Ortspolizeibehörde in solchen Fällen abzusehen.

III[1]. (1) Die Prüfungen erfolgen bei den durch die höheren Verwaltungsbehörden amtlich anerkannten Sachverständigen.

(2) Die Sachverständigen bestimmen den Zeitpunkt für die Prüfung.

(3) Der Prüfling hat ein Kraftfahrzeug der Betriebsart und Klasse, für dessen Führung er den Nachweis der Befähigung erbringen will, für die Prüfung bereitzustellen. Das Fahrzeug muß, wenn die Witterungs- und Wegeverhältnisse dies notwendig erscheinen lassen, mit einem oder mehreren Gleitschutzreifen versehen sein.

1 S. § 45 Abs. 2 zu c.

IV. (1) Die Prüfung ist auf den Nachweis der Befähigung zum Führen bestimmter Betriebsarten und Klassen von Kraftfahrzeugen zu richten. Sie kann abgelegt werden für Kraftfahrzeuge mit Antrieb

durch Elektromotoren,
durch Verbrennungsmaschine,
durch Dampfmaschine,
durch sonstige Motoren,

und zwar für folgende Klassen:

Klasse 1: Krafträder;

Klasse 2: Kraftwagen mit einem betriebsfertigen Eigengewichte von mehr als 2,5 Tonnen, Zugmaschinen ohne Güterladeraum auch mit kleinerem betriebsfertigem Eigengewichte;

Klasse 3a: Kraftwagen (ausgenommen Zugmaschinen ohne Güterladeraum) mit einem betriebsfertigen Eigengewichte bis zu 2,5 Tonnen, bei Antrieb durch Verbrennungsmaschine jedoch nur bis zu einem Hubraum der Maschine von 2100 Kubikzentimeter;

Klasse 3b: Kraftwagen (ausgenommen Zugmaschinen ohne Güterladeraum) mit Antrieb durch Verbrennungsmaschine und einem betriebsfertigen Eigengewichte bis zu 2,5 Tonnen, sofern der Hubraum der Maschine 2100 Kubikzentimeter übersteigt.

(2) Personen, die für eine Betriebsart und Klasse von Fahrzeugen den Nachweis der Befähigung erbracht haben, können die Erlaubnis zum Führen von Fahrzeugen einer anderen Betriebsart oder Klasse nur auf Grund des Nachweises einer entsprechenden Ausbildung (Ziffer II Abs. 1 Nr. 4) und einer besonderen Prüfung für diese Betriebsart

und Klasse erhalten; jedoch schließt der Nachweis der Befähigung zum Führen eines Fahrzeugs der Klasse 3b den der Befähigung für die gleiche Betriebsart der Klasse 3a ein; auch kann eine Fahrerlaubnis für Fahrzeuge der Klasse 3b auf Fahrzeuge gleicher Betriebsart der Klasse 2 ohne besondere Prüfung ausgedehnt werden, wenn der Besitzer der Fahrerlaubnis nachweist, daß er Fahrzeuge der Klasse 3b ein Jahr lang geführt hat. Anträgen auf Erweiterung von Kraftradführerscheinen ist ein ärztliches Zeugnis beizufügen; dieses muß auch eine Erklärung darüber enthalten, daß dem beamteten Arzte die untersuchte Person bekannt ist oder daß er sich durch das Lichtbild des Führerscheins von ihrer Nämlichkeit überzeugt hat.

V. (1) Die Prüfung zerfällt in einen mündlichen und einen praktischen Teil.

1. Die mündliche Prüfung erstreckt sich auf
   a) allgemeine Kenntnis der Hauptteile des vorgeführten Fahrzeugs, genaue Kenntnis der für die Beurteilung seiner Verkehrssicherheit in Betracht kommenden Teile (Lenkvorrichtung, Bremsen, Geschwindigkeitswechsel, Rücklauf und Radbereifung);
   b) Verhalten in besonderen Fällen (z. B. bei Schleudern des Wagens, bei Feuersgefahr am Fahrzeug, Wassermangel bei Dampferzeugern);
   c) Beurteilung der Verkehrssicherheit des Fahrzeugs vor Antritt der Fahrt;
   d) Kenntnis der für den Führer eines Kraftfahrzeugs maßgebenden gesetzlichen und polizeilichen Vorschriften.
2. Die praktische Prüfung umfaßt:
   a) Feststellung der Wirksamkeit der Bremsen und Lenkvorrichtungen, Ingangsetzen des Motors nach vor-

herigen Prüfung der Zündvorrichtungen und einfache Fahrübungen auf kurzer Strecke (z. B. Einhaltung einer gegebenen Fahrtrichtung, Ausweichen vor angedeuteten Hindernissen, schnelles Halten mit Benutzung der verschiedenen Bremsen, Rückwärtsfahren, Wenden mit und ohne Benutzung der Rückwärtsfahrt);

b) Prüfungsfahrt auf freier Strecke in mäßigem Verkehre mit Begegnen und Überholen von Fuhrwerk, Ausfahrt aus einem Grundstück, Einbiegen in Straßen, Anwendung des Warnungszeichens, Wechsel der Geschwindigkeit (wenn möglich auch in Steigungen und im Gefälle) unter Benutzung der verschiedenen zu Gebote stehenden Hilfsmittel, Handhabung der Bremsen unter verschiedenen Verhältnissen;

c) abschließende Prüfung in freier Fahrt, auch durch belebtere Verkehrsstraßen, in mindestens einstündiger Dauerfahrt unter Benutzung aller am Prüfungsort und in seiner näheren Umgebung zu Gebote stehenden Geländeverhältnisse.

(2) Für die Führung von Krafträdern ist die Prüfung der Bauart des Fahrzeugs entsprechend zu gestalten. Nach dem Ermessen des Sachverständigen kann dabei die Dauer der unter 2c vorgeschriebenen freien Fahrt eingeschränkt werden.

(3) Zur mündlichen Prüfung können mehrere Prüflinge gleichzeitig zugelassen werden. Der praktischen Prüfung für Kraftwagen ist jeder Prüfling einzeln zu unterziehen.

(4) Die praktische Prüfung ist erst vorzunehmen, wenn der Prüfling die mündliche Prüfung bestanden hat. Zu der Prüfung gemäß 2c darf der Prüfling nur zugelassen

werden, wenn er bei der Prüfung nach 2b volle Sicherheit, Ruhe und Gewandtheit gezeigt hat.

(5) Bei den Fahrprüfungen für Kraftwagen (vgl. 2b und c) muß der prüfende Sachverständige auf dem Wagen Platz nehmen[1]. Er hat bei der Fahrt von Anweisungen, soweit irgend möglich, abzusehen und sein Augenmerk besonders darauf zu richten, ob der Prüfling die nötige Ruhe und Geistesgegenwart, einen sicheren Blick und Verständnis für die Bedürfnisse des öffentlichen Verkehrs besitzt, sowie ob er Entfernungen richtig abzuschätzen, die Gelände- und Verkehrsverhältnisse besonders beim Wechsel der Geschwindigkeit zu berücksichtigen und zu benutzen, die Bremsen richtig zu handhaben und Geräusch- und Geruchbelästigung zu vermeiden versteht.

(6) Wenn der Prüfling bereits im Besitze der Fahrerlaubnis für eine bestimmte Betriebsart und Klasse von Fahrzeugen ist und die Ausdehnung der Fahrerlaubnis auf eine andere Betriebsart oder Klasse wünscht, kann die mündliche und praktische Prüfung nach dem Ermessen des Sachverständigen abgekürzt werden.

1 Bei Kraftfahrzeugen, die keinen geeigneten Platz bieten, darf von der Befolgung dieser Vorschrift abgesehen werden, sofern der Sachverständige sich auf andere Weise, z. B. durch Begleiten mit einem anderen Kraftfahrzeuge, von den Fähigkeiten Überzeugung verschaffen kann.

VI. (1) Bei der Abnahme der Prüfungen ist besonderes Gewicht auf die Fahrprüfungen zu legen; wenn der Prüfling bei diesen Unkenntnis oder Unsicherheit zeigt, ist die Prüfung abzubrechen. Die Prüfung ist nur dann als bestanden anzusehen, wenn der Prüfling in allen Gegenständen genügende Sachkenntnis bewiesen hat.

(2) Über die zur Prüfung zugelassenen Personen und über das Ergebnis der Prüfung haben die amtlich aner-

kannten Sachverständigen ein Verzeichnis unter fortlaufender Nummer zu führen.

(3) Nach Abschluß der Prüfung haben die Sachverständigen unter Rücksendung des Antrags und seiner Anlagen umgehend der höheren Verwaltungsbehörde über das Ergebnis zu berichten; hierbei ist die Nummer anzugeben, unter der die Eintragung in das Verzeichnis erfolgt ist.

(4) Ist die Prüfung bestanden, so ist insbesondere anzugeben, für welche Betriebsart und Klasse von Fahrzeugen der Prüfling sie abgelegt hat.

VII. (1) Ergibt der Bericht des Sachverständigen, daß der Antragsteller die Prüfung nicht bestanden hat, so ist die nachgesuchte Erlaubnis zum Führen eines Kraftfahrzeugs von der höheren Verwaltungsbehörde zu versagen. Auf Antrag des Prüflings kann jedoch die höhere Verwaltungsbehörde ihre Entscheidung einstweilen aussetzen und die Zulassung zur Wiederholung der Prüfung bei demselben Sachverständigen in Aussicht stellen; die Wiederholung ist hierbei von dem Nachweis abhängig zu machen, daß der Prüfling in der Zwischenzeit weiteren gründlichen Unterricht genossen hat. Die Wiederzulassung darf keinesfalls vor Ablauf von vier Wochen erfolgen. Wenn sich ergeben hat, daß dem Prüfling die nötige Vorsicht, Ruhe und Geistesgegenwart fehlt, kann ausdrücklich eine längere Frist festgesetzt werden. Macht der Prüfling von der Wiederzulassung zur Prüfung innerhalb der von der höheren Verwaltungsbehörde festgesetzten Frist keinen Gebrauch, so ist ihm die Fahrerlaubnis zu versagen.

(2) Ergibt der Bericht des Sachverständigen, daß der Antragsteller die Prüfung bestanden hat, so erteilt die höhere Verwaltungsbehörde dem Prüfling den Führer-

schein für die betreffende Betriebsart und Klasse von Fahrzeugen, sofern nicht besondere Gründe, die nicht bereits vor der Erteilung des Auftrags zur Vornahme der Prüfung gewürdigt worden sind, zur Versagung der beantragten Erlaubnis führen müssen. Beträgt die Sehschärfe auf einem Auge des Antragstellers ohne oder mit Glas weniger als 1/8 oder fehlt das Sehvermögen auf einem Auge ganz, so hat die höhere Verwaltungsbehörde dies in dem Führerscheine zu vermerken und alle drei Jahre eine erneute amtsärztliche Untersuchung anzuordnen. In Ausnahmefällen kann die höhere Verwaltungsbehörde einen Führerschein auch für die Führung eines einzelnen bestimmten Kraftfahrzeugs ausstellen, insbesondere wenn ein Kriegsverletzter ein Fahrzeug führen will, das der Körperbeschaffenheit durch besondere Einrichtungen angepaßt ist oder das er mit Hilfe eines Ersatzglieds sicher führen kann. In diesen Fällen sind Kennzeichen, Firma, die das Fahrgestell hergestellt hat, und Fabriknummer des Fahrgestells im Führerschein anzugeben.

(3) Über die von ihr ausgestellten Führerscheine hat die höhere Verwaltungsbehörde eine Liste zu führen; die Nummer der Liste ist in dem Führerschein anzugeben.

(4) Vor Erweiterung einer Fahrerlaubnis oder Ausstellung einer zweiten Ausfertigung eines Führerscheins hat die höhere Verwaltungsbehörde durch Anfrage bei der Sammelstelle in Berlin festzustellen, was etwa nachteiliges über den Antragsteller dort bekannt ist. Von jedem Falle der Versagung der Fahrerlaubnis, der Aussetzung der Entscheidung, der Entziehung der Fahrerlaubnis oder der Untersagung der Führung eines Kraftfahrzeugs sowie der Zurücknahme einer dieser Maßnahmen hat die höhere Verwaltungsbehörde umgehend der Sammelstelle in Berlin Mitteilung zu machen. In den

Fällen der Versagung, Entziehung und Untersagung sind die Gründe kurz mitzuteilen.

VIII.[1] (1) Für die Erteilung der Erlaubnis zum Führen von Kraftfahrzeugen der Wehrmacht und der Reichspost und für die Entziehung dieser Erlaubnis gilt folgendes:

(2) Die Abhaltung der Führerprüfung sowie die Ausstellung des Führerscheins erfolgt durch die gemäß § 45 Abs. 2 der Verordnung bestimmten Dienststellen nach den Bestimmungen unter Ziffer I bis VII. Dabei kann bei Angehörigen der Wehrmacht der Geburtsschein (Ziffer II Abs. 1 Nr. 1) durch einen Stammrollenauszug ersetzt, von der Vorlage des Zeugnisses eines beamteten Arztes (Ziffer II Abs. 1 Nr. 2) abgesehen und das Lichtbild (Ziffer II Abs. 1 Nr. 3) nach der Prüfung vorgelegt werden. Die Vorschriften über die Beteiligung der Sammelstelle für Nachrichten über Führer von Kraftfahrzeugen (Ziffer II Abs. 2 und Ziffer VII Abs. 4) finden mit der Maßgabe Anwendung, daß vor Erweiterung einer Fahrerlaubnis oder Ausstellung einer zweiten Ausfertigung eines Führerscheins eine Anfrage bei der Sammelstelle nicht erforderlich ist. Die Erlaubnis beschränkt sich nicht auf die Führung von Kraftfahrzeugen der betreffenden Verwaltung; sie gilt nur für die Dauer des Dienstverhältnisses; dies ist auf dem Führerscheine zu vermerken. Bei Beendigung des Dienstverhältnisses wird der Schein eingezogen; auf Antrag ist dem Inhaber eine Bescheinigung zu erteilen, für welche Betriebsart und Klasse von Kraftfahrzeugen ihm die Erlaubnis erteilt war, sofern nicht das Dienstverhältnis durch Strafentlassung beendet wurde oder sofern nicht Tatsachen vorliegen, die die Annahme rechtfertigen, daß er nicht zum Führen von Kraftfahrzeugen befähigt ist.

(3) Wünscht ein früherer Inhaber eines von der Wehrmacht oder der Reichspost erteilten Führerscheins nach seinem Ausscheiden aus dem Dienstverhältnis einen Führerschein nach Ziffer VII für diejenige Betriebsart und Klasse von Fahrzeugen, zu deren Führung er nach der Bescheinigung (Abs. 2) berechtigt war, ohne nochmalige Ablegung einer Prüfung über seine Befähigung zum Führen eines Kraftfahrzeugs zu erhalten, so hat er einen Antrag unter Vorlegung dieser Bescheinigung, des ärztlichen Zeugnisses und des Lichtbildes (Ziffer II) innerhalb eines halben Jahres nach Beendigung seines Dienstverhältnisses bei der Ortspolizeibehörde seines Wohnsitzes oder Entlassungsorts zu stellen. Im übrigen regelt sich das Verfahren nach Ziffer II und VII.

(4) Abs. 2 Satz 4 und 5 sowie Abs. 3 gelten auch für Führerscheine, die von einer als höhere Verwaltungsbehörde anerkannten Dienststelle der staatlichen Polizei erteilt sind.

1 Vorg.: Ziffer VIII der Anl. B zur VO 3. 2. 10 (RGBl. S. 389), Ziffer VII der Anl. zur VO 15. 3. 23 (ebd. I S. 175) und VO 5. 12. 25 (ebd. I S. 425, 439), Ziffer VIII der Anl. zur VO 31. 1. 28 (ebd. I S. 14).

Verordnung über den Beirat für das Kraftfahrwesen.

Vom 11. Juli 1924 (RGBl. I S. 667).

Die Reichsregierung verordnet nach Zustimmung des Reichsrats und eines Ausschusses des Reichstags auf Grund des § 6 Abs. 1 Nr. 4 des Gesetzes über den Verkehr mit Kraftfahrzeugen vom 3. Mai 1909 (Reichsgesetzbl. S. 437) in der Fassung des Gesetzes vom 21. Juli 1923 (Reichsgesetzbl. I S. 743) und der Verordnung vom 5. Februar 1924 (Reichsgesetzbl. I S. 43) folgendes:

§ 1.

Zur Mitwirkung in Angelegenheiten des Kraftfahrwesens wird ein Beirat für das Kraftfahrwesen gebildet.

§ 2.

Der Beirat hat die Aufgabe, in grundsätzlichen und sonstigen besonders wichtigen Fragen auf dem Gebiete des Kraftfahrwesens Gutachten abzugeben.

§ 3.

Der Vorsitzende des Beirats und sein Stellvertreter werden vom Reichsverkehrsminister aus den Beamten des Reichsverkehrsministeriums für die Dauer ihres Hauptamts ernannt.

Zum Mitglied kann jeder Deutsche bestellt werden, der zum Reichstag wählbar ist.

Die Mitglieder werden vom Reichsverkehrsminister ernannt.

§ 4.

Die Mitgliedschaft erlischt, wenn das Mitglied die Fähigkeit zur Bekleidung öffentlicher Ämter verliert oder wenn über sein Vermögen das Konkursverfahren eröffnet wird.

§ 5.

Die Mitglieder sind ehrenamtlich tätig; auf Kostenerstattung aus der Reichskasse haben sie keinen Anspruch.

§ 6.

Der Beirat wird vom Reichsverkehrsminister nach Bedarf einberufen. Zeit und Ort der Beratung bestimmt der Reichsverkehrsminister.

§ 7.

Der Reichsverkehrsminister kann aus den Mitgliedern des Beirats Ausschüsse bilden. Die Vorsitzenden dieser Ausschüsse ernennt der Reichsverkehrsminister.

§ 8.

Der Reichsverkehrsminister und die Regierungen der Länder entsenden zu den Beratungen nach Bedarf Beauftragte.

Das gleiche gilt von den obersten Reichsbehörden, soweit sie an den auf der Tagesordnung stehenden Angelegenheiten beteiligt sind.

Der Reichsverkehrsminister zieht zu den Beratungen nach Bedarf Sachverständige hinzu.

Die rechtzeitige Einladung unter Beifügung einer Tagesordnung veranlaßt der Reichsverkehrsminister.

Die Beauftragten und Sachverständigen haben nicht die Stellung von Mitgliedern. Die Beauftragten haben das Recht, jederzeit zu den einzelnen Punkten der Tagesordnung das Wort zu ergreifen. Die Beauftragten der Landesregierungen sind außerdem berechtigt, jederzeit Anträge und Anfragen zu stellen und die Stellungnahme des Beirats hierzu zu verlangen.

Berlin, den 11. Juli 1924.

Die Reichsregierung.

Marx, RKzl. Oeser, RVerkMin.

Verordnung, betr. die Ausbildung von Kraftfahrzeugführern.

Vom 1. März 1921 (RGBl. I S. 212).

Die Reichsregierung verordnet mit Zustimmung des Reichsrats auf Grund des § 6 des Gesetzes über den Verkehr mit Kraftfahrzeugen vom 3. Mai 1909 (Reichs-Gesetzbl. S. 437) in Verbindung mit Artikel 179 Abs. 2 der Verfassung des Deutschen Reichs vom 11. August 1919 (Reichs-Gesetzbl. S. 1383) folgendes:

§ 1.

Wer Personen zu Führern auf öffentlichen Wegen oder Plätzen verkehrender Kraftfahrzeuge ausbilden will, bedarf der Erlaubnis der höheren Verwaltungsbehörde. Die Erlaubnis berechtigt zur Vornahme von Übungsfahrten im ganzen Reiche, soweit nicht andere Bestimmungen das Verkehrsgebiet des zur Ausbildung benutzten Fahrzeugs beschränken, und zur Ausstellung von Ausbildungsnachweisen für alle höheren Verwaltungsbehörden. Die Erlaubnis wird nur unter Vorbehalt des Widerrufs, nur zur Ausbildung von Kraftfahrzeugführern auf Fahrzeugen der Betriebsart und Klasse des Führerscheins des Nachsuchenden und nur zuverlässigen über 25 Jahre alten Personen erteilt, die eine umfangreiche, mindestens dreijährige vorwurfsfreie Tätigkeit als Führer nachweisen und für gewissenhafte, gründliche Ausbildung volle Gewähr bieten. Die Erlaubnis zur Ausbildung von Kraftwagenführern ist zu versagen, wenn kein Bedürfnis besteht.

Die Erlaubnis zur Ausbildung von Kraftwagenführern wird, abgesehen vom Sonderfalle der Ausbildung einer einzelnen bestimmten Person, nur erteilt

1. an Angestellte eines von einer Körperschaft des öffentlichen Rechtes betriebenen öffentlichen oder Inhaber oder Angestellte eines gewerbsmäßig betriebenen privaten Ausbildungsunternehmens,
2. an Inhaber einer zuverlässigen Kraftfahrzeugfabrik, -fabrikniederlassung oder -handlung oder eines zuver-

lässigen, Kraftfahrzeuge betreibenden Unternehmens oder in deren Diensten oder im Dienste einer Behörde oder Feuerwehr stehende Personen, jedoch nur für das eigene Bedürfnis (Ausbildung von Angestellten, Käufern von Wagen oder deren Angestellten).

Der Fahrlehrer hat die Erlaubnis durch eine Bescheinigung (Fahrlehrerschein) nach .... Muster nachzuweisen, den Schein bei Übungs- und Prüfungsfahrten mit sich zu führen und den zuständigen Beamten und amtlich anerkannten Sachverständigen auf Verlangen vorzuzeigen.

§ 2.

Wer ein privates Ausbildungsunternehmen gewerbsmäßig betreiben will, bedarf unbeschadet der nach § 1 für jeden Fahrlehrer erforderlichen noch einer besonderen Erlaubnis der höheren Verwaltungsbehörde. Die Erlaubnis wird nur widerruflich erteilt; sie ist zu versagen, wenn kein Bedürfnis besteht. Eine höhere Verwaltungsbehörde, in deren Bezirk eine Körperschaft des öffentlichen Rechtes ein öffentliches Ausbildungsunternehmen betreibt, darf nur nach Anhörung der Leitung dieses Unternehmens (Vorstand, Kuratorium und dergleichen) gewerbsmäßig betriebene private Unternehmen zulassen.

§ 3.

Die Erlaubnis zum gewerbsmäßigen Betrieb eines privaten Ausbildungsunternehmens (§ 2) wird von der für den Sitz des Unternehmens zuständigen höheren Verwaltungsbehörde erteilt. Entsprechendes gilt für die Erteilung der Erlaubnis zur Ausbildung von Kraftfahrzeugführern (§ 1 Abs. 1 Satz 1) mit der Maßgabe, daß im Sonderfalle der Ausbildung einer einzelnen bestimmten Person zum Kraftfahrzeugführer die höhere Verwaltungsbehörde des Wohnsitzes des Antragstellers zuständig ist.

§ 4.

Im übrigen gelten für die Erteilung der Erlaubnis zur Ausbildung von Kraftfahrzeugführern und zum gewerbsmäßigen Betriebe privater Ausbildungsunternehmen sowie für die Ausbildung die Vorschriften der Anlage.

§ 5.

Die höhere Verwaltungsbehörde soll die Erlaubnis zur Ausbildung von Kraftfahrzeugführern und zum gewerbsmäßigen Betriebe privater Ausbildungsunternehmen insbesondere widerrufen, wenn die Leistungen unbefriedigend sind oder sich andere erhebliche Mißstände ergeben; sie hat die Erlaubnis zu widerrufen, wenn die Voraussetzungen, die zur Erteilung geführt haben, nicht mehr erfüllt sind. Die Entziehung der Erlaubnis zum Führen von Kraftfahrzeugen auf öffentlichen Wegen oder Plätzen hat ohne weiteres den Fortfall der Erlaubnis zur Ausbildung von Kraftfahrzeugführern zur Folge; der Fahrlehrerschein ist einzuziehen; dies gilt auch im Falle des Widerrufs der Fahrlehrererlaubnis.

§ 6.

Jede höhere Verwaltungsbehörde bildet, soweit nicht die Landeszentralbehörde etwas anderes bestimmt, an ihrem Sitze einen Ausschuß, der aus Vertretern der Kraftfahrzeugfabrikanten, -händler, Kraftfahrzeuge betreibenden Unternehmer, Kraftfahrzeughalter- und Berufsfahrervereinigungen und der amtlich anerkannten Sachverständigen bestehen soll. Der Ausschuß steht der höheren Verwaltungsbehörde bei Durchführung dieser Verordnung beratend zur Seite; seine Tätigkeit ist ehrenamtlich.

§ 7.

Welche Behörde unter „höherer Verwaltungsbehörde" zu verstehen ist, bestimmt die Landeszentralbehörde.

§ 8.

Für Erteilung und Widerruf der Erlaubnis zur Ausbildung von Kraftfahrzeugführern der Reichspostverwaltung, der Wehrmacht und der staatlichen Polizei und für ihre Ausbildung gilt Ziffer IX der Anlage.

§ 9.

Die vor Inkrafttreten dieser Verordnung erteilten Fahrlehrerscheine und die Erlaubnisscheine zum gewerbsmäßigen Betriebe privater Ausbildungsunternehmen bleiben, sofern nicht ein besonderer Anlaß zur Zurücknahme vorliegt, bis zum 31. Juli 1921 gültig. Die Inhaber solcher Scheine haben jedoch, falls Fortführung der Tätigkeit über den 31. Juli 1921 beabsichtigt wird, bis zum 1. Mai 1921 die Erteilung des neuen Scheines gemäß §§ 1 bis 4 zu beantragen. Für seine Zuteilung gilt diese Verordnung mit der Maßgabe, daß vom Erfordernis des im § 1 Abs. 1 vorgesehenen Mindestalters abgesehen werden kann.

Anlage zu § 4.

Ausbildung von Kraftfahrzeugführern.

(Auszug.)

IX. Ausbildung von Kraftfahrzeugführern der Reichspostverwaltung, der Wehrmacht und der staatlichen Polizei.

Für die Ausbildung von Kraftfahrzeugführern auf Kraftfahrzeugen der Reichspostverwaltung, der Wehrmacht und der staatlichen Polizei gilt folgendes:

Reichspost- und Reichswehrministerium und die zuständigen obersten Landesbehörden bestimmen für ihren Geschäftsbereich Dienststellen, die zur Abhaltung der Fahrlehrerprüfung sowie zur Erteilung und Entziehung der Erlaubnis zur Ausbildung von Kraftfahrzeugführern berechtigt sind. Fahrlehrerprüfung und Ausbildung erfolgen sinngemäß nach Ziffer II, V Abs. 1 bis 4 und VII Abs. 1 und 2. Die Erlaubnis erstreckt sich auf bestimmte Betriebsarten und Klassen. Der Fahrlehrerschein entspricht dem allgemein vorgeschriebenen Muster; er gibt dem Inhaber die Berechtigung zur Ausbildung von Führern nur mit Fahrzeugen der betreffenden Verwaltung. Der Schein gilt für die Dauer der Dienstzeit und wird nach ihrer Beendigung eingezogen. In den Entlassungspapieren wird vermerkt, für welche Betriebsart und Klasse von Kraftfahrzeugen dem Inhaber ein Fahrlehrerschein erteilt war.

Beantragt der Inhaber eines von der Reichspostverwaltung, der Wehrmacht oder einer staatlichen Polizei ausgestellten Fahrlehrerscheins nach Dienstentlassung einen Fahrlehrerschein gemäß Ziffer V, so hat die nach § 3 zuständige höhere Verwaltungsbehörde nach Ziffer I zu verfahren. Die Fahrlehrerprüfung fällt fort, wenn die Erlaubnis zur Ausbildung von Kraftfahrzeugführern dem Antragsteller bereits von der Reichspostverwaltung oder der Wehrmacht im beantragten Umfang erteilt war.

Gesetz über Kraftfahrlinien (Kraftfahrliniengesetz).

Vom 26. August 1925 (RGBl. I S. 319).

Der Reichstag hat das folgende Gesetz[1] beschlossen, das mit Zustimmung des Reichsrats hiermit verkündet wird:

1 Vorg.: VO 24. 1. 1919 (RGBl. S. 97), vgl. § 6 Anm. 1.

§ 1[1].

Wer über die Grenzen eines Gemeindebezirks hinaus die Beförderung von Personen oder Sachen mit Kraftfahrzeugen auf bestimmten Strecken gegen Entgelt betreiben will (Unternehmer von Kraftfahrlinien), bedarf der Genehmigung der von der obersten Landesbehörde bestimmten Behörde.

Soll sich das Unternehmen auf das Gebiet mehrerer Länder erstrecken, so sind zur Genehmigung die obersten Landesbehörden gemeinsam zuständig. Jedoch ist jedes Land verpflichtet, die Fortsetzung einer in einem benachbarten Lande zugelassenen Kraftfahrlinie in oder durch sein Gebiet zu gestatten, wenn der Reichsrat auf den durch den Reichsverkehrsminister geprüften und zu vermittelnden Antrag anerkennt, daß diese im Interesse des allgemeinen Verkehrs liegt.

1 S. § 6.

§ 2.

Die Genehmigung darf nur erteilt werden, wenn Gewähr für die Sicherheit und Leistungsfähigkeit des Betriebs geboten ist und das Unternehmen den öffentlichen Interessen nicht zuwiderläuft.

§ 3.

Die Genehmigung kann zurückgenommen werden, wenn gegen die bei der Genehmigung festgesetzten Bedingungen oder gegen die auf Grund des § 5 erlassenen Vorschriften und Anordnungen oder gegen die auf Grund des § 6 des Gesetzes über den Verkehr mit Kraftfahrzeugen vom 3. Mai 1909 in der Fassung des Gesetzes vom 21. Juli 1923 erlassenen Vorschriften in wesentlicher Beziehung verstoßen wird. Die Zurücknahme der Genehmigung bedarf der Zustimmung der obersten Landesbehörde.

Im Falle des § 1 Abs. 2 kann die Zurücknahme nur gemeinsam erfolgen; die nicht erfolgte Zustimmung einer beteiligten obersten Landesbehörde kann in diesem Falle durch die Zustimmung des Reichsverkehrsministers ersetzt werden.

§ 4.

Die obersten Landesbehörden können die Vorschriften der §§ 1 bis 4 auf gegenwärtig vorhandene Kraftfahrlinien für anwendbar erklären.

§ 5.

Die Reichsregierung erläßt mit Zustimmung des Reichsrats die zur Durchführung der §§ 1 bis 5 erforderlichen Vorschriften.

Für die Ausrüstung und den Betrieb der Kraftfahrlinien können die obersten Landesbehörden allgemeine Anordnungen erlassen.

§ 6[1].

Dienen Linien der Reichspost der Personenbeförderung, so ist die Reichspost zur Einholung der Genehmigung nach § 1 nicht verpflichtet, sondern nur zu einer mit vierwöchiger Frist vorher zu erstattenden Anzeige an die oberste Landesbehörde des betreffenden Landes. Erhebt die oberste Landesbehörde innerhalb zwei Wochen nach Eingang der Anzeige gegen die beabsichtigte Einrichtung einer solchen Kraftfahrlinie der Reichspost Einspruch, weil nach ihrer Auffassung den öffentlichen Interessen durch Einrichtung der Linie nicht genügend Rechnung getragen sei, und kommt eine Einigung nicht zustande, so entscheidet über die Berechtigung des Einspruchs ein Schiedsgericht, zu dem das Reichsgericht aus seiner Mitte den Vorsitzenden, die Reichspost und die oberste Landesbehörde je einen Beisitzer stellen.

Die Bestimmungen des Abs. 1 gelten auch für Linien, die sowohl der Postsachen-[2] wie der Personenbeförderung dienen, es sei denn, daß die Reichspost der obersten Landesbehörde gegenüber unter Anführung der tatsächlichen Verhältnisse dargelegt hat, daß die einzurichtende Kraftfahrlinie für die Postsachenbeförderung erforderlich ist[3].

1 Vorg.: § 6 VO 24. 1. 1919 (RGBl. S. 97) Text: „Durch die Bestimmungen der §§ 1—5 (entsprechen den §§ 1—5 des Ges) werden die Rechte der PVerw'n des Reichs und der Bundesstaaten aus Art. 48—50 und 52 RVerf (1871) nicht berührt"; aufgeh: s. § 9 des Ges.

2 Gleichbedeutend mit der anderweit gebrauchten Bezeichnung „PSendungen".

3 Vgl. § 2 VO 20. 10. 1928 (Seite 542).

§ 7.

Wer als Unternehmer oder als Angestellter einer Kraftfahrlinie den in der Genehmigung festgesetzten Bedingungen oder den auf Grund des § 5 erlassenen Vorschriften und Anordnungen zuwiderhandelt, wird mit Geldstrafe bis zu 150 Reichsmark oder mit Haft bestraft.

§ 8.

Wer den Betrieb einer Kraftfahrlinie ohne die erforderliche Genehmigung unternimmt oder ihn fortsetzt, nachdem die Genehmigung zurückgenommen oder der Weiterbetrieb untersagt worden ist, wird mit Geldstrafe oder mit Gefängnis bis zu drei Monaten bestraft.

§ 9.

Die Verordnung, betreffend Kraftfahrzeuglinien vom 24. Januar 1919 (Reichsgesetzbl. S. 97) tritt außer Kraft.

Dietramszell, den 26. August 1925.

RPräs: von Hindenburg.

RVerkMin: Krohne.

Kraftfahrlinienverordnung.

Vom 20. Oktober 1928 (RGBl. I S. 379).

Auf Grund des § 5 Abs. 1 des Kraftfahrliniengesetzes vom 26. August 1925 (Reichsgesetzbl. I S. 319) wird hiermit nach Zustimmung des Reichsrats verordnet:

§ 1.

(1) Kraftfahrlinien sind dem öffentlichen Verkehr dienende Unternehmen, die durch Kraftfahrzeuge Personen oder Sachen (Güter) über die Grenzen eines Gemeindebezirkes hinaus auf bestimmten Strecken mit einer gewissen Regelmäßigkeit und Häufigkeit gegen Entgelt befördern, mit Ausnahme der Rundfahrten.

(2) Dem öffentlichen Verkehr dient ein Unternehmen, dessen Einrichtungen nach seiner Zweckbestimmung jedermann benutzen kann.

(3) Kraftfahrzeuge sind Landfahrzeuge, die durch Maschinenkraft bewegt werden, ohne an Bahngleise gebunden zu sein.

(4) Strecken sind die Wege, die zur Erreichung des Endpunkts oder der Zwischenpunkte der Linie benutzt werden sollen (vgl. § 3).

(5) Beförderung ist der Verkehr von Ort zu Ort.

(6) Eine gewisse Regelmäßigkeit und Häufigkeit ist einem für einen längeren Zeitraum berechneten Verkehr zuzusprechen, auf den sich die Öffentlichkeit einrichten kann, auch wenn kein Fahrplan mit genau bestimmten Abfahrts- und Ankunftszeiten im voraus festgelegt ist.

(7) Entgelt ist jede Art von Entschädigung für die Verkehrsleistung.

(8) Rundfahrten sind Fahrten zu Besichtigungs- oder Vergnügungszwecken, die ohne Wagenwechsel und unter Ausschluß der Unterwegsbedienung zum Ausgangsort zurückführen.

§ 2.

(1) Genehmigungspflichtig sind sämtliche Kraftfahrlinienunternehmen, mögen sie von natürlichen oder juristischen Personen oder von öffentlichen Körperschaften eingerichtet werden.

(2) Unberührt bleiben die Bestimmungen des § 6 des Kraftfahrliniengesetzes über die Kraftfahrlinien der Reichspost.

§ 3.

Erforderlich ist die Genehmigung nicht nur für den Betrieb einer Kraftfahrlinie und, wenn der Endpunkt oder Zwischenpunkte auf mehreren bestimmten Strecken erreicht werden sollen, für sämtliche Wegestrecken (vgl. § 1 Abs. 4), sondern auch für jede Änderung der Linie und für die Übertragung der aus der Genehmigung erwachsenden Rechte und Pflichten des Unternehmers auf andere.

§ 4.

(1) Für die Genehmigung sind zuständig:

1. bei Kraftfahrlinien innerhalb eines Landesgebiets die von der obersten Landesbehörde bestimmten Behörden,
2. bei Kraftfahrlinien, die das Gebiet mehrerer Länder berühren, die obersten Landesbehörden gemeinsam.

(2) Im letzteren Falle ist der Antrag an die Behörden der beteiligten Länder zu richten, die das Genehmigungsverfahren (§§ 5 bis 9) für den in ihren Bezirk fallenden Teil der Kraftfahrlinien durchführen. Die Behörde des Landes, wo der größte Teil der Linie liegt, verständigt

sich mit den Behörden der anderen Länder und legt die Verhandlungen der eigenen obersten Landesbehörde vor. Diese entscheidet im Einverständnis mit den weiter beteiligten obersten Landesbehörden oder leitet das im § 1 Abs. 2 des Kraftfahrliniengesetzes vorgesehene Verfahren ein.

§ 5.

(1) Dem Antrag sind die Unterlagen beizufügen, die ein Urteil über Sicherheit und Leistungsfähigkeit des Betriebs ermöglichen.

(2) Der Antrag soll enthalten:

1. Name und Wohnsitz des Unternehmers gegebenenfalls Firma und Sitz der Gesellschaft,
2. Angaben über die Vermögenslage und die technische Leistungsfähigkeit des Unternehmens,
3. Zweck des Unternehmens (Personen-, Güterbeförderung),
4. Anfangs- und Endpunkt der Linie gegebenenfalls Angabe der einzelnen Strecken und Zwischenhaltestellen,
5. die kilometrische Länge der Linie gegebenenfalls auch der Teilstrecken,
6. Fahrplan und mittlere Reisegeschwindigkeit,
7. Zahl der Fahrzeuge und der Anhänger, Antriebsart, Muster und Maße der Wagen (bei Personenfahrzeugen auch der Inneneinrichtung), Eigengewicht, Bremsleistung des Motors, zulässige Belastung (Ladung oder Zahl der Personen einschließlich Führer), bei Fahrzeugen von mehr als 5 Tonnen Gesamtgewicht Achsdrucke und Felgendrucke in beladenem Zustand,
8. eine Übersichtskarte, in der die beantragte Linie rot und die im betreffenden Verkehrsgebiet bereits vor-

handenen öffentlichen Verkehrsunternehmen (Eisenbahnen, Kleinbahnen, Straßenbahnen, Kraftfahrlinien) mit anderer Farbe eingezeichnet sind.

(3) Wenn die Angaben zu Nr. 6 und 7 nicht von vornherein feststehen, können sie im Laufe des Genehmigungsverfahrens eingereicht werden.

§ 6.

Die Genehmigung wird auf Grund einer Prüfung erteilt, die sich zu erstrecken hat auf

1. die Sicherheit und Leistungsfähigkeit des Betriebs,
2. die Wahrung der öffentlichen Interessen.

§ 7.

Die Prüfung der Sicherheit und Leistungsfähigkeit soll sich vornehmlich darauf erstrecken:

1. ob die Vorschriften der Verordnung über Kraftfahrzeugverkehr erfüllt sind, und ob die Persönlichkeit des Unternehmers dafür bürgt, daß sie auch in Zukunft erfüllt werden;
2. ob ihn seine Vermögenslage befähigt, durch eine geordnete, regelmäßige Betriebsführung dem öffentlichen Verkehrsbedürfnis und den berechtigten Ansprüchen der Benutzer zu genügen, und die aus dem Betrieb erwachsenden Verbindlichkeiten, besonders Haftungsansprüche für Personen- und Sachschäden, zu erfüllen;
3. ob der Wagenpark und die Einrichtungen zu seiner Unterhaltung so beschaffen und bemessen sind, daß der ordentliche, ununterbrochene Betrieb während der Dauer der Genehmigung gewährleistet ist, solange die vorhandenen Wege sicher befahrbar sind.

§ 8.

(1) Die Prüfung, ob die öffentlichen Interessen gewahrt sind, soll sich auf die Linienführung, die Zahl der

täglichen Fahrten, die Wahl der Halteplätze usw. erstrecken.

(2) Das Unternehmen läuft den öffentlichen Interessen zuwider,

1. wenn es auf Wegen durchgeführt werden soll, die sich wegen ihres baulichen Zustandes für diesen Kraftwagenverkehr nicht eignen,
2. wenn es bereits vorhandenen Verkehrsunternehmen einen unbilligen Wettbewerb bereitet oder ihrer dem öffentlichen Bedürfnis mehr entsprechenden Ausgestaltung vorgreift, ohne doch das öffentliche Verkehrsbedürfnis zweckmäßiger oder nachhaltiger zu befriedigen oder die vorhandenen öffentlichen Verkehrsmittel vorteilhaft zu ergänzen.

§ 9.

(1) Vor der Genehmigung des Antrags muß die Behörde die im Verkehrsgebiete der geplanten Kraftfahrlinie vorhandenen öffentlichen Verkehrsunternehmen und die Wegeunterhaltungspflichtigen hören. Einwendungen gegen das Unternehmen sind innerhalb einer von der Behörde festzusetzenden Frist von drei Wochen geltend zu machen.

(2) Wenn der Antragsteller nachweist, daß alle Beteiligten mit seinem Unternehmen einverstanden sind, braucht die Behörde die im Abs. 1 bezeichneten Stellen nicht zu hören.

§ 10.

Die Genehmigung wird dem Unternehmer nur für seine Person erteilt.

§ 11.

Von jeder Genehmigung einer Kraftfahrlinie ist dem zuständigen Versicherungsamt wegen der Anmeldung des Betriebs zur Genossenschaft Kenntnis zu geben.

§ 12.

(1) Die Genehmigung ist auf Zeit zu erteilen; sie läßt die Rechte anderer unberührt.

(2) Wenn das öffentliche Interesse es fordert, kann die Genehmigung auch widerruflich erteilt werden.

§ 13.

Die Genehmigung muß enthalten:

1. die Bezeichnung des Unternehmers,
2. die Bezeichnung der Linie,
3. die Zeitdauer, für die sie erteilt wird,
4. den Zweck des Unternehmens (Personen-, Güterbeförderung),
5. die Bedingungen, unter denen sie erteilt wird.

§ 14.

Wenn nicht das Reich, ein Land, eine andere öffentliche Körperschaft oder eine Gesellschaft, an der öffentliche Körperschaften überwiegend beteiligt sind, der Unternehmer ist, muß die Genehmigung diesem vorschreiben, daß er sich für alle Betriebsschäden an Personen oder Sachen bei einer leistungsfähigen Haftpflichtversicherungsanstalt bis zur Höhe der Höchstbeträge versichert, die in den jeweils geltenden gesetzlichen Bestimmungen, zur Zeit im § 12 des Gesetzes über den Verkehr mit Kraftfahrzeugen vom 3. Mai 1909 in der Fassung der Verordnung vom 6. Februar 1924 (Reichsgesetzbl. I S. 42), für die Haftpflicht aus einem beim Betrieb eines Kraftfahrzeugs entstandenen Schaden festgesetzt sind. Auch kann die Genehmigungsbehörde von diesen Unternehmern fordern, daß sie für diese Zwecke eine bestimmte Sicherheit hinterlegen.

§ 15.

Die nachstehenden Bestimmungen über Fahrplan, Beförderungspreise und Beförderungsbedingungen (§§ 16 bis 18) sind nur soweit vorzuschreiben, als es im Interesse des öffentlichen Verkehrs geboten ist.

§ 16.

(1) Der Fahrplan und jede Änderung des Fahrplans unterliegen der Genehmigung der zuständigen Behörde. Der Fahrplan muß die Führung der Linie, ihren Anfangs- und Endpunkt, die Haltestellen und Fahrzeiten enthalten.

(2) Abweichung vom genehmigten Fahrplan ist nur insofern erlaubt, als außer den fahrplanmäßigen Wagen bei gesteigertem Verkehr noch weitere eingesetzt werden dürfen.

§ 17.

(1) Die Beförderungspreise und jede Änderung der Beförderungspreise bedürfen der Genehmigung der zuständigen Behörde. Die wirtschaftliche Lage des Unternehmens und angemessene Verzinsung und Tilgung des Anlagekapitals sind dabei zu berücksichtigen.

(2) Die angesetzten Beförderungspreise sind gleichmäßig anzuwenden. Ermäßigungen, die nicht unter gleichen Bedingungen jedermann zugute kommen, sind verboten und nichtig.

§ 18.

Der Fahrplan, die Beförderungspreise und die Beförderungsbedingungen sind durch Aushang an sichtbarer Stelle in den Fahrzeugen und ebenso in den etwa dem Beförderungsverkehr gewidmeten Räumen bekanntzumachen. Jede Erhöhung der Beförderungspreise darf erst drei Tage nach der Veröffentlichung in Kraft treten.

§ 19.

(1) Die zuständige Behörde kann vorschreiben, daß die zur Personenbeförderung bestimmten Fahrzeuge

1. vor ihrer Einstellung in den Betrieb besonders geprüft werden, auch wenn sie zum Verkehr bereits zugelassen sind,
2. in angemessenen Zeitabschnitten und aus besonderem Anlaß wieder geprüft werden.

(2) Die Kosten der Prüfungen hat der Unternehmer zu tragen.

§ 20.

Soweit es im öffentlichen Interesse geboten ist, kann vorgeschrieben werden:

a) daß der Betrieb der Linie innerhalb der von der zuständigen Behörde festzusetzenden Frist eröffnet und während der Dauer der Genehmigung nach den Genehmigungsbedingungen fortgeführt wird. Zur Sicherung dieser letzteren Verpflichtung kann die Behörde jederzeit, auch ohne einen entsprechenden Vorbehalt bei der Genehmigung, nähere Anordnungen treffen, wenn sich ein Bedürfnis hierfür herausstellen sollte;
b) daß der Unternehmer die Genehmigung zur dauernden Einstellung des Betriebs vier Wochen vorher und zur vorübergehenden Einstellung des Betriebs eine Woche vorher bei der zuständigen Behörde nachzusuchen hat.

§ 21.

(1) Jede Kraftfahrlinie ist der Aufsicht der Genehmigungsbehörde unterworfen, soweit es sich um die ihr auferlegten Pflichten handelt.

(2) Die Genehmigungsbehörde kann die Aufsicht entweder selbst führen oder eine ihr unterstellte Behörde damit beauftragen.

§ 22.

Die obersten Landesbehörden verordnen das nötige zur Durchführung dieser Vorschriften und bestimmen insbesondere die zuständigen Behörden.

Berlin, den 20. Oktober 1928.

RVerkMin: von Guérard.

Kraftfahrzeugsteuergesetz.

Vom 21. Dezember 1927 (RGBl. I S. 509).

Der Reichstag hat das folgende Gesetz beschlossen, das mit Zustimmung des Reichsrats hiermit verkündet wird:

Kraftfahrzeugsteuergesetz[1].

1 Vorg.: I. KrfSteuerG, Anl. 12 zum Ges über Änderungen im Finanzwesen 8. 4. 1922 (RGBl. I S. 335, 396), geändert: Ges 15. 5. 1926 (RGBl. I S. 223), in neuer Fassung 19. 5. 1926 (RGBl. I S. 239). — II. Ergänzung zu I: Ges über Erhebung von Zuschlägen zur KrfSteuer 29. 12. 1922 (RGBl. 1923 I S. 26) und die ermächtigten ZuschlagfestsetzungsVo'en: 1) 25. 1. 1923 (RGBl. I S. 74), 2) 5. 6. 1923 (RGBl. I S. 374), 3) 21. 7. 1923 (RGBl. I S. 729), 4) 17. 8. 1923 (RGBl. I S. 820), 5) 11. 10. 1923 (RGBl. I S. 942), 6) 9. 11. 1923 (RGBl. I S. 1088), aufgeh: Art. XI 2. SteuerNotVO 19. 12. 1923 (RGBl. I S. 1205, 1224). — III. VO über Befreiung von KrfSteuer 10. 12. 1926 (RGBl. I S. 501), aufgeh: § 20 Ziff. 3 des geltenden Ges 21. 12. 1927. — IV. § 45 FinanzausgleichsG 23. 6. 1923 (RGBl. I S. 494), neue Fassung zufolge Art. V (§ 39) 3. SteuerNotVO 14. 2. 1924 (RGBl. I S. 74), geändert durch § 1 Ziff. 17 Ges 9. 4. 1927 (RGBl. I S. 91). — V. Ergänzung zu § 13 FinanzausgleichsG 23. 6. 1923 (RGBl. I S. 494) zufolge Art. II ÄnderungsG (s. I) 15. 5. 1926 (RGBl. I S. 223); dazu ZuschlagsVO 28. 2. 1927 (RGBl. I S. 70), ersetzt durch § 19 des geltenden Ges 21. 12. 1927.

§ 1.

Die Benutzung von Kraftfahrzeugen zum Befahren öffentlicher Wege unterliegt einer Steuer nach diesem Gesetze.

§ 2.

Von der Steuer sind befreit:

1. Krafträder mit einem Hubraum von nicht mehr als 200 Kubikzentimeter;
2. Kraftfahrzeuge, die ausschließlich der Beförderung (Fortbewegung) von Geräten von und zur Arbeitsstätte und dem Antrieb dieser Geräte dienen; ferner Kraftfahrzeuge, die diesen Zwecken in landwirtschaftlichen Betrieben dienen, auch dann, wenn gleichzeitig Personen oder Güter befördert werden;
3. im Besitze des Reichs, der Länder oder der Gemeinden (Gemeindeverbände) befindliche Kraftfahrzeuge, soweit sie ausschließlich im Feuerlöschdienste, zur Krankenbeförderung, zum Wegebau oder zur Straßenreinigung verwendet werden;
4. Kraftfahrzeuge, die ausschließlich im Dienste der Wehrmacht oder der Polizei verwendet werden, jedoch nicht Personenkraftfahrzeuge mit weniger als acht Sitzplätzen.

§ 3.

(1) Steuerschuldner ist der Eigenbesitzer des Kraftfahrzeugs. Hat der Eigenbesitzer im Inland weder Wohnsitz noch gewöhnlichen Aufenthalt oder benutzt ein anderer als der Eigenbesitzer widerrechtlich das Kraftfahrzeug, so ist Steuerschuldner, wer das Kraftfahrzeug im Inland benutzt.

(2) Ist ein Kraftfahrzeug nach den verkehrspolizeilichen Bestimmungen zugelassen, so ist Steuerschuldner der, für den das Kraftfahrzeug zugelassen ist. Hat dieser im In-

land weder Wohnsitz noch gewöhnlichen Aufenthalt, so ist Steuerschuldner, wer das Kraftfahrzeug im Inland benutzt.

§ 4.

(1) Die Steuer beträgt für die Dauer eines Jahres für

1. Krafträder (Kraftfahrzeuge, die auf nicht mehr als 3 Rädern laufen und deren Eigengewicht in betriebsfertigem Zustand 350 Kilogramm nicht übersteigt) mit Antrieb durch Verbrennungsmaschine
   für je 100 Kubikzentimeter Hubraum oder einen Teil davon . . . . 8 Reichsmark,
2. Personenkraftwagen mit Antrieb durch Verbrennungsmaschine, ausgenommen Kraftomnibusse,
   für je 100 Kubikzentimeter Hubraum oder einen Teil davon . . . . 12 Reichsmark,
3. Kraftomnibusse und Lastkraftwagen mit Antrieb durch Verbrennungsmaschine
   für je 200 Kilogramm Eigengewicht des betriebsfertigen Kraftfahrzeugs oder einen Teil davon 30 Reichsmark,
4. elektrisch oder mit Dampf angetriebene Kraftfahrzeuge sowie Zugmaschinen ohne Güterladeraum
   für je 200 Kilogamm Eigengewicht des betriebsfertigen Kraftfahrzeugs oder einen Teil davon 15 Reichsmark.

(2) Auf Kraftfahrzeuge mit Antrieb durch Verbrennungsmaschine, die vorstehend nicht besonders aufgeführt sind, ist der Steuersatz nach Abs. 1 Nr. 4 anzuwenden.

(3) Ist ein Kraftfahrzeug der im Abs. 1 unter Nr. 3 genannten Art nicht auf allen Rädern mit Luftbereifung versehen, so erhöht sich der Steuersatz um ein Zehntel.

§ 5.

Der Hubraum ist gemäß näherer Bestimmung des Reichsministers der Finanzen zu berechnen; dieser kann auch Bestimmungen über die Feststellung des Eigengewichts der betriebsfertigen Fahrzeuge und die Unterscheidungsmerkmale der einzelnen Fahrzeugarten treffen.

§ 6.

(1) Die Steuer ist vor der Benutzung des Kraftfahrzeugs gegen Lösung einer Steuerkarte zu entrichten.

(2) Die Steuerkarte wird für die Dauer eines Jahres, eines Halbjahrs oder eines Vierteljahrs ausgestellt. Die Steuer beträgt für die Halbjahrskarte die Hälfte, für die Vierteljahreskarte ein Viertel der Jahressteuer[1].

(3) Die Steuer kann auf Antrag in viertel- oder halbjährlichen gleichen Teilen entrichtet werden, sofern die einzelnen Teilzahlungen den Betrag von 50 Reichsmark erreichen. Der Reichsminister der Finanzen kann nähere Bestimmungen zur Durchführung dieser Vorschrift treffen, insbesondere auch darüber, unter welchen Voraussetzungen der Antrag abgelehnt werden kann. Die Vorschrift im § 106 der Reichsabgabenordnung findet sinngemäß Anwendung[2].

(4) Mit jeder Steuerzahlung, die sich auf einen Zeitraum von weniger als ein Jahr bezieht (Zahlungen auf eine Vierteljahres- oder Halbjahreskarte gemäß Abs. 2; Teilzahlungen gemäß Abs. 3), ist ein Aufgeld zu entrichten. Das Aufgeld beträgt

bei einer Zahlung für ein Vierteljahr .... 6 vom Hundert des für diesen Zeitraum zu zahlenden Steuerbetrags, bei einer Zahlung für ein halbes Jahr . . . . 3 vom Hundert des für diesen Zeitraum zu zahlenden Steuerbetrags.

(5) Die Steuer für die Kraftfahrzeuge der Wehrmacht ist im Wege des Abfindungsverfahrens zu entrichten.

1 S. „Ergänzungen zur AusfAnw d. DRP" Ziffer 1 Abs. 2 (Seite 570).

2 Betrifft Steuerentrichtung in Teilbeträgen; vgl. AusfAnw d. DRP Ziffer 4 (Seite 572).

§ 7.

Bei Berechnung der Steuer und der Teilzahlungen einschließlich des Aufgeldes gemäß § 6 Abs. 4 sind Bruchteile einer Reichsmark auf volle Reichsmark nach oben abzurunden.

§ 8.

(1) Werden mehrere Kraftfahrzeuge von demselben Steuerschuldner benutzt, so ist für jedes Fahrzeug eine besondere Steuerkarte zu lösen.

(2) Stellt der Steuerschuldner während der Gültigkeitsdauer der Steuerkarte an Stelle des bisherigen ein anderes Kraftfahrzeug ein, so kann er die Karte auf das neue Fahrzeug umschreiben lassen, wenn die Steuer für das neue Fahrzeug sich nicht höher als für das bisherige Fahrzeug berechnet.

(3) Wird ein Kraftfahrzeug während der Gültigkeitsdauer der Steuerkarte dergestalt umgebaut, daß dadurch die Steuer für das Fahrzeug sich nicht höher als bisher berechnet, so kann der Steuerschuldner die Steuerkarte auf das umgebaute Fahrzeug umschreiben lassen. Wird während der Gültigkeitsdauer der Steuerkarte ein Kraftfahrzeug dergestalt umgebaut oder die Bereifung eines Kraft-

fahrzeugs in den im § 4 Abs. 3 bezeichneten Fällen dergestalt geändert, daß dadurch die Steuer für das Fahrzeug sich höher als bisher berechnet, so ist für das Fahrzeug eine neue Steuerkarte zu lösen.

(4) Tritt während der Gültigkeitsdauer einer Steuerkarte ein Wechsel in der Person des Steuerschuldners ein, so kann der neue Steuerschuldner die Karte auf seinen Namen umschreiben lassen; in diesem Falle beschränkt sich seine Steuerschuld auf den für die Karte noch zu entrichtenden Betrag.

§ 9.

(1) Für die Besteuerung der Benutzung von Kraftfahrzeugen, die nach den verkehrspolizeilichen Bestimmungen unter Verwendung von Probefahrtkennzeichen vorgenommen werden kann, gelten in Abweichung von den §§ 3, 4 und § 8 die Vorschriften in Abs. 2 bis 4.

(2) Steuerschuldner ist derjenige, dem das Probefahrtkennzeichen zugeteilt ist. Die Steuer beträgt für eine Steuerkarte:

auf die Dauer eines Jahres
für Probefahrtkennzeichen, die für Kraftfahrzeuge jeder Art gelten 300 Reichsmark,
für Probefahrtkennzeichen, die nur für Krafträder gelten .... 60 Reichsmark.

Die Steuerkarte kann außer auf die im § 6 Abs. 2 genannten Zeiträumen auch auf die Dauer von 4 bis 15 Tagen ausgestellt werden; die Steuer für je einen Tag beträgt

für Probefahrtkennzeichen, die für Kraftfahrzeuge jeder Art gelten .. 1 Reichsmark.

(3) Probefahrtkennzeichen, die amtlich anerkannten Sachverständigen zur Verwendung bei der technischen

Prüfung von Kraftfahrzeugen zugeteilt werden, sind von der Steuer befreit.

(4) Der Reichsminister der Finanzen ist ermächtigt, nähere Bestimmungen zur Ausführung dieser Vorschriften zu erlassen.

§ 10[1].

(1) Die Ausstellung der Steuerkarte ist spätestens drei Tage vor der Benutzung des Kraftfahrzeugs, bei benutzten Kraftfahrzeugen spätestens drei Tage vor Ablauf der Gültigkeitsdauer der alten Steuerkarte, in den Fällen des § 8 Abs. 3 Satz 2 spätestens drei Tage vor der Benutzung des umgebauten oder mit anderer Bereifung versehenen Fahrzeugs bei der Steuerstelle zu beantragen. Die Umschreibung der Steuerkarte ist im Falle des § 8 Abs. 2, Abs. 3 Satz 1 spätestens drei Tage vor der Benutzung des neuen oder umgebauten Fahrzeugs, im Falle des § 8 Abs. 4 spätestens drei Tage vor der Benutzung durch den neuen Steuerschuldner bei der Steuerstelle zu beantragen.

(2) Für Kraftfahrzeuge, die aus dem Ausland mit eigener Triebkraft eingehen, ist die Ausstellung der Steuerkarte alsbald nach dem Grenzübertritt, im übrigen vor der Benutzung des Fahrzeugs im Inland bei der nächsten züständigen Steuerstelle zu beantragen.

(3) Der Antrag hat zu enthalten

1. den Namen, Stand und Wohnort des Steuerschuldners,
2. die Bezeichnung des Kraftfahrzeugs nach den für die Erhebung der Steuer wesentlichen Merkmalen,
3. den Zeitraum, für den die Ausstellung der Steuerkarte begehrt wird.

(4) Für steuerfreie Fahrzeuge (§ 2) ist vor der Benutzung eine Bescheinigung über die Steuerfreiheit zu be-

antragen. Der Reichsminister der Finanzen kann nähere Bestimmungen zur Durchführung dieser Vorschrift erlassen.

1 „Ergänzungen zur AusfAnw d. DRP" Ziffer 2 (Seite 570).

§ 11[1].

(1) Soweit nach den verkehrspolizeilichen Bestimmungen für Kraftfahrzeuge eine Zulassung vorgeschrieben ist, darf die Zulassungsbehörde die Zulassungsbescheinigung erst aushändigen, wenn die Steuerkarte oder die Bescheinigung über die Steuerfreiheit vorgelegt wird oder die Steuerstelle bestätigt hat, daß den Vorschriften über die Entrichtung der Kraftfahrzeugsteuer genügt ist.

(2) Solange ein Kraftfahrzeug der im Abs. 1 genannten Art bei der Zulassungsbehörde nicht abgemeldet oder ein Probefahrtkennzeichen der Zulassungsbehörde nicht zurückgeliefert ist, gelten die Voraussetzungen der Steuerpflicht als gegeben. Im Falle nicht rechtzeitiger Lösung einer neuen Steuerkarte oder nicht rechtzeitiger Entrichtung der Steuer hat die Zulassungsbehörde auf Antrag der Steuerstelle die Ablieferung oder Einziehung der Zulassungsbescheinigung und die Vernichtung des Dienststempels auf dem Kennzeichen zu bewirken.

1 § 6 Anm. 1.

§ 12[1].

Der Führer des Kraftfahrzeugs hat die Steuerkarte oder die Bescheinigung über die Steuerfreiheit unterwegs stets bei sich zu führen. Er ist verpflichtet, sie auf Verlangen den sich durch ihre Dienstkleidung oder sonst ausweisenden Grenz- und Steueraufsichtsbeamten sowie den Aufsichtsbeamten der Polizeiverwaltung vorzuzeigen und nötigenfalls die erforderliche Auskunft zu geben. Ein in der Fahrt begriffenes Kraftfahrzeug darf indessen lediglich aus diesem Anlaß, außer im Grenzbezirke, nicht angehalten werden.

1 „Ergänzungen zur AusfAnw d. DRP“ Ziffer 6 (Seite 572).

§ 13[1].

(1) Ist ein Kraftfahrzeug, das nach den verkehrspolizeilichen Bestimmungen zugelassen ist, während der Gültigkeitsdauer der Steuerkarte bei der Zulassungsbehörde abgemeldet worden, so ist auf Antrag gegen Rückgabe der Steuerkarte für den Rest ihrer Gültigkeitsdauer ein Teil der Steuer gemäß den Vorschriften in Abs. 2 und 3 zu erstatten oder, soweit sie noch nicht gezahlt ist, zu erlassen.

(2) Für jeden vollen Monat, der nach Abmeldung des Fahrzeugs bei der Zulassungsbehörde liegt und für den die Steuer bereits entrichtet ist, wird ein Betrag in Höhe von einem Zwölftel der Jahressteuer erstattet. Noch ausstehende Teilzahlungen gemäß § 6 Abs. 3, die nach der Abmeldung des Fahrzeugs bei der Zulassungsbehörde fällig werden, werden erlassen.

(3) Der nach den Vorschriften in Abs. 1 und 2 zu erstattende Betrag ist auf volle Reichsmark nach unten abzurunden. Ein Betrag unter 5 Reichsmark wird nicht erstattet.

(4) Wird eine Steuerkarte gemäß § 8 Abs. 2 oder § 8 Abs. 3 Satz 1 umgeschrieben, so findet eine Erstattung der Steuer nicht statt.

(5) In den im § 8 Abs. 3 Satz 2 bezeichneten Fällen finden hinsichtlich der alten Steuerkarte die Vorschriften in Abs. 1 bis 3 sinngemäß Anwendung mit der Maßgabe, daß an Stelle des Zeitpunkts der Abmeldung bei der Zulassungsbehörde der Tag tritt, der dem Beginn der Gültigkeitsdauer der neuen Steuerkarte vorhergeht.

1 AusfAnw d. DRP Ziffer 6 und Ergänzungen Ziffer 3. (Seiten 569 und 571).

§ 14[1].

(1) Soll ein Kraftfahrzeug, für das nach den verkehrspolizeilichen Bestimmungen eine Zulassung nicht erforderlich ist, nicht bis zum Ablauf der Gültigkeitsdauer der Steuerkarte zum Befahren öffentlicher Wege benutzt werden und wird dies der Steuerstelle unter Rückgabe der Steuerkarte angezeigt, so finden die Vorschriften des § 13 Abs. 1 bis 4 sinngemäß Anwendung mit der Maßgabe, daß an Stelle des Zeitpunkts der Abmeldung bei der Zulassungsbehörde der Zeitpunkt tritt, an dem die Anzeige und die Steuerkarte bei der Steuerstelle eingegangen sind.

(2) Ist ein Probefahrtkennzeichen während der Gültigkeitsdauer der Steuerkarte der Zulassungsbehörde zurückgeliefert worden, so finden die Vorschriften des § 13 Abs. 1 bis 3 sinngemäß Anwendung mit der Maßgabe, daß an Stelle des Zeitpunkts der Abmeldung bei der Zulassungsbehörde der Zeitpunkt tritt, an dem das Probefahrtkennzeichen der Zulassungsbehörde zurückgeliefert ist.

1 S. § 13 Anm. 1.

§ 15[1].

(1) Zur Geltendmachung des Anspruchs nach §§ 13, 14 ist der berechtigt, auf dessen Namen die Steuerkarte lautet.

(2) Der Antrag ist bis zum Ablauf der Gültigkeitsdauer der Steuerkarte bei der Steuerstelle zu stellen. Über den Antrag wird im Beschwerdeverfahren entschieden.

(3) Der Reichsminister der Finanzen kann Durchführungsbestimmungen erlassen[2].

1 S. § 13 Anm. 1.

2. S. hierzu auch die „Ausführungsanweisungen“ usw. (Seite 566).

§ 16.

Bei Kraftfahrzeugen, die zu vorübergehendem Aufenthalt in das Inland gelangen, kann als Sicherheit für die Steuer sowie für Strafen und Kosten das Kraftfahrzeug in Anspruch genommen werden, auch wenn der Steuerschuldner nicht Eigentümer des Fahrzeugs ist. § 348 Abs. 2, 3 der Reichsabgabenordnung ist entsprechend anzuwenden.

§ 17.

(1) Ist ein Steuerpflichtiger in der Bemessung des Beförderungsentgelts durch Vereinbarung gebunden, so steht diese Vereinbarung solchen Erhöhungen des Beförderungsentgelts nicht entgegen, die zur Deckung der Steuern nach diesem Gesetze bestimmt und nach Lage der gesamten Verhältnisse als angemessen zu erachten sind.

(2) Ist ein Steuerpflichtiger in der Bemessung des Beförderungsentgelts durch Tarife oder Höchstpreise gebunden, die behördlicher Festsetzung oder Genehmigung unterliegen, so sind die Tarife auf Antrag des Steuerpflichtigen insoweit zu ändern, als dies nach Lage der gesamten Verhältnisse als angemessen zu erachten ist.

§ 18.

Die Ausführungsbestimmungen[1] zu diesem Gesetz erläßt der Reichsminister der Finanzen mit Zustimmung des Reichsrats. Er kann für Kraftfahrzeuge, die aus dem Ausland eingehen, im Falle der Gegenseitigkeit Steuerermäßigungen, Steuerbefreiungen oder sonstige Erleichterungen anordnen. Er kann ferner für Kraftfahrzeuge, die zum dauernden Verbleib in das Ausland fahren, Steuerermäßigungen oder sonstige Erleichterungen anordnen.

1 S. S. 562.

§ 19.

(1) Der Zuschlag zur Kraftfahrzeugsteuer gemäß § 13 Abs. 2 des Finanzausgleichsgesetzes in der Fassung des

Artikel II § 1 Nr. 1 des Gesetzes zur Änderung des Kraftfahrzeugsteuergesetzes vom 15. Mai 1926 (Reichsgesetzbl. I S. 223) beträgt für das Rechnungsjahr 1928 zwanzig vom Hundert und für das Rechnungsjahr 1929 fünfzehn vom Hundert; im übrigen bleiben die Vorschriften des § 13 Abs. 2 des Finanzausgleichsgesetzes unberührt.

(2) Der im Abs. 1 genannte Zuschlag gilt jeweils für die Steuerkarten, deren Gültigkeitsdauer in dem Rechnungsjahre beginnt, für das der Zuschlag festgesetzt worden ist. Im Falle der Umschreibung einer Steuerkarte ist der Beginn der Gültigkeitsdauer der ursprünglichen Steuerkarte maßgebend.

§ 20.

(1) Die Vorschrift im Artikel II § 3 Abs. 4 des Gesetzes zur Änderung des Kraftfahrzeugsteuergesetzes vom 15. Mai 1926 (Reichsgesetzbl. I S. 223) über die Befristung des Gesetzes bis zum 1. Dezember 1927 wird gestrichen.

(2) Nach Maßgabe der Vorschriften dieses Absatzes treten mit Wirkung vom 1. April 1928 §§ 1 bis 19 in Kraft und das Kraftfahrzeugsteuergesetz vom 19. Mai 1926 (Reichsgesetzbl. I S. 239) außer Kraft. Auf Steuerkarten, deren Gültigkeitsdauer nach dem 31. März 1928 beginnt, sind die Vorschriften dieses Gesetzes anzuwenden. Steuerkarten, deren Gültigkeitsdauer vor dem 1. April 1928 beginnt, bleiben bis zu ihrem Ablauf gültig und unterliegen den Vorschriften des Kraftfahrzeugsteuergesetzes vom 19. Mai 1926, wobei § 19 Abs. 2 Satz 2 Anwendung findet. Jedoch kann bei Jahressteuerkarten, die auf Grund des Kraftfahrzeugsteuergesetzes vom 19. Mai 1926 ausgestellt sind und deren Gültigkeitsdauer nach dem 30. September 1927 beginnt, der Steuerpflichtige für die Zeit

nach Ablauf des ersten Halbjahrs der Gültigkeitsdauer der Steuerkarte die Ausstellung einer neuen Steuerkarte nach den neuen Vorschriften beantragen. Der Antrag ist spätestens eine Woche vor Ablauf des ersten Halbjahrs der Gültigkeitsdauer der alten Steuerkarte zu stellen. Wird ein Antrag gemäß Satz 4 gestellt, so wird, wenn die Steuer für die alte Steuerkarte in halbjährlichen Teilen entrichtet wird, die zweite Halbjahresrate erlassen und, wenn die Jahressteuer für die alte Steuerkarte voll entrichtet ist, ein Betrag von 40 vom Hundert der für die alte Steuerkarte gezahlten Steuer auf die für die neue Steuerkarte zu entrichtenden Beträge verrechnet. Überschießende Beträge sind zu erstatten, Beträge unter 5 Reichsmark werden nicht erstattet.

(3) Die Verordnung über Befreiung von Kraftfahrzeugsteuer bei Abmeldung des Kraftfahrzeugs während der Gültigkeitsdauer der Steuerkarte vom 10. Dezember 1926 (Reichsgesetzbl. I S. 501) tritt mit dem 1. April 1928 mit der Maßgabe außer Kraft, daß sie nach diesem Zeitpunkt noch für Steuerkarten gilt, die auf Grund des Kraftfahrzeugsteuergesetzes vom 19. Mai 1926 ausgestellt sind.

(4) Weist ein Steuerpflichtiger nach, daß ein Kraftrad oder ein Personenkraftwagen von nicht mehr als zehn Pferdestärken bereits vor dem 1. April 1928 nach den verkehrspolizeilichen Bestimmungen zugelassen war oder einer vor dem 1. April 1928 zugelassenen Type angehört, so ist bei der Berechnung der Steuer für das Fahrzeug kein höherer Jahressteuerbetrag als nach den bisherigen Vorschriften zugrunde zu legen.

(5) Der Reichsminister der Finanzen kann Übergangsbestimmungen erlassen.

(6) Die Vorschriften in Abs. 1 bis 6 treten mit dem 31. Dezember 1927 in Kraft.

§ 21.

Dieses Gesetz tritt mit dem 1. April 1931 außer Kraft.

Berlin, den 21. Dezember 1927.

RPräs: von Hindenburg.
RFinanzMin: Köhler.

Ausführungsbestimmungen zum Kraftfahrzeugsteuergesetz.

Vom 13. Juli 1928 (RMinBl. S. 397).

(Auszug.)

Auf Grund des § 5, § 6 Abs. 3, § 9 Abs. 4, § 10 Abs. 4, § 15 Abs. 3, § 18, § 20 Abs. 5 des Kraftfahrzeugsteuergesetzes vom 21. Dezember 1927 (Reichsgesetzbl. I S. 509)[1] und des § 21 Abs. 2, § 108 und § 216 der Reichsabgabenordnung wird, soweit erforderlich, mit Zustimmung des Reichsrats folgendes bestimmt:

(usw.)

1 S. S. 549.

§ 7.

Sattelschlepper.

Als Sattelschlepper bezeichnete Kraftfahrzeuge gelten auch dann als Zugmaschinen ohne Güterladeraum (§ 4 Abs. 1 Nr. 4 des Gesetzes), wenn sie mit einer Anhängeachse in der Weise verbunden werden, daß ein wesentlicher Teil des Gewichts der Anhängeachse den Sattelschlepper belastet.

(usw.)

§ 9.

Hubraum.

Für die Steuerberechnung bei Krafträdern und Personenkraftwagen mit Antrieb durch Verbrennungsmaschine, ausgenommen Kraftomnibusse (§ 4 Abs. 1 Nr. 1 und 2 des Gesetzes), ist der Hubraum maßgebend. Er ist nach folgender Formel zu berechnen:

$$H = 0{,}00078 \cdot i \cdot d^2 \cdot s,$$

worin H den Hubraum in Kubikzentimeter, i die Zahl der Zylinder, d den Durchmesser der Zylinder in Millimeter, s den Kolbenhub in Millimeter bedeutet, Bei der Feststellung des Zylinderdurchmessers und des Kolbenhubes sind Bruchteile eines Millimeters von weniger als 0,5 nicht zu berücksichtigen und Bruchteile von 0,5 und mehr mit 0,5 anzurechnen. Der so berechnete Hubraum ist auf volle Kubikzentimeter nach unten abzurunden.

§ 10.

Eigengewicht.

(1) Als Eigengewicht gilt das Gewicht des betriebsfertigen Fahrzeugs mit gefüllten Betriebstoffbehältern, bei elektrisch angetriebenen Fahrzeugen mit Akkumulatorenbatterie; Aufbauten, Signalinstrumente, Beleuchtungseinrichtungen und etwa vorhandene Windschutzscheiben, Kotflügel und Trittbretter sind mitzuwiegen.

(2) Bei Sattelschleppern (§ 7) ist das Eigengewicht der aufgelegten Anhängeachse, soweit es den Sattelschlepper belastet, mitzuwiegen; werden Anhängeachsen verschiedenen Eigengewichts verwendet, so ist die schwerste Anhängeachse maßgebend.

(usw.)

§ 29.

Mitteilungspflicht der Zulassungsbehörden.

(1) Treten bei einem bereits zugelassenen Kraftfahrzeug Änderungen ein, die eine Berichtigung der Zulassungsbescheinigung oder eine erneute Zulassung des Fahrzeugs erforderlich machen (§ 6 Abs. 3 der Verordnung über Kraftfahrzeugverkehr vom 16. März 1928)[1], so hat die Zulassungsbehörde dies dem Finanzamt mitzuteilen oder die aus diesem Anlaß bei ihr eingereichte Steueranmeldung gemäß § 12 Abs. 1 dem Finanzamt zu übersenden.

(2) Verlegt der Eigentümer eines Kraftfahrzeugs seinen Wohnort in den Bezirk einer anderen Zulassungsbehörde (§ 6 Abs. 4 der Verordnung über Kraftfahrzeugverkehr), so hat die neu zuständige Zulassungsbehörde dem Finanzamt die Erteilung der neuen Zulassungsbescheinigung mitzuteilen.

(3) Wird ein Kraftfahrzeug bei der Zulassungsbehörde abgemeldet (§ 6 Abs. 5 bis 7 der Verordnung über Kraftfahrzeugverkehr), so hat die Zulassungsbehörde dies dem Finanzamt mitzuteilen unter Angabe des Tages, an dem die Abmeldung als vollzogen gilt.

(usw.)

1 S. S. 467.

§ 42.

Abmeldung des Fahrzeugs (§ 13 d. Ges).

Liegen die Voraussetzungen für eine Erstattung von Kraftfahrzeugsteuer gemäß §§ 13, 14 des Gesetzes vor, so wird für jeden vollen Monat des Restes der Gültigkeitsdauer der Steuerkarte ein Betrag in Höhe von einem Zwölftel der Jahressteuer erstattet.

§ 43.

Einziehung der Zulassungsbescheinigung (§ 15, 3 d. Ges).

Hat die Zulassungsbehörde auf Antrag des Finanzamts gemäß § 11 Abs. 2 Schlußsatz des Gesetzes ein Kraftfahrzeug in der Liste der zugelassenen Kraftfahrzeuge oder ein Probefahrtkennzeichen in der Liste der Probefahrtkennzeichen gelöscht, so kann der Steuerpflichtige Erlaß oder Erstattung der Steuer für den Rest der Gültigkeitsdauer der Steuerkarte beantragen. Die Vorschriften in § 13 Abs. 1 bis 3, § 15 des Gesetzes finden sinngemäß Anwendung mit der Maßgabe, daß an Stelle des Tages der Abmeldung der Tag der Löschung bei der Zulassungsbehörde tritt.

§ 44.

Verwendung eines versteuerten Kraftfahrzeugs zu einem steuerbefreiten Zweck.

Soll ein Kraftfahrzeug für den Rest der Gültigkeitsdauer der Steuerkarte nur noch zu einem nach § 2 Nr. 2 des Gesetzes steuerbefreiten Zweck verwendet werden, so kann der Steuerpflichtige die Ausstellung einer Bescheinigung über die Steuerfreiheit und Erstattung oder Erlaß der Steuer für den Rest der Gültigkeitsdauer der Steuerkarte beantragen. Sind die Voraussetzungen der Steuerbefreiung gegeben, so werden die Finanzämter auf Grund des § 108 Abs. 1 Satz 2 der Reichsabgabenordnung ermächtigt, dem Antrage zu entsprechen. Die Vorschriften in § 13 Abs. 1 bis 3, § 15 des Gesetzes finden sinngemäß Anwendung mit der Maßgabe, daß an Stelle des Zeitpunktes der Abmeldung bei der Zulassungsbehörde der Tag tritt, an dem die Bescheinigung über die Steuerfreiheit erteilt wird.

§ 45.

Verzicht auf Rückgabe der Steuerkarte.

Der Rückgabe der Steuerkarte (§§ 13, 14 des Gesetzes) ist es gleichzuachten, wenn die Steuerkarte verlorengegangen ist und dies glaubhaft gemacht wird.

(usw.)

Berlin, den 13. Juli 1928.

RFinanzMin: i. A. Zarden.

Ausführungsanweisungen zum Kraftfahrzeugsteuergesetz für den Bereich der Deutschen Reichspost.

(PABl. 1927 S. 455.)

Auf Grund des § 15 Abs. 3 des Kraftfahrzeugsteuergesetzes vom 21. Dezember 1927[1] (Reichsgesetzbl. I S. 509) und des § 37 Abs. 1 der Ausführungsbestimmungen zum Kraftfahrzeugsteuergesetz vom 13. Juli 1928 (Reichsministerialbl. S. 397)[2] wird im Benehmen mit dem Reichspostminister folgendes bestimmt:

1 S. S. 549.

2 S. S. 562. Text: Das Verfahren über die Entrichtung der Steuer für die Kraftfahrzeuge der Reichspost regelt der Reichsminister der Finanzen im Benehmen mit dem Reichspostminister.

1. Die Oberpostdirektionen, in Bayern das Reichspostzentralamt — Abt. München Post (Verkehrsamt) —, haben sämtliche Kraftfahrzeuge und Probefahrtkennzeichen ihres Bezirks bei dem für die Kraftfahrzeugsteuer zuständigen Finanzamt am Sitze der Oberpostdirektion, in München bei dem zuständigen Finanzamt in München, zur Versteuerung anzumelden.

2. Auf das Verfahren finden die Ausführungsbestimmungen zum Kraftfahrzeugsteuergesetz insoweit Anwendung, als sich nicht aus den nachstehenden Anweisungen etwas anderes ergibt.

3. Die Oberpostdirektionen (das Verkehrsamt) haben die Steueranmeldungen dem Finanzamt bis zum 15. des ersten Monats jedes Kalendervierteljahres einzureichen, und zwar für alle Fälle, die in dem vorangegangenen Kalendervierteljahr anmeldungspflichtig geworden sind (z. B. Ausstellung einer Steuerkarte bei Einstellung eines Kraftfahrzeugs oder Zuteilung eines Probefahrtkennzeichens, Erneuerung der Steuerkarte bei Ablauf der Gültigkeitsdauer, Erteilung einer Bescheinigung über Steuerfreiheit des Fahrzeugs). Die Anmeldungen sind für jede der 5 Gruppen

1. steuerpflichtige Krafträder und Personenkraftwagen mit Antrieb durch Verbrennungsmaschine,
2. steuerpflichtige Kraftomnibusse und Lastkraftwagen mit Antrieb durch Verbrennungsmaschine,
3. steuerpflichtige, elektrisch oder mit Dampf angetriebene Kraftfahrzeuge sowie Zugmaschinen ohne Güterladeraum,
4. Probefahrtkennzeichen,
5. steuerfreie Kraftfahrzeuge

gesondert zu machen. In der einzelnen Anmeldung sind die Anträge auf Erteilung von Jahressteuerkarten oder Halbjahres- oder Vierteljahreskarten zu trennen. Die Kraftfahrzeuge sind in den Anmeldungen auf Grund der Zulassungsbescheinigungen zu beschreiben. Der Beifügung der Zulassungsbescheinigungen bedarf es nicht.

Die Vordrucke zu den Anmeldungen werden von der Postverwaltung hergestellt; sie können im Einverständnis mit dem Reichsminister der Finanzen den besonderen Verhältnissen der Postverwaltung angepaßt werden. Bei Einstellung eines Kraftfahrzeugs oder Zuteilung eines Probefahrtkennzeichens ist in der Anmeldung der Tag der Zulassung des Fahrzeugs oder der Zuteilung des Probefahrtkennzeichens anzugeben und dieser Tag als Beginn der Gültigkeitsdauer der Steuerkarte einzusetzen.

In den Anmeldungen der steuerpflichtigen Kraftfahrzeuge und der Probefahrtkennzeichen sind die Eintragungen vom 1. Januar eines jeden Jahres an laufend durch ein Kalenderjahr, in den Anmeldungen der steuerfreien Kraftfahrzeuge vom 1. Januar 1929 an laufend für unbestimmte Zeit zu zählen. Für die Eintragungen in den Anmeldungen, die am 15. Oktober 1928 und am 15. Januar 1929 bei den Finanzämtern einzureichen sind, ist die bisherige Zählung fortzusetzen.

4. Die von dem Finanzamt auf Grund der vierteljährlichen Anmeldungen festgesetzte und angeforderte Kraftfahrzeugsteuer wird von der Oberpostkasse, in Bayern von dem Rechnungsbüro der Oberpostdirektion München, binnen zehn Tagen an die Finanzkasse abgeführt, worauf das Finanzamt die ausgestellten Steuerkarten und Bescheinigungen über die Steuerfreiheit der Kraftfahrzeuge der Oberpostdirektion (dem Verkehrsamt) übersendet. Eine Entrichtung der Steuer in Teilbeträgen (§ 6 Abs. 3 des Kraftfahrzeugsteuergesetzes) erfolgt nicht.

5. Die Anmeldungen werden bei dem Finanzamt nach der Zeitfolge des Eingangs geordnet aufbewahrt. Eine Eintragung der Kraftfahrzeuge und Probefahrtkennzeichen in die Bezirkslisten über die erteilten

Steuerkarten (Muster 9 und 10 AB) sowie in die Liste über die erteilten Bescheinigungen für steuerfreie Fahrzeuge (Muster 11 AB) findet nicht statt; die Bezirkslisten und Liste Muster 11 werden durch die Anmeldungen ersetzt. Die Erneuerung der Steuerkarten ist auf Grund der Anmeldungen zu überwachen. Das Finanzamt braucht hierbei nur auf die Anmeldungen des vorangegangenen Jahres zurückzugehen.

Auf der Steuerkarte (Muster 6 und 7 AB) und der Bescheinigung über die Steuerfreiheit (Muster 8 AB) ist statt der Nummer der Bezirksliste bzw. der Liste über die erteilten Bescheinigungen die Nummer zu vermerken, unter der das Fahrzeug in der dem Finanzamt eingereichten Anmeldung eingetragen ist.

6. Anträge auf Erstattung von Kraftfahrzeugsteuer gemäß §§ 13 bis 15 des Kraftfahrzeugsteuergesetzes sind bis zum 15. des ersten Monats jedes Kalendervierteljahres gesammelt in einer Erstattungs-Aufstellung unter Beifügung der Steuerkarten bei dem Finanzamt einzureichen, und zwar für Kraftfahrzeuge und Probefahrtkennzeichen, die bis zum Schluß des vorangegangenen Kalendervierteljahres abgemeldet bzw. zurückgeliefert worden sind. Die Antragsfrist nach § 15 Abs. 2 des Kraftfahrzeugsteuergesetzes gilt als gewahrt, wenn der Antrag bis zum 15. des Monats gestellt wird, der auf das Kalendervierteljahr folgt, in dem die Gültigkeitsdauer der Steuerkarte abgelaufen ist.

7. Die vorstehenden Ausführungsanweisungen treten mit dem 1. Oktober 1928 in Kraft.

Berlin, den 15. September 1928.

RFinanzMin: i. A. Zarden.

Ergänzungen zu den Ausführungsanweisungen

(usw.; S. 566), Vf d. RPMin (PABl. Nr. 91 vom 15. 10. 28, S. 456).

Zur Ergänzung obiger Ausführungsanweisungen wird im Einverständnis mit dem Reichsminister der Finanzen noch folgendes bestimmt:

1. Da den Anmeldungen die Zulassungsbescheinigungen nicht beigefügt zu werden brauchen, ist auf die Übereinstimmung der Angaben in den Anmeldungen mit den Eintragungen in den Zulassungsbescheinigungen besonders zu achten. Wegen der Begriffe „Hubraum" und „Eigengewicht" wird auf §§ 9 und 10 der Ausführungsbestimmungen[1] verwiesen.

   Kraftfahrzeuge, die bestimmungsgemäß ununterbrochen im Betrieb sind, sind für das ganze Jahr zur Versteuerung anzumelden. Anträge auf Ausstellung von Steuerkarten für 3 oder 6 Monate (§ 6 Abs. 2 des Gesetzes) werden im allgemeinen nur für Kraftfahrzeuge in Frage kommen, die vorübergehend besonderen Zwecken dienen (Aussichtswagen für den Sommer-Reiseverkehr usw.). Es ist streng darauf zu halten, daß derartige Kraftfahrzeuge auch nicht länger benutzt werden, als nach der Gültigkeitsdauer der Steuerkarte zulässig ist; erforderlichenfalls ist die rechtzeitige Erneuerung der Steuerkarte zu veranlassen. Zuwiderhandlungen ziehen u. U. Bestrafung nach § 11 des Gesetzes und nach § 377 der Reichsabgabenordnung nach sich.

2. Bei der Einstellung eines Kraftfahrzeugs ist für die DRP als Tag der Anmeldepflicht (vgl. § 10 des Gesetzes) der Tag der Zulassung anzunehmen. Ein benutztes Fahrzeug wird am Tage nach Ablauf der

Gültigkeitsdauer der alten Steuerkarte anmeldepflichtig.

3. Die Bestimmungen über Erstattung oder Erlaß von Steuer (vgl. Gesetz §§ 13 bis 15 und Ausführungsbestimmungen[1] zum Kraftfahrzeugsteuergesetz §§ 42 bis 45) sind sorgfältig zu beachten. Hierbei wird auch auf Punkt 6 der vorstehenden Ausführungsanweisungen hingewiesen. Kraftfahrzeuge, die zum Verkehr auf öffentlichen Wegen nicht mehr verwendet oder auch nur vorübergehend infolge Instandsetzung usw. aus dem Verkehr gezogen werden sollen, sind unverzüglich in der Zulassungsliste zu löschen; gegebenenfalls ist alsdann rechtzeitig Erstattung der Steuer zu beantragen. Von dem Verfahren auf Umschreibung der Steuerkarte nach §§ 25 ff. der Ausführungsbestimmungen soll kein Gebrauch gemacht werden. Bei Abgabe eines Kraftfahrzeugs von einem OPD-Bezirk in einen andern ist die Steuerkarte der übernehmenden OPD zu übersenden; diese veranlaßt alsdann das Weitere wegen der Versteuerung nach Ablauf des in der Steuerkarte festgesetzten Steuerjahrs. Soweit in den Anmeldungen zwecks Erteilung neuer Steuerkarten Kraftfahrzeuge aufgeführt sind, die vorher von einer andern OPD zur Versteuerung angemeldet waren, ist dies in der Anmeldungsspalte „Vermerke" anzugeben. In gleicher Weise ist der Sachverhalt kurz zu erläutern, falls in Anmeldungen Kraftfahrzeuge nicht wiederkehren, die in die gleiche Nachweisung des Vorjahrs aufgenommen waren. Hierdurch wird der im § 29 der Ausführungsbestimmungen[1] vorgesehenen Mitteilungspflicht genügt. Steuerkarten, deren Gültigkeitsdauer abgelaufen ist, sind bei ihrer Erneuerung der Anmeldung beizufügen.

4. Der zu entrichtende Steuerbetrag ist nach der finanzamtlichen Steuerfestsetzung voll zu entrichten, auch wenn der Zeitraum, für den die Steuerkarte gilt, sich über 2 Rechnungsjahre erstreckt.

5. Die Kraftfahrzeugsteuern sind für Postkraftwagen bei Kapitel I Titel 2b, für Telegraphenkraftwagen bei Kapitel IV Titel I d II (im alten Reichspostgebiet in beiden Fällen durch das Handbuch) zu verausgaben und mit einer Empfangsbescheinigung des Finanzamts zu belegen, aus der zu ersehen sein muß, an welcher Stelle der Betrag in der Rechnung des Finanzamts vereinnahmt ist. Außerdem ist der Anweisungsverfügung eine Zusammenstellung der für die einzelnen Kraftfahrzeuge gezahlten Steuerbeträge beizufügen.

6. Die Steuerkarten sind von den VA am Tage nach dem Ablauf zwecks Erneuerung der OPD vorzulegen. Nach § 12 des Gesetzes hat der Führer des Kraftfahrzeugs die Steuerkarte oder die Bescheinigung über die Steuerfreiheit unterwegs stets bei sich zu führen. Infolge des besonderen Verfahrens der Versteuerung der Postkraftfahrzeuge ist dies in der Zeit zwischen der Einsendung der alten und dem Eingang der neuen Steuerkarte nicht möglich. Da die Kraftfahrzeugführer verpflichtet sind, die Steuerkarten auf Verlangen den Grenz- und Steueraufsichtsbeamten sowie den Aufsichtsbeamten der Polizei vorzuzeigen, können hieraus Mißhelligkeiten entstehen. Die VA haben deshalb in solchen Fällen den Kraftfahrzeugführern als Ersatz für die Steuerkarte eine Bescheinigung nach Muster[3] mitzugeben. Bei Neuzulassungen ist in gleicher Weise zu verfahren. Der maßgebende Inhalt der Bescheinigung erhält in diesem Falle folgenden

Wortlaut: „Die Steuerkarte für den am ..... 19 .. eingestellten Postkraftwagen RP ..... ist noch nicht eingegangen."

7. **Zu den Steueranmeldungen sind Formblätter[3] nach Muster zu verwenden. Ein besonderes Anmeldeformblatt für steuerfreie Postkraftfahrzeuge ist nicht erforderlich.**

1 S. S. 562.

2 Abdruck auf S. 457 PABl. 1928.

3 Desgl. S. 458—461.

Nachträge.

(Die amtlichen Gesetz- und Verordnungsblätter sind bis 26. März 1929 benutzt worden.)

Seite 17*. **Systematik I § 1.** Im sog. Saargebiet (VersFr Art. 45 ff.), obwohl dem DR zugehörend, ist ein eigenes PTWesen eingerichtet worden, dessen VerkO sich nur z. T. mit derjenigen der DRP deckt. Da das Saargebiet als selbständiges Vereinsland am WPVertrag teilnimmt (seit Madrid 1920, s. RGBl. 1921 S. 1375), so wird es beim WPV mitbehandelt werden.

Seite 30*. **Systematik II § 4.** Die P ist bei der VerkBesorgung weder Willens- oder Handlungsvertreter noch Besitzdiener des AnstNutzers (BGB §§ 164 ff., 855, 860).

Seite 9. **RVerf 1919 Art. 88.** Zu Anm. 1: Mitwirkung der PA bei der Statistik des Beschäftigungsgrades und der Einkommensgestaltung für Zwecke des Instituts für Konjunkturforschung, in Verbindung mit dem Vertrieb der Angestellten- und Invalidenversicherungsmarken (PABl. 1927 S. 29 Vf Nr. 34, 1928 S. 13 Vf Nr. 22, 1929 S. 73 Vf Nr. 91). Die DRP gehört seit Ende Februar 1926 dem Kuratorium des Instituts f. KF. an (PABl. 1926 S. 170).

Seite 10. **RVerf 1919 Art. 107.** Ein Verzeichnis der obersten VerwGerichte im DR enthält Anl. 2 zur Bek 16. 5. 1928 (RGBl. II S. 396).

Seite 72. **RPFinanzG 1924,** zu Zeile 4 von oben: Ebenfalls keine Anwendung der RWirtschaftsbestimmungen für die RBehörden, vom 11. 2. 1929 (RMinBl. S. 49); vgl. PABl. 1929 S. 107 (Vf Nr. 135).

Seite 136. **GeschäftsO des PVerwRats § 13.** Der Arbeitsausschuß ist auf 13 Mitglieder erweitert worden, s. VO 23. 3. 1927 (RMinBl. S. 79).

Seite 140. **EntschädigungsO für den PVerwRat.** Änderungen sind eingetreten durch VO 19. 6. 1924 (RMinBl. S. 215), 7. 3. 1925 (ebd. S. 130), 31. 3. 1927 (ebd. S. 107), 25. 1. 1929 (ebd. S. 35).

Seite 161. **RPostG 1871 § 26.** Zu Anm. 1: Wegen gefundenen Geldes vgl. auch § 32 RWB.

Seite 178. **PostO 1929.** Zu Anm. 1: Die PO 30. 1. 1929 ist nachrichtlich im RGBl. (1929 I S. 33) — Stück Nr. 9, ausgegeben den 1. 3. 1929 — abgedruckt. Verkündungswirkung kommt diesem Abdruck nicht zu; daher Tag des Inkrafttretens der 16. 2. 1929.

Seite 188. **PostO § 4 I zu 1.** Z. Zt. bestehende Ausfuhrverbote betreffen:

Pflanzen, VO 4. 7. 1883 (RGBl. S. 153),
Wild, § 46 JagdO 15. 7. 1907 (GS. S. 207),
Vögel, Ges 30. 5. 1908 (RGBl. S. 317),
Krankheitserreger, Bek 21. 11. 1917 (RGBl. S. 1069), Bek 17. 12. 1921 (RGBl. S. 1608),
Radium, Mesothorium, VO 13. 2. 1924 (RGBl. I S. 72) und Bek des RWirtschMin (zahlreiche Änderungen, RMinBl),
Opium, Ges 30. 12. 1920 (RGBl. 1921 S. 2), mit Änderungen: Art. IV VO 13. 7. 1923 (RGBl. I S. 700), Ges 21. 3. 1924 (RGBl. I S. 368),
Kriegsgerät, Ges 27. 7. 1927 (RGBl. I S. 239),
Kunstwerke, Ges 21. 12. 1927 (RGBl. I S. 485).

Seite 189. **PostO § 5 I.** Keine Überwachungspflicht der P gemäß § 10 Ziff. 1 des SchußwaffenG 12. 4. 1928 (RGBl. I

S. 143) und AusfBO 13. 7. 1928 (ebd. S. 198); vgl. § 10 Ziffer 3 zu 3 des Gesetzes.

Seite 192. PostO § 6 Abs. 2. Bei Poststellen (s. u. zu § 31 PO) gilt die OrtsGeb nur für den eigenen Zustellbereich, nicht darüber hinaus.

Seite 204. PostO. § 13 II. Weiterhin zugelassene Abmessung: 40 zu 30 zu 5 cm (PABl. 1928 S. 335, 1929 S. 65).

Seite 206. PostO § 14 V. Vorg.: Ges 22. 5. 1910 (RGBl. S. 837).

Seite 213. PostO § 20 II Ziff. 3. Der amtliche Text hat hier „PProtest" statt „PProtestauftrag"; Berichtigung s. PABl. 1929 S. 78 (Vf Nr. 72).

Seite 251. PostO § 31 II. „Poststellen" (an LandPKursen) sind ein neues Einheitsgebilde, in das Postagenturen und Posthilfsstellen umgeschmolzen werden sollen. Sie haben die Eigenschaft von PAnstalten (Vf des RPM I/VI 2165 O vom 31. 12. 1927, vgl. PABl. 1929 S. 245 Vf Nr. 244).

Seite 267. PostO § 41. Zu Anm. 1: Wegen Zustellung durch Personen ohne Beamteneigenschaft, Wirksamkeit in Steuersachen s. VO 25. 2. 1921 (RGBl. S. 195).

Seite 284. PostO § 51 VI. Stundung: Keine Anwendung des § 64 RWB.

Seite 374. PScheckO §§ 2 und 9. RBehörden fordern ihre Schuldner grundsätzlich zur Zahlung mit PScheck oder Zahlkarte auf (§ 35 RWB).

Sachregister.

(Die Ziffern bezeichnen die Seiten.)

A.

H.

M.

N.

O.

P.

Q.

R.

Z.

Gedruckt bei A. W. Hayn's Erben, Potsdam.

Guttentagsche Sammlung

Deutscher Reichs- und Preußischer Gesetze

einschließlich

de Gruytersche Sammlung Deutscher Gesetze

(Handkommentare)

Systematisches Verzeichnis

April 1929

Walter de Gruyter & Co., Berlin W 10 und Leipzig

Bürgerliches Recht

Bürgerliches Gesetzbuch

Band — **Reichsgesetze:**

38/39. **Bürgerliches Gesetzbuch nebst Einführungsgesetz.** Von A. Achilles. In Verbindung mit F. André, O. Meyer, O. Strecker, K. v. Unzner herausgegeben von M. Greiff. 12. Auflage. — 1926. 24.—

84. **Sammlung kleinerer privatrechtlicher Reichsgesetze.** Von G. Müller. — 1903. 5.50

129. **Zivilrechtkriegsgesetze.** Von J. Fischer. — 1918. 1.50

116. **Kriegs-Zivil- und Finanzgesetze.** 3. Auflage. — 1915. 1.50

116 a. Desgl. Zweite Folge: Jahr 1915. — 1916. 1.20

Preußische Gesetze:

23. **Ausführungsgesetze zum Bürgerlichen Gesetzbuche.** Von P. Siméon. 3. Auflage. — 1914. 2.20

Textausgaben:

Bürgerliches Gesetzbuch nebst Einführungsgesetz. 16. Auflage. — 1928. 5.—

Schuldverhältnisse insbesondere

Reichsgesetze:

34. **Die Abzahlungsgeschäfte.** 3. Auflage von E. Wilke. — 1910. 1.20

93. **Sicherung der Bauforderungen.** Von E. Harnier. 3. Auflage. — 1912. 1.50

55. **Beschlagnahme von Lohn- und Gehaltsforderungen.** Von G. Meyer. 6. Auflage. — 1927. Mit Nachtrag 1928. 4.50

70. **Das Reichshaftpflichtgesetz.** Von G. Eger. — 1903. Vergriffen.
Als Ersatz: F. Seligsohn, **Haftpflichtgesetz.** — 1920. (Außerhalb der Sammlung.) 8.—, geb. 9.50

94. **Die Beamtenhaftpflichtgesetze des Reiches und der Länder.** Von H. Delius. 3. Auflage. — 1921. 3.20

52. **Rechte der Besitzer von Schuldverschreibungen.** Von H. Göppert. 2. Auflage von E. Trendelenburg. — 1915. 1.50

50. **Der Viehkauf (Viehgewährschaft).** Von H. Stölzle. 6. Auflage. — 1926. 15.—

90. **Das Internationale Privatrecht, Die Haager Abkommen über.** Von G. Bogeng. — 1908. 2.—
98. **Sechs Haager Abkommen über Internationales Privatrecht.** H. Dungs. — 1910. 1.50

Preußische Gesetze:

37. **Enteignung von Grundeigentum.** Von O. Meyer. 3. Auflage. — 1927. 5.50

Sachenrecht insbesondere

de Gruytersche Sammlung Deutscher Gesetze (Handkommentare):

Aufwertungsrecht von R. Michaelis. — 1926. Mit Nachtrag 1927. 16.—

Nachtrag einzeln —.30

Reichsgesetze:

135. **Erbbaurecht.** Von H. Günther. — 1919. 2.—
42. **Grundbuchordnung.** Von O. Fischer und R. Fischer. 9. Auflage. — 1927. 5.—
156. **Mietrecht und Wohnungsmangelgesetz.** Von O. Krieg. 4. Auflage. — 1928. 10.—

Textausgaben:

Aufwertungsgesetze mit Einleitung. Von R. Michaelis. — 1925. Mit Nachtrag 1927. 1.50

Reichsmietengesetz. — 1922. —.50

Familienrecht und Erbrecht

Reichsgesetze:

45. **Entmündigungsrecht.** Von P. Koll. — 1900. 1.20
58. **Recht der unehelichen Kinder.** Von H. Jastrow. — 1901. Mit Nachtrag 1925. 1.60
47. **Deutsches Vormundschaftsrecht.** Von M. Schultzenstein und P. Köhne. 2. Auflage. — 1901. Vergriffen.
124. **Todeserklärung Kriegsverschollener.** Von J. Bartsch. — 1917. 2.—
59. **Beurkundung des Personenstandes und die Eheschließung.** Von F. Fibler. 2. Auflage. — 1912. 2.30

Preußische Gesetze:

8. **Nottestamente.** Von E. Kurtz. — 1904. 1.50

Handelsrecht

Reichsgesetze:

4. **Handelsgesetzbuch** ohne Seerecht. Von F. Litthauer und A. Mosse. 17. Auflage. Von E. Heymann. — 1926. 14.—
162. **Handelsrechtl. Nebengesetze.** Von O. Schreiber. — 1926. 14.—
169. **Bank- und Börsengesetze.** Von A. Nußbaum. — 1927. 11.—
41. **Börsengesetz.** Von Th. Hemptenmacher. 3. Auflage von O. Meyer. — 1915. 3.50
26. **Münz- und Notenbankwesen.** Von R. Koch. 7. Auflage von H. Schacht. — 1925. 14.—
117. **Darlehnskassengesetz.** Von H. Salomon u. K. Bud. — 1915. 1.80
40. Gesetz, betr. die **Pflichten der Kaufleute bei Aufbewahrung fremder Wertpapiere (Depotgesetz).** Von F. Lusensky. 3. Auflage. — 1916. Mit Nachtrag 1924/25. 1.—
24. **Aktiengesellschaft und Kommanditgesellschaften auf Aktien.** Von H. Keyßner und H. V. Simon. 7. Auflage. In Bearbeitung.
32. **Gesellschaften mit beschränkter Haftung.** Von L. Parisius, H. Crüger und A. Crecelius. 18. Auflage. — 1928. 3.50
29. **Erwerbs- und Wirtschaftsgenossenschaften.** Von L. Parisius, H. Crüger, A. Crecelius und Fr. Citron. 19. Auflage. — 1928. 4.—
51. **Hypothekenbankgesetz.** Von H. Göppert. 2. Auflage von H. J. Seibel. — 1911. Mit Nachtrag 1926. 2.20
100. **Kaligesetz.** Von B. Voelkel. — 1910. 2.40
167. **Verordnung gegen Mißbrauch wirtschaftlicher Machtstellungen** (Kartellgesetz). Von W. Staffel. — 1927. 3.50
115. **Das vertragliche Wettbewerbsverbot (Konkurrenzklausel).** Von G. Baum. — 1914. 3.—
113. **Postscheckgesetz.** Von J. Weiland. — 1914. Mit Nachtrag 1918. Vergriffen.
113 a. **Postscheckordnung.** Von J. Weiland. — 1914. Mit Nachtrag 1918. 1.50
85. **Scheckgesetz.** Von M. Apt. Vergriffen. Neue Auflage von W. Schmidt In Bearbeitung.
Kommentar von R. Michaelis. — 1927. (Außerhalb der Sammlung.) 16.—, geb. 18.—
5. **Wechselordnung.** Von J. Stranz und M. Stranz. 12. Auflage. — 1923. Mit Nachtrag 1926, enthaltend **Wechselstempelgesetz und Scheckgesetz.** 3.50
Nachtrag einzeln —.60

36. **Privatrechtliche Verhältnisse der Binnenschiffahrt und Flößerei.** Von E. Löwe. 6. Auflage. — 1923. 4.—
19. **Die Seegesetzgebung.** Von W. E. Knitschky. 5. Auflage von O. Rudorff. — 1913. 8.—

Preußische Gesetze:

54. **Anlegung von Sparkassenbeständen in Inhaberpapieren.** Von H. Döhring. — 1914. 2.80
21. **Handelskammern.** Von F. Lusensky. 2. Aufl. — 1909. 3.—

Textausgaben:

Handelsgesetzbuch mit **Seerecht.** 11. Auflage. — 1924. 2.60
Wechselordnung. — 1928. Mit Anhang: Wechselprozeß und Nebengesetze. — 1928. 1.50

Versicherungsrecht

Reichsgesetze:

62. **Private Versicherungsunternehmungen.** Von H. Koenige. 3. Auflage von H. Koenige und A. Petersen. — 1927. 20.—
83. **Versicherungsvertrag.** Von P. Hager und E. Bruck. 6. Auflage. — 1928. Im Druck.
164. **Aufwertung von Versicherungsansprüchen.** Teil I: **Lebensversicherungen.** Von L. Berliner und E. Pfaffenberger. — 1926. 6.50
164 a. Desgl. Teil II: **Sach-** (Feuer-, Glas-, Wasser- usw.) **und Transportversicherung, Unfall- und Haftpflichtversicherung.** — 1926. Mit Nachtrag 1927. 3.50
Nachtrag einzeln —.30

Gewerberecht

Reichsgesetze:

6. **Gewerbeordnung** für das Deutsche Reich nebst **Kinderschutzgesetz** und **Hausarbeitsgesetz.** Von Fr. Hiller und H. Luppe. 21. Auflage. — 1928. 11.—
64. **Handel mit Drogen und Giften,** Gesetzsammlung, betr. den. Von H. Sonnenfeld. 3. Auflage. — 1926. 12.—
48. **Drogen-, Gift- und Farbenhandel außerhalb der Apotheken,** Gesetze, betr. den. Von J. Broh. — 1899. 1.20

130. **Ersatzlebensmittelverordnung.** Von H. E. Wendel. — 1918. 1.50

54. **Nahrungsmittelgesetze** mit Erläuterungen. Von Georg Lebbin. 2. Auflage in zwei Bänden.
a) I. **Lebensmittelgesetz** vom 5. Juli 1927 mit Nebengesetzen Margarine, Fleisch, Milch, Süßstoff, Essigsäure usw.). Von G. Lebbin und R. Gießner. — 1928. 8.50
b) II. **Getränkegesetze und Getränkesteuergesetze** (Wein, Bier, Branntwein, Mineralwasser). Unter Mitarbeit von K. Kniebe. — 1926. 10.—

65. **Weingesetz.** Von G. Lebbin. 2. Auflage. — 1909. Vergriffen.

71. **Kinderarbeit in gewerblichen Betrieben.** Von H. Spangenberg. 2. Auflage. — 1904. 1.20

Preußische Gesetze:

16. **Konzessionierung gewerblicher Anlagen.** Von W. v. Rüdiger. 2. Auflage. — 1901. Vergriffen.

Textausgaben:

Gewerbeordnung, Preußische Ausführungsanweisung zur. — 1904. 1.—

Arbeitsrecht

Reichsgesetze:

138 a. **Arbeiterschutz und Arbeitsrecht.** Von A. Günther. 2. Auflage. Teil I: **Arbeitszeitschutz.** Von R. Schneider und A. Günther. — 1927. 7.50

138 c. Teil II: **Schwerbeschädigtengesetz.** Von R. Schneider und A. Günther. — 1928. 8.—

138 b. **Betriebsrätegesetz.** Von A. Günther. — 1920. Vergriffen.

168. **Arbeitsgerichtsgesetz.** Von H. Depène. — 1927. 8.60

74. **Die Kaufmannsgerichte.** Von M. Apt. 3. Auflage. — 1904. Vergriffen.

112. **Kaufmannsgerichtsgesetz.** Von H. Depène. — 1914. 2.60

112 a. **Kaufmanns- und Gewerbegerichtsgesetz nebst Schlichtungsordnung.** (Ergänzungsband zu Bd. 112.) Von H. Depène. — 1924. 8.50
Die Bde. 112 und 112 a enthalten zusammen den vollständigen Text des Gewerbegerichtsgesetzes.

Preußische Gesetze:

58. **Arbeitsnachweis.** Von P. Wölbling. — 1920. 1.—

Sozialpolitische Gesetze

Reichsgesetze:

106—109. **Reichsversicherungsordnung.** Von F. Caspar und A. Spielhagen. 1913-1922. 4 Bände. Komplett. 18.—

161. **Reichsversicherungsordnung.** Von K. Lippmann. — 1925. 11.—

161 a. Desgl. **Ergänzungsband,** enthaltend die neue Fassung des **Unfallversicherungsgesetzes** sowie die Änderungen der übrigen Bücher der RVO. — 1926. 4.—

161 b. Desgl. **Zweiter Ergänzungsband.** 2., vermehrte Auflage nach dem Stand vom 1. Juli 1928. — 1928. —.80

155. **Reichsknappschaftsgesetz.** Von M. Reuß und F. Hense. 2. Auflage. — 1926. Mit Nachtrag 1927. 12.—

152. **Wohlfahrtsgesetze.** Von E. Behrend und H. Stranz-Hurwitz. Teil I. — 1923. 5.—

152 a. Desgl. Teil II. — 1925. 9.—

152 und 152 a zusammen bezogen 12.—

165. **Handbuch der Arbeitslosenfürsorge.** Von H. Schmeißer. Im Druck.

160. **Fürsorgepflicht.** Von E. Sandré. — 1925. 6.—

154. **Jugendwohlfahrt und Jugendgerichtsgesetz.** Von P. Drewes und E. Sandré. 2. Auflage von P. Drewes. — 1928. 11.—

172. **Die reichs- und landesrechtlichen Bestimmungen auf dem Gebiete des Gesundheitswesens.** Von W. Voß. 1929. 11.—

Textausgaben:

Versicherungsgesetz für Angestellte. 2. Auflage. — 1927. 2.50

Geistig-gewerblicher Rechtsschutz

Reichsgesetze:

81. **Urheberrecht an Werken der bildenden Künste und der Photographie.** Von L. Fuld. 2. Auflage. — 1926. 6.—

60. **Das Urheberrecht an Werken der Literatur und der Tonkunst.** Von O. Lindemann. 4. Auflage. — 1921. 1.80

102. **Urheberrecht an Mustern und Modellen und Schutz von Gebrauchsmustern.** Von J. Neuberg. — 1911. 2.40

95. Die Berner Übereinkunft über **Internationales Urheberrecht.** Von H. Dungs. — 1910. 1.—

61. **Verlagsrecht.** Von B. Marwitz. 3. Auflage. — 1922. 1.60
22. **Patentgesetz.** Von R. Lutter. 9. Auflage. — 1928. 10.—
87 a. **Das deutsche Warenzeichenrecht.** Von Freund und Magnus. 6. Auflage von Füngel und Magnus.
Teil I: **Die internationalen Verträge.** — 1924. 9.—
Teil II: **Das deutsche Recht.** In Bearbeitung.
37. **Unlauterer Wettbewerb.** Von A. Pinner und A. Elster. 8. Auflage. — 1927. 5.—

Zivilprozeß

de Gruytersche Sammlung Deutscher Gesetze (Handkommentare):

Zivilprozeßordnung. Von R. Sydow, L. Busch und W. Krantz. 19. Auflage. — 1926. 25.—

Reichsgesetze:

14. **Gerichtsverfassungsgesetz.** Von R. Sydow. Fortgeführt von L. Busch. 10. Auflage. — 1925. 6.—
15. **Das deutsche Gerichtskostengesetz.** Von R. Sydow. Fortgeführt von L. Busch und O. Krieg. 11. Auflage. 1928. 7.50
17. **Gebührenordnung für Rechtsanwälte usw.** Von R. Sydow. Fortgeführt von L. Busch und O. Krieg. 13. Auflage. In Bearbeitung.
16. **Rechtsanwaltsordnung.** Von R. Sydow. 5. Auflage von M. Jacobsohn. — 1907. Mit Nachtrag 1910. Vergriffen.
80. **Gerichtliche Registerführung.** Von O. Lindemann. — 1906. 2.40

Preußische Gesetze:

17. **Preußisches Gerichtskostengesetz.** Von P. Simêon. 8. Auflage von O. Lindemann. — 1928. 8.—
35. **Geschäftsordnung für Gerichtsvollzieher.** Von E. Exner. — 1904. 3.—

Textausgaben:

Zivilprozeßordnung mit **Gerichtsverfassungsgesetz und Einführungsgesetzen.** — 1924. 3.50

Freiwillige Gerichtsbarkeit

Reichsgesetze:

46. **Freiwillige Gerichtsbarkeit.** Von H. Jastrow. 7. Auflage von H. Günther. — 1928. 9.—
76. **Die Rechtshilfe im Verkehr mit den ordentlichen Gerichten.** Von A. Friedländer. — 1906. 1.50
163. **Notariatsrecht.** Von F. Szkolny und L. Kober. — 1925. 8.50

Preußische Gesetze:

4. **Gebührenordnung für Notare vom 28. Oktober 1922.** Von J. Rausnitz. 6. Auflage. — 1925. 7.—
29. **Ärztliche Ehrengerichte, das Umlagerecht und die Kassen der Ärztekammern.** Von F. Fidler. — 1901. 1.50

Textausgaben:

Freiwillige Gerichtsbarkeit. — 1920. 1.—

Konkursordnung und Zwangsvollstreckung

Reichsgesetze:

13. **Konkursordnung und Anfechtungsgesetz.** Von R. Sydow. Fortgeführt von L. Busch und O. Krieg. 14. Auflage. — 1926. Mit Nachtrag 1927, enthaltend die **Vergleichsordnung.** 10.—
Nachtrag einzeln —.80
127. **Geschäftsaufsicht zur Abwendung des Konkurses.** Von G. Klien und E. Jaeger. — 1917. Durch Nachträge ergänzt. 3.—
43. **Zwangsvollstreckung in das unbewegliche Vermögen.** Von J. Krech und O. Fischer. 10. Auflage von O. Fischer. — 1929. 5.—

Textausgaben:

Konkursordnung. 2. Auflage. — 1915. Mit Nachtrag 1927. 1.50
Nachtrag einzeln —.80

Strafrecht

Reichsgesetze:

2. **Strafgesetzbuch.** Von Fr. v. Liszt und E. Delaquis. 28. Auflage von E. Kohlrausch. — 1928. 8.—
9. **Sammlung kleinerer strafrechtlicher Reichsgesetze.** Von R. H. Kriegsmann. 3. Auflage. — 1910. 4.—
53. **Reichspreßgesetz.** Von A. Born. 3. Auflage. — 1924. 4.—
133. **Reichswuchergesetzgebung.** Von Ad. Lobe. — 1918. 2.80
67. **Militärstrafgesetzbuch.** Von A. Romen und E. Rissom. 3. Auflage. — 1918. Vergriffen.
173. **Schußwaffengesetz.** Von E. Wündisch. — 1928. 5.—

Preußische Gesetze:

34. Sammlung der wichtigsten **preußischen Strafgesetze.** Von O. Lindemann. 2. Auflage. — 1912. 3.50
36. **Polizeiverordnungen in Preußen.** Von O. Lindemann. 2. Auflage. — 1912. 2.50

Textausgaben:

Strafgesetzbuch. — 1925. 3.—

Strafprozeß

de Gruyterische Sammlung Deutscher Gesetze (Handkommentare):

Strafprozeßordnung und Gerichtsverfassungsgesetz. Von A. Feisenberger. — 1926. Mit Nachtrag 1927. 17.—
Nachtrag einzeln —.80

Reichsgesetze:

12. **Strafprozeßordnung und Gerichtsverfassungsgesetz.** Von E. Kohlrausch. 21. Auflage. — 1927. 7.50
158. **Strafprozeßordnung und Gerichtsverfassungsgesetz.** Alte und neue Fassung synoptisch gegenübergestellt. Von A. Feisenberger. — 1924. Mit Nachtrag 1927. 4.50
3. **Militärstrafgerichtsordnung.** Von A. Romen und E. Rissom. 2. Auflage. — 1918. 5.—
128. **Verhaftung und Aufenthaltsbeschränkung.** Von A. Romen. — 1917. 1.20
73. **Entschädigung für unschuldig erlittene Verhaftung und Bestrafung.** Von A. Romen. — 1904. 1.70

Textausgaben:

Strafprozeßordnung. 5. Auflage. — 1924. Mit Nachtrag 1927. 2.50

Öffentliches Recht

Staatsrecht

Reichsgesetze:

137. **Reichsverfassung.** Von A. Arndt. 3. Auflage. — 1927. 8.—
166. **Das deutsche Ausländerrecht.** Von W. Fraustädter und M. Kreutzberger. — 1927. 9.—
86. **Die Auslieferungsverträge des Deutschen Reiches.** Von A. Cohn. — 1908. 4.—
44. **Auswanderungswesen.** Von F. Stoerk. — 1899. 2.—
134. **Der Ostfrieden.** Von K. Strupp. — 1918. 3.—
111. **Reichs- und Staatsangehörigkeitsgesetz.** Von A. Romen. 2. Auflage. In Bearbeitung
141. **Sozialisierungsgesetze.** Von O. Reier. — 1920. 2.20
174. **Internationale Schiedssprechung.** Von H. Kraus. — 1929. 10.—
99. **Die Abkommen der Haager Friedenskonferenz.** Vergriffen. Jetzt: H. Wehberg, **Völkerbundakte.** — 1919. (Außerhalb der Sammlung.) 4.—

Preußische Gesetze:

1. **Die Verfassung des Freistaats Preußen.** Von A. Arndt. — 1921. 2.—
   Ausführlicher Kommentar von Fr. Stier-Somlo. — 1921. (Außerhalb der Sammlung.) 8.—

Textausgaben:

Verfassung des Freistaates Preußen. — 1921. —.60

Verwaltungsrecht

a) Reichsrecht

Reichsgesetze:

82. **Reichsbeamtengesetz.** Von A. Arndt. 3. Auflage. — 1923. Mit Nachtrag, enthaltend die Änderungen bis 1924. 3.50
122. **Belagerungszustand.** Von H. Pürschel. — 1916. 3.50
35. **Die Reichs-Eisenbahngesetzgebung.** Von W. Coermann. — 1895. Vergriffen.
66. **Die Eisenbahngesetzgebung.** Von W. Pietsch. 2. Auflage. — 1913. Vergriffen.
91. **Eisenbahn-Verkehrsordnung.** Von E. Blume. 4. Auflage von W. Weirauch. — 1928. 9.—

147. **Filmzensur.** Von Szczesny. — 1920. 1.50

68. **Fleischbeschaugesetz.** Von G. Lebbin und G. Baum. — 1903. 2.80

27. **Gesundheitswesen im Deutschen Reich.** — 1888. Vergriffen.

56. **Bekämpfung gemeingefährlicher Krankheiten.** Von B. Burkhardt. — 1900. 1.20

63. **Gesetzestafel des deutschen Reichsrechts.** Von H. Bruhns. 2. Auflage. — 1913. 3.—

49. **Deutsche Kolonialgesetzgebung.** Von Ph. Zorn. 2. Auflage von Sassen. — 1913. 5.—

21. **Die Konsulargesetzgebung.** Von Ph. Zorn. 3. Auflage von K. Zorn. — 1911. 4.50

75. **Konsulargerichtsbarkeit.** Von A. F. Vorwerk. — 1908. 1.60

92. **Verkehr mit Kraftfahrzeugen.** Von R. Kirchner. 4. Auflage. In Vorbereitung.
Außerhalb der Sammlung: **Der Kraftfahrzeugverkehr.** Von G. Aumer. 2. Auflage. — 1928. 4.50

119. **Kriegsleistungsgesetz.** Vergriffen.

118. **Militärhinterbliebenengesetz.** Von Reh. — 1915. 2.20

79. **Die Militärpensionsgesetze.** Von A. Romen. Vergriffen.

136. **Militärversorgungsgesetz.** Von H. Günther. — 1919. 2.30

7. **Post- und Telegraphen-Gesetzgebung.** Vergriffen.

120. **Telegraphenwegegesetz.** Von C. Wolf. — 1916. 1.—

148. **Reichsausgleichsgesetz.** Von E. Decke. — 1920. 1.50

150. **Reichsschädengesetze.** Von A. Hohenstein und W. Goldbaum. — 1922. 4.—

97. **Schutzgebietsgesetz.** Von J. Gerstmeyer. — 1910. 2.50

105. **Das Geldwesen in den deutschen Schutzgebieten.** Von W. Hintze. — 1912. 1.80

140. **Die Siedelungsgesetzgebung im Reich und in Preußen.** Von W. Holzapfel. — 1920. 3.—

125. **Vaterländischer Hilfsdienst.** 3. Auflage. — 1917. 1.—

88. **Vereinsgesetz.** Von A. Romen. 5. Auflage. In Bearbeitung.

33. **Vereins- und Versammlungsrecht.** Von E. Ball. 2. Auflage von F. Friedenthal. — 1907. 2.—

103. **Reichs-Viehseuchengesetz.** Von W. v. Hippel. 2. Auflage. — 1913. 4.—

89. **Vogelschutzgesetz.** Von L. v. Boxberger. — 1909. 1.—
69. **Reichsgesetz über die Naturalleistungen der bewaffneten Macht im Frieden.** Von W. v. Hippel. — 1903. 1.—
114. **Waffengebrauch und Festnahmerecht des Militärs.** Von A. Romen und C. Rissom. — 1914. 1.80
142. **Wirtschaftliche Demobilmachung.** Von Gg. Fischbach. — 1920. 1.—
170. **Luftrecht.** Von R. Busse. 1928. 10.—
171. **Seewasserstraßenordnung.** Von J. Sebba. — 1928. 8.50
173. **Schußwaffen und Munition.** Von E. Wündisch. — 1928. 5.—

Preußische Gesetze:

48. **Zweckverbandsgesetz für Groß-Berlin.** Von L. Brühl, K. Gordan und W. Ledermann. — 1912. 4.—

b) Landesrecht

Preußische Gesetze:

50. **Gesetz, betr. die Anlegung und Veränderung von Straßen und Plätzen in Städten und ländlichen Ortschaften.** Von O. Meyer. — 1913. 3.—
46. **Austritt aus der Landeskirche.** Von H. Caro. — 1911. 2.40
2. **Preußische Beamtengesetzgebung.** Von K. Pfafferoth. 5. Auflage. — 1916. 2.40
51. **Das preußische Disziplinargesetz für die nichtrichterlichen Beamten.** Von E. v. Dultzig. — 1914. 4.20
25. **Preußische Kommunalbeamtengesetzgebung.** Von F. Kremski. — 1901. 3.—
22. **Anstellung und Versorgung der Kommunalbeamten.** Von W. Ledermann. 2. Auflage von L. Brühl. — 1914. 2.—
26. **Diensteinkommen der Lehrer und Lehrerinnen.** Von E. Cremer. — 1900. 2.20
12. **Allgemeines Berggesetz.** Von W. Schlüter und Fr. Hense. 4. Auflage. In Vorbereitung.
47. **Feuerbestattung.** Von W. Lohmann. — 1912. 1.50
28. **Die Fürsorgeerziehung Minderjähriger.** Von P. F. Aschrott. 3. Auflage. — 1917. 2.80
31a/b. **Die preußischen Gesindeordnungen.** Zwei Bände. Von St. Gerhard. 5.50
24. **Die Hinterlegungsordnung (1879).** Von G. Bartels. 2. Auflage. — 1908. 2.—
53. **Hinterlegungsordnung** von 1913. Von R. Hagemann. — 1914. 2.20

41. **Die preußischen Jagdpolizeigesetze, siehe Nr. 63.**
19. **Jagdscheingesetz.** Von F. Kunze. 2. Auflage. — 1899. 2.—
45. **Rechtsverhältnisse der Juden in Preußen.** Von M. Kollenscher. — 1910. 2.40
15. **Die Kreisordnungen.** Von O. Kolisch. — 1894. Vergriffen.
57. **Landeskulturbehörden.** Von W. Holzapfel. — 1919. 2.—
42. **Allgemeine Landesverwaltung und Zuständigkeit der Verwaltungs- und Verwaltungsgerichtsbehörden.** Von K. Friedrichs. 3. Auflage. — 1927. 5.—
44. **Quellenschutzgesetz.** Von C. Voelkel. — 1909. 1.—
33. **Rentenguts- und Anerbenrechtsgesetzgebung.** Vergriffen.
30. **Preußisches Staatsschuldbuch und Reichsschuldbuch.** Von J. Mücke. — 1902. 2.—
59. **Bildung der neuen Stadtgemeinde Berlin.** Von P. Wölbling. 2. Auflage. — 1920. 1.40
32. **Städteordnung.** Von W. Ledermann und L. Brühl. 2. Auflage. — 1913. 6.—
56. **Das preußische Tumultschadengesetz.** Von Br. Friedländer. — 1919. —.80
60. **Umlegungsordnung.** Von W. Holzapfel. — 1921. 1.80
43. **Verschuldungsgrenze** für land- und forstwirtschaftlich benutzte Grundstücke. Von R. Leweck. — 1908. 2.40
49. **Gesetze gegen die Verunstaltung landschaftlich hervorragender Gegenden.** Von O. Goldschmidt. — 1912. 2.40
40. **Verwaltungsstrafverfahren.** Von R. Katzenstein. — 1907. 3.50
39. **Unterhaltung der öffentlichen Volksschulen.** Von A. Marcks. — 1906. 1.80
52. **Preußisches Wassergesetz.** Von G. Wulff und F. Herold. 2. Auflage von G. Wulff. — 1928. 12.—
55. **Preußisches Wohnungsgesetz.** Von B. Schmittmann. — 1918. 2.60
62. **Das preußische Fischereigesetz.** Von A. Born. — 1928. 7.50
63. **Die preußischen Jagdgesetze.** Von A. Born. — 1928. 8.—
64. **Die preußischen Baupolizeigesetze.** Von H. Heine. — 1928. 8.—

Steuerrecht

Reichsgesetze:

143. **Reichsabgabenordnung.** Von A. Nieberl. 2. Auflage. — 1927. Mit Nachtrag 1928. 12.—
126. **Besitzsteuergesetz.** Von A. Mrozek. Vergriffen.
151. **Einkommensteuer und Körperschaftsteuer.** Von A. Hollaender. — 1926. Mit Nachtrag, enthaltend die Änderungen vom 22. Dezember 1927. 24.—
77. **Das Erbschaftssteuergesetz.** Von B. Henckel. — 1920. Vergriffen. Neue Fassung von H. Schachian. 4. Auflage. — 1926. (Außerhalb der Sammlung.) 2.50
54 b. **Nahrungsmittelgesetze** mit Erläuterungen. Von Georg Lebbin. 2. Auflage in zwei Bänden. II. **Getränkegesetze und Getränkesteuergesetze** (Wein, Bier, Branntwein, Mineralwasser). Unter Mitwirkung von K. Kniebe. — 1926. 10.—
139. **Grunderwerbsteuergesetz.** Von O. Lindemann. 2. Auflage. — 1926. Mit Nachtrag 1927. 4.—
Nachtrag einzeln —.80
159. **Industriebelastungsgesetz.** Von H. Höpker. — 1925. 4.—
121. **Direkte Kriegssteuer.** Von A. Mrozek. — 1916. 3.50
131 a. **Reichsfinanzgesetzgebung 1918.** Bd. I: **Getränkesteuern.** Von G. Mayer. — 1918. 2.50
131 b. **Reichsfinanzgesetzgebung 1918.** Bd. II: **Einkommen, Umsatz usw.** Von G. Mayer. — 1919. 1.50
149. **Reichsnotopfergesetz.** Von A. Friedmann und R. Wrzeszinsky. — 1921. 4.—
18. **Reichsstempelgesetz.** Von P. Loeck. Vergriffen. Wird durch Kapitalverkehrssteuergesetz ersetzt. Erläuterte Ausgabe in Bearbeitung.
145. **Steuer- und Kapitalflucht.** Von E. H. Meyer. 2. Auflage. — 1921. 1.60
157. **Dritte Steuernotverordnung vom 14. Februar 1924** mit den Vorschriften über **Aufwertung.** 2. Auflage unter dem Titel: **Aufwertungsrecht.** Von R. Michaelis. — 1926. Mit Nachtrag 1927. 16.—
Nachtrag einzeln —.80
132. **Umsatzsteuergesetz.** Von O. Lindemann. 4. Auflage. — 1926. 10.—
110. **Wehrbeitragsgesetz.** Von A. Fernow. 2. Auflage. — 1913. 1.60

146. **Tabaksteuergesetz.** Von Fr. Wündisch. — 1920. Mit Nachtrag 1925. 4.—
Nachtrag einzeln 1.50
78. **Zigarettensteuergesetz.** Von W. Cuno. Vergriffen.
101. **Zuwachssteuergesetz.** Von W. Cuno. Vergriffen.
153. **Zwangsanleihegesetz.** Von H. V. Simon und W. Beutner. — 1923. 8.—

Preußische Gesetze:

20. **Die preußischen Erbschaftssteuergesetze.** Von U. Hoffmann. — 1905. 3.—
13. **Ergänzungssteuergesetz.** Von A. Fernow. 5. Auflage. 1914. 3.—
11. **Gewerbesteuergesetz.** Von A. Fernow. Vergriffen.
14. **Kommunalabgabengesetz.** Von F. Adickes. 6. Auflage von Falk. — 1922. 3.50
38. **Kreis- und Provinzialabgabengesetz.** Von F. Schmidt. — 1906. 1.20
18. **Preußisches Stempelsteuergesetz.** Von P. Loeck. 10. Auflage von K. Eiffler. — 1928. 13.—
61. **Preußische Verwaltungsgebührenordnung.** Von K. Eiffler. — 1925. Mit Nachtrag 1925. 6.—
27. **Warenhaussteuer.** Von G. Strutz. — 1900. 1.20

Textausgaben:

Erbschaftsteuergesetz. Neue Fassung von H. Schachian. 4. Auflage. — 1926. 2.50

Reichssteuergesetze 1925 (Steuerüberleitungsgesetz mit Durchführungsbestimmungen — Einkommensteuer, Körperschaftssteuer, Reichsbewertungsgesetz, Vermögensteuer, Erbschaftsteuer). — 1925. 4.—

Wehrbeitrag und Besitzsteuer. — 1913. —.50

Zuwachssteuergesetz. — 1911. —.50

—, **Ausführungsbestimmungen.** — 1911. —.40